Universidad del
Rosario

El interés público en América Latina

Reflexiones desde la educación legal clínica
y el trabajo probono

El interés público en América Latina. Reflexiones desde la educación legal clínica y el trabajo probono / María Lucía Torres Villarreal, Paola Marcela Iregui Parra, Sebastián Senior Serrano –editores académicos–. – Bogotá: Editorial Universidad del Rosario, Facultad de Jurisprudencia, Centro de Enseñanza y Aprendizaje –CEA–, 2015.
Incluye referencias bibliográficas.

xxiv, 564 páginas (Colección Textos de Jurisprudencia)

ISBN: 978-958-738-693-6 (impreso)
ISBN: 978-958-738-680-6 (digital)

Educación legal clínica – América Latina / Derechos humanos – América Latina / Servicio social – América Latina / Derecho – Enseñanza – América Latina / I. Torres Villarreal, María Lucía / II. Iregui Parra, Paola Marcela / III. Senior Serrano, Sebastián / IV. Universidad del Rosario. Facultad de Jurisprudencia / V. Título / VI. Serie

340.023 SCDD 20

Catalogación en la fuente – Universidad del Rosario. Biblioteca

jda Septiembre 7 de 2015

Hecho el depósito legal que marca el Decreto 460 de 1995

El interés público en América Latina

Reflexiones desde la educación legal clínica y el trabajo probono

María Lucía Torres Villarreal
Paola Marcela Iregui Parra
Sebastián Senior Serrano
–Editores académicos–

Universidad del Rosario

Colección Textos de Jurisprudencia
Centro de Enseñanza y Aprendizaje, –CEA–

Editorial Universidad del Rosario
Carrera 7 Nº 12B-41, oficina 501 • Teléfono 297 02 00
editorial.urosario.edu.co

Primera edición: Bogotá D.C., diciembre de 2015

ISBN: 978-958-738-693-6 (impreso)
ISBN: 978-958-738-680-6 (digital)

Coordinación editorial: Editorial Universidad del Rosario
Corrección de estilo: Rodrigo Díaz Lozada
Montaje de cubierta y diagramación:
Precolombi EU-David Reyes
Impresión: Digiprint S.A.

Impreso y hecho en Colombia
Printed and made in Colombia

Fecha de evaluación: 16 de febrero de 2015
Fecha de aprobación: 28 de abril de 2015

Contenido

Prólogo
El aporte del Sistema Interamericano al acceso a la justicia y el papel del movimiento clínico

Felipe González Morales*

En el marco del fortalecimiento del Estado democrático de Derecho, un número importante de países latinoamericanos ha emprendido reformas del sector judicial en las últimas dos décadas. Sin embargo, con frecuencia tales reformas no han tenido el impacto deseado en cuanto a garantizar el acceso a la justicia de la población, o solo lo han alcanzado de manera parcial. La menor atención prestada a la cuestión del acceso a la justicia, comparada con otros aspectos de las reformas judiciales en las últimas décadas, se ha visto reflejada, entre otros aspectos, en incrementos presupuestarios inferiores al de otras áreas de la reforma judicial. Pero incluso allí donde sí se ha producido un incremento, ello por sí solo no ha implicado una solución del problema, dado que, como demuestra la experiencia en una serie de países, el incremento correlativo de la demanda sobre el sistema judicial puede devolvernos al punto de partida, manteniéndose carencias importantes. De allí la relevancia de aquellas iniciativas en las que dicho incremento ha ido acompañado de otras medidas complementarias, dirigidas a descargar al sistema judicial de tareas que le resultan superfluas, así como de transformaciones sustanciales en materia de gestión judicial.

---

* Comisionado y expresidente de la Comisión Interamericana de Derechos Humanos (CIDH). Profesor de Derecho Internacional Público en la Universidad Diego Portales (Chile).

En la misma línea, parte del problema de las carencias en materia de acceso a la justicia tiene que ver con las mentalidades predominantes de los operadores del sistema judicial, incluyendo jueces, defensores, fiscales, abogados en general y otros. El formalismo jurídico y judicial que ha imperado históricamente en la región sigue poniendo serias trabas al acceso de los ciudadanos y ciudadanas a la justicia. Esto ha implicado mantener una gran distancia de la ciudadanía respecto del sistema judicial, como lo reflejan consistentemente las encuestas. Si bien en los últimos años se han realizado esfuerzos internacionales e internos, orientados a educar a la ciudadanía sobre sus derechos, cuando esta encuentra que no puede hacerlos efectivos el problema en vez de disminuir adquiere mayores proporciones.

Detrás de esta situación de postergación se halla una conciencia insuficiente acerca del carácter de derecho fundamental del acceso a la justicia. El Sistema Interamericano de Derechos Humanos ha procurado revertir esta situación, abordando el acceso a la justicia a propósito de una serie de aspectos, generales y específicos, poniendo énfasis en el lugar principal que el tema debe ocupar. En esta tarea, la labor llevada a cabo por la sociedad civil ha sido muy significativa, en un principio a través de las organizaciones no gubernamentales (ONG), y luego, sumado a ellas, el movimiento clínico de derechos humanos.

Un antecedente paradigmático en el Sistema Interamericano lo constituye la Opinión Consultiva nº 11, emitida por la Corte Interamericana sobre las excepciones a la regla del agotamiento de los recursos internos.[1] Como se sabe, el Sistema Internacional de Protección de Derechos Humanos opera sobre la base de que son los Estados los que se encuentran en la mejor posición para prevenir y confrontar las violaciones a tales derechos y que los órganos internacionales solo deben intervenir subsidiariamente. De allí la regla del agotamiento de los recursos internos, conforme a la cual, normalmente, antes de presentarse un caso a nivel internacional, este debe ser conocido por los órganos internos del respectivo país. En la opinión consultiva mencionada, la Corte Interamericana estableció una interesante conexión entre la regla del agotamiento de los recursos internos y el acceso

[1] Corte IDH: Opinión Consultiva nº 11, OC-11/90, 10 de agosto de 1990, "Excepciones al agotamiento de los recursos internos (arts. 46.1, 46.2.a y 46.2.b de la Convención Americana sobre Derechos Humanos)".

a la justicia. Conforme al derecho internacional, la regla referida admite una serie de excepciones y, por vía interpretativa, la Corte concluyó que cuando un Estado no garantiza el acceso a la justicia en un caso específico, la persona afectada puede acudir directamente ante el organismo internacional, sin haber tenido que pasar previamente por el agotamiento de las etapas internas. De esta manera, si una persona carece de recursos suficientes para contratar a un(a) abogado(a) y el Estado no se lo proporciona, desaparece la exigencia de que se agoten los recursos internos.

En otra opinión consultiva, la Corte Interamericana se refirió a una dimensión adicional del tema, la cual concierne a la obligación del Estado de garantizar servicios jurídicos gratuitos a las personas sin recursos, cuando ello sea indispensable para garantizar un acceso efectivo e igualitario a la justicia. Así, en la Opinión Consultiva nº 18, sobre condición jurídica y derechos de los migrantes indocumentados, la Corte señaló que la vulneración del derecho a las garantías y a la protección judicial puede producirse por varias razones, entre las cuales se cuenta "la negativa *de la prestación de un servicio público gratuito* de defensa legal a su favor, lo cual impide que se hagan valer los derechos en juicio. Al respecto, el Estado debe garantizar que el acceso a la justicia sea no solo formal sino real".[2]

En su jurisprudencia contenciosa, la Corte Interamericana se ha extendido acerca de los alcances del acceso a la justicia a propósito de diversas situaciones y colectivos, tales como mujeres, niños y niñas y trabajadores, entre otros. Así, ha señalado que "[e]n relación con este caso, el tribunal estima que, para satisfacer el derecho de acceso a un recurso efectivo, no es suficiente con que en los procesos de amparo se emitieran decisiones definitivas, en las cuales se ordenó la protección a los derechos de los demandantes. Además, es preciso que existan mecanismos eficaces para ejecutar las decisiones o sentencias, de manera que se protejan efectivamente los derechos declarados". A esto añade que "la ejecución de las sentencias debe ser considerada como parte integrante del derecho de acceso al recurso, que abarque también el cumplimiento pleno de la decisión respectiva. Lo contrario supone la negación misma de este derecho".[3]

---

[2] Corte IDH: Opinión Consultiva nº 18, OC-18/03, 17 de septiembre de 2003, Condición Jurídica y Derechos de los Migrantes Indocumentados, párr. 126. Las cursivas son nuestras.

[3] Corte IDH: *Caso Acevedo Jaramillo y Otros*, sentencia de 7 de febrero de 2006, párr. 220.

La necesidad de que el acceso a la justicia tenga un carácter real ha sido enfatizada por la Corte en su jurisprudencia contenciosa, en los siguientes términos:

> [...] la inexistencia de un recurso efectivo contra las violaciones a los derechos reconocidos por la Convención constituye una transgresión de la misma por el Estado Parte en el cual semejante situación tenga lugar. En ese sentido debe subrayarse que, para que tal recurso exista, no basta con que esté previsto por la Constitución o la ley o con que sea formalmente admisible, sino que se requiere que sea realmente idóneo para establecer si se ha incurrido en una violación a los derechos humanos y proveer lo necesario para remediarla.[4]

Por su parte, la Comisión Interamericana de Derechos Humanos (CIDH) ha estudiado los estándares en materia de acceso a la justicia en varios informes, así como a través de su sistema de casos. Un informe relevante es el que se refiere a dicho tema en relación con los derechos económicos, sociales y culturales.[5] Dicho informe revisa cuatro grandes aspectos: el derecho de acceder a la justicia y la obligación de remover obstáculos económicos para garantizar los derechos sociales; el debido proceso administrativo y la garantía de tales derechos; el debido proceso legal en los procedimientos judiciales sobre derechos sociales; y el contenido del derecho a la tutela judicial efectiva en materia de dichos derechos.

Otra iniciativa importante en la materia es la que llevó a cabo la Comisión en su informe *Acceso a la justicia para las mujeres de violencia en las Américas*, publicado en 2007. En dicho informe, la CIDH recalca que "un acceso adecuado a la justicia no se circunscribe sólo a la existencia formal de recursos judiciales, sino también a que estos sean idóneos para investigar,

---

[4] *Idem*, párr. 235. Los antecedentes que menciona la Corte son: *Caso Cesti Hurtado*, cit., párr. 125; *Caso Castillo Petruzzi y otros*, párr. 185 y Garantías judiciales en estados de emergencia (arts. 27.2, 25 y 8 Convención Americana sobre Derechos Humanos), Opinión Consultiva OC-9/87, 6 de octubre de 1987, párr. 24.

[5] Comisión Interamericana de Derechos Humanos: *El acceso a la justicia como garantía de los derechos económicos, sociales y culturales: estudio de los estándares fijados por el Sistema Interamericano de Derechos Humanos*, 7 de septiembre de 2007.

sancionar y reparar las violaciones denunciadas".[6] Además, en el documento en análisis, la Comisión constata que "[l]a Convención de Belém do Pará reconoce el vínculo crítico que existe entre el acceso de las mujeres a una adecuada protección judicial al denunciar hechos de violencia, y la eliminación del problema de la violencia y la discriminación que la perpetúa". El artículo 7 de la Convención de Belém do Pará establece las obligaciones inmediatas del Estado en casos de violencia contra las mujeres, que incluyen procedimientos, mecanismos judiciales y legislación para evitar la impunidad: En la esfera de la administración de la justicia, establece explícitamente que los Estados deben "establecer procedimientos legales justos y eficaces para la mujer que haya sido sometida a violencia, que incluyan, entre otros, medidas de protección, un juicio oportuno y el acceso efectivo a tales procedimientos", así como "establecer los mecanismos judiciales y administrativos necesarios para asegurar que la mujer objeto de violencia tenga acceso efectivo a resarcimiento, reparación del daño u otros medios de compensación justos y eficaces [...]".[7]

El movimiento clínico de derechos humanos, conformado por las clínicas jurídicas universitarias de la región, ha venido participando de manera creciente en el Sistema Interamericano. A diferencia de las clínicas jurídicas tradicionales, que tenían un enfoque predominantemente asistencialista, desde hace más de una década, un conjunto de clínicas (denominadas de interés público o de derechos humanos) ha venido desarrollando iniciativas de litigio estratégico en diversos países.

En este contexto, las clínicas jurídicas han recurrido al Sistema Interamericano, ya sea a través del mecanismo de casos específicos, cuando el litigio a nivel interno no conduce a una reparación adecuada de la violación cometida, o por medio de otras vías que ofrece el mencionado sistema. Ya sea de manera separada, o conjunta con organizaciones no gubernamentales, las clínicas han contribuido a diversificar la esfera de temas ante el Sistema Interamericano y a reforzar el tratamiento de otras materias, permitiendo con ello ampliar el acceso a la justicia para la población. Una de las materias que cabe resaltar es la del acceso a la justicia para la población migrante.

---

6 Comisión Interamericana de Derechos Humanos: *Acceso a la Justicia para las mujeres víctimas de violencia en las Américas,* 20 de enero de 2007, párr. 5.

7 Idem, párr. 33.

Como se trata de un colectivo que se encuentra expuesto a una situación de extrema vulnerabilidad (especialmente cuando se refiere a migrantes indocumentados), este se halla escasamente organizado en muchos países y las clínicas jurídicas han venido a realizar aportes decisivos al respecto, levantando el perfil público de los abusos de los que son víctimas y llevando estas situaciones a nivel internacional, en particular ante el Sistema Interamericano.

Otra ruta que han empleado las clínicas jurídicas para participar en el Sistema Interamericano o fortalecer el acceso a la justicia ha sido la de someter a la Comisión y a la Corte Interamericana *amicus curiae*. A través de este mecanismo, que permite la intervención en el litigio de casos de instituciones o personas con experticia en la materia de que se trate, las clínicas han realizado importantes contribuciones, proporcionando puntos de vista expertos a los órganos del Sistema Interamericano, realzando el carácter de interés público que poseen ciertos temas en debate ante dichos órganos y, en general, fortaleciendo la legitimidad del Sistema Interamericano de Derechos Humanos, al contar con la participación de actores reconocidos a nivel nacional.

También es relevante la participación del movimiento clínico a través de otras iniciativas ante el Sistema Interamericano. Por ejemplo, las clínicas han trabajado de manera creciente con las distintas relatorías temáticas de la Comisión Interamericana de Derechos Humanos. Como en su gran mayoría estas relatorías se refieren a la situación de colectivos vulnerables, esto ha contribuido a fortalecer el acceso a la justicia de tales grupos. Esto se lleva a cabo tanto por medio de la realización de audiencias temáticas y reuniones de trabajo en la Comisión Interamericana, como a través del envío regular de información para las labores de monitoreo que esta realiza, incluyendo la elaboración de informes temáticos y de países.

Asimismo, aunque de modo todavía incipiente, las clínicas jurídicas han empleado el mecanismo de las medidas urgentes del Sistema Interamericano, solicitando medidas cautelares ante la Comisión Interamericana en diversas materias.

Atendidas sus características, las clínicas jurídicas desempeñan un papel insustituible en la difusión del debate en materia de acceso a la justicia. Su inserción en las facultades de Derecho les permite crear conciencia al respecto en las nuevas generaciones de estudiantes, así como dotarlos de herramientas para hacer uso de los mecanismos internacionales, incluyendo los del Sistema Interamericano. De igual manera, su posición institucional favorece que contribuyan de manera relevante a la recepción de los estándares internacionales por los ordenamientos jurídicos internos, ya sea a través del desarrollo de la jurisprudencia local, como por medio de las reformas legislativas o administrativas.

Si bien, como es evidente, el Sistema Interamericano de Derechos Humanos por sí solo no se halla en condiciones de dar solución a las serias insuficiencias en materia de acceso a la justicia en la región, con la colaboración de la sociedad civil —incluyendo en años recientes al movimiento clínico de derechos humanos— su contribución ha sido relevante en términos de establecer ciertas bases fundamentales, así como monitoreando los desarrollos y carencias existentes. Dado el fortalecimiento que ha venido experimentando el movimiento clínico de derechos humanos e interés público en la región, es previsible que este proceso de contribuciones a la ampliación del acceso a la justicia en el Sistema Interamericano continuará desarrollándose en los próximos años.

Presentación

María Lucía Torres Villarreal
Paola Marcela Iregui Parra
Sebastián Senior Serrano

La globalización, la implementación de nuevas tecnologías, el internet, las redes sociales, la internacionalización y constitucionalización del derecho, además de asuntos como la pobreza, la desigualdad, el cambio climático y la corrupción, han hecho que de un tiempo para acá se hable de la necesidad de que el derecho se ajuste de cierta forma, a fin de responder a realidades sociales y a desafíos modernos, impensables hace treinta años. Lo anterior ha conducido a pensar que el derecho no debe ser rígido, ni solamente enseñado desde los códigos y las clases magistrales, pues ello conlleva pensar o percibir que el abogado no soluciona problemas reales de su contexto social, o incluso a nivel regional o internacional, y que con su actuar hace que la justicia sea menos eficiente y accesible.

Desde hace algún tiempo, en el mundo se clama por la existencia de abogados más conscientes de su función social y estudiantes de derecho que atiendan las necesidades sociales de la comunidad y las nuevas realidades del mundo, que sean líderes, propositivos, con gran sentido social y de sentimiento de pertenencia por su país, con destacadas habilidades al aplicar la ley, resolviendo problemas diarios y grandes litigios; que sepan trabajar en equipo y establecer alianzas para hacer litigio estratégico en casos de alto impacto. El mundo de hoy requiere abogados que sean dolientes del interés público, la transformación social y la búsqueda de un acceso real y efectivo a la justicia por parte de los diferentes sectores de la sociedad.

La respuesta por parte de la Academia ha sido positiva. Las universidades han evaluado sus *pensums* y las formas de enseñar el derecho, con la finalidad de complementar sus procesos de formación con la implementación de nuevos modelos pedagógicos que respondan a las necesidades del mercado y, al mismo tiempo, y de igual forma, a las necesidades académicas de los estudiantes. Ejemplo de ello son las clínicas jurídicas y el trabajo probono. A su vez, han formado redes nacionales e internacionales para socializar las nuevas prácticas en el ejercicio y la enseñanza del derecho. A manera de ejemplo, desde el año 1999 se creó la Red Latinoamericana de Clínicas Jurídicas, muy conocida en América Latina. Sus reuniones han marcado un importante hito en materia de referencia para el análisis de experiencias comparadas sobre defensa del interés público y los derechos humanos. En el mismo sentido, algunos países y continentes han constituido sus propias redes para compartir experiencias locales con esta visión. Es el caso de Estados Unidos, Colombia, España, Europa, etc. A nivel mundial, la existencia de The Global Alliance for Justice Education (GAJE) ha logrado congregar a clínicas de los cinco continentes para generar reflexiones bianuales sobre el impacto de este tipo de modelos pedagógicos y otras herramientas para formar abogados a partir de la justicia social.

De esta manera, ante la necesidad reiterada de reflexionar alrededor del trabajo probono, la educación legal clínica y el litigio estratégico, como herramientas para la defensa del interés público, la transformación social, el acceso a la justicia de los grupos vulnerables y la protección de los derechos humanos, como escenarios propios del ejercicio y la enseñanza actuales del derecho, surgen iniciativas como la realización de esta publicación, cuyo objetivo fundamental es recoger las diferentes experiencias prácticas y teóricas de la educación legal clínica y el trabajo probono, en el marco de su labor pedagógica, investigativa y social, en el interior de las universidades y organizaciones en América Latina, Estados Unidos y España. Para el Grupo de Investigación en Derechos Humanos de la Facultad de Jurisprudencia de la Universidad del Rosario, a través de su Grupo de Acciones Públicas y su área de trabajo probono, es motivo de orgullo presentar esta publicación, la cual indudablemente enriquece el trabajo que tiene como propósito transversal garantizar y mejorar el acceso a la justicia, así como promover la defensa del interés público y los derechos humanos en los países de nuestra región.

Asimismo, esta publicación cumple un reto que se ha manifestado constantemente, en escenarios académicos nacionales e internacionales, y que consiste en la necesidad de realizar publicaciones que recojan las actividades de litigio estratégico llevadas a cabo por clínicas jurídicas y organizaciones sociales, pues la bibliografía referente al manejo de los casos, la estructuración de las estrategias y el desarrollo del modelo pedagógico clínico permiten conocer cómo se dan las cosas en diferentes países y cómo se pueden adoptar herramientas para mejorar las clínicas o el trabajo de interés público existente, o incluso para fomentar la creación de nuevas clínicas u organizaciones sociales que promuevan el acceso a la justicia y la defensa del interés público.

Las clínicas jurídicas, bien sea en el interior de las universidades, o bien por medio de las organizaciones sociales, han ido constituyéndose como herramientas idóneas para brindar respuestas reales a necesidades reales en materia de interés público y, asimismo, han ido consolidando un modelo de enseñanza del abogado del siglo XXI. Este modelo de enseñanza ha tenido repercusión a nivel nacional e internacional, pues tal y como se recoge en el prólogo de este texto, realizado por el comisionado Felipe González, las clínicas jurídicas tienen, o podrían llegar a tener, repercusión en decisiones que se toman en el marco del Sistema Interamericano de Derechos Humanos.

Igualmente, por el impacto que han tenido en los diferentes países, se empiezan a entrever reflexiones sobre los elementos que debe tener el modelo pedagógico de la educación legal clínica, en el marco de las facultades de derecho y la formación de los abogados, reflexiones que se verán en el capítulo introductorio de este libro, el cual fue construido junto al Centro de Enseñanza y Aprendizaje de la Universidad del Rosario.

En la primera parte se recogen experiencias de educación legal clínica en América Latina, Estados Unidos y Europa, las cuales reúnen diversas temáticas tales como la atención a poblaciones de especial protección, el desarrollo de nuevas tecnologías, así como la defensa del medio ambiente, los derechos humanos y el interés público. Dicha sección presenta las propuestas en derecho, desde diferentes metodologías, a problemáticas vigentes en nuestras sociedades y que tienen una fuerte relación con el acceso a la justicia y la defensa del interés público. Ello evidencia, una vez más, que a pesar de las diferencias entre los Estados y sus ordenamientos jurídicos, los problemas relacionados con los derechos humanos y el interés público suelen ser semejantes. Finalmente, se presenta el texto de la Declaración de la Red Latinoamericana de Clínicas Jurídicas, el cual muestra el compromiso de todos sus miembros por mostrar diversas respuestas pedagógicas, investigativas y sociales a la realidad de nuestra región.

Es importante señalar que si bien todos los escritos incluidos en esta parte de la publicación versan sobre experiencias en materia de educación legal clínica, no todos siguen una misma estructura, pues los escritos atienden a los intereses de cada clínica, a la forma de abordar los casos, de diseñar la metodología y definir la manera de mostrar su experiencia. Sin embargo, se intentó seguir un esquema semejante.

En la segunda parte se presentan experiencias en el marco del trabajo probono, las cuales procuran destacar el objeto social de la profesión del abogado y los deberes a los cuales se encuentra llamado en desarrollo de la Declaración de Trabajo Probono para las Américas, la cual se puede consultar al inicio de la sección. La consolidación y desarrollo probono en Colombia ha sido un proceso lento, que ha venido fortaleciéndose año tras año, desde la creación de la Fundación Probono Colombia en el año 2009 y que hoy nos permite hablar del probono en nuestro país. Quisimos que esta tema fuese parte de esta publicación para demostrar la importancia que tiene, de un lado, formar a los estudiantes de derecho con la conciencia del ejercicio socialmente responsable de su profesión, asumiendo el probono como parte de su práctica profesional presente y futura, y, de otro lado, la pertinencia que tiene la unión de esfuerzos entre las clínicas jurídicas y el trabajo probono, a partir del litigio estratégico en casos de alto impacto social, alianza que cada vez cobra más vigencia en diferentes latitudes y que hace algunos años era inimaginable.

Es importante anotar que los escritos de esta parte no tienen los parámetros de construcción académica de los de la primera sección , teniendo en cuenta que no fueron elaborados por personas vinculadas a la Academia, sino por abogados pertenecientes a firmas de abogados, quienes desarrollan actividades de trabajo probono en Colombia y que quieren formar parte de los esfuerzos que la Academia viene haciendo por incorporar el probono a su quehacer diario y, además, a las iniciativas en defensa del interés público, como lo es esta publicación. Consideramos de especial importancia este aporte, pues permite evidenciar los avances que en materia de probono se han dado en Colombia.

El esfuerzo que se ha realizado con esta publicación, que reúne cerca de cuarenta escritos, es muestra de la intención que existe de parte de la Academia por fortalecer el trabajo de las clínicas jurídicas y el trabajo probono en América Latina, realidad palpable en la realización de publicaciones que permitan entrever conclusiones conjuntas sobre los desafíos, retos y oportunidades que se dan en la materia. Por esta razón, esta clase de resultados de investigación seguirán teniendo una finalidad especial en el desarrollo y promoción de nuestros objetivos en el interior de la sociedad y como universidad de docencia, investigación y extensión.

Siempre será una constante en nuestra labor, el desarrollo de espacios que permitan incidir en el crecimiento y fortalecimiento del modelo de educación legal clínica y el trabajo probono. Por ello, con los aportes prácticos y teóricos que se pueden consultar en este libro, esperamos contribuir a fortalecer la capacidad de respuesta a las necesidades de nuestras sociedades y clarificar nuestros propósitos y estrategias a la hora de abordar las diferentes temáticas que se conocen en ambos escenarios.

Aprovechamos para agradecer la labor realizada por las diferentes universidades y organizaciones que han apoyado esta iniciativa, que se reúnen en la Red Latinoamericana de Clínicas Jurídicas y en la Red ProBono Internacional y tienen sede en Argentina, Chile, Colombia, Ecuador, España, Estados Unidos, México, Panamá, Perú, Portugal, República Dominicana y Venezuela. Esperamos que este texto les permita abordar nuevas perspectivas y oportunidades sobre la labor que realizan las clínicas jurídicas, las firmas de abogados y las organizaciones sociales, lo que nos permitirá seguir creciendo en el logro de nuestros fines sociales.

Capítulo introductorio

Avances en los lineamientos para la construcción de un modelo de educación legal clínica en América Latina

Pilar Murcia Méndez*
Beatriz Londoño Toro**

Este capítulo presentará en contexto y desde una doble mirada disciplinar, los avances que se identifican en la labor de las clínicas jurídicas participantes en el encuentro "El Abogado del Siglo XXI", realizado en la Universidad del Rosario en agosto del 2014.

Se trata de una lectura en clave pedagógica de las ponencias que se seleccionaron para conformar este libro, pero además se incluyen las reflexiones que permiten enmarcarlas en las teorías vigentes para el trabajo en educación superior y en los nuevos retos que se asumen como paradigmas de lo que podrá ser la educación jurídica y su impacto social en Iberoamérica.

* Psicóloga con especialización en Gerencia de Recursos Humanos de la Universidad de Los Andes. Magíster en *e-learning Internacional,* en Educación y TIC de la Universidad Oberta de Cataluña y con estudio doctoral en curso. Jefe de Innovación Pedagógica, Centro de Enseñanza Aprendizaje (CEA), Universidad del Rosario.

** Abogada de la Universidad Pontificia Bolivariana de Medellín, con especialización en Derecho Constitucional y Ciencia Política del Centro de Estudios Constitucionales de Madrid. Doctora en Derecho de la Universidad Complutense de Madrid. Directora del Grupo de Investigación en Derechos Humanos de la Universidad del Rosario.

Introducción: las tendencias universitarias en el siglo XXI

Los cambios sociales, productivos y tecnológicos en el ámbito global exigen a las instituciones de educación superior realizar ajustes que les permitan competir en entornos cada vez más dinámicos e innovadores. Esta nueva sociedad plantea retos como la exigencia de mayor cobertura, responder a nuevas y permanentes necesidades de formación, de investigación y de inserción en procesos productivos y sociales. Estudios recientes hacen referencia a importantes desafíos, entre los cuales destacamos los siguientes:

- Desarrollar programas caracterizados por la calidad y la flexibilidad[1] que permitan la adaptación a diferentes estilos y formas de aprendizaje;
- Aprovechar recursos y redes disponibles por diferentes medios (incluidos los apoyados con tecnologías de información y comunicación [TIC]);
- Integrar a los estudiantes en los procesos de creación y producción de conocimiento. Esto exige cambiar el modelo tradicional de enseñanza, propiciando cambios en el rol del profesor y en el de los estudiantes;
- Propiciar innovaciones en las prácticas educativas para que sean más pertinentes y eficaces;
- Desarrollar mediaciones que faciliten la construcción de conocimientos significativos y la propuesta de nuevas preguntas pertinentes en el contexto global y particular para mejorar la calidad de vida de todos, en un concepto amplio de ciudadanía; y
- Generar evaluaciones para favorecer el aprendizaje y el conocimiento del proceso cognitivo de cada estudiante (Brunner, 2000; Unesco, 1998, y 2013; Informe Horizon, 2014).

Por ello, la Organización de las Naciones Unidas para la Educación, la Ciencia y la Cultura (Unesco, en su acrónimo en inglés), en su Declaración Mundial sobre Educación Superior en el Siglo XXI (1998, p. 1) señala: "en

---

[1] "Flexibilidad entendida como la opción de ofrecer a los estudiantes la posibilidad de elegir cómo, qué, dónde, cuándo y con quién participan en las actividades de aprendizaje" (Collis y Moonen 2011, p. 15).

un mundo en rápido cambio, se percibe la necesidad de una nueva visión y un nuevo modelo de enseñanza superior, que debería estar centrado en el estudiante [...] con renovación de los contenidos, métodos, prácticas y medios de transmisión del saber, que han de basarse en nuevos tipos de vínculos y de colaboración con la comunidad y con los más amplios sectores de la sociedad".

Estos retos se enmarcan en espacios que superan la tradicional aula de clase y se trasladan a espacios cotidianos de las personas, donde la información se encuentra actualizada y asequible y el conocimiento y el saber están en todos. A pesar de ello, hay que saber qué buscar, dónde encontrar, saber discernir qué es lo importante, pertinente y apropiado a nuestra necesidad y, sobre todo, cómo lo vamos a usar para nuestro beneficio y el de los demás.

Este paradigma se fundamenta en la comprensión de todos los miembros de las comunidades educativas como aprendices que buscan, seleccionan, construyen y comunican conocimiento. Por tanto, hay un cambio en los roles tanto de profesores como de estudiantes.

El profesor, siendo un experto en su disciplina, deberá ser un motivador, un organizador y facilitador en la construcción del conocimiento de los estudiantes, en la indicación de la aplicación de este en diferentes contextos, en la creación de condiciones que faciliten el proceso y en ser un mediador entre ellos y los contenidos, fuentes de información, redes de conocimiento, etc.

Este papel se desempeña desde una perspectiva de respeto para cada miembro, sus características, tiempos y estilos de aprendizaje, promoviendo "procesos de análisis, síntesis, diálogo y reflexión sobre materiales de estudio, indagación, discusión y confrontación de posiciones teóricas y metodológicas, lecturas interpretativas de la realidad, críticas argumentadas, compromisos con una disciplina intelectual y responsabilidad con su quehacer, acciones que exijan articulación de teoría y práctica, formulación de interrogantes y elaboración de planteamientos y proyectos para abordar problemas y temas de desarrollo" (Universidad del Rosario, 2014).

Por su parte, los estudiantes que provienen de diferentes entornos educativos, culturales y regionales tienen su propio estilo de aprendizaje. En su mayoría están familiarizados con herramientas y ambientes tecnológicos, son capaces de desarrollar múltiples acciones de manera paralela y poseen habilidades ya arraigadas para la búsqueda, la utilización y el procesamiento de información. A ellos les corresponde ser actores responsables de su proceso de aprendizaje y realizar esta tarea de forma autónoma y respetuosa, bien sea en el desarrollo de actividades individuales, o bien sea realizando labores colaborativas, las cuales requieren acompañamiento del profesor y el ajuste de metodologías que las propicien.

Por tanto, las metodologías, las estrategias y los recursos que se utilizan en el proceso de aprendizaje también exigen cambios. Para poder responder a estos requerimientos, deben crearse nuevas experiencias de aprendizaje mediante la incorporación de nuevas lógicas, nuevas estrategias y nuevos recursos educativos que estén centrados en el estudiante —preferiblemente en ambientes de trabajo colaborativo— y que permitan aprendizaje activo y significativo para todos, como se verá posteriormente.

De acuerdo con la Unesco (2013), el proceso de construcción de este nuevo paradigma educativo requerirá considerar tres condiciones para su éxito:

a) Centralidad de los estudiantes "con sus características, intereses, condiciones, expectativas y potencial, de manera de transformarse en un espacio de desarrollo e integración para cada uno de ellos, personalizando de la oferta educativa" (p. 32)
b) Alineamiento con los requerimientos de la sociedad del conocimiento y su entorno, a fin de promover sociedades inclusivas, participativas y equitativas.
c) Integralidad e implementación sistémica que se focalice en los resultados de aprendizaje, tanto de los contenidos como en el desarrollo de habilidades y competencias más amplias como las denominadas de orden superior (análisis, síntesis y argumentación) o las consideradas básicas para desempeñarse laboralmente en el siglo XXI (posibilidad de trabajo colaborativo, creatividad, resolución de problemas, entre otras).

La hipótesis que intentaremos demostrar en este trabajo es que la educación legal clínica es un modelo en construcción a nivel internacional que se ajusta a las nuevas exigencias de la Unesco y que en América Latina surge en los años noventa como una alternativa de enorme potencial social (a través del litigio de interés público, el trabajo de *street law* y el trabajo probono), gran impacto pedagógico (a través de los elementos del modelo que se construye) y con incidencia en nuevos proyectos de investigación jurídica y sociojurídica basados en estudios de caso. De las tres aristas de este sistema, en este capítulo introductorio solo vamos a analizar el impacto pedagógico. Los demás elementos pueden ser observados en profundidad a través de los casos y la descripción del trabajo clínico que realizan los profesores en las ponencias que conforman el libro.

1. El concepto de modelo pedagógico

Un modelo es una herramienta conceptual desarrollada para entender mejor algo, es la representación del conjunto de relaciones que describen un fenómeno. Un modelo pedagógico es una representación de las relaciones que predominan en la experiencia de enseñar y recoge la teoría pedagógica predominante en dicho proceso. Tal como lo manifiesta Flórez (1999), hace referencia a la "interrelación entre los eventos externos de organización de la información y los procesos cognitivos internos".

Debe responder de manera sistemática y coherente al menos a estos cinco parámetros, los cuales solo se comprenden como una variable que asume diferentes valores dependiendo del enfoque pedagógico que la define. Asimismo, cada uno de dichos parámetros es determinado por su relación con los demás y no de manera aislada. Estos son:

1. Las *metas* o propósitos de formación, que en este caso superan el concepto de adquisición de conducta, para llegar al desarrollo de competencias.
2. El *concepto de desarrollo* humano, donde el aprendizaje puede ser concebido como un proceso genético espontáneo, natural, interior y autodirigido, o como un proceso de aprendizaje inducido desde afuera.
3. Los *contenidos* y su secuencia, la cual identifica qué enseñar y depende de la naturaleza de la ciencia.
4. La *relación entre los actores: profesor-estudiante,* que puede ser concebida como aquella que está centrada en el profesor, hasta considerarla como una relación de construcción colectiva de conocimiento, donde de manera horizontal se respetan los saberes individuales.

Los cambios en esta relación dependen de la forma como se consideren los roles de los actores participantes en el proceso.

5. El *parámetro técnico-pedagógico o modelo didáctico,* que incluye los métodos[2] y las técnicas de enseñanza-aprendizaje,[3] los recursos o ayudas didácticas y la forma como se hace la evaluación. ¿Cómo logramos que se dé un aprendizaje? La respuesta varía si la enseñanza está centrada en los contenidos o en el estudiante.

Dependiendo de las concepciones institucionales o de grupo, el modelo va desde ser tradicional, pasando por modelos conductuales, románticos, desarrollistas o sociales cognitivos. Esta relación dinámica, que en su parte didáctica tiene actividad propia, se representa gráficamente en la figura 1.

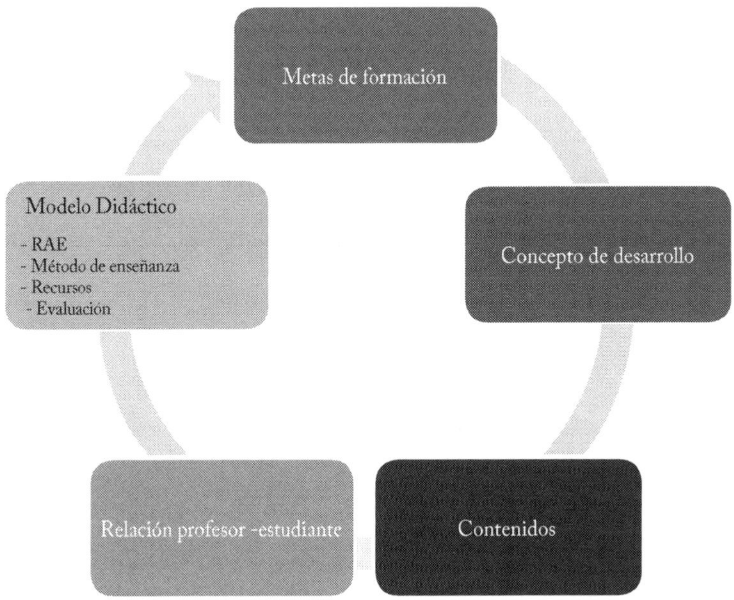

Figura 1. ¿Cómo logramos que se dé un aprendizaje?

Fuente: elaboración propia

---

[2] Método es la "herramienta con la que el objeto de estudio es trabajado por parte del aprendiz para que adquiera reconocimiento" (Servicios Educativos de Colombia [Secol], 2007).

[3] Considerados como procesos integrales del individuo que involucran no solo el ámbito cognitivo, sino también el afectivo, social, psicomotor y de valores.

2. ¿La educación legal clínica es un método o un modelo?

Si examinamos lo que ha ocurrido con los programas de Derecho en la región iberoamericana en el último decenio, encontramos que diversos organismos han realizado esfuerzos académicos, institucionales e informes con respecto a la situación de la educación jurídica. Las preocupaciones se centran en aspectos como la grave incidencia del formalismo jurídico en los procesos y resultados de formación de los estudiantes de Derecho.

De igual forma, se resalta la desconexión curricular entre teoría y realidad social, entre los procesos de aprendizaje y su práctica, y una enorme resistencia de la comunidad académica a los cambios. A esto se suman grandes debilidades en materia de internacionalización, carencia de formación para la investigación y ausencia de un enfoque de derechos humanos, ética y responsabilidad profesional.

En relación con la educación legal clínica, los debates giran en torno a si se trata de un verdadero modelo pedagógico o si solamente es una didáctica o método de trabajo en el aula. Al examinar los aportes de los profesores y estudiantes participantes en el seminario, se observa cómo el modelo de educación legal clínica en Iberoamérica tiene muchos de los elementos señalados como parte de un modelo pedagógico, pero en la práctica quedan elementos por construir y mejorar. Únicamente a través de un trabajo interdisciplinar que involucre equipos de abogados, pedagogos y otros profesionales de las ciencias sociales, se podrían construir propuestas que permitan una reflexión crítica y avances significativos en el modelo actual.

> Así, se ha entendido en Colombia que las clínicas son una estrategia innovadora para la enseñanza práctica del derecho (Vásquez-Santamaría, 2008). Dentro de esos aspectos innovadores se incluyen la relación práctica-teoría, compromiso social, interdisciplinariedad, litigio estratégico, interés público, población vulnerable, acciones constitucionales, entre otros. Y metodológicamente podría afirmarse que la EACD se soporta en la conjunción de las bondades de los presupuestos de los modelos autoestructuralistas, heteroestructuralistas y la andragogía. (Molina-Saldarriaga *et al.*, 2014)

A continuación se presentan algunos de los elementos pedagógicos presentes en el modelo en construcción. Muchos de ellos hacen referencia a estrategias didácticas en la enseñanza del derecho mirada desde la perspectiva docente, pero es innegable que por su naturaleza aportan a las otras funciones sustantivas de la universidad: la investigación y la extensión. Se concluye que en Colombia las clínicas jurídicas han manejado estos tres ejes misionales y se han orientado hacia "la garantía del acceso a la justicia y derechos de rango constitucional a poblaciones en condiciones de vulnerabilidad o tradicionalmente marginadas" (Molina-Saldarriaga *et al.*, 2014). Mirando más en detalle dicho ejercicio, encontramos que:

> La enseñanza-aprendizaje se concibe como un continuum complejo que involucra diferentes elementos como el ser, el saber, el hacer y el saber hacer, mediante la acción-participación e involucramiento de los estudiantes y docentes en la praxis del Derecho; nos referimos a las diferentes formas y niveles de articulación de la teoría con la práctica de los saberes en las culturas jurídicas.
>
> Para el cumplimiento de este propósito la clínica se despliega por medio de facetas misionales que, desde luego, pueden ser analizadas separadamente en abstracto, pero que solo cobran un sentido integral y completo por medio de su articulación en lo concreto. Nos referimos en especial a la articulación de: a) la enseñanza-aprendizaje del derecho por medio de actividades académicas teórico-prácticas (materias teórico-prácticas) asociadas a las líneas de intervención priorizadas por la Clínica, b) las actividades de extensión y capacitación a la comunidad como un componente de proyección social del saber y un vehículo constante de retroalimentación de los procesos de la clínica y c) la investigación socio-jurídica con base en diversas metodologías de acción-participación. (Orozco *et al.*, 2014)

3. Aportes desde la Academia en la construcción del Modelo de Educación Legal Clínica para Iberoamérica

En esta sección hacemos una reflexión general sobre las principales características de la implementación de los modelos pedagógicos y su correlación con el trabajo que se lleva a cabo en las clínicas jurídicas iberoamericanas, a partir de los escritos de sus profesores y estudiantes.

Los conceptos que se desarrollan y ejemplifican a continuación son los de formación integral, aprendizaje activo, aprendizaje constructivo, aprendizaje autorregulado, aprendizaje significativo y aprendizaje servicio. En este recorrido se identifican las principales fortalezas del trabajo clínico, pero también sus desafíos.

3.1. Formación integral

La formación integral se entiende como aquella que promueve el desarrollo de las dimensiones espiritual, cultural, intelectual, psicosocial y física del ser humano. Implica la formación ética y en valores que privilegie cada institución universitaria, en un marco de responsabilidad social que les permite a los estudiantes hacer valer sus derechos y desempeñar sus deberes a cabalidad. En términos generales, busca promover, entre otros:

- El análisis y la comprensión de las realidades sociales, políticas, culturales, ambientales y económicas de la sociedad.
- La autonomía, "considerada como la capacidad para decidir de manera independiente y razonada, pensar de manera crítica y creativa, actuar libremente y con dominio de sí".
- La honestidad y la responsabilidad personal y profesional, "que convergen en la integridad y transparencia, como factores esenciales para la generación de confianza" (Universidad del Rosario, 2014).
- El respeto por el conocimiento, por los derechos de quienes lo han generado.
- La interdisciplinaridad, el pluralismo y el respeto por la diversidad.

Al examinar los avances hechos en materia de educación legal clínica, se concluye que "lo cierto es que se evidencia una apuesta por una formación integral dirigida a hacer a la persona humana consciente de las dinámicas políticas, sociales y económicas, tanto actuales como históricas, que informan el funcionamiento de su sociedad nacional y de la sociedad global. Se trata en definitiva de promover el desarrollo de individuos conscientes, capaces de analizar autónomamente dichas dinámicas, y de contribuir a la sociedad de su tiempo mediante la expresión asertiva del resultado de su propia evaluación" (Olasolo, 2014), con elementos muy valiosos como el pensamiento crítico, el abordaje de la incertidumbre y la complejidad y la educación centrada en el estudiante.

3.2. Aprendizaje activo

Es aquel en el cual todos los estudiantes son protagonistas de su proceso de aprendizaje (autoestructuralismo), en experiencias que implican actividades más allá de escuchar y conllevan participar en simulaciones, discusiones, entrevistas, proyectos, análisis de casos y, lo más importante, reflexionar acerca del proceso.

De acuerdo con el denominado "cono de aprendizaje", de Edgar Dale, es muy poco lo que los estudiantes retienen después de dos semanas con enseñanza tradicional (figura 2).

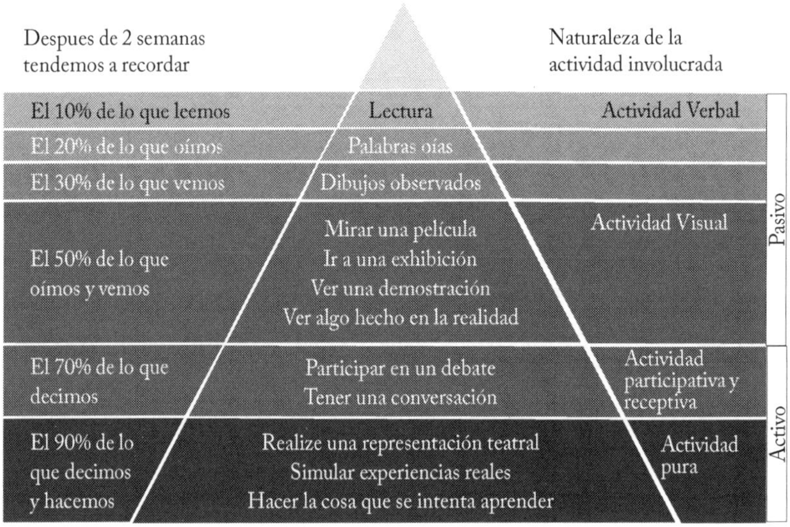

Figura 2. El cono del aprendizaje de Edgar Dale

El cono del aprendizaje describe una experiencia de aprendizaje multidireccional en la cual se produce el aprendizaje profesor-alumno, alumno-profesor y estudiante a estudiante. Se puede decir que es un enfoque para la enseñanza en el cual los estudiantes se involucran también con los contenidos a través de experiencias de aprendizaje: de entrada, proceso y salida, donde se pueden adoptar innumerables estrategias. Silberman (1996) explica que el aprendizaje viene "en olas", a través de repetidas exposiciones de diferentes tipos participación, con múltiples sentidos, y si es activo "el alumno está buscando una respuesta a una pregunta, algo de información para resolver un problema o una manera de hacer un trabajo".

Una actitud por parte de estudiantes y profesores que hace que el aprendizaje sea efectivo, al estimular hábitos de vida, llevándolos a pensar en cómo y en qué están aprendiendo para que asuman progresivamente la responsabilidad de su propia educación. Tal vez, la mejor manera de pensar en el aprendizaje activo es centrarse en los procesos de aprendizaje y no en los productos de aprendizaje, focalizándose en el aprendiz.

El tema que nos ocupa es una metodología activa, pues a partir de un caso real[4] que se da en un contexto social (sea litio estratégico o no), el cual tiene implicaciones estructurales y colectivas, hay una situación problema donde el estudiante asume un rol e interactúa con otros estudiantes, no solo en la identificación del problema, sino también en la selección y sistematización de información pertinente, el planteamiento colaborativo de estrategias de solución y el análisis con profesionales de otras disciplinas. Ello implica que desarrolle actividades propias de su ejercicio como abogado (redactar, exponer, argumentar, etc.). De acuerdo con Abramovich (1999), busca proveer al estudiante de técnicas de análisis y ciertas destrezas profesionales que sirvan de medios para aprender de su propia experiencia", con una obligatoria reflexión sobre la responsabilidad social de su carrera.

En este sentido, el aprendizaje activo se facilita con estrategias puntuales como el *análisis de caso* que, en este ámbito, se da al estudiar y actuar desde las fases que debe trabajar el estudiante para actuar en cada etapa del proceso (aplicando conocimientos en situaciones reales). Tiene como ventaja adicional activar conocimientos previos (teóricos o prácticos) del estudiante. Normalmente, se elabora una base de conocimiento apropiado para aplicar, creando asociaciones que le permitirán al estudiante utilizar este conocimiento en nuevos contextos. Asimismo, se apoya el desarrollo de habilidades analíticas (definir, diagnosticar, analizar acciones y ofrecer soluciones justificadas) de observación y escucha, de interacción y de toma de decisiones.

Adicionalmente, se facilita el *aprendizaje colaborativo*, en cuanto se enriquece el proceso de construcción a partir de la interacción con otros estudiantes pares, con quienes muy probablemente comparte un desarrollo similar en las estructuras cognitivas y en la significación que tienen los

[4] En el caso los estudiantes construyen su aprendizaje a partir del análisis y discusión de experiencias, aplicando los conocimientos teóricos en ambientes prácticos.

contenidos. Con estas estrategias "se ha encontrado que los estudiantes aprenden más, recuerdan por más tiempo el contenido, desarrollan habilidades de razonamiento superior y de pensamiento crítico y se sienten más confiados y aceptados por ellos mismos y por los demás" (Millis, citado por Barkley, Croos y Howell, 2007). Springer, Stanne y Donovan, así como Cabrera (citados por Barkley, Croos y Howell, 2007) sostienen que mejora el rendimiento académico y las actitudes y que los estudiantes están más satisfechos y perciben un mayor desarrollo personal.

En las sesiones de trabajo de las clínicas jurídicas se reflexiona, se analiza, se cuestiona, se debate y se proponen estrategias para asumir y resolver los problemas jurídicos objeto de estudio. "De tal suerte que la promoción, fortalecimiento y consolidación del trabajo en equipo es una de las primeras competencias profesionales que desarrolla la EACD" (Molina-Saldarriaga, 2014).

3.3. Aprendizaje constructivo

De manera complementaria, se da este tipo de aprendizaje que asume una modificación en las estructuras cognitivas o esquemas de conocimiento de los aprendices, que se consigue mediante la realización de determinadas operaciones cognitivas, normalmente en situaciones reales que permiten aprender-haciendo. En el litigio, por defecto, el saber se construye de forma multidisciplinar, a partir de conocimientos previos aplicados en un contexto específico.

Como ejemplos exitosos se puede mencionar cómo han surgido recientemente clínicas sobre violencia de género y clínicas contra la trata de personas. De estas experiencias, quienes las lideran plantean valiosos resultados del aprendizaje:

> Si bien la Clínica Jurídica de la Universidad de Nariño es una iniciativa reciente y en proceso de fortalecimiento institucional, actualmente se constituye en un espacio idóneo para el aprendizaje del Derecho desde posturas y paradigmas incluyentes y humanizadores conforme a la normatividad educativa internacional y a las necesidades del contexto sociocultural del departamento de Nariño.
>
> La Clínica Jurídica como una estrategia alternativa para el aprendizaje crítico y no tradicional del Derecho, resulta también

> una estrategia pedagógica fundamental para la adquisición de competencias dirigidas a la formulación de un "análisis de género del fenómeno legal"[5] buscando afianzar el ejercicio del Derecho desde la perspectiva de género. (Goyes, 2014)

En la ponencia del profesor Pérez se mencionan aportes significativos de la Clínica contra la Trata de Personas, entre otros que "Los estudiantes que colaboran con la Clínica de Interés Público adquieren experiencia y conocimiento práctico como parte de sus estudios y sus carreras. Idealmente, desarrollarán un dominio en esta área de la ley y se comprometerán a hacer este tipo de trabajo como profesionales, mientras llenan un vacío existente en el mercado legal de esta región" (Pérez, 2014).

Desde "el constructivismo se postula la existencia y prevalencia de procesos activos en la construcción del conocimiento: se habla de un sujeto cognitivo aportante, que claramente rebasa a través de su labor constructiva, lo que le ofrece su entorno. De esta manera, según Rigo Lemini (1992) se explica la génesis del comportamiento y el aprendizaje, lo cual puede hacerse poniendo énfasis en los mecanismos de influencia sociocultural (expuesto por Vigotsky), socio-afectiva (expuesto por Wallon) o fundamentalmente intelectuales y endógenos (expuesto por Piaget)" (Días- Barriga y Hernández, 2002, p. 25).

Dicho proceso de construcción, que se resume en "Enseñar a pensar y actuar sobre contenidos significativos y contextuados", implica un proceso de elaboración. El estudiante selecciona, organiza y transforma la información que recibe de muy diversas fuentes; establece relaciones entre esta información y sus ideas o conocimientos previos, atribuyendo un significado; construye una representación mental (imágenes o proposiciones verbales) o un modelo explicativo que se incorpora en forma sustantiva en su estructura cognitiva y le da sentido a su aprendizaje (en palabras de Ausubel).

Esta construcción depende de los conocimientos previos y de la representación que se tenga de la nueva información, o de la actividad o tarea por resolver, y de la actividad externa o interna que el aprendiz realice al respecto.

---

[5] Concepción abordada por la abogada feminista Alda Facio en su libro *Cuando el género suena cambios trae.*

3.4. Aprendizaje autorregulado

Exige un proceso como el que ofrece la metodología expuesta en este texto, de acompañamiento y retroalimentación permanente que permita la reflexión sobre motivaciones, actividades y formas de aprender. Así, el estudiante autoevalúa los resultados de su aprendizaje y fortalece la capacidad de ajustar sus estrategias y metas para conseguir los aprendizajes deseados.

En la ponencia de la doctora Olea se encuentra una propuesta interesante en materia de evaluación del trabajo en la clínica:

> Los alumnos son evaluados a partir de la revisión de sus carpetas en dos oportunidades durante el semestre. Los criterios de evaluación son: definición y ejecución de una estrategia jurídica, orden de la carpeta, relación profesional con los representados, eficiencia en el desarrollo de las gestiones a su cargo. Adicionalmente la profesora y los ayudantes los evalúan en función del trabajo realizado bajo la supervisión de cada uno de ellos antes de las revisiones de carpetas. Al finalizar el curso los alumnos deben presentar un examen final ante el resto del curso consistente en la presentación de un caso en el que trabajaron en el semestre, analizando la estrategia desarrollada y las lecciones extraídas de su trabajo.
>
> Un elemento complementario y necesario es la existencia y aplicación de un reglamento que apoye la enseñanza clínica mediante la exigencia del compromiso y trabajo de los alumnos, y la sanción por faltas graves a su deber de diligencia en el trabajo. La continua exigencia del equipo docente a los alumnos garantiza que se mantenga la calidad e intensidad del trabajo durante el semestre. (Oléa, 2014)

En las clínicas iberoamericanas aún es escasa la reflexión sobre este componente del proceso. Se aplican en forma intuitiva sistemas de evaluación, muchos de los cuales parten de la autoevaluación o de rúbricas que identifican el proceso del alumno. Un reto hacia el futuro es asumir con mayor profundidad este tema.

3.5. Aprendizaje significativo

El estudiante le da sentido a lo que aprende, en cuanto que lo conecta con situaciones, experiencias y conocimientos previos. Las clínicas ejemplifican en forma muy clara lo que es de gran interés y valor para los estudiantes y constituyen un excelente espacio para integrar conocimientos y saberes. La profesora Olea lo sintetiza en forma excelente al señalar que las clínicas: "ofrecen retroalimentación permanente sobre el proceso de aprendizaje de los alumnos y la calidad de la enseñanza impartida; y permiten interpelar comunidades jurídicas atrapadas en el formalismo y estancadas en el desarrollo de áreas particulares del derecho" (Oléa, 2014).

3.6. Aprendizaje-servicio

El aprendizaje-servicio enlaza dos conceptos complejos: acción comunitaria, el "servicio" y los esfuerzos por aprender haciendo, conectando lo que de ella se aprende con lo que se sabía.

Busca que los participantes actúen, no en términos de caridad, sino desde una perspectiva más amplia, como la justicia y política social, que les permita entender las causas y realizar acciones que las eliminen (Bloch, 2013). La Pontificia Universidad Católica de Chile lo define como una metodología pedagógica basada en la experiencia solidaria, en la cual estudiantes, docentes y miembros de una institución comunitaria o pública trabajan juntos para satisfacer una necesidad de una comunidad, integrando y aplicando conocimientos académicos. Este esfuerzo se enmarca dentro de una visión más amplia, que es la de fomentar una formación de profesionales que sean socialmente responsables y trabajen por la búsqueda de justicia social.

En la encuesta que se realizó a estudiantes de las clínicas se concluye que "los estudiantes recomiendan que las clínicas [...] en realidad se enfoquen en trabajo social a la población más vulnerable del país, en sitios donde la capacidad de acceso a un defensor es prácticamente nula, y donde en realidad se ven casos de interés general". De igual forma, se deben "Articular los trabajos de las clínicas en torno a las principales problemáticas del país" y hacer una reflexión profunda sobre el significado del "litigio de alto impacto y la forma de realizarlo" (León, 2014).

Esto conecta con la experiencia como fundamento del aprendizaje basado en la intencionalidad de la reflexión que posibilite el aprendizaje. El modelo de Kolb (1984) indica que tiene cuatro fases: experiencia concreta, reflexión en la experiencia, síntesis y conceptualización abstracta y experimentación activa.

Así, implica el desarrollo de competencias entre las cuales se incluye el pensamiento crítico, las habilidades de comunicación, el liderazgo y un sentido de responsabilidad cívica.

Para la profesora Mascareño, "El servicio que las clínicas brindan a la comunidad y más específicamente a grupos sociales socialmente excluidos, reconociéndoles su derecho de acceso a la justicia, establece una valiosa relación entre la institución universitaria y la comunidad en la que está inserta, permitiendo que la universidad deje de considerarse como un centro formador de élites y sea reconocida como una institución progresista del bienestar social. La brecha entre derecho y realidad se va a acortar en la medida que el concepto de interés público se inserte en la esfera de la educación jurídica" (2014, p. 36).

Conclusiones

Las nuevas tendencias universitarias plantean grandes desafíos en materia de innovación y mediación pedagógica del docente, centrándose en los estudiantes como eje del proceso y con apoyo de recursos y criterios de excelencia y calidad. La renovación incide igualmente en el impacto que la educación superior debe tener en su entorno social.

De la revisión de los documentos que presentan las clínicas jurídicas iberoamericanas se puede concluir que la educación legal clínica es un modelo en construcción a nivel internacional y que se ajusta a muchas de las nuevas exigencias de la Unesco. Se trata de una alternativa que fusiona las tres funciones misionales de la universidad: extensión, con un enorme potencial social derivado del litigio estratégico; docencia, con muchos avances en la construcción de un modelo pedagógico innovador para el área y con grandes potencialidades para el desarrollo de investigación.

En el modelo clínico jurídico se evidencian aportes en relación con procesos de formación integral, aprendizaje activo, aprendizaje constructivo, aprendizaje autorregulado, aprendizaje significativo y aprendizaje-servicio.

Es un reto para las redes nacionales e internacionales de clínicas profundizar en estos aportes, construir espacios de discusión e intercambio teórico sobre el modelo y propiciar escenarios multidisciplinares donde desde diversos enfoques se pueda avanzar, no solo en beneficio de los procesos de formación de los estudiantes de derecho, sino en nuevas estrategias para abordar la complejidad y diversidad de exigencias que implica el trabajo por la justicia social y los derechos humanos.

Bibliografía

Abramovich, V. (2009). *Cuaderno de Análisis Jurídico.* Santiago: Ed. Universidad Diego Portales, Serie "Publicaciones Especiales", Nº 9, "Defensa Jurídica del Interés Público".

Barkley, E.F., Croos K. P. y Howell Mayor, C. (2007). *Técnicas de aprendizaje colaborativo*. Ediciones Morata.

Bloch, F. (2013). *El movimiento global de clínicas jurídicas. Formando juristas en la justicia social.* Valencia (España): Tirant lo Blanch.

Brunner, J. J. (2000). Globalización y el futuro de la educación: Tendencias, desafíos y estrategias. En *Seminario sobre Prospectiva de la Educación en la región de América Latina y el Caribe* (pp. 1-35). Santiago de Chile: Unesco.

Collis, B. y Moonen Twente, J. (2011). Flexibilidad en la educación superior: revisión de expectativas. *Comunicar, 19* (37).

De Zubiría, J. (1997). *Modelos pedagógicos.* Bogotá: Editorial Fundación Alberto Merani.

De Zubiría, M. (1999). *Enfoques pedagógicos y didácticas contemporáneas.* Bogotá: Fundación Internacional de la Pedagogía Conceptual.

Díaz-Barriga, F. y Hernández Rojas, G. (2002). *Constructivismo y aprendizaje significativo estrategias docentes para un aprendizaje significativo.* México: McGraw-Hill.

Horizon Report (2014). *Edición Educación Superior 2014.* Recuperado el 23 de junio del 2015, de http://cdn2.hubspot.net/hub/332838/file-1233293429-pdf/2014-nmc-horizon-report-ES-Official.pdf?t=1406637112145.

Flórez Ochoa, R. (1999). *Evaluación, pedagogía y cognición.* Bogotá: McGraw-Hill.

Galvis Panqueva, A. H. y Pedraza Vega, L. C. (2013). *Desafíos del* e-learning *y del* b-learning *en educación superior: Análisis de buenas prácticas en instituciones líderes.* Recuperado en septiembre del 2014, de http://conectate.uniandes.edu.co.

Kolb, D. A. (1984). *Experiential Learning. Experience as the Source of Learning and Development.* Englewood Cliffs, N.J.: Prentice-Hall.

Servicios Educativos de Colombia (Secol) (2007). *Material del curso de Formación Básica en Procesos Andragógicos.* Bogotá.

Silberman, M. (1996). *Active Learning: 101 Strategies to Teach Any Subject.* Boston: Allyn & Bacon.

Universidad del Rosario (2014). *Proyecto Educativo Institucional.* Bogotá: Editorial Universidad del Rosario.

Unesco (1998). *La educación superior en el siglo XXI. Visión y acción.* Recuperado en junio del 2015, de http://unesdoc.unesco.org/images/0011/001163/116345s.pdf.

Unesco (2013). *Enfoques estratégicos sobre las TICS en América Latina y el Caribe.* Recuperado en junio del 2015, de http://www.eduteka.org/pdfdir/UNESCO_enfoques_estrategicos_sobre_las_TIC.pdf.

Parte I. Reflexiones desde la Educación legal clínica

1. Experiencias de educación legal clínica

1.1. Experiencias clínicas en género y trata de personas

1.1.1. ¿Para qué una clínica de interés público contra la trata de personas? Aprendizajes y perspectivas El caso de la Ciudad de México

Héctor Alberto Pérez Rivera*

Introducción

Las víctimas de la trata de personas alrededor del mundo, rara vez reciben representación independiente o legal dedicada enteramente a la protección de sus intereses. En la mayoría de los países, las víctimas de este delito son: 1) abandonadas legalmente, hasta cuando se haya iniciado acción judicial en contra de sus tratantes, o 2) aconsejadas sobre solamente una parte de, y no todos, los asuntos legales que enfrentan. Existen reportes que describen lo inadecuado que son las protecciones legales que el sistema criminal

* Licenciado por la Facultad de Derecho de la Universidad Nacional Autónoma de México, graduado con mención honorífica, diplomado por diversas universidades nacionales y extranjeras en temas de derecho internacional de los derechos humanos y acceso a la justicia. Se ha despeñando en diversas organizaciones civiles y cargos públicos relacionados con la defensa y promoción de los derechos humanos. Se destaca su participación en el equipo de representantes de las víctimas en el caso *González y otras* (Campo Algodonero), ante la Corte Interamericana de Derechos Humanos. Ha sido ponente en temas de derechos humanos de las mujeres y acceso a la justicia para la Oficina de la Alta Comisionada de Naciones Unidas para los Derechos Humanos, la Suprema Corte de Justicia de la Nación, el Gobierno Federal y la Comisión Americana Jurídico Social. Ha publicado diversos artículos académicos en la materia. Actualmente es coordinador de la Clínica de Interés Público contra la Trata de Personas del ITAM y la Universidad de Michigan y consultor de la Oficina de Naciones Unidas contra la Droga y el Delito en temas de violencia de género y seguridad pública.

judicial les brinda a las víctimas de la trata de personas. Los resultados de estas protecciones incluyen, por ejemplo, una víctima que espera afuera de una sala de justicia, en el mismo pasillo que el acusado de ser su tratante. Esta situación expone a la víctima a intimidación o a situaciones aún peores. Para combatir y remediar estas deficiencias, el Bufete Jurídico en Contra de la Trata de Personas de la Universidad de Michigan (HTC) y el Instituto Nexus trabajan en conjunto con el Instituto Tecnológico Autónomo de México (ITAM) para establecer un bufete jurídico piloto en contra de la trata de personas, que a partir de la experiencia permita generar un modelo de atención y representación legal a las víctimas de esta violación a los derechos humanos. Esto permitirá que las víctimas tomen decisiones informadas y obtengan resultados legales que beneficien sus intereses y, a la misma vez, promoverá el reconocimiento de principios legales y de los derechos humanos.

Así pues, la meta de este proyecto es desarrollar una clínica de interés público en contra de la trata de personas en México para las víctimas de este delito, que servirá como modelo para aumentar el apoyo y la defensa legal que reciben los afectados y para brindarles los servicios legales de abogados independientes. Dichos servicios podrán incluir acompañamiento en procedimientos judiciales, reunificación de familias y acceso a asistencia migratoria.

Las clínicas de interés público de las universidades están en una posición excepcional para combatir la trata de personas, pues sirven propósitos educacionales y de servicios comunitarios. Por lo general, un bufete jurídico de una escuela de derecho brinda servicios legales gratuitos a miembros de la comunidad que ordinariamente no tendrían acceso a representación de alta calidad. Los estudiantes que colaboran con la clínica de interés público adquieren experiencia y conocimiento práctico como parte de sus estudios y sus carreras. Idealmente, desarrollarán un dominio en esta área de la ley y se comprometerán a hacer este tipo de trabajo como profesionales, mientras llenan un vacío existente en el mercado legal de esta región.

En este documento se exponen las acciones que lleva a cabo la Clínica de Interés Público contra la Trata de Personas del Instituto Tecnológico Autónomo de México para llenar ese vacío, tanto en el aspecto de asistencia y representación legal —programa de defensa— como en aquellos relacionados con la incidencia en las instancias del poder público y los espacios de difusión para sensibilizar a la comunidad universitaria y a la población general en la problemática que atiende la clínica. Asimismo, se exponen las habilidades que se espera desarrollar en los estudiantes que participan en la clínica, así como el perfil que se espera de ellos.

1. ¿Es necesaria una clínica de interés público especializada en trata de personas?

Los delitos en materia de trata de personas constituyen una grave violación de los derechos humanos, perpetrada sobre todo contra mujeres, niñas y adolescentes, la cual además está directamente relacionada con la desigual distribución del ingreso y el acceso al poder, así como con la asimetría en las relaciones entre hombres y mujeres.

La trata de personas, considerada la esclavitud moderna, forma parte de los crímenes de la delincuencia organizada a nivel nacional e internacional, y puede afectar a cualquier persona, aunque con mayor incidencia a niñas, niños, jóvenes y mujeres. El Diagnóstico de Derechos Humanos del Distrito Federal retoma las cifras de la Organización Internacional del Trabajo (OIT), las cuales refieren que la trata de personas es el tercer negocio más redituable del mundo, después del tráfico de drogas y de armas, con ingresos estimados en 32 000 millones de dólares anuales. Se calcula que a nivel internacional 2,4 millones de personas que son víctimas de la trata trabajan en condiciones de explotación (Observatorio de Trata de Personas con fines de explotación sexual del Centro de Estudios Sociales y Culturales Antonio de Montesinos, 2011).

La trata de personas es un delito de los más rentables en México y en el Distrito Federal, debido a los altos índices de violencia, impunidad, revictimización, corrupción, narcomenudeo y feminicidios, entre otros. Actualmente es considerado el tercer negocio más lucrativo. Sin embargo, debido a su acelerado crecimiento y a las elevadas ganancias que genera, se está convirtiendo en el más lucrativo a nivel nacional y global. Las redes del crimen organizado y los cárteles de la droga, se aprovechan de la falta de oportunidades y las necesidades de las personas para inducirlas, engañarlas, seducirlas y obligarlas a trasladarse de su lugar de origen, con falsas promesas o por la fuerza (Observatorio contra la Trata de Personas con fines de Explotación Sexual en el Distrito Federal, 2012, p. 48).

La trata es una práctica delictiva, respaldada por las estructuras y las instituciones sociales que admiten y legitiman el uso de los seres humanos como mercancías transables. Estas estructuras aprueban prácticas que fomentan la esclavitud mediante concepciones misóginas sobre la sexualización de los cuerpos, el trabajo, las relaciones de poder asimétricas, la dominación y el sometimiento (Comité para la Eliminación de la Discriminación contra la Mujer, 2012). Como ya hemos señalado, este delito vulnera diversos derechos humanos de las víctimas, entre estos: la dignidad, la libertad y la igualdad en derechos y libertades fundamentales, que no son bienes que se puedan garantizar de acuerdo al interés aislado de cada persona. Es necesario que el contexto social en el que se vive esté organizado y sostenga esos mismos principios y derechos.

Los delitos en materia de trata de personas y los delitos relacionados con estos adquieren cada día mayor relevancia en el espacio local, regional, nacional e internacional. Sus consecuencias trastocan los ámbitos político, económico, social y cultural. Además, afectan indistintamente y de manera diferencial tanto a hombres como a mujeres, niñas, niños, adolescentes y personas adultas mayores, debido a las condiciones de vulnerabilidad a las que puedan estar expuestas, convirtiéndose en objetos significativos de consumo para el mercado sexual. Por lo tanto, las mujeres, niñas y adolescentes son sus víctimas más frecuentes. Las víctimas son principalmente aquellos que son considerados débiles y vulnerables, ya que son estos quienes más lo sufren, creyéndose que están a disposición de uno otro, quien los convierte en una mercancía de consumo para el placer de quienes tienen el poder adquisitivo para pagar el precio que se les pone a sus cuerpos (Bedolla Miranda, 1989).

Existe un amplio conocimiento sobre las actividades que involucran la trata de personas. Existen asimismo diversos instrumentos nacionales e internacionales que buscan solucionar esta problemática. Según la Organización Internacional de Migraciones (OIM), cuatro millones de personas son prostituidas contra su voluntad en todo el mundo. De ellas, el Fondo de las Naciones Unidas para la Infancia (Unicef, en su sigla en inglés) estima que más de dos millones son menores de edad. En México, 16 000 menores son sujetos de explotación sexual cada año y 85 000 son usados en pornografía. En 21 entidades, de las 32 del país, existe turismo sexual, según datos del Instituto Nacional de Estadística, Geografía e Informática y del Fondo Internacional para la Infancia (Organización Internacional para las Migraciones, 2011, p. 20).

De acuerdo con las anteriores consideraciones, se puede afirmar que, dados los patrones culturales, en los cuales el varón domina en todos los ámbitos sociales, el problema de la trata de personas no es sino el reflejo de la educación diferencial entre los sexos y su condición. Es importante comprender la trata de personas a partir de sus causas estructurales generadoras de tipo económico, social y político. Igualmente, es relevante relacionar los factores conexos de políticas públicas y gobernanza para el abordaje de los delitos en materia de trata interna y externa.

La interrelación entre los factores estructurales e inmediatos son temas importantes para entender por qué algunas personas son vulnerables a las redes del crimen organizado y, por lo tanto, a ser víctimas de trata. La conjunción de los factores mencionados permite explicar en dónde y por qué se producen las vulnerabilidades. En consecuencia, es importante comprender y explicar los factores estructurales de los delitos en materia de trata de personas en la Ciudad de México (Comisión Nacional de los Derechos Humanos de México [CNDH], 2009, p. 10).

La Ciudad de México es un lugar de origen, tránsito y destino, con alta incidencia de delitos en materia de trata de personas. Debido a ello, es necesario preguntarse cuáles son las causas estructurales de los delitos en materia de trata de personas en el Distrito Federal. Para ello es preciso responder a los siguientes cuestionamientos: ¿Qué es la trata de personas?, ¿cuáles son los delitos en materia de la trata de personas?, ¿cuáles son los tipos de trata de personas?, ¿cuáles son las personas mayoritariamente afectadas por estos delitos en la Ciudad de México?, ¿cuáles son las brechas entre hombres y mujeres en la Ciudad de México?, ¿de dónde son originarias las víctimas de delitos en materia de trata en el Distrito Federal?, ¿cómo es el fenómeno de la trata de personas?, ¿cuáles son los focos rojos de mayor presencia de trata en la Ciudad?

La trata de personas en la Ciudad de México es una problemática de múltiples causas, consecuencias y manifestaciones de esclavización, en explotación de la prostitución y otras formas de explotación sexual, trabajos o servicios forzados, reclutamiento para hacer parte de la lucha entre los cárteles de droga, establecimiento de relaciones filiales, comercio ilegal de órganos y transporte de droga: por deuda o por adicción.

En el caso de los delitos en materia de trata de personas con fines de explotación sexual comercial, deben crearse políticas de Estado que ataquen las causas de la existencia de la prostitución y las causas generadoras de la demanda de servicios sexuales que cosifican y objetivizan los cuerpos de las víctimas (Observatorio contra la Trata de Personas con fines de Explotación Sexual en el Distrito Federal, 2012, p. 48).

En este orden de ideas, el objetivo de las clínicas de interés público debe ser el litigio y el activismo estratégico en el ámbito nacional e internacional, para expandir derechos fundamentales e incidir en políticas públicas de alto impacto social (Carrillo, 2013, p. 39). Las clínicas de interés público trabajan con casos que los abogados de práctica privada generalmente no aceptan, porque aun tratándose de casos importantes, la mayoría de ellos no son muy lucrativos. Los casos de las víctimas de la trata de personas suelen clasificarse en esta categoría. Muchos de estos casos requieren representación legal, pero los abogados de la región no tienen los recursos necesarios para ocuparse de ellos. La falta de conocimiento en este ámbito legal complica la situación aún más.

Por estas razones, la temática de la trata de personas es ideal para una clínica de interés público, pues representa un problema generalizado en la sociedad, que requiere atención prioritaria por parte del Estado y no constituye un área de interés para los despachos privados, pues no les representa un beneficio económico, debido a que las víctimas difícilmente pueden costear una representación legal.

2. Las áreas de trabajo de la Clínica de Interés Público contra la Trata de Personas del ITAM

Las labores de la Clínica de Interés Público contra la Trata de Personas, aunque originalmente se pensó el proyecto como un espacio de representación y asistencia legal, se han diversificado, por las necesidades mismas del servicio que se brinda, en tres aspectos esenciales: 1) defensa y acompañamiento jurídico a víctimas; 2) incidencia en las instituciones del Estado; y 3) estrategias de difusión para sensibilizar y concientizar. A continuación se explican las experiencias y retos que se han enfrentado en estas áreas de acción.

2.1. Defensa: la selección de los casos y el perfil de los estudiantes

Como se señaló anteriormente, las clínicas de interés público suelen tener como enfoque principal el litigio y el cabildeo estratégico, para lograr la expansión del ámbito protector del derecho, así como una incidencia en políticas públicas en la materia. El litigio de interés público procura operar sobre el vínculo entre la esfera judicial y la política, a partir del reconocimiento constitucional de derechos y de los nuevos mecanismos procesales para la representación de intereses sociales. El planteo en el ámbito judicial de conflictos públicos o que trascienden lo individual intenta introducir temas en la agenda del debate social, cuestionar los procesos de decisión, los contenidos, sus potenciales impactos sociales y la implementación de políticas públicas.

En ocasiones, este tipo de litigio busca, ante la omisión estatal, activar procesos de toma de decisión de políticas de Estado o impulsar reformas de los marcos institucionales y legales que estas desarrollan (Centro de Estudios Legales y Sociales [CELS], 2008, p. 17).

A diferencia de la práctica privada del derecho, el litigio de interés público utiliza los mecanismos legales para incluir en la deliberación pública a quienes han quedado excluidos (Böhmer, 2013, p. 1).

Este enfoque debe ser el filtro de la selección de casos para una clínica de interés público, pero en una clínica especializada en trata de personas surgen diversas situaciones que deben valorarse antes de tomar un caso. La primera tiene que ver con la forma en que dichos casos llegan a la clínica.

Una víctima de trata de personas, por su situación de vulnerabilidad, difícilmente cuenta con las herramientas socioculturales necesarias para hacer valer sus derechos, pocas de ellas denuncian y muchas ignoran los servicios que el Estado y la sociedad civil tienen para ofrecerles. Entonces, ¿cómo llegan los casos a una clínica de interés público en una universidad privada?

A este respecto son fundamentales las alianzas estratégicas con organizaciones de la sociedad civil e instituciones públicas. En México, el vacío del Estado en la asistencia a las víctimas de trata de personas, que implica desde el refugio en su periodo de recuperación, la atención psicológica y médica, la búsqueda de oportunidades de reinserción social, ha sido llenado por organizaciones de la sociedad civil. Sin embargo, estas al tener un enfoque asistencial suelen no cubrir la representación legal de las víctimas. Esta representación, siendo la trata de personas un delito, es indispensable. Es allí donde la cooperación entre dichas organizaciones y la clínica de interés público se vuelve fundamental, pues unas tienen el resguardo de las víctimas que requieren la asistencia jurídica, mas no las capacidades operativas para brindarla. Ese es el servicio que ofrece el ITAM: asistencia jurídica de alto nivel que no representa ningún costo para las víctimas y las organizaciones que las apoyan.

Hoy en día, la Clínica de Interés Público del ITAM colabora activamente con las organizaciones Fundación Reintegra, Pozo de Vida y Camino a Casa, de origen cristiano, y con la Coalición Latinoamericana contra el Tráfico de Niñas y Mujeres (CATWLAC) y el Colectivo contra la Trata de Personas (AC), de orientación feminista. Esto genera la posibilidad de elegir los casos sin tener en cuenta un tinte ideológico o político, sino seleccionándolos de conformidad con criterios objetivos, teniendo en cuenta su posibilidad de impacto de interés público.

Sin embargo, no todos los casos que llegan por la vía de las organizaciones civiles cubren el perfil de los asuntos que debe llevar una clínica de interés público; es decir, las personas beneficiarias de la Clínica deben ser primordialmente aquellas cuyos problemas legales suelen ser representativos de violaciones sistemáticas a normas nacionales e internacionales de derechos humanos. De este modo, además de estas se puede beneficiar a otras perjudicadas por las conductas lesivas o las estructuras estatales denunciadas. Por medio de este litigio de ciertos casos "testigo" o paradigmáticos, lo que se busca es ampliar el beneficio a la población y a sectores sociales afectados.

El enfoque del "cliente" es distinto en una clínica de interés público que en la práctica privada. Las personas que son titulares de la legitimación activa en el caso deben estar conscientes de que su interés particular se utilizará como medio para la consecución de un fin público ulterior, por lo cual su consentimiento debe ser informado y el acuerdo con el personal que las representará legalmente debe ser muy claro en ese sentido (Böhmer, 2013, p. 11).

En el caso de las víctimas beneficiarias de la Clínica del ITAM, se busca que en sus casos se puedan documentar fallas en los sistemas de acceso a la justicia, desde los mecanismos de denuncia hasta el respeto de los derechos en el proceso penal y los aspectos de la reparación del daño.

Hoy México vive una etapa de restructuración del sistema legal. Tres reformas han impactado los medios de acceso a la justicia: la reforma penal del 2008, que busca implementar el sistema acusatorio-oral; la reforma constitucional en materia de derechos humanos, que representa el cambio de paradigma de un sistema constitucional cerrado a un bloque de constitucionalidad que integra al ordenamiento legal los derechos humanos reconocidos en instrumentos internacionales y exige a los jueces que apliquen el control de convencionalidad; y la reforma en materia de juicio de amparo, también del 2011, que amplía el ámbito de protección de la justicia constitucional, orientado en particular a la protección de los derechos humanos internacionalmente reconocidos, establece el interés legítimo sobre el interés jurídico y permite mayor equilibrio procesal entre las partes.

En este contexto, es labor prioritaria de la Clínica del ITAM que los casos que se tramitan puedan incidir en la utilización de las nuevas herramientas que proporciona el sistema legal, concientizando a los operadores del sistema de justicia de la necesidad de su utilización y generando nuevos criterios de aplicación en los más altos niveles del aparato judicial del Estado, con la presentación de demandas de amparo en las que se incluyan estándares internacionales de derechos humanos. Ello implica que desde el primer momento las víctimas/beneficiarias están de acuerdo con la estrategia legal y con la necesidad de llevarla hasta las últimas consecuencias legales.

¿Qué pasa entonces con los casos que no llenan el perfil de "interés público"? En esos supuestos se ofrece a las organizaciones acompañamiento y asesoría en el litigio de los casos. Se les comparte el *know how* de la estrategia legal de la Clínica, se asesora a las víctimas y se hace seguimiento a los casos, en el entendido de que la mayor parte de la representación deberán llevarla abogados de la propia organización, con la supervisión o asesoría de la Clínica, sin que esta asuma la representación total en los asuntos. Este puede ser un factor multiplicador de buenas prácticas jurídicas, sin llegar a saturar de trabajo al personal que colabora con la Clínica.

Justamente aquí surge otra cuestión: ¿Qué perfil se busca en los alumnos que integran la Clínica? La defensa de los derechos humanos es una especie de sacerdocio civil. Implica pasión y entrega, porque en cada caso están en juego altos valores humanos. Se tiene la responsabilidad de apoyar a una persona en el que quizá sea el peor momento de su vida. Entonces, el requisito fundamental que se espera del estudiante que integra la Clínica es la sensibilidad hacia el tipo de personas que atenderá. Que pueda sentir compasión por las problemáticas que estas enfrentan y la responsabilidad que tiene en cada palabra que les diga y cada acción que realice. Ello implica también una amplia disponibilidad de tiempo para realizar tareas en agencias de investigación y tribunales, habilidades en la redacción de escritos y en la investigación en diversas fuentes, para generar argumentos creativos, pues en muchos casos existen pocos precedentes legales que sustenten las acciones de la estrategia de defensa. A cambio, el alumno tiene la oportunidad de participar en la defensa de casos de alta incidencia social (que difícilmente verá en despachos privados), de ser supervisado en la práctica legal, de poder aportar ideas y estrategias en un equipo de trabajo receptivo y por lo general jerárquicamente horizontal, de conocer realidades más allá del aula y forjar un criterio jurídico basado en experiencias y no solo en un marco teórico o de laboratorio.

Los profesores de derecho que quieren promover entre sus alumnos habilidades que conlleven la formación de un criterio jurídico propio deben recurrir en general a la simulación de casos, para generar la necesidad de rebatir argumentos que la doctrina no incluye. Las clínicas resultan un espacio donde, naturalmente, se ejercitan estas destrezas.

Más allá de que no hay dos procesos judiciales idénticos, el recorrido histórico procedimental de los asuntos en la práctica privada hace que, al iniciar un caso nuevo, sean previsibles los pasos sucesivos que deben darse. En cambio, en los asuntos de la Clínica debe transitarse por caminos aún sin trazar, que irán descubriéndose sobre la marcha. Los trámites son complejos y cuando se obtienen resoluciones judiciales favorables, se suele requerir una etapa de ejecución de sentencia completamente diferente a la normal. Los estudiantes pueden participar en estas fases sucesivas de diseño de las reglas procesales, a medida que los litigios van progresando. Se convierten, de ese modo, en protagonistas del diseño institucional en que participan (Nino, 2013, p. 60).

Otro "canalizador" importante de casos para la Clínica es la propia autoridad, en el caso de la Ciudad de México la Fiscalía Especializada de Investigación en Materia de Trata de Personas. Aquí aparece una situación interesante: la clínica, al formar parte de una universidad, es decir, ser una institución académica y no una organización social, el Gobierno asume que no existe un interés de agenda política en el acercamiento a los casos, sino un legítimo fin de apoyo a las víctimas, que aunque debería ser brindado por el Estado, este se ve rebasado y debe confiarlo a otras instancias de apoyo, como en este caso lo es la Clínica. Hoy existen excelentes lazos de cooperación entre la Fiscalía y nuestro proyecto, lo que permite incidir en los procedimientos desde la etapa de investigación. Hay también apertura para hacer sugerencias y aportar medios de prueba que refuercen las indagatorias, asistir a la víctima desde el primer contacto con la autoridad y tener un panorama general del caso. Esto permite a la Fiscalía apoyarse en una institución independiente que sabe que reconocerá las buenas prácticas y señalará aquellas conductas que representen un perjuicio para las víctimas. La mejor forma de mantener la confianza de las instituciones es realizar un acompañamiento efectivo para las víctimas.

Una clínica que puede contar con aliados tanto en el Gobierno como en la sociedad civil cumple su misión, pues tiene mayor incidencia con los actores en los procesos de su interés, sin perder su visión independiente, crítica y de servicio social.

2.2. Incidencia legislativa y en políticas públicas

Debido a que los casos escogidos por la clínica suelen involucrar deficiencias estructurales de las instituciones públicas, su labor implica comprender adecuadamente el papel de estas en el diseño teórico y la diferencia de aplicarlo en la realidad. En ello reside la oportunidad única de plantear, a partir del ámbito académico, la distancia entre enfocar los temas con perspectiva dogmática e interpretarlos mediante un proceso complejo que debe cumplirse al enfrentar su puesta en práctica.

El prestigio que deviene de formar parte de una institución académica es un capital invaluable para la Clínica de Interés Público, pues el solo nombre de la Universidad abre espacios de participación que sería muy difícil alcanzar en otras circunstancias. Estas participaciones resultan muy provechosas para la enseñanza hacia los estudiantes.

Debido a que las problemáticas que se atienden en la Clínica implican a actores estatales de alto nivel, es natural que los estudiantes puedan presenciar los procesos de deliberación pública y de toma de decisiones estructurales, además de observar la interacción entre las distintas áreas de Gobierno. Apreciar las relaciones entre las partes en pugna, pero sobre todo entre miembros del Estado, resulta un aprendizaje difícil de conseguir en otro tipo de experiencia pedagógica.

El nacimiento de la Clínica de Interés Público contra la Trata de Personas del ITAM coincidió con el proceso deliberativo en el Poder Legislativo de la Reforma a la Ley General para Prevenir, Sancionar y Erradicar los Delitos en Materia de Trata de Personas y para la Protección y Asistencia a las Víctimas de estos Delitos. Dicha ley fue promulgada en junio del año 2012, sin embargo, algunos actores políticos advirtieron fallas en su parte técnica. Esto, en coyuntura con la entrada en vigor de la Ley General de

Atención a Víctimas y la inminencia de la promulgación del Código Nacional de Procedimientos Penales, que derogará los Códigos Procesales de los Estados, fue la razón de que en octubre del 2013 se presentara una de las aportaciones más reconocidas de la Clínica contra la Trata de Personas del ITAM: observaciones a la iniciativa de Reforma de la Ley General de Trata.

Se realizó así una serie de observaciones a la iniciativa de reforma, a petición de diversas organizaciones de la sociedad civil. La intención era que el ITAM aportara su prestigio académico y su postura técnica, además de la experiencia en la atención jurídica a las víctimas, para que sus observaciones no fueran tachadas por los legisladores como motivadas por intereses políticos, sino desde una postura crítica, basada en argumentos estrictamente técnicos. El éxito de este ejercicio, que se difundió entre diversos senadores, fue tal que constituyó la base del dictamen emitido por este órgano legislativo, tal y como se advierte en el Diario de los Debates del 12 de febrero del 2014, fecha en que se llevó a cabo la discusión parlamentaria sobre el tema.

Sin embargo, no todas las observaciones fueron tomadas en cuenta. De hecho solo prevalecieron aquellas que tenían que ver con aspectos procedimentales y con algunos principios generales. Ello llevó a que el mismo ejercicio se realizara con el dictamen de la iniciativa y que se comenzara el cabildeo con la Cámara de Diputados, donde este recayó. Al momento de escribir estas líneas, el debate legislativo está abierto y las observaciones de la Clínica se han entregado a varios diputados, quienes nos han citado a reuniones de trabajo para discutirlas y en su caso que sean parte de los elementos de discusión.[1]

Entre los instrumentos de política pública que prevé la normatividad de Trata de Personas en el Distrito Federal se encuentran los trabajos de la Subcomisión de Atención a Víctimas de Trata, que tiene como función materializar los objetivos, criterios, estrategias y líneas de acción en materia

---

[1] A este respecto ver: *Comentarios de la Clínica de Interés Público contra la Trata de Personas del Instituto Tecnológico Autónomo de México al Dictamen respecto del Dictamen de las Comisiones Unidas de Contra la Trata de Personas, de Derechos Humanos, de Justicia y de Estudios Legislativos, en relación al dictamen de la Iniciativa con proyecto de decreto que reforma diversos ordenamientos de la Ley General para Prevenir, Sancionar y Erradicar los Delitos en Materia de Trata de Personas y para la Protección y Asistencia a las Víctimas de estos Delitos; así como la iniciativa con proyecto de decreto por el que se reforman los artículos 13 y 16 de la Ley General para Prevenir, Sancionar y Erradicar los Delitos en Materia de Trata de Personas y para la Protección y Asistencia a las Víctimas de estos Delitos* (2013).

de atención, establecidos en el Programa para Erradicar la Trata Personas en el Distrito Federal, a la que se ha invitado a nuestra Clínica a participar como institución académica experta en el tema. Es este un espacio inmejorable para incidir en la toma de decisiones del tema que nos atañe.

2.3. Concientizar a la sociedad. Estrategias de difusión

Igualmente importante, la tercera línea de acción de la Clínica contra la Trata de Personas del ITAM es la difusión de nuestra temática en distintos ámbitos de la sociedad. En este sentido, se atiende a la comunidad estudiantil del ITAM, trayendo el tema a la Universidad a través de diversos foros y actividades académicas en el campus y fuera de este. Asimismo, aprovechando la buena relación con las instituciones públicas, se han diseñado e impartido programas de capacitación para los cuerpos de policía de tres entidades de la República, enfocados en la sensibilización de los cuerpos de seguridad y la prevención del delito de trata de personas, así como estrategias de primer contacto con las víctimas.

Además, la experiencia se ha llevado a espacios abiertos al público en general, a través de actividades lúdicas en ferias de servicios, escuelas secundarias y sindicatos. La intención es llevar la cultura de la prevención y erradicación de la trata de personas al mayor número de personas posible. Para ello, las redes sociales han sido grandes aliadas, pues las acciones de difusión se publican en nuestras cuentas, a fin de abarcar un público más amplio que el que el personal de la Clínica puede atender personalmente.

Para poder realizar estas actividades, la Clínica se ha diversificado, recibiendo no solo a estudiantes de derecho, sino también a alumnos de otras disciplinas como Ciencia Política y Relaciones Internacionales, que aportan una visión más allá de lo jurídico y ayudan al crecimiento exponencial del proyecto.

Conclusiones: Aprendizajes y perspectivas

Las reflexiones anteriores son solo un bosquejo de los retos y oportunidades que conlleva tener una clínica de interés público que atiende una problemática tan compleja como lo es la trata de personas. De la experiencia adquirida podemos llegar a las siguientes conclusiones:

- Pocas temáticas presentan oportunidades tan amplias de incidencia de interés público en México como la trata de personas, por lo que una clínica jurídica enfocada en este problema es un espacio inmejorable para el litigio estratégico y la acción social como método de enseñanza del derecho.

- Es necesario contar con aliados tanto en el poder público como en la sociedad civil organizada, pero siempre manteniendo una postura crítica, y no guiarse por agendas políticas o sociales, sino por el máximo interés de las víctimas.
- No solo se pueden obtener resultados en los tribunales. La arena pública, ya sea el debate legislativo en los espacios de discusión de la política pública, o los foros académicos, son ámbitos propicios para generar acciones en favor de la prevención y erradicación de la trata de personas.
- El capital que representa el respaldo de una institución académica de prestigio debe conservarse, actuando en consecuencia de los principios que motivan la Clínica de Interés Público y ofreciendo un servicio de calidad, de conformidad con lo que se espera de la Universidad.

Bibliografía

Bedolla Miranda, P. (1989). Violencia hacia las mujeres. *Cuadernos de psicología cap. 3*. México: Universidad Nacional Autónoma de México.

Böhmer, M. (2013). Origen de las clínicas de derechos humanos en América Latina. En *Clínicas de Derechos Humanos. Una alternativa para la educación jurídica y la sociedad.* Buenos Aires: SCJN y Escuela Libre de Derecho.

Carrillo, A. (2013). Diferencias entre las clínicas de servicios jurídicos gratuitos y las clínicas de interés público y derechos humanos. En *Clínicas de Derechos Humanos. Una alternativa para la educación jurídica y la sociedad.* Buenos Aires: SCJN y Escuela Libre de Derecho.

Centro de Estudios Legales y Sociales (CELS) (2008). *Litigio estratégico y derechos humanos. La lucha por el derecho*. Buenos Aires: Siglo XXI.

Comentarios de la Clínica de Interés Público contra la Trata de Personas del Instituto Tecnológico Autónomo de México al Dictamen respecto del Dictamen de las Comisiones Unidas de Contra la Trata de Personas, de Derechos Humanos, de Justicia y de Estudios Legislativos, en relación al dictamen de la Iniciativa con proyecto de decreto que reforma diversos ordenamientos de la Ley General para Prevenir, Sancionar y Erradicar los Delitos en Materia de Trata de Personas y para la Protección y Asistencia a las Víctimas de estos Delitos; así como la iniciativa con proyecto de decreto por el que se reforman los artículos 13 y 16 de la Ley General para Prevenir, Sancionar y Erradicar los Delitos en Materia de Trata de Personas y para la Protección y Asistencia a las Víctimas de estos Delitos (2013).

Comisión Nacional de los Derechos Humanos de México (CNDH) (2009). *Diagnóstico de las condiciones de vulnerabilidad que propician la trata de personas en México.* México: CNDH.

Comité para la Eliminación de la Discriminación contra la Mujer (2012). *Observaciones finales del Comité para la Eliminación de la Discriminación contra la Mujer.* Organización de las Naciones Unidas, Estados Unidos de América. Recuperado el 16 de febrero del 2014, de http://www.equidad.scjn.gob.mx/IMG/pdf/N1245539.pdf.

Nino, E. (2013). Las clínicas jurídicas y su litigio estratégico como una forma de suplir deficiencias de los modelos tradicionales de enseñanza del Derecho. En *Clínicas de Derechos Humanos. Una alternativa para la educación jurídica y la sociedad.* Buenos Aires: SCJN y Escuela Libre de Derecho.

Observatorio de Trata de Personas con fines de explotación sexual del Centro de Estudios Sociales y Culturales Antonio de Montesinos (2011). *Tercer Informe: Observatorio contra la trata de personas con fines de explotación sexual. Distrito Federal.* Recuperado de http://redobservatoriosviolenciageneromx.org/libreria/MPov_10_020_1.pdf.

Observatorio contra la Trata de Personas con fines de Explotación Sexual en el Distrito Federal (2012). *Segundo Informe: Respeto de los Derechos Humanos en Materia de Trata de Personas con Fines de Explotación Sexual en el Distrito Federal.*

Organización Internacional para las Migraciones (2011). *La trata de personas en México: Diagnóstico sobre la asistencia a víctimas.*

1.1.2. Experiencia clínica con perspectiva de género en la problemática ambiental y social de la quebrada La Picacha de Medellín

Dora Cecilia Saldarriaga Grisales*
Henrry Alejandro Bolívar Callejas**
Daniel Roberto Salcedo Ramírez***

Introducción

Desde el pasado mes de enero del año 2013, la Facultad de Derecho de la Universidad Autónoma Latinoamericana (Unaula) cuenta con el funcionamiento de la Clínica Jurídica de Interés Público, adscrita a la Red de Enseñanza y Aprendizaje Clínico del Derecho (REACD) y centrada en temas de Ambiente y Territorio, Genero y Derecho Laboral. Como espacio destinado principalmente a la implementación del método clínico, esta agrupación trabaja a partir de fundamentos básicos de la enseñanza clínica del derecho, como la horizontalidad en la relación docente-estudiante, el equilibrio de la formación teórica y práctica, el abandono de la parcelación de las áreas del derecho, la aproximación a la realidad social, la integración de saberes con perspectiva interdisciplinar y la implementación de una formación investigativa.

* Abogada de la Universidad de Antioquia, especialista en Estudios Urbanos de la Universidad Eafit, magíster en Derechos Humanos de la Universidad del Externado de Colombia, docente investigadora, asesora de la Clínica Jurídica de Interés Público de Unaula.

** Estudiante de Derecho e integrante de la Clínica Jurídica de Interés Público de Unaula.

*** Estudiante de Derecho e integrante de la Clínica Jurídica de Interés Público de Unaula.

Para ello la Clínica Jurídica de Interés Público Unaula desarrolló un método de selección de casos a partir de diversos informantes, internos y externos a la Universidad. Para los casos recibidos se hace una descripción de los hechos que generan la afectación o necesidad de intervención, su adscripción a uno de los campos temáticos que trabaja la Clínica Jurídica y, finalmente, el nivel de correspondencia con el criterio de interés público elaborado por la Clínica Jurídica como filtro último de selección. De la aplicación de esta metodología resultó la adopción del caso de la microcuenca La Picacha que se expone a continuación.

1. Hechos del caso sobre la quebrada La Picacha

La microcuenca de la quebrada La Picacha está ubicada en el municipio de Medellín, departamento de Antioquia, Colombia. Su extensión es de 12,31 km^2, de los cuales el 44,9% se encuentra clasificado como de uso urbano, 54% de uso rural y 11% zona de expansión. La quebrada recorre los territorios de las comunas 70 (Alta Vista), 16 (Belén) y 11 (Laureles-Estadio) (Área Metropolitana del Valle de Aburra, p. 3).

La microcuenca se caracteriza por estar entre las 46 quebradas de más alto riesgo del valle de Aburrá (Área Metropolitana del Valle de Aburra, p. 3), lo cual se ha evidenciado con la amenaza de inundaciones causadas por sus particularidades geomorfológicas, debido a la existencia de zonas con alto riesgo de avenidas torrenciales e inundaciones que causan catástrofes. Esta situación se agrava, por un lado, por la ocupación de comunidades vulnerables en sus áreas de retiro, donde los muros de protección no son suficientes para resistir las crecientes (Área Metropolitana del Valle de Aburrá, p. 3), y, por el otro lado, por el depósito de materiales de construcción al cauce, provenientes de canteras ubicadas al lado de dicha microcuenca. Esto último hace que el agua no fluya naturalmente y cause inundaciones (Municipio de Medellín, 2006, p. 190).

De conformidad con el Plan Integral de Ordenación y Manejo (PIOM), la Picacha presenta una grave problemática ambiental, con altos niveles de amenaza natural y vulnerabilidad de la población, pérdida progresiva de la cobertura vegetal natural en las zonas alta y media, disminución en servicios ambientales, tanto cualitativa como cuantitativamente, así como baja calidad del hábitat en el territorio. En el PIOM se encuentran intervenciones básicas realizadas para mitigar los daños que causa la quebrada, pero estas son pocas para intervenir el riesgo encontrado, el cual ha aumentado en los últimos periodos de retorno.[1]

La problemática ambiental se hace evidente con sucesos como erosiones fuertes y movimientos de masa en un gran coluvión. Se presentan reptaciones medidas y activas desde 1,50 a 12 m (movimientos de suelo) que ocasionan agrietamiento en viviendas, hundimientos de piso, destrucción total de viviendas, movimiento de la cobertura vegetal y, en oportunidades, represamiento de la microcuenca. Las inundaciones, como consecuencia de las altas torrenciales, han generado pérdidas humanas y materiales. En el año 2008 se registró la muerte de una menor de diez años y en el 2011 la de un hombre adulto, sumado esto a los perjuicios económicos que contabilizan doscientas familias damnificadas.

En agosto del 2008 los habitantes de Belén Las Mercedes, uno de los barrios afectados, interpusieron una acción popular en contra del municipio de Medellín y la Empresa de Desarrollo Urbano (EDU), exigiendo la protección de desastres técnicamente previsibles, ya que en dicho lugar se realizaría la construcción de un parqueadero de buses. En la *petitum* se alegó que la obra podría agravar la situación de La Picacha, incrementando el riesgo para la población de la zona.

Desde entonces, el Municipio ha realizado intervenciones que no han dado satisfacción a la urgencia del caso y el interés de la comunidad. El Concejo Municipal de Medellín ha designado el presupuesto para la solución definitiva en la microcuenca, pero los dineros destinados a la rectificación de la quebrada fueron invertidos en otros proyectos como el puente de la 4 Sur.

En noviembre del 2012 la Clínica Jurídica de Interés Público de la Universidad de Medellín fue consultada por la comunidad de la zona, y a través de ella se ha hecho el contacto con las autoridades públicas de Metrorio y del Instituto Social de Vivienda y Hábitat de Medellín (Isvimed) para dialogar sobre la situación de riesgo de la microcuenca. Los encuentros con las entidades evidenciaron una descordinación de acciones ambientales previstas en el PIOM como instrumento de planificación. Se ha actuado,

---

[1] El periodo de retorno es el intervalo de recurrencia, al lapso promedio en años entre la ocurrencia de un evento igual o mayor a una magnitud dada (Secretaría de Agricultura, Ganadería, Desarrollo Rural, Pesca y Alimentación, Gobierno de México, 2012).

pero concretamente en el caso de la Picacha, se afirma que el informe de Metrorio no hace parte de un plan integral en coordinación con el PIOM.

Dentro del estudio del problema se constata la irresponsabilidad estatal para dar solución definitiva a la problemática ambiental de La Picacha, lo que impulsó a los habitantes de los barrios afectados, con el apoyo de la Clínica Jurídica de la Universidad de Medellín, a interponer una segunda acción popular en contra del Municipio de Medellín, Corantioquia y el Área Metropolitana, en febrero del 2013, alegando la omisión y negligencia de estas entidades en la atención integral al problema ambiental de la mencionada microcuenca. Dicha acción popular estuvo en conocimiento del Juzgado 24 Administrativo Oral de Medellín, y actualmente se lleva a cabo ante el Tribunal Administrativo.

En el proceso judicial de la acción popular, la Clínica Jurídica de Interés Público de Unaula se vinculó por medio de dos coadyuvancias y participación activa en las actuaciones procesales, a través de la Red de Enseñanza y Aprendizaje Clínico del Derecho (REACD), la cual reúne a varias de las clínicas jurídicas de varias universidades de Medellín, dado que se decidió emplear una estrategia de litigio conjunta sobre el proceso de la acción, en cabeza de la Clínica Jurídica de la Universidad de Medellín.

2. Acciones legales y no legales llevadas a cabo por la Clínica Jurídica de Interés Público Unaula

Las acciones de la Clínica Jurídica de Interés Público de Unaula dentro del proceso judicial de la segunda acción popular se iniciaron con la presentación de una coadyuvancia por parte de los doctores Juan Camilo Pulgarín Aguilar y Jorge Eduardo Vásquez Santamaría, en la cual se reforzó la postura que afirma la competencia que cada una de las entidades demandadas tiene dentro del área afectada. Posteriormente, se dio la presentación de una segunda coadyuvancia, producto de un proceso investigativo de los estudiantes de la Clínica Jurídica bajo la coordinación de la doctora Dora Cecilia Saldarriaga Grisales, en la cual se abordaron las afectaciones diferenciales por género ocasionadas por la problemática ambiental de la microcuenca. A este efecto se radicaron unos derechos de petición, con el propósito de recolectar datos del número de habitantes de la zona, desagregados por sexo y sus afectaciones, los cuales se solicitaron ante:

a) El Departamento Administrativo Nacional de Estadística (DANE), el 16 de junio del 2013, al que se le solicitó información sobre el número de habitantes de los barrios que se están viendo afectados por la mencionada problemática, así como el número de emergencias por inundación o deslizamiento que se han dado en la zona. La entidad manifestó no tener la información requerida y remitió la petición al Departamento Administrativo de Planeación (DAP), así como al Departamento de Administrativo de Gestión del Riesgo de Emergencias y Desastres (Dagred) del Municipio de Medellín, entidades que dieron respuesta satisfactoria a las solicitudes.
b) El Dagred, el 21 de junio del 2013, entidad a la cual se le solicitó información sobre el número de emergencias atendidas desde el año 2009 y el número de víctimas, desagregadas por sexo y sector. Con este propósito se señalaron cuáles fueron las principales afectaciones y el tipo de atención recibida. La entidad no dio respuesta satisfactoria a la petición, por lo cual la Clínica Jurídica de Interés Público de la Unaula ejerció acción de tutela contra la respuesta el 2 de agosto del mismo año, dado que esta puso un obstáculo al exigir cada una de las direcciones de los lugares afectados por las crecientes de la microcuenca. El juez 23 penal de Medellín, mediante fallo del 20 de agosto del 2013, concedió el amparo constitucional del derecho fundamental de petición y ordenó a la entidad resolver de fondo la petición. El Dagred, en la respuesta a la acción de tutela, adjuntó las fichas técnicas y sociales de los habitantes de la vereda Aguas Frías. Estas fichas contienen información con respecto al número y el tipo de emergencias generadas en la zona desde el año 2010, el número de familias afectadas y su caracterización. Toda esta información se sistematizó en el programa Epi-Info y se utilizó como sustento en la segunda coadyuvancia.
c) El Instituto Social de Vivienda y Hábitat de Medellín (Isvimed), el 8 de julio de 2013. A esta entidad se le entregó información sobre las políticas municipales en materia de reubicación: arrendamiento temporal y subsidio de vivienda.
d) La Corporación Ayuda Humanitaria, a la cual se le envió carta el 21 de junio del 2013. Como no se obtuvo respuesta, se optó por enviar un derecho de petición el día 15 de julio del 2013. A este

se adjuntaron estadísticas de los eventos naturales generados en la zona, el número de familias damnificadas y el sexo de cada cabeza de hogar.

Con las respuestas obtenidas por los derechos de petición, el fallo de tutela contra el Dagred, y con el informe investigativo realizado en materia de perspectiva de género y su aplicación en los programas de gestión del riesgo, el 2 de septiembre del 2013 se radicó la segunda coadyuvancia a favor de los demandantes. En esta se hace mención de las afectaciones por género en una situación de desastre y la obligación internacional del Municipio de Medellín de tener en cuenta la perspectiva de género en sus políticas de gestión de riesgos.

La Clínica Jurídica de Interés Público de Unaula en el proceso judicial también ha tenido participación en las audiencias de pacto de cumplimiento, de práctica de pruebas y en la interposición en conjunto con la REACD de un recurso de reposición contra el auto del juzgado 24 Administrativo Oral del Circuito de Medellín que decretó las pruebas, a fin de que se tuviera en cuenta en el acompañamiento a la inspección judicial, a otros profesionales que no estuvieran vinculados con las partes, y se decretara, en ese sentido, la prueba pericial. Además, la Clínica Jurídica de Unaula ha realizado visitas *in loco* a la zona de los hechos, en compañía de la Clínica Jurídica de la Universidad de Medellín, en las cuales ha identificado los problemas ambientales de la cuenca y ha tratado directamente con la comunidad afectada.

En razón del proceso reubicación que lleva a cabo el Isvimed con los habitantes del sector La Playita, vereda Aguas Frías, en cumplimiento de las medidas cautelares decretadas por la juez 24 administrativa, la REACD diseñó un plan de acompañamiento a cada familia del sector que está en proceso de reasentamiento, con el fin de vigilar las actuaciones del Isvimed. Dicho acompañamiento no solo se ha llevado a cabo por parte de los integrantes de la Clínica Jurídica de Interés Público de la Unaula, sino también por algunos estudiantes de los Observatorios en Derecho Constitucional y Género de la Facultad de Derecho de la misma universidad. Por tal motivo, se realizó una jornada de capacitación de dos días con psicólogos sociales y abogados de la Personería de Medellín, en la cuales se dieron recomendaciones de cómo abordar a cada una de las familias asesoradas, y se hizo un estudio sobre la normativa municipal en materia de reubicación, con el fin de conocer los procesos de reasentamiento que realiza el Municipio, y los requisitos que debe acreditar cada familia para ser beneficiario de una solución habitacional.

Fue así como el 29 de noviembre del 2013 se realizó el censo a la comunidad afectada del sector de La Playita. Como resultado de dicho proceso se obtuvo información sobre la situación familiar, económica, social y jurídica respecto de sus propiedades; asimismo, cada estudiante acogió a una familia, la cual desde entonces es asesorada hasta el fin del proceso de reasentamiento. De este censo se derivó la conformación de una mesa de trabajo entre los coordinadores de las clínicas jurídicas de la REACD y del Isvimed, con el fin de hacer un acompañamiento a la ejecución del plan habitacional de reasentamiento, del cual la última actuación, el 19 de marzo del 2014, consistió en una visita a los predios en donde se ejecuta un plan parcial con fines habitacionales. También se visitaron otros planes parciales similares de Medellín.

3. Situación y afectación de las personas e intereses jurídicos involucrados

De conformidad con las consideraciones de la acción popular, se ha vulnerado y se está amenazado el derecho a la prevención de desastres previsibles técnicamente, derecho establecido en el artículo 4º literal l de la Ley 472 de 1998. El derecho a un ambiente sano y el derecho al equilibrio ecológico, manejo y aprovechamiento racional de los recursos naturales (Ley 472 de 1998, Art. 4º, a, c y l), debido a las omisiones y negligencias del Municipio de Medellín, el "cual, a pesar de que la ley le ha otorgado facultades suficientes para que actúe de manera eficaz en la elaboración de planes, programas, procedimientos para la mitigación, y prevención de los desastres naturales, en defensa de los intereses colectivos de la comunidad, sus acciones no han sido suficientes y el riesgo extraordinario sigue latente para la comunidad"; del Área Metropolitana y de Corantioquia, que "siendo las autoridades ambientales y con mayor responsabilidad en la prevención y cuidado del medio ambiente, se han quedado en la etapa de diagnóstico y en la ejecución de acciones mínimas que en nada contribuyen en una solución eficaz del problema de La Picacha" (Clínica Jurídica Universidad de Medellín, 2013).

Con la primera coadyuvancia se apoyaron estos derechos y se adicionó el derecho a la tranquilidad, toda vez que por su vinculación directa con el derecho a la seguridad, específicamente seguridad y prevención de desastres previsibles técnicamente, la Corte Constitucional ha reiterado su amparo (Clínica Jurídica de Unaula, 2013): "[...] Como derecho inherente a la persona, el derecho a la tranquilidad debe ser protegido por el Estado de tal forma que permita un ambiente propicio para la convivencia humana, de manera que los individuos puedan realizar sus actividades en un ambiente sano y exento de cualquier molestia que tienda a vulnerar la paz y el sosiego" (Sentencia T-459 de 1998).

Los estudiantes clínicos con la segunda coadyuvancia reafirmaron los derechos vulnerados en la acción popular y, adicionalmente, innovaron al relacionar el género y la gestión de riesgos, planteando cómo las diferencias por género se pueden evidenciar en una situación de desastre natural y cómo pueden generar más vulnerabilidad en las mujeres (niñas, adolescentes, adultas y adultas mayores), debido a la desigualdad generada por los roles sociales excluyentes que la estructura social les ha otorgado. Así, integrando la perspectiva de género, se lograría una intervención más efectiva, a partir de las pretensiones coadyuvadas en el proceso judicial, al permitir una visión diferencial con respecto a las afectaciones sociales y económicas que la comunidad ha sufrido como consecuencia directa del problema ambiental de esta microcuenca.

En la segunda parte de la coadyuvancia se tomaron las figuras de bloque de constitucionalidad y control de convencionalidad (desarrollado por la Corte Interamericana de Derechos Humanos), para demostrar la violación de las normas internacionales en materia de aplicación de la perspectiva de género a las políticas de gestión de riesgos y la obligatoriedad que tiene el Estado colombiano, a través del Municipio de Medellín, de aplicarlas para la garantía de los derechos colectivos invocados.

Por su parte, desde el *corpus iuris* del derecho internacional de los derechos humanos (Convención Americana sobre Derechos Humanos [CADH] o "Pacto de San José"; Convención de Belem do Pará; Protocolo de San Salvador sobre Derechos Económicos, Sociales y Culturales; Convención sobre la eliminación de todas las formas de discriminación contra la mujer [CEDAW, en su sigla en inglés]; Declaración Universal de Derechos Humanos; Pacto Internacional de Derechos Civiles y Políticos; declaraciones de Estocolmo y de Estambul; Conferencia de Vancouver, entre otros), se introdujeron como derechos infringidos: la vida e integridad personal, la protección a la familia, la propiedad privada y la participación democrática.

El fin de la comunidad con la acción popular, y de las clínicas jurídicas como coadyuvantes, es garantizar la protección de los derechos colectivos a un ambiente sano, al equilibrio ecológico, así como el manejo y aprovechamiento racional de los recursos naturales. Estas pretensiones subsisten, debido al fracaso de una solución concertada entre las partes.

4. Descripción del proceso

Con la interposición de una acción popular a principios del año 2013, por parte de las juntas de acción comunal de los barrios Las Mercedes, Las Violetas y San Pablo Belén, y de la vereda Aguas Frías, con el apoyo de la Clínica Jurídica de la Universidad de Medellín, comenzó el litigio contra el Municipio de Medellín, el Área Metropolitana y Corantioquia. Lo que se alega en la acción popular es, esencialmente, la omisión y negligencia de estas entidades en la mitigación del problema ambiental que representa la microcuenca La Picacha, violando los derechos colectivos mencionados. En dicha acción se solicitó el amparo de pobreza.

La acción popular estuvo en conocimiento del juzgado 24 administrativo oral del Circuito de Medellín, el cual mediante auto notificado el 5 de abril del 2013 admitió la demanda y concedió el amparo de pobreza solicitado por la parte demandada; asimismo, corrió traslado por diez días a las entidades demandadas para efectos de la contestación. Corantioquia y el Área Metropolitana manifestaron no tener competencia sobre el área afectada, y el Municipio de Medellín afirmó que sí había hecho una adecuada y diligente intervención respecto de la problemática ambiental de La Picacha.

El 6 de junio del 2013, la Clínica Jurídica de Interés Público de la Unaula presentó la primera coadyuvancia, y el 21 de junio se realizó la audiencia de pacto de cumplimiento, en la cual participó en calidad de coadyuvante. En esta audiencia las entidades demandadas no propusieron ninguna fórmula de pacto; sin embargo, los actores allegaron una al despacho, consistente en que las entidades demandadas priorizaran los proyectos relacionados con la reducción del riesgo asociado a la vulnerabilidad por las inundaciones y movimientos en masa incluidos en el PIOM. Para la ejecución y financiamiento de estos obras se propusieron los siguientes mecanismos: 1) hacer uso de la modalidad de contratación directa, por parte del Municipio de Medellín, para la ejecución de los proyectos; 2) buscar el financiamiento del fondo gestión del riesgo del Municipio de Medellín; 3) acudir ante el Fonam para buscar el financiamiento que otorga este fondo; 4) realizar acuerdos ambientales voluntarios entre las autoridades ambientales, el Municipio y las empresas asentadas en cercanías de la quebrada; 5) realizar acciones conjuntas entre el Departamento de Antioquia y las entidades demandas.

Después de la ejecución de esas obras los actores propusieron la construcción del par vial de La Picacha, contemplado en el POT-Medellín, proyecto que no está incorporado en el Plan de Desarrollo 2012-2015. Se expuso que las facultades del alcalde de Medellín le permitían presentar un proyecto de acuerdo al Concejo Municipal, en el cual se solicitara la incorporación al Plan de Desarrollo de la construcción del Par Vial y el parque lineal de La Picacha. Esta propuesta fue rechazada por las entidades demandadas, en razón de que Corantioquia y el Área Metropolitana no eran responsables del problema y el Municipio de Medellín no había vulnerado ningún derecho. Por lo tanto, la audiencia de pacto de cumplimiento se declaró fallida y se siguió adelante con la etapa de práctica de pruebas.

El 27 de junio del 2013 se notificó por estados el decreto de pruebas, en el cual la juez tomó como pruebas documentales los documentos aportados con la demanda y la contestación que hicieron las entidades demandas, respectivamente. De los testimonios se aceptaron los solicitados por la parte demandante, los cuales fueron el de una profesional especializada funcionaria de la oficina territorial Aburrá Norte y el de un ingeniero geólogo, contratista de la misma entidad. De los testimonios solicitados por la parte demandada se aceptaron los de dos funcionarios de la Secretaría de Medio Ambiente y uno de la Secretaría de Infraestructura Física. Se acogió también la solicitud de la parte demandante de realizar una inspección judicial al lugar de los hechos, con el fin de que se verificara la vulneración de los derechos colectivos alegados. A su vez, decretó la realización de un peritaje, solicitado también por la parte demandante, y por último ordenó la elaboración y envío de unos exhortos a varias entidades del Municipio de Medellín, solicitados por las partes demandadas.

Sin embargo, los coadyuvantes del proceso, entre ellos la Clínica Jurídica de Interés Público de Unaula, interpusieron recurso de reposición contra el auto que decretó las pruebas, ya que la juez basándose en la situación económica de los actores y los gastos en que podrían incurrir, exhortó a cada una de las entidades demandadas a que nombraran un personal idóneo y profesional que acompañara como experto al despacho en la inspección judicial, violando así el principio de imparcialidad y el derecho fundamental al debido proceso, y obviando además que el amparo de pobreza concedido daba la posibilidad de nombrar los peritos idóneos. Posteriormente, el Juzgado 24 Administrativo resolvió reponer parcialmente el auto que decretaba las pruebas, expresando que los peritos no podían ser designados por las entidades demandadas, como se ordenó anteriormente.

Para el nombramiento del perito la juez requirió a la Facultad de Minas y Metalurgia de la Universidad Nacional de Colombia sede Medellín, con el fin de que se nombrara al perito que haría el experticio, y además el acompañamiento al despacho en la inspección judicial. El financiamiento de dicho nombramiento de perito estaría a cargo del Fondo de Derechos e Interés Colectivos, administrado por la Defensoría del Pueblo.

El día 2 de agosto la Clínica Jurídica de Interés Público de la Unaula participó en la audiencia pública que se realizó con el fin de llevar a cabo la recepción de los testimonios solicitados por Corantioquia. El vocero de la Clínica Jurídica de la Unaula les realizó preguntas, dirigidas principalmente a demostrar su idoneidad, el conocimiento que tenían sobre la problemática, las actuaciones de las entidades demandadas respecto de la formulación, ejecución y evaluación del PIOM y la competencia de Corantioquia en el caso en cuestión, toda vez que la entidad demandada se mostró reticente a la competencia sobre el territorio. El mismo 2 de agosto, la juez decretó de oficio unas medidas cautelares en las que ordenó al Municipio de Medellín:

a) Iniciar todos los trámites necesarios que llevaran a frenar el crecimiento desmedido de viviendas construidas irregularmente en las fajas de retiro de la quebrada.
b) Realizar la implementación inmediata de los programas y proyectos que se tenían formulados en el componente de gestión del riesgo del Acuerdo 046 (POT-Medellín).
c) Realizar la evacuación de las viviendas e infraestructura en general en situación de alto riesgo y su correspondiente reubicación.

Las anteriores medidas fueron ordenadas debido a que en la audiencia de testimonio el ingeniero geólogo Jorge Enrique Delgado Vélez, testigo solicitado por Corantioquia, manifestó, gracias a las preguntas del vocero de la Clínica Jurídica de Interés Público de la Unaula, el riesgo inminente que presentaba la microcuenca, el daño ambiental y la vulnerabilidad en la que se encontraban los vecinos aledaños, y agregó que para prevenir los factores y variables que determinaban el nivel actual de riesgo de la quebrada, se debían tomar medidas de tipo urbanístico que apuntaran a frenar el crecimiento desmedido de viviendas construidas irregularmente en las franjas de retiro. Además, destacó los programas y proyectos formulados en el componente de gestión del riesgo del POT-Medellín.

Contra este auto tanto el Municipio de Medellín como los coadyuvantes interpusieron recurso de reposición y de apelación. El Municipio manifestó que el auto carecía de soporte técnico, ya que lo hecho por la juez en el auto consistió en recoger la declaración de un testigo de Corantioquia, que fue llamado no como perito, ni para realizar un dictamen técnico, sino por el conocimiento que tenía sobre la demanda, declaración que alegó el Municipio, era dada sin fundamento y la cual no tenía soporte probatorio idóneo que permitiera concluir la existencia de una daño eminente. Los coadyuvantes manifestaron que las medidas cautelares emitidas podrían dar lugar a una improvisada y desorganizada evacuación, la cual terminaría afectando mucho más a la comunidad.

El 6 de agosto la Clínica Jurídica de la Unaula participó en la audiencia pública que se celebró para recibir los testimonios solicitados por el Municipio de Medellín. Ese mismo día el Juzgado 24 Administrativo emitió un auto interlocutorio en el cual declaró de oficio la falta de competencia que tenía para conocer del caso. Además, ordenó su remisión al Tribunal Administrativo de Antioquia, todo en razón de que Corantioquia es una entidad del orden nacional y, por lo tanto, el competente para conocer del caso no es el Juzgado 24 Administrativo, sino el Tribunal Administrativo de Antioquia.

Dicho tribunal avocó conocimiento del caso el 21 de agosto del 2013, por lo que declaró la no nulidad de todo lo actuado y decidió rechazar solamente los recursos de reposición interpuestos por las partes contra las medidas cautelares, pero aceptó los de apelación y remitió copias al Consejo de Estado para que diera trámite al recurso. A la fecha el Alto Tribunal no ha emitido ninguna decisión con respecto a la apelación. El 2 de septiembre de 2013 la Clínica Jurídica de Interés Público de Unaula, a través de los estudiantes clínicos, radicó la ya mencionada coadyuvancia con perspectiva de género, en la cual se alega cómo las diferencias por género se pueden evidenciar en una situación de desastre natural.

A la fecha se espera la decisión del Consejo de Estado con respecto al recurso de apelación interpuesto contra las medidas cautelares decretadas por la juez 24 administrativo. Sin embargo, es de aclarar que el Municipio de Medellín ha tomado medidas de reubicación con la población afectada del sector La Playita-vereda Aguas Frías, primero con un arrendamiento temporal y luego una solución habitacional definitiva. Igualmente, se espera el financiamiento del peritaje por parte del fondo para la defensa de los derechos e intereses colectivos, el cual después de seis meses de haberse enviado solicitud no ha dado respuesta. El peritaje es el último acto procesal que falta para que se cierre esta etapa, se pase a alegatos de conclusión y finalmente se dé sentencia judicial.

5. Resultados de la estrategia implementada

En la fecha presente, al no existir una sentencia judicial que dé fin al proceso, aún es difícil determinar de manera integral el resultado de la estrategia judicial implementada por la Clínica Jurídica en este proceso judicial. Sin embargo, es de anotar que sí han existido actuaciones realizadas que han generado resultado.

Con la interposición de los derechos de petición se otorgó información estadística, con la cual se elaboró la segunda coadyuvancia a favor de la parte actora. Dicha información reviste importancia probatoria, en el sentido de que demuestra cuáles son las actuaciones del Municipio de Medellín en las zonas afectadas, además de ofrecer una caracterización de parte de la población vulnerada. La intención de la Clínica Jurídica con este material era ponerlo en conocimiento del Tribunal Administrativo. Sin embargo, se había perdido la oportunidad procesal de aportarlo como prueba. Afortunadamente, el Municipio de Medellín otorgó esa misma información en una respuesta a uno de los exhortos hechos por la juez 24 administrativo a la entidad ante la conducción que sobre la materia expuso la Clínica Jurídica ante ese despacho.

Como resultado del seguimiento que realiza la Clínica Jurídica en conjunto con la REACD al proceso de reubicación de las familias del sector de La Playita-vereda Aguas Frías, se conformó una mesa de trabajo con el Isvimed. Allí se analizan los casos especiales de algunas familias que ya habían sido identificados tanto por REACD como por el Isvimed, lo que ha permitido verificar de cerca la forma en que esta entidad desarrolla el proceso de reubicación, así como la manera en que revisa los requisitos que debe reunir cada grupo familiar para ser reubicado. Esto ha llevado a que se realice un proceso de reubicación más transparente, además se ha logrado que muchas familias con dificultades para reunir los requisitos que exige el Municipio y acceder a la solución habitacional hayan sido acreditadas, gracias al acompañamiento permanente de las Clínicas Jurídicas de la Universidad de Medellín y la Universidad Autónoma Latinoamericana. Por otro lado, se ha logrado que el Isvimed ejecute el programa de reubicación con más integralidad, al interceder ante este por familias con condiciones especiales, tales como situaciones de discapacidad, problemas de titularidad, etc.

6. Impactos del caso

El caso ha logrado el movimiento de organismos administrativos frente a un problema ambiental y social que por años han desconocido y que ha tenido en riesgo a una comunidad, la cual ha soportado situaciones que vulneran sus derechos. Asimismo, se ha logrado que corporaciones como el Concejo Municipal de Medellín se pronuncien con respecto al problema, ejerzan presión a las entidades demandadas para que tomen las medidas necesarias y den una solución efectiva al problema. Fiel prueba de ello es cómo el Isvimed ha empezado a emprender acciones concretas y públicas para la reubicación de más de cincuenta familias, medidas que la entidad no hubiese realizado sin la presión política y social que la estrategia ha generado. Si bien es positivo el impacto que ha generado la estrategia de litigio ante los organismos demandados, es de aclarar que son muchas más las acciones que se exigen a las entidades administrativas, ya que son muchas las familias que requieren una reubicación inmediata, y el riesgo ambiental sigue presente.

Se ha puesto en movimiento el aparato jurisdiccional, en aras de que tutele los derechos invocados como vulnerados. En su participación, la Clínica Jurídica de Interés Público de la Unaula ha construido un mensaje claro para la Rama Judicial, consistente en la naturaleza y el funcionamiento de una clínica jurídica dentro de una facultad de derecho. La presencia constante de la Clínica en cada una de las actuaciones del proceso es muestra de su compromiso con la defensa del interés público, el cual en este caso se evidencia con la intervención en una problemática de gran impacto social.

Para los estudiantes clínicos ha sido una gran experiencia pedagógica. El contacto directo con las entidades administrativas municipales ha permitido reflexionar sobre las falencias de estas en materia de atención al ciudadano, la falta de compromiso de los funcionarios y las deficiencias de nuestro aparato estatal para garantizar los derechos a sus asociados. El trato con las comunidades ha hecho consciente a la sociedad de una realidad problemática, producto del abandono estatal, donde se ha visto necesaria la intervención de las clínicas jurídicas, las cuales tienen su razón de ser en empoderar y brindar apoyo a las comunidades afectadas en la reclamación de sus derechos. El hecho de que los estudiantes clínicos presten asesoría personal a cada familia en materia de reubicación, y el que figuren ante ellas no como estudiantes de derecho, sino como abogados, ha logrado que dichos estudiantes dimensionen la responsabilidad que se crea con la comunidad cuando se hace este tipo de intervenciones y el compromiso que debe asumirse.

Bibliografía

Área Metropolitana del Valle de Aburrá (s.f.). *Plan de Ordenamiento y Manejo de la Micro cuenca* [Resumen, tomo I]. Medellín: Área Metropolitana del Valle de Aburrá.

Municipio de Medellín (2006). *Acuerdo 46 de 2006. Plan de Ordenamiento Territorial de la Ciudad de Medellín*. Medellín: Municipio de Medellín.

Organización de las Naciones Unidas (1948). *Declaración Universal de los Derechos Humanos.*

Organización de las Naciones Unidas (1966). *Pacto Internacional de Derechos Civiles y Políticos.*

Organización de las Naciones Unidas (1972). *Declaración de Estocolmo sobre el Medio Ambiente Humano.*

Organización de las Naciones Unidas (1976). *Declaración de Vancouver sobre los Asentamientos Humanos.*

Organización de las Naciones Unidas (1979). *Convención sobre la eliminación de todas las formas de discriminación contra la mujer.*

Organización de las Naciones Unidas (1996), *Declaración de Estambul sobre los Asentamientos Humanos.*

Organización de los Estados Americanos (1969). *Convención Americana sobre Derechos Humanos o Pacto de San José.*

Organización de los Estados Americanos (1994). *Convención interamericana para prevenir, sancionar y erradicar la violencia contra la mujer - Convención de Belem Do Pará.*

Secretaría de Agricultura, Ganadería, Desarrollo Rural, Pesca y Alimentación, Gobierno de México (2012). *Hidrología aplicada a las pequeñas obras hidráulicas.* Recuperado de http://www.sagarpa.gob.mx/desarrolloRural/noticias/2012/Documents/FICHAS%20TECNICAS%20E%20INSTRUCTIVOS%20NAVA/INSTRUCTIVO_HIDROLOG%C3%8DA.pdf.

1.1.3. Religión, formación militar e ineficiencia de la justicia ¿Factores que inciden en la violencia intrafamiliar?*

María Victoria Zambrano Ibarra**
Gloria Stella Mellado Aranzález***
Geisy Johanna García Sánchez****
Paula Camargo Vargas*****
Sebastián Felipe Chaparro Espinosa******

* Agradecimientos especiales al doctor Alfredo Rodríguez Montaña, director del Consultorio Jurídico de la Universidad del Rosario, y a la doctora Silvia Rocío Puentes Fonseca, directora administrativa, por su apoyo incondicional a la construcción y el desarrollo de la Clínica Jurídica. A los asesores de la Clínica, el doctor Álvaro Ferney Garzón Alarcón y a la doctora Carmen Lilia Uribe Moya, por el esfuerzo y la dedicación en este proyecto. Igualmente, a nuestros estudiantes investigadores: Carlos Fonseca, María del Mar López, Nicolás Eduardo López, Juliana Téllez Wilches, Jimena Guerrero Archila, Luisa Fernanda Gonzales, Isabella Díaz Gonzales, Julieth Catherine Daza Hernández, Natalia Cuartas Ocampo, María Paola Amézquita Medina, sin quienes la redacción de este texto hubiese sido imposible.

** Abogada, especialista en Servicios Públicos Domiciliarios y magíster en Derecho Administrativo.

*** Psicóloga de la Universidad Konrad Lorenz, especialista en Psicología Clínica y Jurídica de la Universidad Católica.

**** Profesional en formación del área Psicosocial del Consultorio Jurídico de la Universidad del Rosario.

***** Estudiante de décimo semestre, Facultad de Jurisprudencia, Universidad del Rosario. Fue miembro activo de la Clínica de Violencia Intrafamiliar y de Género en el año 2014.

****** Estudiante de décimo semestre de la Facultad de Jurisprudencia de la Universidad del Rosario. Fue miembro activa de la Clínica de Violencia Intrafamiliar y de Género en el año 2014.

Introducción

Esta investigación tiene como objetivo principal realizar el análisis de uno de los casos más relevantes que han sido objeto de consulta y seguimiento por parte de la Clínica de Violencia Intrafamiliar y de Género del Consultorio Jurídico de la Universidad del Rosario, cuyos integrantes, a través de la praxis jurídica, se enfocan concretamente en casos relacionados con dicha problemática. Su tratamiento pone especial énfasis en el litigio estratégico y un trabajo interdisciplinario que involucra a las áreas del derecho penal, el derecho de familia y el área psicosocial. En este orden de ideas, el caso en mención fue llevado a las instancias judiciales competentes bajo la tipificación de delito de violencia intrafamiliar, cuyo sujeto activo, un miembro perteneciente a la Fuerza Armada Nacional, maltrataba a su esposa, mujer de origen boyacense, cuya arraigada formación religiosa constituyó, antes de la atención integral recibida, un obstáculo para el ejercicio de sus derechos, empoderamiento y fortalecimiento de su autoestima.

Lo que se pretende es hacer un análisis del caso, partiendo de una metodología expositiva y analítica de investigación, en virtud de la cual se tratará no solo la situación en cuestión, sino también los factores incidentales y aquellos que resultaron determinantes en el ejercicio de este tipo de violencia que se desarrolla, en la mayoría de los casos, en el entorno de lo privado, lejos de testigos, desplegándose conductas que se van agravando progresivamente.

De esta manera, abordaremos el tema desde tres ópticas diferentes: la primera busca contextualizar esta situación de violencia intrafamiliar, por lo cual se examinarán inicialmente los elementos que constituyeron los fundamentos de hecho y de derecho que dieron lugar a la revisión de los temas enunciados. Acto seguido, entraremos a considerar, uno por uno, algunos de los factores que consideramos incidentes o determinantes de la violencia intrafamiliar y, finalmente, abordaremos aquellos aspectos que tuvieron relevancia en su avance, de conformidad con la dinámica del caso objeto de estudio.

1. Descripción de los hechos

Desde 1999 hasta agosto del 2012, momento en el cual la situación se salió de control entre los dos compañeros permanentes, la señora K convivió con el señor J en unión libre. Aunque en principio la relación se caracterizó por ser armónica, con el transcurso del tiempo las diferencias se fueron haciendo notables y cada día la convivencia se hizo más difícil. Adicionalmente, hubo maltrato psicológico ejercido por el señor J en contra de la señora K.

El señor J es un militar retirado, de profesión abogado y, en consecuencia, conocedor de buena parte de nuestro ordenamiento jurídico. A la fecha tiene 75 años de edad.

De conformidad con el relato de la víctima, el señor J, al momento de conocerse, trabajaba activamente en su profesión, tenía aspiraciones políticas y quería ser representante a la Cámara; sin embargo, esta expectativa resultó frustrada, y el señor J responsabilizó de ello a la señora K. Posteriormente, a los seis años de convivencia, la violencia psicológica pasó a mayores, siendo la señora K obligada por su compañero a ver noticias referentes a asesinatos efectuados por miembros de las Fuerzas Militares, mientras comentaba "en nuestros tiempos los matábamos atrás de Monserrate". De otro lado, cuando tales noticias se referían a asesinatos de esposas o compañeras permanentes de miembros de la fuerza pública, expresaba "esos hombres son unos verracos, así es que tienen que ser las cosas". Este tipo de maltrato se volvió reiterado durante la relación.

El 13 de agosto del 2012 la señora K le reclamó al señor J por una presunta infidelidad, en razón de que la supuesta amante de este la había ofendido y agredido verbalmente. La reacción del señor J se manifestó en actos de maltrato físico y verbal a la señora K, a quien le golpeó los brazos y la nariz con tal fuerza que le fracturó el tabique.

Sin titubear, la señora K acudió al Instituto Nacional de Medicina Legal, en donde le dictaminaron lesiones no fatales, golpes y fracturas de los huesos nasales, y por tal motivo recibió una incapacidad de siete días hábiles. Ese mismo día, interpuso denuncia penal en contra del señor J, y solicitó medida de protección por violencia intrafamiliar, la cual fue concedida en audiencia.

En la misma diligencia el señor J se comprometió al cumplimiento de un acuerdo tendiente a cesar los actos de violencia. Como quiera que los bienes de la señora K se encontraban en el domicilio que compartió con el señor J, en principio estaba allí de manera intermitente, buscaba horarios en donde no se tuviera que encontrar con su excompañero, y mientras él se encontraba en el hogar, ella se trasladaba a Bosa, localidad donde residen algunos de sus familiares, quienes le han brindado apoyo. Finalmente, luego de dos meses de los acontecimientos más graves, la señora K decidió cambiarse de domicilio.

El 28 de octubre del 2013 se intentó llevar a cabo la primera audiencia de formulación de imputación por el delito de violencia intrafamiliar; sin embargo, esta no se realizó, por la inasistencia del indiciado; adicionalmente, no se solicitó la contumacia y la imposición de medidas de aseguramiento, por tratarse de un hombre de 75 años de edad. Para el día 20 de enero del 2014 fue reprogramada la diligencia, a la cual el señor J sí asistió, pero sin apoderado, hecho por el cual no se pudo realizar dicha imputación, en tanto que en materia penal se requiere la concurrencia de un defensor. La nueva audiencia fue programada para el 6 de febrero del 2014.

Por otro lado, ambos son miembros de una iglesia evangélica, a la cual asisten con regularidad. Sin embargo y dados los hechos anteriormente narrados, la señora K aduce haber sido marginada de su comunidad religiosa por obra de su antiguo compañero, quien según ella se ha encargado de "difamarla" ante los miembros de la congregación. Dicha situación la afectó profundamente, por el hecho de ser una persona devota y dedicada a la comunidad. Fue rechazada por los líderes de su iglesia y criticada por los feligreses, quienes le achacan la responsabilidad de los acontecimientos y la ruptura del vínculo con el señor J. Cabe resaltar que fueron insistentes en aconsejarle continuar al lado de este, a pesar de la violencia física y psicológica ejercida, consejos que si bien en un principio consideró seguir, posteriormente los desechó, motivada por la gravedad de los últimos hechos.

2. Acciones legales realizadas

El caso llegó al Consultorio Jurídico, donde fue remitido al área de Derecho Penal y asignado a un estudiante de la Clínica de Violencia Intrafamiliar y de Género, instancia en la que se le dio el tratamiento que se describe a continuación.

La denunciante había acudido previamente a la Comisaría de Familia, allí le brindaron la medida de protección que impedía al agresor cualquier tipo de acercamiento. Dicha entidad no consideró la medida consistente en el retiro del agresor del domicilio, la cual se hace efectiva cuando este sale voluntariamente del domicilio conyugal u obligado por la fuerza pública. Es pertinente precisar que esta medida es excepcional y en la mayor parte de los casos ni siquiera es considerada, aunque la normatividad contemple tal estrategia para amparar los derechos de la víctima, tal como lo establecen las leyes 1257 del 2008 y 294 de 1996, entre otras disposiciones. Incluso, con la expedición de la Ley 142 del 2012 se buscó garantizar la protección de las víctimas y la diligencia de las autoridades en la investigación de los delitos de violencia contra la mujer, eliminando además su carácter de querellable.

Situándonos en el caso concreto, la señora K asistió a la mencionada comisaría de familia en busca de protección y orientación; sin embargo, el trato que recibió en dicha entidad no fue oportuno, ni grato. Recibió comentarios de los funcionarios a cargo, quienes la señalaron como causante del problema y se mostraron renuentes a remitir el caso a la Fiscalía General de la Nación, lo cual generó, no solo dilaciones, sino también afectación psicológica de la usuaria. Estos aspectos fueron tratados en la atención psicoterapéutica. El proceso de atención evidencia, en este sentido, conductas de revictimización y falencias derivadas de juicios a priori y discriminatorios que no dan cuenta de la calidad del tratamiento integral institucional. Este debe orientarse con base en los principios constitucionales y los tratados internacionales que amparan los derechos de las víctimas de violencia.

Una vez que el caso fue remitido a la Fiscalía, se evidenciaron problemas en la fase de indagación. En este punto concreto, es pertinente anotar que el número creciente de procesos menoscaba la eficiencia y oportunidad en la atención de justicia, afectada igualmente por la limitación de recursos técnicos, humanos y económicos que resultan insuficientes para gestionar las investigaciones que nacen con cada denuncia. Es claro que las disposiciones legales requieren tales instrumentos para materializarse. El texto de la ley por sí solo no resuelve una problemática, salvo que exista la disposición institucional de contribuir a su aplicación.

En el caso en mención, la primera audiencia de formulación de imputación se citó para el día 9 de abril del 2013, pero tuvo que aplazarse debido a la inasistencia del indiciado. Posteriormente, se fijó una segunda fecha, 28 de octubre del 2013, y el señor J tampoco acudió. Finalmente, en un tercer intento, contando con la posibilidad de declaratoria de contumacia, se fijó una tercera fecha para el 20 de enero del 2014. A dicha audiencia el señor J sí acudió, aunque lo hizo en ausencia de defensor, por lo cual resultó necesario aplazar la diligencia nuevamente. Por cuarta vez, se fijó nueva fecha para el 6 de febrero del 2014, día en el cual sí pudo desarrollarse la audiencia de formulación de imputación sin problema alguno. Finalmente, el 13 de febrero del mismo año se presentó el escrito de acusación. Hoy se está a la espera de que se establezcan nuevas fechas para seguir adelante con las diligencias.

3. Acciones no legales llevadas a cabo

El equipo psicosocial analizó el caso y realizó el abordaje terapéutico pertinente, tomando en consideración los factores que a continuación se desarrollan y que se refieren a las conductas de violencia intrafamiliar antes mencionadas.

Dentro de las vulnerabilidades que llevaron a la señora K a ser víctima de violencia, se encuentran los aspectos correspondientes a patrones de crianza, cultura y religión (evangélica), y dentro de estos tópicos se encuentra incluida la concepción de la mujer sumisa, como objeto, pasiva, obediente, dócil y conciliadora, hasta el punto de permitir situaciones que la victimicen.

La mayoría de las mujeres boyacenses, como lo es la señora K, son criadas en una cultura machista, en la cual el hombre es el amo y señor del hogar, en donde se le tiene que servir y respetar con devoción y la concepción de mujer y esposa ideal está ligada al grado de aceptación del poder masculino ejercido por la pareja. Esta mujer fue educada en un medio social (religión, cultura, familia) en el cual el hombre es respetado por el simple hecho de serlo. Adicionalmente, las limitaciones en las redes de apoyo, tanto familiares como laborales y en la comunidad, impuestas por la pareja de la señora K, dan cuenta de su conducta permisiva y su personalidad dependiente.

Los factores que precipitaron la violencia sufrida por la víctima, los vemos precisamente enmarcados en estas conductas, toda vez que al ser tan dependiente no soporta la soledad, y por tal razón no quiere prescindir de su relación, por más enfermiza que sea. Al tener un pensamiento tan distorsionado de ser mujer (sumisión), la señora K permite comportamientos que la vulneran.

Dentro de las consecuencias de las conductas de violencia encontramos los problemas físicos de la señora K, consistentes en afectaciones en salud (fractura de tabique, pérdida de varios dientes, problema respiratorio debido a lesión en la nariz, discapacidad en los brazos por continuos jalonamientos y discapacidad visual por pérdida del humor vítreo). Además, la señora K ya no cuenta con las redes de apoyo que antes tenía: su familia fue alejada por la expareja y no se le permitió continuar con su trabajo, con el pretexto de que la alejaba de los deberes del hogar. A ello se suma la pérdida de interacción con los miembros de la iglesia, quienes suelen juzgar sus acciones o le piden que perdone al esposo, "como debe hacerlo una buena hija de Dios".

Por otra parte, el señor J es un militar retirado, con crianza cultural machista, inmerso en la religión gracias a la señora K y, por tanto, devoto y fiel seguidor de las doctrinas religiosas de imposición, con una autoestima sobrevalorada que reafirma en sus profesiones (militar y abogado).

Dentro de los antecedentes del caso se advierte un patrón de conducta enmarcado por violencia intrafamiliar. Además, la señora K es la tercera compañera del señor J. Debido a los esquemas distorsionados de sobrevaloración, este hombre no acepta a su compañera como responsable de los servicios domésticos, incluso la afilia en salud como "muchacha de servicio". No admite su posición de esposa, sino que la desvaloriza y humilla sobre la base de no aceptarla en el papel de esposa. El señor J, cuya personalidad podríamos clasificar como narcisista, ejerce sobre la señora K todo tipo de violencia (no se reporta violencia sexual) como forma de control.

Las continuas agresiones por parte del señor J tienen que ver, precisamente, con la aceptación de esta conducta por parte de la señora K y con el refuerzo social de la iglesia, cuyos integrantes ven la conducta de la señora como "antievangélica" por el solo hecho de negarse a perdonar. La religión desempeña un papel importante como sostén y refuerzo de las conductas tanto de la víctima como del agresor, porque es una red primaria y significativa de la familia y se deriva de una costumbre social-familiar, de acuerdo con la cual la señora K busca refugio moral en el pastor de la iglesia cristiana a la cual asiste y cuya doctrina induce a la sumisión y al perdón.

4. Personas e intereses jurídicos involucrados

Desde el enfoque jurídico, la violencia intrafamiliar se califica como el principal delito que vulnera el bien jurídico familia, entidad que resulta fundamental en la aplicación de la política criminal estatal, debido a que la considera como la institución fundamental de la estructura social.

El artículo 299 del Código Penal describe el tipo penal de violencia intrafamiliar, estableciendo como bien jurídico vulnerado a la familia, institución que recibe del Estado especial protección normativa. Esto se encuentra regulado también en la Constitución Política, la cual reconoce en su artículo 5° la primacía de los derechos inalienables de la persona y ampara a la familia como institución básica de la sociedad. De otra parte, en la comisión del citado hecho punible se enmarcan conductas reguladas en la Ley 1257 del 2008, en el marco de la violencia ejercida contra la mujer.

Esta violencia se entiende como "cualquier acción u omisión, que le cause muerte, daño o sufrimiento físico, sexual, psicológico, económico o patrimonial por su condición de mujer, así como las amenazas de tales actos, la coacción o la privación arbitraria de la libertad, bien sea que se presente en el ámbito público o en el privado".

En el caso en mención resultan relevantes las violaciones a los artículos 3° y 4° de la Convención de Belem Do Para, en cuanto "Toda mujer tiene derecho a una vida libre de violencia, tanto en el ámbito público como en el privado". La preocupación legislativa trasciende entonces la esfera del entorno familiar, para hacer de la problemática un tema que debe ser objeto de atención en las políticas públicas, a efectos de darle la proyección que su impacto genera en la estructura social a corto, mediano y largo plazo.

Además, es aplicable la Ley 294 de 1996, por la cual se dictan normas para prevenir, remediar y sancionar la violencia intrafamiliar y se desarrolla el artículo 42 de la Constitución Política de Colombia, en cuyo contenido se establece la obligación del Estado y la sociedad de garantizar la protección integral a la familia. De la misma forma, la Ley 575 del 2000, por medio de la cual se reforma parcialmente la Ley 294 de 1996, con especial énfasis en las medidas de protección que toda persona puede solicitar al comisario de familia del lugar o al juez civil municipal o promiscuo municipal, sin perjuicio de las denuncias penales a que hubiere lugar, cuando es víctima de daño físico o psíquico, amenaza, agravio, ofensa o cualquier otra forma de agresión por parte de otro miembro del grupo familiar.

5. Resultados de la estrategia

El resultado de la estrategia empleada por el equipo de trabajo en el ámbito penal y psicosocial difiere en cuanto a las barreras encontradas durante el proceso de atención integral brindado a la víctima. En lo que respecta al proceso penal, las reiteradas dilaciones, que han afectado el principio de celeridad, repercuten en la oportunidad de la decisión. De otra parte, la atención psicológica recibida por la víctima fortaleció su capacidad de decisión, motivándola a dejar el domicilio conyugal a pesar de la medida de protección otorgada por la Comisaría de Familia.

Es admisible considerar que, dadas las barreras de la justicia, el proceso penal a la fecha no ha contribuido en sí mismo al restablecimiento de los derechos de la víctima, en tanto que desde lo psicosocial, la atención oportuna y asertiva permitió a la señora K adoptar una posición diferente frente a la problemática que toleraba.

6. Impacto del caso

Es necesario entender la violencia intrafamiliar como un fenómeno motivado por la relación de factores culturales, sociales, religiosos, económicos y psicológicos, tomando en consideración las estimaciones que en tales contextos se atribuyen a los conceptos de familia, masculinidad y femineidad.

En este acápite se busca exponer los factores que determinan o inciden en el desarrollo de la violencia intrafamiliar en el caso en cuestión. Durante este análisis nos enfocaremos en tres agentes importantes: el primero es un factor religioso (6.1); el segundo, el factor relacionado con la formación militar del actor, entendiendo por ello el hecho de ser una persona que perteneció a la fuerza armada nacional (6.2); y en tercer lugar, el factor institucional (6.3).

6.1. Factor religioso

Para comenzar, es importante tener en cuenta que la base de este estudio no entra a discutir sobre los lineamientos morales de las religiones o las diversas creencias individuales, pues es claro que estos hacen parte de la esfera personal y del libre albedrío, derecho amparado en la Constitución Política de Colombia. Entonces, el análisis que a continuación se realiza se basa en las siguientes preguntas: ¿Qué prácticas religiosas, con base en interpretación particular de sus directrices, pueden llegar a violar los mandatos legales?, y, ¿hasta dónde va la libertad de los lineamientos que traza una religión cuando estos empiezan a ir de la mano con el delito?

Religiones fundamentales en la historia del mundo, como el cristianismo y el islam se han desarrollado tradicionalmente a partir de un trato diferenciador entre el hombre y la mujer, que está concebido desde la misma creación del mundo hasta la especificidad del papel de la mujer, construido a través de figuras religiosas. Se hace trascendental referencia a la figura patriarcal, que se fortalece en el desarrollo de sus principios orientadores. En la religión católica se ve claramente expresada en la ausencia de lo femenino en la concepción de lo divino, es decir, se ha determinado un papel específico a la mujer a través de diferentes figuras y modelos religiosos que la valoran de manera importante en su papel de sierva y mártir.

Lo que se cuestiona en este caso no es la mujer católica, orientada por el ejemplo de María, madre de Jesús, sino la posición que adoptan muchos creyentes de esta fe al señalar a la mujer un papel determinado y limitado de madre y esposa, siempre al servicio del hombre y de su descendencia. Se suma a lo anterior, la concepción del sagrado sacramento del matrimonio católico y las figuras relevantes de este credo en cuanto al perdón y la obediencia incondicional que deben las esposas a sus maridos. Tales directrices resultan relevantes en una sociedad como la nuestra, en donde la religión sigue posicionándose como uno de los principales aspectos de la vida diaria, con gran influencia en el entorno sociocultural e incluso político del país.

Así entonces, en la sociedad latinoamericana y en particular en la colombiana, ha tenido un fuerte arraigo la corriente cristiana, de la cual hoy se desprenden miles de congregaciones de esta orientación. En sus dogmas es posible evidenciar, de acuerdo con la lectura taxativa de la doctrina que las rige, casos de discriminación a la mujer, como el que es objeto de estudio, de tal manera que un estricto apego a lo plasmado en los principios bíblicos, y en particular a los relativos a la condición de las mujeres, incide en el trato desigual al que las mujeres están sujetas cotidiana y culturalmente. En lo que respecta al tema que nos ocupa, es oportuno citar una frase respecto a la relación de la religión y el trato otorgado a la mujer: "La discriminación de la mujer en la religión es muestra del amor y la obediencia incondicional de ésta hacia su Dios, y pretexto perfecto del hombre para mantenerla dominada".[1] En tal sentido, Juan José Tamayo (2011), director de la cátedra de Teología en la Universidad Carlos III de Madrid, considera:

> Las religiones legitiman de múltiples formas la exclusión de las mujeres de la vida política, la actividad intelectual y el campo científico, y limitan sus funciones al ámbito domésatico, a la esfera de lo privado, a la educación de los hijos e hijas, a la atención al marido, al cuidado de los enfermos, de las personas mayores, etc. Cualquier tipo de presencia de las mujeres en la actividad política o social es considerado ajeno a la "identidad femenina" y un abandono de su verdadero campo de operaciones, que es el hogar, con la consiguiente culpabilización.

[1] Ver: https://sites.google.com/site/proyectopsique/religion-fuente-de-discriminacion-femenina.

En ese orden de ideas, la religión musulmana constituye uno de los cultos más cuestionados en el mundo, en razón a las interpretaciones radicales que se hace del Corán, dentro de las cuales se encuentra el extremo sometimiento de la mujer y la justificación del castigo al comportamiento femenino cuando no se muestra sumisa y obediente (Tamayo, 2011). Es así como en el aparte 24:31 se hace referencia a actos de completa subordinación sobre los que Alá se pronuncia de la siguiente manera: "Diles a las mujeres creyentes que bajen su mirada (de ver cosas prohibidas) y que protejan sus partes privadas (de actos sexuales ilícitos) y que no muestren su belleza más que lo que tiene que verse, y que sus velos cubran su rostro". Apartes del Corán como este último evidencian cómo desde la religión, intrínsecamente ligada a una cultura patriarcal, se fundan bases sólidas de discriminación y de intimidación contra la mujer.

Hechas las anteriores consideraciones, es posible afirmar que las retaliaciones basadas en la religión y en los juicios morales a los que son sometidas las mujeres que actúan en contravía de los dictados de la fe que profesan, inciden en su capacidad de decisión y autodeterminación. Se ven juzgadas en público y condenadas por la sociedad, aún a pesar de los tratos violentos que reciben de su pareja, hechos que en el caso colombiano configuran un delito sancionado penalmente. Las mujeres víctimas de violencia intrafamiliar son culpabilizadas de la situación que dio lugar a la separación o al divorcio y tildadas de "pecadoras" o "inmorales" cuando su conducta contradice los principios orientadores del credo que profesan.

6.2. Factor de formación militar

Cada día aumenta el número de casos que llegan al Consultorio Jurídico de la Universidad del Rosario sobre Violencia Intrafamiliar en donde el victimario es parte de las Fuerzas Armadas, por esto, con base en el caso expuesto sobre la situación de violencia intrafamiliar que envuelve a la señora K, en la que el victimario tiene formación castrense, decidimos romper el silencio en nombre de todas aquellas víctimas de violencia intrafamiliar que, paradójicamente, con un militar en casa temen por su integridad.

En atención a tal situación, el Comando General de las Fuerzas Militares de Colombia, Dirección General de Sanidad Militar, emitió una directiva permanente sobre los "Lineamientos de Promoción y Prevención de la Violencia Intrafamiliar al Interior de las Fuerzas Militares". Esto si bien es cierto no es una solución integral, constituye un paso hacia el reconocimiento de una problemática real en el interior de su estructura. En dicha directiva permanente, la número 141935 del 2009, se expone lo siguiente:

> La vida del personal militar más que cualquier otra labor, transcurre en el trabajo. Este es el ámbito específico y propio de su quehacer diario y la principal causa de desintegración del núcleo familiar, permanentemente sus habilidades, sus relaciones, su proyecto de vida, sus valores, y su dimensión ética se ven obstaculizados por la realidad del país y por el compromiso adquirido con la institución. Existen situaciones y comportamientos de las personas y de las familias que por diferentes circunstancias pueden propiciar la violencia intrafamiliar. Aunque la presencia de estos factores predispone a la aparición del maltrato, no significa que necesariamente si se observan en una familia o en una comunidad, el resultado sea la presencia de comportamientos maltratantes en sus miembros. Lo que sí es seguro es que las personas pueden ser más vulnerables al problema. (pp. 3-4)

Los casos de violencia en familias militares no son un problema que ocurra solo en Colombia. Este es también el caso de California, donde en el año 2008 se presentaron 15 939 casos de abusos domésticos entre parejas casadas del ejército. Alrededor del 67% de presuntos abusos fueron hechos por hombres, y el restante 37% por mujeres, según las más recientes estadísticas del Programa de Apoyo Familiar (FAP, en su sigla en inglés).[2]

Evidentemente, el problema de violencia intrafamiliar en contra de la señora K no se generó únicamente porque su pareja hubiera sido miembro de las Fuerzas Militares; el factor de milicia en este caso no constituye un elemento determinante, pero sí incidental en las conductas de maltrato.

Esto tiene un trasfondo psicológico derivado de las condiciones de la vida del militar; no es una conducta que marque en absoluto a todos los militares, pero las situaciones a las que se ven sometidos en su función, el control y el poder que se ejerce en el interior, la fuerza que motiva sus acciones, el manejo de la ira y la frustración son aspectos que se deben considerar en lo

---

[2] Ver: http://www.elnuevosol.net/destacados/violencia-familiar-en-el-entorno-militar.

cotidiano como factores de riesgo y que precipitan la violencia. Sumado a lo anterior, se requiere un proceso efectivo de adaptación y resocialización del soldado que regresa a su núcleo familiar después de haber permanecido en la selva o tras ser asignado a combate. Es indispensable, igualmente, un acompañamiento profesional de las familias que se vean afectadas por esta situación a corto, mediano o largo plazo.

6.3. Factor institucional

En el caso del que se ha hecho mención, uno de los principales obstáculos o barreras de aplicación de las normas a favor de los derechos de las víctimas de violencia intrafamiliar se encuentra en algunos funcionarios de la red de atención, concretamente pertenecientes a las comisarías de familia. Dichas instituciones, creadas con la finalidad de atender situaciones complejas y de especial cuidado dentro de las familias, se han saturado de casos, y con ello se han afectado la oportunidad en la atención, el seguimiento a casos y el enfoque diferencial, dejándose de lado las particularidades de cada caso en cuanto a edad, características de la víctima y entorno sociocultural, entre otros factores.

La capacidad de respuesta institucional no atiende la demanda de atención, que se incrementa día a día por la cantidad de personas que acuden a estas entidades en busca de orientación, guía en las rutas de atención y apoyo integral. De otra parte, no pocas víctimas son asesoradas por funcionarios que no disponen de la capacidad para prestar acompañamiento o asesoría especializada en los casos que se consultan. En este sentido, se evidencia la necesidad de que el Estado brinde a estos operadores los medios suficientes para dar atención al público, que no se limiten a lo netamente estructural, es decir, a la ampliación de las sedes o de la planta de personal, sino que den cuenta de la salud mental de los funcionarios, esto es, atención psicológica permanente motivada por la carga emocional que les representa su acercamiento cotidiano a situaciones de violencia intrafamiliar que involucra en su desarrollo todo tipo de maltrato.

Los hechos del caso tuvieron lugar en agosto del año 2012, sin embargo, la Fiscalía solicitó audiencia de formulación de imputación más de un año después, en septiembre del 2013. Dentro del proceso son constantes los aplazamientos de las audiencias por parte de los jueces, sean estos de conocimiento o de control de garantías, debido a la ausencia de alguna de las partes en las audiencias, sin cuya concurrencia no puede realizarse el proceso.

Hechas las anteriores consideraciones, se plantea el siguiente cuestionamiento: ¿Cómo se podría desde las instancias legales dar respuesta a este problema que afecta la celeridad para administrar justicia? Muchos han sido los intentos del legislador por crear leyes que permitan desarrollar los procesos de una manera expedita. No obstante lo anterior, el móvil determinante de la norma no se hace realidad si no se considera en su expedición que los recursos disponibles para la atención integral son insuficientes y el número de casos por funcionario no obedece a un criterio racional de eficiencia que optimice el funcionamiento del aparato judicial. Quizás sea necesario plantear un proceso ágil que, como en el caso de la tutela, abrevie las etapas procesales y considere las necesidades perentorias de protección y atención integral de las víctimas de violencia intrafamiliar, cuyos derechos fundamentales a la salud y a la vida se encuentran en riesgo latente con ocasión de las situaciones de maltrato.

En lo concerniente a la pena, surge otro hecho fundamental: dado que el señor J tiene más de 75 años de edad, no podrá ser privado de la libertad. Si se tienen en cuenta las circunstancias del caso, los actos del victimario y las consecuencias en la salud física y mental de la víctima, ¿es este el sentido de la justicia en cuanto a dar a cada quién lo que se merece por la comisión de un delito y el daño que provoca? ¿No representa el señor J un peligro para la sociedad y su conducta punible no amerita un castigo ejemplarizante? ¿Qué mensaje se trasmite a los agresores, si nos encontramos ante un proceso que no culmina en castigo para el victimario con ocasión de su edad, pese al desgaste del aparato judicial y los evidentes perjuicios causados? Resulta preocupante el hecho de que se realicen procesos cuya conclusión se encuentra predeterminada por las particularidades de los intervinientes, dejando de lado el contexto en el cual se desarrollaron los hechos y la violación de los derechos que detenta el sujeto pasivo del delito.

Hechas las anteriores consideraciones, se podría afirmar que la actuación lenta e ineficaz de las instituciones a las cuales se les han atribuido competencias en la atención a las víctimas de violencia intrafamiliar, tiende a desestimular la denuncia y propiciar la desesperanza en los afectados, es decir, tal ineficiencia en el ejercicio de la justicia incide tangencialmente, pero no de manera directa en la ocurrencia de las situaciones de violencia intrafamiliar. En síntesis, tal como ocurre con los factores relacionados con la religión y la formación militar, estos inciden en la violencia aunque no la causan directamente. No obstante, es pertinente señalar que la impunidad sí es un factor determinante en su arraigo cultural.

Bibliografía

Flores, A. (2010). L*a necesidad de mantener la guerra pesa más que la necesidad de justicia en los casos de maltrato*. Recuperado en junio del 2015, de http://www.elnuevosol.net/destacados/violencia-familiar-en-el-entorno-militar.

Tamayo, J. J. (2011). *Discriminación de las mujeres y violencia de género en las religiones*. Recuperado de http://www.fundacioncarolina.es/es-ES/nombrespropios/Documents/NPTamayo1106.pdf.

Viveros Grimaldo, E. (s.f.). *Religión: ¿Fuente de discriminación femenina?* Recuperado en junio del 2015, de https://sites.google.com/site/proyectopsique/religion-fuente-de-discriminacion-femenina.

1.1.4. La clínica jurídica con perspectiva de género
Una estrategia para la equidad de género y la humanización del derecho

Isabel Goyes Moreno*
Zulma Izquierdo García**

Introducción

En este texto se hace un breve recorrido por la evolución histórica de la formación jurídica en Colombia, sus periodos de estancamiento y retroceso, hasta llegar al establecimiento del Estado Social de Derecho con la promulgación de la Constitución de 1991, un hito en el proceso evolutivo de la educación jurídica en nuestro país.

Asimismo, se comparte la experiencia que ha significado la implementación de la Clínica Jurídica con Enfoque de Género y Unidad de Atención a Víctimas de Violencias Basadas en Género, del Centro de Investigaciones y Estudios Sociojurídicos de la Universidad de Nariño, sus objetivos, servicios y logros obtenidos en el primer año de existencia.

---

* Abogada, especializada en Derecho Constitucional. Formadora en derechos humanos con perspectiva de género, capacitadora en control social, participación ciudadana, gestión pública y acciones constitucionales. Ha participado en la coordinación y desarrollo de programas y proyectos de corte académico y social, se ha desempeñado en cargos públicos y ha sido consultora para la formulación e implementación de la justicia de género. Presta atención jurídica especializada a población en situaciones de vulnerabilidad y es asesora en temas de fortalecimiento a organizaciones de la sociedad civil.

** Estudiante activa de la Clínica Jurídica con Enfoque de Género de la Universidad de Nariño, Colombia.

Finalmente, se socializa el proceso de formación jurídica estructurado para la construcción de estrategias de litigio con perspectiva de género, necesarias para avanzar hacia la equidad entre los géneros.

1. La formación jurídica: antecedentes históricos y conceptuales

Los antecedentes históricos de la formación jurídica en Colombia se remontan al siglo XV cuando la Corona española puso en funcionamiento las primeras universidades en América. El Colegio Mayor de Nuestra Señora del Rosario fue la institución que educó a los primeros profesionales del derecho, de acuerdo con los objetivos, planes de estudios, métodos y sistemas de evaluación fijados por la metrópoli. De esta manera, la educación estaba al servicio de la perpetuación y reproducción social del modelo colonial (Uribe Urán, 2000).

Durante este primer periodo, el pensamiento jurídico dominante fue el iusnaturalista, impulsado por sus más sobresalientes representantes, entre ellos Aristóteles, Platón, Tomás de Aquino y Agustín. El iusnaturalismo introdujo en los programas de derecho una visión lineal y ortodoxa de la ley, al entenderla como un mero reflejo del derecho natural, que a su vez era reproducción del derecho divino. La perspectiva descrita impuso una mirada subordinada y acrítica con respecto a un derecho inmodificable, que solo admitía de sus estudiosos la repetición fiel de cada uno de sus postulados (Goyes, 2011).

Con el arribo de la Independencia no se presentaron cambios profundos y, al igual que en la Colonia, el derecho continuó sirviendo a los intereses específicos de los grupos en el poder. Así, en el periodo republicano, la Universidad continuó con la función de formar a los funcionarios del Estado. El deseo de romper con los nexos hispánicos y eclesiásticos caracterizó a esta época, por la incursión en el estudio del pensamiento de los filósofos Spencer —con sus tesis evolucionistas, individualistas y del progreso social— y Jeremías Bentham, con sus propuestas de organización legislativa, naturaleza y finalidad de las leyes. Estas se consideraron las mejores opciones filosófico-jurídicas, al punto que Francisco de Paula Santander las incluyó en los currículos de las facultades de jurisprudencia (Uribe, 1995).

Para el periodo del radicalismo liberal (1863-1886), en materia jurídica se impulsó la secularización de las humanidades y, en contravía de la herencia española, se implementaron las ciencias sociales desarrolladas bajo el influjo positivista de Auguste Comte. Además, se estudió la lógica de Mill y el evolucionismo spenceriano. En esta época se creó la Universidad de los Estados Unidos de Colombia, el Externado de Colombia y la Universidad Republicana (Goyes, 2011).

La propuesta educativa del liberalismo no pudo avanzar, debido a la oposición de la Iglesia católica, el Partido Conservador y los sectores más tradicionales de la sociedad. En esa medida, el gran debate jurídico protagonizado por las facultades de derecho giró en torno a la inclusión o no de Jeremías Benthan en los planes de estudio. Ello dependía de si el gobierno era liberal o conservador. Así las cosas, el derecho no se consolidó como un sistema jurídico racional[1] y al finalizar el siglo la regulación normativa de los conflictos seguía siendo una meta por alcanzar (Goyes, 2011).

El derecho en dicho periodo no gozó de credibilidad, pues se percibía como un instrumento en manos del gobierno de turno. El profesional de entonces se caracterizó por su apego a las formas y al discurso, como un mecanismo para salvaguardar su saber frente a una realidad que solo en algunos momentos lo utilizaba, en otros, lo desconocía, y en la mayoría de ocasiones lo atropellaba (Goyes, 2011, p. 94).

En los primeros tres decenios del siglo XX, los estudios de derecho se enmarcaron en un modelo estatal de corte confesional conocido con el nombre de Hegemonía Conservadora. Este proceso se inició con el movimiento de la Regeneración y se institucionalizó en la Constitución Nacional de 1886, a través de la cual se sentaron las bases de un orden jurídico que permaneció por más de cien años (y que aún subsiste, tanto en la cultura jurídica colombiana como en las facultades de derecho).

Sin que se perdiera el predominio iusnaturalista, aparecieron otras corrientes de pensamiento como el conceptualismo alemán y la escuela histórica del derecho.

La primera presidencia de Alfonso López Pumarejo no representó un avance para el derecho, pues López consideraba que la Universidad en

[1] Racionalidad que desde Aristóteles debe caracterizar a toda legislación, para cuyo fin se hace necesario deslindar las pasiones humanas de la ley, atribuyéndole a esta la racionalidad necesaria para regular la convivencia por encima de los afectos y desafectos de los seres humanos: "Todos somos iguales ante la ley", "La ley es dura pero es la ley", con todas las consecuencias que de dicha concepción se derivan.

Colombia se había convertido en "Una represa para desviar del cauce normal de nuestra actividad a las inteligencias mejor dotadas en una fábrica de doctores creadora de una aristocracia intelectual paupérrima que se desborda hacia la burocracia" (Tirado Mejía, 1981, p. 93). No obstante, el derecho y la medicina continuaron siendo las carreras más prestigiosas y con mayor demanda durante buena parte del siglo XX.

Así, el ejercicio profesional del derecho en este periodo brilló por la rigurosidad en la formas, al punto de una ortodoxia formalista, capaz de sacrificar un derecho por salvaguardar una coma (López, 2004).

La adopción del modelo de Estado Social y Democrático de Derecho y la expedición de la Ley 30 de 1992 introdujeron cambios trascendentales en la concepción del derecho, en el sistema de fuentes y desde luego en los métodos de enseñanza. Los últimos veinte años han removido las estables estructuras de los programas de derecho y han lanzado nuevos desafíos, relacionados con la constitucionalización de todas las ramas del saber jurídico, la aceptación paulatina pero inexorable del precedente constitucional y el consecuente estudio del derecho judicial. Asimismo, la introducción de una perspectiva internacional, dada la consagración de las cartas y tratados de derechos humanos universales y americanos, y la adición del mandato constitucional mediante la figura del bloque de constitucionalidad. Este marco nos ubica en el mundo jurídico global.

2. Clínica Jurídica con Enfoque de Género y Unidad de Atención a Víctimas de Violencias Basadas en Género: surgimiento y componentes

El Centro de Investigaciones y Estudios Sociojurídicos (Ciesju) de la Universidad de Nariño, en desarrollo de su misión y visión institucional, inició desde el año 2004 un importante proceso hacia la consolidación de la actividad investigativa jurídica y sociojurídica, con el propósito de incidir de manera positiva desde la Academia en la formulación de alternativas que atiendan los fenómenos sociales, económicos, políticos y culturales que enfrenta el pueblo colombiano y en especial el departamento de Nariño.

La investigación realizada por el Grupo de Investigación Derecho, Justicia y Región (Dejure), del Centro de Investigaciones y Estudios Socio-Jurídicos (Ciesju) de la Universidad de Nariño, *Informe Regional: Derechos Humanos de las Mujeres y Justicia de Género en Nariño*, al analizar todas las sentencias proferidas por los juzgados penales municipales, juzgados penales del circuito y la Sala Penal del Tribunal Judicial de Pasto, sobre delitos cometidos contra mujeres, y proferidas entre los años 2005 y 2011, confirmó la presencia de imaginarios y criterios discriminatorios en las sentencias judiciales. Se encontraron marcadas tendencias patriarcales y sexistas en muchos de estos fallos: "El convencimiento de la superioridad masculina, la 'irremediable' abnegación de las mujeres y el sometimiento a sus compañeros sentimentales, su obligación de asumir la carga del hogar, la obligación de soportar agresiones porque en muchas oportunidades su forma de vestir o su forma de actuar provocó la actitud violenta del agresor", fueron argumentos válidos para justificar el comportamiento de los agresores (Montezuma, 2011).

Este estado de cosas llevó a la Universidad de Nariño y a la Gobernación del Departamento a unir esfuerzos y suscribir un convenio interadministrativo, con el fin de implementar un espacio especializado para la atención diferencial de víctimas de violencias basadas en género. Fue así como a partir del mes de octubre del 2012 abrió sus puertas la "Unidad de Atención a Víctimas de Violencias Basadas en Género y Clínica Jurídica con Enfoque de Género y Diversidades".

La Clínica Jurídica con Enfoque de Género y Diversidades y Unidad de Atención a Víctimas de Violencias Basadas en Género es un espacio que busca contribuir a la disminución de las dificultades de acceso a la justicia de las víctimas de VBG, al implementar: 1) apoyo interdisciplinario, que tiene en cuenta las desiguales relaciones de poder dentro de las cuales se estructuran las violencias basadas en género; 2) empoderamiento de las víctimas de VBG a través de la intervención psicojurídica; 3) sensibilización y formación de las y los funcionarios públicos; especialmente, operadoras y operadores de justicia; 3) la investigación permanente de la situación de las VBG en el departamento de Nariño; 4) el apoyo técnico a la creación y fortalecimiento de las Rutas de Atención de las VBG; y 5) el apoyo a la implementación de casas de acogida para las mujeres víctimas de violencias de género.

¿En qué consiste la estrategia de clínica jurídica con enfoque de género?

La implementación de la Clínica Jurídica con Enfoque de Género y la Unidad de Atención a Víctimas de Violencia Basada en Género, se concibe como una estrategia de investigación e intervención para afrontar las violencias basadas en género en el departamento de Nariño. Mediante este trabajo se espera generar nuevas comprensiones y experiencias exitosas, a partir de un modelo de atención psicojurídico que, por un lado, busca desarrollar acciones efectivas en la resolución de los casos, y, por otro lado, mediante el acompañamiento terapéutico, lograr que se plantee un proceso de sanación emocional que implique la movilización de las pautas de violencia en las relaciones humanas y aporte al mejoramiento de la salud mental de las y los afectados por dichas violencias.

Los objetivos que persigue la Clínica Jurídica con Enfoque de Género y Unidad de Atención a Víctimas de VBG son:

- Acompañamiento psicojurídico especializado, diferencial, con perspectiva de género a víctimas de violencia basada en género, que enfrente a la revictimización institucional.
- Posicionar un modelo de atención integral, psicojurídico, con el cual equipos de trabajo interdisciplinarios posibiliten el rompimiento de ciclos de violencia.
- Dar a conocer la importancia de la investigación y de la Academia en los contextos sociales, como un medio para generar conocimiento y lineamientos para la construcción de estrategias de intervención que permitan movilizar los preceptos culturales que mantiene la violencia de género en Colombia.
- Comprender desde un enfoque diferencial y de género las relaciones de poder que se construyen en la sociedad y mantienen una cultura de la violencia en Nariño.
- Realizar análisis de casos, a partir de la perspectiva de género, con una visión integradora, relacional y ecosistémica, que permitan elaborar conceptualizaciones y conocimientos acerca de las pautas de violencia, desde el fenómeno relacional como tal, en la pareja, en la salud mental y física de los o las afectadas y las dinámicas institucionales que se dan en las particularidades de la atención a víctimas de violencia basada en género.

Los propósitos de la atención psicojurídica son los siguientes:

- La asesoría jurídica brindada busca el empoderamiento de mujeres y hombres y población diversa sexualmente víctimas de VBG, a partir de una atención jurídica con perspectiva de género, buscando no revictimizar ni culpabilizar a la víctima.

- Uno de los mayores aportes del modelo de intervención de la Unavi-VBG se evidencia en la no revictimización de los y las usuarias, mediante la recepción conjunta del caso y de las actuaciones coordinadas y articuladas para el acompañamiento y seguimiento de cada uno de los casos puestos en su conocimiento. El modelo de atención interdisciplinaria se imparte a partir del análisis de las particularidades de cada caso.
- Los discursos y diálogos interdisciplinares puestos al servicio de la atención con perspectiva de género y enfoque de derechos, posibilitan intervenir de manera especializada y contextualizada en las realidades de los y las usuarias en la unidad, así como comprender las experiencias, el sentir y actuar de los seres humanos ante eventos tan dolorosos como la violencia.

Entre los beneficios que obtienen las personas, organizaciones o instituciones que reciben los servicios de la Clínica Jurídica y Unidad de atención a Víctimas de VG se encuentran:

- Las y los funcionarios formados adquieren habilidades para la identificación y atención con perspectiva de género y enfoque diferencial de las VBG.
- Jóvenes, mujeres y hombres de la sociedad civil en general distinguen las diferentes etapas de los ciclos de VBG y las maneras más apropiadas de enfrentar y romper dichos ciclos. Identifican asimismo las rutas y las competencias institucionales frente a las VBG.
- Las mujeres deslegitiman las VBG padecidas con sus parejas.
- Las y los usuarios reciben una atención diferencial con perspectiva de género.
- Las y los usuarios reciben una atención no revictimizante.
- Las y los usuarios reciben una asesoría y acompañamiento que busca empoderar.
- Las y los usuarios reciben una atención que no culpabiliza.
- Las y los usuarios reciben una atención interdisciplinaria.

- Las y los usuarios adquieren elementos para enfrentar y romper ciclos de VBG.

2.1. Balance general 2013

Durante los meses de febrero a octubre, la Clínica Jurídica con Enfoque de Género y Unidad de Atención a Víctimas de VBG logró llegar a un total de 3523 personas en procesos de formación y atendió a 98 de ellas. La población con la cual principalmente se trabajó fue: fuerzas militares, comunidad educativa, medios de comunicación, funcionarias y funcionarios competentes en violencias.

3. Enseñanza del derecho a partir de la Clínica Jurídica con Enfoque de Género

La Clínica Jurídica y Unidad de Atención a Víctimas de Violencias basadas en género del Centro de Investigaciones y Estudios Socio-jurídicos de la Universidad de Nariño tiene como eje principal de su quehacer misional la aplicación de la perspectiva de género en todas y cada una de las acciones emprendidas dentro del abordaje de sus cinco componentes.

Si bien la Clínica Jurídica de la Universidad de Nariño es una iniciativa reciente y en proceso de fortalecimiento institucional, se constituye en un espacio idóneo para el aprendizaje del derecho desde posturas y paradigmas incluyentes y humanizadores, de conformidad con la normatividad educativa internacional y las necesidades del contexto sociocultural del departamento de Nariño.

La Clínica Jurídica, como una estrategia alternativa para el aprendizaje crítico y no tradicional del derecho, resulta también una estrategia pedagógica fundamental para la adquisición de competencias dirigidas a la formulación de un "análisis de género del fenómeno legal",[2] buscando afianzar el ejercicio del derecho desde la perspectiva de género.

La perspectiva de género, entendida como una herramienta de análisis social que busca visibilizar las desigualdades e inequidades en el contexto de las relaciones sociales de poder, de dominación y exclusión presentes entre hombres y mujeres (Ministerio de Protección Social, 2011), resulta útil para

---

[2] Concepción abordada por la abogada feminista Alda Facio en su obra *Cuando el género suena cambios trae.*

identificar cómo una situación determinada afecta de manera diferencial a cada individuo, según su sexo, edad, etnia, estrato socioeconómico y el papel que desempeña en la familia y en la sociedad. Además, de qué manera la sociedad se organiza, de acuerdo con sus creencias e intereses, y legitima una forma de "hacerse y de ser" hombre o mujer. Igualmente, permite visibilizar cómo las relaciones entre las personas se encuentran atravesadas por el poder y de qué manera la inequidad en el ejercicio de este genera necesariamente violencia y discriminación (Procuraduría General de la Nación, 2007).

En este sentido, la enseñanza de la perspectiva de género, para su aplicación en el estudio de casos hipotéticos o de casos reales recibidos en la Clínica Jurídica, desencadena en las y los estudiantes una actitud reflexiva y crítica de las situaciones de desigualdad e inequidad social y de género, lo cual contribuye a que identifiquen y cuestionen posiciones patriarcales y neutrales al aplicar el derecho, frente a formas incluyentes y equitativas de ejercer la profesión de abogadas y abogados.

Sin embargo, incidir en el papel transformador del derecho para avanzar hacia la equidad de género, a través de la enseñanza de clínica jurídica, no es tarea fácil. Las y los estudiantes participantes llevan consigo construcciones patriarcales y posiciones esquemáticas de ver e ir por el mundo, y en esa medida también cargan consigo formas patriarcales y esquemáticas de cómo ejercer el derecho.

Así entonces, avanzar hacia los objetivos de una clínica jurídica con enfoque de género implica, en primer lugar, identificar los imaginarios de género presentes en las y los estudiantes, producto del proceso de socialización que cada una de ellas y cada uno de ellos ha vivido. En segundo lugar, provocar el auto-reconocimiento, por parte de las y los estudiantes, de la existencia de dichos imaginarios y de cómo estos inciden en su ejercicio profesional, en la clase de asesoría ofrecida, en las características de los memoriales realizados, por ejemplo, y en términos generales, en las estrategias de litigio adoptadas para asumir los casos. En cuarto lugar, es necesario trabajar en el cómo contribuir a desaprender dichos imaginarios discriminadores y adquirir criterios incluyentes y no sexistas a la hora de aplicar el derecho.

Haciendo referencia específica a casos de violencias, la aplicación de la perspectiva de género por parte de las y los estudiantes de la Clínica Jurídica, se ve reflejada en una atención diferencial que no revictimiza y no culpabiliza.

Asimismo, en una atención que se encamina al empoderamiento de mujeres que por construcciones sociales y culturales se ven excluidas de sus derechos en la cotidianidad de sus hogares o de sus trabajos. En cuanto a la estructura de memoriales, la enseñanza de clínica jurídica con perspectiva de género ha contribuido a crear competencias para la elaboración de demandas y denuncias, en las cuales se visibilizan las condiciones de discriminación debido a la existencia de relaciones desiguales de poder entre hombres y mujeres, en una sociedad patriarcal y sexista todavía lejana de la equidad.

Todo este proceso se ve enriquecido con el trabajo interdisciplinario con las y los psicólogos de la clínica jurídica, pues, como se manifiesta al inicio de este escrito, una de las características de la Clínica Jurídica de la Universidad de Nariño es la intervención psicojurídica de los casos de violencias que se reciben. De esta manera, la usuaria o el usuario no se ve obligado a repetir la historia de los hechos dos, tres y hasta cuatro veces, como acontece en algunos despachos del país. El desenvolvimiento en la esfera emocional y psicológica de las víctimas de violencias se convierte en insumo para el trabajo jurídico. En muchas ocasiones, los resultados desde lo jurídico también se constituyen en insumos para los proceso psicológicos.

Para identificar los imaginarios de género presentes en las y los estudiantes de derecho que hacen parte de la clínica jurídica, se acude al desarrollo de grupos focales y al juego de roles. Los grupos focales han permitido la participación fluida de las y los estudiantes. Al relajarse frente a los temas, surge un diálogo espontáneo y es así como afloran sus sentires, creencias y estereotipos de género. Como elemento enriquecedor al grupo focal se realizan juegos de roles. Aquí las y los estudiantes representan situaciones en las cuales se analizan sus propias posturas acerca del estado de cosas excluyente y las de terceros, ya sean instituciones, organizaciones, etc.

Con ejercicios adicionales como cineforos, musiforos y *test*, entre otros, se fortalece el auto-reconocimiento de las posiciones que pueden favorecer la discriminación, tanto en su ejercicio profesional como en la vida personal. En la realización de estos ejercicios se cuenta también con el trabajo interdisciplinario de los profesionales de la psicología y del derecho.

Una vez identificados los imaginarios de género y logrado el auto-reconocimiento de estos por parte de cada una de las y los estudiantes, se procede a la escogencia de un caso real o hipotético para iniciar su análisis jurídico desde la perspectiva de género. El caso se escoge teniendo en cuenta su complejidad jurídica, el tipo de violencia, la etapa en la cual se encuentra y el impacto que pueda generar en la formación de las y los estudiantes como también de la sociedad. En mesa redonda se reflexiona, se analiza, se cuestiona, se debate y se proponen estrategias para asumir y resolver los problemas jurídicos objeto de estudio.

Esta discusión es protagonizada por las y los estudiantes. Profesionales de la Clínica desempeñan un papel facilitador, provocador del debate. Las decisiones se adoptan por consenso y se argumentan de manera rigurosa, con el fin de hacer exigente la preparación de cada estudiante. Se prevé la participación de invitados especiales, según el tema, a hacer parte de las mesas de discusión.

Con el fin de fortalecer el des-aprendizaje de los imaginarios y actitudes patriarcales, se ha establecido un trabajo permanente de sensibilización y formación en género a partir de la revisión de las actuaciones y la construcción de las estrategias de litigio. En este sentido, al momento de hacer el estudio de las actuaciones jurídicas se refuerza en ellas y ellos, conocimientos, habilidades y actitudes dirigidos a la inclusión, y de esta manera aportar a la construcción de la equidad entre los géneros.

Conclusiones

La politización de la educación en Colombia generó a lo largo de los años un gran estancamiento, del cual el derecho no estuvo al margen. Si bien la Carta Magna de 1991 se constituye en el marco normativo superior, en consonancia con los convenios internacionales, para realizar los progresos educativos que se necesitan, se requiere superar las barreras y esquemas que anquilosan los procesos formativos y desprenderse de los miedos a los cambios pedagógicos que impiden explorar otras alternativas.

Contribuir a la equidad de género a partir de procesos de transformación de la enseñanza y del aprendizaje del derecho debe ser un compromiso colectivo de la Academia, además de suponer una forma de humanizar el derecho.

Bibliografía

Facio, A. (1992). *Cuando el género suena cambios trae: metodología para el análisis de género del fenómeno legal.* San José: Ilanud.

Goyes, I. (2011). *La enseñanza del derecho en Colombia-1886-1930*. Pasto: Universidad de Nariño.

López, D. (2004). *Teoría impura del derecho*. Bogotá: Legis, Universidad de los Andes, Universidad Nacional de Colombia.

Ministerio de Protección Social y United Nations Fund for Population Activities (UNFPA) (2009). *Guía para la atención integral de mujeres en condiciones de vulnerabilidad*. Bogotá.

Procuraduría General de la Nación, Colombia (2006). *Vigilancia superior a la garantía desde una perspectiva de género, con énfasis en mujeres y adolescentes*. Bogotá.

Tirado Mejía, A. (1981). *Aspectos políticos del primer gobierno de Alfonso López Pumarejo*. Bogotá: Procultura.

Uribe Urán, V. (1995). Educación legal y formación del Estado colombiano durante la transición de la colonia a la república. 1780-1850. En: *Etnias, educación y archivos en la historia de Colombia*. Tunja: Universidad Pedagógica y Tecnológica de Colombia (UPTC), Archivo General de la Nación, Asociación Colombiana de Historiadores.

Uribe Urán, V. (2000). *Honorable Lives, Lawyers, Family and Politics in Colombia, 1780-1850.* Pittsburg: University of Pittsburg Press.

1.1.5. Litigio estratégico
Figura jurídica implementada por la Clínica de Interés Público frente al papel de las mujeres en la construcción de paz

Luisa Fernanda Ramos Díaz*
Natalia Carolina Peña Urbina**
Saskia Piotrowski***

1. El litigio estratégico

El litigio estratégico como figura jurídica es también conocido como litigio de gran impacto. Esta forma selecciona y presenta un caso ante los tribunales, con el objetivo de alcanzar cambios de gran impacto o muy importantes en la sociedad.

El ejercicio del litigio de alto impacto, como forma alternativa de enseñar y ejercer el derecho, consiste en la estrategia de seleccionar, analizar y poner en marcha el litigio de ciertos casos, de manera tal que permita lograr un efecto significativo en las políticas públicas, la legislación y la sociedad civil de un Estado o región. Es un proceso de identificación, socialización, discusión y estructuración de problemáticas sociales, y a partir de allí promover casos

---

* Estudiante de noveno semestre de Derecho, Universidad Sergio Arboleda. Integrante de la Clínica de Interés Público y del Semillero sobre Derechos de las Mujeres.

** Estudiante de noveno semestre de Derecho, Universidad Sergio Arboleda. Integrante de la Clínica de Interés Público y del Semillero sobre Derechos de las Mujeres.

*** Pasante por seis meses del Departamento de Derechos Humanos, estudiante de Derecho en Alemania.

concretos para alcanzar soluciones integrales a tales problemáticas sociales, a fin de lograr cambios sociales sustanciales (Correa Montoya, 2007).

Se trata de estrategias de litigio que trascienden lo personal, hacia lo social o colectivo, en defensa del interés público: "Lo que distingue el litigio de alto impacto frente a otras formas de litigio, es precisamente su efecto sobre el entramado social. Se trata de una técnica que busca defender intereses de grupos o individuos y al mismo tiempo generar un cambio en la sociedad en su conjunto" (Correa Montoya, 2007).

Esta clase de litigio propende por asegurar el éxito de un proceso jurídico, a través de la elaboración de planes o programas y la organización de determinados medios que permitan la defensa de derechos humanos amenazados o vulnerados. Es así como el cumplimiento deseable de los derechos humanos se contrasta con su amenaza o su vulneración, y se determina estructuralmente el mejor camino para obtener el resultado más óptimo. Este puede comprender: 1) una estrategia jurídica: en esta se identifican las acciones, derechos humanos y sujetos que correspondan a la situación; 2) una estrategia social: el litigio estratégico propende por la construcción de sujetos titulares de derechos; 3) una estrategia política: en esta se identifican las instituciones que pueden servir como aliadas para defender la misma causa; 4) una estrategia educativa: en esta se realizan capacitaciones y cursos con la comunidad, sujeto pasivo en la amenaza o vulneración de los derechos humanos, para que pueda comprender cuáles son sus derechos y los mecanismos con los que cuenta para hacerlos valer; 5) una estrategia de seguridad: en esta se identifican los problemas de corrupción, las amenazas, la intimidación y el riesgo (Red Latinoamericana de Clínicas Jurídicas, 2009).

El Estado tiene que preocuparse, jurídicamente, por tener políticas públicas que reduzcan las asimetrías, que generen unas condiciones de igualdad, pero sobre todo que garanticen acceso igual a las oportunidades. Todo esto tiene que ver con una legislación, pero también con el desarrollo de una cultura en donde a la mujer se le valore igual que se valora al hombre, por su capacidad, por su preparación, por su desempeño, y no que se le tenga en un lugar secundario de la sociedad.

Un punto importante en este sentido es todo lo que tiene que ver con la información a abogados y a jueces especiales que garanticen la protección de la mujer e informen sobre sus derechos esenciales, la mayor inversión en temas de igualdad de género y el empoderamiento económico. Es muy claro que cuando una mujer tiene participación activa en el desarrollo económico, su familia prospera mucho más, y por esta razón es muy importante que haya una garantía jurídica y social de acceder a su formación y a su capacidad de trabajo.

El tema de la autonomía económica de la mujer es muy importante, ya que se presentan muchos casos en los cuales la mujer es doblegada, entregada muchas veces a una situación casi de sumisión por cuenta de no tener esa autonomía económica.

Socialmente, es importante que la mujer joven participe como promotora de dicho cambio, ya que muchas veces la mujer misma se encarga de educar a sus hijos dentro de ese modelo patriarcal, y en donde lamentablemente ese tipo de vejaciones a la mujer se dejan pasar como si fuera algo normal, más aun cuando se educa a las hijas de acuerdo con dicho modelo, pues entonces, evidentemente, se va a reproducir el mismo comportamiento.

También es preciso involucrar a los medios de comunicación y a la opinión pública. Cada día vemos cómo, desafortunadamente, la violencia contra la mujer muchas veces se vuelve parte del paisaje. En los medios se menciona: "otra mujer violada", "otra mujer maltratada por su pareja", pues estas son conductas que se deben visibilizar y, desde el punto de vista social, deben tener una reacción y una condena.

Asimismo, es importante: "En lo político, promover la participación y representación política de las mujeres que implica construir autonomía para ellas, relaciones no jerárquicas y reafirmar la pluralidad de las mujeres" (Mujeres por la Paz, 2013).

Para lograrlo es necesario que "la organización política, la socialización de los saberes y los procesos educativos, sean puestos al servicio de la formación política de las mujeres que habilite sus capacidades y habilidades para fortalecer sus bases organizacionales y su representación paritaria en el poder político" (Mujeres por la Paz, 2013).

En cuanto a la educación, se puede apreciar una tasa de escolaridad distinta, menor en la mujer que en el caso de los hombres. Se advierte entonces la necesidad de que en Colombia se dé, como lo viene haciendo en el resto de América Latina, un mayor acceso de la mujer a la educación.

Por último, es preciso implementar y fortalecer medidas para que el Estado cumpla con su deber de actuar con diligencia para prevenir, sancionar y erradicar la violencia y la discriminación contra las mujeres —fenómenos exacerbados por el conflicto armado—, incluyendo esfuerzos concretos para cumplir con sus cuatro obligaciones: la prevención, la investigación, la sanción y la reparación de violaciones de los derechos humanos de las mujeres (Mujeres por la Paz, 2013).

2. Papel de las mujeres en la construcción de paz

Hoy se puede observar que "Las mujeres colombianas se han comprometido con la paz de Colombia y lo han hecho con convicción y vigor. En las comunidades son eje fundamental para la prevención y resolución de conflictos; son ellas quienes toman la iniciativa de dar atención a las víctimas y, en muchos casos, han sido quienes han evitado el atropello de un familiar o un miembro de su comunidad" (Hechos del Callejón, 2010). La Resolución 1325 del 2000 "reconoce el impacto específico de género de los conflictos armados sobre las mujeres y las niñas y alude al papel que éstas pueden jugar en la construcción de la paz, entendida en un sentido amplio" (Villellas, 2010). La citada norma insta a que el Secretario General de las Naciones, o la Secretaría de Naciones Unidas, le den una mayor importancia al papel de la mujer en las misiones de paz, las labores humanitarias, y también como observadoras en los casos en donde hay conflictos. En este sentido, se les da el mandato de incorporar una verdadera perspectiva de género en las operaciones de mantenimiento de la paz y se pide que cada vez que haya negociaciones tendientes a lograr acuerdos de paz, se dé esta perspectiva de género.

El valor e impacto de esta resolución puede entenderse por el hecho de que sus disposiciones permiten "garantizar la participación de las mujeres en los procesos y escenarios decisorios de paz y, relacionado con ello, que reconoce a las mujeres como sujetas políticas y no sólo por su condición de víctimas" (Paz con Mujeres.org., 2013).

La participación de las mujeres en la construcción de la paz es importante, por varias razones. La principal, porque las mujeres son las "principales víctimas y sobrevivientes y debido a las afectaciones e impactos diferenciales que sobre ellas ha generado la vivencia del conflicto armado" (Paz con Mujeres.org., 2013). A este respecto las organizaciones de mujeres "consideran que existe aún la necesidad de visibilizar las violencias padecidas por las mujeres y los efectos del conflicto en sus cuerpos y son las propias mujeres víctimas quienes mejor pueden hacerlo y pueden aportar a que se sepa la verdad de los hechos" (Paz con Mujeres.org., 2013). Otra razón es "por su experiencia de resistencia y por las acciones de paz que han emprendido en diversos lugares del país" (Paz con Mujeres.org., 2013). De igual manera, se fundamenta que las "mujeres pueden aportar debido a su experiencia en la reconstrucción del tejido social y comunitario o por su capacidad de conciliación" (Paz con Mujeres.org., 2013).

La participación es muy relevante, ya que anula los modelos que sostienen las prácticas discriminatorias contra las mujeres. Además, "la participación es un derecho humano, que garantiza un ejercicio democrático en el marco de la ciudadanía". En este sentido, la ausencia de mujeres en la negociación en La Habana es una manifestación de la discriminación hacia estas: "Las mujeres deben hacer oír su voz y no estar en las voces; sólo así podrán hacer valer sus derechos" (Paz con Mujeres.org., 2013). Otra razón que sustenta la importancia de dicha participación se comprende desde una óptica cuantitativa: "las mujeres son la mitad o más de la mitad de la población y por tanto deben participar en la definición de la paz. Si no es así no se podrá negociar una paz 'completa'; sin la mitad de la población no son legítimos los acuerdos" (Paz con Mujeres.org., 2013).

El hecho de que las mujeres estén en el espacio de lo público implica que pueden ser realmente representadas. De ahí la importancia de que ejerzan cargos de poder, en el sentido de que es allí donde se van a poder discutir todos sus intereses, que no se encuentran visibilizados y que por ende no han sido discutidos.

Con el paso del tiempo se debate acerca de los tipos de reparación que necesitan las mujeres, la verdad que reclaman, porque es tan importante insistir en pertenecer a los espacios de decisión, de negociación, como también lo es el alcance de un trato especial por el impacto que la violencia deja en ellas (Hechos del Callejón, 2010).

A pesar de las dificultades en la defensa y garantía de sus derechos, las mujeres han demostrado que hay una postura evidente y transformadora desde una perspectiva pacifista. Además, manifiestan no estar dispuestas a permanecer en la violencia, no toleraran más que sus cuerpos sean utilizados como botines de guerra y por eso tienen propuestas para la resolución del conflicto (Hechos del Callejón, 2010).

Diversas organizaciones de mujeres han determinado que la construcción de una sociedad en paz, únicamente es aceptable si se realiza con las personas que se encuentren en estado de vulnerabilidad. Por eso es importante que la mujer sea fundamental en las negociaciones que se están llevando a cabo en La Habana (Hechos del Callejón, 2010):

> La posición de las mujeres ha sido antimilitarista frente al conflicto armado y una posición feminista frente a las violencias y las guerras. Hablamos de la resolución por la vía negociada, desde los conflictos cotidianos, pues la capacidad de resolver los conflictos hace a una sociedad desarrollada ética y políticamente.

Además, según las mujeres, la paz es un "estado en el que priman los valores y la satisfacción de necesidades esenciales, la transformación pacífica de los conflictos y la garantía de derechos como la justicia y la participación" (Hechos del Callejón, 2010).

Los diálogos de La Habana representan una oportunidad histórica para las mujeres que no se debe dejar de lado. Es necesario que se produzcan transformaciones en los órganos del poder político y del poder económico, para lo cual es necesario exigir democracia paritaria en todos los sectores de la sociedad colombiana que tengan como propósito romper el monopolio masculino del poder político y del poder económico (Mujeres por la Paz. org., 2013).

3. Derechos vulnerados y afectación de las mujeres en el conflicto armado colombiano

En temas de conflicto, hay riesgos a los cuales las mujeres están más expuestas. Ello ya lo mencionó la Corte Constitucional en el Auto 092 del 2008, en el cual se pronuncia acerca del impacto desproporcionado sobre las mujeres en el marco del conflicto armado colombiano. La violencia contra las mujeres, es una estrategia de guerra utilizada por los actores del conflicto con el fin de controlar territorios y comunidades (Organización de los Estados Americanos, Comisión Interamericana de Derechos Humanos, 2006).

La Corte Interamericana de Derechos Humanos sostiene que son cuatro las formas típicas en que se manifiesta la violencia contra el género femenino en el marco del conflicto. En primer lugar, se trata de lesionar al enemigo ejerciendo una violencia física, psicológica y sexual. Esta se despliega por medio de la deshumanización, afectar el núcleo familiar o sembrar el terror en la comunidad, con el fin de conseguir nuevos territorios: "tiene por objeto el lesionar, aterrorizar y debilitar al enemigo para avanzar en el control de territorios y recursos económicos" (Organización de los Estados Americanos, Comisión Interamericana de Derechos Humanos, 2006). Busca intimidar a las mujeres que tienen alguna relación con el bando contrario o por ignorar normas impuestas por los victimarios.

Estas manifestaciones de violencia son puestas a la vista en ataques a comunidades, a fin de buscar su desplazamiento, torturas, señalamientos a mujeres que tienen alguna relación con combatientes, secuestros, registros domiciliarios, etc. (Organización de los Estados Americanos, Comisión Interamericana de Derechos Humanos, 2006).

En segundo lugar, se busca el desplazamiento forzado de las mujeres, las cuales son desarraigadas de su comunidad, vida cotidiana y de sus familias: "las cifras indican que éstas constituyen aproximadamente la mitad de la población afectada en Colombia. Cifras gubernamentales confirman que cuatro de cada diez familias en situación de desplazamiento poseen jefatura femenina" (Organización de los Estados Americanos, Comisión Interamericana de Derechos Humanos, 2006).

En la Sentencia T-025 del 2004, la Corte Constitucional señala que por las circunstancias que rodean el desplazamiento, las personas que lo padecen "quedan expuestas a un nivel mucho mayor de vulnerabilidad, que implica una violación grave, masiva y sistemática de sus derechos fundamentalmente y, por lo mismo, amerita el otorgamiento de una especial atención por las autoridades: 'Las personas desplazadas por la violencia se encuentran en un estado de debilidad que los hace merecedores de un tratamiento especial por parte del Estado" (Sentencia T-025 del 2004).

No obstante lo anterior, para la Corte las mujeres gozan de una especial protección. Así, en el Auto 092-2008 la Corporación expresa que el desplazamiento forzado tiene una "faceta de género" y que ello conlleva serias violaciones a los derechos fundamentales. Estas facetas de género las clasifica en dos grandes grupos: el primero de ellos se refiere a "los patrones de violencia y discriminación de género que de por sí preexisten en la sociedad colombiana y que se ven intensificados exponencialmente tanto por (a) las condiciones de vida de las mujeres desplazadas, como por (b) el impacto diferencial y agravado de las fallas del sistema oficial de atención a la población desplazada sobre las mujeres" (Auto 092-2008).

Dentro de esta categoría la Corte menciona la esclavitud sexual, la prostitución forzada, la violencia comunitaria con intenciones de género, el desconocimiento del derecho a la salud, obstáculos en el acceso a la educación, entre otros, como riesgos inherentes que padece una mujer desplazada (Auto 092-2008).

El segundo grupo atiende a necesidades específicas de cada mujer desplazada, que "no es experimentada por hombres desplazados ni por mujeres no desplazadas" (Auto 092-2008). Para la Corporación, las facetas de género del desplazamiento forzado "perpetúan el espectro continuo de violencias, discriminaciones y exclusiones a las que las mujeres se encuentran expuestas de por sí en la sociedad colombiana y más aún en el conflicto armado, interactuando con ellas en complejos marcos de causalidad recíproca" (Auto 092-2008).

En tercer lugar, la violencia sexual que es acompañada del reclutamiento, tiene como fin "hacerlas rendir servicios sexuales a miembros de la guerrilla o a las fuerzas paramilitares" (Organización de los Estados Americanos, Comisión Interamericana de Derechos Humanos, 2006). El reclutamiento por parte de grupos al margen de la ley incluye que las mujeres "se desempeñen como combatientes, escoltas, esclavas sexuales, informantes, guías, mensajeras y las realizadoras de tareas domésticas" (Organización de los Estados Americanos, Comisión Interamericana de Derechos Humanos, 2006). En este sentido, "La violación sexual, a menudo, es utilizada de manera sistemática en los conflictos como la vía para redibujar las fronteras étnicas" (Palacián de Inzá, 2013).

En cuarto y último lugar, la violencia tiende a utilizar a las mujeres como un medio de ejercer control social. Es una estrategia de guerra de los actores del conflicto armado con la cual controlan territorios y diferentes comunidades. Esta forma de control impone normas en la comunidad, de tal manera que los victimarios se inmiscuyen en el estilo de vida de los integrantes de cierta comunidad e imponen castigos por no obedecer dichos códigos (Organización de los Estados Americanos, Comisión Interamericana de Derechos Humanos, 2006). La violación sexual, por ejemplo, es el resultado de la desobediencia ante cierta conducta impuesta. Como se ve, esta forma de ejercer control fortalece crudamente estereotipos de género arraigados en la comunidad, además de estimular conductas punibles contra la población femenina, los cuales tienden a normalizarse y permanecer impunes (Organización de los Estados Americanos, Comisión Interamericana de Derechos Humanos, 2006).

La Corte Constitucional ha dicho que frente a la situación de mujeres desplazadas, la invisibilidad "se traduce en la inexistencia de una política pública específica para responder de manera efectiva a las distintas facetas de género del desplazamiento interno, así como al impacto diferencial y agudizado del conflicto armado sobre la mujer, inexistencia que se ha acreditado con claridad meridiana ante esta Corporación" (Auto 092-2008). La sociedad patriarcal se inmiscuye en la cotidianeidad y delitos cometidos contra la mujer por el hecho de ser mujer hacen parte de la cotidianidad.

Han sido muchos los intentos legislativos por dar garantías a mujeres víctimas del conflicto armado en Colombia. Ejemplo de ello es la Ley 1448 del 2011, la cual incluye ciertos beneficios como la inclusión al registro, el acceso a la verdad judicial, medidas de protección y de asistencia, medida de reparación integral, participación e incidencia. En el papel esta ley ha tenido en cuenta las necesidades de las mujeres, incluso les garantiza un acceso prioritario frente a otros grupos. El Decreto 1930 del 2013 adopta la "política Pública Nacional de Equidad de Género y se crea una Comisión Intersectorial para su implementación". También es necesario mencionar el Decreto 164 del 2010, "por el cual se crea una Comisión Intersectorial denominada mesa interinstitucional para erradicar la violencia contra las Mujeres", y diversos tratados internacionales que ha ratificado Colombia y que se refieren a derechos de las mujeres.

Sin embargo, todos estos intentos legislativos resultan ineficientes, pues la cultura patriarcal no se escapa de la guerra ni es desarraigada de una sociedad con una simple ley. Al contrario, en el conflicto armado el patriarcado resulta ser más evidente y el objeto de violencia más vulnerable resulta ser la mujer. Incluso, si se observa la Ley de Justicia y Paz, aquellos que se quisieran acoger al proceso de justicia transicional debían confesar la totalidad de sus delitos, pero ninguno de estos sujetos reconoció jamás algún delito sexual cometido, pues en el patriarcado es cotidiano el abuso sexual a mujeres, entre otros delitos cometidos específicamente contra el género femenino: "La ley por sí misma, no elimina las desigualdades, por eso hay que trabajar no solo sobre la ideología de los jueces, sino también sobre todos los operadores del derecho, por medio de políticas públicas que tiendan a modificar la situación denunciada" (Pastorino, 2000).

Ante esta situación de las mujeres en la guerra y en la sociedad, es necesario acudir a una justicia de género. Es preciso crear y desarrollar diferentes proyectos emancipatorios que logren cambios legales exitosos, económicos y sociales (Mukhopadhyay y Singh, 2008).

Es urgente tomar medidas culturales tendientes a eliminar estereotipos, que además de reproducirse se enseñan. Es por ello que la educación constituye una herramienta para eliminar el patriarcado. Debe existir asimismo un cambio en la forma en que se enseñan los roles dentro de la sociedad. El lenguaje inclusivo también resulta ser una medida para contrarrestar la sociedad patriarcal, pues permite visibilizar situaciones. No hay que olvidar que la realidad se construye desde lo que se nombra, pero igualmente desde lo que se oculta.

4. Proceso del litigio estratégico implementado por la Clínica de Interés Público con respecto al papel de las mujeres en la construcción de paz

La situación de las mujeres en la construcción de paz es tratada en la Clínica con base en el modelo del litigio estratégico. Por medio de "esta clase de litigio se propone asegurar el éxito de un proceso jurídico a través de la elaboración de planes o programas y la organización de determinados medios, que permitan la defensa de derechos humanos amenazados o vulnerados" (Red Latinoamericana de Clínicas Jurídicas, 2009).

El tiempo es un factor importante para definir el éxito del litigio estratégico. Es necesario primero preguntarse cuándo se debe abordar un caso por medio del litigio estratégico e identificar los factores por los cuales se va a iniciar el proceso. Asimismo, debe estructurarse una línea de tiempo. Esta técnica no se aplica a todos los casos y no siempre es necesario interponer una demanda para lograr la meta fijada. El litigio estratégico se realiza estrictamente para aquellos casos en los cuales el gobierno o la sociedad se resisten a optar por medidas generadoras de cambio (Velázquez y Jiménez, 2010).

La situación de las mujeres en el conflicto armado encaja perfectamente en este litigio, por las razones expuestas en los anteriores acápites. El siguiente aspecto por evaluar consiste en preguntarse quién es el legitimado en la causa para llevar a cabo este litigio (Velázquez y Jiménez, 2010). Se trata de un interés público y por esta razón una clínica es la adecuada para llevar este litigio, pues su objetivo es mejorar la situación de las mujeres en el conflicto armado.

Es necesario analizar escritos jurisprudenciales con una perspectiva de género. En el caso del auto, establecer las fallas en el sistema jurisdiccional y evidenciar los estereotipos que se encuentran. Una clínica analiza casos llevados a los estrados como el de Agro Ingreso Seguro, donde son utilizados argumentos basados en estereotipos. Valery Domínguez "no solo firmó los documentos, sino que se adelantó el trámite para obtener un subsidio de 306 millones de pesos. Sin embargo, no lo hizo en plena conciencia de lo que estaba pasando [...] el juez consideró que la ex reina era una 'ingenua, incauta y enamorada novia' que fue engañada por su ex prometido Juan Manuel Dávila para tramitar el subsidio de 306 millones de pesos" (Tribunal de Bogotá definirá suerte de Valerie Domínguez por caso AIS, 2013).

La opinión pública con respecto al tema influye enormemente, pero el caso de las mujeres es particular, pues el patriarcado tiende a solaparse en la cotidianidad. Es por esto que resulta difícil que la discriminación de género sea visibilizada por la comunidad. Distintos dichos y expresiones del patriarcado resultan ser usuales en la sociedad y no son tratados como formas de discriminación. Resulta complicado que la opinión pública evidencie con facilidad estereotipos y reaccione frente a la manifestación de estos. Es por esto que la clínica que desee utilizar esta figura primero debe establecer una estrategia jurídica, "en ésta se identifican las acciones, derechos humanos y sujetos que correspondan a la situación" (Red Latinoamericana de Clínicas Jurídicas, 2009). En segunda instancia, debe contemplarse una estrategia social. No es suficiente cambiar las leyes o el sistema judicial, el problema de vulnerar derechos de las mujeres tiene sus razones en la sociedad como tal. El objetivo del litigio estratégico es lograr un cambio social, y para tener suficiente impacto es necesario hacer público el problema, evidenciar la violencia de género y la situación desproporcionada que sufren las mujeres en el conflicto armado. Igualmente, es necesario hacer visibles las herramientas que la ley proporciona a las mujeres para defender sus derechos fundamentales.

En tercer lugar, se requiere una estrategia educativa. La educación es una medida para eliminar el patriarcado, y si se observan con atención los textos que se utilizan en la educación primaria y secundaria, se verá que estos "establecen estereotipos sobre los roles de la mujer. La educación es el medio bien sea para repetir en nuevas generaciones modelos patriarcales o desarraigar de una cultura el patriarcado" (Red Latinoamericana de Clínicas Jurídicas, 2009). La clínica debe utilizar capacitaciones a las nuevas generaciones, así se hace un esfuerzo por eliminar los estereotipos implantados por la sociedad patriarcal.

Conclusiones

Los retos específicos que tiene la Clínica de Interés Público de la Universidad Sergio Arboleda son:

- Incluir a las mujeres en la construcción de paz, específicamente en las negociaciones que se llevan a cabo en La Habana, pues como se expuso en acápites precedentes una de las manifestaciones de la sociedad patriarcal es excluir a la mujer en el espacio de lo público.
- Las normas y la Academia albergan estereotipos en sí mismas, cambiar su contenido es otro reto de la Clínica.
- La Clínica es un medio para concientizar a los estudiantes sobre los estereotipos patriarcales, y así evitar la reproducción de esta cultura en la sociedad.
- El litigio estratégico enfocado a la justicia de género resulta ser la mejor herramienta para lograr un impacto social que mejoraría la situación de las mujeres en el conflicto colombiano.
- La mujer debe ser tenida en cuenta en la construcción de paz, más por el reconocimiento de sus derechos que por su condición de víctima.

Bibliografía

Corte Constitucional de Colombia (2004). *Sentencia T-025*.

Corte Constitucional de Colombia (2008). *Auto 092*.

Correa Montoya, L. (2007). Estrategias de litigio de alto impacto (2007). *Revista Jurídicas*, 4 (2), 47-69. Recuperado de http://juridicas.ucaldas.edu.co/downloads/Juridicas4-2_4.pdf.

Hechos del Callejón (2010). *Las mujeres y la construcción de la paz (51)*. Recuperado el 27 de abril del 2013, de http://www.pnud.org.co/hechosdepaz/echos/pdf/51.pdf.

Mujeres por la Paz (2013). *Radicalizar la democracia para garantizar la participación y representación de las mujeres en el sistema político colombiano.* Recuperado de http://www.humanas.org.co/archivos/ponenciaparticipacionmujereporlapaz.pdf.

Mukhopadhyay, M. y Singh, N. (s.f.). *Justicia de género, ciudadanía y desarrollo.* Recuperado de http://www.dhl.hegoa.ehu.es/ficheros/0000/0356/Justicia_de_g%C3%A9nero.pdf.

Organización de los Estados Americanos, Comisión Interamericana de Derechos Humanos (2006). *Las mujeres frente a la violencia y la discriminación derivadas del conflicto armado en Colombia.* Recuperado el 27 de abril del 2014, de http://www.cidh.org/countryrep/colombiamujeres06sp/informe%20mujeres%20colombia%202006%20espanol.pdf.

Palacián de Inzá, B. (2013). *La violencia sexual como arma de guerra.* Recuperado el 27 de abril del 2014, de http://www.ieee.es/Galerias/fichero/docs_analisis/2013/DIEEEA07-2013_ViolenciaSexualArmaGuerra_BPI.pdf.

Harari, S, y Pastorino, G. L. (2000). Acerca del género y el derecho. En H. Birgin (Comp.). *El derecho en el género y el género en el derecho.* Buenos Aires: Biblos.

Paz con Mujeres.org. (2013). *La 1325 en Colombia, opiniones de las mujeres.* Recuperado de http://www.pazconmujeres.org/pg.php?pa=3&id=87bfa7448f78a6bccf33b7c43fdfa5bb&t=La-1325-en-Colombia--opiniones-de-las-mujeres.

Red Latinoamericana de Clínicas Jurídicas (2009). *Litigio estratégico.* Recuperado de http://www.clinicasjuridicas.org/litigio-estrategico.htm.

Tribunal de Bogotá definirá suerte de Valerie Domínguez por caso AIS (2013). *el tiempo. com.* Recuperado el 27 de abril del 2014, de http://www.eltiempo.com/justicia/ARTICULO-WEB-NEW_NOTA_INTERIOR-12559271.html.

Velázquez, M. y Jiménez, M. (2010). *Guía sobre litigio estratégico: una introducción.* Recuperado el 27 de abril del 2014, de https://www.crin.org/es/biblioteca/publicaciones/gu%C3%ADa-sobre-litigio-estrat%C3%A9gico-una-introducci%C3%B3n.

Villellas, M. (2010). *El papel de las mujeres en la construcción de paz.* Recuperado de http://www.1325mujerestejiendolapaz.org/img/marco_esp.pdf.

1.1.6. Las TIC y el acceso a la justicia
Clínica Jurídica Virtual con Enfoque de Género

Amarantha Gallego Zamora*

Introducción

Las Tecnologías de la Información y la Comunicación (TIC) son herramientas que han posibilitado romper barreras invisibles en el acceso a la información. El acceso a la justicia no se puede excluir de los desarrollos de estas tecnologías, ya que mediante ellos se posibilitará diversificar los medios y los mecanismos de acceso a la información en cuanto a justicia se refiere. En la implementación de la Clínica Jurídica Virtual con Enfoque de Género, como se muestra a continuación, lo que se ha buscado es poner al servicio de la justicia, la investigación y las comunidades, un conjunto de portales web que faciliten el acceso a la justicia, específicamente en los casos de violencias de género. Violencias que hasta el momento se han concebido como accesorias en la vida de las mujeres y hombres que son víctimas de este tipo de agresiones. La naturalización de la violencia de género conlleva per se sanción social cuando busca denunciarse, lo que limita y coarta el acceso a la justicia de las víctimas. Mediante la implementación de la Clínica Jurídica Virtual se busca dar la oportunidad a que las personas, desde cualquier lugar o acceso a internet, puedan ingresar y obtener la información adecuada

* Psicóloga, Universidad de Nariño. Especialista en psicoterapia y consultoría sistémica de la Universidad de Manizales, investigadora en asuntos de género del Centro de Investigaciones y Estudios Socio-Jurídicos de la Universidad de Nariño.

e idónea para acceder a la justicia; adicionalmente, que logren encontrar el apoyo y la orientación de profesionales especializados en el tratamiento de asuntos de género.

El proyecto de acceso a la justicia de la Agencia de los Estados Unidos para el Desarrollo Internacional (USAID, en su sigla en inglés), de la mano con el Centro de Investigaciones y Estudios Socio-Jurídicos de la Universidad de Nariño, se ha propuesto que mediante la Clínica Jurídica Virtual se abran nuevos espacios para la reflexión, no solo en los ámbitos institucionales, sino también en ámbitos académicos, ante la implementación de las TIC en los procesos de enseñanza del derecho, la psicología, la sociología y demás ciencias que articuladas entre sí pueden aportar a la construcción de nuevos paradigmas en la intervención de problemas sociales complejos como lo son las violencias basadas en el género.

1. Desarrollo

El acceso a la justicia y cada uno de los procedimientos vinculados a ella se han convertido en el quehacer de las clínicas jurídicas, en un trabajo continuo para encontrar estrategias que permitan efectivizar la justicia, y que esta no sea simplemente un concepto escrito, sino también un derecho ejercido en la cotidianidad de las y los ciudadanos.

Sorprende el hecho de que con los avances tecnológicos y en la informática, la justicia aún tenga sistemas de información que no le aportan en el proceso de agilizar y trabajar en red con las demás instituciones. Sorprende además que con cada uno de los adelantos en las TIC, todavía los reportes estadísticos, consolidados, datos e información de los casos y asuntos que llevan las instituciones demoren entre cinco meses y un año en ponerse en conocimiento.

En Colombia los asuntos de género no son la excepción en este sentido. Tal vez es justamente en el análisis de los asuntos de género en donde más preocupa esta situación, municipios que aun con los sistemas de información no reportan ningún asunto, donde los datos de los juzgados carecen de información desagregada o analizada por género y donde con la complicidad de los archivadores se pierden asuntos de una de las situaciones de violencia que, pese a ser más cotidiana de lo que se piensa, pocas personas la perciben: la violencia ejercida en razón del género.

A la luz de dicha situación, la clínica jurídica con enfoque de género de la Universidad de Nariño pensó en generar estrategias de investigación y seguimiento que permitieran contar con información confiable y que de algún modo posibilitaran conocer lo más cercano a la realidad de los asuntos de género, su manejo y forma de registro en las instituciones vinculadas a los procedimientos de acceso a la justicia en dichos casos. Se pensó que mediante la implementación de las TIC se lograría estructurar y poner a prueba cómo estas pueden aportar a la consolidación de resultados agiles, eficientes y con información desagregada, cuando de acceso a la justicia con enfoque de género se trata. Asimismo, cómo estas, mediante sistemas de información alimentados por procesos de investigación en las instituciones, permitían realizar análisis de género, desagregados y evidenciando el proceso de acceso a la justicia de las víctimas de violencia de género.

Se habló entonces de la creación de la Clínica Jurídica Virtual con Enfoque de Género, como una estrategia de investigación, intervención y seguimiento a asuntos de género. Dicha estrategia se desarrolla bajo la implementación y financiación del proyecto de Acceso a la Justicia de USAID, que como socio estratégico para la regional Tumaco, Nariño, cuenta con el apoyo del Centro de Investigaciones y Estudios Socio Jurídicos de la Universidad de Nariño. La Clínica Jurídica Virtual con Enfoque de Género hace parte de las acciones que se desarrollarán en el componente 3 del proyecto de Acceso a la Justicia denominado "(3) de Reforma a la Justicia". Por lo innovador de la propuesta y el modelo psicojurídico que implementa, es una experiencia piloto en el municipio de Tumaco, Nariño.

Para la creación de dicha estrategia se parte de identificar a las TIC como un conjunto de recursos, procedimientos y técnicas usadas para el procesamiento, almacenamiento y transmisión de información. Cada uno de los aspectos que han presentado falencias a nivel institucional en los temas de acceso a la justicia, nos aboca a la situación de registros y reportes de los asuntos de género en el departamento de Nariño. Tomaremos como ejemplo una de las situaciones que se presentaron recientemente en Tumaco, en donde en el informe se reportan 250 casos. Al solicitar los documentos o soportes de dichos casos, solo se cuenta con registro de veintiséis. Esto llevaría a pensar que la situación es mucho más compleja de los que se piensa, y también hace reflexionar en torno a cuáles son las políticas institucionales respecto del manejo de la información, además de la solidez y veracidad de los indicadores de cumplimiento de las instituciones vinculadas a la atención de casos de violencias de género.

Kofi Annan, en apartes de un discurso que hace referencia al uso de las TIC en la actualidad, y que remite al tema de la justicia, sostiene:

> Las tecnologías de la información y la comunicación no son ninguna panacea ni fórmula mágica, pero pueden mejorar la vida de todos los habitantes del planeta. Se dispone de herramientas para llegar a los Objetivos de Desarrollo del Milenio, de instrumentos que harán avanzar la causa de la libertad y la democracia y de los medios necesarios para propagar los conocimientos y facilitar la comprensión mutua. (Annan, 2003)

Sin ir más lejos, lograr el trabajo conjunto de los países por alcanzar la equidad de género, es uno de los Objetivos del Milenio. Para ello no basta con trabajar sobre lo ya establecido, es necesario además crear nuevas estrategias y alternativas que posibiliten movilizar los paradigmas sobre el acceso a la justicia con enfoque de género.

¿En qué consiste entonces la Clínica Jurídica Virtual con Enfoque de Género? Como se ha venido trabajando en la Universidad de Nariño, hablar de clínica jurídica representa un enfoque de investigación e intervención que aborda los asuntos de género en el departamento de Nariño; adicionalmente, significa implementar estrategias novedosas para la enseñanza del derecho y el enfoque de género, la difusión de la información y la articulación de acciones de las demás instituciones, desde una visión de empoderamiento ante la defensa y protección de los derechos con perspectiva de género.

Para la descripción de la Clínica retomamos los apartes de las propuesta y la descripción de su funcionamiento: "Informe 31, Identificación de acciones y estrategias que contribuyan al acceso a la justicia de género y propuestas alternativas que aseguren la protección de los derechos de las mujeres" (Universidad de Nariño, 2014).

La Clínica Jurídica Virtual está conformada por tres elementos: la página web, el sistema de información AEQUUS y el uso de la plataforma Moodle. Estas tres herramientas se convierten en una estrategia que se espera brinde resultados eficientes, efectivos y agiles para dar respuesta las necesidades de atención de los asuntos de género en Tumaco. Cada uno de estos componentes retoma principios de lograr hacer pedagogía e investigación en derechos con perspectiva de género, difusión de los avances en materia jurídica y en protección de derechos, y por otra parte, busca poner a prueba herramientas virtuales para brindar servicios de asesoría.

2. Página web

La página web, una de las principales herramientas de acceso a la información, está construida sobre la base de un diseño accesible a toda la comunidad, comprensible y de fácil manejo para sus usuarios y usuarias. Cuenta con el diseño y la selección de las categorías que manejará para brindar al público la información requerida sobre normatividad nacional e internacional para la protección de los derechos de la mujer, jurisprudencia, sentencia aplicadas con perspectiva de género y la descripción de servicios que se ofrecen. De igual forma, la página web se constituirá en un centro de información de adelantos relevantes que la clínica haga, o aspectos generales en materia jurídica, investigación y psicología para víctimas de violencia basada en género. Cuenta con un componente educativo, y lo por tanto contiene una sección de diccionario, bibliografía referente a derechos humanos y género e informes y estadísticas acerca de los mismos temas, dado que se espera también que sea un medio de consulta para los profesionales y estudiantes vinculados al trabajo de la Clínica Jurídica y demás público interesado en el tema.

La página web contendrá información de interés general, con temas comunes asociados a las situaciones de las víctimas de violencia basada en género, así como avances en materia de normatividad y reglamentación de las leyes de protección de los derechos de las mujeres, dando a conocer los derechos que tienen las víctimas y explicando el mecanismo para solicitar los servicios a los que pueden tener acceso.

3. Plataforma Moodle, oficina virtual de atención a usuarias

Teniendo en cuenta que muchas situaciones de violencia se mantienen en la complicidad del silencio y el miedo de las víctimas a la hora de acudir a las instituciones donde se les puede tramitar sus asuntos, la Oficina Virtual busca contribuir a mitigar dicha situación, brindando en un primer momento las asesorías virtuales, dando a conocer los derechos y realizando acciones necesarias, según sea el caso, con el fin de garantizar el acceso a la justicia por parte de la víctima. A este efecto se pensó en Moodle, una plataforma de aprendizaje utilizada generalmente para educación a distancia, pero cuya versatilidad y gran abanico de opciones la hacen útil para la utilización que requiere la Clínica Jurídica Virtual con Enfoque de Género.

Por este medio las usuarias podrán acceder a la atención que requieran, disponiendo de herramientas como chat, solicitar atención por videollamadas, envío de archivos, descarga de archivos, foros de ayuda, información que requieran para poder llevar a cabalidad sus casos y acciones de seguimiento que contribuyan a dar solucionar o alternativas ante las situaciones de violencia de género, desde el apoyo psicológico y jurídico. Así, resulta posible también la particularización de cada caso, a fin de hacerle tratamiento psicológico y prestarle asesoría jurídica especializada a cada usuaria.

El ingreso a esta plataforma se podrá hacer a través de un usuario y una contraseña suministrados por el profesional en la oficina de Tumaco, con el fin de particularizar la atención solo a la población de dicha ciudad y sectores aledaños, además de tener control y la certeza de la información suministrada, teniendo en cuenta que el piloto se aplica en la regional Tumaco, en el marco de la implementación del proyecto de Acceso a la Justicia de USAID.

4. Sistema de información, seguimiento e investigación AEQUUS

El AEQUUS es un sistema diseñado para el funcionamiento de la Clínica Jurídica Virtual, orientado a dos aspectos relevantes: por un lado, para manejar las fichas de registro de los usuarios y las usuarias, hacer seguimiento a las acciones que se realizan con cada asunto de género recibido por la Clínica, partiendo de que el manejo de información personal se realiza bajo lo estipulado en la Ley Estatutaria 1266 del 2008 y en la Ley Estatutaria 1581 del 2012. Todo esto respetando la intimidad personal y familiar y el buen nombre, aclarando que los datos que se requieran para procesos de investigación y presentación de informes serán de carácter general, no personales, ni expresos como nombres, número de cédula, números de teléfono, dirección de vivienda o cualquier tipo de información que pueda identificar al usuario de manera directa o indirecta. De igual forma, las usuarias y los usuarios, sin obligación, firmarán un consentimiento informado.

Por otro lado, como ente académico y grupo de investigación, Dejure, a cargo de la ejecución de los objetos contractuales como Universidad de Nariño, dentro del Proyecto de Acceso a la Justicia de USAID, se interesa por estructurar y generar procesos de investigación, orientados a generar un conocimiento de la realidad y la práctica en la aplicación de la justicia en la región. Como parte de ese compromiso con la región, AEQUUS manejará un componente de investigación y seguimiento, el cual consiste en realizar análisis y recopilación de información de los casos recibidos en instituciones como la Fiscalía, Medicina Legal, Inspección de Policía, Comisaria de Familia, juzgados, Instituto Colombiano de Bienestar Familiar (ICBF) e instituciones de salud, con el fin de presentar informes acerca de las actuaciones de los operadores y las operadoras de justicia en casos de violencias basadas en género en el municipio de Tumaco. Uno de los objetivos principales del proceso de investigación que se va a realizar, será lograr contrarrestar la falta de reporte de parte de las instituciones y la desagregación de casos por asuntos de género, al igual que el seguimiento y la evaluación de la aplicación de las convenciones internacionales ratificadas por Colombia y las leyes nacionales orientadas a la protección de los derechos de las mujeres.

Dado que la falta de documentación es uno de los riesgos más significativos que se han identificado, afecta y limita el acceso a la justicia de las mujeres, esta información será recolectada de manera personal en cada institución. Se espera recopilar la mayor cantidad de datos y bases documentales, para que al ser ingresadas a AEQUUS se cuente con suficiente información para poder hacer análisis complejos y estructurar el contexto, mediante un trabajo de investigación y una aproximación real a la situación que enfrenta el municipio de Tumaco en cuanto a los casos de violencias basadas en el género se refiere.

AEQUUS permitirá que se generen gráficos estadísticos e informes en cualquier momento del proceso, y se espera que estos posibiliten la construcción de indicadores tanto del trabajo desarrollado como de las acciones del proyecto de Acceso a la Justicia, así como la visibilización y las acciones de las instituciones de justicia en casos de violencia basada en género en la región.

Hasta el momento, la ficha que aplicará en los procesos de la Clínica Jurídica Virtual con Enfoque de Género, tanto los de atención como los de investigación, consta de seis categorías, a saber:

1. Caracterización de usuarias-os
2. Caracterización del implicado (a)

3. Identificación de los hechos
4. Acciones de seguimiento jurídico de la Clínica
5. Acciones de seguimiento psicológico de la Clínica
6. Acceso a la justicia

Cada una de las categorías antes mencionadas está compuesta por subcategorías, con el fin de que los análisis que posteriormente se realicen se encuentren lo más desagregados posible.

5. De la investigación y atención

El proceso de investigación y asesoría/atención que realizará el equipo de profesionales vinculado a la Clínica Jurídica Virtual en el análisis de los casos y los datos recolectados, tiene como fin hacer un análisis de la aplicación de la normatividad vigente en protección de los derechos de las mujeres y, asimismo, posibilitar que se verifique en la práctica la aplicación de la Convención sobre la eliminación de todas las formas de discriminación contra la mujer (CEDAW, en su sigla en inglés) y demás convenciones internacionales ratificadas por el país, aunado ello a un análisis de la aplicación de la perspectiva de género en las acciones judiciales que se llevan a cabo o no cuando una mujer es víctima de algún tipo de violencia ejercida en razón de su género.

Cabe resaltar que desde su concepción, la Clínica Jurídica Virtual con Enfoque de Género y los sistemas enlazados a su funcionamiento, como AEQUUS, al igual que el equipo de trabajo tras su implementación, conciben su trabajo y sus acciones a partir de hacer análisis sociales desde la perspectiva de género, como una categoría de análisis que permite hacer evidentes las diferencias sociales, biológicas y psicológicas en las relaciones entre las personas según el sexo, la edad, la etnia y el papel que desempeñan en la familia y el grupo social (Ley 1098 del 2006, Código de Infancia y Adolescencia). Esta es una herramienta de análisis social cuyo propósito es hacer visibles desigualdades e inequidades en el contexto de las relaciones sociales de poder, dominación y exclusión entre hombres y mujeres. Se parte de que hablar de género es referirse a una categoría de análisis crítica que tiene como fin repensar las relaciones sociales entre los sexos.

Además de lo anterior, el trabajo en regiones como Nariño (Colombia) y en el mundo debe pensarse a partir de un enfoque diferencial, que permita reconocer que una situación similar afecta, de manera específica, a las mujeres y a los hombres, reconociendo que dicha diferencia se ve influida y construida por los contextos sociales en los que se crece, por las construcciones del lenguaje que se desarrollan en esos contextos y por sus prácticas cotidianas y un enfoque de derechos. Se parte asimismo del reconocimiento del Estado como responsable de preservar, respetar y hacer efectivo el goce y disfrute de los derechos de toda la ciudadanía, en condiciones de igualdad y de dignidad.

Cada uno de estos principios, traducidos a la atención desde la Clínica Jurídica Virtual con Enfoque de Género, se verá materializado en una atención y/o asesoría que no revictimiza a la consultante, no prejuzga, no culpabiliza, no juzga; no solamente informa, sino que además empodera para el ejercicio libre y autónomo de los derechos.

Finalmente, cabe resaltar que todo el proceso de seguimiento del sistema y la Clínica Jurídica Virtual con Enfoque de Género se hace a la luz del objetivo de hacer seguimiento a la implementación de la CEDAW de 1979, convención esta ratificada por Colombia mediante la Ley 51 de 1981 y que censura la discriminación contra la mujer en todas las áreas como una violencia a los derechos humanos. Asimismo, se busca evaluar la implementación del protocolo facultativo de la CEDAW, adoptado por la Asamblea General de las Naciones Unidad mediante la Resolución 54/4 de 1999, con entrada en vigor en diciembre del 2000, aprobado por Colombia a través de la Ley 984 de 2005 y ratificado en enero del 2007. Igualmente, la Convención Interamericana para prevenir, sancionar y erradicar la violencia contra la mujer, de Belen Do Para de 1994, de la Organización de los Estados Americanos, entrada en vigor en marzo de 1995 y plasmada en la Ley 248 de 1995 de Colombia, ratificada en noviembre de 1996. La aplicación y el complimiento de estas convenciones en Colombia se plasma en la Ley 1257 del 2008 y sus decretos reglamentarios, por los cuales, en la conjugación de los tres elementos, se busca hacer análisis de la aplicación de los procedimientos de acceso a la justicia con enfoque de género.

Bibliografía

Annan, K. (2003). Discurso inaugural de la primera fase de la WSIS, Ginebra, Suiza.

Constitución Política de Colombia (1991).

Asamblea General de Naciones Unidas (1979). *Convención sobre la eliminación de la todas las formas de discriminación contra la mujer.*

Organización de los Estados Americanos (1994). *Convención Interamericana para prevenir, sancionar y erradicar la violencia contra la mujer.*

Universidad de Nariño (2014). *Identificación de acciones y estrategias que contribuyan al acceso a la justicia de género y propuestas alternativas que aseguren la protección de los derechos de las mujeres.*

1.2. Defensa de poblaciones de especial protección

1.2.1. Una nueva visión de la adopción en Colombia: cambiando paradigmas

Eliana Arango Restrepo*
Karen Patricia Ramírez**
Allan David Rodríguez Aristizábal***
Carlos Andrés López Pineda****

1. Situación que motiva nuestro trabajo clínico

En Colombia hay casi un millón de menores en situación de orfandad (*Revista Semana*). Son miles los niños y niñas que carecen del cuidado de sus padres y que al no tener garantizado un núcleo básico familiar, ven sustancialmente afectadas sus aspiraciones futuras y desarrollo. Además, el conflicto armado ha descompuesto el núcleo familiar y se ha convertido en el principal detonante de esta difícil situación social.

De la identificación de este problema surgió el siguiente interrogante: ¿Cómo puede el derecho responder a esa problemática social? Se buscaron entonces en el ordenamiento jurídico las diversas formas de proteger el derecho de los niños, niñas y adolescentes a tener una familia, derecho que es fundamental y prevalente, y se determinó que la principal medida de protección y de restablecimiento del derecho a tener una familia se encuentra en la adopción, regulada en el Código de Infancia y Adolescencia

* Estudiante de segundo año de Derecho, Universidad de Medellín.
** Estudiante de quinto año de Derecho, Universidad de Medellín.
*** Estudiante de quinto año de Derecho, Universidad de Medellín.
**** Estudiante de quinto año de Derecho, Universidad de Medellín.

(Ley 1098 de 2006), cuyo artículo 61 establece: "La adopción es, principalmente y por excelencia, una medida de protección a través de la cual, bajo la suprema vigilancia del Estado, se establece de manera irrevocable, la relación paterno-filial entre personas que no la tienen por naturaleza".

El artículo 68 de la Ley 1098 del 2006 consagra los requisitos para adoptar y, además, hace un listado de las personas que pueden hacerlo. Allí se menciona a las personas solteras, los cónyuges conjuntamente y los compañeros permanentes, a quienes se les exige una serie de requisitos adicionales. Como bien puede corroborarse, el artículo no posibilita expresamente que las parejas del mismo sexo puedan adoptar conjuntamente.

De tal panorama surge el problema de investigación: ¿El derecho fundamental de los menores a tener una familia se puede garantizar si a las parejas del mismo sexo se les permite adoptar?

En el problema planteado, las poblaciones afectadas son, por un lado, la comunidad LGTBI,[1] que se bate en una incansable lucha jurídica y social, y por otro lado, de prevalente importancia, los menores que se encuentran en situación de orfandad en Colombia, producto del difícil contexto de descomposición familiar y de las múltiples zonas del país expuestas al drama de la guerra.

Para abordar la problemática se trazaron los siguientes objetivos:

- Objetivo general: buscar un mecanismo de protección del interés prevalente del menor, concretado en su derecho fundamental a tener una familia.
- Objetivo específico: generar una estrategia que permita la apertura del debate en torno a la posibilidad de proteger el derecho fundamental del menor a tener una familia, por medio de la adopción en parejas del mismo sexo.

2. Ante el preocupante panorama, ¿qué estrategia de litigio adoptó la Clínica?

En este punto es menester diferenciar dos momentos en el estudio del problema. Cada uno enmarcado por estrategias jurídicas diferentes, pero

---

[1] Lesbianas, *gays*, bisexuales, transexuales e intersexuales.

complementarias en la consecución del objetivo planteado, para lo cual se interpuso una acción pública de inconstitucionalidad. La segunda se presentará en los próximos días.

2.1. Primera acción de inconstitucionalidad

En el 2011 nos dimos a la tarea de analizar el tema en detalle. Para dar solución al problema, inicialmente se consideraron dos opciones. La primera, la presentación de un proyecto de ley en el que se permitiera a las parejas del mismo sexo adoptar. Esta, a pesar de que en nuestro concepto resultaba más adecuada a la luz de los ideales democráticos y la división de poderes que guían la Constitución, se escapaba de nuestras posibilidades fácticas, políticas y jurídicas. De ahí entonces que optáramos por la presentación de una acción pública de inconstitucionalidad, en la cual le solicitamos a la Corte Constitucional un fallo en el que se exhortara al Congreso a regular la materia, pretensión que en caso de ser estudiada y concedida por la Corte Constitucional habría de traer resultados similares a la primera opción: la vía legislativa.

Nos dimos a la tarea de estudiar la normativa que regula la adopción y encontramos que el artículo 68 del Código de Infancia y Adolescencia exige como uno de los requisitos para adoptar la "idoneidad moral". Sin embargo, tal expresión ya había sido demandada y estudiada en la Sentencia C-814 del 2001, de la Corte Constitucional, en la cual se desestimó la posibilidad de que las parejas del mismo sexo pudieran adoptar, con fundamento únicamente en dos directivas interpretativas, a saber: la literal y la histórica. A partir de ellas la Corte Constitucional concluyó que el artículo 44 de la Constitución protege a la familia cuya pareja sea compuesta por un hombre y una mujer. En consecuencia, se debía entender que el interés superior del menor era el de pertenecer a ese tipo de familia y no a otra.

Sin embargo, esa postura cambió sustancialmente con el comunicado de prensa n° 30, del 26 de julio del 2011, en el cual se daba a conocer el sentido del fallo de la Sentencia C-577 del 2011 (que en ese momento no había sido expedida), según la cual las parejas conformadas por personas del mismo sexo sí constituyen familia y se exhorta al Congreso a establecer una regulación que ofrezca la posibilidad de crear un vínculo jurídico para ellas. Así las cosas, decidimos demandar la expresión "moral" y dimos por sentado que un pronunciamiento de la Corte bastaría para cumplir con nuestros objetivos. Fue por ello que en aquel entonces no se consideró realizar actividades adicionales que dieran mayor visibilidad a la acción; en otras palabras, no hubo conciencia de la necesidad de acudir al litigio de alto impacto. De ello da cuenta el hecho de que nuestra estrategia estuviera restringida a la presentación de la acción.

Grosso modo, la acción se sustentó en dos pilares fundamentales:

1. Desvirtuar la existencia de cosa juzgada: se planteó como eje fundamental que a pesar de la existencia de cosa juzgada en sentido formal, derivada de la sentencia C-814, no se podía predicar que existiera cosa juzgada en sentido material, debido al cambio de las condiciones sociales ocurrido durante esos diez años de diferencia entre dicha sentencia y la C-577. Esto también se veía reflejado en decisiones de la Corte Interamericana de Derechos Humanos y de la Corte Constitucional, tanto en sede de control constitucional como en sede de tutela, que paulatinamente habían reconocido derechos a las parejas del mismo sexo como expresión del derecho viviente.
2. La moral social: se adujo que si bien la Corte Constitucional puede considerar aspectos de la moral social como criterios adicionales o complementarios para proferir sus fallos, no le es dable, en cambio, utilizarlos como fundamento principal.

El 14 de diciembre del 2011 presentamos la acción pública de inconstitucionalidad, la cual fue inadmitida el 3 de febrero del 2012, por carecer *de certeza, especificidad y pertinencia*, según el magistrado sustanciador. Estos requisitos que fueron debidamente corregidos dentro del término permitido para ello, y la demanda fue admitida el 2 de marzo del 2012. Finalmente, la Corte Constitucional profirió la Sentencia C-710 del 2012, en la cual decidió:

> INHIBIRSE para proferir un pronunciamiento de fondo sobre la constitucionalidad de la expresión "moral", contenida en el artículo 68 de la Ley 1098 de 2006, por ineptitud sustantiva de la demanda.

2.2. Segunda acción

Un segundo momento comienza con el fallo inhibitorio fundando en la ineptitud sustantiva de la demanda. Ello nos llevó a revaluar tanto la acción en sí misma como la estrategia que había sido utilizada y debido a ello juzgamos necesario realizar acciones encaminadas a corregir las siguientes situaciones:

1. El no haber tenido en cuenta la importancia del litigio de alto impacto implicó la poca participación de diferentes sectores sociales en calidad de intervinientes en la acción.
2. La carencia de una estrategia mediática significó que los medios de comunicación informaran de forma imprecisa sobre los objetivos de la demanda.
3. Falta de certeza argumentativa al demandar la expresión *moral* del artículo 68 del Código de Infancia y Adolescencia, cuando en tal expresión no radicaba la razón para excluir a las parejas homosexuales de la posibilidad de adoptar.

En respuesta a lo anterior formulamos una nueva estrategia jurídica y de litigio de alto impacto, basada en los siguientes aspectos:

a) Desde el punto de vista netamente jurídico, fortalecer la estrategia litigiosa y presentar una nueva demanda de inconstitucionalidad, partiendo de las conclusiones obtenidas del estudio de la Sentencia C-710 de 2012.
   De esta manera, la nueva estrategia jurídica se construyó con base en tres argumentos principales:

   - Argumentar en la nueva acción por qué se había violado flagrantemente el derecho a la igualdad, tanto con respecto a las parejas homosexuales como en relación con los menores que no pueden acceder a la familia por medio de la adopción.
   - Demostrar que la exclusión de las parejas del mismo sexo de los artículos 64, 66 y 68 de la Ley 1098 de 2006, sin una razón objetiva y suficiente, produce una desigualdad injustificada entre los casos que están y los que no están sujetos a las consecuencias previstas por la norma. Ello implica el incumplimiento de un deber constitucional del legislador que configura una omisión

legislativa y, al mismo tiempo, posibilita solicitar en la nueva acción una sentencia integradora.

- Pretender un pronunciamiento de inconstitucionalidad sobre la interpretación realizada por las autoridades administrativas del Instituto Colombiano de Bienestar Familiar (ICBF) y la Procuraduría General de la Nación, sobre la condición de familia de las parejas del mismo sexo, interpretación que resulta evidentemente contraria al ordenamiento jurídico colombiano (C-577 del 2011). Dicha tarea de demandar una interpretación es posible, teniendo como precedente la Sentencia C-842 del 2010 y el auto A-196 del 2005 que permiten un control constitucional de interpretaciones que son contrarias a la Carta Política.

Este es un particular y exigente punto de nuestra estrategia jurídica, pues requiere, como lo ha dejado claro la Corte, una altísima carga argumentativa por parte de los accionantes, lo cual implicó desplegar un juicioso trabajo de recopilación probatoria de conceptos tanto del ICBF como de la Procuraduría General de la Nación (derechos de petición y búsqueda exhaustiva de conceptos en sentencias de constitucionalidad), de los cuales fue posible concluir con claridad que el desconocimiento de la condición de familia, ya reconocida a las parejas del mismo sexo, es un común denominador en todos ellos.

b) Establecer mecanismos de litigio de alto impacto, convocando masivamente a los diferentes actores políticos, sociales, culturales y académicos relacionados con el tema. En la medida en que la participación sea mayor, más legítimo será el ejercicio que hará la Corte al momento de analizar todos los argumentos y proceder a decidir.
c) Buscar espacios amplios y suficientes de contacto con los medios de comunicación, para dar a conocer, tanto como sea posible, los intereses, argumentos e implicaciones de la demanda, garantizando así que se transmita la información de forma exacta y veraz.
d) Establecer canales de comunicación y divulgación propios que permitan un contacto directo entre la Clínica, los demás integrantes de la comunidad académica y la comunidad en general. En este punto tiene vital importancia el uso de redes sociales.

e) Ahondar en el estudio de la situación de la adopción en Colombia, para lo cual se planeó una visita a un hogar del ICBF, para conocer de primera mano la situación de los niños y adicionalmente los requisitos, procedimientos y reglas de la adopción.
f) Organizar reuniones con grupos defensores de la diversidad sexual, para comprender su situación actual, a la luz de las nuevas prerrogativas otorgadas principalmente en fase de control constitucional.

3. Avances realizados en esta segunda y actual estrategia de litigio

Esta segunda estrategia pretende comprender una amplia variedad de temas y situaciones que en la primera estrategia fueron completamente omitidos y que, efectivamente, dan cuenta del interés clínico de generar espacios de interacción entre elementos jurídicos, sociológicos y morales.

Sin embargo, algunos de esos puntos de la estrategia aún se encuentran en proceso de realización, mientras otros ya se llevaron a cabo, debido a que el trabajo clínico aún se encuentra en fase de desarrollo. En efecto, a continuación se expone el estado actual de los puntos reformulados para fortalecer la nueva estrategia jurídica utilizada por la Clínica.

a) La nueva acción se encuentra en las etapas finales de redacción, corrección y complementación. En ella se ha seguido un nuevo rumbo argumentativo, sin perder el norte que es el derecho de los menores a tener una familia.
b) La convocatoria masiva a los diferentes actores políticos, sociales, culturales y académicos relacionados con el tema para que participen como intervinientes en el proceso. Esto se efectuará cuando se presente formalmente la acción. Sin embargo, desde ya se ha venido contactando a docentes, organizaciones sociales y universidades, con quienes ya se han sostenido conversaciones.
c) Se ha diseñado una estrategia comunicativa para aplicar al presentar la nueva acción de inconstitucionalidad. Hay una persona, externa a la Clínica que se encargará de todo el proceso comunicativo de entregar reportes de prensa y hacer pública la presentación de la demanda.

d) Las redes sociales serán, principalmente, las encargadas de establecer canales de comunicación entre la Clínica, la comunidad académica y la sociedad en general.
e) Efectivamente, se realizó una visita a un hogar del ICBF, donde no solo se estudió el trámite de la adopción, sino que también se pudo compartir con los menores por medio de actividades lúdicas.
f) Se han sostenido varias reuniones con diversos grupos de la comunidad LGTBI, en las cuales ha existido un fortalecimiento mutuo, tanto para ellos en lo relativo a los temas jurídicos, como para la Clínica en lo concerniente a la situación social y cultural de su comunidad.

4. ¿Cuáles son los derechos vulnerados o amenazados en el caso?

4.1. Derecho fundamental a acceder a la familia (Art. 42 Constitución Política de Colombia)

La Ley 1098 del 2006, en sus artículos 64, 66 y 68 no incluye un supuesto fáctico conformado por parejas del mismo sexo, situación que excluye a estas parejas de la posibilidad de acceder a la adopción, a pesar de que la jurisprudencia les ha hecho el reconocimiento de familia y, por lo tanto, en nuestra opinión, las considera potenciales garantes del interés superior del menor y de su derecho fundamental a tener una familia.

Además, con la omisión se coarta el derecho de los menores a acceder a una familia, pues el menor pretendido en adopción por una pareja de personas del mismo sexo no puede hacer efectivo su derecho constitucional a tenerla, y esta situación lo deja en una clara desprotección, a pesar de que sus derechos son de interés preferente dentro del ordenamiento jurídico colombiano.

4.2. Derecho a la igualdad (Art. 13 Constitución Política de Colombia)

No incluir a las parejas homosexuales dentro de los supuestos de hecho de los artículos 64, 66 y 68, que señalan quiénes pueden adoptar en Colombia, a pesar de que jurídicamente constituyen familia y, por tanto, medio idóneo de protección del interés superior del menor y de la familia, no responde a una razón objetiva y suficiente dentro del ordenamiento jurídico colombiano. La omisión termina evidenciando el incumplimiento de un deber del legislador en dos frentes: en cuanto no equipara la capacidad de garantizar el interés superior del menor de una pareja homosexual a la de una heterosexual, y en cuanto ubica en flagrante condición de desigualdad al menor pretendido en adopción por una pareja de homosexuales, frente al que es pretendido por una de heterosexuales.

Además, resultan violadas multiplicidad de normas del bloque de constitucionalidad, como las de la Convención sobre los derechos del niño, adoptada en Colombia mediante la Ley 12 de 1991.

El objetivo, más allá de identificar normas jurídicas violadas en la prohibición de adoptar por parte de parejas homosexuales, consiste como trabajo clínico en la reflexión y estudios de temas de teoría política como el derecho de las minorías en Estados Sociales de Derecho y la necesidad imperiosa de proteger a la población de menores en estado de orfandad.

Conclusiones

Es un desafío comprender y analizar la realidad sin prejuicios. Sin embargo, desde la Academia y en el rol de una clínica jurídica en teoría general del derecho, se debe responder a los retos que nos ofrece la cotidianidad con cuestionamientos efectivos, tratando a la vez de generar propuestas que superen las dificultades con las que nos encontramos en las calles, en la vida diaria, en la realidad.

Es así como nuestro reto particular, como se ha evidenciado en este texto, ha sido ofrecer nuevos mecanismos para la protección de los derechos de los niños, niñas y adolescentes, quienes por su condición gozan de especiales prerrogativas (de ahí que se diga que sus derechos no deben ser limitados arbitrariamente y, además, deben efectivamente primar por sobre los derechos de los demás), más aún cuando se encuentran en estado de abandono y en imperiosa necesidad de pertenecer a una familia, núcleo fundamental de la sociedad y medio idóneo para la protección y resarcimiento de sus derechos.

En miras de materializar los objetivos enmarcados en este trabajo clínico, ha sido necesario conocer de cerca la situación de tantos niños en situación de orfandad, y hacerlo nos ha comprometido a trabajar con mayor ahínco y esfuerzo para determinar mejores soluciones, prácticas, metodologías y estrategias, tanto en el estudio de la legislación como en el de la jurisprudencia, para propender por una adecuada aplicación del derecho.

Quizás este sea el lugar indicado para expresar que esperamos que nuestras intenciones no se queden precisamente en eso, meras intenciones, sino que aun en caso de no tener éxito con la estrategia de litigio, por lo menos se geste en la sociedad esa semilla que poco a poco irá echando raíz, para que finalmente, no hoy, ni mañana, sino en cinco o diez años, puedan darse los cambios que ya hoy consideramos necesarios.

Bibliografía

Revista Semana (2002). *País de huérfano*. Recuperado el 14 de marzo del 2014, de http://www.semana.com/vida-moderna/articulo/pais-huerfanos/105840-3.

1.2.2. Las personas con discapacidad y la vulneración de sus derechos humanos

Jeanette Elizabeth Jordán Buenaño*
Jenny Elizabeth Vaca Lara**
Andrea Estefanía Pinto Morales***

Introducción

La Clínica Jurídica de Interés Público con el tema de "Las personas con discapacidad y la vulneración de los Derechos Humanos", nació con la creación de los Consultorios Jurídicos de la Pontificia Universidad Católica del Ecuador Sede Ambato (Pucesa) en el año 2013. La iniciativa se dio por la difusión de los consultorios jurídicos en las zonas rurales de la ciudad de Ambato, a donde acudieron docentes y estudiantes de los últimos semestres, para hacerles conocer del servicio a todas las personas de escasos recursos económicos y pertenecientes al grupo de atención prioritaria e invitarles a hacer uso de esta prestación gratuita.

Se visitaron varios lugares de estratos bajos y en especial uno de ellos llamó la atención, el sector conocido como caserío San Pablo, perteneciente a la parroquia de Santa Rosa del Cantón Ambato. La mayoría de personas

* Magíster en Mediación, Arbitraje y Solución de Conflictos, abogada de los Tribunales de Justicia del Ecuador, docente de la Pontificia Universidad Católica del Ecuador sede Ambato.

** Abogada de los Tribunales de Justicia del Ecuador, maestrante de la maestría en Derecho Civil y Procesal Civil, docente de la Pontificia Universidad Católica del Ecuador sede Ambato.

*** Estudiante de último semestre de Jurisprudencia en la Pontificia Universidad Católica del Ecuador Sede Ambato.

comparecientes tenían algún tipo de discapacidad, motivo por el cual surgió la iniciativa de proceder a una investigación de campo, recolectando datos mediante entrevistas a las diferentes personas de la localidad. Al final se detectó la existencia de veinte familias que tenían de una a dos personas con discapacidad.

1. Breve descripción de los hechos del caso

El proyecto de Grupos de Interés Público que ha iniciado la Pucesa, se basa en las personas con discapacidad y la vulneración de los derechos humanos en el caserío de San Pablo, perteneciente a la parroquia de Santa Rosa, cantón Ambato, provincia de Tungurahua, en Ecuador. El proyecto tiene como finalidad contribuir a la integración y formación profesional y humanista de los futuros profesionales del derecho, para que puedan contribuir al desarrollo integral de estas personas, bajo el estricto cumplimiento de la difusión y aplicación de los derechos humanos y los derechos del buen vivir, consagrados en la Constitución de la República del Ecuador.

El principal objetivo es trabajar de forma conjunta, estudiantes y docentes de esta Universidad, en los casos reales de personas con algún tipo de discapacidad. Estas personas por muchos años han sufrido la transgresión de sus derechos, pues sus familias no han recibido una correcta capacitación para brindarles el cuidado y la atención que necesitan, ni tampoco para que puedan llevar una vida digna, con un trato especial por sus mismas limitaciones económicas y sociales, las cuales han hecho que vivan en un mundo aislado y huérfanos de los servicios más elementales que debe tener un ser humano. En efecto, carecen de agua potable, luz eléctrica, educación, alcantarillado, atención médica y transporte, y ello ha dado como resultado un total abandono jurídico y social, por las razones que en el momento pertinente se van a detallar.

Se busca trabajar en los espacios jurídico-sociales, a través de la elaboración de planes y programas, así como la creación de organizaciones de determinados medios que canalicen la defensa y protección de derechos humanos que se encuentran amenazados y vulnerados. De esta manera, se podrá encontrar el camino óptimo para la obtención de resultados positivos a favor de este grupo de personas.

2. Acciones legales y no legales realizadas por la Clínica (se trata de señalar la estrategia de litigio planeada y llevada a cabo por la Clínica)

Los datos obtenidos en la investigación de campo en el caserío San Pablo muestran que la población es de aproximadamente 225 habitantes, de los cuales en veinte familias hay uno o dos miembros con discapacidad. Por lo tanto, se han iniciado las acciones legales que se describen a continuación.

En el caso de señora Ana Lucía Salazar Hidalgo, que tiene a su cargo una hija de once años con discapacidad de 76%, por tener cáncer cerebral, su cónyuge la abandonó hace seis años para no asumir la responsabilidad con su hija, y esto conlleva la violación del derecho a los alimentos. La primera acción legal se realizó con los estudiantes de los Consultorios Jurídicos, quienes acudieron al hogar de la señora Salazar para llenar el formulario de fijación de pensión alimenticia a favor de su hija, pues la madre no puede acudir a los Consultorios Jurídicos puesto que a su hija le es imposible movilizarse por su grave estado de discapacidad y requiere vigilancia constante. Esto proceso se tramita ante la Unidad Judicial de la Familia Niñez y Adolescencia con sede en el cantón Ambato y se encuentra signado con el número 3165-2014. A este caso se suma otro elemento que es la necesidad de la madre de divorciarse de su cónyuge, a quien nunca volvió a ver. Como ella lo afirma, esto le ayudará en su autoestima, al dejar de estar unida legalmente a un hombre que nunca la valoró a ella ni a su hija.

Las acciones no legales en estas familias son las siguientes:

1. La mayoría de estas familias no cuentan con servicios básicos de alcantarillado, agua potable y luz eléctrica, recursos indispensables y urgentes que son necesidades primordiales del ser humano. Esta ausencia da lugar a un desorden de costumbres que muy difícilmente nos diferencia de los animales. Por poner un ejemplo de esta realidad, al no tener servicios higiénicos para sus necesidades biológicas, todo su entorno se ha constituido como tal. La acción que se busca llevar a cabo se encamina a realizar los trámites administrativos ante la Empresas de Agua Potable y Alcantarillado (Emapa), acudiendo a los organismos administrativos del Gobierno Autónomo Descentralizado de la Municipalidad de Ambato (Gadma), con el fin de que los funcionarios públicos empiecen a ejecutar de manera

inmediata los procedimientos para que esta población obtenga dichos servicios.

2. Otro de los objetivos este año es que se inicie el trámite pertinente para que el 100% de la población discapacitada que no tiene carnet, obtenga su calificación como tal ante el Consejo Nacional de Igualdad de Discapacitados (Conadis). Los trámites los realizarán los estudiantes que participan en el proyecto y que se encuentran vinculados de forma directa a los Consultorios Jurídicos Gratuitos de la Pucesa.
3. Este mismo año se iniciarán los trámites permitentes ante el Ministerio de Desarrollo Urbano y Vivienda (Miduvi) para que se tomen acciones en los hogares de estas familias que reciben el Bono de Desarrollo Humano, que es un aporte económico de cincuenta dólares que el Gobierno entrega a ciertos ciudadanos que han cumplido con los requisitos y el trámite pertinente para ello, pues la mayoría viven en casas cubiertas de madera y ramas de eucalipto, expuestos a accidentes y enfermedades, debido a que la debilidad de sus construcciones ocasiona el que muchas veces vivan a la intemperie sin que se percaten de ello, por sus diversas limitaciones.
4. En el caso de aquellas personas que teniendo derecho al Bono de Desarrollo Humano, por el mismo estado de discapacidad que les impide movilizarse y tomar decisiones por sí mismas, no han podido realizar dichos trámites, los estudiantes de los Consultorios Jurídicos de la Pucesa iniciarán estas actividades, acudiendo al lugar donde se encuentra asentada esta población para levantar datos en cuanto a quienes se debe asistir con este servicio, y así determinar los documentos necesarios para la efectiva tramitación del bono. Este trabajo se realizará ante el Ministerio de Inclusión Económica y Social (MIES).
5. Se prevé hacer gestiones en los diferentes centros de salud de la ciudad de Ambato, a fin de que los médicos asistan al caserío de forma regular y permanente a realizar chequeos médicos, y que además doten a la población de insumos y asistencia sanitaria. Estas personas, por ser discapacitadas, no salen de sus hogares y viven marginadas por padecer problemas de audición, ceguera, habla, movilidad y discapacidades intelectuales importantes. Por

tal motivo, no logran hacerse entender y deciden vivir una vida de aislamiento total.

6. La educación, siendo un derecho inherente al ser humano, también debemos velar por que se cumpla, y una vez que se ha realizado el estudio de esta población, se encuentra que el 90% de sus habitantes son analfabetas. Este es un factor que contribuye también al aislamiento y violación de sus derechos, por lo que se presentará una petición formal por parte de la Escuela de Jurisprudencia ante el Ministerio de Educación, con el fin de que esta población vulnerada sea tomada en cuenta en los proyectos nacionales de alfabetización.

3. Breve descripción de la situación y afectación de las personas o intereses jurídicos involucrados en el caso (se refiere a los derechos vulnerados o amenazados y a la comunidad afectada)

La Pucesa es una institución creada con valores humanísticos. Por lo tanto, con la presente investigación se pretende proteger los derechos humanos, sin perder de vista el derecho al buen vivir que reza en nuestra Norma Suprema.

En el caserío San Pablo, donde gran parte de las familias tienen entre sus miembros a personas con distintas discapacidades que limitan sus actividades normales, a este grupo de atención prioritaria se le vulneran los derechos constitucionales que se describen a continuación.

El artículo 11 del capítulo primero de la Constitución de la República del Ecuador (2008), publicada en el Registro Oficial 449, hace referencia al principio de igualdad y goce de los mismos derechos y oportunidades; sin embargo, la realidad es otra, porque las personas con discapacidades viven en constante desigualdad de derechos y oportunidades, pues la localidad carece de atención médica, servicios básicos e infraestructura adecuada, producto del desconocimiento de sus derechos. De los casos estudiados por los estudiantes, el 90% de los padres o familiares cercanos que se encuentran a cargo de las personas con discapacidad son iletrados.

Las consecuencias del analfabetismo se reflejan en tres aspectos: social, político y económico, todos ellos estrechamente vinculados. Este es un problema social en la medida que es un factor de exclusión y marginación, cuyas raíces se hunden en las profundas desigualdades sociales, lo cual genera una concatenación con los aspectos políticos y económicos. Por ello, se ha considerado analizar estas consecuencias a partir de una visión sociopolítica y socioeconómica, como se muestra a continuación.

El Estado ecuatoriano prevé la adopción de medidas de acción afirmativa que promuevan la igualdad real en favor de los titulares de derechos que se encuentren en situación de desigualdad; sin embargo, ello no se ha cumplido a cabalidad en el caserío de San Pablo, ya que su población aún vive en contante vulneración de derechos. En consecuencia, es indispensable que la Pucesa colabore con este grupo de atención prioritaria como son las personas con discapacidad.

El Sistema de Monitoreo de la Protección de los Derechos y la Promoción del Buen Vivir de los Pueblos Indígenas de América Latina y el Caribe habla de la acción afirmativa, conocida como discriminación positiva, e indica que:

> Es el término que se da a una acción que pretende establecer políticas que dan a un determinado grupo social, étnico, minoritario o que históricamente haya sufrido discriminación a causa de injusticias sociales, un trato preferencial en el acceso o distribución de ciertos recursos o servicios así como acceso a determinados bienes. El objetivo es el de mejorar la calidad de vida de los grupos desfavorecidos y compensarlos por los perjuicios o la discriminación de la que han sido víctimas.
>
> El término acción afirmativa, en este sistema, hace referencia a aquellas actuaciones (medidas legales, administrativas o prácticas) dirigidas a reducir o, idealmente, eliminar las prácticas discriminatorias en contra de dos sectores históricamente excluidos como las mujeres y los niños y niñas indígenas, cuestión que es hoy en día un asunto de especial preocupación cuando se pone en la balanza el ejercicio de los derechos colectivos de los pueblos indígenas y lo derechos individuales de estos sujetos (párrs. 1,2,3).

Cabe recalcar que en este caserío viven personas indígenas en su mayoría, por lo tanto la falta de servicios básicos, como alcantarillado, agua potable, luz eléctrica son servicios ausentes que no permiten el buen vivir de estas personas, a pesar que sus derechos son garantizados en los Tratados y Convenios Internacionales, así como la Constitución, no se cumplen. La atención médica es importante para estas personas, pues con su discapacidad se acomplejan y no salen de sus hogares y viven aislados, por tal motivo no acceden a los Centros de Salud.

El desconocimiento de estos ciudadanos de poder exigir estos derechos provoca un estado jurídico de violación franca de aquellos, ya que se traduce en una negativa de atención por parte de las autoridades pertinentes, siendo las responsables directas del estado de riesgo en que se encuentran viviendo, y que añadiendo a su males al no contar con el carnet de discapacidad no son beneficiarios de rebajas que esta norma manda para este tipo de personas.

4. Descripción del proceso (se trataría de referir las instancias judiciales o administrativas que haya recorrido el caso)

Todas las actividades por iniciarse en este proyecto, y que han sido detalladas y enumeradas, conllevan obligatoriamente el cumplimiento de procesos ante instancias judiciales o administrativas, por lo que el resultado de este trabajo se podría cuantificar en el mes de mayo del 2014, con resultados objetivos y efectivos obtenidos gracias a la acción de la Clínica Jurídica. No constituye una limitante el que esta escuela de Jurisprudencia apenas tenga cuatro años de existencia (fue creada en agosto del 2010), y es de resaltar que la primera promoción de egresado que entregue a la sociedad serán los actores protagónicos de este cambio social, guiados por sus docentes.

5. Resultados de la estrategia implementada

Las estrategias que utilizará la clínica son las siguientes:

a) Estrategia jurídica: se aplicará mediante la identificación de las víctimas vulneradas, a fin de determinar el tipo de acción legal que deba tomarse, dependiendo del derecho y del sujeto que se encuentren inmersos en estos grupos de atención prioritaria: niños, niñas, adolescentes y adultos mayores con discapacidad.
b) Estrategia social: reconocer a esta población vulnerada como sujetos titulares de derechos.
c) Estrategia política: enlazar con compromisos claros de cumplimiento obligatorio a las entidades de gobierno como sujetos tuteladores

de los derechos de los ciudadanos, que en este caso tienen atención prioritaria por principio constitucional.

6. Impactos del caso (político, jurídico, social, pedagógico, etc.)

6.1. Político

Con el trabajo de investigación del sector rural objeto del estudio, se busca la aplicación del Plan Nacional del Buen Vivir, consagrado en los artículos 275 a 278 de la Constitución de la República del Ecuador, principalmente el artículo 278, el cual dice textualmente:

> Para la consecución del Buen Vivir, a las personas y a las colectividades, y sus diversas formas organizativas, les corresponde:
>
> 1. Participar en todas las fases y espacios de gestión pública y de planificación del desarrollo nacional y local, y en ejecución y control del cumplimiento de los planes de desarrollo en todos sus niveles.
> 2. Producir, intercambiar, y consumir bienes y servicios con responsabilidad social y ambiental. (p. 87)

Es decir, que a través de la autoridades de la parroquia de Santa Rosa, como lo es el Gobierno Autónomo Descentralizado de esta jurisdicción parroquial, se establezcan propuestas y directrices encaminadas a hacer conciencia de que las necesidad del sector deben ser satisfechas, buscando su prosecución en el camino de la jerarquía en que las autoridades deben atenderlas; esto es, ante el alcalde y al seno del consejo Cantonal del Gobierno Autónomo Descentralizado del Cantón Ambato, provincia de Tungurahua, y de ser posible trabajar con organizaciones no gubernamentales (ONG).

6.2. Jurídico

Con respecto al campo jurídico, la Pontificia Universidad Católica del Ecuador Sede Ambato, a través de sus Consultorios Jurídicos Gratuitos involucra a los docentes y estudiantes en el asesoramiento y apoyo a las personas con discapacidad cuyos derechos estén vulnerados, todo esto en aplicación de lo que determinan los artículos 35 y 47 de la Constitución de la República del Ecuador.

6.3. Social

Involucrar e incentivar a las personas con discapacidad a formar parte de organizaciones o gremios que les ayuden a reinsertarse a la sociedad.

Bibliografía

Constitución de la República del Ecuador (2008).

Plan Nacional del Buen Vivir (2013-2017).

Ley Orgánica de Discapacidad (2012).

Sistema de Monitoreo de la Protección de los Derechos y la Promoción del Buen Vivir de los Pueblos Indígenas de América Latina y el Caribe (s.f.). Recuperado de www.Fondoindigena.Org/Sismonitoreo/Backup%20of%20Informe%20Fi.

1.2.3. De la mano con la comunidad

Andrea Parra*
Juan Sebastián Jaime**
María José Montoya***

Introducción

El Programa de Acción por la Igualdad y la Inclusión Social (PAIIS) es una clínica de derecho de interés público de la Facultad de Derecho de la Universidad de los Andes, Bogotá, Colombia. Inició sus actividades en

---

* Abogada de la Universidad de los Andes, Colombia, con Maestría en Derecho (LL.M) de Boston University, Estados Unidos. Es abogada licenciada en el estado de Nueva York en los Estados Unidos y miembro del National Lawyers Guild. Desde el año 2009 es profesora en la Facultad de Derecho de la Universidad de los Andes y a partir de agosto del 2011 se desempeña como directora del Programa de Acción por la Igualdad y la Inclusión Social (PAIIS). Entre el 2007 y el 2011 se desempeñó como directora del Observatorio de Género y Justicia en la organización Women's Link Worldwide y anteriormente trabajó como abogada supervisora de la unidad de violencia doméstica del Northwest Immigrant Rights Project, en Seattle, Estados Unidos.

** Abogado de la Universidad de los Andes, Colombia, con estudios de maestría en Derecho con énfasis en investigación de la misma universidad. Actualmente es asesor jurídico del Programa de Acción por la Igualdad y la Inclusión Social. Hace parte del Grupo de Investigación de Derecho y Género de la Universidad de los Andes, donde también fue coordinador del Doctorado en Derecho y Asistente Graduado de Maestría.

*** Abogada de la Universidad de los Andes, Colombia. Ha participado en distintos proyectos de derechos humanos y tiene experiencia en litigio estratégico y defensa de derechos de población vulnerable, en especial población indígena, personas en situación de desplazamiento, personas con discapacidad, adulto mayor y población LGBTI. Actualmente se desempeña como asesora jurídica en el Programa de Acción por la Igualdad y la Inclusión Social (PAIIS) de la Universidad de los Andes.

el año 2007, gracias a la profesora Natalia Ángel, quien al identificar que la Universidad no tenía ajustes ni apoyos para garantizar la educación en condiciones de igualdad de los estudiantes con algún tipo de discapacidad al resto de los alumnos, decidió crear un programa con el fin de promover los derechos de las personas de especial protección constitucional en Colombia; en particular, la población con discapacidad.

Durante aquellos primeros años PAIIS no contó con una participación activa de un grupo de alumnos permanente: "Esta etapa, sirvió como experiencia para entender cómo el espacio clínico podría ser una plataforma para explorar y entender cómo los diferentes grupos poblacionales eran victimizados por diferentes tipos de opresiones" (Acevedo y Rodríguez, 2013, p. 6).

En el año 2011 se planteó la posibilidad de ampliar el campo de acción de la clínica e incorporar un grupo de estudiantes de último año de derecho para que pudieran hacer su periodo de práctica legal en PAIIS. Se incorporaron catorce estudiantes de forma voluntaria, se realizaron campañas de difusión en distintos semestres, distintas carreras y fuera de la Universidad, y esto permitió aumentar el número de personas pertenecientes a la clínica, incluyendo asesores, estudiantes miembros, voluntarios y pasantes extranjeros.

Actualmente, por medio de este programa se busca generar espacios y dinámicas de reflexión y acción en torno a las problemáticas enfrentadas por poblaciones históricamente marginadas, específicamente las personas con discapacidad, las personas discriminadas por su orientación sexual y/o identidad de género y personas mayores. Y, a su vez, se busca crear un espacio en donde sus miembros puedan experimentar qué es ejercer como profesionales, cuestionarse respecto de las realidades que les rodean, saber lo que implica la relación con sus clientes y comprender todas las consideraciones éticas que surgen en el entorno profesional al ejercer derecho de interés público. En el video *¿Qué es PAIIS?*,[1] realizado por los estudiantes de PAIIS para promover el programa, se explica en términos generales el funcionamiento y la concepción que tienen sus miembros.

PAIIS, al ampliar su campo de acción, desarrolla su trabajo a través de cinco tipos de estrategias de acción:

---

1 Ver: http://www.youtube.com/watch?v=4Yk2CoIyVHI.

1. Pedagogía en derechos
2. Apoyo técnico en diseño e implementación de políticas públicas
3. Litigio estratégico y representación directa
4. Investigación sociojurídica
5. Formación en la práctica de derecho de interés público de estudiantes de derecho

Habiendo hecho una breve introducción de la clínica, en este documento se pretende presentar un breve análisis sobre las herramientas y métodos utilizados en la enseñanza jurídica de los estudiantes de derecho a través del contacto directo con la población. Posteriormente, se presentarán los retos que ha enfrentado PAIIS; y, por último, algunos de los resultados que evidencia la contribución del trabajo de PAIIS a la formación de nuevos profesionales del derecho.

1. Herramientas usadas de contacto con la población

Estas son: proyectos que tengan contacto con la población, casos asimilados, sesiones semanales, autoevaluaciones y otras herramientas.

1.1. Proyectos que tengan contacto con la población

Un elemento esencial dentro de la actividad que realiza PAIIS es el contacto con las personas para y con las que se trabaja. A fin de lograr un verdadero cambio en la situación de la población históricamente discriminada, es esencial realizar acciones en forma coordinada y que sea la comunidad la que decida cuáles son las principales necesidades, las barreras para la materialización de sus derechos y que la forma de eliminarlas sea una estrategia conjunta. La máxima "Nada de nosotros sin nosotros" (Charlton, 1998), que ha sido la base de la lucha por los derechos de las personas con discapacidad, ha sido adoptado por PAIIS como principio esencial para el desarrollo de su trabajo.

Esta forma de trabajo implica que los estudiantes entren en contacto con la población y conozcan de primera mano una realidad con la que probablemente no han estado en contacto previamente. De esta manera, se acelera el proceso de aprendizaje, se permite el desarrollo de habilidades esenciales para la profesión jurídica y también se genera que los miembros de PAIIS cuestionen los prejuicios con los que han crecido, se enfrenten a dilemas éticos y creen relaciones horizontales con los clientes o las personas que participan en los proyectos. A continuación se describen los proyectos que se han implementado.

1.1.1. Brigadas jurídicas

Estas se dividen en brigadas con personas en situación de reclusión y brigadas con personas con discapacidad.

Brigadas con personas en situación de reclusión. En el 2012, PAIIS inició un proyecto dirigido a realizar brigadas jurídicas en la cárcel Modelo de Bogotá, en especial en los patios Piloto y Tercera Edad, en donde se encuentran recluidas personas con discapacidad y mayores de 65 años. Lo anterior con el objetivo de documentar la situación de reclusión en la que vive esta población, los ajustes razonables que requiere, las condiciones de salud, el tipo de discapacidad y los apoyos necesarios. De igual forma, se pretende informar a los reclusos sobre los beneficios administrativos a los que tienen derecho y qué requisitos deben cumplir para obtenerlos. Por último, se busca ayudar a descongestionar el sistema, determinando quiénes ya han cumplido los requisitos y facilitar la autorización de estos por parte del Inpec.

En enero del 2014, por solicitud del Inpec, se inició el trabajo con las mujeres trans recluidas en la Modelo. En principio, se busca hacer el mismo proceso que se ha llevado a cabo en los patios Piloto y Tercera Edad, para después, por medio de mesas de trabajo, identificar las necesidades, las barreras existentes para la materialización de sus derechos y las posibles soluciones.

De esta forma, por medio de entrevistas y grupos de trabajo, además de buscar un avance en la protección de las personas en situación de reclusión, se busca que los estudiantes generen habilidades relacionadas con la atención a esta población.

Este proyecto ha permitido que las personas que han trabajado en la clínica entren en contacto directo con una problemática que es una de las fuentes de violación de derechos fundamentales más importantes del país. Ha permitido que conozcan las dinámicas que se crean en este tipo de centros de reclusión y que desarrollen habilidades para entenderlas y poder trabajar con ellas. Al hablar con las personas privadas de la libertad y conocer sus historias, se abre la puerta a un debate personal que humaniza a las personas que cometen delitos y se cuestionan prejuicios propios. Ver la situación indigna en la que deben cumplir la condena los internos hace que los estudiantes se cuestionen sobre la eficacia y eficiencia de la privación de la libertad como método de resocialización y castigo e induce a la persona a pensar en formas alternativas para solucionar los conflictos sociales. Los lleva a reflexionar sobre las estructuras sociales, las relaciones humanas y la necesidad de la educación como forma de prevención:

> La experiencia que vivimos cada viernes cuando vamos a la cárcel la Modelo no es solo académica, es una experiencia muy gratificante a nivel personal. Además de conocer a fondo la forma de manejar Sisipec,[2] las ramas judiciales, el cálculo de penas y beneficios, la suspensión de la pena y las diferentes modificaciones del nuevo código, tenemos la oportunidad de oír las historias y vivencias de los internos, que se alegran mucho cada vez que vamos. Aunque es evidente la necesidad de los internos por solucionar varios temas jurídicos propios, y la necesidad de mejorar varios aspectos en el establecimiento carcelario en general (temas de salud e infraestructura por ejemplo), los estudiantes no nos dedicamos exclusivamente a estas tareas, también hace parte de la experiencia sentarnos con ellos a pasar un rato y a conocernos, a intercambiar ideas (incluso sobre temas jurídicos y de salud) y experiencias de vida, lo que se ha convertido en un espacio sumamente gratificante para ellos y para nosotros. (Andrea Luna, estudiante de PAIIS, 2014)

Brigadas con personas con discapacidad. Para la población con la que ha trabajado PAIIS, en muchas ocasiones, es difícil acercarse a la clínica. Por esto, se tomó la decisión de llevar la asesoría jurídica directamente a la comunidad y hacer brigadas jurídicas fuera de las instalaciones de la Universidad. Por lo general, las solicitan instituciones aliadas, como fue el caso este año de Best Buddies, la Asociación Colombiana de Bipolares y la Red de Empleo con Apoyo (RECA). La forma de realizar las brigadas surge de las solicitudes de las personas que hemos atendido y del propósito de PAIIS de dar a conocer el modelo social base de la CDPD.

---

2 Sistematización Integral del Sistema Penitenciario y Carcelario.

En ese sentido, durante las primeras dos horas se hace una exposición del marco legal de discapacidad, con especial énfasis en solicitudes específicas de las organizaciones. Por ejemplo, algunas organizaciones tienen más interés en conocer sobre temas de acceso a pensiones y salud, mientras que otras están más interesadas en abordar el secreto profesional de médicos y abogados y la violencia intrafamiliar. Luego de un breve descanso, se organiza el salón de manera que las y los estudiantes de PAIIS atiendan individualmente las dudas específicas de las personas asistentes. A cada brigada jurídica asisten entre cuarenta y cincuenta personas. En esta sección se busca que la mayor parte de las preguntas queden resueltas, en caso de que alguna persona necesite un acompañamiento posterior se recibe el caso para hacer una representación directa.

Tener que solucionar consultas legales a personas que no están familiarizadas con el derecho hace que los estudiantes empiecen a desarrollar habilidades de comunicación. Simplificar el lenguaje jurídico, asegurarse de que la persona entienda las posibles soluciones a sus dudas e implementar ajustes razonables en el memento, es esencial para su ejercicio profesional.

1.2. Casos asimilados

> La atención a usuarios es uno de los ejes principales de la enseñanza jurídica. Cuando comencé a trabajar con casos sobre personas con discapacidad de tercera edad, conocí a un gran hombre quién, por no poder pertenecer desde una visión normalista a esta sociedad, siente cómo desde cada rincón institucional lo han condenado al ostracismo. Su caso es complejo, nuestra relación es simple; se basa en el respeto y en el reconocimiento del otro como iguales. Es común que las personas que han sido vulneradas al ser discriminadas y excluidas de la sociedad, sientan desconfianza de cualquier ayuda que se les preste. Con el tiempo entendí, que para lograr un vínculo significativo con los usuarios era indispensable romper con la desconfianza. Es necesario demostrar con actos inclusivos, el valor en sí mismo de los problemas de cada usuario. La atención a usuarios es un escenario que permite la incidencia directa, a través del contacto con las personas, sobre diferentes experiencias de igualdad e inclusión social. (Daniela Romero, estudiante de PAIIS, 2014)

PAIIS como parte de su labor realiza representación directa a individuos en sus tres principales áreas de trabajo. Lo anterior con dos objetivos principales: primero, la adopción de estándares internacionales de derechos humanos por medio del bloque de constitucionalidad en el ordenamiento interno; y segundo, la representación legal gratuita desde un enfoque de derechos humanos, que en los casos de discapacidad incluye el Modelo Social que establece la Convención de Naciones Unidas sobre los Derechos de las Personas con Discapacidad.

Los y las estudiantes de PAIIS trabajan por parejas en cada consulta. Esta práctica fue resultado del trabajo de diseño realizado en el marco de las capacitaciones sobre educación clínica patrocinadas por Open Society Foundations y respondió a uno de los desafíos más importantes enfrentados al hacer representación directa trabajando con estudiantes. Este desafío consiste en amortiguar la curva de aprendizaje de los y las estudiantes que empiezan a hacer parte de la clínica. Ya que PAIIS implica una alta carga de trabajo, se requería reducir el periodo de adaptación a los ritmos y procedimientos de la clínica.

El modelo de trabajo en parejas ha sido muy productivo, porque los y las estudiantes tienen la oportunidad de diseñar con sus pares la estrategia de acción en un caso dado y se apoyan mutuamente en las labores de representación, como contacto con clientes, registro de documentos, etc. Adicionalmente, en la mayoría de los casos se intenta conformar parejas compuestas por un/a estudiante de Consultorio Jurídico, dos y un/a de Consultorio Jurídico 1, lo que hace que la transición a Consultorio sea más amigable.

Cada estudiante tiene el caso por un año y cambia una vez de pareja, lo cual asegura una continuidad superior que le da seguridad al cliente, pero que también implica que los estudiantes deben responsabilizarse de sus casos y adquirir un compromiso con estos. Obtener resultados favorables durante ese periodo permite que los estudiantes vean el funcionamiento del derecho como herramienta de cambio social y se motiven a continuar practicando el derecho de interés público. Si no se obtienen los resultados esperados, se verán motivados a usar estrategias alternativas y creativas que, basándose en el derecho, pero no necesariamente ciñéndose a este, puedan materializar los derechos de sus clientes.

Muchos casos presentan problemas jurídicos que deben analizarse con una perspectiva interseccional, puesto que involucran personas con diversas identidades. En PAIIS los estudiantes trabajan con un cliente, y no por áreas, como se ha hecho tradicionalmente en los consultorios jurídicos; esto implica que todos los problemas jurídicos que puedan surgir de un mismo caso deberán ser resueltos por la misma pareja. De esta manera, pueden ver la complejidad de la realidad y se ven impulsados a diseñar estrategias integrales que tengan en cuenta la situación global de la persona y su círculo social.

Durante el 2013 PAIIS ha recibido una gran cantidad de casos, lo cual representa un reto importante pues la capacidad de la clínica para asumirlos es limitada; no obstante, hay una responsabilidad con la población y nuestros clientes. Con el fin de no dilatar innecesariamente la atención de los casos, PAIIS ha iniciado un proyecto con firmas reconocidas de abogados para que lleven, pro bono, algunos de los casos que llegan. Aunque no se ha empezado a implementar, este convenio es una propuesta interesante, pues además de beneficiar a los usuarios, permite que abogados que ya tienen vasta experiencia en otras áreas tengan un acercamiento a las áreas de trabajo de PAIIS con una guía y apoyo por parte de los abogados que trabajan en la clínica. De esta forma, la educación legal no solo se está concentrando en los estudiantes de último año de derecho, sino también en abogados ya formados.

Otro de los desafíos pedagógicos de la clínica es cómo proporcionar la supervisión adecuada a los equipos de estudiantes que trabajan en un caso, y al mismo tiempo asegurar coherencia en las estrategias usadas para los casos. Inicialmente, cada pareja estaba asignada solo a un supervisor o supervisora. Sin embargo, se identificaron dos desventajas de ese sistema: una, que los estudiantes no consiguen experimentar diversos estilos de supervisión, y la otra, que es difícil que la directora tenga un panorama total del trabajo que todos los estudiantes realizan.

Hoy en día, aunque cada pareja sigue estando asignada a un abogado o abogada, las abogadas del equipo realizan su supervisión de manera conjunta. Además, cada semestre, al cambiar las parejas, por lo general también cambia la persona encargada de la supervisión. Esto permite que todo el equipo profesional de PAIIS tenga un panorama general de todos los casos y a la vez permite a los estudiantes tener experiencias diferentes en la supervisión.

Con el paso del tiempo, PAIIS consolidó manuales de procedimientos internos para la representación de clientes (véase anexo A). Además, también generamos formatos con el fin de estandarizar el proceso de asumir un caso y tener la posibilidad de sistematizar la información de nuestros y nuestras clientes. Esto se hizo por sugerencia de los y las estudiantes durante las autoevaluaciones y también como resultado de intercambio de conocimientos con otras clínicas de América Latina.

1.3. Sesiones semanales

Como parte del trabajo en la clínica, semanalmente se hacen reuniones de tres horas con todos los y las integrantes. Estas reuniones se realizan con el objetivo de analizar temáticas legales, casos complejos, proyectos y trabajar en las habilidades profesionales de sus miembros. Este año, aprovechando el conocimiento de Andrea Luna, estudiante de PAIIS, se dedicó la primera parte de la sesión al aprendizaje de Lengua de Señas Colombiana.

Los temas sustantivos desarrollados en las sesiones incluyen asuntos éticos en la representación de personas con discapacidad, habilidades de representación y relación con clientes, preparación de acciones de tutela, modelos sociales de la discapacidad, conceptos básicos de género y diversidad sexual y cómo diseñar una estrategia jurídica, entre otros.

En las sesiones los equipos de estudiantes también preparan una presentación sobre un tema sustantivo que identifiquen como relevante para el trabajo de la clínica y posteriormente se genera un espacio de discusión.

Adicionalmente, PAIIS durante algunas de sus sesiones tiene conferencistas invitados/as con larga trayectoria en algunos de los aspectos relacionados con el trabajo de PAIIS. Las invitaciones no se limitan a una exposición del tema, los estudiantes preparan la sesión, esperando que la persona invitada exponga su punto de vista que genera una discusión. Se busca invitar a personas que tengan conocimiento técnico en áreas que representen un reto para algunos casos[3] o que pueden dar una segunda opinión sobre el trabajo realizado en alguno de los proyectos de investigación.

Este espacio ha sido esencial para el funcionamiento de PAIIS, no solo porque en este se analizan y estudian los temas más importantes de la teoría y la práctica, sino porque es un momento en el que todos los miembros comparten sus opiniones de forma libre y se discuten dudas y cuestionamientos. Esto ha generado una relación estrecha entre las personas y crea

---

[3] Por ejemplo, una persona experta en estado civil y registro civil, cuando encontramos retos en realizar modificaciones a documentos de identidad de personas transgénero.

un sentimiento de pertenencia que genera un compromiso que va más allá del estudio y la práctica jurídica.

También se invita a personas aliadas para despertar en los y las estudiantes la sensibilidad con respecto a la opresión de las personas con las que trabaja la clínica, así como para consolidar nuestro trabajo de colaboración.

Uno de los retos que deben enfrentarse a la hora de diseñar estos espacios es mantener la concentración durante las actividades, ya que la extensión de la sesión hace que sea fácil perder la concentración. Asimismo, a PAIIS entran estudiantes cada semestre y están en la clínica durante un año. Esto quiere decir que las sesiones que traten temas introductorios a la clínica (como los modelos de discapacidad o las explicaciones sobre conceptos centrales para la clínica como orientación sexual e identidad de género, entre otros) deben hacerse cada semestre, incluso cuando los estudiantes de segundo semestre ya han visto estos temas durante su primer semestre.

Para superar la primera dificultad, PAIIS planea la sesión en tres bloques, con sus respectivos descansos entre bloques. Para ello se solicitó acompañamiento del Departamento de Diseño, y del curso de Diseño de Servicios en particular. Este último aconsejó modificaciones en el desarrollo de las sesiones y además elaboró material para planear las sesiones.

Resolver la segunda dificultad implica rediseñar las sesiones al inicio de cada semestre para introducir los mismos temas de diferentes maneras. Por ejemplo, en un semestre el tema de identidad de género y orientación sexual se introduce con un invitado o invitada, mientras que en el siguiente semestre se hace una actividad de juego de roles.

Algunos de los talleres realizados en clase tienen como base actividades emblemáticas del método de educación directa, como *Ankle Walk*[4] o *Tornado Warning*.[5] Estas actividades se orientan hacia el trabajo clínico, buscando conectar, por ejemplo, las necesidades de los clientes con las habilidades de construcción de estrategias.

---

[4] Este taller está explicado en http://www.trainingforchange.org/tools/ankle-walk-0.

[5] Este taller está explicado en http://www.trainingforchange.org/tools/tornado-warning-four-roles-social-change-0.

1.4. Autoevaluaciones

PAIIS hace parte del Consultorio Jurídico de la Universidad y ello hace que se requiera una calificación numérica a los estudiantes para cumplir el requisito. Sin embargo, el funcionamiento de la clínica se ha basado más en una relación laboral entre los supervisores y estudiantes que en una relación académica. Se busca entonces que los y las estudiantes desarrollen un alto nivel de profesionalismo en el cumplimiento de sus funciones, sin que se acuda a métodos sancionatorios.

Por lo tanto, se ha recurrido a un método de autoevaluación en el que los estudiantes responden a una serie de preguntas basadas en el formato utilizado por la clínica de discapacidad de American University, cuyo director ha prestado apoyo técnico al fortalecimiento de la educación clínica de PAIIS. Posteriormente, se hace una reunión entre los supervisores y el o la estudiante para hacer una retroalimentación, destacar las fortalezas de la persona y analizar las posibles formas de mejorar el trabajo en el futuro. Este procedimiento se hace tres veces durante el año de práctica jurídica de cada estudiante.

Este sistema, en términos generales, ha tenido resultados positivos. Sin embargo, con estudiantes cuyo compromiso con la clínica es menor, todavía hay retos para diseñar estrategias motivadoras, distintas a la obtención de una calificación numérica.

1.5. Otras herramientas

Aprovechando la amplia experiencia de Andrea Parra, actual directora de PAIIS, en múltiples ocasiones se utiliza el método de entrenamiento en educación directa, para complementar los talleres y charlas explicadas anteriormente.

Esta es una metodología desarrollada por la organización estadounidense Training for Change,[6] inspirada en la educación popular desarrollada por Paulo Freire, que consiste en la concepción y el desarrollo de actividades pedagógicas que cuestionan los sistemas existentes de injusticia y se construyen sobre la sabiduría del grupo mismo. La educación directa reconoce además que las personas aprenden de diferentes maneras, por lo que busca

---

[6] Ver: http://www.trainingforchange.org/es.

implementar actividades que honren los diferentes canales de aprendizaje (visual, auditivo, cinestésico y emocional). Esto asimismo permite que personas con discapacidad puedan participar en igualdad de condiciones en las actividades de la clínica.

La educación directa utiliza un modelo de cuatro pasos: experiencia, reflexión, generalización y aplicación. Este modelo busca que la información obtenida sea interiorizada por los y las participantes para que sea realmente implementada después de finalizadas las jornadas educativas.

Estos métodos de aprendizaje experiencial se usan en el día a día de la clínica para desarrollar y fortalecer habilidades como diseñar estrategias legales, entrevistar clientes, trabajar en equipo, implementar ajustes razonables e identificar formas de opresión, especialmente las relacionadas con los temas de la clínica. Prácticamente todas las actividades de las sesiones de los miércoles (algunas se explican más adelante) están construidas con base en esta metodología.

Adicionalmente, los talleres basados en la educación directa, además de cumplir con el objetivo que plantea el tallerista, también buscan generar un ambiente seguro en el grupo. Esto ha resultado primordial para construir vínculos de confianza entre los y las miembros de la clínica, además, permite tres cosas: que los y las estudiantes puedan hablar y exponer con tranquilidad sus preocupaciones, que se consolide un espacio de confidencialidad de la información de clientes e integrantes y que se promueva una cultura de solidaridad y apoyo mutuo.

2. Retos del modelo de enseñanza clínica

Además de los retos que se presentan en los proyectos y métodos de enseñanza ya explicados, en PAIIS se han enfrentado retos generales relacionados con un enfoque y forma de trabajo. Estos se presentan a continuación.

2.1. Transformar paradigmas inmersos en la sociedad y en los estudiantes: del asistencialismo a la inclusión

Como se ha mencionado anteriormente, al entrar a trabajar en PAIIS se inicia un proceso de autocuestionamiento y se enfrenta la realidad con prejuicios propios. Un reto importante es que los estudiantes implementen un modelo de inclusión en sus estrategias jurídicas, desde el primer momento que tienen contacto con los usuarios. Esto debido a que el contacto con la comunidad es una de las primeras tareas que deben realizar y en varias ocasiones los estudiantes no han tenido un estudio completo de lo que ello implica.

De igual forma, es un reto para todos los integrantes de la clínica cambiar estos imaginarios, en donde las personas con discapacidad no son seres útiles o las personas con orientación sexual o identidad de género diversa no son naturales, en las personas con las que se tiene algún contacto durante la práctica jurídica.

2.2. Constante cambio de estudiantes

Trabajar con estudiantes que realizan su práctica jurídica y solo se quedan un año conlleva una serie de dificultades en las diversas formas de acción de PAIIS, principalmente en la representación de casos y los proyectos que implican contacto constante con la población. Para los clientes es difícil tener que explicar sus problemas personales a varias personas más de una vez y la continuidad del proyecto puede verse afectada. Al igual que el primer reto, este desafío encuentra una solución parcial en la conformación de parejas compuestas por estudiantes de primer y segundo semestre de Consultorio.

2.3. Equilibrar la carga con otras obligaciones de los estudiantes

Los estudiantes que entran a PAIIS cursan el último año de derecho, lo cual implica que deben hacer el examen de facultad (equivalente a los preparatorios), tienen que entregar sus tesis de grado y deben completar las materias finales del currículo, entre otras obligaciones. Sumado a ello, el trabajo de PAIIS exige una gran cantidad de tiempo y dedicación, lo que hace que la carga sea alta. Ayudar a los estudiantes a encontrar un equilibrio que les permita cumplir con las exigencias de la Universidad, sin descuidar sus tareas en PAIIS o su vida personal, es un reto importante y todos los semestres deben encontrarse formas diversas para poder enfrentarlo.

3. Resultados

Gracias al trabajo realizado durante su tiempo en PAIIS, varios estudiantes se han vinculado laboralmente a áreas afines y han tenido acceso a programas de posgrado en el exterior. Así, por ejemplo, Natalia Acevedo trabaja en la Superintendencia de Salud, desarrollando el trabajo sobre discapacidad en la entidad; Alejandro Cáceres se encuentra vinculado al Ministerio de Trabajo, en el área de enfoque diferencial, lo cual incluye desarrollo de acciones de promoción de la inclusión laboral de personas con discapacidad; Marta Castro, vinculada a PAIIS, primero como estudiante y luego como asesora jurídica, hoy trabaja en la Comisión de Seguimiento a la Sentencia T-025 sobre desplazamiento forzoso, enfocada en temas de discapacidad; Matías González Gil se encuentra vinculado a Colombia Diversa; Diego Felipe Caballero hace parte de una organización que promueve la accesibilidad para personas con discapacidad visual; los estudiantes Lina Fernández, Iván Restrepo y Javier Silva conformaron una firma de abogados para litigar temas de inclusión y justicia social. Silvia Quintero se desempeña como coordinadora de trabajo de campo del Grupo de Prisiones de la Universidad de los Andes, el cual trabaja en la promoción y el cumplimiento de los derechos de las personas privadas de la libertad.

Finalmente, gracias al conocimiento del trabajo de PAIIS, Open Society Foundations decidió incluir a Colombia en la lista de países elegibles para becas de maestría con enfoque en derecho internacional de los derechos humanos de personas con discapacidad.[7] Lucas Correa, antiguo asesor jurídico de PAIIS, y Sebastián Rodríguez, antiguo estudiante de PAIIS, se postularon y fueron aceptados. Actualmente cursan un LL.M en las universidades American University y McGill, respectivamente. Se espera que para el siguiente ciclo, exestudiantes de PAIIS se postulen de nuevo.

El trabajo en PAIIS ha cambiado la forma en que los estudiantes perciben la realidad y se acercan a ella. Además, ha transformado su forma de comprender el derecho y buscar soluciones a los problemas jurídicos y ha hecho que se interesen por buscar la inclusión en la sociedad y desempeñarse dentro del derecho de interés público:

> El aprendizaje en PAIIS se fundamenta en el reconocimiento de la Persona como ser diverso en la sociedad [...] cada persona vive su realidad junto con sus parámetros estéticos, morales, sociales, religiosos, políticos, etc. Considero que esto es algo incontrovertible, porque homogenizar las personas sería llevar a la simpleza algo que trasciende lo complejo.

[7] Ver: http://www.opensocietyfoundations.org/grants/disability-rights-scholarship-program.

En ese orden, cuando se reconoce la diversidad se aprecian y valoran las diferentes manifestaciones del ser, y de la mano se identifican los obstáculos a los que se tienen que enfrentar algunas personas, que por su condición, se ven expuestas a la exclusión social, discriminación y negación de derechos; en otras palabras, que se ven como un "bicho raro" o no "encajan" en la sociedad.

Poner a disposición de esas personas, que deben luchar por que se les garantice o conceda los derechos que a mí nunca me han negado, el compromiso y esfuerzo para crear estrategias de reconocimiento y garantía de sus derechos, por supuesto retando al "sistema", es sentirse como un guerrero. Esa lucha compartida se da en la batalla de la transformación social en donde el Derecho es una buena herramienta. Así se aprende en PAIIS. (Tatiana Uribe, estudiante de PAIIS, 2013)

Bibliografía

Charlton, J. (1998). *Nothing about Us without Us*. California, Estados Unidos: University of California Press.

Rodríguez, J. S. y Acevedo, N. (2013). *Educación legal en clínicas jurídicas: Una forma de resistencia frente a la discriminación de grupos históricamente vulnerados y con especial protección constitucional.* Texto no publicado, Universidad de Los Andes.

1.2.4. La violación de las garantías penitenciarias a los indígenas privados de la libertad en centros reclusión de la jurisdicción ordinaria

David Mendieta González*
Claudia Liliana Uribe Mejía**

Introducción

La Clínica Jurídica con Fenómenos de Vulnerabilidad Social fue creada con el fin de ofrecer a los estudiantes de la Corporación Universitaria Remington (CUR), Facultad de Ciencias Jurídicas, Políticas y Sociales, una formación sociojurídica que tenga una clara relación interdisciplinaria y con vocación social, que les permita analizar y reflexionar sobre la necesidad de ir más allá del funcionalismo estructural de la disciplina del saber jurídico y buscar alternativas de intervención sociojurídica de alto impacto. Es así cómo, dando

* Abogado y candidato a doctor en Derecho Constitucional, magíster en Derecho y especialista en Derecho Constitucional. Profesor e investigador de la Universidad Remington y de la Universidad de Medellín.

** Docente e investigadora de la Corporación Universitaria Remington, especialista en Derecho Penal de la Universidad de Antioquia, magíster en Derecho Penal de la Universidad Eafit, coordinadora de la Clínica Jurídica con Fenómenos de Vulnerabilidad. Investigadora principal de la investigación *Hacia un modelo curricular del programa de Derecho de la Corporación Universitaria Remington desde la enseñanza jurídica clínica*. Lideró como investigadora principal la investigación titulada *Elaboración concertada de un instrumento alternativo de procedimiento penal en el Resguardo Karmata Rúa, (Jardín-Antioquia)*.

cumplimiento al Reglamento de la Clínica Jurídica, implementado en el año 2010, se aplica el artículo 35, el cual reglamenta las fases de abordaje de un caso concreto. Los estudiantes a quienes se les asigna el caso proceden a hacer el diagnóstico, encontrando el sentido jurídico de un asunto que de intervenirse puede generar un gran impacto social, dado que involucra dos colectivos sociales de trascendencia y alta vulnerabilidad como son los indígenas y su condición de reclusos.

Una vez se supera la fase del diagnóstico, los estudiantes transfieren el caso al Semillero Penitenciario, a fin de que este proceda a hacer la recolección de datos a nivel documental, tanto de sentencias de la Corte Constitucional como de libros, trabajos académicos e institucionales sobre el tema de la jurisdicción especial indígena y la jurisdicción ordinaria, en lo que al aspecto penitenciario se refiere. Esta información les permite a los estudiantes de la Clínica Jurídica comprender el tema y con ello enfrentarse a la elaboración de argumentos jurídicos útiles para abordar una estrategia jurídica de intervención. Se da lugar así a dos propuestas de intervención, una de ellas la elaboración de un proyecto de investigación de campo con una comunidad indígena (población muestra), y como intervención concreta del asunto particular, la elaboración de una acción pública que busque la protección de los derechos vulnerados.

1. Breve descripción de los hechos del caso

El presente caso nace de la práctica jurídica llevada a cabo por los estudiantes adscritos al Consultorio Jurídico de la Unidad de Gestión e Impacto Social de la Facultad de Ciencias Jurídicas y Políticas de la CUR en los establecimientos penitenciarios y carcelarios del Área Metropolitana de la ciudad de Medellín. En el pabellón número 3 del sitio de reclusión especial (ERE) del Establecimiento Penitenciario de Máxima y Alta Seguridad y Carcelario de Itagüí fueron hallados cuatro indígenas de las comunidades Embera Chamí y Embera Katíos. Estos indígenas habían sido condenados por el delito de homicidio a penas de veinte y treinta años de prisión (penas tomadas del Código Penal occidental), por sus respectivas comunidades, sin derecho alguno.

Diagnosticado el asunto por la Clínica Jurídica, se encontró que el inciso final del artículo 246 de la Constitución Política prevé una reglamentación en punto a la coordinación entre la jurisdicción indígena y el sistema judicial nacional, la cual no se ha dado aún. Esto permite la vulneración de derechos fundamentales de los indígenas que han sido sancionados por sus respectivas comunidades con penas privativas de la libertad y remitidos al sistema judicial nacional para la ejecución de la sanción impuesta, donde se ven enfrentados a parámetros administrativos, judiciales y de infraestructura diversos de los propios de su cultura, amén de vulnerarse un derecho fundamental que no debe ser conculcado: el debido proceso (con respecto a la pena en particular). Este hecho requiere una intervención sociojurídica.

Es de anotar que de acuerdo con lo plasmado en la reciente Ley 1709 del 2014, el Gobierno tiene seis meses para regular lo relativo a la prisionalización de los grupos indígenas y, entre otros aspectos, debe hacer previa consulta a las comunidades.[1] Así, surgen las siguientes preguntas: ¿Cómo se hace para unir diferentes cosmogonías en busca de la resocialización? ¿Significa lo anterior que estas comunidades tienen la obligación de perseguir el mismo fin resocializador de la jurisdicción ordinaria? ¿Dónde queda entonces su autonomía jurisdiccional?, ¿es solo retorica?

2. Acciones legales y no legales realizadas por la Clínica en el caso concreto

Desde el año 2010, la Clínica Jurídica con Fenómenos de Vulnerabilidad Social de la Facultad de Ciencias Jurídicas y Políticas de la CUR estudia la problemática de los indígenas privados de la libertad en centros penitenciarios y carcelarios de la jurisdicción ordinaria.

Durante este tiempo nos hemos preocupado en especial de la situación de cuatro indígenas de las comunidades Embera Chamí y Embera Katíos, recluidos en la penitenciaría de máxima seguridad de Itagüí, en el pabellón 3, el cual se denomina "establecimiento de reclusión especial – ERE". Estos

---

[1] Ley 1709 del 2014, artículo 96, *Condiciones de reclusión y resocialización para miembros de los pueblos indígenas y de comunidades afro colombianas, raizales y palenqueras y de grupos ROM:* "Concédanse facultades extraordinarias al presidente de la República para que, dentro del término de seis (6) meses contados a partir de la vigencia de la presente ley, y previa consulta con los Pueblos Indígenas; las comunidades afro colombianas, raizales y palenqueras; y los grupos ROM, expida un decreto con fuerza de Ley que regule todo lo relativo a la privación de la libertad de los miembros de estos grupos".

Artículo 97. *Garantía* de recursos: "El Ministerio de Hacienda y Crédito Público, realizará las gestiones necesarias para garantizar los recursos que se requieran con el fin de dar cumplimiento a la presente ley".

indígenas fueron condenados por sus comunidades a penas de veinte y treinta años, sin derecho a los subrogados penales o al tratamiento "garantista" planteado para los condenados por la jurisdicción ordinaria. Estar privado de la libertad es en sí mismo una situación que menoscaba derechos humanos, pero no tener derecho a los beneficios de que disfrutan los demás reclusos en Colombia hace de esta situación una verdadera segregación punitiva que rompe con las garantías mínimas contenidas en la Constitución para los privados de la libertad.

Como litigio estratégico, se presentó una tutela en favor de dos miembros de la comunidad Emberá Katíos, condenados por el mismo delito. La acción fue resuelta en primera instancia por el Tribunal Superior de Medellín, Sala Penal, negando las pretensiones, con el argumento de la autonomía de las comunidades indígenas. Dicha acción de tutela se apeló ante la Corte Suprema de Justicia, Sala Penal, y esta instancia confirmó el fallo con los mismos argumentos.

Fue entonces que esta clínica jurídica se ocupó del problema de la autonomía de las comunidades indígenas y la posible vulneración por parte de estas al debido proceso. A este efecto se proyectaron diferentes acciones: 1) realizar una investigación de campo con la comunidad del reguardo Karmata Rúa, ubicado en el municipio de Jardín, Antioquia. A la vez, 2) se vio la necesidad de construir una línea jurisprudencial acerca de los fallos de la Corte Constitucional sobre esta materia. El resultado se presenta a continuación.

2.1. Con respecto al reconocimiento de la jurisdicción indígena

El hecho de que los diferentes resguardos indígenas hayan ido implementado sus propios sistemas de justicia y control social, ha traído como consecuencia natural y directa que estos hayan sancionado a sus respectivos comuneros, en el ejercicio de su justicia propia, y ello ha generado como reacción de algunos de ellos, la instauración de acciones de tutela para la salvaguarda de sus derechos fundamentales. Así, la Corte Constitucional ha venido abordando los principales interrogantes suscitados a partir de la toma de decisiones por parte de las autoridades indígenas y de la jurisdicción ordinaria sobre miembros de colectividades indígenas. Esto ha dado lugar a pronunciamientos que señalan, en primer lugar, que las acciones de tutela interpuestas por presuntas vulneraciones a derechos fundamentales, por falta de regulación, no constituyen un condicionamiento para el ejercicio de las facultades jurisdiccionales otorgadas a las autoridades indígenas.[2]

Asimismo, se ha hecho claridad con respecto a los cuatro elementos centrales de la jurisdicción indígena señalados en el artículo 246 de la Constitución,[3] incluyéndose aspectos como los siguientes:

- "el presupuesto antropológico", esto es, que se trate de una comunidad indígena (Sentencia T-552 del 2003).[4]
- Un elemento humano, que consiste en la existencia de un grupo diferenciable por su origen étnico y por la persistencia diferenciada de su identidad cultural.
- Un elemento orgánico: la existencia de autoridades tradicionales que ejerzan una función de control social en sus comunidades.
- Un elemento normativo: conforme a este, la respectiva comunidad se rige por un sistema jurídico propio conformado a partir de las prácticas y usos tradicionales, tanto en materia sustantiva como en materia procedimental.
- Un ámbito geográfico: en cuanto la norma que establece la jurisdicción indígena remite al territorio, el cual según la propia Constitución, en su artículo 329, deberá conformarse con sujeción a la ley y delimitarse por el gobierno con participación de las comunidades (Sentencia T-552 del 2003).

A la vez, de acuerdo con el desarrollo del citado artículo 329 constitucional, a nivel jurisprudencial se da la modificación del alcance del tercer elemento: la sujeción de dicha jurisdicción y normas a la Constitución y a la ley, en el entendido de que el respeto a la Constitución y a la ley se hará dentro del principio de maximización de la autonomía. A esta conclusión

---

2 Sentencia T-254 de 1994, citada en sendas decisiones como las sentencias C-139 de 1996, T-344 de 1998 y T-552 del 2003 citada a su vez en la sentencias T-523 del 2012, T-009 del 2007, T-903 del 2009 y T-001 del 2012.

3 Elementos centrales del artículo 246 de la Constitución Nacional, Sentencia C-139, reiterada a través del tiempo en otras providencias (T-349 de 1996, T-266 de 1999, T-030 del 2000, T-1127 del 2001, T-048 del 2002, T-728 del 2002, T-552 del 2003, T-811 del 2004, T-1294 del 2005, T-009 del 2007, T-549 del 2007, T-514 del 2009, T-903 del 2009, T-001 del 2012 y T-523 del 2012).

4 Sentencia citada en otras decisiones (sentencias T-811 del 2004 y T-523 del 2012).

llega el máximo Tribunal Constitucional, al analizar la tensión entre el principio de diversidad étnica y cultural y los derechos fundamentales (Sentencia T-254 de 1994), adoptando una posición intermedia entre la universalidad de los derechos fundamentales y el relativismo cultural absoluto y fijando unas reglas de interpretación, a saber:

a) Principio de maximización de la autonomía de las comunidades indígenas y minimización de sus restricciones.
b) Principio de mayor autonomía a mayor conservación de los usos y costumbres propios.
c) Principio de mayor autonomía para la decisión de conflictos internos.
d) Principio de primacía de los derechos fundamentales constitucionales en cuanto mínimo obligatorio de convivencia para todos los particulares.
e) Principio de primacía de las normas legales imperativas de la República si protegen un valor constitucional superior al de la diversidad cultural.
f) Principio de primacía de los usos y costumbres indígenas sobre las normas legales dispositivas.
g) Necesidad de adoptar un enfoque casuístico que responda a las especificidades de cada caso concreto para identificar los límites a la autonomía y jurisdicción indígena (Sentencia T-523 del 2012).[5]

En todo caso, a estas reglas de interpretación deben agregarse como límites mínimos al ejercicio de la jurisdicción indígena por parte de las autoridades propias, con relación a los derechos humanos: *el derecho a la vida, la prohibición de la esclavitud, la prohibición de la tortura y la legalidad en el procedimiento, en los delitos y en las penas.* De acuerdo con lo plasmado en sentencia de la Corte Constitucional:

---

[5] Providencia que retoma lo que se ha venido interpretando a nivel jursiprudencial en diferentes sentencias: T-254 de 1994, C-139 de 1996, T-349 de 1996, T-523 de 1997, T-932 del 2001, T-1022 del 2001, T-1127 del 2001, T-009 del 2007, T-514 del 2009 y T-001 del 2012.

> [...] son principios de mayor monta que la diversidad étnica y cultural y sobre los cuales existe un verdadero consenso intercultural. (Sentencia T-001 del 2012)

Además, se agregó otro criterio a dichos elementos: la disposición de la autoridad indígena de "adelantar el juzgamiento conforme a usos y prácticas tradicionales" (Sentencia T-811 del 2004).

2.2. El fuero de la jurisdicción indígena

Una vez se hace un claro reconocimiento a las facultades jurisdiccionales otorgadas a las autoridades indígenas, desarrollando y complementado los criterios y límites bajo los cuales dichas facultades se aplican, se fija un fuero indígena que se compone de un *elemento personal,* el cual se refiere al juzgamiento del indígena por parte de sus propias autoridades, y otro *territorial,* en punto a que dichas autoridades pueden juzgar las conductas que se presentan en su territorio; ambos con aplicación de sus normas, tal como se expresa en la Sentencia T-496 de 1996 (Solano Gonzalez, 2004).

Sin embargo, puede suceder que estos elementos no sean suficientes, ya que es posible que el afectado no sea miembro de la comunidad y el hecho no ocurra en el territorio indígena, caso en el cual, en principio, correspondería su juzgamiento a los jueces penales del sistema judicial nacional, quienes previamente deberán determinar si el agresor entendía la ilicitud de su conducta, ello de conformidad al grado de aislamiento o integración con la cultura mayoritaria, para reconocerle o no el fuero; pero además, si la conducta está sancionada en los dos ordenamientos, se deberá examinar el apego cultural para resolver la conveniencia de juzgarlo en una u otra jurisdicción, previendo una posible inimputabilidad dada su cosmovisión, de acuerdo con la maximización de la autonomía y la minimización de sus restricciones (Sentencia 934 de 1996).[6]

2.3. Delitos y penas: sanciones en la jurisdicción indígena

Con respecto a la legalidad del procedimiento, de los delitos y las penas, la Corte expuso en sendas decisiones que es una exigencia del artículo 246 de

---

[6] Sentencia reiterada en otras providencias (sentencias T-344 de 1998, T-934 de 1999, T-811 del 2004 y T-009 del 2007).

la Constitución Política que el juzgamiento se realice de acuerdo con las propias normas y procedimientos, es decir, una legalidad mínima, "entendida funcionalmente como la existencia de reglas previas respecto a la autoridad competente, los procedimientos, las conductas y las sanciones, que permitan a los miembros de cada comunidad un mínimo de previsibilidad en cuanto a la actuación de sus autoridades"(Sentencia T-523 de 1997).[7]

2.4. Fines de la pena de prisión en la jurisdicción indígena

En punto a este particular tema, no se encuentra mucho material con respecto a la finalidad de las penas, principalmente de las sanciones privativas de la libertad, teniendo en cuenta sus usos y costumbres. Las decisiones de la Corte Constitucional son los pilares más cercanos para interpretar el fin concebido por las comunidades indígenas al momento de imponer una sanción en general, y la privación de la libertad en particular, a alguno de sus miembros que ha cometido una conducta desviada, *evidenciándose que lo pretendido es restaurar el equilibrio del individuo y de la comunidad, evitando las venganzas de sangre.*

Estas posiciones evidencian la clara contravía entre los fines y/o funciones de la pena en la jurisdicción ordinaria con respecto a la jurisdicción indígena, sin que se entienda cómo sin tener en cuenta todos estos antecedentes, el legislador ordena en la Ley 1709 antes citada, al presidente regular la reclusión y resocialización de estas comunidades.

Teniendo en cuenta que las penas privativas de la libertad impuestas por la justicia propia de las diferentes comunidades indígenas se cumplen (y al parecer se seguirán cumpliendo) en establecimientos penitenciarios y carcelarios del orden nacional, dado que los resguardos indígenas no cuentan con autonomía financiera con respecto a los recursos de participación que otorga el Estado, y sus recursos propios no les permite crear, administrar ni solventar establecimientos de reclusión propios, se hace necesario verificar la jurisprudencia constitucional en clave del fin o función de la pena de prisión en la jurisdicción ordinaria, con el propósito de contextualizar la realidad que enfrentan los indígenas juzgados por su propia jurisdicción y remitidos a establecimientos del orden nacional (jurisdicción ordinaria).

---

[7] Sentencia reiterada en otras providencias (sentencias T-1127 del 2001, T-048 del 2002, T-1294 del 2005 y T-009 del 2007). Criterio unificado en la Sentencia SU-510 de 1998.

2.5. La Sentencia T-921 del 2013

Esta sentencia se expidió el 5 de diciembre del 2013 con "bombos y platillos". La Corte Constitucional ha hecho una gran difusión de ella y ha ordenado a la Procuraduría General de la Nación y a la Defensoría del Pueblo hacer seguimiento a su cumplimiento.

Al parecer para la Corte se trata de una sentencia hito en el tema de choque entre la jurisdicción indígena y la ordinaria; sin embargo, de su lectura, especialmente en cuanto al tema de reclusión de indígenas en centros penitenciarios de la jurisdicción ordinaria, se puede concluir que el Tribunal Constitucional colombiano no abordó dicha problemática con la rigurosidad del caso, no tocó el tema de cómo la autonomía de las comunidades indígenas puede ir en contra del debido proceso, y con base en dicha autonomía se justifica la segregación punitiva, pues para los pueblos indígenas la privación de la libertad no significa la resocialización, sino una forma de "destierro" justificado en evitar posibles venganzas de sangre.

3. Breve descripción de la situación y afectación de las personas o intereses jurídicos involucrados en el caso

En la reclusión de los indígenas en centros penitenciarios de la jurisdicción ordinaria se presenta una paradoja: por un lado, las comunidades indígenas no cuentan con centros de reclusión propios y entonces requieren mandar a sus condenados a los establecimientos penitenciarios y carcelarios corrientes, y por el otro lado, tampoco prevén el reconocimiento de subrogados penales y tratamiento penitenciario que les permita gradualmente la reinserción a su comunidad, pues el fin de la sanción de sus resguardos no es la resocialización, sino la expulsión de su sociedad en aras de restablecer el equilibrio de esta. Es curioso que para privarlos de la libertad sí se pueda hacer uso de centros penitenciarios ordinarios, pero a la hora de hablar de garantías no tengan derecho a ellas, con lo que se vulneran derechos tales como los que se describen a continuación.

3.1. Resocialización: "función de la pena privativa de la libertad en la jurisdicción ordinaria"

> [...] *sólo son compatibles con los derechos humanos penas que tiendan a la resocialización del condenado*, esto es a su incorporación a la sociedad

> como un sujeto que la engrandece [...]. (Corte Constitucional, Sentencia T-806 del 2002. La cursiva es nuestra)

La resocialización constituye un tratamiento jurisprudencial que a través de los años no ha tenido muchas variaciones. Se ha insistido en reiterar que las acciones del Estado deben estar encaminadas a una verdadera resocialización de las personas que han sido condenadas a pena privativa de la libertad. Esta se considera una posición humanista del sistema jurídico en general y del sistema penal en particular. Asimismo, se sostiene que las autoridades penitenciarias están en la obligación de desplegar una serie de conductas necesarias e idóneas para garantizar el mayor nivel de resocialización posible de los reclusos (Sentencia T-1190 del 2003).

El fin de la pena de prisión se enfatiza en preparar al condenado, mediante su *resocialización*, para la vida en libertad (Art. 142 Ley 65 de 1993). Este tratamiento debe realizarse de conformidad con la dignidad humana y con las necesidades particulares de cada persona, y debe verificarse a través de la educación, la instrucción, el trabajo, la actividad cultural recreativa y deportiva y las relaciones de familia,[8] con el respeto imperativo de algunos principios, como se muestra a continuación:

Principio de dignidad humana: la Corte Constitucional postula que la dignidad de la persona humana, más que un derecho en sí mismo, constituye el fundamento de todos los derechos. En la Sentencia T-522 de 1992 el Tribunal señala:

> La dignidad. Como principio fundante del Estado, tiene valor absoluto no susceptible de ser limitado bajo ninguna circunstancia, lo que sí ocurre con derechos que necesariamente deben coexistir con otros y admiten varias restricciones. Es respeto por la dignidad humana no solo es una declaración ética sino una norma jurídica de carácter vinculante para todas las autoridades (C.P. art. 1º). Su acato debe inspirar a todas las actuaciones del Estado.

[8] Artículo 143 del Código Penitenciario y Carcelario: Tratamiento Penitenciario "El tratamiento penitenciario debe realizarse conforme a la dignidad humana y a las necesidades particulares de la personalidad de cada sujeto. Se verifica a través de la educación, la instrucción, el trabajo, la actividad cultural, recreativa y deportiva y las relaciones de familia. Se basará en el estudio científico de la personalidad del interno, será progresivo y programado e individualizado hasta donde sea posible".

Principio de legalidad de la ejecución penitenciaria:[9] íntimamente ligado al principio de razonabilidad. Bajo estos principios se puede observar con facilidad cuándo se imponen sanciones arbitrarias, no fundamentales o débilmente fundadas.

La proporcionalidad es entonces un juicio relacional en el que se confrontan los medios al uso con los fines perseguidos.

Principio *Non bis idem*: este principio se vulnera cuando una misma situación fáctica, disvaliosa, se tiene en cuenta de manera doble para afectar derechos de la persona. En algún caso (Sentencia T-601 de 1992) la Corte Constitucional estimó transgredido este principio cuando como consecuencia de que un penado violara una diligencia de compromiso, ello sirvió de base para que en el penal se suspendiera un permiso especial.

Hay derechos que permanecen incólumes: el derecho a la vida, el derecho a la integridad personal, el derecho al debido proceso, el derecho de asociación, el derecho a la libre expresión, el derecho de opinión, el derecho de petición, el derecho a la salud, entre otros, de acuerdo con lo referido por la Corte Constitucional en la Sentencia T-714 de 1996.[10] Por otra parte, se limitan derechos como el de la libertad de locomoción, el cual sufre seria mengua (Sentencia T-424 de 1992). También se limita gravemente el derecho a la intimidad (ejercicio de la sexualidad), limitación que debe ser razonable y proporcionada y no interferir en asuntos absolutamente íntimos de la pareja, como por ejemplo el procrear o no procrear hijos (Sentencia T-501 de 1994).

4. Descripción del proceso

Como acción judicial se instauró una tutela en favor de dos miembros de la comunidad Emberá Katíos, quienes habían sido condenados por el mismo delito. La acción se centró en solicitar la protección de los siguientes derechos: a la dignidad humana, a la igualdad, a la diversidad cultural y al

---

[9] Artículo 2º del Código Penitenciario y Carcelario -Principio de Legalidad-.

[10] "Los internos tienen derechos fundamentales que no pueden ser limitados ni suspendidos por las autoridades administrativas, como el derecho a la vida, a la integridad personal, el derecho a la salud, al debido proceso, etc. En esta medida, dada la situación de indefensión y de privación de la libertad, en la que se encuentran los reclusos, la administración penitenciaria no solo debe abstenerse de violar estos derechos a través de acciones positivas, sino que está en la obligación de adoptar las medidas necesarias para garantizarlos".

debido proceso, todo esto desde el proceso mismo de prisionalización y sus consecuencias. La acción fue resuelta en primera instancia por el Tribunal Superior de Medellín, Sala Penal, negando la pretensiones con el argumento de la existencia de la autonomía de las comunidades indígenas, amén de que la comunidad no había respondido a la tutela y el Tribunal no contaba con elementos necesarios para verificar la armonía en la aplicación de un debido proceso en la imposición de la pena, ni tampoco en su ejecución, de acuerdo con las formas de control establecidas por la comunidad. Esta decisión fue apelada ante la Corte Suprema de Justicia, Sala Penal, la cual confirmó el fallo con el mismo argumento empleado por el Tribunal de Medellín, reiterando que no contaba con elementos de juicio que le permitieran vislumbrar que la condena fuera contraria a las normas, valores y costumbres de la comunidad.

Con base en lo anterior, hoy la Clínica Jurídica se ocupa con sus estudiantes y docentes temáticos, tanto a nivel disciplinar como a nivel interdisciplinar (antropólogo), de la construcción de un informe técnico (trabajo de campo), realizado en contexto en la comunidad, que permita llevar a las instancias judiciales los elementos de juicio necesarios que demuestren la vulneración de derechos fundamentales, tanto en la imposición de la pena de prisión como en su ejecución de la misma, máxime al tratarse de privación de la libertad en establecimientos de carácter nacional, teniendo en cuenta los disimiles fines y/o funciones de la pena.

5. Resultados de la estrategia implementada

Aún no contamos con resultados específicos, dado que la estrategia está en proceso. Se busca hacer un trabajo en el contexto de la comunidad a la que pertenece el privado de la libertad, con la pretensión directa de investigar la forma de control social ejercida por el resguardo y así hallar, en forma interdisciplinar, elementos necesarios que demuestren el cumplimiento o incumplimiento de un debido proceso, construido e implementado por la comunidad, en el ejercicio jurisdiccional otorgado. Con ello se evidenciaría el respeto que se brinda a los derechos fundamentales de los comuneros.

Lo anterior, con miras a determinar si hay lugar a instaurar acciones jurisdiccionales o administrativas por vulneraciones de derechos fundamentales de los indígenas privados de la libertad, amén de establecer apropiadamente los actores de las diferentes vulneraciones; es decir, si se trata de transgresiones ejercidas por el resguardo directamente, por no contar con un sistema de justicia que permita realizar un debido proceso, o por el contrario, si la violación viene de parte de la justicia ordinaria, bien sea a nivel jurisdiccional (jueces), o bien a nivel administrativo (Instituto Nacional Penitenciario y Carcelario [Inpec]).

Así, se agota todo lo necesario para que se generen pronunciamientos de fondo, con un análisis pertinente y profundo, en punto a un tema de trascendental importancia como lo es la tensión entre los fines de las penas o sanciones privativas de la libertad en ambas jurisdicciones. La privación de la libertad de los indígenas en establecimientos penitenciarios y carcelarios de carácter nacional (jurisdicción ordinaria) resulta, en consecuencia, impertinente e inconducente.

6. Impactos del caso

Se pretende evidenciar que la jurisdicción indígena, para que pueda desarrollar adecuadamente las facultades de justicia propia que le otorgó el artículo 246 de la Constitución, más que establecimientos penitenciarios y carcelarios, creados y administrados dentro de la cosmogonía de la jurisdicción ordinaria, requiere en forma imperativa que dicho precepto constitucional de ejercer su propia justicia esté integrado al desarrollo presupuestal.

La Constitución de 1991 reconoce la calidad de entidades territoriales a los territorios indígenas[11] y les reconoce el carácter de un régimen especial, estableciendo que su conformación como entidades territoriales se debe hacer según los parámetros de la Ley Orgánica de Ordenamiento Territorial, regulando el tipo de gobernación y reglamentación con la que contarán, parámetros de los cuales se desprenden unas funciones específicamente estipuladas.[12] No obstante, al regularse el régimen económico y de la hacienda pública, en el título XII de la Constitución, en el capítulo 4 referido a la distribución de recursos y de las competencias, se establece que los municipios participarán en los ingresos corrientes de la Nación y

[11] Artículo 286, inciso 1º ibídem: "Son entidades territoriales los departamentos, los distritos, los municipios y los territorios indígenas".

[12] Artículos 329 y 330 de la Constitución Nacional.

que para efectos de dicha participación, la ley determinará los resguardos indígenas que serán considerados como municipios.[13]

Lo anterior implica la necesidad de verificar la destinación de los ingresos corrientes de la Nación a los resguardos indígenas, de acuerdo con lo establecido en la Ley 715 del 2001, la cual establece en su título V, las disposiciones comunes al sistema general de participaciones, regulando en forma expresa que en tanto los resguardos indígenas no sean constituidos como entidades territoriales indígenas, serán beneficiarios del sistema general de participaciones, en la medida en que sean sean constituidos legalmente y reportados por el Ministerio del Interior al Departamento Administrativo Nacional de Estadística (DANE) y al Departamento Nacional de Planeación (DNP) en el año anterior a la vigencia para la cual se programan los recursos.

Los recursos serán distribuidos a los resguardos en proporción a la participación de su población, de acuerdo con la población indígena reportada por el Instituto Colombiano para el Desarrollo Rural (Incoder) al DANE. Ello de conformidad a lo plasmado en el artículo 83 de la ley referenciada, norma que fue modificada por el artículo 13 de la Ley 1450 del 2011, el cual señaló que los recursos asignados a los resguardos indígenas serían administrados por el municipio en el que se encuentre el respectivo resguardo. Para la ejecución de los recursos deberá celebrarse un contrato entre la entidad territorial y las autoridades del resguardo indígena donde se determine su uso, "los cuales deberán destinarse a satisfacer las necesidades básicas: salud incluyendo la afiliación al Régimen Subsidiado, educación preescolar, básica primaria y media, agua potable, vivienda y desarrollo agropecuario de la población indígena".[14]

Asimismo, se insta a las secretarías departamentales de planeación, o a quien haga sus veces, a que desarrollen programas de capacitación, asesoría

---

[13] Artículo 357, inciso 1° ibídem: "Los municipios participarán en los ingresos corrientes de la Nación. La ley, a iniciativa del Gobierno, determinará el porcentaje mínimo de esa participación y definirá las áreas prioritarias de inversión social que se financiarán con dichos recursos. Para los efectos de esta participación, la ley determinará los resguardos indígenas que serán considerados como municipios".

[14] Ley 715 del 2001, artículos 82 y 83, esté último modificado por el artículo 13 de la Ley 450 del 2011, inciso tercero.

y asistencia técnica a los resguardos indígenas y autoridades municipales, para la adecuada programación y uso de los recursos.[15]

En la regulación normativa aludida se evidencia que los resguardos indígenas cuentan con unos recursos propios que permiten la subsistencia de cada familia y de la colectividad en general. Además, los recursos que se obtienen de la nación, a través del sistema general de participación, son administrados directamente por los municipios a los cuales se encuentran inscritos y con destinaciones específicas, dentro de la cuales brilla por su ausencia lo que tiene que ver con funciones jurisdiccionales para la regulación o control social de la comunidad, y menos aún con capacitación, asesoría y asistencia técnica en estos temas, de tal manera que sea posible ejercer una función jurisdiccional con apego a lo normado en la Constitución y la ley.

Es así como se pretende impactar, tanto a nivel jurídico y social como a a nivel político, para que se tomen decisiones legislativas apropiadas, encaminadas a que haya sinergia entre las facultades otorgadas para la administración de una justicia propia y los recursos económicos, logísticos, de capacitación, entre otros, que permitan ejercer dignamente un poder jurisdiccional.

A nivel pedagógico, se pretende que el estudiante, bajo la metodología de estudio e intervención de caso, avance en sus conocimientos y se vuelva propositivo en la solución de conflictos sociales, generando sinergia entre lo teórico y lo práctico.

Bibliografía

Corte Constitucional de Colombia (1992). *Sentencia T-424,* 24 de junio de 1992. M. P. Fabio Moron Díaz.

Corte Constitucional de Colombia (1992). *Sentencia T-596,* 10 de diciembre de 1992. M. P. Ciro Angarita Barón.

Corte Constitucional de Colombia (1994). *Sentencia T-254,* 30 de mayo de 1994. M. P. Eduardo Cifuentes Muñoz.

Corte Constitucional de Colombia (1994). *Sentencia T-501,* 4 de noviembre de 1994. M. P. Vladimiro Naranjo Mesa.

Corte Constitucional de Colombia (1996). *Sentencia T-349,* 8 de agosto de 1996. M. P. Carlos Gaviria Díaz.

[15] Ver artículo 1° del Decreto Nacional 1542 del 2002.

Corte Constitucional de Colombia (1996). *Sentencia 496,* 26 de septiembre de 1996. M. P. Carlos Gaviria Díaz.

Corte Constitucional de Colombia (1996). *Sentencia 934,* 19 de noviembre de 1999. M. P. Carlos Gaviria Díaz.

Corte Constitucional de Colombia (1997). *Sentencia T-523,* 15 de octubre de 1997. M. P. Carlos Gaviria Díaz.

Corte Constitucional de Colombia (1998). *Sentencia T-344,* 9 de julio de 1998. M. P. Alfredo Beltrán Sierra.

Corte Constitucional de Colombia (1998). *Sentencia SU-510,* 18 de septiembre de 1998. M. P. Eduardo Cifuentes Muñoz.

Corte Constitucional de Colombia (1998). *Sentencia T-153,* M. P. Eduardo Cifuentes Muñoz.

Corte Constitucional de Colombia (2002). *Sentencia T-806,* 3 de octubre del 2002. M. P. Clara Vargas Hernández Inés.

Corte Constitucional de Colombia (2003). *Sentencia T-1190,* 4 de diciembre del 2003. M. P. Eduardo Montealegre Lynett.

Corte Constitucional de Colombia (2003). *Sentencia 523.* M. P. Rodrigo Escobar Gil.

Corte Constitucional de Colombia (2004). *Sentencia T-811,* 27 de agosto del 2004. M. P. Jaime Córdoba Triviño.

Corte Constitucional de Colombia (2007). *Sentencia T-009,* 19 de enero del 2007. M. P. Manuel José Cepeda Espinosa.

Corte Constitucional de Colombia (2010). *Sentencia T-690,* 2 de septiembre del 2010. M. P. Humberto Antonio Sierra Porto.

Corte Constitucional de Colombia (2012). *Sentencia T-001,* 11 de enero del 2012. M. P. Juan Carlos Henao Pérez.

Corte Constitucional de Colombia (2012). *Sentencia T-523,* 6 de julio del 2012. M. P. María Victoria Calle Correa.

Perafán, C. C. (1996). *Proyecto Sistemas Jurídicos Chamí, Guambiano, Tukano y Sikuani.* Colciencias, ICANH.

Rivera Agudelo, M. S. (2009). La disciplina y el problema de las cárceles en Colombia. *Pensamiento y Poder, 1* (4), 67-101.

Roldán Cardona, J. y González Cardona, L. (2005). *Situación de los derechos humanos en las cárceles del Área Metropolitana.* Medellín: Cáritas Arquidiocesana.

Rueda Carvajal, C. E. (2008). *El reconocimiento de la Jurisdicción Especial Indígena dentro del Sistema Judicial Nacional en Colombia. El debate de la coordinación.* Recuperado el 8 de marzo del 2012, de http://redalyc.uaemex.mx/pdf/733/73310111.pdf.

Sánchez Botero, E. (2007). *La Jurisdicción Especial Indígena en Colombia.* Bogotá: IEMP.

Sánchez Botero, E. (2005). Reflexiones en torno de la Jurisdicción Especial Indígena en Colombia. *IIDH, 41*, 227-228.

Solano González, E. (2000). La jurisdicción especial indígena ante la Corte Constitucional Colombiana. *Anuario de Derecho Constitucional.*

Tobón, L. A. (2004). *Justicia de Paz y Derecho Indígena: análisis y propuestas de coordinación.* Guatemala: Consejo Superior de la Judicatura de Colombia.

Valencia G, M. (2002). Justicia embera, identidad y cambio cultural. *El Otro Derecho,* (26-27), 113-134.

Vasco Uribe, L. G. (1990). *Cultura embera, Memorias del Simposio sobre cultura embera en el marco del V Congreso Colombiano de Antropología.* Medellín, Colombia: OIA.

Velásquez V, F. (2007). *Manual de Derecho Penal - Parte General* (3ª ed.). Bogotá D. C.: Librería Jurídica Comilibros.

1.2.5. La vida digna y el origen nacional vistos desde el caso Reyes Aguilera en la Clínica Jurídica de Derechos Humanos CELS-Caref-UBA

Federico Efrón*

Introducción

La Clínica Jurídica del Centro de Estudios Legales y Sociales (CELS), es parte de un convenio con la Universidad de Buenos Aires firmado en 1994. De esta forma, la práctica profesional con la que los alumnos se reciben, se hace en el marco de una clínica que propone la formación de abogados junto a la promoción de derechos.

El caso de Daniela Reyes Aguilera, desde su inicio, fue llevado adelante por los alumnos de la Clínica Jurídica del CELS como parte del convenio con la Universidad de Buenos Aires. Desde la primera atención a sus padres, hasta la finalización misma del proceso con el recurso extraordinario ante la Corte Suprema de Justicia de la Nación, los estudiantes participaron activamente en el trabajo realizado en esos cuatro años.

De esta forma, el caso en mención representó una situación ideal para que los alumnos, dentro de la asistencia legal que como clínica se brinda, no solo realizaran las distintas tareas que implicó el proceso, sino que además

* Abogado de la Universidad de Buenos Aires, con posgrado en Derecho Penal de la Universidad Torcuato Di Tella. Desde febrero del 2013 está a cargo de la Clínica Jurídica del Centro de Estudios Legales y Sociales (CELS).

participaran en el diseño de la estrategia. Ello, a partir de la discusión en clase, no solo con los docentes, sino también con los abogados del CELS que normalmente piensan las estrategias del litigio. Los estudiantes fueron parte protagónica, así, en todo lo que implica trabajar un caso de litigio estratégico de derechos humanos como lo fue el de Reyes Aguilera.

1. Caso Reyes Aguilera

Los padres de Daniela Reyes Aguilera, una menor de edad de origen boliviano con parálisis cerebral, solicitaron una pensión por discapacidad para garantizarle condiciones mínimas de subsistencia. La Comisión Nacional de Pensiones Asistenciales rechazó en el año 2003 esa solicitud, sobre la base del decreto reglamentario de estas pensiones que exige a los extranjeros un mínimo de veinte años de residencia legal en Argentina para percibirlas. La Clínica de Derechos de Inmigrantes y Refugiados CELS-Caref-UBA denunció la inconstitucionalidad de ese requisito en marzo del 2003 y solicitó que se otorgara la pensión solicitada.

El caso llegó a la Corte Suprema de Justicia de la Nación y en septiembre del 2007 esta condenó al Estado argentino a otorgarle una pensión por invalidez a Reyes Aguilera. En su fallo, la Corte sostuvo que en situaciones de extrema necesidad, que ponen en juego la subsistencia de las personas, "el Estado está obligado a adoptar medidas positivas que aseguren condiciones mínimas de una vida digna" y que esta obligación rige con independencia del origen nacional de las personas.

2. Litigio estratégico en el caso Reyes Aguilera

No existiendo otro medio judicial más idóneo, se inició una acción de amparo, en virtud a lo previsto en el artículo 43 de la Constitución Nacional Argentina. En el amparo se le exigió al Ministerio de Desarrollo Social de la Nación que enmiende y cese en su conducta denegatoria y que tome todas las medidas pertinentes a fin de garantizar a la niña Daniela Reyes Aguilera el goce efectivo de sus derechos constitucionales a la seguridad social, a la salud y a un nivel de vida adecuado, eliminando toda diferenciación o discriminación por razones de su origen nacional en el acceso a la pensión, de conformidad con lo establecido en el artículo 9º de la ley 13.478.

En segundo lugar, se solicitó que se declare la inconstitucionalidad del artículo 1º, inciso "e" del decreto 432/97. Asimismo, se solicitó que, en caso de declararse inconstitucional la norma mencionada, se ordene al Ministerio de Desarrollo Social de la Nación que exhiba la sentencia recaída en un lugar visible al público, tanto en la sede del Ministerio de Desarrollo Social como en la de la Comisión Nacional de Pensiones Asistenciales.

A fin de que el efecto del litigio sea amplio y cubra un espectro grande de personas en la misma o similar situación, se interpuso acción de amparo colectivo en virtud de lo dispuesto en el artículo 43, párrafo 2° de la Constitución Nacional, que a este respecto dice:

> Podrán interponer esta acción *contra cualquier forma de discriminación* y en lo relativo a los derechos que al ambiente, a la competencia, al usuario y al consumidor, así como a los derechos de incidencia colectiva en general, *el afectado,* el defensor del pueblo y las asociaciones que propendan a esos fines, registradas conforme a la ley, la que determinará los requisitos y formas de su organización. (El destacado nos pertenece)

Para ello, representamos al grupo constituido por toda persona extranjera que, encontrándose en la situación de hecho exigida por la legislación vigente para acceder a la pensión, establecida en el artículo 9º de la ley 13.478, aún no cuente con veinte años de residencia en el país. En particular, y respecto al grupo identificado —y representado por los Reyes Aguilera en su calidad de afectados— se solicitó que se ordene al Estado argentino a tomar todas las medidas pertinentes a fin de eliminar cualquier tipo de discriminación en razón del origen nacional de la persona, en el acceso a la pensión establecida en el artículo 9º de la ley 13.478.

Haciendo un análisis exegético de la segunda parte del artículo 43 de la Constitución Nacional, podemos ver que la primera tutela de los derechos públicos, colectivos o sectoriales de la sociedad está referida a "cualquier forma de discriminación", y es por ello que en el presente caso el derecho violentado es un derecho público o de un sector, y no solamente un caso de discriminación contra un sujeto individualizado. Ello, debido a que la regla, "cualquier forma de discriminación", se encuentra en el parágrafo relativo a los derechos colectivos, y no en el primero que regula la tutela de los derechos individuales. Es este contexto el que determina la interpretación del derecho.

Entonces, lo planteado fue que estamos ante un evidente caso de discriminación y que afecta a un grupo perfectamente identificable. Por tal razón, según lo establecido en el artículo 43 de la Constitución Nacional y los numerosos antecedentes jurisprudenciales al respecto, no puede abrigar dudas la legítima representación que la niña Reyes Aguilera ejerce respecto de los demás integrantes de ese grupo.

3. Situación y afectación de derechos: migración y discapacidad

Son conocidos los obstáculos a los que se deben enfrentar las personas con discapacidad a lo largo de su vida, ya sea para acceder a los derechos efectivamente consagrados en las regulaciones normativas, como así también la fuerte discriminación por parte de la sociedad. Si a esta situación le agregamos el factor de la nacionalidad, estos obstáculos se multiplican de sobre manera. Por lo que una persona migrante con discapacidad ve vulnerado sus derechos y multiplicados los obstáculos a los que debe enfrentarse a diario.

En el año 2004 fue promulgada en Argentina la actual Ley de Migraciones (ley 25.871). Con esta ley, se reconoce de manera clara que el Estado debe garantizar la igualdad de trato con las personas migrantes. Esto implica también que se asegure el acceso igualitario y en las mismas condiciones de protección que gozan los nacionales, en especial a lo que se refiere a servicios sociales, bienes públicos, salud, educación, justicia, trabajo, empleo y seguridad social.

Sin embargo, lamentablemente la realidad es otra, pues las normas que regulan las prestaciones de salud y de seguridad social para personas migrantes no fueron adecuadas luego de la promulgación de la citada ley.

En el artículo 9° de la ley 13.478 se instituye al Poder Ejecutivo a: otorgar, en las condiciones que fije la reglamentación, una pensión inembargable a toda persona sin suficientes recursos propios, no amparada por un régimen de previsión, de setenta o más años de edad o imposibilitada para trabajar. Recién en el año 1997, y por medio del decreto 432/97, el Poder Ejecutivo reglamentó la ley, que hoy se conoce como Pensiones No Contributivas por vejez o invalidez.

En el caso de las personas con discapacidad, de acuerdo con el mencionado decreto se requiere lo siguiente para acceder a la mentada pensión:

- Tener una invalidez en la capacidad laborativa que produzca una disminución del 76 % o más.
- Acreditar DNI.
- Si se es argentino naturalizado, tener una residencia de más de cinco años en el país, y en caso de inmigrantes se debe contar con una residencia legal de veinte años en el país.
- No estar amparado por un régimen no contributivo o previsional alguno.
- No tener parientes obligados a proporcionar alimentos, o que teniéndolos, no puedan hacerlo.
- No poseer bienes, ingresos ni recursos que permitan la subsistencia.
- *No encontrarse detenido a disposición de la Justicia.*

Nos encontramos entonces con un sistema que establece que para que una persona migrante con discapacidad acceda a prestaciones médico-asistenciales y a una pensión económica debe haber residido de manera regular en el país por un plazo mayor a veinte años. Esto resulta de muy difícil cumplimiento para cualquier migrante, ya que a esos veinte años deben sumarse los años que toma la tramitación del DNI, y es de imposible cumplimiento para personas menores de veinte años.

4. Un largo proceso

El 28 de febrero del 2003, la señora Luisa Aguilera Mariaca se presentó ante el Ministerio de Desarrollo Social de la Nación —Comisión Nacional de Pensiones Asistenciales, en adelante CNPA—, a fin de iniciar la tramitación de la pensión asistencial por la invalidez de su hija, prevista en el artículo 9° de la ley 13.478 y sus modificaciones, la cual establece: "Facúltese al Poder Ejecutivo a otorgar en las condiciones que fije la reglamentación una pensión inembargable *a toda persona* sin suficientes recursos propios, no amparada por un régimen de previsión, de 70 o más años de edad o imposibilitada para trabajar" (el destacado nos pertenece).

Sin embargo, el personal que la atendió le informó que no podría obtener dicha pensión, debido a que no cuenta con veinte años de residencia en la República Argentina. Dicha negativa se fundó en el decreto reglamentario 432/97 y su exigencia para el caso de inmigrantes de contar con una residencia legal de veinte años en el país.

En efecto, en la CNPA le entregaron a la señora Aguilera una nota firmada y sellada por dicho organismo, donde se le informa que "Por ley, tal como indica la hoja verde que se adjunta, se necesitan 20 años de radicación permanente en el país p/ iniciar el trámite de Pensión, por el cual la niña Daniela R.A. se encuentra imposibilitada de acceder...".

Ante dicho rechazo, los padres de la niña Daniela Reyes Aguilera se presentaron ante el práctico profesional de la Facultad de Derecho de la Universidad de Buenos Aires (Comisión nº 1306), a fin de solicitar la asistencia jurídica gratuita que allí se brinda. Así las cosas, nos presentamos a iniciar una acción de amparo en virtud del daño cierto que produce el decreto mencionado, en tanto impide a la niña (al menos por veinte años) acceder a la pensión asistencial necesaria para su subsistencia y asegurar sus derechos a la seguridad social, a la salud, a un nivel de vida adecuado, a la igualdad y a la no discriminación.

Es necesario destacar que, tal como surge de la documentación emitida por la CNPA, la inclusión en el programa de pensiones asistenciales automáticamente incluye al beneficiario y su grupo familiar en el Programa Federal de Salud (Profe). En efecto, según la CNPA, "Las pensiones Asistenciales, son parte del segmento de la población NBI (necesidades básicas insatisfechas), con ingresos muy limitados o inexistentes y sin ningún respaldo patrimonial. El pensionado y su grupo familiar (hasta 18 años) tiene derecho al Profe si no tiene otra obra social".

Por lo tanto, el Profe asegura que todas aquellas personas incluidas en el sistema de pensiones asistenciales obtengan una cobertura médica adecuada a su estado de salud. Esto resulta de trascendental importancia ya que, en tanto los padres de la niña Daniela Reyes Aguilera se encontraban desempleados, ella se encuentra sin cobertura social alguna. Esto determina la urgencia del caso, ya que la gravísima enfermedad que tiene la niña requiere y exige un continuo y delicado tratamiento.

Finalmente, y en tanto el obstáculo para acceder a dicha pensión se establece en un decreto nacional, las personas que se encuentran en idéntica situación que la niña Reyes Aguilera están viendo vulnerados sus derechos constitucionales de igual manera. Por ello, el carácter colectivo de la afectación y, en consecuencia, de la acción elegida.

Ante la negativa por parte del Ministerio de Desarrollo Social de iniciar el expediente administrativo a la niña Daniela Reyes Aguilera (de nacionalidad boliviana, con residencia permanente en el país), para acceder a la pensión asistencial necesaria para su subsistencia, se inició así el expediente judicial.

En virtud de ello, y no existiendo otro medio judicial más idóneo, se interpuso un amparo en el que se solicitó lo siguiente:

1. Que el Ministerio de Desarrollo Social de la Nación enmiende y cese en su conducta, y tome todas las medidas pertinentes a fin de garantizar a la niña Daniela Reyes Aguilera el goce efectivo de sus derechos constitucionales a la seguridad social, a la salud y a un nivel de vida adecuado, eliminando toda diferenciación o discriminación por razones de su origen nacional en el acceso a la pensión no contributiva establecida en el artículo 9º de la ley 13.478.
2. En segundo lugar, se solicitó se declare la inconstitucionalidad del artículo 1, inciso "e" del decreto 432/97.
3. Asimismo, se solicitó que, en caso de declararse inconstitucional la norma mencionada, se ordene al Ministerio de Desarrollo Social de la Nación que exhiba la sentencia recaída en un lugar visible al público, tanto en la sede del Ministerio de Desarrollo Social como en la de la Comisión Nacional de Pensiones Asistenciales.
4. A su vez, el amparo se interpuso en carácter colectivo, en virtud de lo dispuesto en el artículo 43, párrafo 2° de la Constitución Nacional, en representación del grupo constituido por toda persona extranjera que, encontrándose en la situación de hecho exigida por la legislación vigente para acceder a la pensión establecida en el artículo 9º de la ley 13.478, aún no cuente con veinte años de residencia en el país. En atención a ello, se solicitó —en relación con dicho colectivo— que se ordene a la demandada tomar todas las medidas pertinentes a fin de eliminar cualquier tipo de discriminación en razón del origen nacional de la persona, en el acceso a la pensión establecida en el artículo 9º de la ley 13.478.
5. Finalmente, y como medida cautelar, se solicitó que, hasta tanto se resuelva sobre el fondo del asunto, se ordene al Ministerio de Desarrollo Social y Medio Ambiente de la Nación inicie el expediente administrativo necesario para la obtención de la pensión asistencial establecida en el artículo 9° de la ley 13.478 para la niña

> Daniela Reyes Aguilera. También como medida cautelar, y en atención al carácter colectivo de esta acción, solicitamos se ordene a la demandada ABSTENERSE de denegar a toda persona el inicio del expediente administrativo para acceder a la pensión establecida en el artículo 9º de la ley 13.478, basándose en la restricción establecida en el artículo 1º, inciso e, del decreto 432/97 respecto de los extranjeros residentes en el país. Asimismo, se solicitó se ordene al Estado Nacional y al Ministerio de Salud de la Nación tomen todas las medidas pertinentes a fin de incluir a la niña Daniela Reyes Aguilera en el Programa Federal de Salud (Profe), tal como lo establece la legislación correspondiente, a fin de garantizar de forma urgente el derecho a la salud de la niña.

El día 7 de mayo de 2003, la jueza a cargo del expediente hizo lugar parcialmente a la medida cautelar solicitada, ordenando "a la Comisión Nacional de Pensiones Asistenciales, dependiente del Ministerio de Desarrollo Social y Medio Ambiente de la Nación a que acepte el inicio del trámite administrativo que la actora formulará por intermedio de sus representantes legales...".

Finalmente, con fecha 30 de octubre del 2003, se dictó la sentencia definitiva, la que dispuso:

> Fallo: 1) Haciendo lugar parcialmente a la acción de amparo deducida por LUISA AGUILERA MARIACA Y ANTONIO REYES BARJA en representación de su hija menor DANIELA REYES AGUILERA por la negativa de la accionada, ESTADO NACIONAL, MINISTERIO DE DESARROLLO SOCIAL Y MEDIO AMBIENTE DE LA NACIÓN Y COMISIÓN NACIONAL DE PENSIONES ASISTENCIALES, a iniciar el expediente administrativo necesario para que la menor pueda acceder a la pensión por invalidez prevista en el art. 9 de la ley 13.478. 2) Declarar cumplida la manda judicial dispuesta en la medida cautelar admitida a fs. 65/68. *3) Rechazar las restantes lesiones invocadas por no reunir los requisitos establecidos en el art. 43 de la Constitución Nacional y art. 1 de la ley 16.986. 4) Imponer las costas en el orden causado, en atención a la naturaleza de las cuestiones debatidas.*

Para arribar a dicha conclusión, la señora juez de primera instancia sostuvo que el otorgamiento de pensiones no contributivas por invalidez es una facultad del Poder Ejecutivo, y no una obligación impuesta legislativamente. Por ello mismo, el establecimiento de requisitos vía reglamentaria no sería susceptible de control de constitucionalidad, en tanto constituiría un ejercicio de dicha facultad discrecional.

Finalmente, señaló que la situación de desprotección en que se encontraba la accionante no es diferente a la de millones de habitantes de nuestro país, por lo que no se verificaría en el caso una transgresión al artículo 20 de la Constitución Nacional.

En razón de ello, desde la Clínica se interpuso en forma oportuna recurso de apelación, en el que expresamos de manera extensamente fundada cada uno de los agravios que nos ocasionaba la sentencia recaída en primera instancia.

En particular, en los agravios destacamos la confusión de la magistrada en cuanto a lo solicitado en el objeto de la demanda; el error de derecho incurrido por la juez al interpretar los regímenes de la leyes 13.478 y 24.901; el análisis palmariamente erróneo de la juez respecto del derecho a la salud y otros derechos de los que goza todo habitante (nacional o extranjero); la violación del principio de razonabilidad y los estándares internacionales de derechos humanos, por el exceso reglamentario en que ha incurrido el Poder Ejecutivo, y la equivocada interpretación de la juez sobre esta cuestión; el desconocimiento de las normas migratorias y de ciudadanía en que incurre la magistrado; y la falta de fundamentación de la sentencia. Luego de ello, destacamos y desarrollamos los derechos violados, como los derechos del niño a la salud, a la seguridad social, entre otros. Finalmente, cabe destacar que a lo largo de todo el recurso de apelación, así como lo hiciéramos en la demanda, hemos fundamentado debidamente la violación de derechos y principios constitucionales, así como también consagrados expresamente en los instrumentos internacionales de derechos humanos con jerarquía constitucional (Art. 75, inc. 22 CN).

De todos modos, con fecha 21 de septiembre del 2004, la Sala I de la Cámara Federal de la Seguridad Social confirmó la sentencia de primera instancia.

Ante dicha confirmación, acompañamos una vez más a la familia Reyes Aguilera y presentamos un recurso extraordinario federal ante la Corte Suprema de Justicia de la Nación.

5. Resultados del caso Reyes Aguilera

La Corte Suprema de Justicia de la Nación tuvo que resolver entonces el expediente "Reyes Aguilera, Daniela c/ Estado Nacional, CNPA". En el 2007 tuvo sentencia favorable ya que la CSJN entendió que existía una violación al derecho a la vida.

Si se tiene en cuenta que dichas pensiones se fundamentan en las condiciones especiales de vulnerabilidad de la persona, la exigencia de una determinada cantidad de años de residencia en el país resulta a todas luces injustificada y en consecuencia discriminatoria en razón de la nacionalidad. El máximo tribunal de justicia argentino consideró que el artículo de la norma que exigía veinte años de residencia era inconstitucional, pues la distinción entre argentinos y extranjeros no solo afectaba el derecho a la igualdad y no discriminación, sino también a la vida y a la seguridad social. Hasta el momento, sin embargo, dicha normativa no fue derogada.

5.1. Fallo Reyes Aguilera

Voto de los jueces Eugenio Zaffaroni y Carlos Fayt (que fueron mayoría, porque el resto adhirió, según su voto):

> 6°) Que los recaudos para acceder al beneficio que han sido puestos de manifiesto, son muestra más que elocuente de que éste fue previsto para cubrir contingencias sociales absolutamente extremas, vale decir, situaciones que ponen en juego, de manera palpable y potente, la "subsistencia" misma de la persona humana, de una persona carente de "recursos o amparo", por usar vocablos del propio Decreto Nº 432/97, y que, en cuanto al primero, también emplean las memoradas Declaración Americana y Universal.
>
> 7°) Que, en este orden de ideas, por mayor que fuese el margen de apreciación que corresponda dispensar al legislador o reglamentador en la presente materia, no cabe duda alguna que sumar a dichos críticos requerimientos un lapso de residencia, en el caso,

de 20 años —aun cuando también rigiera en igual medida para los argentinos, incluso nativos—, implica, puesto que la subsistencia no puede esperar, un liso y llano desconocimiento del derecho a la seguridad social, en los términos de los citados textos internacionales de jerarquía constitucional, en grado tal que compromete el derecho a la vida, primer derecho de la persona humana que resulta reconocido y garantizado por la Constitución Nacional.

[...]

9°) En suma, el recaudo de residencia establecido en el art. 1.e del decreto 432/97 (texto originario) resulta inaplicable, por inconstitucional, en los casos en que se encuentren reunidos todos y cada uno de los restantes requisitos para acceder a la prestación por invalidez exigidos por dicho cuerpo legal.

Votos particulares de los jueces Petracchi y Argibay:

[...] la norma [...] prevé un trato diferenciado entre nacionales y extranjeros, imponiendo a estos últimos mayores exigencias para acceder a un beneficio otorgado por el Estado. Esta circunstancia determina que ya en su sentido literal el artículo 1°, inciso "e", del decreto 432/97 está directamente contrapuesto con las reglas constitucionales que prohíben un trato discriminatorio en razón del origen nacional [...] Esa contradicción directa con el texto constitucional obliga a considerar a la categorización realizada por el decreto como sospechosa de discriminación y hace pesar sobre dicha norma una presunción de inconstitucionalidad [...]

Voto particular del juez Maqueda:

6) En tal sentido cabe destacar que las reglamentaciones que distinguen entre nacional y extranjero no son en principio inconstitucionales en los términos de los Artículos 16, 20 y 75 inc. 22 de la Constitución Nacional, razón por la cual el legislador se encuentra habilitado a emplearla con la exigencia de que tal decisión responda a intereses que involucran el bienestar general y que responden a una

justificación razonable y proporcional en relación con los propósitos que se persiguen. En la materia rige el principio de ejercicio relativo de los derechos conforme lo dispuesto en la primera parte del Artículo 14 de la Constitución Nacional no enervado por el texto del Artículo 20 de la norma fundamental, la que al disponer que los extranjeros gozan en el territorio de la Nación de todos los derechos civiles del ciudadano no excluye la posibilidad de establecer determinadas diferencias en relación con la naturaleza de los derechos de que se trate y siempre que las mismas estén suficientemente justificadas. La norma constitucional no avala una interpretación del principio de igualdad en términos absolutos.

[...]

9°) Que, con el alcance indicado, en la configuración legal de los derechos y libertades reconocidos a los extranjeros y ponderando la diversa naturaleza de aquéllos, el legislador puede introducir la nacionalidad como elemento para la definición de un supuesto de hecho al que le ligará la consecuencia jurídica establecida ponderando la concurrencia de otros factores, dentro de los cuales sin duda considerará determinados parámetros de comparación respecto de la situación de los nacionales. Las cuestiones de titularidad y ejercicio de los derechos y, más precisamente, el problema de la igualdad en el ejercicio de aquéllos, depende del derecho afectado y de los intereses sociales que aparezcan como imperativos para el Estado en la materia sujeta a reglamentación.

[...]

14) Que, a tales efectos, cabe considerar que el requisito de residencia continua en el país —tanto para naturalizados como extranjeros— constituye un presupuesto mínimo de exigencia en atención al derecho involucrado y constituye un requisito constitucionalmente válido para garantir en términos de igualdad formal y sustantiva el acceso a la prestación asistencial. Tal exigencia hace, a su vez, a mantener una relación de equilibrio entre la situación de los nacionales y de los extranjeros. El requisito de residencia en el país aparece ligado a la necesidad de un cierto grado de integración y permanencia que resulta de relevancia jurídica al tiempo de organizar un sistema de

> asistencia social que, sin desatender los principios constitucionales en la materia, vele porque tales beneficios no se conviertan en una carga de tal magnitud que pueda afectar el nivel global de otras prestaciones y obligaciones que le corresponden al Estado (cfr. doctrina en similar tema Tribunal de Justicia de las Comunidades Europeas (Gran Sala) Asunto C-209/03, sentencia del 15 de marzo de 2005).
>
> [...]
>
> 18) La irrazonabilidad del plazo consignado importa en los hechos que la aplicación de tal norma se traduzca en una discriminación indirecta ya que por las consecuencias que irroga, en la práctica, el beneficio de la pensión por invalidez estaría vedado para los extranjeros con residencia acreditada en el territorio argentino. (Cfr. doctrina del Tribunal de Justicia de las Comunidades Europeas, sentencias del 30 de junio de 2005 en C-28/04; del 18 de enero de 2007 en C-332/05, entre otras)

6. Impactos específicos y generales obtenidos

El primer impacto fue el directo sobre el caso de la familia Reyes Aguilera, ya que pudo recibir la asistencia social que le correspondía y que tanto necesitaba.

Respecto a la norma cuestionada, al día de la fecha, y a pesar de los pedidos expresos para su derogación, esa norma —y una similar, el artículo 1º inciso "d" del anexo I del decreto 582/03— siguen vigentes. Teniendo en cuenta que la sentencia judicial resulta en principio aplicable solamente al caso que la motivó, se vuelve prioritario que el Estado argentino adopte las medidas necesarias a efectos de modificar su legislación en materia de pensiones asistenciales y adecuarla a los estándares internacionales de no discriminación con motivo de nacionalidad en el acceso al derecho a la seguridad social.

Sí ha habido un cambio en la nueva legislación que se encuentra relacionada con este tipo de prestaciones, ya que al crearse la Asignación Universal por Hijo (AUH) en el año 2009, el plazo establecido por decreto del Poder Ejecutivo Nacional fue de tres años. Si bien sigue siendo un plazo que permite una diferenciación que podría traducirse en discriminación, sin duda el plazo en cuestión se ha acotado considerablemente.

Por otro lado, luego de varios años de dictada esta sentencia, nos reunimos con la Asesoría Tutelar de la Ciudad Autónoma de Buenos Aires para evaluar qué hacer con los casos similares que no encuentran un lugar donde reclamar aquello que necesitan de acuerdo con sus condiciones. Por ello, a partir de varias discusiones entendimos que la sentencia de corte podía tener efectos colectivos. Presentamos casos (siempre con el patrocinio de la clínica) en el marco de este expediente y en la primera instancia del fuero de la seguridad social, pidiendo medidas para ejecutar la parte colectiva de la sentencia.

Este nuevo planteo lo realizamos en agosto del 2013 y fue rechazado por la jueza (por un rechazo *in limine*, aunque con fundamentos). El expediente está ahora en la Cámara de la Seguridad Social para resolver nuestra apelación (demora mucho tiempo, de uno a dos años). Aunque no sabemos cuál va a ser el resultado, es probable que no se acepte el reclamo.

A su vez, en la actualidad la Defensoría Pública Oficial ante los Tribunales Federales de la Capital Federal ha presentado amparos, algunos con éxito y otros aún sin respuesta, en casos similares al de Reyes Aguilera, en los que las personas cumplen con todos los requisitos a excepción de los veinte años de residencia. En los distintos amparos se cita la demanda de Reyes Aguilera como antecedente de la Corte Suprema de Justicia de la Nación.

También, en el marco del sistema internacional, el Comité sobre los Derechos de las Personas con Discapacidad tomó nota de la discriminación que implican este tipo de regulaciones, instando al Estado argentino a revisar su marco legislativo.[1]

---

[1] CRPD/C/ARG/CO/1. 27/Sept/2012.

45. El Comité observa con preocupación disposiciones en la normativa del Estado parte sobre el acceso a pensiones no contributivas que discriminan directa o indirectamente a las personas con discapacidad, entre ellas, el requisito exigido por el Decreto Reglamentario 432/1997 y el criterio de elegibilidad para acceder a una pensión asistencial por motivos de incapacidad establecido en la Ley No. 18.910. El Comité expresa, igualmente, su preocupación por el trato desigual que reciben trabajadores migratorios con discapacidad y los hijos con discapacidad de trabajadores migratorios, en relación con el acceso a medidas de protección social, incluyendo las pensiones por discapacidad, la atención sanitaria, la rehabilitación y la vivienda.

46. El Comité insta al Estado parte a revisar su marco legislativo en materia de seguridad social y reformule aquellas disposiciones que impiden a las personas con discapacidad, incluidos los trabajadores migratorios y los hijos con discapacidad de trabajadores migratorios, el acceso en igualdad de condiciones a la protección social de conformidad con el artículo 29 de la Convención.

A su vez, desde el Comité de Protección de los Derechos de Todos los Trabajadores Migratorios y de sus Familiares, se tomó nota de la cuestión, destacando la AUH, pero haciendo mención al fallo de Reyes Aguilera en su informe como muestra de que aún hay leyes que no responden a los estándares de derechos humanos.[2]

Por último, el impacto pedagógico fue muy notorio e importante. El trabajo diario en la Clínica Jurídica se ve altamente reforzado cuando los alumnos emprenden este tipo de acciones judiciales que les exigen pensar en forma integral cómo solucionar una afectación a un derecho. El caso Reyes Aguilera era un desafío porque exigía en muchos niveles distintos, y demandaba varias acciones diversas, muchas veces en simultáneo. Para poder iniciar las acciones legales, hubo que realizar trámites previos ajenos a la instancia judicial. Desde el trámite de su residencia y la obtención de un documento argentino, hasta el certificado de discapacidad para acreditar su condición. El indudablemente grave cuadro con el que convive Daniela desde que nació, en el seno de una familia con muchas necesidades insatisfechas, implicaba cierta urgencia en la resolución del conflicto. A su vez, era un caso que implicaba tratar con distintos actores estatales, cada uno con una forma particular de interacción que exigía pensar en forma diferenciada la interpelación que como abogados de la familia Reyes Aguilera debíamos llevar adelante.

Toda esta experiencia fue parte del trabajo de los alumnos de la Clínica de Derechos Humanos CELS-Caref-UBA.

---

[2] CMW/C/ARG/CO/1, 23/Sept/2011.

4. 29. Preocupan también al Comité los requisitos excesivos en materia de residencia que se imponen a los trabajadores migratorios que solicitan pensiones no contributivas para las madres con siete o más hijos (Ley Nº 23746 y Decreto Nº 2360/1990: 15 años), pensiones por invalidez (Ley Nº 18910 y Decreto Nº 432/1997: 20 años) o pensiones a la vejez (Ley Nº 13478 y Decreto Nº 582/2003: 40 años), pese a una sentencia de la Corte Suprema, de 4 de septiembre de 2007, que declara inconstitucional la aplicación del requisito de 20 años de residencia en un caso sobre prestaciones por discapacidad.

30. El Comité recomienda al Estado parte:

a) Que revise la duración requerida de la residencia en el caso de las prestaciones sociales no contributivas, con miras a garantizar su compatibilidad con los artículos 5 y 6 de la Ley de migraciones y la Constitución Nacional.

Bibliografía

Comité sobre los Derechos de las Personas con Discapacidad. CRPD/C/ARG/CO/1. 27/Sept/2012.

Comité de Protección de los Derechos de Todos los Trabajadores Migratorios y de sus Familiares. CMW/C/ARG/CO/1, 23/Sept/2011.

1.2.6. Interés público y asistencia jurídica: objetivos complementarios en un programa clínico
La Clínica de Migrantes y Refugiados de la Universidad Diego Portales

Helena María Olea Rodríguez*

Introducción

La enseñanza clínica del derecho es mucho más que un curso que pone en contacto a los alumnos con aspectos prácticos del ejercicio de la profesión, es un proyecto docente y universitario que tiene la potencialidad de desarrollar acciones de interés público, ofrecer asistencia jurídica y transformar el ejercicio del derecho. Esta posibilidad exige considerar múltiples factores y el trabajo coordinado y activo de la Facultad, los profesores y ayudantes, y por supuesto, el de los alumnos.

---

* Abogada de la Universidad de los Andes, Bogotá, Colombia; especialista en Derecho Constitucional de esta misma institución; magíster en Derecho, Center for Civil and Human Rights, Law School, University of Notre Dame, Indiana, Estados Unidos. Trabajó como abogada e investigadora en ONG de derechos humanos, migración y derechos de las mujeres en Colombia, Estados Unidos y Chile. Profesora de la Clínica Jurídica de Migrantes y Refugiados e investigadora del Centro de Derechos Humanos de la Universidad Diego Portales, Chile y profesora *part time* del Instituto de Ciencia Política de la Pontificia Universidad Católica de Chile.

La enseñanza clínica no consiste solamente en el análisis de casos reales o creados,[1] sino que implica además instalar una práctica jurídica en la facultad, en la que alumnos guiados por un equipo docente ofrecen orientación y representación legal a personas concretas que afrontan conflictos jurídicos reales. Este elemento conlleva condiciones de infraestructura y personal que permitan responder adecuadamente a esta demanda. Adicionalmente, la enseñanza clínica tiene varias potencialidades. Las clínicas no solo contribuyen y aportan al interés público, sino que además ofrecen servicios de asistencia jurídica; desarrollan vínculos entre la universidad y la comunidad beneficiaria, particularmente cuando se trata de comunidades o grupos particulares (niños, discapacitados, migrantes, refugiados, etc.); ofrecen retroalimentación permanente sobre el proceso de aprendizaje de los alumnos y la calidad de la enseñanza impartida; y permiten interpelar comunidades jurídicas atrapadas en el formalismo y estancadas en el desarrollo de áreas particulares del derecho.

Desde el año 2007, la Facultad de Derecho de la Universidad Diego Portales desarrolló una iniciativa que se concretó en la Clínica de Migrantes y Refugiados. Este proyecto ejemplifica y confirma el conjunto de esfuerzos que demanda el desarrollo de un programa clínico de esta naturaleza e ilustra sus potencialidades y beneficios, así como los retos, dificultades y obstáculos de su desarrollo. El objeto de este escrito es presentar nuestra experiencia, enfatizando en las exigencias y la potencialidad de la enseñanza clínica para transformar la enseñanza, el aprendizaje y el ejercicio del derecho. Adicionalmente, se ofrece información sobre las formas de enseñanza y de trabajo de la clínica, el desarrollo de estrategias de interés público y la asistencia jurídica como estrategias complementarias, y el impacto del ejercicio del derecho en el marco de interés público como una práctica que se puede enseñar e inculcar en los alumnos.

1. Antecedentes

Pese a no existir un curso electivo sobre migración y refugio en la Facultad de Derecho de la Universidad Diego Portales, en el verano del 2007-2008

---

[1] En muchas universidades chilenas no existen clínicas jurídicas y en otras existen varios programas que trabajan con casos ficticios o reales, en las que se pide elaborar escritos jurídicos que no van a ser presentados a autoridades administrativas o judiciales.

se creó un curso electivo,[2] de vacaciones, sobre migración, en el marco de un programa de regularización migratoria dictado en ese momento. El curso incluía elementos teóricos y prácticos, y los alumnos debían entender el fenómeno y ofrecer orientación jurídica a los potenciales beneficiarios del programa mencionado. Es importante destacar que esta iniciativa fue posible gracias al apoyo de la directora de la Escuela de Derecho, Esther Valenzuela, y la profesora Lidia Casas, a una profesora que buscaba un espacio para desarrollar su inquietud por la migración. Este aspecto resultó central porque el desarrollo de cursos clínicos demanda la disposición de la Facultad de Derecho a explorar y experimentar en la enseñanza del derecho. Las clínicas exigen la disposición permanente a revisar y reformular el trabajo en función de los casos, los alumnos y la coyuntura.

Originalmente, el curso tenía tres componentes: adquirir conceptos sobre la migración y el tratamiento legal a este fenómeno, el desarrollo de vínculos con la comunidad y los potenciales beneficiarios de la orientación jurídica, y el ofrecimiento de dicha orientación. Los alumnos valoraron positivamente esta experiencia que los enfrentaba a problemas jurídicos concretos y los acercaba al ejercicio profesional. A la vez, representaciones consulares, organizaciones que trabajan con migrantes y líderes de la comunidad migrante acogieron la iniciativa, haciendo hincapié en la necesidad de orientación y representación jurídica gratuita.[3]

La experiencia se valoró positivamente, por lo que el curso se ofreció nuevamente durante el año 2008. En la medida en que el curso avanzaba, los contenidos enseñados se fueron adaptando a las necesidades de los alumnos de aprender y repasar conceptos, instituciones y procedimientos que habían aprendido en otros cursos. Se evidenciaron también vacíos en el aprendizaje que era necesario cubrir durante las clases, algunos se relacionaban con contenidos jurídicos no aprendidos[4] y otros con el desarrollo

---

[2] Un curso electivo es un curso optativo que pueden tomar alumnos de derecho, en función de sus propias preferencias.

[3] Esto resultó en que las organizaciones derivaron casos para ser atendidos y en que expresaran su inquietud de que los estudiantes prestaran la orientación jurídica en sus oficinas, como se hizo en el Consulado de Perú en Santiago.

[4] Por ejemplo, los alumnos aprenden derecho de familia y derecho de penal, pero en ningún curso, incluso en los electivos sobre género, se enseña el procedimiento de denuncia y sanción de la violencia intrafamiliar.

de destrezas y habilidades para entrevistar personas, elaborar escritos, relacionarse con autoridades administrativas, presentar y tramitar acciones judiciales, entre otros. Muy pronto se detectaron patrones comunes y la potencialidad de desarrollar estrategias de interés público que conllevaron considerar la discusión de situaciones con las autoridades administrativas y la exploración de vías judiciales para controvertir decisiones de las autoridades. Adicionalmente, se evidenció la necesidad de desarrollar vínculos para complementar los servicios jurídicos con atención social, médica y psicológica, entre otros. Los cuestionamientos al ejercicio del derecho emergían naturalmente cuando los alumnos, sensibilizados frente a la vulnerabilidad de la población migrante, contrastaban los hechos con la respuesta de la Administración. A partir de ello, era posible desarrollar conjuntamente con los alumnos estrategias jurídicas para no solo revertir esas decisiones, sino también generar cambios en la respuesta estatal.

Los mismos alumnos indicaban que el curso tenía un formato de clínica e instaban a que se estableciera como tal. Valoraban positivamente el enfrentarse a casos reales, identificar la cuestión jurídica, elaborar una teoría del caso y desarrollarla. Para varios de ellos también, el curso significó encontrar o recuperar la vocación que los había llevado a estudiar derecho. Muchos de ellos además, se acercaron por primera vez a la migración, entendieron el concepto de vulnerabilidad y desarrollaron inquietudes por resolver situaciones que consideraban injustas, irregulares, ilegales y discriminatorias. La existencia de patrones de irregularidad evidenció la potencialidad de realizar estrategias de interés público que propugnaban por resolver situaciones que afectaban a varios casos o que eran emblemáticas de prácticas sistemáticas, con lo cual el trabajo de interés público se fue constituyendo.

De otra parte, las y los extranjeros que requerían orientación y representación jurídica fueron llegando en el horario de clases, que se fue estableciendo como horario de atención de público. Dentro de la comunidad migrante, se fue pasando la voz y así la complejidad de los casos fue incrementándose progresivamente.

Luego de un año académico y de haber presentado una evaluación sobre el desarrollo del curso a consideración del decano Juan Enrique Vargas, la Facultad creó la Clínica de Migrantes en el año 2009.

2. Funcionamiento

La Clínica se encuentra en su quinto año de funcionamiento. Su desarrollo ha estado enmarcado por la permanente búsqueda de fórmulas que permitan cumplir de manera simultánea los siguientes objetivos: desarrollar un proyecto clínico pedagógico, servir como programa de asistencia jurídica para los migrantes y clínica de interés público y transformar el ejercicio del derecho. Se trata de un cuidadoso ejercicio de alquimia en el que continuamente se está desarrollando y evaluando el logro de estos objetivos, realizando los ajustes que cada estudiante y cada caso demanda para alcanzar los tres objetivos mencionados.

En la actualidad, la clínica funciona con un grupo de máximo doce alumnos, una profesora, cuatro ayudantes y una secretaría de clínicas que apoya a las ocho clínicas de la facultad. La clínica no opera en el marco de semestres académicos, sino de semestres calendario, con lo cual la exigencia es mayor para todos los involucrados, pero ello se justifica por la necesidad de mantener la atención al público y el trabajo en los casos. Un programa clínico con casos reales no puede suspender actividades durante los periodos de vacaciones, porque el Estado funciona de manera permanente y por ende puede haber desarrollos en los casos que requieran la presentación de un recurso en cualquier momento. En promedio, la clínica maneja un volumen de 120 casos por semestre. Los alumnos inician el semestre con cinco o seis casos y lo terminan con diez o doce.

Durante tres años y medio, la clínica ofreció atención al público en las oficinas del Instituto Católico de Migraciones, las cuales se encuentran en una iglesia frecuentada por los migrantes, los domingos en la mañana. Esta opción permitía divulgar la clínica, ofrecer servicios jurídicos a la población migrante que trabaja durante la semana y funcionar en un espacio adecuado al volumen de trabajo. Esta opción se cambió por trabajar desde la facultad en el 2013, cuando la infraestructura para la atención de público para las clínicas jurídicas fue ampliada, lo cual permitió ofrecer atención jurídica en varios espacios de manera simultánea. El volumen de atenciones se mantiene por el buen nombre que tiene la clínica, en función de la calidad de su trabajo. La atención de público en la Universidad contribuye también a acercar el espacio universitario a la población migrante, así como a eliminar el requisito de atender y supervisar atenciones en los fines de semana.

Los alumnos eligen la clínica a través de un proceso de postulación en el que pueden expresar su preferencia por la clínica que les gustaría cursar. A la vez, se evalúan sus antecedentes académicos y se les exige a que presenten una carta de motivación y que rindan una entrevista donde se indaga por su interés en el tema, la disponibilidad de tiempo y la madurez para afrontar la responsabilidad que el curso requiere.

La selección de casos se realiza a partir de varios criterios que se evalúan en una entrevista individualizada con la persona que consulta, a partir de la cual se considera el problema jurídico, las alternativas jurídicas y si se trata de un caso de interés público y/o de acceso a la justicia. No se considera la condición socioeconómica de quien consulta, pero en cambio se evalúa de manera diferenciada la necesidad de la persona de recibir orientación y representación en función de dicha condición y de sus condiciones particulares, y/o la potencialidad del caso por el interés jurídico que conlleva. De manera general, se busca que los alumnos tengan la potencialidad de trabajar casos que demandan respuestas de diferentes áreas del derecho y que le permitan complementar su formación jurídica, así como desarrollar sus destrezas y habilidades. Por ello se privilegia el que cada alumno represente casos diversos: laborales, de familia, administrativos y constitucionales. Simultáneamente, se busca alcanzar un equilibrio en el volumen de trabajo entre alumnos y, en lo posible, asignar casos que les permitan desarrollar y cuestionar su perfil profesional frente a situaciones diversas.

Los casos se rechazan cuando se considera que no hay estrategias jurídicas que puedan ser exitosas, y entonces se determina que otra institución privada o pública puede representarlo adecuadamente, o bien la carga de trabajo de los alumnos es de tal magnitud que no pueden tomar más casos, a criterio de la profesora.

En términos del esquema de trabajo, los alumnos deben realizar una primera entrevista de manera individual, analizar el caso y presentarlo a la profesora y a los ayudantes, quienes evalúan y determinan inmediatamente si la estrategia es adecuada. Luego de ello, los alumnos proponen una estrategia jurídica que se discute con la profesora y /o ayudantes, y posteriormente se desarrolla. En la clínica hay pautas de trabajo establecidas que incluyen: los alumnos no pueden decidir solos si toman un caso; deben consultar la estrategia jurídica y esta tiene que ser aprobada por la profesora y/o los ayudantes; todo escrito debe ser revisado y aprobado por la profesora y/o los ayudantes; el espacio de trabajo y reunión con los representados debe enmarcarse en la universidad; los representados deben estar informados sobre la estrategia y su desarrollo, entre otros.

Para el adecuado desarrollo del curso y el control sobre los casos a cargo, la clínica ha desarrollado un esquema de memorándum de seguimiento, donde se consigna el análisis del caso y las acciones realizadas por el alumno a cargo. Adicionalmente, se han diseñado fichas para la derivación a otras instituciones, el cierre de una causa y la atención al público. Paralelamente a ello, se han desarrollado instancias de cooperación y colaboración con instituciones de la sociedad civil, programas clínicos de otras universidades y facultades e instituciones públicas, con el ánimo de coordinar estrategias y derivar oportunamente casos que requieren un trabajo conjunto.

Los métodos de enseñanza incluyen la utilización de simulaciones, la discusión de casos y la revisión de estrategias jurídicas a partir de los casos de los alumnos y en abstracto. Los alumnos reciben retroalimentación (comentarios y correcciones) de sus escritos, que deben corregir hasta tanto sean aprobados por la profesora y/o ayudantes y se autorice su presentación. También se supervisa la atención directa al público y a los representados. La enseñanza puede incluir el deber de asistencia a audiencias judiciales para observar los alegatos de causas de la clínica, o bien a reuniones con funcionarios públicos para discutir casos y situaciones.

Los alumnos, en dos oportunidades durante el semestre, son evaluados a partir de la revisión de sus carpetas. Los criterios de evaluación son: definición y ejecución de una estrategia jurídica; orden de la carpeta; relación profesional con los representados; y eficiencia en el desarrollo de las gestiones a su cargo. Adicionalmente, la profesora y los ayudantes los evalúan en función del trabajo realizado bajo su supervisión, antes de las revisiones de carpetas. Al finalizar el curso, los alumnos deben presentar un examen final ante el resto de la clase, consistente en la presentación de un caso en el que trabajaron en el semestre, analizando la estrategia desarrollada y las lecciones extraídas de su trabajo.

Un elemento complementario y necesario es la existencia y aplicación de un reglamento que apoye la enseñanza clínica, mediante la exigencia del compromiso y trabajo de los alumnos y la sanción por faltas graves a su deber de diligencia en el trabajo. La continua exigencia del equipo docente a los alumnos garantiza que se mantenga la calidad e intensidad del trabajo durante el semestre.

El trabajo de la clínica ha permitido que se desarrollen proyectos complementarios con el Instituto de la Mujer, la Defensoría Penal Pública, el Alto Comisionado de Naciones Unidas para los Refugiados, el Servicio Jesuita a Migrantes y el Programa de Salud Mental para Migrantes y Refugiados de la Universidad Alberto Hurtado, entre otros. Algunos de estos proyectos han incluido financiamiento adicional y el trabajo de la profesora y los ayudantes.

3. Desafíos

La enseñanza clínica de interés público exige el desarrollo de estrategias que sobrepasan el desarrollo de acciones exclusivamente jurídicas y demandan la consideración de elementos tales como estrategias de difusión y de prensa, reuniones de discusión y negociación con autoridades públicas, estrategias de cabildeo y discusión y difusión del trabajo en foros académicos y de la sociedad civil. Estas estrategias requieren el acompañamiento y liderazgo del equipo docente, pero con la presencia de los alumnos, de manera que el proyecto pedagógico nunca deje der ser un objetivo del trabajo.

El trabajo clínico exige un modelo de enseñanza en el que el alumno no recibe respuestas puntuales del equipo docente, sino que encuentra oportunidades para la discusión de las estrategias por desarrollar. Es un esquema en el que se privilegia el desarrollo de pensamiento jurídico propio por sobre el cumplimiento de requisitos formales, razón por la cual se trabaja en la elaboración de escritos en los que los argumentos son prioritarios sobre la forma. El trabajo debe ser mayoritariamente de los alumnos, por lo que deben tener tiempo suficiente para redactar, revisar y pulir sus borradores hasta tener escritos finales.

La enseñanza clínica exige la definición y ejecución de proyectos pedagógicos individuales en los que el alumno y el equipo pedagógico determinan conjuntamente las áreas en las que el alumno necesita desarrollar, profundizar y mejorar sus destrezas y habilidades, y a partir de ello se seleccionan los casos para cada uno. La continua retroalimentación es una condición esencial de este tipo de enseñanza.

Las facultades de derecho deben garantizar la independencia de los programas clínicos de interés público. No se debe permitir que influencias y presiones determinen los casos que se tomen o las estrategias que se desarrollan. De la misma manera, se debe propender por que los profesores clínicos no tengan potenciales conflictos de interés, para lo cual deben buscarse remuneraciones y condiciones de trabajo atractivas.

La posibilidad de enseñar en programas interdisciplinarios o en asociación con programas clínicos de otras disciplinas permite que los alumnos comprendan que el trabajo jurídico se complementa con otras ciencias y disciplinas. Asimismo, permite que aprendan a trabajar de esa forma, entendiendo los fenómenos humanos y sociales en sus complejas dimensiones.

El trabajo clínico de interés público en América Latina tiene grandes potencialidades. La clínica de migrantes y refugiados de la UDP es un ejemplo interesante de un programa que combina interés público y acceso a la asistencia legal.

1.2.7. El puente para superar los obstáculos institucionales
La clínica jurídica del Observatorio de Restitución y Regulación de Derechos de Propiedad Agraria

Ricardo Álvarez Morales*
Rocío del Pilar Peña**

Introducción

El presente escrito tiene como finalidad exponer la manera en la que el Observatorio de Restitución y Regulación de Derechos de Propiedad Agraria encuentra en las clínicas jurídicas un complemento para su agenda investigativa, un escenario para promover la difusión de conocimientos específicos y también una herramienta para refinar las políticas públicas de restitución de tierras.

---

* Abogado y estudiante de Ciencia Política y Gobierno de la Universidad del Rosario. Ha trabajado en temas de litigio estratégico, defensa de derechos colectivos, trabajo con comunidades e investigaciones sobre política exterior latinoamericana. Asesor jurídico de proyectos culturales para jóvenes.

** Abogada de la Universidad del Rosario, especialista en Derecho Tributario y doctora en Derecho de la misma universidad. Docente investigadora de la Universidad del Rosario, coeditora de la Revista Estudios Socio-Jurídicos y directora del Semillero Inclusión Democrática Vía Judicial, que hace parte del Grupo de Investigación de Derecho Público. Ha trabajado en temas de políticas públicas, justicia transicional, mecanismos jurídicos de garantía de Derechos Humanos de la población desplazada en Colombia, negociación y conflicto, entre otros.

En este sentido, inicialmente se hace una breve descripción de qué es el Observatorio y por qué consideró necesario abrir un espacio para la creación de una clínica jurídica. A continuación se hace una descripción de la clínica jurídica del Observatorio y se comentan brevemente sus finalidades y sus retos. En una tercera parte se profundiza en cuáles son las herramientas utilizadas por la clínica jurídica para dar cumplimiento a los fines que permitieron su creación. Posteriormente, se expone el perfil del equipo de trabajo de la clínica y se hace mención del valor agregado que representa para una clínica jurídica contar con equipos interdisciplinarios. Por último, se presentan unas consideraciones finales que pueden entenderse como los retos que afronta la clínica jurídica en busca de su consolidación.

1. El Observatorio de Restitución y Regulación de Derechos de Propiedad Agraria y la necesidad de crear una clínica jurídica como herramienta para contribuir al objeto de estudio del Observatorio

Con el ánimo de crear una red de conocimiento que estudiara los fenómenos de la democracia, la paz y la reconciliación en Colombia, el Departamento Administrativo de Ciencia Tecnología e Innovación (Colciencias) decidió abrir una convocatoria para estudiar proyectos de investigación que tuvieran como objeto de estudio estas líneas de trabajo.

De esta manera, surgió el Observatorio de Restitución y Regulación de Derechos de Propiedad Agraria, como un escenario de participación de cinco universidades del país con un enfoque multidisciplinario, dedicado al seguimiento de las políticas públicas de restitución de tierras. Para ello, se hace necesario estudiar los fenómenos de inequidad rural, los factores de violencia y la capacidad regulatoria del Estado en materia de propiedad agraria, desde perspectivas amplias y comparadas.

En el sitio web oficial del Observatorio se señala que su objetivo principal es el siguiente:

> El Observatorio se propone seguir, apoyar y contribuir teórica y técnicamente a la implementación de los procesos de restitución de tierras contemplados en la Ley de Víctimas 1448 de 10 junio 2011, identificar los mecanismos sociales, políticos e institucionales que

> permitieron el despojo e identificar otros análogos que: a) hagan posible una restitución plena y sostenible, b) contribuyan a propiciar la capacidad regulatoria del Estado con respecto de los derechos de propiedad rural y c) promueven la equidad y la productividad en el campo colombiano. (Observatorio de Restitución y Regulación de Derechos de Propiedad Agraria, 2013)

Para el cumplimiento de esta meta se han diseñado esquemas de trabajo que permiten integrar los conocimientos que otorgan las ciencias jurídicas, la ciencia política, la matemática, la estadística y la economía. Con lo anterior se busca presentar a la opinión pública y a la institucionalidad estatal una reflexión profunda sobre la actual situación de la distribución de los activos agrarios, así como construir indicadores idóneos que orienten el proceso de restitución de tierras.

Igualmente, parte de las obligaciones que el Observatorio contrajo con Colciencias no solo apuntaban a promover la implementación de mejores políticas públicas, sino que también buscaban fortalecer los espacios académicos de trabajo en temas de propiedad agraria y restitución de tierras. De esta manera, se plantea un plan de trabajo transversal que incluye los niveles de pregrado y posgrado.

Como consecuencia de lo anterior, en un primer momento se consideró necesario crear una clínica jurídica que permitiera abordar los problemas que a nivel jurídico se generan en los procesos de restitución de tierras. Lo que se esperaba de este espacio era acudir a las herramientas propias del litigio para atender problemas jurídicos de alto impacto, con la esperanza de realizar contribuciones prácticas al proceso de restitución de tierras.

2. La creación y consolidación de la clínica jurídica del Observatorio

Una vez asumida la necesidad de establecer este espacio, se destinó el recurso humano necesario para que la clínica jurídica empezara a establecer sus líneas de trabajo y gestionara los proyectos necesarios para satisfacer las necesidades percibidas por el equipo investigador del Observatorio.

Con el ánimo de satisfacer la necesidad de vincular estudiantes de pregrado, se consolidó este espacio para aterrizar los conocimientos jurídicos que los estudiantes de derecho han adquirido de manera teórica, para que los pongan en práctica en casos concretos que puedan generar un impacto mayor al generado por los servicios legales convencionales (servicios que se prestan en consultorios jurídicos).

Para tal fin, se acudió al litigio estratégico como principal herramienta de trabajo de las clínicas jurídicas, toda vez que "éste permite direccionar las instituciones democráticas —incluidos los procuradores, defensores del pueblo, jueces ordinarios y tribunales constitucionales— hacia el cumplimiento de la meta de una democratización efectiva de los derechos humanos, en beneficio de toda la sociedad" (Arango Rivadeneira, 2012, p. 110).

En el marco de esta estrategia, se apeló a tácticas de orden estrictamente jurídico (acciones ordinarias, acciones públicas, *amicus curiae*, etcétera), tácticas de orden pedagógico (instrucción jurídica a comunidades vulnerables o jornadas de talleres con funcionarios públicos), tácticas de orden político (participación en espacios políticos como audiencias públicas, intervenciones y conceptos sobre trámites legislativos o alianzas con instituciones para trabajos mancomunados).

La clínica jurídica del Observatorio había logrado establecer las líneas gruesas de su trabajo, su siguiente reto era aterrizar todo este componente teórico en situaciones concretas en las cuales tuviera un margen de acción suficiente para darle el uso correcto a estas herramientas propias del litigio estratégico. Para tal efecto, en un primer momento se consideró que se debía intervenir en tres clases de procesos: el primero, relacionado con la Ley 160 de 1994, como la titulación de baldíos, divisiones, etc. El segundo, relativo a la Ley 1448 de 2011 sobre restitución de tierras. Finalmente, todas aquellas acciones constitucionales que tengan la virtualidad de incidir en los derechos de propiedad agraria (Observatorio de Restitución y Regulación de Derechos de Propiedad Agraria, 2013).

No obstante lo anterior, mientras se definían las líneas de acción para abordar este tipo de procesos, se hizo evidente que el diseño institucional de la Ley 1448 le daba una serie de prerrogativas al Estado a favor de las víctimas en los procesos de restitución. En consecuencia, las víctimas que buscaran ser restituidas a través de servicios jurídicos diferentes a los otorgados por el Estado a través de la Unidad de Restitución de Tierras tendrían que incurrir en ciertos gastos y trámites adicionales que finalmente podrían ir en detrimento de la celeridad del proceso.[1]

Por tal motivo, se consideró necesario pensar en una nueva manera de abordar este tipo de procesos de manera indirecta. Esto quiere decir que la clínica del Observatorio decidió no intervenir en los procesos particulares de restitución de tierras, y en lugar de ello empezó a diseñar estrategias que contribuyan a que este proceso se lleve de mejor manera, o por lo menos que pueda iniciar en las zonas del país en las que aún no ha empezado a funcionar.

3. Las herramientas de la clínica para llevar a cabo su trabajo

Si bien en líneas precedentes se hizo referencia al litigio estratégico como principal herramienta, es necesario precisar el alcance que se le da a este concepto y posteriormente presentar las situaciones concretas en las que la clínica pretende apelar al también llamado litigio de impacto.

En primer lugar, debe destacarse que este tipo de estrategia va mucho más allá de lo que pueda ocurrir en los estrados judiciales, toda vez que se tiene plena conciencia de que los problemas abordados por las clínicas jurídicas son de interés público y, en consecuencia, sus implicaciones son mucho más que consideraciones de tipo legal. En este sentido, se hace imperativo reconocer que estos casos tienen una amplia dimensión política, social, cultural o institucional y, por tal motivo, es necesario tener en cuenta estas aristas para diseñar planes de acción que tengan efectos deseados en estos campos:

> Vale decir que el impacto del litigio no está circunscrito únicamente al éxito de la cuestión judicial individualmente considerada, sino a los efectos transformadores o incidencias significativas que se puedan alcanzar en el Estado, en la sociedad y en la estructura vigente; así las cosas, lo social y lo político desbordan lo netamente procesal. (Red de Defensores de Derechos Humanos de Colombia, 2012)

[1] Muestra de ello es el artículo 89 de la referida ley, el cual establece que en la etapa judicial del proceso se considerarán fidedignas las pruebas provenientes de la Unidad de Restitución de Tierras, mientras que las pruebas aportadas por otro tipo de apoderados entrarán a ser practicadas y controvertidas de manera convencional (Congreso de la Respública de Colombia, 2011).

Es de resaltar que el concepto de litigio estratégico cobró mayor protagonismo en los casos de graves violaciones a los derechos humanos y en los crímenes de lesa humanidad. Se busca que tenga una incidencia directa en la formulación de políticas públicas de protección y promoción de los derechos humanos (Centro de Estudios Legales y Sociales [CELS], 2008). No obstante, se ha reconocido que esta estrategia puede ser útil en casos que no necesariamente atiendan este tipo de violaciones a los derechos humanos, sino que el litigio estratégico puede ser de gran utilidad en los casos de interés público. Es así como se ha llegado a considerar que en los casos de especial atención e interés por parte de la comunidad en los que no haya una aplicación correcta de herramientas legales (o cuando se carezca de estas herramientas) es viable acudir al litigio de impacto (Torres Villarreal, 2013).

Una vez precisado el alcance que puede tener el litigio estratégico, la clínica jurídica del Observatorio procedió a evaluar las situaciones en las cuales encontraba viable proceder de conformidad. Fue así como se decidió que toda actuación de la clínica debería atender tres fases: una primera fase de investigación, una segunda propiamente referida al trabajo jurídico o pedagógico y una final de incidencia. Al momento de exponer el trabajo del recurso humano de la clínica se retomará esta información, a fin de profundizar en los métodos de trabajo en cada una de estas etapas.

Con estas precisiones en cuanto al funcionamiento orgánico de la clínica, y atendiendo a los problemas que surgen para intervenir de manera directa en el proceso de restitución de tierras, se empezó a construir el proyecto *La ruta del despojo al retorno*. Este proyecto pretende elaborar una descripción minuciosa de las instancias institucionales a las que debe acudir una víctima desde el momento en que es despojada hasta la hora del retorno efectivo a su tierra. Con ello se busca identificar los principales cuellos de botella que propician un estancamiento en lo que en líneas generales se considera la etapa previa al proceso de restitución.

A cada cuello de botella corresponde una respuesta concreta. Algunos podrán abordarse desde acciones con efectos *erga omnes*, en tanto que otros deberán atenderse con recursos *inter pares* que tengan la virtualidad de generar debates amplios y públicos que incidan en la opinión de los tomadores de decisiones sobre una situación particular que pueda presentarse de manera reiterada.

En un primer momento se hizo una revisión juiciosa de la Ley 1448 y se tomó la decisión de demandar por inconstitucionalidad su artículo, pues se consideraba que esta norma podía ser un obstáculo para la reparación de las víctimas, en la medida en que dejaba en suspenso la satisfacción del derecho a la reparación que fue reconocido vía sentencia judicial, mientras se atendía una situación patrimonial entre una agencia del Estado y un particular que alegaba tener derechos sobre el predio restituido. Con esta acción se pretendió superar el obstáculo que afecta al universo de víctimas que tienen que afrontar un proceso en el que se presenta un opositor con buena fe exenta de culpa.

Adicionalmente, en el marco de las acciones jurídicas con efectos *erga omnes* se ha considerado solicitar la nulidad de actos administrativos de carácter general que impiden que el proceso de restitución se lleve a cabo con celeridad.

De manera paralela, se han hecho acercamientos con grupos que se encuentran en situaciones concretas para que se inicie el proceso de restitución, pero que por encontrarse obstruido dicho proceso por estos cuellos de botella, no ha podido iniciar. Con estas comunidades lo que se busca es iniciar acciones jurídicas que pongan de presente su caso concreto, pero que puedan llevarse a ciertos niveles de generalización lo suficientemente impactantes como para que se revise la política pública de restitución y se evite que se presenten varios casos particulares con esta situación en común.

Por otra parte, dentro de las actividades de difusión del conocimiento que son promovidas por el Observatorio, la clínica jurídica ocupa con frecuencia un espacio que se destina al acercamiento con la comunidad académica, la ciudadanía en general o población objeto de las políticas públicas de restitución. De este modo, se fortalecen redes de trabajo que garantizan que el trabajo de incidencia se encuentre respaldado por diversos sectores de la sociedad y, asimismo, se puede realizar, de manera concomitante, la labor de pedagogía a la que está llamada la clínica jurídica.

En suma, el trabajo de la clínica consiste en utilizar sus herramientas en el marco de amplias estrategias de comunicación y formación de alianzas que permitan generar espacios de debate que den cuenta de los problemas de diseño institucional en el proceso de restitución de tierras y regulación de derechos de propiedad agraria.

4. El equipo de trabajo de la clínica

Si bien la clínica jurídica es un espacio que por excelencia permite que los estudiantes de derecho aterricen a casos concretos de interés público los conocimientos adquiridos durante sus estudios, la naturaleza propia de los casos y la gama de estrategias que se pueden usar permiten que dentro de estos espacios se dé una colaboración sustancial por parte de estudiantes o profesionales de otras áreas del conocimiento, diferentes a las ciencias jurídicas.

Partiendo de esta premisa, y reforzado ello por el carácter multidisciplinario de Observatorio, la clínica jurídica cuenta con la asesoría y dirección de dos abogados con una amplia trayectoria en derecho constitucional, sistemas de protección de derechos humanos, teoría jurídica y metodologías de la investigación.

En este mismo nivel, el carácter multidisciplinario se manifiesta en la participación de una profesional en psicología, especialista en derecho civil y con magíster en estudios políticos. De esta manera, el nivel directivo de la clínica jurídica cuenta con una visión panorámica lo bastante amplia para abordar los retos que asume la clínica desde perspectivas que atiendan a la complejidad del trabajo.

La instancia de coordinación de los proyectos de la clínica se encuentra a cargo de un abogado con experiencia en litigio estratégico. Este abogado hace estudios de Ciencia Política y sirve como puente entre todas las instancias orgánicas de la clínica; esto es, la coordinación de la clínica se encarga de establecer los escenarios de trabajo entre estudiantes y asesores del nivel directivo y también articula los trabajos investigativos, las estrategias jurídicas y las actuaciones de incidencia.

Finalmente, la clínica acude al apoyo transversal de estudiantes de derecho que tienen una participación activa en el desarrollo de las actividades de este espacio de trabajo. En este aspecto el Observatorio en general, y la clínica en particular, realizan una labor especial de instrucción a los estudiantes de pregrado que participan en la clínica, toda vez que en la actualidad las facultades de derecho no suelen impartir cátedras de derecho agrario y la Ley 1448 aún se encuentra en una etapa de consolidación, motivo por el cual tampoco se cuenta con espacios de instrucción institucional sobre estos particulares.

Teniendo en cuenta esta situación, la selección de estudiantes de pregrado para realizar su trabajo en la clínica apela a criterios como el conocimiento específico de acciones constitucionales, el conocimiento de metodologías de investigación o el estudio de otra ciencia social afín con el trabajo del Observatorio.

En los meses en los que ha venido trabajando la clínica, se ha contado con el apoyo de un politólogo, estudiante de octavo semestre de derecho, quien realiza labores de investigación y seguimiento a los fallos de restitución; asimismo, un estudiante de derecho con especial interés en derecho público, quien resultó de gran ayuda para la elaboración de la acción pública de inconstitucionalidad frente al artículo 100 de la Ley 1448; un historiador y estudiante de séptimo semestre de derecho, quien contribuye en gran medida al diseño de las estrategias de incidencia; finalmente, dos estudiantes de octavo semestre de derecho (con estudios complementarios en filosofía y ciencia política) desarrollan un componente investigativo y de diseño de estrategias jurídicas para el proyecto *la ruta del despojo al retorno*.

La experiencia con los estudiantes ha resultado satisfactoria, en la medida en que estos se han involucrado en las diferentes labores de la clínica y sus aportes han nutrido el trabajo del Observatorio, mientras que por el lado de las instancias de dirección y coordinación de la clínica se realizan jornadas de instrucción con los estudiantes para que adquieran un mayor manejo de los temas objeto de estudio y con el ánimo de preservar el espíritu investigativo en estos asuntos de especial interés público.

Con este recurso humano, la clínica realiza tres tipos de actividades que tienen cierto grado de interdependencia y buscan satisfacer los fines propuestos a Colciencias. En primer lugar, se realizan labores investigativas sobre legislación agraria y jurisprudencia de restitución; eventualmente, otros equipos de trabajo del Observatorio contribuyen con investigaciones de tipo empírico sobre construcción de indicadores de gestión o cualquier otra investigación que pueda contribuir al trabajo de la clínica. En segundo lugar, hay un trabajo que inicialmente es exclusivamente jurídico, pero que puede tener otros alcances o puede requerir la ayuda de otras disciplinas. El diseño y la aplicación de estrategias jurídicas para la superación de obstáculos institucionales es una etapa que apela a acciones con efectos *erga omnes* o *inter pares* con la virtualidad de generar un debate amplio sobre diseños de políticas públicas. Finalmente, la etapa de incidencia realiza las actividades tendientes a fortalecer alianzas estratégicas que permitan trabajar de manera conjunta problemáticas concretas de la restitución de tierras, o bien difundir en medios de comunicación situaciones que se encuentren como problemáticas y que deban ser puestas en consideración de las instancias que toman decisiones al respecto.

5. Los retos de la clínica del Observatorio

Si bien es cierto que nunca sobrarán grupos dedicados a atender casos de interés público y de derechos humanos, el uso eficiente de los recursos humanos y económicos con los que se cuenta es un imperativo para las clínicas jurídicas en el panorama nacional, pues la consolidación de estos proyectos suele pasar por varias dificultades.

Esta realidad ha sido entendida por la clínica del Observatorio y por ese motivo diseña un proyecto de largo aliento que permite satisfacer los fines para los cuáles fue creado; asimismo, cuenta con las instancias necesarias para realizar trabajos importantes más allá del proceso judicial propiamente dicho.

El principal reto de esta clínica jurídica va de la mano del propósito central del Observatorio: generar aportes significativos a la construcción de una política pública de restitución de tierras y asignación de derechos de propiedad sobre activos rurales. Para tal fin existe una agenda investigativa clara por parte del Observatorio, lo que se propone la clínica es tender el puente entre los productos investigativos y las instituciones encargadas de tomar decisiones sobre el particular. Un trabajo constante y acertado va a permitir que estas metas se logren a través del litigio estratégico y de la formación de estudiantes en estos temas.

Bibliografía

Arango Rivadeneira, R. (2012). *Democracia social, un proyecto pendiente.* Ciudad de México: Editorial Fontamarra.

Centro de Estudios Legales y Sociales (CELS) (2008). *International Network for Economic, Social and Cultural Rights.* Recuperado en febrero del 2014, de http://www.escr-net.org/usr_doc/CELS,_La_Lucha_por_el_Derecho.pdf.

Congreso de la Respública de Colombia (2011). *Ley 1448 del 2011, Por la cual se dictan medidas de atención, asistencia y reparación integral a las víctimas del conflicto armado interno y se dictan otras disposiciones.* Bogotá: Diario Oficial.

Observatorio de Restitución y Regulación de Derechos de Propiedad Agraria (2013a). *Observatorio de Restitución y Regulación de Derechos de Propiedad Agraria*. Recuperado de http://www.observatoriodetierras.org/clinica-juridica/.

Observatorio de Restitución y Regulación de Derechos de Propiedad Agraria. (2013b). *Quiénes somos*. Recuperado el 28 de febrero del 2014, de http://www.observatoriodetierras.org/observatorio-quienes-somos/.

Red de Defensores de Derechos Humanos de Colombia (2012). *Litigio estratégico. Aportes a la construcción, para graves violaciones a los derechos humanos y crímenes de lesa humanidad.* Bogotá: DHColombia.

Torres Villarreal, M. L. (2013). Educación legal clínica, trabajo ProBono y litigio estratégico: el diseño de una trilogía para la protección del interés público y social. En B. Londoño Toro, *Litigio estratégico en Colombia. Casos paradigmáticos del Grupo de Acciones Públicas* (pp. 1-17). Bogotá: Editorial Universidad del Rosario.

1.3. Nuevas competencias en la educación legal clínica

1.3.1. Comunidades con derechos

Manuel Francisco Barreto Fonseca*
Rosa Estefanía Peña Lizarazo**
Anamaría Sánchez***

Introducción

El Grupo de Acciones Públicas de la Universidad del Rosario (en adelante GAP o el Grupo) nació en el año 1999 como una clínica jurídica que cuenta con varios estudiantes de último año de Jurisprudencia, una directora general y tres profesores-abogados que se encargan de la supervisión del trabajo de los estudiantes. El GAP está organizado internamente en tres comisiones: la Comisión de Medios y Relaciones Interinstitucionales, la Comisión Pedagógica y la Comisión de Investigación (Torres Villarreal, 2012).

En el desarrollo del modelo de educación legal clínica, el GAP tiene como objetivos principales el asesoramiento jurídico a la comunidad, la pedagogía en derechos y mecanismos de protección de estos, así como la investigación en el área de interés público. De esta forma, los estudiantes del Grupo desarrollan labores investigativas, pedagógicas y de litigio estratégico, en aras de relacionar los conocimientos jurídicos adquiridos durante su carrera con la realidad social de Colombia (e incluso de problemáticas internacionales),

---

* Estudiante de décimo semestre en la Facultad de Jurisprudencia de la Universidad del Rosario, miembro Activo del Grupo de Acciones Públicas (GAP) de esa misma institución.

** Abogada egresada de la Facultad de Jurisprudencia de la Universidad del Rosario, miembro del Grupo de Acciones Públicas (GAP) de la Universidad del Rosario durante el año 2013.

** Estudiante de décimo semestre en la Facultad de Jurisprudencia de la Universidad del Rosario, miembro activo del Grupo de Acciones Públicas (GAP) de la Universidad del Rosario.

para establecer estrategias de litigio en la solución de conflictos presentes en la comunidad (Londoño Toro, 2009).

En consecuencia, la actividad del Grupo gira alrededor de la comunidad, se enfoca en un acompañamiento constante desde diversas perspectivas y en la pedagogía de derechos para lograr un empoderamiento en las comunidades, pues no pretende remplazarlas en el liderazgo con respecto al manejo de sus problemáticas, ni en la búsqueda de soluciones o en la defensa de sus derechos (Torres Villarreal, 2013).

En este sentido, este escrito pretende evidenciar cuál ha sido el aporte y el papel de las comunidades en el desarrollo de las actividades del Grupo, desde la práctica, identificando los rasgos comunes, los aspectos que favorecen las buenas relaciones con la comunidad, así como aquellos que las dificultan. Estos parámetros al final permitirán demostrar la existencia de características comunes en las diversas comunidades y evidenciar la existencia de formas de trabajo con estas, que han sido determinantes a lo largo de la experiencia del Grupo.

En primer lugar, se determinará la estructura del trabajo con las comunidades para analizar paralelamente los beneficios y los retos de este proceso; en consecuencia, se examinarán las diferentes estrategias utilizadas por el Grupo para la superación de dichas barreras. Asimismo, se clasificarán las comunidades con las que ha trabajado el Grupo, a partir de las características comunes que estas presentan, desde la perspectiva de la propia experiencia del Grupo. Finalmente, se determinarán las estrategias de litigio y empoderamiento mayormente adoptadas por el Grupo y la incidencia de estas en las comunidades. En relación con esta estructura, se ejemplificará su aplicación en dos casos emblemáticos que ha manejado el Grupo.

1. ¿Qué entiende el GAP por comunidad?

La Real Academia Española (RAE) define comunidad como el "conjunto de personas vinculadas por características o intereses comunes" (Diccionario de la Real Academia Española [DRAE], 2001). El GAP en su práctica como clínica jurídica ha entendido la comunidad en ese sentido, esto es, como distintos grupos con características similares: vecinos, habitantes de la ciudad, víctimas de los mismos hechos, mismos grupos poblacionales, grupos socioeconómicos, entre otros.

2. Clasificación de las comunidades

Antes de abordar el tema de la clasificación de las comunidades, es necesario resaltar la diferencia que existe entre el concepto de comunidad y el concepto de usuarios. Comunidad se refiere a las personas vinculadas por características o intereses comunes, tal como se definió al inicio de este texto; esta puede verse afectada por los resultados de las diferentes acciones o estrategias adoptadas. Los usuarios, por su parte, son personas con las que se mantiene el contacto directo y permanente, sirven de accionantes y partícipes en los diferentes procesos.

En el trabajo realizado en el interior del GAP, los casos que se llevan siempre tienen como criterio de selección la incidencia sobre el interés público. Así, se pretende asesorar, acompañar y enseñar a comunidades con dificultades en el acceso a la justicia, principalmente. A continuación, se presenta una breve clasificación de estas comunidades, según los casos adoptados por el GAP en sus últimos años de funcionamiento:

a) Según la participación de la comunidad en la asesoría:

1. Comunidad con sólidos intereses: estas comunidades se caracterizan por compartir un sentido de unidad, buscan un mismo fin y pretenden su realización de manera conjunta. El trabajo con este tipo de comunidades es más sencillo, porque se identifican más claramente sus necesidades y los mecanismos que han decidido adoptar y/o apoyar.
2. Comunidades que implican mayores retos: es común que en casos en los cuales se afectan intereses de muchas personas, existan comunidades divididas que persigan intereses diversos sobre un mismo caso. En este sentido, dentro de una misma comunidad hay quienes desean utilizar estrategias diversas o donde no hay acuerdos con respecto a los intereses que se pretende proteger, entre otras situaciones. En ese sentido, el Grupo ha establecido que las medidas que se adopten con relación a este tipo de comunidades, serán siempre aquellas que protejan el interés público, delimitándose de esta manera el grupo con el que se va a trabajar, para no entrar a acompañar la protección de intereses particulares.

b) Según las características y los rasgos de la comunidad: en general, son personas que encuentran dificultades para acceder a la justicia, o bien grupos de especial protección:

1. Grupos étnicos: para la protección de los derechos humanos que tienen como personas, así como de los derechos que tienen como comunidades de especial protección constitucional, estas comunidades acuden a la clínica para asesorarse y buscar soluciones a los incontables conflictos que deben enfrentar alrededor de sus derechos, como son la protección del medio ambiente y la consulta previa.
2. Comunidades urbanas: teniendo en cuenta que el GAP ha tenido un énfasis en la protección de derechos colectivos, las comunidades que acuden frecuentemente al Grupo son comunidades afectadas por un hecho que amenaza sus derechos como comunidad. De esta forma, las comunidades urbanas, entendidas como colectivos ciudadanos de una misma localidad o sector territorial, han acudido al Grupo en busca de asesoramiento para la protección del área en donde viven o se desarrollan.
3. Adultos mayores: el GAP ha tenido un fuerte impacto en la comunidad de adultos mayores de la ciudad de Bogotá, en el asesoramiento de estrategias jurídicas para la protección de esta comunidad en situación de vulnerabilidad y, sobre todo, en la pedagogía jurídica de esta población.

3. Estrategias de litigio más comunes

El GAP se ha caracterizado por utilizar diversas estrategias para la solución de problemáticas de interés público. En esta medida, se ha entendido que los conflictos no solo se derivan del desconocimiento de mecanismos judiciales, y así se han establecido diversas estrategias para combatir tanto la raíz de los conflictos como el problema jurídico. En este sentido, el ejercicio combinado de estas técnicas resulta ser una solución integral a las problemáticas de las comunidades que acuden al Grupo. A continuación se presenta una clasificación de estas estrategias desarrolladas a través del ejercicio del GAP.

1. Estrategias jurídicas: se refieren a la interposición de acciones judiciales en un caso en concreto, teniendo en cuenta todo el catálogo de mecanismos que ofrece el ordenamiento jurídico, haciendo un análisis de cuál acción se ajusta más a las necesidades de la comunidad. Las estrategias jurídicas más destacadas en el trabajo del GAP con comunidades son las acciones populares y las coadyuvancias que se pueden realizar en estas últimas.
2. Estrategias pedagógicas: el GAP ha venido implementando una estrategia pedagógica, basada en los talleres de formación en acciones constitucionales. Estos talleres se hacen por solicitud de las comunidades y, por lo general, cuando existe un caso determinado se realizan varios de estos como una estrategia preliminar y paralela. Los talleres de formación han sido de dos clases: unos orientados a la formación en acciones constitucionales y en las diferentes formas de intervención antes las entidades del Estado, como parte de la capacitación general a las comunidades, y otros también orientados hacia la formación, pero enfocados sobre todo a la defensa en casos específicos (Londoño Toro, 2009).
3. Combinación de estrategias.

4. Estructura del trabajo del GAP con las comunidades

El desarrollo de este esquema surge a partir de la experiencia del GAP en la interacción con las comunidades, de manera que ha sido un proceso evolutivo, en cuanto se acomoda a las necesidades de cada caso y a la experiencia enriquecedora con las comunidades en la actividad del Grupo.

Para empezar, es necesario reconocer que el trabajo del GAP se enfoca en principio al acompañamiento a las comunidades en la solución de un conflicto relacionado con sus derechos humanos; sin embargo, también se adoptan casos emblemáticos en los cuales la iniciativa es del Grupo y no de la comunidad.

Como primer acercamiento entre el Grupo y la comunidad tiene lugar lo que denominamos *la Reunión de Recepción del Caso* (RRC), que se desarrolla en una modalidad colectiva de admisión del caso. Esta reunión es un espacio para debatir las cuestiones que surjan a partir de la presentación del caso, de manera directa con los interesados. De esta forma, la RRC trae beneficios para ambas partes: por un lado, el Grupo tiene la posibilidad de entender los hechos desde la perspectiva de la comunidad y puede determinar las fortalezas del caso y las características de la comunidad para la realización de la ficha de viabilidad y el posterior seguimiento del caso. Por otro lado, la RRC permite a la comunidad conocer directamente a los miembros de la Clínica e identificar las reglas de trabajo dentro del GAP. Después de esta reunión, se surte el estudio de viabilidad a partir de unos parámetros establecidos por la Clínica y luego se toma la decisión de admitir o no el caso.

Posteriormente, un segundo espacio de interacción con la comunidad es el *Taller de Socialización de la Estrategia de Litigio* (TSEL), donde se establece cuáles serán las estrategias idóneas para la solución del conflicto. El propósito de estas reuniones es establecer de manera conjunta qué acciones judiciales o administrativas se interpondrán y a la vez generar un fortalecimiento de la estrategia escogida. Hay diferentes modalidades de talleres, dependiendo de la participación activa de la comunidad. Una primera categoría sería el taller informativo, donde la participación de la comunidad es muy baja, por lo que el GAP presenta las estrategias evaluadas internamente que se consideraron más eficaces y oportunas y la comunidad adopta un papel únicamente receptivo.

Por otro lado, también existen TSEL donde el papel de la comunidad es muy activo y las personas que la representan se empoderan de la situación, reforzando las estrategias, no mediante un cambio total de la propuesta presentada por el Grupo, sino a través de sugerencias de cambios, por ejemplo en las pretensiones, ya que es la comunidad la que mejor conoce de sus necesidades.

En la elección de las estrategias, en varias oportunidades el Grupo ha decidido, en primer lugar, asesorar a la comunidad en la interposición de la acción correspondiente; sin embargo, debido al impacto que puede tener el trabajo conjunto con el GAP, es posible optar, en un segundo momento, por la realización de una coadyuvancia, en aras de fortalecer las propuestas acordadas originalmente con la comunidad. Es relevante aclarar que como resultado de los talleres (TSEL) no se concluye siempre la necesidad de realizar una coadyuvancia por parte del Grupo, siendo en muchas ocasiones una posibilidad la iniciativa de esta por los miembros de la comunidad, debido a que guardan una relación directa que con los intereses colectivos del conglomerado. Tal alternativa se evidenció en el caso Ciudadanía de Oro (Torres Villarreal 2013), cuyo análisis se presentará posteriormente.

Las mencionadas coadyuvancias se llevan cabo en un ámbito pedagógico, donde el GAP enseña a la comunidad el uso de las diferentes herramientas jurídicas a su disposición para la resolución del conflicto.

Una vez adoptadas las estrategias que se van a realizar, se inicia el proceso judicial o administrativo, mediante la interposición de la acción correspondiente o el desarrollo de las actividades establecidas. Durante este periodo, el GAP tiene una comunicación constante con la comunidad, con el fin de actualizarla con respecto al desarrollo del proceso, y en lo posible para establecer la forma en la cual se implementarán las estrategias o se crearán nuevas para el desarrollo del caso. Esta comunicación tiene las características de ser permanente y bilateral, en el entendido de que se desarrolla constantemente entre la interposición de la acción o el inicio de la estrategia definida y la decisión judicial o el resultado que se persiga, y por otro lado, porque la comunicación no está limitada a que el Grupo informe a la comunidad, sino que esta última tiene un papel activo, pudiendo comunicar nuevos hechos o nuevas cuestiones relevantes al caso.

En este intervalo se presentan varias oportunidades de aprendizaje en el trabajo con la comunidad, ya que la comunicación depende en principio del desarrollo del proceso en las instancias judiciales o administrativas, por lo que en algunas ocasiones el constante contacto con la comunidad implica un reto. Las diferentes vicisitudes presentes en la administración de justicia, tanto judicial como administrativa, se han contrarrestado a través del desarrollo de estrategias de comunicación creativas que incluyen, no solo una mínima comunicación telefónica, sino además el desarrollo de espacios para el contacto directo y presencial con la comunidad, como reuniones semanales o visitas de campo.

Otra dificultad originada en este momento del proceso, es la ausencia de un líder claro de la comunidad, ya que ello permite que la información que brinde el Grupo no sea conocida por toda la comunidad, sino únicamente por uno de sus integrantes, perdiéndose de esta manera la coordinación del caso. Así, el usuario al ser un colectivo requiere una estructura clara, con un vocero que garantice la comunicación entre el Grupo y la comunidad, para que las decisiones que surjan sean conocidas por todos los afectados directos.

Teniendo en cuenta lo anterior, el GAP ha desarrollado estrategias creativas para hacer conocer a la comunidad la decisión, haciendo uso sus diferentes espacios de participación, como la comunicación con personeros municipales, con mesas comunales, veedurías ciudadanas, juntas de acción comunal, concejos comunitarios e incluso emisoras comunitarias, iglesias y escuelas que permiten una comunicación amplia a las personas de la comunidad interesadas.

Asimismo, se puede presentar falta de comunicación con las comunidades, que no se deriva únicamente de la ausencia de líderes, sino por ejemplo de la falta de interés por parte de la comunidad. Estas situaciones el GAP las ha enfrentado teniendo en cuenta las características de la comunidad y las particularidades del caso, y para ello se ha valido de herramientas como el desarrollo de boletines o estrategias ante diferentes medios de comunicación que puedan llegar a las comunidades. Sin embargo, la ausencia de interés por parte de la comunidad no debe entenderse como una responsabilidad única del Grupo, porque al ser un espacio de comunicación bilateral, es también un deber de la comunidad. Así, cuando la comunidad abandona el seguimiento del caso, desatendiendo el empoderamiento de sus derechos tal como la clínica lo ha pretendido, el Grupo decide no continuar con este, de no haberse iniciado la acción, o asume una posición dirigida a una asesoría o a un manejo discreto y concreto.

Adicionalmente, existen dos retos en el trabajo con la comunidad que requieren ser abordados debido a la gravedad que representan. El primero se refiere a los casos en los cuales la comunidad se encuentra lejos de la sede del Grupo y por ende el contacto con ella puede llegar a resultar muy esporádico. Dicha situación no es la idónea, toda vez que el GAP se caracteriza por trabajar con las comunidades y no para las comunidades, siendo indispensable lograr su participación activa y la comunicación directa con respecto a ellas. El segundo reto se genera cuando las acciones judiciales o administrativas deben presentarse ante una autoridad con sede externa a Bogotá —circunstancia común en cuanto el GAP se caracteriza por asesorar casos de interés público en toda Colombia— y resulta indispensable la colaboración de los miembros de la comunidad en el seguimiento procesal de los casos y por consiguiente la comunicación constante y directa con el Grupo.

Por último, dentro de la estructura del trabajo, en el caso de haber adoptado una estrategia judicial orientada a la interposición de una acción jurídica, se realiza un taller de socialización de la decisión judicial (TSDJ) con las comunidades, en el cual se hace un ejercicio de traducción al lenguaje cotidiano de las consecuencias de la decisión tomada con respecto al caso, teniendo en cuenta las características típicas de cada comunidad, facilitándose así el entendimiento de los términos jurídicos que contenga el fallo. Su importancia radica en que es un espacio donde se aclara cuál fue la decisión tomada por la respectiva autoridad, para entender el impacto de la aplicación del fallo y evitar así que se generen falsas expectativas dentro de la comunidad. En esta reunión se muestra a la comunidad no solo el contenido del fallo, sino también las posibilidades de refutarlo en el caso de que sea necesario o las condiciones de espacio y tiempo para la realización y exigencia de la decisión.

Para evidenciar lo anterior con un ejemplo, este es un espacio fundamental en los casos en los cuales la estrategia de litigio adoptada fue la interposición de una acción jurídica como la acción popular, pues una vez se haya proferido el fallo, en este el TSDJ puede aclarar cómo va a ser el funcionamiento y la participación de la comunidad dentro del Comité de Verificación y Seguimiento, como figura ejecutora de los fallos de acciones populares en el marco del ordenamiento colombiano.

En conclusión, en las asesorías prestadas por el GAP, el trabajo con las comunidades abarca desde la presentación del caso por parte de la comunidad hasta la ejecución de la decisión tomada por las autoridades en el caso de las estrategias de litigio jurídicas. Asimismo, con respecto a las estrategias pedagógicas o mixtas, implica el desarrollo de actividades informativas para hacer que las comunidades conozcan los derechos de los cuales son titulares y los mecanismos con los cuales cuentan para protegerlos.

5. Exposición de casos

Debido a que este escrito tiene por objeto exponer las distintas experiencias en los casos llevados a través de la educación legal clínica, haciendo énfasis en el tema de la comunidad como su aspecto fundamental, abordamos dos ejemplos que evidencian los elementos relevantes de las comunidades.

5.1. Caso Ciudadanía de Oro

Para empezar se expone un caso exitoso denominado "Ciudadanía de Oro". Se trata de un caso en el cual se han visto los frutos positivos con respecto a las estrategias adoptadas, tanto las pedagógicas como las jurídicas.

Este caso llegó al GAP en el año 2009, en un contexto en el cual se reconocía que Colombia vivía una grave vulneración de derechos de los adultos mayores, dado el incumplimiento constante y reiterado de las leyes que existen en el ordenamiento jurídico cuyo objeto es la protección de tales derechos. Teniendo en cuenta lo anterior, se tomó la decisión de interponer una acción popular en contra de la Presidencia de la República, el Ministerio de Salud y Protección Social y la Registraduría Nacional del Estado Civil, entre otros, solicitando la protección de los derechos colectivos al acceso eficiente y preferencial a servicios públicos, transporte, salud, cultura, recreación y turismo, acceso eficiente a servicios financieros y al efectivo cumplimiento de leyes que los protegen y otorgan un trato preferencial. En esta acción se solicitaba oficiar a las entidades demandadas, ordenándoles dar cumplimiento a las normas que protegen a esta población de especial protección.

Posteriormente, en los años 2010, 2011 y 2012 la comunidad presentó coadyuvancias —en un ejercicio que se explicará posteriormente—, con el fin de dar impulso al proceso, en las cuales se recordaba la importancia de los derechos protegidos por las leyes en mención y la necesidad de proteger efectivamente a esta población, ya que de acuerdo con cifras y estadísticas mostradas en esos documentos, muchos de los adultos mayores del país sufrían (y siguen sufriendo) graves vulneraciones.

En marzo del 2013, el Juzgado 18 Administrativo dictó sentencia con respecto a la acción popular interpuesta, exhortando, mas no ordenando, a las entidades demandadas a cumplir con las obligaciones que se dictan en las leyes mencionadas. Para el GAP el fallo no fue muy afortunado, puesto que si bien la juez reconoció que las leyes no se estaban cumpliendo, afirmó también que así era la realidad de nuestro país, negando la existencia de una vulneración de derechos colectivos y limitándose a pedir a las instituciones hacer algo al respecto.

Como era de esperarse, ante la existencia de un fallo nugatorio como el de primera instancia, se interpuso de forma oportuna el recurso de apelación, donde, en consecuencia, el Tribunal Administrativo de Cundinamarca decidió amparar el derecho colectivo al acceso a los servicios públicos y a que su prestación sea eficiente y oportuna, para lo cual ordenó al Gobierno Nacional que expidiera el marco reglamentario bajo el cual se desarrolle el programa "Colombiano y Colombiana de Oro". De igual forma, en esta sentencia se instó a que las entidades accionadas continuarán tomando las medidas pertinentes que permitieran la garantía, seguridad y eficiencia de la prestación de los servicios públicos propios de cada una a la población adulta mayor del país, en los términos consagrados en el marco normativo, ordenando por último la conformación del Comité de Verificación, el cual busca que se dé un efectivo cumplimiento de las órdenes dadas en la sentencia, y del cual el GAP hace parte.

5.1.1. Comunidad

Sobre este aspecto es necesario tener en cuenta que en este caso existen dos tipos de comunidades: una comunidad objeto de la acción popular y otra mucho más pequeña con la cual se ha implementado de forma directa la estrategia pedagógica.

La comunidad objeto de la acción está definida por la Ley 1091 del 2006, la cual establece que se entenderá como Colombiano de Oro, aquel colombiano mayor de 65 años, residente en el país y debidamente acreditado. Esta comunidad se ve beneficiada directamente de la sentencia de la acción, por cuanto la implementación del programa "Colombiano y Colombiana de Oro" se hará a nivel nacional a todas las personas que cumplan con los requerimientos mencionados.

Por otro lado, la comunidad con la cual se han implementado las distintas estrategias pedagógicas corresponde a pequeños grupos de adultos mayores residentes en la ciudad de Bogotá, que si bien son parte de la comunidad objeto de la acción, no se refiere al total del grupo poblacional. En esta comunidad, si bien siempre se ha caracterizado por estar dentro de rangos de edad parecidos, sus miembros pertenecen a distintos sectores socioeconómicos.

5.1.2. Estrategia pedagógica con la comunidad

- Taller sobre derechos humanos, derechos colectivos y servicios públicos básicos con la comunidad, realizado en mayo del 2011: en este espacio se expusieron, por parte de la comunidad, las necesidades y expectativas en lo referente a las temáticas analizadas. Asimismo, se planteó a las personas involucradas la estrategia jurídica planeada para asumir el caso, la cual fue avalada por la comunidad.
- Taller sobre derechos humanos, derechos colectivos y servicios públicos básicos con la comunidad, realizado en noviembre del 2013: se llevó a cabo en el barrio Los Andes en Bogotá y tuvo por fin

explicarle a la comunidad acerca de los derechos fundamentales y de los derechos colectivos, hacer una exposición de los mecanismos judiciales y no judiciales con los que cuenta y por último narrar lo relevante acerca del caso de Ciudadanía de Oro.

- Taller de Socialización de la Decisión Judicial: tanto el fallo de primera instancia como el de segunda instancia se socializaron con la comunidad beneficiaria del Centro de Desarrollo Comunitario de Lourdes. Allí se explicó a los asistentes lo sucedido en las instancias judiciales y las consecuencias prácticas del fallo proferido por el Tribunal.

5.1.3. Mecanismos de acercamiento con la comunidad

- Día del Adulto Mayor: celebrado el 19 de septiembre del 2012, con la colaboración de todos los miembros del GAP, con el objetivo de vincular a los adultos mayores como protagonistas de las actuaciones que como Grupo se realizan a través de la realización de coadyuvancias a la acción popular presentada.
- Acompañamiento en marcha: algunos grupos de dinamizadores y los mismos adultos mayores invitaron al Grupo a participar en una marcha el 21 de junio del 2012. En esta se reunieron en el parque de Las Nieves más de quinientas personas, en su gran mayoría adultos mayores, así como integrantes de consejos locales, distritales, líderes comunitarios, pensionados e incluso estudiantes y niños, con el fin de hacer una marcha para manifestar las necesidades con las que la comunidad de la tercera edad vive a diario y tratar de generar una mayor conciencia sobre el tema.
- Foro sobre la tercera edad y los adultos mayores: en colaboración con el Distrito, la Universidad del Rosario e instituciones privadas, en el cual se expuso el caso y los resultados de la acción popular y sus consecuencias prácticas.
- Acciones políticas: acercamiento con la Personería Distrital de Cartagena, lo que permitió el desarrollo de estrategias sociales, especialmente para la realización de un taller pedagógico en la comunidad.

5.1.4. Factores por resaltar

- Se facilita el contacto directo con las comunidades de adultos mayores de Bogotá.
- Existen varios grupos de dinamizadores en las localidades y en los barrios, lo que facilita la organización de eventos y el contacto permanente.
- Es una comunidad activa en la lucha por la protección de sus derechos.

5.1.5. Vicisitudes en el trabajo con la comunidad

- No se puede tener acceso a todos los miembros que hacen parte de la comunidad.
- Ausencia de líderes que abarquen a un número considerable de miembros de la comunidad.
- Falta de continuidad en las capacitaciones.
- Es una comunidad que requiere una garantía efectiva de sus derechos, con la cual no cuenta en la actualidad.

5.1.6. Retos y forma de resolución de estos

La comunidad de adultos mayores se caracteriza por la desconfianza y la incredulidad con respecto a la efectividad de las políticas públicas o de las ayudas desinteresadas.

En relación con este punto, el GAP utilizó los talleres pedagógicos y el acompañamiento continuo, dentro de las posibilidades para permitir que estas personas recuperen la confianza en el Estado y su efectividad. De igual forma, con la obtención de resultados positivos en la acción incoada y una explicación clara y concisa de sus implicaciones prácticas, se busca mantener el interés y participación de la comunidad. Se espera que este resultado sea solo el primero de muchos que se den con esta comunidad.

5.2. Caso Pórtico de San Rafael

En ocasiones en el marco de la oferta de proyectos de Vivienda de Interés Social (VIS), se presenta un gran desequilibrio entre las constructoras y los compradores, en virtud de la situación socioeconómica de los destinatarios, lo que ocasiona un abuso por parte de las empresas de construcción, evidenciado en el incumplimiento con respecto a la calidad, la idoneidad y la seguridad de los inmuebles entregados.

En el año 2006, Boyca Construcciones y Viviendas Ltda., dio inicio a la venta de casas sobre planos en el proyecto VIS "Conjunto Residencial Pórtico de San Rafael", ubicado en un sector de la ciudad de Bogotá con condiciones económicas y sociales bastante limitadas. De acuerdo con la publicidad realizada, como parte del proyecto se ofrecían varios espacios recreacionales como jardín infantil, parque infantil, teatrino, muro de escalar, rampa de monopatín, oratorio y asador, entre otros.

A la fecha, ya entregadas las viviendas, ninguna de tales adecuaciones estructurales se ha entregado de manera satisfactoria, no se ha llevado a cabo el cerramiento del conjunto y existen múltiples riesgos a la seguridad, por causa de la indebida canalización de las aguas lluvias, la falta de senderos peatonales, filtraciones de humedad e inestabilidad de los muros de las construcciones contiguas, solo por resaltar algunas de las problemáticas más relevantes.

En razón de lo expuesto, la estrategia adoptada por el GAP en el año 2011 consistió en incoar una acción popular solicitando la protección de los derechos colectivos de los consumidores y usuarios a la realización de construcciones y desarrollos urbanos que respeten las disposiciones jurídicas, de manera ordenada y dando prevalencia al beneficio de la calidad de vida de los habitantes, así como el derecho a la seguridad y prevención de desastres previsibles técnicamente. Actualmente el proceso se encuentra a la espera de la apertura de la etapa probatoria.

5.2.1. Comunidad

Resulta importante aclarar que la comunidad, conformada por 960 personas y distribuida en 240 viviendas, se encuentra dividida en dos grupos. Una parte importante de la población respalda el actuar de Boyca Construcciones y Viviendas Ltda., aunque no ha sido posible conocer la razón de su apoyo, en tanto que otro grupo de residentes manifiesta estar de acuerdo con la estrategia de interponer una acción popular.

5.2.2. Estrategia pedagógica con la comunidad

Se han llevado a cabo tres talleres con la comunidad, a fin de socializar con los residentes los mecanismos de protección de los derechos colectivos vulnerados por la Firma Constructora.

- El primero fue desarrollado en el año 2011, como reunión exploratoria o de recepción del caso. Tuvo por objeto lograr un primer contacto con la comunidad, establecer los derechos vulnerados y entender la posición de los residentes con relación a las situaciones de las que son víctimas o amenazan con serlo, en aras de prever el mecanismo de protección más idóneo en el caso concreto.
- En segundo lugar, se llevó a cabo otro taller en septiembre del 2013, con el fin de socializar el alcance de la acción popular como estrategia jurídica viable con respecto a la vulneración de los derechos colectivos de los habitantes de la copropiedad. Sin embargo, como consecuencia de este ejercicio, surgió la división de la comunidad entre quienes apoyaban la idoneidad de la acción popular y quienes se oponían a esta.
- El tercer taller fue efectuado en marzo del 2013, buscando aminorar las tensiones entre los dos sectores en conflicto. Consistió en exponer a los residentes el impacto de la acción popular como una alternativa para evitar la consumación del riesgo generado por el estado de las construcciones, el manejo de las aguas lluvias, la cercanía de los postes de energía a las viviendas, entre otras circunstancias.

5.2.3. Mecanismos de acercamiento con la comunidad

En el año 2014 se visitó el Conjunto Residencial para conocer el estado actual de los riesgos que presentaban las construcciones; se tomaron fotografías de cada una de las viviendas y zonas comunes que presentan problemas de agrietamiento, filtración de agua, inundaciones y cercanía a postes de energía.

5.2.4. Factores por resaltar

- Existen líderes muy activos que previamente al conocimiento del caso por parte del GAP, habían radicado múltiples derechos de petición ante las entidades competentes y que una vez interpuesta la acción popular han estado prestos a cooperar en todos los documentos solicitados y a servir de puente de comunicación entre las actuaciones realizadas en el marco del proceso judicial por el Grupo y la comunidad.

- El sector de la comunidad que respalda la acción popular ha estado atento a comunicar sus preocupaciones y ha permitido el ingreso a las viviendas y la toma de fotografías que servirán en la etapa probatoria del proceso.

5.2.5. Vicisitudes en el trabajo con la comunidad

- No existe un respaldo unánime de los residentes a la acción popular, debido al apoyo de un sector a la firma constructora.
- Ha existido una ruptura en el liderazgo por el cambio en la administración del conjunto.

5.2.6. Retos y oportunidades

Los residentes del conjunto residencial Pórtico de San Rafael son una comunidad de escasos recursos que habita un barrio caracterizado por la inseguridad y la violencia. Este contexto representa un reto en la aproximación a la comunidad. Sin embargo, ello se ha logrado sobrellevar a través de los talleres pedagógicos desarrollados por los miembros del GAP, donde se ha logrado el respaldo de una parte de la comunidad a la acción popular.

Asimismo, si bien parte de los residentes no apoyan el proceso judicial que se lleva a cabo, el contacto directo con la comunidad se ha conservado a través de sus líderes, al dirigirse a la totalidad de los miembros de la copropiedad. Ello evidencia el compromiso que asume el GAP en defensa del interés público, con independencia de las posturas divergentes en el interior del conjunto.

Conclusiones

Es menester hacer énfasis en la importancia de la existencia de la comunidad, al buscarse su protagonismo en los casos, pero no basta con ello; es necesario que exista un contacto directo, propósito para el cual se requiere el desarrollo de diferentes mecanismos de acercamiento, como medida necesaria para afrontar los diferentes retos que implica el trabajo con comunidades.

Asimismo, las estrategias por implementarse dependen en su totalidad de las comunidades con las cuales se trabaja, en cuanto aspectos como la participación en la asesoría, que varía con la solidez o diversidad de intereses, o las características y rasgos, sujetas a la interacción con grupos étnicos, comunidades de adultos mayores o urbanas, son directrices que permiten determinar las alternativas más idóneas de empoderamiento de la comunidad para la satisfacción de sus necesidades y la defensa de sus derechos.

Bibliografía

Diccionario de la Real Academia Española (2001).

Londoño Toro, B. (2009). *Educación legal Clínica y defensa de los derechos humanos: Casos paradigmáticos del Grupo de Acciones Públicas.* Bogotá: Editorial Universidad del Rosario.

Torres Villarreal, M. L. (2013). La enseñanza clínica del derecho: una forma de educación para el cambio social la experiencia del grupo de acciones públicas de la Universidad del Rosario. *Revista Facultad de Derecho y Ciencias Políticas, 43* (119), 705-734.

1.3.2. Clínicas jurídicas: una alternativa posible para una educación emancipadora

Tamara Luisina Mascareño Varas*

La ignorancia no es necesariamente un punto de partida,
puede ser un punto de llegada, el des-aprendizaje
en un proceso de aprendizaje reciproco

(Sousa Santos y Meneses, *Epistemologias do sul*, 2010)

Introducción

Uno de los temas que actualmente más preocupan a la sociedad es la famosa "crisis de la justicia y del derecho". Entendemos por crisis una etapa de cambios, un periodo vertiginoso, donde es necesario un cambio, en general, de una estructura que en consecuencia derivará en el cambio de la realidad afectada, desde un punto de vista positivo en una evolución de ella.

Es evidente que la sociedad en la que vivimos pasa por una etapa de inconformidad, donde la justicia no es eficaz para resolver los conflictos que se le plantean, reina la incredibilidad social y la corrupción es moneda corriente; sin embargo, como dice Sousa Santos, necesitamos de eso, una sociedad inconforme que tenga voluntad de luchar y formar una sociedad mejor (Sousa Santos, s.f.).

---

* Abogada egresada de la Universidad Nacional de Catamarca, Argentina. Estudiante de doctorado "Direito, justica e cidadania no século xxi" en la Universidad de Coimbra, Portugal. Estudia las clínicas jurídicas como tema de tesis doctoral.

Entonces, haciendo un análisis positivo de esta situación, podemos arriesgarnos y decir que tanto el derecho como la justicia están en un proceso de evolución, un proceso de elaboración de alternativas. Una alternativa podría ser partir de la base de esas instituciones, de conceptos, teorías y, por qué no, crear metodologías alternativas que se adecúen a las nuevas exigencias de la sociedad. Hasta ahora el mundo que conocemos en el plano jurídico es la visión positivista del derecho, y el paradigma que gobierna es el formalismo jurídico, lo que nos lleva a concebir al derecho como un todo hermenéutico, ordenado y único.

Esta concepción tradicionalista del derecho es la que fracasa hoy en día, es la que no da respuesta a las necesidades sociales, es la que necesita de cambios, y creo que es a donde debemos dirigirnos, es decir, a la raíz, que en nuestro caso sería la enseñanza del derecho. Si no educamos abogados orientados a la justicia social, cómo queremos que después ello acontezca. Tenemos que sembrar lo que queremos cosechar.

Si queremos una sociedad más participativa, si queremos abogados más preocupados por las necesidades sociales, si queremos mayor acceso a la justicia, tenemos que trabajar para ello. Una de las metodologías en las cuales deposito toda mi confianza, y creo profundamente que puede ser una alternativa progresista para el momento de crisis que vivimos, es el método clínico.

1. Desarrollo

1.1. Método clínico

Las clínicas jurídicas son un método alternativo de enseñanza del derecho que interrelaciona la práctica con la teoría, su objetivo es que los estudiantes de derecho aprendan trabajando con casos particulares, sean reales o simulados, aplicando y reflexionando sobre la normativa y la doctrina estudiadas.

Las clínicas surgen como laboratorios de reflexión sobre la práctica legal y, como procesos pedagógicos innovadores, constituyen un nuevo tipo de educación que permite a los estudiantes de derecho "conectarse" con la realidad y con el contexto que los rodea, creando así un verdadero entrenamiento académico, reflexivo y crítico.

Desde mi punto de vista, las clínicas jurídicas tienen por objetivo dos grandes resultados: por un lado, enseñar a los estudiantes de derecho destrezas y habilidades tanto prácticas como críticas y analíticas, que les permitan desenvolverse en la profesión orientados hacia el principio de la justicia social. En resumen, la finalidad es crear en el estudiante de derecho conciencia jurídico-social. Por otro lado, las clínicas jurídicas también benefician a la sociedad permitiendo un mayor acceso a la justicia por parte de los sectores vulnerables, ya sea mediante acción directa —presentación de acciones o judiciales— o través de mecanismos de concientización jurídica.

Estas clínicas jurídicas se estructuran como un verdadero estudio jurídico, con un director a cargo y varios abogados y profesores que actúan como facilitadores y supervisores del trabajo de los estudiantes. Pueden estar orientadas hacia diferentes áreas; por ejemplo: derecho ambiental, derecho público, derecho penal, e inclusive algunas se dedican a áreas mucho más específicas como el derecho de acceso a la información pública.

Muchas de estas clínicas pueden trabajar dentro de las facultades de derecho de las universidades que las acojan, o bien pueden interactuar con otros órganos como centros de investigación, organizaciones no gubernamentales (ONG) y otras entidades sin ánimo de lucro que propendan por esos fines.

1.2. Modalidades del método clínico

Existen distintas formas de acuerdo con las cuales este método clínico puede plasmarse en la realidad. Primero, debemos distinguir si se trata de acciones llevadas a cabo dentro de la estructura universitaria o fuera de ella. Si bien existen casos de clínicas jurídicas sin vinculación con la universidad, en este capítulo haremos hincapié en las que sí son parte del aparato universitario.

A su vez, estas clínicas pueden basar sus trabajos en casos reales, casos ficticios, o puede tratarse de pasantías en organizaciones gubernamentales o no gubernamentales. Naturalmente, el método va a depender de las condiciones económicas, políticas, académicas, culturales y sociales del lugar donde la clínica se asiente.

1.2.1. Método clínico basado en casos simulados

En general, las clínicas jurídicas funcionan dentro de la estructura física de la universidad, básicamente en las aulas. Las más de las veces, en estas clases el profesor provee material de lectura o clases de cómo realizar una tarea específica. Después se presenta un problema y cada alumno debe asumir un papel, con las obligaciones y actividades que ello implique. Al final, el profesor evalúa cuáles fueron las cualidades o las debilidades de cada estudiante y ayuda a fortalecerlas.

En esta modalidad los estudiantes se familiarizan con situaciones que los abogados viven constantemente en la práctica, como por ejemplo cómo realizar un alegato, una mediación, un arbitraje, una apelación, una entrevista de testigos, una entrevista de clientes, etc.

La ventaja de este método es que al tratarse de problemas ficticios, no pueden derivarse daños a terceros y los profesores pueden tener un mayor control en el aprendizaje de los alumnos, ya que se trata de un contenido predeterminado.

En algunos países, como por ejemplo Polonia, el uso de casos simulados es muy común, dada la imposibilidad de los estudiantes de derecho de estar frente a la corte. Estas clínicas de casos son muy útiles también porque le permiten al estudiante tener un vasto conocimiento de lo que es un proceso. Mientras que un caso real demora años para ser resuelto en una corte, un caso simulado se resuelve dentro del semestre que dura la materia de clínica jurídica.

Los estudiantes generalmente se dividen en grupos: unos son los jueces, otros los demandantes y otros el Ministerio Público, y cada grupo analiza el caso y las estrategias posibles desde su perspectiva. Además, en estos grupos existe diversidad de valores, creencias y vivencias, lo que permite que la discusión sea aún más rica.

Algunas de las desventajas que podemos mencionar, es que estos casos ficticios son creados por profesores y por lo tanto siempre van a ser orientados en el sentido que cada profesor elija. Mientras que en los casos reales los caminos son impredecibles, ya que nunca podemos imaginar cuándo se va a presentar un caso, ni de qué manera.

Igualmente, al ser casos simulados, los estudiantes no se involucran mucho en sus roles y, por ejemplo, si se está realizando un trabajo cuyo objeto es un dilema ético, y el cliente quiere mentir en una declaración, los estudiantes no sienten la presión real de esa decisión como si se tratase de un caso real. Para profundizar en este campo, los profesores a veces pueden forzar a los estudiantes a escoger malas opciones para que visualicen las consecuencias de sus comportamientos. Esto jamás podría pasar en una clínica de casos reales, ya que en ellos están involucradas personas, así como la responsabilidad de la universidad por los actos de sus alumnos.

Por otro lado, esta modalidad tampoco ayuda a efectivizar el derecho de acceso a la justicia, ni tampoco se preocupa demasiado por producir cambios sociales de manera inmediata, solo es un método que profundiza en la enseñanza jurídica, y es por eso es que algunos autores consideran que esta modalidad no es una verdadera clínica jurídica.

1.2.2. Método clínico basado en casos reales

Esta es una modalidad del método clínico que trabaja con casos reales de la sociedad, es una de las modalidades que permite un mayor acercamiento estudiante-sociedad y, en consecuencia, universidad-sociedad.

Este tipo de experiencia le permite al estudiante tener una vivencia bastante completa de lo que significa la profesión de abogado, ya que se enfrenta cotidianamente a dilemas éticos, ya sea con los clientes, consigo mismo o con el mismo ordenamiento jurídico, cuando más de una vez se pregunte si ciertas normas son realmente justas.

Con esta modalidad, al tratarse de casos reales, se favorece la efectividad del derecho de acceso a la justicia, ya que existe un grupo de personas trabajando para ello.

La desventaja de este tipo de metodología es que el profesor tiene menos control sobre el contenido del curso, porque ello va a depender de los casos que se requieran. Otro de los grandes inconvenientes de esta modalidad es el tiempo, porque a nivel académico existen tiempos que son totalmente diferentes de los tiempos jurídicos.

Este método puede asumir varias formas de acuerdo con las habilidades que se pretenda enseñar:

- Pasantías: los estudiantes trabajan en las tareas que los abogados desempeñan en organizaciones y entidades externas de la facultad.
- Clínicas de casos: representación y asesoramiento de clientes.
- Clínicas de educación jurídica ciudadana.
- Clínicas dirigidas a la elaboración de proyectos legislativos.

Clínicas de casos. En esta metodología los estudiantes representan a clientes reales con problemas legales, brindándoles asesoramiento o representándolos ante tribunales judiciales u organismos de la administración, mientras que el profesor es el que asume la responsabilidad ante estos organismos y ante el cliente con relación al trámite de la causa.

A diferencia de las anteriores, estas clínicas en general funcionan como oficinas legales de la universidad, pero no dentro de su estructura física, sino en centros vecinales o localidades rurales.

En este tipo de metodología la responsabilidad y la demanda del profesor son altas; por ejemplo, en las universidades estadounidenses los profesores de clínicas de casos están dedicados *full time* a dicha tarea y con un límite de ocho alumnos por profesor.[1]

Clínicas de práctica general. Estas clínicas tienden a una práctica general del derecho, o sea que pueden captar todos aquellos casos en los cuales el profesor se sienta capaz de trabajar con ellos. El único requisito para que un caso sea aceptado es que el solicitante carezca de los recursos económicos para recurrir a un abogado particular.

La ventaja de estas clínicas de práctica general es que el estudiante se ve expuesto a una gran variedad de casos. Es una experiencia muy enriquecedora para aquellos que pretenden dedicarse a la abogacía independiente después de la graduación.

Clínicas especializadas. Estas clínicas jurídicas solo trabajan con casos específicos, la aceptación del caso no solo depende de los recursos económicos del cliente, sino también de la especificidad del tema y el área de derecho de que se trate. Algunos las denominan clínicas temáticas. Dentro de esta clasificación el mayor exponente son las clínicas de interés público.

En este tipo de clínicas existe una gran vinculación entre derecho y realidad, por la naturaleza de situaciones que trabajan, ya que son situaciones donde se vulneran los derechos de un grupo de personas, no solo de un individuo, y donde el cambio que se logre va a ser beneficioso o perjudicial para un gran sector de la sociedad. Es en estos casos donde los estudiantes se encuentran con la divergencia de que existen situaciones que no solo pueden ser resueltas desde el punto de vista jurídico, sino que también deben ser analizadas social, moral y políticamente.

---

[1] Dato importante por tener en cuenta en la aplicación de esta modalidad en las universidades latinoamericanas, donde es bastante amplio el número de alumnos por curso.

Para la doctrina del interés público hay una relación entre el derecho y los principios racionales, que según esta doctrina son los que deben servir de base para interpretaciones y reformas, porque los principios no deben ser creados con base en utopías, sino a partir de realidades.

Otra características de los casos de interés público es su complejidad, lo cual permite a los estudiantes ver la realidad de cada cliente, cuáles son los intereses que es preciso preservar en cada caso, cuál es el significado de justicia y equidad en cada caso, cómo podemos cambiar o interpretar en derecho para proteger el interés de los grupos más vulnerables, si es posible con el sistema legal actual responder a las demandas sociales existentes, etc.

Uno de los objetivos de las clínicas de interés público es lograr un cambio social orientado hacia la justicia, o sea justicia social. Lo que significa que un abogado de casos de interés público no puede solo pensar en el interés particular del cliente, sino que debe pensar también en el interés social y político general.

En general, estas clínicas jurídicas trabajan con el litigio estratégico y buscan generar impacto social con las sentencias judiciales.

Clínicas de profundización temática. Estas clínicas suelen trabajar en casos que se refieren a materias tradicionales del derecho, como por ejemplo el derecho penal.

Clínicas de innovación jurídica. Son aquellas en las cuales la complejidad de los casos legales expone a los estudiantes en un solo caso a una enorme variedad de problemas legales. En general, se trata de clínicas temáticas que trabajan casos bastantes controvertidos, que muchas veces implican desafío o innovaciones en relación con las áreas jurídicas tradicionales del derecho.

La desventaja de estos casos es que al ser procesos complejos, implican muchos años, y esto sumado a la temporalidad del curso académico conduce a que los estudiantes solo participen en algunas etapas del desarrollo del proceso.

Pasantías. Los estudiantes ganan créditos por trabajar en oficinas externas a la facultad, ya sea tribunales, oficinas del gobierno u organizaciones no gubernamentales sin ánimo de lucro.

La ventaja de esta práctica se vislumbra en la variedad de trabajo que el estudiante puede realizar en estos programas, de modo tal que puede involucrarse en áreas de derecho que están fuera del alcance las clínicas de la facultad a la cual pertenece. A su vez, esta modalidad permite la interrelación con abogados litigantes, que pueden no tener la misma perspectiva que los académicos, y ese intercambio puede ser muy enriquecedor.

La desventaja es que las personas con las cuáles el alumno se relaciona no son en general docentes, por lo cual están más preocupadas por pensar en las ventajas que pueden obtener de aquel, que en lo que pueden enseñarle; por lo tanto, no existe una instrucción sistemática y mucho menos una reflexión sobre la filosofía del ser abogado, la mayoría de las cosas que se aprenden es a través de la observación.

Por esa razón, para minimizar las desventajas se debe escoger minuciosamente a los organismos donde estas pasantías se van a realizar, y mantener siempre el contacto entre el abogado supervisor de la pasantía y la facultad de derecho. Asimismo, no se debe descuidar la elección del estudiante y el sector en que se lo inserta, porque de acuerdo con el interés en el trabajo, el alumno va a avanzar en mayor o en menor medida en el aprendizaje.

Bajo esta modalidad se implementó el método clínico en Argentina, con pasantías que eran realizadas en el Centro de Estudios Legales y Sociales (CELS) con acuerdos compartidos con la Universidad de Buenos Aires (UBA).

Educación clínica ciudadana. En la década de los sesenta y los setenta en Estados Unidos se vivieron tiempos de cambio social y reflexión. Algunas organizaciones luchaban por la igualdad de los derechos de las mujeres, comenzaba a tomarse conciencia de que para poder ejercer los derechos, antes debíamos conocerlos. En ese entonces, sin embargo, el derecho era un texto complejo que las personas comunes no podían entender, y así nació lo que se llamó el "derecho de la calle" (*street law*), un movimiento que tenía por objeto enseñar a los ciudadanos prácticas no tan solo jurídicas, sino además útiles para la vida cotidiana.

El programa original enseñaba cómo evitar los problemas y qué hacer cuando estos se presentaban. Parecía ser un puente entra la acción social y la educación para la justicia, donde los estudiantes de derecho enseñaban derecho.

En estas prácticas los estudiantes aprenden a enseñar y capacitan a ciudadanos comunes en cuestiones legales básicas, bien sea con relación a la participación ciudadana, el uso eficiente del derecho en la satisfacción de sus necesidades y/o conflictos sociales.

Este tipo de programa debe tener una estructura de cuidado, ya que se trata de acercar el contenido jurídico a la sociedad sin "trabas" de comprensión. La finalidad es capacitar a la sociedad para que los ideales democráticos se transformen en activismo ciudadano.

Este programa ayuda a ambas partes: a los estudiantes, porque les permite conocer sus limitaciones de conocimiento, habilidades orales, organizar sus pensamientos y mejorar la comunicación. Y a la sociedad, que puede así entender qué es el derecho, para qué sirve, cómo funciona, etc.

En los Estados Unidos este tipo de práctica se realiza en las escuelas secundarias y también en centros barriales.

Generalmente, todas estas presentaciones están respaldadas por un profesor para asegurar que el contenido del curso pueda responder a todas las preocupaciones que se presenten.

1.2.3. Clínicas de legislación

Esta disciplina pretende combinar el conocimiento de la realidad político-legislativa con una comprensión profunda de las cuestiones legales, para así prestar capacitación en el desarrollo de proyectos legislativos que alcancen de manera efectiva ciertos objetivos y que además tengan oportunidad real de ser aprobados.

Estas clínicas legislativas se estructuran de diferentes maneras, bien sea que los estudiantes trabajen como abogados legislativos dentro de la clínica a la cual pertenecen, o también que trabajen —en la misma calidad de abogados legislativos— en organizaciones de interés público, que son consideradas clientes que tienen objetivos legislativos en el Congreso.

También existen algunas pasantías que se realizan en comisiones de reformas del derecho, donde se le permite al estudiante participar en discusiones, argumentos y debates, con el fin de que comprenda la complejidad de una reforma jurídica y desarrolle diferentes habilidades y creatividad.

2. Repercusiones del método clínico a nivel internacional

Este tipo de metodología tiene su nivel más alto de desarrollo en los Estados Unidos, que fue donde se originó el movimiento. Allí tienen sede innumerables clínicas jurídicas en diferentes universidades muy importantes, como Columbia, New York, Harvard, California, Yale y Stanford, todas las cuales tienen clínicas de derecho tradicional. Ejemplo de ello son las clínicas de derecho civil, derecho penal, derecho administrativo, derecho comercial, derecho penal y derecho tributario. Asimismo, dichas universidades tienen otras clínicas con temáticas mucho más específicas, tales como: derecho ambiental; abogacía en la era digital; mediación; prisioneros y sus familias (informa a los presidiarios sobre sus derechos y sus responsabilidades como madres y padres, también ayudan a los que ya han cumplido su condena a la reinserción dentro del grupo familiar); derecho de género y sexualidad; defensa al menor; derechos humanos; Pymes; discriminación; empleo y vivienda; derecho; organización; cambio social; justicia global; pena de muerte; derecho a la educación; derecho al empleo; etc.

En América Latina, el método clínico todavía está en una etapa primaria, pero que presupone grandes avances. Hoy las clínicas jurídicas que alcanzaron más desarrollo son las denominadas clínicas jurídicas de defensa del interés público, donde se analizan temas como discriminación, protección de minorías, ambiente, libertad de expresión y derechos humanos, entre otros.

A pesar de la etapa incipiente en la cual se encuentran las clínicas jurídicas en esta parte del mundo, un elemento muy importante que destacar es la existencia de una Red Interamericana de Clínicas Jurídicas en la que participan varios países de América Central y Suramérica[2] y que permite la constante interacción entre ellas.

---

2 Entre las universidades que podemos destacar y que forman parte de la Red Latinoamericana de Clínicas Jurídicas se encuentran las siguientes: *Argentina:* Universidad de Palermo, Universidad de Torcuato Di Tella, Universidad de Buenos Aires, Universidad Nacional de La Plata, Universidad Nacional del Litoral, Universidad Nacional de Tucumán, Universidad Nacional de Córdoba, Universidad Nacional de Comahue; *Chile:* Universidad Diego Portales, Pontificia Universidad Católica de Temuco; *Colombia:* Universidad de Rosario, Universidad de Medellín, Universidad Sergio Arboleda, Universidad de Los Andes; *Costa Rica:* Universidad de Costa Rica, Universidad Latina; *Ecuador:* Universidad San Francisco de Quito; *México:* Centro de Investigación y Docencia Económicas, Universidad Iberoamericana, Instituto Tecnológico Autónomo de México, Universidad Nacional Autónoma de México; *Paraguay:* Universidad Católica "Nuestra Señora de Asunción"; *Perú:* Pontificia Universidad

2.1. Movimiento clínico global

En un principio, pensar en un movimiento clínico global era imposible y totalmente remoto, pero en las décadas de los setenta y ochenta el pensamiento clínico logró expandirse, y lo que en un principio eran solamente movimientos locales, se transformó en una doctrina capaz de cruzar fronteras.

Hoy en día hablar de un movimiento clínico global no es una ilusión, sino algo real y concreto que incluso es financiado por instituciones que antes también financiaban al movimiento clínico, pero a nivel regional o local.

Este movimiento clínico mundial, al igual que las bases del método clínico, tiene su interés central y su dirección en la educación jurídica con un fin social y en luchar contra la indiferencia por la manifiesta falta de acceso a la justicia.

Cuando hablamos de movimiento clínico hablamos de ayuda legal, justicia social, desarrollo sustentable y buena gobernanza. La cuestión ética es uno de sus pilares.

En general, la mayoría de los clínicos alrededor del mundo trabajan con las mismas preocupaciones y con los mismos objetivos, hace algunos años solo a nivel local, hasta que después de varias reuniones decidieron crear una organización internacional que reuniera a todos los clínicos del mundo que quisieran adherirse. Así fue como nació la Global Alliance Justice Education (GAJE) en 1990.

Si bien la GAJE nació en 1990, no tuvo una acta constitutiva hasta el año 2001, cuando se fijaron sus objetivos, entre los cuales están facilitar el intercambio de información sobre educación para la justicia, apoyar el desarrollo del método clínico regional y globalmente, realizar conferencias, talleres, sesiones de entrenamiento para profesores en lugares accesibles para todos los aspirantes, y administrar y destinar fondos para financiar estos proyectos de desarrollo del método clínico en países subdesarrollados.

La GAJE está estructurada por un consejo general que resuelve las decisiones más importantes y que se reúne cada dos años. Un comité directivo es el encargado de la vida cotidiana de la organización y está integrado por dos miembros (un hombre y una mujer) de cada región: Norteamérica, Centroamérica y Suramérica; África; Sur y Centro de Asia; Este de Asia;

Católica del Perú, Universidad San Agustín de Arequipa, Universidad Nacional de San Antonio Abad del Cuzco.

Este de Europa; Rusia, Australia y las Islas del Pacífico. Además, hay un comité ejecutivo y una secretaría general.

En la primera conferencia, que se realizó en India en 1999, se trataron temas sobre los valores de la profesión de la abogacía, como la educación basada en la experiencia y la influencia en esos valores. Después de cada conferencia se realiza una post-conferencia donde se capacita a los entrenadores —profesores clínicos—, a través de talleres donde se focaliza en entrevistas con los clientes, planteos éticos y justicia social. La segunda conferencia, que se realizó en Sudáfrica en el 2001, tuvo el objeto de introducir el concepto de justicia como factor central dentro de la educación jurídica. En la tercera conferencia, realizada en Polonia en el 2004, se planteó la temática de la enseñanza de valores. En la cuarta conferencia, celebrada en Argentina en el 2006, se trató el tema de la responsabilidad profesional y la educación de abogados para la justicia social. En la quinta conferencia, que tuvo lugar en el 2008 en Filipinas, se continuó el tema de la responsabilidad profesional y fueron tratados temas como el de educar para la justicia y el de la corrupción. La sexta conferencia se llevó a cabo en Valencia, España en el 2011, y la séptima en Nueva Delhi, India en el 2013.

En estas conferencias siempre se tratan temas que afectan al lugar en donde la conferencia se presenta y se planifican visitas a lugares significativos para los objetivos de la GAJE.

La organización tiene una lista de correos electrónicos de los miembros y publica boletines en inglés y en español. Los miembros usan esos correos electrónicos para estar en contacto con otros miembros acerca de conferencias, nuevos materiales, etc.

La contribución de la GAJE es muy importante para el movimiento clínico, porque evidencia su existencia y crea una red de comunicaciones entre los interesados.

A pesar de las diferencias entre las distintas clínicas jurídicas alrededor del mundo, inevitables por las diferentes circunstancias sociales, económicas y culturales, siempre se puede ver un denominador común que es la esencia del método clínico: educación jurídica para la justicia.

El mayor aporte de este movimiento es justamente el carácter global que le da a las clínicas jurídicas, ya que no tiene la misma importancia hablar de clínicas jurídicas a nivel local que a nivel global. Sin embargo, no es el objetivo del movimiento reemplazar a las clínicas locales o regionales, sino justamente lo contrario, servir de soporte para su desarrollo.

En la actualidad existen varias organizaciones o revistas que tratan el método clínico a nivel internacional, como por ejemplo el *International Journal for Clinical Legal Education*. Estas organizaciones nacionales e internacionales tienen una función importante que es promover y financiar encuentros en conferencias y talleres, de manera tal que permitan el intercambio de experiencias, métodos y contactos y que se fomente la institucionalización de las clínicas jurídicas en otros países.

3. Críticas, riesgos, desafíos y alternativas de las clínicas jurídicas

3.1. Visiones críticas del método clínico

Así como el método crítico despertó adhesiones, también originó grandes críticas entre diferentes autores norteamericanos. Uno de ellos es James Gardner, quien expone su pensamiento a este respecto en *Legal Imperialism,* y equipara la expansión del método clínico a un imperialismo legal norteamericano.

Partimos de la definición de imperialismo legal —adoptada por Gardner— y decimos que es la doctrina política cuya acción e intención es realizar un completo y masivo apoderamiento del sistema legal de un territorio, por un poder externo.

Gardner es principalmente un crítico de la acción de importar o exportar derecho, también conocida como transferencia jurídica, trasplante jurídico —con un sentido más botánico— o desarrollo jurídico. Entre las principales razones que el autor expone, se plantea que al realizar la exportación de contenido jurídico no se tienen en cuenta las características propias del lugar a donde se va a insertar el nuevo instituto.

La diferencia entre trasplante legal e imperialismo legal es básica; simplemente, es la consulta previa del consentimiento del lugar donde el instituto va a ser incorporado. Por lo general, quienes son receptores de esta importación son países en vías de desarrollo; es por eso que algunos autores hablan de imposición, por la falta de paridad de las partes del acuerdo, que es a lo que el profesor Boaventura de Sousa Santos llama fascismo contractual (Sousa Santos y Meneses, 2010).

Imperialismo legal es el más temido término cuando hablamos de importar y exportar derecho. En un contexto histórico determinado podemos decir que existió imperialismo legal, como puede ser en la época de la colonización del mundo desarrollado europeo durante los años de exploración y conquista, cuando el derecho era usado como un instrumento de colonización. Esto se evidencia, por ejemplo, cuando se observa que los ordenamientos jurídicos latinoamericanos reflejan la influencia francesa, española y portuguesa. En el caso africano sucede lo mismo: reconocemos una fuerte influencia británica y francesa; incluso en Estados Unidos y Canadá los ordenamientos jurídicos tuvieron durante mucho tiempo un marcado carácter británico.

Gardner considera que el método socrático es un método pedagógicamente restrictivo y que las facultades de derecho en Estados Unidos fallaron al ofrecer las prácticas clínicas. Considera también que Estados Unidos se equivocó al decidir la incorporación del método clínico, sin tener en cuenta los métodos desarrollados en otros países, donde se hacían prácticas clínicas en estudios jurídicos o pasantías en organismos estatales. Finalmente, afirma que en los Estados Unidos el método clínico todavía está en su fase inicial.

Entre otros críticos, encontramos al profesor Matei y a Laura Nader, quienes sostienen:

> [...] la dominación de los EE.UU. ha sido económica, militar, política y *sólo recientemente legal* y esto se puede visualizar en la concepción del derecho como un producto de la economía [...]. (Mattei y Nader, citados por Wilson, 2011)

Mattei y Nader piensan que estas "olas" de enseñanza clínica son simplemente trasplantes institucionales norteamericanos al resto del mundo, sin otra finalidad que fortalecer el imperialismo estadounidense. Según los autores, esta "innovadora herramienta clínica" está siendo incorporada en el resto de los países como un caballo de Troya, encubriendo el verdadero propósito que es incorporar la "lex americana".[3]

Philip Genty considera, por su parte, que el modelo americano fue "sobrevendido", sin tener en cuenta a dónde, ni qué consecuencias generaría

---

[3] Algunos también lo denominan imperialismo clínico.

en los países donde existe otro modelo jurídico: el francés, que es bastante diferente al *common law*. Sin embargo, no cree que esta expansión llegue a los límites de un imperialismo legal, aunque sí reconoce que muestra impulsos imperialistas; por ejemplo, la necesidad expansionista de Estados Unidos, a pesar de las diferencias de sistemas jurídicos. El autor se enfoca más en la necesidad e importancia de enseñar a los alumnos a actuar como abogados más que en las diferencias de los sistemas.

Adhesiones al método clínico. Los representantes del imperialismo legal parecen no prestar atención a los impulsos de la reforma del derecho, están más preocupados por demostrar la coerción económica que se ejerce a través del derecho que en analizar las falencias de la educación legal.

Richard Wilson, autor de *Beyond Legal Imperialism: US Clinical Legal Education and the New Law and Development* (2011), responde a las críticas formuladas y afirma que en el hipotético caso de existir imperialismo legal, el método clínico sería el efecto, no la causa de este.

Con relación al pensamiento de Gardner, debemos analizar los avances de lo que el autor denomina imperialismo legal:

El método clínico produjo su expansión hacia América Latina en tres etapas, como se muestra a continuación.

En la primera oleada, que se produjo entre 1960 y 1970, hubo una gran resistencia a la infiltración del pensamiento clínico, como consecuencia de la fracasada invasión a Cuba en el año 1961. Cobraron gran importancia las acciones de Fidel Castro, quien permitió la alfabetización de la población cubana, en tanto que, por otro lado, comenzaron a promocionarse las nuevas ideas sobre pedagogía de la educación de Paulo Freire en Brasil, quien planteaba un proceso de concientización y promovía el diálogo entre profesor y estudiante.

En la segunda oleada el financiamiento no era solo de Estados Unidos, también apoyaron otras organizaciones, tales como el Programa de Desarrollo de las Naciones Unidas (PNUD), el Banco Mundial, el Banco de Desarrollo de Asia, bancos de Suiza, Canadá, Francia, Japón y Australia, fundaciones privadas, universidades, ONG y estudios jurídicos privados. Esto demostró que el movimiento de expansión del método clínico era internacional y un esfuerzo global, donde la educación jurídica y la educación clínica aparecían como prioridades.

En la tercera oleada, por las circunstancias globales, el concepto de desarrollo se había modificado, ya no se entendía solo como crecimiento económico, sino que debía incluirse el concepto de libertad humana; se debía regular los mercados desde una perspectiva social, los jueces debían decidir de acuerdo con los derechos humanos y la reducción de la pobreza; se comenzaba a pensar en una reforma del derecho... En función de todos estos cambios, se vio en el movimiento clínico una forma de combatir el pensamiento tradicional capitalista, promoviendo la asistencia de los pobres en el sistema legal, la responsabilidad ética en la profesión legal —fomentado un acercamiento abogado-cliente— y con el paso del tiempo el acercamiento abogado-sociedad.

El primer error de Gardner es afirmar que el método clínico no fue recibido en América Latina, de donde se exportaron cuatro modelos: el metodológico, el educativo, el profesional y el jurisprudencial. En realidad, el método profesional y el jurisprudencial consiguieron un mínimo de aceptación, pero los otros dos fallaron, por no adecuarse a la historia, la cultura y los tiempos del lugar donde fueron incorporados.

Otra premisa que Wilson critica es la de que el movimiento fue una falla universal. El autor acepta que pudo no haber tenido los resultados esperados en Estados Unidos, pero no podemos generalizar ese efecto para el resto de los países.

Una de las razones del fracaso del método clínico en Estados Unidos fue la poca importancia que se le dio a su desarrollo, ya que había una mayor focalización en dos áreas específicas: economía poscolonial y derecho internacional. Esta falta de iniciativa se refleja claramente en los fondos que financiaban la actividad: cuando el Centro Jurídico Internacional (ILC), fundado por la Fundación Ford, cerró, la financiación del movimiento la asumió el Centro Internacional para el Desarrollo del Derecho, pero integrado con fondos suizos, lo que generó cambios en la organización, objetivos y programas. Sin embargo, el método clínico puede funcionar mejor en otros países.

Otra razón por la que Wilson considera que no existe imperialismo clínico es que la financiación que fomentó el nacimiento de las clínicas no fue absoluta del gobierno norteamericano. En el 2007 se demostró que Estados Unidos había invertido 38,7 billones de dólares, de los cuales solo dos billones fueron para el desarrollo bilateral (5%); todo el resto se destinó a la Agencia Internacional de Desarrollo (AID [Agency for International

Development]). A su vez, en ese monto no se especifica cuánto fue aportado por bancos internacionales o por otros programas de apoyo financiero, lo que reduce notablemente la participación financiera de Estados Unidos en el desarrollo de la enseñanza clínica.

Desde mi punto de vista, tampoco existe imperialismo legal, aunque sí tendencias expansionistas. Cuando algunos autores plantean la existencia de imposición legal por no haber paridad de las partes intervinientes en el proceso, al ser por un lado países desarrollados y por el otro países subdesarrollados, no estoy totalmente de acuerdo con esta afirmación, ya que me parece una apreciación a priori, que significa subestimar la soberanía de cada país.

Estamos hablando de dos Estados plenamente soberanos sobre sus territorios, y ello implica soberanía sobre su ordenamiento jurídico, lo que los faculta a decidir voluntariamente la incorporación o no de un instituto a su ordenamiento interno. Basándonos en esta afirmación, la acción de decidir la incorporación de un instituto es un acto discrecional; sin embargo, soy consciente de que existen distintas presiones que pueden recaer sobre un país subdesarrollado, ya sean de orden económico, político, y hasta militar, en el momento de firmar un acuerdo bilateral o multilateral; por lo tanto, sería errado hacer una afirmación general, ya que deberíamos analizar el caso concreto y ver si en la incorporación fue verdaderamente discrecional o no, y solo al momento de confirmar que existió presión podemos hablar de imposición.

A su vez, Mattei dirige su crítica al método de expansión del modelo clínico estadounidense, pero no critica en absoluto el contenido del método clínico. De ahí podemos inferir que después de corroborar que no existió presión al momento de decidir la incorporación del instituto, y que se ajustó a las condiciones del lugar, no habría ninguna oposición a su implementación.

Desafíos actuales: ¿son las clínicas jurídicas una alternativa posible? Las facultades de derecho en general son renuentes a cualquier cambio de paradigma y defienden el iuspositivismo a ultranza; sin embargo, es clara la necesidad de reforma del derecho, y debe comenzar desde sus raíces, es decir, desde la educación jurídica en la facultad.

Enseñar pensamiento crítico es el punto de partida para el cambio en la educación universitaria, partiendo del ideal universitario hasta el conocimiento per se; sin embargo, en la actualidad son muy pocos los programas que lo integran.

El pensamiento crítico es un proceso intelectual inherente a la raza humana. Kant, el fundador del pensamiento crítico con su *Crítica de la razón pura,* comienza por formular un conocimiento que en sus inicios es empírico pero traspasa esta fase, y pasa a ser un conocimiento a priori, independiente de la experiencia, que nos permite interpretar las cosas y viene a constituir la forma del razonamiento. Este conocimiento se ubica entre el racionalismo y el empirismo. A pesar de los estragos del neoliberalismo, podemos decir que este contribuyó al campo de las ciencias sociales, porque permitió que estas tomaran distancia y se reencontraran con los saberes tradicionales y críticos.

Cuando hablamos de reforma universitaria uno de los primeros aspectos que debemos modificar es su función en la sociedad, la Universidad debe dejar de ser una institución en la sociedad para pasar a ser una institución de la sociedad y para su desarrollo.

Incorporar la educación práctica y el pensamiento crítico a la Universidad implica un cambio de paradigma, ya que modifica el sentido de pilares estructurales como los conceptos de derecho, justicia, educación y metodología de enseñanza jurídica, así como debe cambiar las mentes de los actores de la institución.

Cuando hablamos de educar no nos referimos solamente al contenido teórico, o a saber hacer un escrito, hay otras prácticas que también son importantes, como por ejemplo “saber escuchar”. El carácter global de la educación es una realidad y el pluralismo es un hecho que debe ser incorporado al ámbito académico, con la flexibilidad de cambios de acuerdo con la demanda de la sociedad.

El conocimiento debe abrir sus puertas a las necesidades sociales y adecuarse a ellas, lo que implica una gran modificación del paradigma tradicional, de acuerdo con el cual el conocimiento siempre fue una rama específica y apartada de la realidad. Cuando nos referimos a que el conocimiento debe acompañar las necesidades sociales, debemos entenderlo de forma literal y no confundirlo con las necesidades del mercado.

Debemos pensar en una educación interdisciplinaria del alumno, que no significa la suma de disciplinas, sino la interacción entre estas. Debemos orientar al alumno con nuevas metodologías de aprendizaje basadas en la búsqueda autónoma de información. Estudios realizados en facultades de derecho (Plovanich, s.f.) demostraron que los estudiantes desarrollan habilidades cognitivas, pero escasamente las habilidades emocionales, lo que lleva a que puedan conocer, comprender y aplicar el derecho, pero en menor medida analizar, sintetizar y evaluarlo: pensamiento crítico.

Tradicionalmente, el derecho representa mantener el statu quo, es decir, que la función del derecho es preservar reglas, principios y regular las relaciones entre los individuos dentro de la estructura social. Es esto a lo que Daniela Ikawa (2011) llama "conformismo jurídico", y que se refleja en estudiantes y profesores de derecho que confían en que el derecho por sí solo ya representa justicia; en consecuencia, no lo discuten ni lo confrontan con las situaciones injustas que enfrenta la sociedad.

Por lo tanto, uno de los primeros desafíos es trabajar en la transformación del paradigma en la Universidad, y tal vez la incorporación del método clínico a la enseñanza jurídica sea uno de los primeros pasos.

El método clínico permite una gran oscilación dentro de la enseñanza práctica, por lo que podemos encontrar diferentes manifestaciones: clínicas basadas en casos simulados, clínicas sobre casos reales, pasantías, clínicas de situaciones específicas, etc.

Existen algunas clínicas más relacionadas con la enseñanza dogmática del derecho, que son ejemplos de modelos de estudios jurídicos donde se enseña a los alumnos el procedimiento técnico burocrático y se fomenta la formación de un perfil mucho más individualista, destinado principalmente a resolver acciones como sucesiones, divorcios, pensiones alimenticias, prescripciones, entre otras.

Por otro lado, existen clínicas destinadas a velar por la sociedad en su conjunto, que tienen por objetivo colaborar en el acceso a la justicia y participar en el desarrollo de nueva legislación; en general, resuelven casos relacionados con la defensa de derechos de incidencia colectiva como el derecho al medio ambiente o los derechos de las comunidades indígenas. En su mayoría están vinculadas a organizaciones populares, lo que permite a los estudiantes tener una formación destinada a la construcción de un perfil más social y más sensible a los problemas sociales, que ningún texto por más completo que sea podría brindar.

Por lo tanto, uno de los principales desafíos que afronta una clínica es decidir desde cuál de estas perspectivas quiere actuar, lo que va a determinar el perfil de la enseñanza. Aunque de acuerdo con el sustento del nuevo paradigma, una clínica con perfil individualista no favorece al objetivo.

En las universidades existe una gran resistencia a la incorporación de actividades prácticas al currículo, temen perder el carácter académico por incorporar clases prácticas. Esto genera el que en la mayoría de los programas de estudios de las facultades de derecho se vea reducida la importancia de la práctica profesional como fuente de enseñanza jurídica; siempre se considera que ese es un contenido que debe aprenderse "en la calle". Este es un gran desafío de los defensores de esta metodología para tratar de integrar los saberes, partiendo de una afirmación clara: para resolver casos prácticos, los alumnos deben conocer previamente el contenido teórico; por lo tanto, no se trata de una jerarquización de contenidos, sino de una interacción de ambos.

Como consecuencia de esta menor importancia de la enseñanza práctica, los pocos profesores que deciden trabajar en el área clínica tienen un estatus académico inferior al resto de los profesores del currículo.

En Estados Unidos, lograr ese reconocimiento igualitario de los profesores fue una tarea muy difícil, en 1980 la ABA y la Association of American Law Schools analizaron la petición que había sido presentada por el CLEPR y reconocieron la razón de las peticiones de igualdad de los profesores; sin embargo, no adoptaron ninguna medida para su aplicación, argumentando la independencia de cada administración de cada facultad.

El profesor clínico debe además resolver las tensiones entre el programa de estudio y el entrenamiento práctico, porque si dedica más al entrenamiento lo juzgan porque no cumple con el programa, pero si le presta más atención al programa descuida la tutela de la actividad práctica, que es lo que garantiza el éxito de la educación clínica (Giddings *et al.*, 2011).

El carácter poco académico que tienen las destrezas de la abogacía explica también la escasa reflexión sobre prácticas de la profesión. Los formadores están más preocupados por enseñar estrategias, plazos y recursos, que por reflexionar sobre la utilidad y el sentido práctico de estas herramientas. Ello hace que no exista material sobre el saber práctico: estrategias de litigio, conflictos éticos, técnicas de entrevista, etc.

En el plano institucional también encontramos alguna resistencia, principalmente en el modelo político propio de la sociedad moderna. Un modelo poco permeable a los cambios y la reflexión, caracterizado por la normatividad, que podría verse perturbado por la existencia de clínicas jurídicas promotoras de cambios sociales (Sousa Santos, 2009), concientizadoras de derechos y de posturas activistas.

Algunos consideran que el papel de las clínicas jurídicas como generadoras de cambios sociales tiene que ver con funciones políticas que no corresponden a la Universidad; sin embargo, considero que esta es parte de la sociedad y también se interesa por el desarrollo social. Si es para avanzar y tener un mejor modelo de derecho y justicia que beneficie a la sociedad en su conjunto, es irrelevante el organismo que tenga la iniciativa.

En el caso de Argentina, el Colegio de Abogados —institución privada con funciones públicas atribuidas por el Estado, encargado de ejercer el poder de policía sobre la profesión legal a través de códigos de ética y órganos de control— es un gran obstáculo para la incorporación de las clínicas jurídicas.

El Colegio de Abogados es el responsable de la matriculación profesional, requisito ineludible para ejercer la carrera de abogacía. A su vez, desempeña funciones de carácter gremial. Así, se manifiesta en oposición a las prácticas de clínicas jurídicas, las cuales representan un servicio de asistencia jurídica gratuita, por lo que constituyen —en el decir del Colegio de Abogados— un medio de competencia desleal.

A mi parecer ello no corresponde a la verdad, muchas veces las clínicas tratan casos que el resto de los abogados no quieren recibir, ya sea por su complejidad misma, o bien por la falta de recursos del reclamante, lo que en general acontece en las clínicas de interés público.

Es una realidad que estas clínicas prestan asistencia jurídica gratuita abierta al público sin recursos; sin embargo, no creo que ello reduzca en gran cantidad el trabajo privado de los profesionales. En suma, esta práctica de las clínicas tiene estrecha relación con el derecho de acceso a la justicia de los sectores más vulnerables, los cuales carecen de dinero para pagar un abogado y a veces no llenan los requisitos exigidos en las defensorías judiciales. El acceso a la justicia es un derecho constitucional reconocido a todos los ciudadanos por igual, sin posibilidad de discriminar por razones de índole socioeconómica, género, raza, nacionalidad, etc. Si se tiene en cuenta, además, que el único instrumento con el que cuenta la sociedad para acceder a la justicia son los abogados, no es admisible prohibir la actuación de estas clínicas.

Existen otras modalidades que podrían colaborar en este sentido, por ejemplo: ubicar a las clínicas jurídicas dentro de la estructura universitaria;

así estas pueden tener mayor capacidad de negociación con los colegios de abogados. Otra opción, propuesta por Barraguirre (s.f.), es la creación de una clínica mixta: profesores universitarios que definen la agenda y los casos, y abogados de la matrículas seleccionados por el Colegio de Abogados que son responsables ante el cliente y son quienes perciben los honorarios, y en los casos en los cuales los honorarios no son un incentivo suficiente, debería surgir un apoyo de la propia universidad a través de otros recursos institucionales, para evitar la discriminación de casos, siempre que estos se adecuen a las exigencias de las clínicas.

Las clínicas jurídicas al actuar como estudios jurídicos, al tener participación en procesos judiciales, son susceptibles de ser condenadas por costas judiciales, ser responsables por daños a terceros, ser responsables por casos de mala praxis, y al tratarse de casos estudiados por alumnos el riesgo es aún mayor. Este es un tema bastante delicado y la solución viable desde mi punto de vista es una responsabilidad solidaria entre la institución universitaria y los profesores responsables de las clínicas jurídicas. Siempre debe existir un respaldado por parte la universidad, porque de lo contrario ningún profesor va a querer asumir ese riesgo. Una alternativa interesante es preparar un fondo que se constituya con los honorarios recibidos y destinarlo a casos imprevistos, pero en este caso debemos tener personas responsables por ese fondo y correcta administración.

Una situación parecida es la que tenemos con relación a los honorarios del juicio, ya que debemos encontrar una figura que permita la utilización de esos recursos a favor de las clínicas, aun cuando no estén insertos en el presupuesto universitario.

Adecuar las clínicas a cada realidad es una tarea bastante importante. Siempre que se importen institutos jurídicos debemos adecuarlos al caso específico, para evitar perversiones institucionales y fracasos, sin perder de vista que el objetivo general es mejorar la educación jurídica y concientizar al abogado con respecto a su rol social.

Con relación al tipo de casos que van a trabajar las clínicas jurídicas, la mayoría de estas se encuentran destinadas a trabajar en casos de derecho público y en especial derecho constitucional, pero nada impide que con un gran esfuerzo también se inserten en el campo del derecho privado, ya sea derecho civil o derecho comercial, y que permitan un abordaje pedagógico distinto sobre el derecho estudiado. De esta manera, pueden crearse clínicas de derechos del niño, clínicas de derecho de familia, clínicas de asesoramiento a Pequeñas y Medianas Empresas (Pymes), etc.

Un gran obstáculo, muy difícil de sobrepasar, es el aspecto financiero. En mucho casos, estas clínicas comenzaron sin ser una institución universitaria, y en ese momento es absolutamente necesario el apoyo de los estudiantes y de los profesores. Cuando estas clínicas ya son reconocidas como parte de la Universidad, en algunos casos son financiadas por el presupuesto universitario, pero siempre se corre el riesgo de recibir alguna presión por ese financiamiento. Lo ideal sería que la clínica pueda mantenerse con fondos propios.

Como todo proceso educativo, necesitamos responder a tres preguntas: ¿Qué se enseña?, ¿cómo se enseña?, y ¿con qué resultados? Siguiendo el análisis teórico de Berstein, sería el conocimiento válido —currículum—, la transmisión válida de conocimiento —pedagogía— y la concreción válida de ese conocimiento por parte del educando: evaluación.

Respondiendo al contenido del currículum, surge otro interrogante: ¿Pueden los profesores enseñar siendo críticos?

Con relación a esta pregunta existen dos posturas, una basada en el conocimiento puro, que considera que sí es posible, mientras se mantengan los objetivos, los procedimientos, la evaluación y las estructuras que deben ser aprendidas. Otra postura considera que enseñar pensamiento crítico no se puede separar del contexto en el que dicho pensamiento surgió, porque está ligado a las prácticas sociales.

El contenido de la enseñanza clínica se fundamenta en proporcionar a los alumnos herramientas básicas que sirvan en general a la actividad de un abogado: leer reflexivamente; utilizar de manera apropiada el lenguaje legal; redactar con un nivel aceptable; ser capaz de trabajar autónomamente y en equipo; buscar y manejar legislación, jurisprudencia y doctrina; argumentar con criterio lógico y jurídico; ser capaz de negociar y desarrollar habilidades orales y escritas, etc.

Lo que el método clínico resalta es, sobre todo, la enseñanza de contenidos éticos y deontológicos, porque la ética no se enseña, se transmite con ejemplos de vida: "Enseñar a los estudiantes de derecho a ser eficientes es enseñar valores, habilidades y sustancia" (Trubek, 2005, p. 473).

En el área pedagógica, los profesores de derecho aparentan ser intelectualmente asombrosos, seguros y presumidos, muestran a sus estudiantes que están impecables en las clases, y muchos de ellos tienen la arrogancia de la profesión. Esta hostilidad de los profesores crea en los alumnos inseguridades y el pensamiento de que el profesor es tan importante que no tiene por qué prestarles atención.

Debemos fomentar las relaciones de confianza entre alumno y profesor, el alumno tiene que sentirse parte del proceso. Es por eso que en algunos casos, aun cuando los alumnos se gradúan, siguen participando de las clínicas *ad honorem*, por la fuerza del sentimiento de pertenencia que se les inculcó y el sentido vocacional.

Tenemos que capacitar a profesores para enseñar los contenidos jurídicos de acuerdo con las capacidades e intereses de sus alumnos, para así mejorar la transmisión de conocimientos jurídicos y permitir el desarrollo de habilidades con destrezas cognitivo-criticas. De igual manera, es necesario fomentar la interdisciplinariedad de las cátedras,[4] la participación de alumnos en el proceso de aprendizaje y la enseñanza de valores: un buen abogado no es el que gana un caso importante, sino aquel que sabe responder a las necesidades sociales y actuar de acuerdo con el concepto de justicia social.

En lo que respecta a los alumnos, debemos incentivar el interés por estudiar. Al alumno promedio hoy en día solamente le interesa aprobar. Si tiene un manual de cátedra, raramente busca bibliografía adicional, y no existe interés por la calidad del aprendizaje, ni este tampoco es fomentado.

Creo que esta es una consecuencia de la capitalización de la Universidad, la cual dejó de ser una institución cultural para responder a las necesidades del mercado. Por lo tanto, la rapidez exigida por el mercado reclama personas con títulos habilitantes que puedan trabajar aun cuando no estén lo suficientemente capacitadas. Interpreto que es en este sentido que Sousa Santos (s.f.) sostiene que la universidad crea conformistas incompetentes. Debemos entender que los alumnos no son mercancía, sino personalidades por formar.

Un momento muy importante y tenso es aquel de la *evaluación*, y una modalidad interesante es la de la evaluación continua del proceso del alumno, sin necesidad de hacer al final un examen evaluativo. Ello permite analizar

---

4 Lo que no significa, según Berstein, implementar un currículum integrado, pero sí flexibilizar el de colección.

lo que el alumno aprendió a lo largo de la asignatura: responsabilidades, valores éticos, independencia, etc.

3.2. Alternativas estratégicas

Como vemos, existen varios obstáculos que dificultan la incorporación del método clínico, pero no se trata tampoco de algo imposible de realizar.

La incorporación de las clínicas jurídicas al currículum es una tarea que nunca ha sido simple. Incluso en los Estados Unidos las clínicas nacieron como trabajo voluntario de estudiantes y a veces con la asistencia de algún profesor de la facultad. La opción que utilizaron para incorporar la clínica al currículum fue a través de la persuasión de los abogados académicos, argumentando que era una de las últimas cosas que les faltaban a las facultades para alcanzar su máximo desarrollo. Otro aspecto muy importante es el número de estudiantes que integran este trabajo; así, las clínicas jurídicas fueron aceptadas en los Estados Unidos con el financiamiento de la Fundación Ford.

En Gran Bretaña la inserción del método clínico fue lenta, aun cuando estaban presentes todas las circunstancias favorables. En Australia surgieron por el funcionamiento de clínicas no oficiales y la importancia que alcanzaban. En Canadá el método no tuvo mucho éxito. A poco de iniciar, la primera clínica tuvo que cerrar su funcionamiento, y pasaron veinte años sin educación clínica en la universidad. Después, con la ayuda de otra generación y en colaboración con la ciudad de Saskatoon, comenzaron a trabajar en una iniciativa: servicios legales a la comunidad de Saskatoon (Classic: Comunity Legal Assitance Services for Saskatoon Inner City), con el propósito de reincorporar el método clínico a la facultad de derecho.

Para algunos autores la influencia del método clínico ya se podía advertir en otros fenómenos previos a la incorporación de la clínica, como la negociación, entrevistas, alternativas a la resolución de conflictos, etc. Lo real es que el método clínico solo fue reconocido seriamente cuando comenzó a ser objeto de estudio científico y los autores empezaron a escribir sobre él. Por ejemplo, en Sudáfrica y Australia se reforzó con el nacimiento de organizaciones internacionales destinadas a ese fin. En muchas universidades el método clínico ingresó como sustituto de la materia ética profesional, donde se enseñaban reglas éticas desde un punto de vista teórico, y se optó por enseñarlas desde un punto de vista práctico, a través de la resolución de casos concretos, ya fueran reales o simulados.

Esta incorporación del método clínico obligó a las facultades a fijar la atención fuera del círculo académico y volcar la mirada a las necesidades sociales. Se comenzó por los casos simulados y luego se avanzó a las pasantías y a los casos reales.

La fuerza de los estudiantes es un elemento que no puede faltar en el surgimiento de las clínicas jurídicas, la mayoría de estas surgieron como un grupo voluntario de estudiantes. En el desarrollo de los programas clínicos colaboran tanto estudiantes como profesores, poniendo el interés de los clientes, la justicia social y los valores en el centro de la educación jurídica.

Para incorporar las clínicas jurídicas a nuestra realidad universitaria, debemos comenzar por evitar una estrategia de conflicto, porque ello es desgastante en tiempo y trabajo. Podemos en cambio insertarlas con los instrumentos con los cuales contamos. En un principio no necesitamos que sean reconocidas expresamente dentro del currículo del programa universitario, podemos incluirlas como una actividad de extensión universitaria o extracurricular opcional, comenzar como seminario de profundización jurídica, programas de investigación dentro de programas de posgrado, donde se estudian ciertas materias a través del estudio de casos reales.

Muchas de las universidades que ahora son grandes referentes del método clínico comenzaron así, con el trabajo de los estudiantes y profesores involucrados, y alcanzaron grandes resultados.

En las universidades donde ya existe la modalidad de práctica profesional, esta tarea resulta mucho más fácil, porque basta con hacer un cambio de modalidad, cambiar el trabajo mecánico por técnicas participativas y reflexivas.

Programas como el de educación jurídica ciudadana difícilmente encontrarían grandes trabas para su implementación, podría trabajarse juntamente con ONG y comenzar un entrenamiento de los estudiantes en habilidades comunicacionales, críticas y reflexivas. Esto promoverá la interacción del derecho con la sociedad, y servirá de "semillero" —demanda de servicio legal— para futuras clínicas de casos.

Es importante resaltar la importancia de este saber práctico e incentivar la participación docente, convertir la práctica profesional en un objeto de estudio y diferenciar entre los investigadores de derecho y los profesionales litigantes.

Es necesario introducir de a poco el equilibrio entre la valoración de un profesor de práctica jurídica y uno de dogmática jurídica, porque ambas tareas están destinadas a la formación de los estudiantes y son igualmente difíciles y reconocidas.

Sin embargo, una de las herramientas primordiales para la inserción de estas clínicas jurídicas dentro del aparato universitario es comenzar con la actividad. Seguramente encontraremos trabas, desafíos, obstáculos, pero tenemos que comenzar de a poco con lo que podamos y así algún día concretar el "gran objetivo".

Conclusión

Para concluir, podemos decir que la Universidad es una fábrica cultural, en donde los estudiantes aprenden a ser abogados y los docentes aprender a ser profesores. Debemos luchar por mantener la independencia de la Universidad con respecto a intereses políticos y sobre todo económicos. La capitalización de la Universidad, además de crear conformistas incompetentes, genera que la educación sea cada vez más cara y poco a poco esta ha expulsado a las clases medias. Al final, solo vamos a tener una educación de élites.

Sin embargo, esta separación de contenidos políticos no es absoluta, porque la interdisciplinariedad del conocimiento implica una interrelación con contenidos éticos y políticos, y es por eso que la ecología de saberes distingue entre el la objetividad analítica y la neutralidad ético-política.

Las clínicas jurídicas tienen la capacidad de romper con este círculo vicioso del formalismo jurídico, permitiendo que los futuros abogados desempeñen sus actividades no solo dentro del espectro jurídico, sino también en el marco social. Esto demuestra la importancia de esta práctica en el proceso de formación del abogado y de su conciencia jurídica, enseñándole sobre todo la responsabilidad social que recae sobre sus hombros.

El servicio que las clínicas prestan a la comunidad, y más específicamente a grupos sociales socialmente excluidos, reconociéndoles su derecho de acceso a la justicia, establece una valiosa relación entre la institución universitaria y la comunidad en la que está inserta, permitiendo que la universidad deje de considerarse como un centro formador de élites y sea reconocida como una institución progresista del bienestar social. La brecha entre derecho y realidad se va a acortar en la medida en que el concepto de interés público se inserte en la esfera de la educación jurídica.

Bibliografía

Análisis de clínicas jurídicas de facultades de abogacía (s.f.). Recuperado el 6 de julio del 2013, de http://www.google.com.ar/url?sa=t&rct=j&q=analisis%20de%20clinicas%20juridicas%20de%20facultades%20de%20abogacia&source=web&cd=1&cad=rja&ved=0CEQQFjAA&url=http%3A%2F%2Fwww.probono.org.ar%2Fdownloads%2F158_download.pdf&ei=m1LoUdeHK9Cf7Aa7y4F4&usg=AFQjCNHPo3yG0gW6nR2851amiZ0XiRYkrg&bvm=bv.49478099,d.ZWU.

Barraguirre, Jorge (s.f.). Ética profesional, obtención de clientela y abogacía de interés público. Universidad Nacional del Litoral.

Bloch, F. S. (2001). *The Global Clinical Movement: Educating Lawyers for Social Justice.* Oxford University Press.

Carvajal, J. (s.f.). *La educación legal y los centros de investigación socio-jurídica en Colombia.* Recuperado el 6 de julio del 2013, de http://ilsa.org.co:81/biblioteca/dwnlds/od/elotrdr038/od38-jorge.pdf.

Cortés de Arabia, A. M. (s.f.). *La clínica en la enseñanza del derecho, su desembarco en la carrera de abogacía de la UC.* Recuperado el 6 de julio del 2013, de http://biblioteca.clacso.edu.ar/subida/Argentina/cijs-unc/20110609115539/sec8004b.pdf.

Courtis, C. (s.f.). *Enseñanza clínica del derecho.* Recuperado el 6 de julio del 2013, de http://es.scribd.com/doc/33520380/Ensenanza-Clinica-Del-Derecho.

Courtis, C. (2006). *Observar la ley.* Madrid: Trotta.

Gonzales Mantilla, G. (s.f.). *Enseñanza del derecho y cultura legal en tiempos de globalización.* Recuperado el 6 de julio del 2013, de http://www.google.com.ar/url?sa=t&rct=j&q=ense%C3%B1anza%20del%20derecho%20y%20cultura%20legal%20en%20tiempos%20de%20globalizaci%C3%B3n%E2%88%97%20gorki%20gonzales%20mantilla%20pdf&source=web&cd=2&cad=rja&ved=0CDEQFjAB&url=http%3A%2F%2Frevistas.pucp.edu.pe%2Findex.php%2Fderechopucp%2Farticle%2Fdownload%2F2925%2F2845&ei=ue_oUZ

W9Eo2f7AacgIGQAg&usg=AFQjCNGmyj07XXp-Xau6rJkI8op YM94IBA&bvm=bv.49478099,d.ZWU.

Gonzales Mantilla, G. (2010). La enseñanza del derecho como política pública. *Derecho PUCP*, (65).

Lista, C. A. y Brigido, A. M. (2002). *La enseñanza del derecho y la formación de la conciencia jurídica*. Córdoba, Argentina: Sima.

Manzo, M. A. (2008). La influencia de la educación jurídica en la formación valorativa de los abogados. *Academia. Revista sobre enseñanza del derecho*, (11), 149-165.

Medina Plana, R. (2012). Critical Thinking inside Law Schools: An Outline. *Oñati Socio-Legal Series*, 2 (5), 7-24.

Pezzetta, S. (2007). La enseñanza del derecho y la formación de la conciencia jurídica. *Revista del Centro de Investigaciones de Filosofía Jurídica y Filosofía Social*, (30), 65-82.

Plovanich, M. C. (s.f.). *La necesidad de formación interdisciplinaria para los abogados: aporte para la reflexión desde la clínica jurídica*. Recuperado el 6 de julio del 2013, de http://www.google.com.ar/url?sa=t&rct=j&q=la%20necesidad%20de%20formaci%C3%B3n%20interdisciplinaria%20para%20los%20abogados%3A%20aporte%20para%20la%20reflexi%C3%B3n%20desde%20la%20cl%C3%ADnica%20jur%C3%ADdica&source=web&cd=2&cad=rja&ved=0CDIQFjAB&url=http%3A%2F%2Fwww.acaderc.org.ar%2Fdoctrina%2Farticulos%2Fla-necesidad-de-formacion-interdisciplinaria-para%2Fat_download%2Ffile&ei=vfDoUcCqMa6g7Aa3uIGgDQ&usg=AFQjCNFBg0BdA6N5XEHvIvNVqTUO-9_CXw&bvm=bv.49478099,d.ZWU.

Puga, M. (2002). Los desafíos de las clínicas jurídicas en argentina. En *Litigio y Políticas Públicas en Derechos Humanos* (pp. 41-93). Chile: Alfabeta Artes Gráficas.

Sousa Santos, B. (s.f.). *O intelectual de retaguarda* [Entrevista por Helena Mateus Jerónimo y José Neves].

Sousa Santos, B. (2007). Para além do pensamento abissal: das linhas globais a uma ecología dos saberes. *Revista Crítica das Ciencias Sociais*, (78), 3-46 [también disponible en: http://www.ces.uc.pt/myces/UserFiles/livros/147_Para%20alem%20do%20pensamento%20abissal_RCCS78.pdf].

Sousa Santos, B. (2009). *Sociología jurídica crítica: para un nuevo sentido común en el derecho*. Bogotá: Instituto Latinoamericano de Servicios Legales Alternativos.

Sousa Santos, B. y Almeida, N. F. (2008). *A universidade no século XXI: Para uma universidade nova*. Portugal: Almedina.

Sousa Santos, B. y Meneses, M. P. (2010). *Epistemologias do sul*. Portugal: Edições Almedina.

Witker, J. (2007). La enseñanza clínica como recurso de aprendizaje jurídico. *Academia. Revista Sobre Enseñanza del Derecho*, (10), 181-207.

1.3.3. El papel de la enseñanza clínica legal en la reivindicación de la imagen social del abogado en Colombia

Ana María Perdomo Salazar*
María Enedina Caso Ospina**
Tania Alexandra López Murcia***

1. ¿Es la educación clínica un método adecuado para formar abogados que respondan a los retos del siglo XXI en Colombia?

El derecho ha tendido a desarrollar diferentes modelos de enseñanza a través de la historia; sin embargo, la diferenciación entre cada método de enseñanza, según Robert W. Gordon (2002), atiende a las condiciones sociales que se den en cada época. Entre los más importantes prototipos de enseñanza del derecho está el Modelo Sociedad Moderna Occidental.

---

* Estudiante de tercer semestre de pregrado de Derecho en la Universidad Surcolombiana, fue voluntaria de proyección social en el marco del proyecto *Más caritas sonrientes*, durante el año 2013. Desempeña el cargo de monitora en el proyecto *Identidad y convivencia ciudadana*, desde marzo del 2014, y es miembro activo de la Clínica Jurídica de Interés Público de la mencionada institución educativa.

** Estudiante de tercer semestre del pregrado de Derecho en la Universidad Surcolombiana, fue voluntaria de proyección social en el marco del proyecto *Más caritas sonrientes*, durante el año 2013, y en el proyecto *Identidad y convivencia ciudadana*, desde marzo del 2014. Es miembro activo de la Clínica Jurídica de Interés Público de la mencionada institución educativa.

*** Estudiante de tercer semestre del pregrado de Derecho en la Universidad Surcolombiana, fue voluntaria de proyección social en el marco del proyecto *Más caritas sonrientes*, durante el año 2013, y en el proyecto *Identidad y convivencia ciudadana*, desde marzo del 2014. Es miembro activo de la Clínica Jurídica de Interés Público de la mencionada institución educativa.

Entre los modelos tradicionales se encuentran cuatro que atienden a la enseñanza jurídica: el primero de ellos es la capacitación de aprendices-practicantes. Este modelo es la capacitación mediante la experiencia y por imitación de los maestros, "abogados ya formados", como en una especie de entrenamiento mecánico predominante aún en prácticas jurídicas altamente especializadas. Por otro lado, la enseñanza del derecho positivo muestra la imagen del abogado que aprendió todo un conjunto de normas y que informa cuáles entre ellas son las aplicables al caso concreto del cliente; por consiguiente, su imagen es eminentemente privada y pasiva dentro de la incidencia social, viéndose reducido a la condición de simple interprete del derecho.

El tercer modelo enseña a los estudiantes a pensar como abogados, capacitándolos en las lógicas habituales de los abogados, es una enseñanza eminentemente pragmática que se encarga de la resolución de problemas a los que se ha tratado de atender mediante los métodos de la profesión que se presuponen como susceptibles de ser aplicados en cualquier especialidad. Al ser un método de enseñanza tan dinámico y pragmático, permite al abogado desempeñar su papel en diversos campos, tanto en el privado como en el del Estado y el del interés público (Gordon, 2002). Sin embargo, a este tipo de enseñanza, a pesar de ser una de las más integrales, le hace falta la competencia del saber ser, que puede llegar a obstruirse por malos hábitos empleados a la hora de enseñar y ejercer el derecho, posibles errores que se podrían llegar a cometer al procurar pensar como lo hace su maestro, o bien al tratar de habituarse a las lógicas de la profesión, se podría permanecer encerrado dentro de su propia orbita con respecto a las competencias del saber y del hacer, impidiendo ello la evolución y la auténtica construcción del futuro abogado, mediante la diseminación de actitudes arcaicas y viciosas en el proceso de enseñanza.

Para abarcar el tema de la imagen social recurriremos a la opinión pública, donde se perciben las diferentes perspectivas del papel que desempeña el abogado en la sociedad colombiana y su imagen social en el seno de dicha sociedad. La convergencia de opiniones en un Estado de pluralismos ideológicos no es tan necesaria, por ello se recurre a encuestas realizadas por instituciones y organismos, como método cuantificador de la opinión directa e indirecta que se percibe del papel y de la imagen del abogado en Colombia. A este efecto se tomó la encuesta realizada por la Universidad de Ibagué, mediante un estudio sociológico elaborado por Mauricio Rojas en el año 2009. Esto nos dará una noción directa de la imagen del abogado en la sociedad.

Tabla 1. Porcentaje de acuerdo y desacuerdo sobre la profesión del derecho

Aspectos	SI	NO
El derecho es una profesión muy importante para el progreso de la sociedad	78.0	22.0
Los honorarios de los abogados (as) son, en general, muy costosos	77.0	23.0
Los abogados (as) en general, garantizan la aplicación de la justticia	53.0	47.0
En general, se puede confiar en el trabajo de los abogados (as)	37.6	64.4
En Colombia hacen falta más abogados (as)	38.3	61.7
		(n= 540)

Fuente: Rojas (2009)

Tabla 2. Aspectos generales sobre la importancia de las cualidades del profesional del derecho, escala de 0 a 5 puntos

Aspectos	Puntos
Presentación personal	4.15
Preparación	3.94
Competencias comunicativas	3.63
Trato interpersonal	3.62
Amabilidad	3.51
Cumplimiento	3.16
Ética	2.93
Solidaridad	2.81
Honestidad	2.81
Humildad	2.46
	(n=540)

Fuente: Rojas (2009)

Según la concepción sociojurídica, la comunidad tiene percepciones distintas acerca de la imagen del abogado. La mayoría de personas valoran la imagen superficial de este, más allá de los valores y principios morales en que fundamenta su labor. De la mera opinión de la población de Ibagué[1] deducimos un dilema en la imagen del abogado, puesto que la sociedad en concreto lo toma como un útil inútil; es decir, es importante para el progreso de la sociedad (ver tabla 2), pero a la vez el índice de desconfianza en el abogado es muy alto y surge la pregunta de cómo es posible que este profesional, a pesar de que es considerado de utilidad en la sociedad, no cuente con algo tan importante en relación con ella como lo es la confianza, que complementa a plenitud el papel tan importante que desempeña. Es necesario reflexionar y tratar de dilucidar el motivo que *prime facie* no se advierte tras aquellas opiniones. Para tal reflexión acudiremos en cierta medida a noticias que emiten medios de comunicación masivos, puesto que ellos nutren la cotidianidad de la mayoría de los colombianos.

2. Niveles de corrupción

Tal vez Colombia está llegando a niveles de corrupción insostenibles, a pesar de que desde hace mucho tiempo pagar sobornos es un delito en el país, que puede llevar a condenas entre seis y doce años de cárcel, según el Código Penal, además de las sanciones disciplinarias y pecuniarias que prevé el Estatuto Anticorrupción.

Así se corroboran los resultados de una reciente encuesta realizada por el organismo Transparencia Internacional, la cual revela que más de la mitad de la población colombiana (56%) cree que en los dos últimos años la corrupción en el sector público ha aumentado. Buena parte de los encuestados (62%) admiten que la corrupción en el sector público es un problema grave, en tanto que otros (66%) consideran que son necesarios los contactos con funcionarios para agilizar los procesos o para obtener un servicio (39%). Por su parte, un porcentaje de los encuestados (28%) piensa que la corrupción es

---

[1] Para la aplicación de esta encuesta se consideró la población mayor de quince años de edad de la ciudad de Ibagué, y para el cálculo muestral se utilizó la técnica del muestreo aleatorio estratificado. Con una población total de 387 549 habitantes en el rango definido, se obtuvo una muestra estadística de 540 encuestas efectivas. El instrumento de investigación se construyó a partir de la discusión y el análisis de diferentes dimensiones del problema: formación, ética, prácticas y responsabilidades de los profesionales del derecho, analizadas a través de la estratificación social de los informantes sobre variables de composición. La información se procesó y analizó con la herramienta informática SPSS® versión 15.0 en español. Se realizó un análisis descriptivo en primera instancia, para luego cruzar diferentes variables con el resultado de los distintos ítems evaluados.

un verdadero "cáncer" que corroe las instituciones públicas. Aún más grave, seis de cada diez personas creen que el Gobierno no ha ejecutado acciones eficientes para combatir ese mal.

3. Justicia, mal librada

De los encuestados, el 27% reconoce haber pagado sobornos a la Policía y el 19% lo ha hecho a operadores del sistema judicial, siendo esta una de las instituciones a las que más sobornos se le pagan. Llama la atención que el 10% dijo que ha tenido que pagar dichos sobornos para servicios relacionados con tierras.

La percepción sobre la corrupción en el país se mantiene. Estamos en el puesto 94 en el mundo, entre 177 naciones estudiadas, y en el puesto 18 en América Latina. En su orden, las instituciones más corruptas para la institución son, según los encuestados, las siguientes:

1) El Congreso (40%)
2) La Policía (39%)
3) El sistema judicial (34%)

Todo lo anterior demuestra que el desgaste es considerable y que el Gobierno Nacional debe reaccionar y buscar una solución estructural que ponga fin a los desmanes en la justicia. Pero este tipo de reformas ya no se hacen unilateralmente desde arriba hacia abajo, sino desde la base hasta llegar al Congreso.

En esta democracia constitucional, todas las representaciones posibles de la sociedad deben intervenir en la discusión y el aporte de soluciones. Así, debe consultarse con suficiente antelación, en mesas abiertas de diálogo y con transparencia política, a las universidades, los colegios de abogados, las asociaciones de juristas, las asociaciones de procesalistas, los centros de estudio de derecho procesal y constitucional, la Asociación Colombiana de Facultades de Derecho (Acofade), los grupos de investigación, la Corporación Excelencia en la Justicia, las autoridades independientes, las autoridades indígenas, los jueces de paz, las cámaras de comercio y los centros de conciliación y arbitraje.

4. Una nueva oportunidad de cambio

Desde Acofade creemos que una adecuada reforma a la justicia debería comenzar por revisar los contenidos de los programas de las facultades de derecho, para saber, a ciencia cierta, si en estos escenarios de formación se está haciendo lo necesario para la correcta formación de los abogados y el buen funcionamiento de la justicia que necesita nuestro país.

Para el efecto, lo primero que se debe hacer es un balance serio y actual sobre el tipo de abogados y jueces que formamos en Colombia desde 1991, así como lo realizan actualmente el Ministerio de Justicia y Acofade, estableciendo ciertos lineamientos y orientaciones generales para los programas de formación en derecho de las universidades públicas y privadas de todo el país.

Aunque el Ministerio de Educación, al cual corresponde el cambio de reglamentación, no ha establecido cuáles son las competencias mínimas que deben contener los nuevos programas de derecho, mientras tanto podría fortalecer, con la Comisión Nacional de Aseguramiento de la Calidad de la Educación Superior (Conaces) y el Consejo Nacional de Acreditación, el programa de calidad con pertinencia, el cual ha venido calando en las universidades que han obtenido la acreditación de alta calidad educativa.

Esto es urgente, ya que el Plan de Nacional de Desarrollo vigente establece en su artículo 10: "La política pública educativa del Gobierno Nacional contenida en el Plan Nacional de Desarrollo 2011-2014 deberá armonizarse con los propósitos y lineamientos del Plan Nacional Decenal de Educación 2006-2016".

El mencionado Plan Decenal, que es un referente obligatorio de planeación para todas las instituciones educativas, estableció metas macro y metas dirigidas al fortalecimiento de la calidad de la educación en todos sus niveles. Estas metas prevén que para el año 2016 se debe rediseñar, fortalecer y contextualizar los currículos, desde la educación inicial hasta la superior, para desarrollar, mediante programas flexibles y pertinentes, las capacidades de aprender a ser, aprender a aprender y aprender a hacer. Esto con el fin de alcanzar, por medio del aprendizaje, las dimensiones científicas, técnicas, tecnológicas, humanistas y artísticas, así como las competencias generales y específicas que necesita desarrollar todo profesional en el futuro, en un mundo altamente informatizado y globalizado.

Dado que la educación jurídica de nuestro país ha estado enmarcada dentro de un modelo tradicional teórico de cátedra magistral, las nuevas técnicas y tecnologías de aprendizaje desde el campo del saber, todavía no han sido adoptadas como política educativa en la legislación que acompañó al plan de desarrollo que termina este año.

Por ello, la reforma a la justicia que se anuncia debería priorizar el cambio curricular de los programas de derecho, para poder modificar las prácticas indeseables de abogados y jueces de nuestro país, y así realizar un verdadero cambio en el accionar ético y responsable de los operadores del derecho. Esto, al menos, daría cumplimiento a lo que ordena el Plan Nacional Decenal, que se vence en el 2016, y sobre el cual la enseñanza y el aprendizaje del derecho no han visto ninguna transformación.

Con lo anterior se muestra un panorama desalentador en Colombia, en donde los problemas más comunes y eminentes se presentan en torno al derecho y la corrupción. Ahora sí entendemos la imagen social que tienen del abogado en Colombia. Para la sociedad, el papel del abogado es clave, pero esa misma importancia exige excelentes gestiones, y con lo que se muestra y vive a diario Colombia es evidente la mala gestión que muchos abogados hacen de su papel, pero ¿qué hacer con respecto a la crisis que vive la justicia colombiana?

A problemas monumentales, tratamientos extraordinarios. Desde el ámbito jurídico-político, se propuso como tratamiento la reforma a la justicia; sin embargo, el problema exige más, exige un compromiso social de todos. En Colombia algunas universidades han implementado un modelo clínico tendiente al interés público, a esto es a lo que nos referimos con un compromiso social material. Esta es la contribución de las facultades de derecho: formar abogados que mediante el método clínico adquieren, más que interés por lo público, amor por la labor social de su profesión. Para tratar tales efectos se menciona a nuestra clínica jurídica, la cual surge no por decisiones del cuerpo colegiado de la Universidad Surcolombiana, sino gracias a una iniciativa estudiantil, no de grandes masas, sino de minorías críticas y apasionadas[2] por darle el lugar que se merece una enseñanza jurídica

---

[2] La minoría que promovió tal iniciativa fueron en total seis estudiantes de tercer semestre de derecho: Wilson Javier Vargas Leyva, Katerin Torres, Oscar Fabián Suarez Silva, Jonatán Javier Otero Devia, Yamil Andrés Lima y Edwin Alirio Trujillo Cerquera.

integral como lo es la enseñanza clínica. Así, se propuso implementar, con el apoyo del hoy director de la clínica jurídica, Abelardo Poveda Perdomo, el método clínico aplicado al derecho de interés público, en la denominada en aquel entonces Facultad Derecho de la Universidad Surcolombiana.

La propuesta fue bien recibida por la Decanatura, en tanto que el Grupo Investigativo de Intervención Social (GIIS) fue formalmente aceptado como clínica jurídica en el año 2008. Entre nuestras intervenciones se destacan coadyuvancias ante la honorable Corte Constitucional, siempre buscando beneficiar a la sociedad en general, y de manera integral, como lo demuestra el exitoso encuentro nacional de clínicas jurídicas con el que se buscó realizar una labor integral de intervención social que como clínica joven busca retroalimentar experiencias con las demás clínicas. Es necesario resaltar que en el evento, específicamente las ponencias de los académicos Manuel Iturralde, Beatriz Londoño, Javier Gonzaga Valencia, se distinguió a nuestra clínica jurídica por su origen estudiantil y la propuesta del GIIS de hacer parte del plan de estudios de derecho, como práctica opcional y con incentivos académicos, lo cual los mencionados ponentes consideran innovador.

Sin embargo, la labor de nuestra clínica ha sido muy difícil. Se ha visto limitada por la falta de interés, de estructura organizacional e inferioridad, como a veces es tomado el método clínico por la Universidad, y ello no nos ha dejado resultados satisfactorios en estos últimos años; sin embargo, la lucha continúa, porque es necesario fortalecer y mejorar el método clínico en cada facultad, desde las propias experiencias vividas por los futuros abogados, y por Colombia, que merece unos abogados con un catálogo axiológico bien definido y tendiente al interés público. No obstante, ya para este 2014 el GIIS tiene aprobados dos proyectos, el primero se denomina *Parque arqueológico de San Agustín y antropología jurídica: en defensa del patrimonio cultural del Huila*, y el segundo, *Agua potable y derecho fundamental versus políticas del agua en la ciudad de Neiva*. Con ambos proyectos se espera ejecutar una efectiva intervención social de alto impacto y además adquirir experiencia como clínica jurídica.

Dados los resultados obtenidos, se reconoce la opinión de la mayoría con resultados eminentemente superficiales, evocando así la idea del abogado como un simple sujeto pasivo, y no como un actor garante de justicia. Por otro lado, los valores del abogado se ven subestimados por la sociedad, y esta situación suscita una problemática que debemos combatir como gremio, ya que nuestra labor es al servicio de la sociedad, y si esta se encuentra disconforme con sus protectores, ello se debe a que algo falla. La raíz del problema está en la formación integral del abogado, la cual se ubica en su educación desde la Academia. Con respecto a esta última, se aprecia la cátedra magistral, por excelencia, como educación indispensable para una formación teórica, con respecto a la inclusión de la educación clínica, necesaria para una formación integral. El estudiante al formarse en un escenario de libros, hipótesis, personas ficticias, un trato uniforme, elegancia en cualquier ámbito, y desarrollándose solo bajo textos, exámenes y oratoria, se aleja de la realidad social; esta es la cátedra magistral. Un factor de cambio que llena los vacíos es la interacción con la sociedad, es el interés público que se realiza con nuestra clínica jurídica, lo cual no quiere decir que el estudiante renuncie a esa cátedra magistral, sino que complemente y llene vacíos con relación a una realidad; no simplemente formular hipótesis, sino además aplicarlas; no solo desarrollar las teorías, sino también ejecutar praxis, desembocado siempre en un alto impacto que sea capaz de transformar la situación jurídica de una comunidad, puesto que resuelve problemas colectivos y garantiza la justicia en general, depositando votos de confianza por parte de la sociedad, que son fundamentales puesto que nuestra labor es primordial en la sociedad para reivindicar, prevenir, tratar y corregir fenómenos que emanan desde la corrupción, los cuales están llamados a ser evitados y corregidos por derecho.

Bibliografía

Rojas, M. (2009). No el abogado, "mejor el doctor". La imagen social del profesional en derecho. *Revista de Estudios Socio-Jurídicos*, *11* (2), 281-298.

Gordon, R. W. (2002). Distintos modelos de educación jurídica y las condiciones sociales en las que se apoyan. En *Seminario en Latinoamérica de Teoría Constitucional y Política* (SELA), Papers, Paper 6. Recuperado de http://digitalcommons.law.yale.edu/yls_sela/6.

Molina Betancur, C. M. (2014). Noticia Reforma a la justicia y formación de los abogados (I). Ámbito *Jurídico*. Recuperado de http://www.ambito-juridico.com/BancoConocimiento/N/noti-140212-15reforma_a_la_justicia_y_formacion_de_los_abogados/noti-140212-15reforma_a_la_justicia_y_formacion_de_los_abogados.asp?utm_source=boletin51.

1.3.4. Propuesta de fundamentación de la Clínica Socio-Jurídica de Interés Público de la Universidad de Caldas "Una experiencia renovadora en la enseñanza-aprendizaje del derecho"*

Juan Felipe Orozco Ospina**
Javier Gonzaga Valencia Hernández***
Valentina Escobar Sierra****

Introducción

Es necesario aclarar que lo que hoy conocemos como Clínica Socio-Jurídica tuvo su origen inmediato en el proyecto de extensión social *Contribución a la construcción de cultura ciudadana constitucional y de sociedad civil, desde la Universidad de Caldas, a través de la implementación de una clínica socio-jurídica de interés público*, el cual fue inscrito y formalmente vinculado a

* Este escrito se presenta como estrategia para visibilizar en la red el proyecto naciente de Clínica Socio-Jurídica de Interés Público de la Universidad de Caldas, Colombia, en el marco del Encuentro de la Red Iberoamericana de Clínicas de Interés Público, en la mesa de trabajo sobre experiencias en educación jurídica y desarrollo de competencias.

** Coordinador del proyecto. Docente asociado a la Universidad de Caldas.

*** Director del Grupo de Investigación de Estudios Jurídicos y Socio-Jurídicos de la Universidad de Caldas.

**** Coordinadora de la línea de Litigio en Derechos Humanos. Investigadora del Grupo de Investigación de Estudios Jurídicos y Socio-Jurídicos de la Universidad de Caldas.

la Vicerrectoría de Proyección de la Universidad de Caldas en el mes de marzo del 2013.[1]

Este proyecto de extensión fue concebido inicialmente para "(sic) Contribuir desde la Universidad de Caldas, mediante la implementación de una Clínica Sociojurídica de interés público, a la construcción de sociedad civil y a la generación de cultura ciudadana constitucional" (Universidad de Caldas, 2013, p. 4).

Debe precisarse que el proyecto, a su vez, fue resultado del trabajo mancomunado y acumulado de los investigadores de la Facultad de Ciencias Jurídicas y Sociales con el Centro de Investigaciones Socio-Jurídicas (CIS) y el Observatorio de Conflictos Ambientales (OCA). Esta experiencia fue reconocida por algunos pioneros de la materia en el país; por ejemplo, por la profesora Beatriz Londoño de la Universidad del Rosario, para quien: "conocemos también que en la Universidad de Medellín (Antioquia) y en la Universidad de Caldas, se están gestando nuevas clínicas jurídicas de interés público con énfasis en la defensa del derecho al ambiente sano" (2003, p. 36).

Para asegurar el cumplimiento del objetivo general del proyecto se requirió el desarrollo y el abordaje sistemático de los siguientes objetivos específicos:

1) Formar en cultura ciudadana constitucional a los habitantes de las comunas Cumanday, Ciudadela del Norte y Macarena de la ciudad de Manizales, en alianza estratégica con las juntas de acción comunal de la ciudad.
2) Promover litigios de interés público en el departamento de Caldas, con el apoyo del Consultorio Jurídico Daniel Restrepo Escobar de la Universidad de Caldas y desde el Seminario de investigación electivo en justicia constitucional y contencioso-administrativa, estudio y ejercicio de casos, de la Maestría en Derecho Público de la Universidad de Caldas.
3) Contribuir a la transformación de la realidad social desde la praxis, a través de actividades crítico-prácticas, teniendo en cuenta que la

[1] Archivo de la Vicerrectoría de Investigaciones de la Universidad de Caldas (2013). El proyecto puede consultarse con el código VPU-CJS-976.

implementación de la Clínica Socio-Jurídica de Interés Público no solo tiene un carácter jurídico, sino también un carácter sociológico.

4) Vincular la Clínica Socio-Jurídica de Interés Público a la Red Latinoamericana de Clínicas Jurídicas, con la finalidad de contribuir a la construcción de sociedad civil y de cultura ciudadana constitucional.
5) Ampliar el campo de acción de la Clínica Socio-Jurídica de Interés Público, con la vinculación de los semilleros de investigación en litigio internacional y en derecho ambiental del grupo de investigación Estudios Jurídicos y Sociojurídicos de la Facultad de Ciencias Jurídicas y Sociales de la Universidad de Caldas (Universidad de Caldas, 2013, p. 4).

Este proyecto debía ser cumplido mediante una metodología cualitativa con un enfoque crítico social, acción participación, por etapas claramente diferenciadas, a saber: (Universidad de Caldas, 2013, p. 5):

Primera fase: creativa. Constitución de la Clínica Socio-Jurídica de Interés Público y su vinculación a la Red Latinoamericana de Clínicas Jurídicas (se propuso el desarrollo de esta etapa entre el mes de febrero del 2013 y mayo del 2013).

Segunda fase: constructivo-formativa. Se iniciarán las labores de la clínica, a partir de tres actividades iniciales: a) formación en cultura ciudadana constitucional a la comuna Cumanday de la ciudad de Manizales, en alianza estratégica con las juntas de acción comunal; b) interposición de una acción pública de nulidad en contra de la Resolución 970 del 2010 del Instituto Colombiano Agropecuario (ICA), en beneficio de la población campesina de Colombia; c) estudio de las estrategias jurídicas tendentes a la promoción de la conformación, por parte del Ejecutivo, de las zonas de reservas campesinas en Colombia (se propuso el desarrollo de esta etapa entre el mes de junio del 2013 y febrero del 2015).

Tercera fase: extensiva. Ampliación del campo de acción de la Clínica Socio-Jurídica de Interés Público hacia el departamento de Caldas, con la vinculación de los semilleros de investigación en litigio internacional y en derecho ambiental, también integrantes del grupo de investigación Estudios Jurídicos y Socio-Jurídicos de la Facultad de Ciencias Jurídicas y Sociales y el Observatorio de Conflictos Ambientales de la Universidad de Caldas (se propuso el desarrollo de esta etapa entre julio del 2013 y febrero del 2015).

Fase de articulación. Promoción de litigios de interés público con el apoyo del Consultorio Jurídico Daniel Restrepo Escobar y desde el Seminario de investigación electivo en justicia constitucional y contencioso-administrativa, estudio y ejercicio de casos, de la Maestría en Derecho Público, lo que contribuirá a la formación de cultura ciudadana constitucional y de sociedad civil, a la articulación de las diversas actividades de investigación, proyección y académicas que se vienen desarrollando en el Departamento de Jurídicas de la Universidad de Caldas, y además a la elaboración de los trabajos de grado por parte de los estudiantes de la Maestría. Investigación, estudio y presentación de dos acciones al semestre, relativas al interés público en el departamento de Caldas (se propuso el desarrollo de esta etapa entre febrero del 2014 y febrero del 2015).

Este proyecto inicial tuvo un vuelco, debido a las dinámicas propias de la Universidad y al desarrollo mismo del proyecto. En especial, por la vinculación de nuevos investigadores, quienes venían efectuando intervenciones jurídicas de alto impacto con sus equipos de trabajo en proyectos de investigación vinculados a la Vicerrectoría de Investigaciones y Posgrados y el Centro de Investigaciones Sociojurídicas (CIS), o en el cumplimiento de sus labores académicas en el Consultorio Jurídico Daniel Restrepo Escobar de la Universidad de Caldas.

A pesar de que la vinculación de estos docentes se produjo sin el cumplimiento preciso de las fases 1 y 2 planteadas en el proyecto original, y que sus acciones de movilización social y jurídica no se referían de forma exclusiva a los objetivos propuestos en la fase 2 del proyecto, su articulación al equipo de la Clínica permitió llegar a una serie de acuerdos sustanciales, dentro de los que cabe destacar: a) la reformulación de algunos objetivos del proyecto; b) el replanteamiento de las fases inicialmente propuestas, de conformidad con los nuevos objetivos; c) se evidenció la necesidad de una propuesta inicial de organización de la Clínica y su campo de intervención; y d) se propuso un cambio de articulación de la Clínica con los demás espacios y escenarios académicos de la Facultad de Ciencias Jurídicas y Sociales.

Es necesario resaltar algunos aspectos sustanciales que deben ser tenidos en cuenta a la hora de evaluar estos acuerdos, sin perder de vista la dinámica propia de los procesos de la Clínica:

a) Se vinculó activamente a la Facultad de Ciencias Jurídicas y Sociales, lo cual redundó en un nuevo compromiso: constituir la Clínica como unidad académico-administrativa de la Facultad. Asimismo, se obtuvo financiación para representar casos puntuales relacionados con los proyectos de investigación.
b) Se decidió asociar los casos concretos provenientes de las investigaciones del CIS y del Grupo de Estudios Jurídicos y Sociojurídicos (GEJSJ) a la Clínica. Con ello se amplió la participación de equipos de investigadores y estudiantes, al igual que se tuvo la masa crítica de casos para dotar de sentido la estructura y organización de la Clínica.
c) Esa masa crítica de casos y equipos de trabajo e intervención era necesaria para revisitar el proyecto de Clínica, a partir del estar siendo, es decir, que la Clínica fuese un fruto cultural en y a partir de la vivencia de sus participantes en el entorno, en contraposición a ser un "elefante de papel" que emerge de espaldas a la realidad y sin consideración, por una parte, de las capacidades, el saber, el hacer y el saber hacer de sus miembros, y por otra, del contexto.
d) Se eligió un coordinador, no director, para que se encargara, principalmente, de "cartografiar" el ser, hacer y saber hacer de la emergente clínica y, de esta manera, se pudieran plasmar en el papel los aspectos más característicos de su identidad, a la vez que fuera el "amanuense" de sus procesos más importantes de subjetivación. Todo lo anterior enfocado en varios aspectos inescindibles: a) captar la identidad axiológica y valorativa de la Clínica para proponer sus niveles de fundamentación teórica y epistemológica; b) organizar la estructura de la Clínica como desarrollo preciso de su fundamentación; y c) proponer los protocolos metodológicos de la Clínica, en consonancia con los niveles teóricos y prácticos.

De esta forma, se inició un proceso continuo de trabajo, en el cual se fueron depurando los equipos de intervención y se perfilaron las líneas de acción de la Clínica. Esta dinámica se ha asociado, con mayor grado, a la experiencia real de la Clínica (su estar siendo), más que a las propuestas de la literatura especializada. Naturalmente que esta última ha sido una valiosa guía, sin embargo, los equipos de intervención —que a la postre han originado las líneas de acción de la Clínica— no estaban dispuestos a ceder su identidad o descontextualizar su trabajo, al darle mayor importancia al dicho de los expertos o a la palabra de otras experiencias en contextos distantes y, muchas veces, ajenos.

Así, de a poco, han surgido las líneas de intervención estratégicas de la Clínica. Aquellas que actualmente cuentan con mayor madurez y se muestran como eventuales escenarios permanentes de la Clínica son: a) Conflictos Ambientales; b) Protección de Víctimas del Conflicto Armado y Crímenes de Estado; c) Formulación, Implementación y Evaluación de Políticas Públicas; d) Pueblos Originarios y Comunidades Culturalmente Diversas; y e) Protección de Grupos Minoritarios y Sujetos de Especial Protección (Litigio de Derechos Humanos).

1. Líneas de Intervención Socio-Jurídica de la Clínica

En el paulatino proceso de consolidación del saber y del hacer de la Clínica han surgido algunas líneas prioritarias de intervención socio-jurídica. La Movilización Socio-Jurídica (MSJ) de la Clínica se ha caracterizado por el ejercicio académico-práctico (intervención socio-jurídica [ISJ]) en casos de alto impacto (AI). Esta forma de participación en la que se ha desarrollado la realidad de la Clínica, desde sus inicios como escenario interdisciplinar con fines de progresión de las personas y grupos, ha perseguido, precisamente, la defensa del interés público —interés común— que ha sido amenazado o menoscabado por acciones u omisiones, tanto de los particulares como de las autoridades.

Este ejercicio dialectico-constructivo o, sí se quiere, de reconfiguración de lo particular y lo social, parte de un proceso participativo en la identificación, discusión y estructuración de los problemas y conflictos sociales y de sus eventuales soluciones a través de la MSJ en casos concretos. Los resultados de la participación en dichos casos pueden servir de referente o paradigma de cambio o avance progresivo. Estos son pasos característicos de una labor de litigio de alto impacto (LAI), litigio estructural (LE) y litigio de derechos humanos (LDH), tanto en relación con los medios elegidos y los fines que se persiguen, como por el impacto de la MSJ en las condiciones estructurales y las facetas individuales y sociales de las personas y grupos que han sido acompañados.

Así, el método que directa o indirectamente ha venido implementando la Clínica, en su día a día, subyace precisamente al interés público. Ello se puede evidenciar con mayor precisión a través de las líneas estratégicas de intervención, que se han originado más que nada por una dinámica de autoorganización espontánea. A continuación se destacan algunas intervenciones estratégicas llevadas a cabo por los miembros de la Clínica, no sin antes aclarar que nos referimos sin distinción tanto a los hitos fundacionales que permitieron la emergencia de la clínica en la Universidad de Caldas como a las intervenciones formales que actualmente se realizan.

1.1. Conflictos ambientales

Esta línea surgió por el trabajo acumulado de ISJ en casos asociados a conflictos ambientales originados en la minería; por ejemplo: en la protección de asociaciones de mineros tradicionales,[2] la respuesta a megaproyectos mineros[3]

---

[2] Como un caso efectivo de MSJ puede destacarse el caso *Río Purnio*. Desde hace más de cuarenta años, los miembros de la Asociación de Paleros del Río Purnio —alrededor de treinta familias en condiciones de vulnerabilidad— han efectuado actividades de explotación minera de material de arrastre —minería de aluvión— en las playas del río Purnio en el municipio de La Dorada (Caldas). Dichas actividades empezaron a ser perseguidas por las autoridades públicas, debido a que la Gobernación de Caldas otorgó título minero a una compañía en un área superpuesta a las playas que tradicionalmente habían explotado los mineros artesanales. Por esa razón se originó un serio conflicto social que incluso amenazó el orden público. Se usaron las herramientas jurídicas —la vía administrativa y la constitucional— de manera defensiva, para evitar un perjuicio irremediable. Posteriormente, por la presión de los medios de comunicación y las ONG ambientalistas, y gracias a la participación activa de la Gobernación de Caldas, la Alcaldía de La Dorada, la Defensoría del Pueblo, la Delegación Minera de Caldas y varias ONG, se llegó a un acuerdo con la compañía para la explotación conjunta y ambientalmente sostenible del área del contrato. Después, con base en el trabajo de un equipo interdisciplinario, se radicaron las propuestas de formalización de minería de hecho. En este caso debe destacarse que la presión social fue fruto, entre otros, de la capacitación comunitaria y un foro académico de orden interdisciplinario que tuvo acogida departamental y que movilizó a la opinión pública de forma favorable, lo cual, a la postre, presionó a las autoridades a tomarse "en serio" el caso y brindarle una solución alternativa.

[3] Ha sido importante la participación en el caso del megaproyecto minero de explotación de oro en el municipio de Marmato (Caldas). Por tratarse de un caso de largo aliento, se decidió dividir la MSJ por fases: en la primera fase hemos limitado la movilización a la participación en las mesas nacionales y regionales de concertación, la capacitación de actores estratégicos, proveer estudios de impacto social y ambiental y divulgar el caso en espacios académicos nacionales e internacionales para generar redes de solidaridad. Esta decisión se basó en la experiencia acumulada en la intervención en megaproyectos, de

y acciones en contra de las actividades mineras —prospección, exploración y explotación— que afectan los derechos colectivos.[4] También se ha intervenido en casos de megaproyectos hidroeléctricos como la construcción de represas y trasvases.[5] Dentro de la rica amalgama de intervenciones, se han efectuado acciones para la protección de ecosistemas de especial sensibilidad ecológica, como lo son las zonas de reserva ambiental,[6] o la protección de personas desplazadas por causas ambientales.[7] Puede observarse cómo esta

---

donde entendemos que la principal forma de articulación de resistencias en casos a largo y mediano plazo es la generación de poder comunitario, la persuasión de los actores políticos e intervenciones jurídicas "quirúrgicas", mas no masivas, que impidan el paulatino desgaste de los equipos de intervención.

[4] Un caso emblemático en el cual se está interviniendo, tanto por las complejidades jurídicas como por el impacto social y ambiental, es el de *Tolda Fría,* en el municipio de Villamaría (Caldas). Este caso se refiere a la explotación minera de oro por parte de una multinacional en una Zona de Reserva Forestal Protectora y de amortiguación del Parque Nacional Natural de los Nevados, con el agravante de que dicha explotación supone la contaminación de un cuerpo de agua usado para la potabilización en beneficio de los habitantes de la ciudad de Manizales. En este caso se ha recurrido a la articulación de los actores afectados por medio de la capacitación y la divulgación de la información tanto por medios masivos como por medios académicos. Asimismo, dadas las complejidades jurídicas del caso, se acudió a una serie de coadyuvancias de una acción popular (cfr. Tribunal Administrativo de Caldas, proceso radicado 2011-00337) interpuesta inicialmente por la sociedad civil como un medio de defensa judicial. Entretanto, se ha acompañado a los actores sociales para generar impacto en la cultura del ordenamiento del territorio. Se está a la espera de la decisión judicial del caso.

[5] Nos referimos al caso de la represa La Miel y los trasvases de los ríos Guarinó y Manso en el oriente de Caldas. Un equipo interdisciplinario ha acompañado a las comunidades afectadas a lo largo de quince años en este caso. Entendemos que la intervención del grupo detuvo por largo tiempo la generación masiva de impactos sociales y ambientales. Se ha echado mano de herramientas jurídicas como la acción popular, al igual que se ha participado en una dinámica de acompañamiento para el empoderamiento comunitario del conflicto, a pesar de las presiones indebidas de los actores institucionales y del conflicto armado.

[6] Un caso exitoso de movilización se refiere al de la zona de reserva forestal Río Blanco, en el municipio de Manizales. Por medio de la movilización social y de una acción popular (cfr. Tribunal Contencioso Administrativo de Caldas, proceso radicado 20030310, sentencia 164 del 16 de diciembre de 2005. M.P. Jairo Ángel Gómez Peña) se detuvo un indebido aprovechamiento maderero en la reserva. La intervención en dicho caso fue estratégica, por cuanto desde un principio se intentó sentar un precedente con respecto a la actuación de la administración en las zonas de reserva que consideraban estos patrimonios públicos como si fuesen unos simples activos fiscales. La importancia de dicho caso fue, ante todo, mediata, debido a que ha servido como acicate de una reformulación de la política en cada zona de reserva del municipio de Manizales y también renovó la conciencia ecológico-social a este respecto.

[7] Con especial atención de la protección de personas afectadas por las diferentes olas invernales. Puede mencionarse casos de personas y familias en circunstancias de vulnerabilidad que suelen ser "evacuadas", pero que no son reubicadas por cuenta de un serio déficit de la política pública en esta materia. Es de gran importancia un caso en el cual se procedió al lanzamiento de varias familias

línea se centra directamente en la categoría de *conflictos ambientales,* de allí que su espectro de intervención haya sido supremamente amplio.

1.2. Protección de víctimas del conflicto armado y de crímenes de Estado

Se ha constituido como un escenario académico de acompañamiento de las personas o comunidades que se encuentren amenazadas o hayan sufrido graves y manifiestas violaciones a los derechos humanos o infracciones al derecho internacional humanitario por cuenta del conflicto armado colombiano. En esta línea se ha hecho asesoría directa a la Defensoría del Pueblo en casos de desplazamiento forzado por la violencia;[8] también se ha desplegado MSJ en torno a reparación integral de personas desplazadas por el conflicto armado, restitución de tierras[9] e intervenciones en la configuración del marco de justicia transicional.[10]

—sin garantía previa de su reubicación— de un predio que está destinado a un importante proyecto de vivienda de interés social en el municipio de Manizales. En este caso las autoridades esgrimían el argumento del interés general como justificación del "lanzamiento" de las familias. De allí que se interviniera, mediante el ejercicio de la acción de tutela para proteger a las familias ocupantes (cfr. Juzgado Séptimo Penal con función de Control de Garantías de Manizales, proceso radicado 2013-043). El juez de segunda instancia tuteló los derechos de las familias afectadas y sentó un importante precedente acerca de cómo las autoridades deben proceder en casos similares que, huelga decirlo, no son pocos en el municipio de Manizales.

[8] Una primera experiencia consistió en el desarrollo de la investigación *La protección constitucional de las personas desplazadas por la violencia en el departamento de Caldas* (Orozco, 2013), la cual se centró en determinar los efectos y la eficacia de la acción de tutela para la protección de los derechos fundamentales de estas personas en el departamento de Caldas entre los años 2009 y 2011. Para ello, se implementó una estrategia metodológica mixta, de donde se destaca para los fines de este escrito que se efectuó un trabajo de campo de análisis cualitativo de 53 casos "emblemáticos" atendidos por la Sede Regional de la Defensoría del Pueblo. Por el gran número de casos que atiende la Defensoría del Pueblo (esa institución ni siquiera tiene el estimado exacto), se decidió usar un método de saturación por problema jurídico específico para delimitar la muestra.

[9] Se ha intervenido en casos emblemáticos en el departamento de Caldas, como lo es el de la adjudicación en común y proindiviso del predio denominado *Carros y las Vegas,* ubicado en el municipio de Chinchiná. A raíz de la ola invernal, dicho predio sufrió serios daños que lo hicieron no apto para la explotación económica, por lo cual algunos beneficiarios abandonaron el predio. Se acudió a la acción de tutela (cfr. Juzgado Primero de Ejecución de Penas y Medidas de Seguridad de Manizales, proceso radicado 2013-114-00) como mecanismo de remedio judicial, toda vez que el Incoder, amparado en la tesis de la fuerza mayor, no accedió a una nueva adjudicación y las autoridades judiciales han considerado las acciones de tutela interpuestas por las víctimas como actuaciones temerarias.

[10] Por ejemplo, a petición de la Corte Constitucional se efectúo intervención experta en el caso de la demanda de inconstitucionalidad en contra de la Ley 1592 de 2012, artículo 19, parágrafo, modificatoria de la Ley 975 de 2005, parágrafo del artículo 18ª (cfr. Corte Constitucional, 2012). En

1.3. Formulación, implementación y evaluación de política pública

En esta línea se despliega MSJ en torno a casos asociados con la formulación de política pública,[11] su evaluación y ejecución,[12] y también se realiza acompañamiento en casos concretos[13] que involucran diferentes niveles de planes y programas de la acción política organizada. De igual forma, se aporta a la defensa de intereses colectivos por medio de la asesoría en casos de usuarios y consumidores que, por las particularidades de los casos o de la temática, pueden afectar de forma positiva el interés público.[14]

---

este caso los demandantes solicitaron la modulación de dicha normativa, con base en los principios de igualdad y de favorabilidad penal, lo cual implicaría la inmediata excarcelación de un amplio número de desmovilizados sometidos al proceso de justicia y paz. Se emitió un concepto desfavorable a las pretensiones de la demanda, tanto por la ineptitud sustantiva de esta como por la adecuación razonable y proporcionada de la medida normativa demandada en el preciso contexto del proceso de justicia transicional colombiano.

[11] En esta línea de intervención se prioriza la asesoría para la adecuada formulación de política pública. Pueden destacarse casos como el acompañamiento al Comité Interdisciplinario para la formulación de la Política Ambiental de la Universidad de Caldas, constituido en el año 2013 tras un fuerte debate en torno a la intervención de la Universidad en estudios de megaminería (caso La Colosa en el departamento del Tolima), o la investigación con base en organismos genéticamente modificados. También el acompañamiento a las organizaciones sociales —en especial a la Asociación Cívica Centro Histórico de Manizales— en la propuesta de formulación de una pieza intermedia de ordenamiento territorial para el Centro Histórico de Manizales.

[12] Se destaca el constante acompañamiento a la comunidad y a las organizaciones sociales en torno a los estudios y discusiones sobre la reconfiguración del POT a largo plazo de la ciudad de Manizales, el cual está siendo actualmente discutido por el Concejo del municipio.

[13] Como un caso de MSJ de cobertura nacional y litigio en red puede tomarse el caso *Profesionales en desarrollo familiar*. La Ley 1098 de 2006, *Por la cual se expide el Código de la Infancia y la Adolescencia*, en sus artículos 73, 79 y 84, aparentemente excluye a los profesionales en desarrollo familiar, y a cualquier otro profesional idóneo en el área social, para desempeñar las funciones públicas allí consagradas. Siguiendo esta interpretación, el ICBF ha excluido sistemáticamente a estos profesionales del ejercicio de la profesión. Para paliar esta situación, la Clínica ha acompañado a la Universidad de Caldas y a la Asociación de Profesionales en Desarrollo Familiar para mejorar las condiciones de ejercicio de la profesión, y para ello ha intervenido ante el ICBF para la modificación de sus perfiles profesionales, ha acompañado iniciativas legislativas (cfr. Congreso de la República, Proyecto de Ley 074 del 2013 de la Cámara de Representantes) y participó en la elaboración de una demanda de inconstitucionalidad parcial en contra de las disposiciones “problemáticas” ante la Corte Constitucional (cfr. Expediente D-10029).

[14] Por ejemplo, por la importancia y especialidad de la temática, se ha asesorado a fundaciones y organizaciones en torno a las estrategias socio-jurídicas en contra de la producción, la comercialización y el consumo de transgénicos. De igual forma, se ha fortalecido una alianza estratégica con algunas asociaciones y ligas de consumidores para la capacitación de los consumidores y el acompañamiento en casos difíciles. Otras formas de intervención se han concretado en intervenciones expertas ante

1.4. Pueblos originarios y comunidades culturalmente diversas

Esta línea está enfocada en la contribución a la solución de problemas y conflictos de pueblos originarios y comunidades culturalmente diversas, en el contexto de los conflictos internos y externos, en razón de los órdenes espontáneos e institucionales de organización y la protección de la diversidad cultural, la autonomía y el territorio colectivo que tornan necesaria la MSJ. Partiendo del pluralismo jurídico, la ecología de saberes y el reconocimiento del derecho propio y los fueros autoorganizativos de las comunidades, se asesora a las comunidades en asuntos de diversa índole, de donde se destaca que se ha prestado asistencia en casos relacionados con la autodeterminación y la participación de los pueblos,[15] la configuración político-administrativa, la protección del territorio y el desenvolvimiento autónomo,[16] y la protección

---

los tribunales; verbigracia, a petición de la Corte Constitucional se presentó intervención experta en el caso de la demanda de inconstitucionalidad en contra del inciso 2° del artículo 1° de la Ley 1258 del 2008, que establece la responsabilidad patrimonial de los accionistas en la figura de las sociedades por acciones simplificadas (cfr. Corte Constitucional, 2013b).

[15] Un caso interesante y supremamente complejo por las especificidades de la comunidad que se está acompañando es el de la parcialidad indígena Cartama de la etnia Embera Chamí del municipio de Marmato (Caldas). Marmato es un municipio esencialmente minero y la mayoría de los miembros de la comunidad se dedican a dicha actividad. Por otra parte, la comunidad está comprometida con el proceso de recuperación cultural, lo cual ha generado conflictos internos y externos. En este escenario, se intervino ante las autoridades municipales y nacionales para garantizar el derecho a la consulta previa en un caso asociado a la instalación de torres de telecomunicaciones en el territorio colectivo de la comunidad. Esta intervención implicó la suspensión del proyecto y, más importante para las finalidades de protección de la comunidad, sentó un precedente ante las autoridades con respecto a la obligatoriedad de la consulta previa con relación a la adopción de cualquier medida que afecte directamente a la comunidad o su territorio. A partir de ese momento la comunidad comenzó a ser consultada, en particular, en el caso de medidas administrativas asociadas a la minería. Ello conllevó un cambio sustancial en el mapa de conflicto del municipio de Marmato, ya que este ha sido históricamente amenazado por la megaminería y, en la actualidad, lo está siendo por un proyecto de minería a cielo abierto que implicaría la desterritorialización del casco urbano del municipio y el desplazamiento de sus habitantes.

[16] Se está acompañando a las autoridades indígenas del reguardo Cañamomo y Lomaprieta de la etnia Embera Chamí (municipio de Riosucio, Caldas) para encarar los conflictos originados por las actividades mineras en su territorio. Se destacan los conflictos originados por el otorgamiento estatal de títulos mineros, la minería efectuada por los propios comuneros y la presión de las autoridades para reconfigurar el territorio ancestral en una zona de reserva minera indígena. Esta intervención, ante todo, ha significado un encuentro interdisciplinario de saberes donde se ha aclarado las implicaciones de las acciones, el alcance de la normativa y los derechos propios para la adopción de decisiones documentadas por parte de la comunidad.

de comunidades culturalmente diversas.[17] La nota característica de esta línea es el uso extraordinario del derecho occidental, recurriendo, en su lugar, a la gestión comunitaria en la identificación y solución de los conflictos.

1.5. Litigio de Derechos Humanos

Protección de grupos minoritarios y sujetos de protección especial: esta línea se asocia metodológicamente con el LDH. Se han realizado acciones de promoción y protección de grupos vulnerables y vulnerados,[18] acompañamiento a la protesta social (paro minero y movilización en la Universidad de Caldas) y alertas tempranas con relación a eventuales vulneraciones de DDHH (caso desplazados del proyecto Hidroquimbo y retorno de los desplazados del proyecto Hidrohituango que se encontraban asentados en la Universidad de Antioquia).

Como puede observarse, estas acciones son claros ejemplos de ISJ en casos de AI que giran en torno a problemas y conflictos sociales de derecho de interés público que, muchas veces, tienden a ser olvidados, ignorados y que permanecen invisibilizados por el radar del ejercicio tradicional del derecho.

Se reitera que la emergencia de estas líneas ha sido fruto de diversas dinámicas que, guardando las debidas proporciones en cada caso, han obedecido a la trayectoria académica de los equipos de intervención, las particularidades del entorno y las necesidades académicas del Programa de Derecho de la Universidad de Caldas.

---

17 Por las implicaciones con respecto a la diversidad cultural y la pervivencia de las comunidades culturalmente diversas, cabe destacar el caso *Custodios y guardianes de semillas*. Se ha participado activamente, junto con el Jardín Botánico de la Universidad de Caldas, en los encuentros regionales de la Red de Semillas Libres de Colombia, en donde se han formulado estrategias de protección, defensa y conservación de las semillas tradicionales y las cosmovisiones y cosmovivencias asociadas a esta génesis cosmológica. Ello ha implicado un trabajo constante con comunidades culturalmente diversas, como lo son los campesinos.

18 En este ámbito de acción se destaca el caso *Niños del Cedat*. El Cedat es una entidad adscrita a la Universidad de Caldas. Su programa de Trabajo Social está a cargo del programa *Hogar Tutor*, el cual, a su turno, es una estrategia de restablecimiento y restitución de derechos de niños y adolescentes desvinculados del conflicto armado. En este caso la Clínica junto con el ICBF han efectuado un acompañamiento jurídico integral al Programa y a los niños, que ha implicado, por ejemplo, la intervención ante la Agencia Colombiana para la Reintegración para la obtención de los certificados de dejación de armas —en especial en los casos de los niños desvinculados de las bandas criminales emergentes—, acciones para la garantía del derecho a la salud y la seguridad social de los niños y el acompañamiento, en algunos casos, de las familias de los niños para acceder a los componentes del derecho y los estándares de la reparación integral de las víctimas.

2. Propuesta de fundamentación de la Clínica Socio-Jurídica de Interés Público de la Universidad de Caldas

Debemos precisar que el modelo que a continuación se propone es el que consideramos más adecuado, de conformidad con las particularidades de la Universidad de Caldas y su entorno.

2.1. Propósito

La Clínica Socio-Jurídica de Interés Público de la Facultad de Ciencias Jurídicas y Sociales de la Universidad de Caldas es una iniciativa para la enseñanza-aprendizaje del derecho. La enseñanza-aprendizaje se concibe como un contínuum complejo que involucra diferentes elementos como el ser, el saber, el hacer y el saber hacer, mediante la acción-participación y el involucramiento de los estudiantes y docentes en la praxis del derecho; nos referimos a las diferentes formas y niveles de articulación de la teoría con la práctica de los saberes en las culturas jurídicas.

Para el cumplimiento de este propósito la Clínica se despliega por medio de facetas misionales que, desde luego, pueden ser analizadas separadamente, en abstracto, pero que solo cobran un sentido integral y completo por medio de su articulación en lo concreto. Nos referimos en especial a la articulación de: a) la enseñanza-aprendizaje del derecho por medio de actividades académicas teórico-prácticas (materias teórico-prácticas), asociadas a las líneas de intervención priorizadas por la Clínica; b) las actividades de extensión y capacitación a la comunidad como un componente de proyección social del saber y un vehículo constante de retroalimentación de los procesos de la clínica; y c) la investigación socio-jurídica con base en diversas metodologías de acción-participación.

2.2. Aspectos metodológicos de la Clínica

Proponemos acompasar este modelo *híbrido* de educación con la *intervención social y jurídica* (ISJ) en casos de *alto impacto* (AI). A ello lo denominamos *movilización socio-jurídica* (MSJ).

2.2.1. Intervención social y jurídica (ISJ)

La ISJ podría concebirse como un método unívoco de estudio y acercamiento al derecho; sin embargo, ello puede conducir a un engaño sobre su originalidad y alcance real. En su lugar, con ISJ proponemos hacer referencia a la conjunción de las posibles estrategias y metodologías de intervención socio-jurídica en un caso real y concreto, cuando es abordado de manera interdisciplinaria o transdisciplinaria con la intencionalidad de transformar la realidad de ese caso en forma asertiva; es decir, la intencionalidad de la intervención no es otra que la de contribuir a la solución de un problema social o comunitario. Así, la ISJ intenta ordenar, explicar y comprender la multiplicidad de metodologías y prácticas que pueden ser usadas de forma interdisciplinaria y transdisciplinaria en un caso concreto para transformar su realidad.

Podemos caracterizar tres rasgos generales de lo que entendemos por *ISJ:*

a) Su finalidad no consiste solamente en observar o describir un caso, las estrategias de intervención o el derecho vigente, sino que se concibe como *acción con intención.* Se contribuye al cumplimiento de un objetivo concreto ligado a la transformación de la realidad por cuenta de la solución integral de un problema. El problema puede ser definido con antelación a la intervención de la Clínica (i.e., cuando lo hace la propia comunidad o cuando lo hace el equipo de intervención, con apoyo de la comunidad, al acercarse por primera vez al estudio del caso), en el ínterin de la MSJ (i.e., cuando las circunstancias del caso implican la constante reformulación de los objetivos y de suyo implican la reelaboración de las estrategias de intervención por parte del equipo de trabajo), o con posterioridad a la intervención (i.e., cuando en el ejercicio de retroalimentación se identifican los objetivos de la intervención en casos futuros).
b) Las estrategias sociales y jurídicas y las metodologías de intervención para el cumplimiento de los objetivos priorizados en los casos concretos pueden ser de la más variada índole, debido a la vocación inter y transdisciplinaria de esos objetivos, que se centran en la *transformación de la realidad* en razón de la *contribución a la solución de conflictos y problemas sociales y comunitarios.* En este sentido, la transformación de la realidad no se circunscribe a obtener éxito jurídico en una causa de derecho, o a poner a disposición todos los medios jurídicos con los que se cuenta para representar los intereses y derechos de una persona o comunidad, sino que su intencionalidad va más allá de lo estrictamente jurídico, se relaciona con objetivos

de naturaleza social, por ejemplo: mejorar las condiciones sociales y de vida de los actores sociales, generar visibilidad y sensibilización con respecto a problemas sociales, contribuir a la organización y autogestión comunitaria de los conflictos, impactar un conflicto de forma estructural en niveles de política pública y jurídica, etcétera. Se puede observar claramente que en muchos casos los ejercicios tradicionales de litigio son insuficientes para cumplir los objetivos más amplios de raigambre social; por consiguiente, se requiere estructurar e implementar una multiplicidad de modos, metodologías, herramientas e instrumentos de intervención de la realidad que provienen de otras "disciplinas" sociales (como la sociología, la antropología o la economía), de las humanidades (como la filosofía, la estética o las artes) o de otros saberes (como los ancestrales, tradicionales y comunitarios de los actores involucrados) y áreas del conocimiento (como la ecología o las políticas públicas). Así, esta rica integración de las disciplinas y las áreas del saber y del conocimiento, cuando es puesta al servicio de la transformación social y la solución de problemas concretos, posibilita acopiar una rica *caja de herramientas* que debe ser usada de forma asertiva por parte de los miembros de la Clínica.

c) Emerge la pregunta: ¿Cómo se transforma la realidad? En un primer nivel, se pretende influir en la transformación de la realidad en los casos concretos, como un efecto directo de la *investigación-acción-participación* de los equipos de trabajo y las líneas de intervención de la Clínica. Es decir, en este nivel se pretende que las intervenciones desplegadas por la Clínica sean la causa preponderante de la transformación de la realidad en su aporte a la resolución de los conflictos en los casos concretos.

   Es claro que por la complejidad ínsita en el acercamiento y la transformación de la realidad, es sumamente difícil identificar con claridad las causas y los efectos directos de las intervenciones humanas, y de allí que se proponga un nivel complementario a través del cual se pueda valorar el impacto de las intervenciones de la Clínica. A este nivel lo denominamos "simbólico", por cuanto allí debe ponderarse cómo la transformación social en la práctica y los hábitus es propia del cambio de ideologías, representaciones e imaginarios, y estos fenómenos multicausales y modales se vieron influidos, de una u otra forma, por la intervención de la Clínica.

En cualquier caso, la transformación de la realidad y la resolución de los conflictos deben ser, en teoría, influidas por el involucramiento activo de los miembros de la Clínica en razón de sus intervenciones socio-jurídicas.

2.2.2. Alto Impacto (AI)

Entendemos que el AI debe ser pensado de forma gradual y contextual, de conformidad con: a) el juicio, los valores y los intereses de los participantes; b) los propósitos de enseñanza-aprendizaje de la clínica; c) el ámbito de la intervención y la realidad propia del involucramiento; y d) las posibilidades de innovación socio-jurídica y del litigio en red. De esta forma, la intensidad del "impacto" que ameritaría la MSJ de la clínica por medio de la enseñanza del derecho, la proyección social y la investigación acción-participación, debe concebirse, en principio, de una forma maleable con atención a la realidad del equipo de intervención y del caso concreto.

Para facilitar esta tarea proponemos evidenciar el "impacto" de la MSJ por medio de algunos criterios-variables que deben ser ponderados en los casos concretos. No está de más precisar que se pueden elegir diferentes determinantes para "operacionalizar-operativizar" cada uno de los criterios que se planten a continuación, generar escalas de valor sobre la intensidad del impacto (vgr., impacto bajo, medio y alto) y asignarles cualidades o cantidades para jerarquizar y decidir en consecuencia sobre la intensidad del impacto. Consideramos que este pluralismo metodológico no constriñe el progreso del pensamiento en relación con la experiencia que ha estado acumulando la Clínica, ni tampoco enerva la imaginación y el ingenio individual y colectivo.

2.3. Criterio de impacto: "la realidad de la enseñanza-aprendizaje del derecho de interés público"

Este criterio se refiere a la intensidad del impacto que supondría la MSJ en el ser, saber, hacer y saber hacer de los participantes involucrados en la Clínica Jurídica, especialmente en la intensidad de la MSJ en las destrezas, capacidades y habilidades de sus protagonistas; esto es, de docentes, investigadores, estudiantes, practicantes y pasantes en el ejercicio del derecho de interés público.

Como es bien sabido, la pretensión racionalista de poder saber o enseñar todo en el derecho o la legislación, paulatinamente ha sido abandonada. Este fenómeno en la teoría y la práctica es multicausal. Entendemos que se origina, principalmente, por la complejización de las formas de organización humanas; la rápida transformación y el cambio social e institucional; la emergencia e identificación de "nuevos" problemas o la sustitución y la transformación de los "antiguos"; la constante expansión de la producción jurídica sobre nuevas áreas del saber y de la realidad; la especialización creciente de las áreas del derecho; el reconocimiento de nuevas realidades del derecho (nuevos derechos); el viraje del ejercicio tradicional del derecho hacia prácticas más complejas; y la urgencia de abordajes interdisciplinarios y transdisciplinarios en un derecho que ya no se concibe monolítico, bien delimitado y puro desde su objeto de estudio, ni tampoco desde su método de acercamiento a la realidad.

Este fenómeno complejo, al que denominaremos *volatilidad del derecho,* hace necesaria la puesta en marcha de rápidas intervenciones y mediaciones en la enseñanza-aprendizaje del derecho que, muchas veces, se ven trastocadas por la vocación de permanencia de los currículos de derecho, ya sea por su petrificación, o porque no pueden responder de manera ágil o por conducto de sus instrumentos tradicionales de mediación a estos retos y exigencias, que se plantean día a día a los estudiantes, académicos y profesionales del derecho. Ello también ha contribuido al ostracismo disciplinar y social que, infortunadamente, caracteriza al derecho tradicional.

En este sentido, el criterio que aquí se propone tiene como propósito evaluar la necesidad de la MSJ en casos concretos donde: a) el saber implicado del derecho de interés público no sea "abordado" con suficiencia por las demás actividades académicas del currículo, o donde no se desarrollen las capacidades, habilidades y destrezas necesarias (debilidad del currículo), de conformidad con b) las exigencias y necesidades sociales, del entorno o del medio que obligan al abogado a ser, saber y saber hacer.

En ambas variables pueden considerarse las apuestas institucionales internas de cada institución. Por ejemplo, en el caso de la Universidad de Caldas, en razón de la relación de sus objetivos, áreas y variables estratégicas para el desarrollo académico con el interés público y colectivo (cfr. Universidad de Caldas 2009a, 2009b). De esta forma, resultarán de especial interés académico los casos que: a) estén circunscritos a las áreas estratégicas del Plan de Desarrollo de la Universidad y el Plan de Acción del Departamento de

Jurídicas, b) que puedan contribuir al desarrollo de las variables estratégicas para el desarrollo académico de la Universidad de Caldas (2009a, pp. 85-97) y c) que puedan aportar al cumplimiento de los objetivos del Departamento de Jurídicas, en especial, de "capacitación de los docentes y conformación de equipos de trabajo", "definir las líneas de investigación" e "integrar los programas de investigación con otras disciplinas" (2009b, pp. 1-14).

No puede perderse de vista que, de conformidad con el Plan de Acción de la Facultad de Ciencias Jurídicas y Sociales, los procesos académicos, científicos y sociales que tienen lugar en la Facultad se efectúan en la perspectiva del cumplimiento de la filosofía institucional, de la misión ética y social de la Universidad, en el marco de la corresponsabilidad social; el reconocimiento y el respeto a la diferencia y a la pluralidad ideológica, en dirección a aportar a la construcción de condiciones de convivencia y justicia social, dignidad y respeto a los derechos humanos, equidad y relaciones democráticas en la localidad, la región y el país (Universidad de Caldas, s.f.)

Continuando con el caso de la Universidad de Caldas, este criterio debe contextualizarse a partir del Plan de Estudios del Programa de Derecho (Universidad de Caldas, 2010), teniendo en especial consideración su objeto, sus propósitos y objetivos que orientan la formación, sus competencias formativas y su modelo pedagógico y curricular.

De esta forma, la Clínica Jurídica puede priorizar la MSJ en áreas poco exploradas del derecho de interés público o aquellas que requieren el desarrollo de habilidades especiales por parte de los estudiantes, aunque los casos, en principio, no tengan un "AI" conforme a los demás criterios-variables que se presentan a continuación. Aquí el impacto debe concebirse a partir de la incidencia en las diferentes facetas de los participantes de la Clínica considerados de forma personal y colectiva.

2.4. Criterio de impacto: "el alcance de la satisfacción de derechos"

A diferencia de los consultorios jurídicos, la clínica se piensa como una instancia que procura la satisfacción y la garantía de los intereses y los derechos colectivos en niveles estructurales, en lugar de propender exclusivamente por la agencia de los derechos e intereses individuales de las personas amparadas por pobres. Asimismo, la clínica aboga por la satisfacción colectiva de derechos, en lugar de su simple goce individual, es decir, su objeto preciso es el abordaje del derecho de interés público por medio de MSJ que genere AI.

Esta afirmación debe ser entendida en sus justos cabales. No se niega que la agencia de intereses y derechos individuales puede incidir en la satisfacción de derechos colectivos, ni que incluso pueda repercutir de manera estructural en dicha propósito. Tampoco se sostiene que la satisfacción individual de derechos no repercute en la satisfacción colectiva de derechos. En suma, no se niegan ni desconocen las íntimas relaciones entre *la estructura* y *la agencia*. Mucho menos se quiere ocultar que existen consultorios jurídicos que han escapado de los estereotipos tradicionales y han ampliado sus métodos y campos de acción.

En lugar de ello, enfatizamos en que la intervención de los consultorios jurídicos se ha limitado, en general, al patrocinio de derechos e intereses individuales para asegurar su satisfacción individual. Ello ligado al propósito institucional de asegurar la práctica de los estudiantes de derecho desde una lógica tradicional del ejercicio del derecho. Ello implica la ausencia real del litigio y la innovación en temas sensibles de interés público (cfr. Londoño, 2003). Consideramos que esta hipótesis se desprende de la normativa jurídica nacional que, de forma general, crea, estructura y asigna funciones y competencias a los consultorios jurídicos; en especial, nos referimos al Decreto 196 de 1971 y a la Ley 583 del 2000 (cfr. Corte Constitucional, Sentencia C- 143 del 2001, M.P. José Gregorio Hernández Galindo).

Esta hipótesis nos permite esclarecer tres diferencias sustanciales entre los propósitos de la clínica jurídica y los de los consultorios jurídicos: a) el propósito de los consultorios jurídicos se concreta en la intervención jurídica en el caso de intereses y derechos individuales para asegurar su satisfacción individual; en cambio, en la clínica se propone la MSJ de derechos individuales o colectivos, con el propósito último de garantizar la satisfacción colectiva de derechos; b) en los consultorios jurídicos se interviene jurídicamente en el nivel de la agencia individual, sin el propósito último de afectar la faceta estructural; en contraste, la clínica jurídica plantea la MSJ en el nivel de la agencia individual y colectiva para impactar las condiciones estructurales; y c) las metodologías distan mucho entre sí: la clínica formula la MSJ y los consultorios jurídicos se valen de la práctica eminentemente jurídica de los estudiantes-practicantes de los programas de derecho.

Estas diferencias proporcionan las pistas para formalizar el criterio de impacto sobre el alcance de la satisfacción de derechos, de la siguiente manera: se entenderá que la MSJ será de alto impacto cuando a) permita la satisfacción y garantía de derechos colectivos (litigio de derechos colectivos); b) tenga un impacto sobre la satisfacción colectiva de derechos (por conducto del litigio de derechos individuales o colectivos); o c) implique impacto estructural en la satisfacción de derechos. Esta última variable, naturalmente, debe concretarse en la incidencia que la MSJ puede tener en los niveles de la política pública desde el LE y el SE.

2.5. Criterio de impacto: "personas y grupos de especial protección"

La Clínica no puede desconocer el fuerte propósito social e institucional consistente en el aseguramiento de que la igualdad sea real y efectiva y se proteja la diferencia en nuestro país, tanto en la eliminación de las desigualdades presentes como en la instauración de las condiciones para su realización progresiva hacia el futuro. Esta apuesta adquiere mayor peso concreto en el caso colombiano, en donde, a nuestro parecer, históricamente se han presentado fuertes dinámicas que han generado una creciente iniquidad y se ha negado la pluralidad y la diferencia. Nos permitimos destacar algunos fenómenos que han contribuido a ello: a) la discriminación racial y cultural, incluso por medio de la institucionalización de campañas de blanqueamiento dirigidas hacia los pueblos originarios y las comunidades culturalmente diversas; b) la entronización de la sociedad patriarcal, con la consecuente cosificación y negación de lo femenino y la normalización de la violencia en contra de la mujer,[19] a la vez que se ha diseminado el repudio hacia formas diversas de ser y entender el sexo y el género, como es el propósito del feminismo o los grupos que conforman la comunidad LGTBI; c) se ha practicado el genocidio político, como en el caso reciente de la Unión Patriótica, y por lo general se estigmatiza cualquier propuesta política alternativa a la dominante; y d) de forma exponencial y progresiva, se han ampliado las brechas entre los que lo tienen todo y los que a duras penas se tienen a sí mismos; entre los social y económicamente incluidos y activos, y quienes no lo están: los excluidos, los seres de la colonialidad. Ello conlleva e impulsa una brecha abismal en todos los niveles de satisfacción de derechos, con sus correlatos de ausencia

[19] Para Santos (2011): "Bajo formas cambiantes según tiempo y lugar, las mujeres han sido consideradas seres cuya humanidad es problemática (más peligrosa o menos capaz) en comparación con la de los hombres. A la dominación sexual que este prejuicio genera la llamamos patriarcado y al sentido común que lo alimenta y reproduce, cultura patriarcal".

de capacidades para vivir vidas dignas en lo que se quiere ser, en el vivir bien y en vivir sin humillaciones.

Estas dinámicas perversas se asocian y exacerban en el marco de un conflicto armado interno colombiano, que durante más de medio siglo se ha caracterizado por la banalización del mal, el afianzamiento de las lógicas culturales y económicas del narcotráfico y, en general, de la ilegalidad, en donde se han cometido los más execrables crímenes imaginables en contra de la humanidad.

Estas dinámicas complejas se han acentuado y consolidado casi de forma endémica: los conflictos personales, familiares y sociales en sus facetas distributivas y redistributivas, asociados a lo económico, lo político, lo cultural, lo legal, etcétera. En fin, cualquiera de estos factores de manera aislada hubiese podido generar un escenario inequitativo y desigual para las personas y grupos "minoritarios". En nuestro caso, esos factores confluyen y se enmarañan, generando un presente histórico difícil de asumir.

De allí que se proponga la inclusión de un criterio que permita ponderar el impacto de la MSJ en la satisfacción de derechos y la inserción social de personas y grupos de especial interés. Lógicamente, este criterio debe considerar el impacto de la MSJ en la promoción y el aseguramiento de la diferenciación positiva y la discriminación inversa como estrategias para el aseguramiento de que la igualdad sea real y efectiva en nuestro país.

Siguiendo este criterio, el AI se valoraría teniendo en cuenta dos variables: a) que la MSJ recaiga sobre grupos u organizaciones de personas de especial interés o con protección reforzada, como son, por una parte, personas en situación de vulnerabilidad e indefensión: personas en situación de discapacidad física, sensorial o cognitiva, niños y adolescentes, madres cabeza de familia, habitantes de la calle, personas de la tercera edad, personas en situación de abandono, etcétera; y, por otra parte, grupos históricamente marginados, como los pueblos originarios y comunidades culturalmente diversas, víctimas del conflicto armado, personas sexualmente diversas, entre otros; y b) que la MSJ le facilite al grupo el mejoramiento de sus condiciones sociales, culturales, económicas y legales, en razón de su reconocimiento como sujetos materiales de derecho, su satisfacción de derechos, su inserción social, entre otros factores relevantes en el contexto colombiano para cumplir el propósito de que la igualdad sea real y efectiva.

En ese criterio son de especial interés los desarrollos del LDH, como una estrategia para contribuir a la sensibilidad social y al goce concreto de derechos.

3. Propuesta de organización de la Clínica Socio-Jurídica de Interés Público de la Universidad de Caldas

Con base en la experiencia acumulada por la Clínica, se proponen los siguientes lineamientos para su organización.

3.1. Objetivo general

Consolidar un espacio académico para la enseñanza-aprendizaje del derecho de interés público en la Universidad de Caldas, por medio de la movilización socio-jurídica en casos de alto impacto social y jurídico.

3.2. Objetivos específicos

a) Articular la docencia, la investigación y la proyección social del saber en casos de alto impacto, a partir de la movilización socio-jurídica para la educación del derecho de interés público en la Universidad de Caldas.
b) Acercar a los miembros de la Clínica, en su ejercicio académico y profesional, a la realidad que involucra el interés público, mediante los mecanismos de intervención socio-jurídica, para materializar la solución integral de conflictos sociales.
c) Fomentar el desarrollo de competencias de litigio estratégico, litigio estructural, litigio de alto impacto y litigio de derechos humanos, con el propósito de encauzar de forma asertiva y participativa los conflictos sociales.
d) Sensibilizar a la comunidad y a los miembros de la clínica con respecto a las realidades sociales, de modo que puedan intervenir en la transformación positiva de la sociedad y las comunidades.

3.3. Misión

Intervenir en casos de alto impacto social y jurídico, para contribuir a la solución de problemas sociales por medio de la docencia, la investigación y la proyección social del saber del derecho de interés público desde la Universidad de Caldas.

3.4. Visión

Consolidar la clínica como un espacio académico que permita solucionar de forma integral los conflictos sociales y comunitarios, a través de la articulación de la docencia, la investigación y la proyección del derecho de interés público.

3.5. Actividades de movilización socio-jurídica

a) Asistencia jurídica a comunidades y personas de escasos recursos económicos en asuntos de interés público.
b) Intervención socio-jurídica en casos de alto impacto que involucren el interés público.
c) Participación en proyectos de investigación desde enfoques interdisciplinarios y transdisciplinarios para contribuir a la solución de conflictos sociales y comunitarios.
d) Capacitaciones que contribuyan al empoderamiento colectivo de prácticas y discursos y que permitan la gestión social de los conflictos y la satisfacción colectiva de derechos.
e) Actividades internas y externas de proyección social del saber.
f) Difusión y divulgación social y académica del saber.
g) Consultoría en asuntos de interés público.
h) Actividades académicas desde las líneas de intervención.

3.6. Principios de intervención

3.6.1. Equidad

Las intervenciones de la clínica promoverán la igualdad en condiciones de equidad y deberán contribuir a la solución de los conflictos sociales y comunitarios, priorizando el interés público-común.

3.6.2. Tolerancia

En todas las intervenciones de la Clínica se respetará la diferencia. Se prohíbe cualquier trato discriminatorio fundado en razones de opinión, identidad, pertenencia a grupos o forma de vida.

3.6.3. Solidaridad

La clínica es un espacio horizontal de interacción entre sus miembros y los actores sociales, por lo cual se promoverán escenarios de ayuda mutua para el mejoramiento de las condiciones sociales y comunitarias.

3.6.4. Participación

Los miembros de la Clínica Jurídica promoverán y atenderán las iniciativas de ciudadanos, organizaciones y comunidades, encaminadas a intervenir en los procesos de deliberación, formulación, ejecución, control y evaluación de la gestión pública y social.

3.6.5. Moralidad

Los miembros de la clínica deben proceder con rectitud, lealtad y honestidad en las actuaciones que se lleven a cabo con ocasión del cumplimiento de los compromisos adquiridos y las funciones asignadas.

3.6.6. Compañerismo

Los integrantes de la Clínica obrarán conjuntamente y sin egoísmo, propiciando un ambiente de ayuda mutua para llevar a cabo las actuaciones y gestiones que exija su participación en la Clínica.

3.6.7. Celeridad

Los miembros de la Clínica Jurídica obrarán con diligencia y oportunidad, a efectos de que las intervenciones se realicen de forma proporcionada, razonable y sin dilaciones injustificadas.

3.6.8. Economía

Los integrantes de la Clínica Jurídica deberán proceder con eficiencia, optimizando el uso del tiempo y de los demás recursos, procurando el más alto nivel de calidad en sus actuaciones y la protección de los derechos de las personas.

3.6.9. Eficacia

Los miembros adscritos a la Clínica adecuarán los procedimientos al logro de su finalidad. Para ello, implementarán las estrategias en procura de la primacía del derecho sustantivo objeto de la actuación jurídica.

3.6.10. Coordinación

Los integrantes de la Clínica Jurídica coordinarán sus actividades con las unidades académicas y grupos de la Universidad de Caldas y las entidades públicas y privadas, para lograr el cumplimiento de sus cometidos y el reconocimiento de los derechos de los actores sociales involucrados.

3.6.11. Confidencialidad

Los integrantes de la Clínica Jurídica deben garantizar que la información de la cual tengan conocimiento con ocasión de sus funciones, será tratada y conservada bajo estricta reserva.

3.7. Propósitos misionales

La unidad fundamental de la Clínica Jurídica es la línea de intervención y su equipo de trabajo. Todas las actividades de movilización jurídica de la Clínica deben ser efectuadas contextualmente, por medio de los equipos de las líneas de intervención. Se prescindirá de cualquier tipo de gestión aislada. Para el efecto, cada línea de intervención efectuará movilización socio-jurídica en torno a casos y proyectos de alto impacto. La movilización socio-jurídica será inter y transdisciplinaria y cobijará de forma integral las siguientes facetas misionales:

a) Enseñanza-aprendizaje del derecho: se articulan actividades académicas del Programa de Derecho y los posgrados de la Facultad de Ciencias Jurídicas y Sociales. Dichas actividades se encuentran vinculadas a las líneas de intervención de la clínica como fruto de su experticia acumulada. Asimismo, se ofrecen en el nivel de profundización e implican niveles teórico-prácticos del saber. Los estudiantes que optan por cursar las actividades académicas vinculadas a la Clínica, participan activamente en la MSJ de los casos concretos.
b) Actividades de proyección social del saber y capacitación: los miembros de la Clínica también participan en los proyectos concretos de extensión y capacitación. En esta faceta se atienden las obligaciones sociales fruto de los convenios de la Clínica y los proyectos concretos de extensión vinculados a la Vicerrectoría de Proyección de la Universidad. De igual manera, se hace capacitación a la comunidad

a partir de las áreas y problemas sociales identificados en las líneas de intervención.

c) Investigación socio-jurídica aplicada: en razón de la alianza de la Clínica con los grupos y centros de investigación de la Universidad, los miembros de la Clínica hacen investigación socio-jurídica en los casos acompañados, con base en metodologías de acción-participación.

Como se puede observar, en menos de un año de intervenciones formales, las acciones de movilización jurídica emprendidas por la Clínica han tenido un alto impacto social, tanto desde la perspectiva del entorno y la comunidad, como desde la enseñanza-aprendizaje del derecho de las personas vinculadas a la dinámica de la clínica. En razón de ello y, por la madurez que ha alcanzado el proyecto, paulatinamente se ha tornado necesario estructurarlo como una unidad académico-administrativa, en lugar de tomarse únicamente como acciones que giran en torno a un proyecto de extensión social, proceso en el cual hemos venido trabajando como equipo de trabajo y que esperamos sea materializado en el corto plazo.

Para finalizar, queremos resaltar la importancia de este espacio académico, ya que permite identificar problemas sociales sensibles que requieren el acompañamiento de equipos interdisciplinarios de trabajo altamente cualificados, y cuya intervención en procura de la solución de problemas sensibles puede generar un alto impacto en razón de la contribución al cambio social y académico, local, regional y nacional.

Bibliografía

Azuero, A. (2007). *Litigio de alto impacto: estrategia para el reconocimiento de los derechos de las parejas del mismo sexo en Colombia.* Recuperado el 16 de marzo del 2007, de http://www.colombiadiversa.org/mod.php?mod=userpage&menu=9&page_id=1050.

Burgos, G. (1996). Los servicios legales populares y la investigación socio jurídica en Latinoamérica. *Pensamiento Jurídico,* (6).

Correa, L. (2008). Litigio de alto impacto: Estrategias alternativas para enseñar y ejercer el Derecho. *Revista Opinión Jurídica*, 7 (14), 147-162. Medellín: Universidad Medellín.

Corte Constitucional de Colombia (2001). *Sentencia C-143.* M. P. José Gregorio Hernández Galindo.

Corte Constitucional (2012). *Demanda de inconstitucionalidad en contra Ley 1592 de 2012, artículo 19, parágrafo, modificatoria de la ley 975 de 2005, parágrafo del artículo 18ª.* Expediente D-9737-2012. M. P. Mauricio González Cuervo.

Corte Constitucional (2013a). *Demanda de inconstitucionalidad en contra de la ley 1098 de 2006, artículos 73, 79 y 84 (parciales).* Expediente D-10029. Demandantes Ricardo Gómez Giraldo y María Carmenza Quintero Cardona.

Corte Constitucional (2013b). *Demanda de inconstitucionalidad en contra de la Ley 1258 de 2008, artículo 1º (parcial).* Expediente D-9769. M. P. Mauricio González Cuervo.

Eljaiek, M. (2000). Modelo de Intervención social con participación comunitaria: Una estrategia de investigación-acción para la Facultad de Trabajo Social. *Perspectiva Social,* 3 (4).

Giacometto, A. y García, A. (2000). *Crisis en la enseñanza del derecho.* Bogotá: Ediciones Librería del Profesional.

Juzgado Primero de Ejecución de Penas y Medidas de Seguridad de Manizales (2013). *Proceso radicado 2013-114-00. Señor X (se protege la identidad) contra Incoder.*

Juzgado Séptimo Penal con función de Control de Garantías de Manizales (2013). *Proceso radicado* 2013-043*). Señora X (se protege la identidad) contra Infimanizales.*

Londoño, B. (2003). Las clínicas jurídicas de interés público en Colombia. Retos y posibilidades de una naciente experiencia. En. F. González (Ed.), *Clínicas de interés público y enseñanza del derecho* (pp. 9-47). Santiago de Chile: Universidad Diego Portales.

Méndez, G. y Sanín, R. (2012). La constitución encriptada. Nuevas formas de emancipación del poder global. *Redhes. Revista de Derechos Humanos y Estudios Sociales,* (8).

Orozco, J. F. (2013). *Informe final de investigación La protección constitucional de las personas desplazadas por la violencia en el departamento de Caldas.* Manizales: Universidad de Caldas, archivo Vicerrectoría de Investigaciones, en prensa.

Rodríguez, C. y Rodríguez, D. (2010). *Cortes y cambio social: cómo la Corte Constitucional transformó el desplazamiento forzado en Colombia*. Bogotá: Centro de Estudios de Derecho, Justicia y Sociedad (Dejusticia).

Sánchez, F. (2007). *El litigio estratégico en México: la aplicación de los derechos humanos a nivel práctico. Experiencias de la sociedad civil*, México: Oficina del Alto Comisionado de las Naciones Unidas para los Derechos Humanos.

Santos, B. (2011). *La persistencia histórica del patriarcado*. Recuperado el 23 de diciembre del 2013, de http://www.pagina12.com.ar/diario/elmundo/4-166480-2011-04-18.html.

Tribunal de lo Contencioso Administrativo de Caldas (2011). *Proceso radicado 2011-00337. Sociedad de Mejoras Púbicas y otros contra Gobernación de Caldas y otros.*

Tribunal de lo Contencioso Administrativo de Caldas (2003). *Proceso radicado 20030310. Francisco Javier Gutiérrez y otros contra Corpocaldas y Aguas de Manizales.* Sentencia 164 del 16 de diciembre del 2005. M. P. Jairo Ángel Gómez Peña.

Universidad de Caldas (2009a). *Plan de Desarrollo 2009-2018 "Para el Desarrollo de la Región y el Avance de la Ciencia y la Cultura"*. Manizales: Editorial Universidad de Caldas.

Universidad de Caldas (2009b). *Plan de Acción del Departamento de Jurídicas*. Manizales: Archivo del Departamento de Jurídicas.

Universidad de Caldas, Consejo Académico (2010). *Acuerdo 03 de 2010. Por medio del cual se aprueba el ajuste curricular del Programa de Derecho.*

Universidad de Caldas (2013). *Contribución a la construcción de cultura ciudadana constitucional y sociedad civil, desde la Universidad de Caldas, a través de la implementación de una clínica sociojurídica de interés público* (proyecto de investigación VPU-CJS-976. Coordinador: Carolina Valencia Mosquera, Departamento de Jurídicas).

Universidad de Caldas. (s.f.) *Plan de Acción de la Facultad de Ciencias Jurídicas y Sociales.* Recuperado en septiembre del 2013, de http://www.ucaldas.edu.co/facultadjuridicas/index.php/decanatura/mision-y-vision.

Villareal, M. (2007). El litigio estratégico como herramienta del derecho de interés público. En F. Sánchez (Ed.), *El litigio estratégico en México: La aplicación de los derechos humanos a nivel práctico. Experiencias de la sociedad civil.* México: Oficina del Alto Comisionado de las Naciones Unidas para los Derechos Humanos.

Washington College of Law (WCL) (2007). *Proyecto del litigio WCL.* Recuperado el 16 de marzo del 2007, de http://www.wcl.american.edu/ilp/index_sp.cfm.

1.3.5. La enseñanza clínica del derecho como fundamento reorientador de la formación tradicional en la Universidad Autónoma Latinoamericana*

Jorge Eduardo Vásquez Santamaría**

Introducción

Desde el problema de investigación *¿Qué fundamentos pedagógicos, jurídicos y fácticos deben orientar la revaluación del Derecho para acreditar su naturaleza y pertinencia como ciencia social en el sistema jurídico continental imperante en Colombia?*, se planteó identificar los fundamentos pedagógicos, jurídicos y fácticos, tradicionales y no tradicionales, que deben orientar la revaluación del derecho, describiéndolos evaluativamente con una perspectiva propositiva que contribuya a acreditar la pertinencia del derecho como ciencia social, y dentro de este, el proceso de formación del sujeto especializado.

Como uno de los fundamentos orientadores de tipo pedagógico identificados en la investigación, la enseñanza clínica del derecho aparece como derrotero no tradicional desde el cual se propone la pertinencia de

---

* Producto final del proyecto de investigación *Indisciplinar el derecho: fundamentos orientadores pedagógicos, jurídicos y fácticos para una ciencia social rendida*, adscrito a la línea de investigación "Cultura Latinoamericana, Estado y Derecho" del Grupo de Investigaciones Ratio Juris de la Facultad de Derecho de la Unaula, Universidad financiadora del proyecto de investigación.

** Abogado y magíster en Derecho, Universidad de Medellín. Especialista en Docencia Investigativa, Universitaria Funlam. Docente asesor de la Clínica Jurídica de la Facultad de Derecho de la Universidad Autónoma Latinoamericana.

su inserción en los currículos de derecho de los programas que justificadamente lo articulen al proceso formativo, experiencia vivida en la Unaula con posterioridad a la investigación que acreditó la pertinencia de la enseñanza clínica, la cual se aparta del modelo tradicional.

La defensa de esta posible incursión como una nueva modalidad de enseñanza y aprendizaje del derecho en la Unaula, exigió la exposición de los resultados obtenidos de la muestra poblacional de abogados clínicos indagados en la investigación, en contraste con los resultados obtenidos de la muestra de 52 abogados docentes tradicionales, sin pasar por alto la conceptualización que soporta la figura del abogado clínico o de formación clínica. En ese sentido, se conceptualizó el método clínico y las clínicas jurídicas como principales manifestaciones de la enseñanza clínica del derecho, lo que justifica la proposición de la enseñanza clínica como fundamento pedagógico no tradicional pertinente para la consolidación de un nuevo derecho, no solo en la Unaula, sino también en otras facultades de derecho.

Partiendo de la idea de una enseñanza práctica ejemplarizada en la experiencia de formación de la medicina, hablar de un modelo clínico implica relacionar el método clínico, que ha encontrado en el área jurídica a las clínicas jurídicas como principales escenarios para su implementación, arrastrando agregados como el interés público, la interdisciplinariedad y la investigación.

1. El método clínico

En el sistema jurídico continental, el profesional del derecho ha encontrado como un obstáculo en el ejercicio de su profesión asumir la realidad social desde una mirada objetiva y disciplinar, debido a que no cuenta con una formación que tienda a la toma de conceptos integrantes, que sea promovida desde el inicio de los estudios de pregrado para enfrentar un problema jurídico determinado, sino que se limita a encasillar en un tema específico dentro de una rama del derecho que se aísla de todas las demás.

Para poder asumir, como dice Böhmer (2005), "el liderazgo en una sociedad compleja, los universitarios no pueden pretender que lo que les brinda su facultad les es suficiente" (p. 4). ¿Y que ofrecen las universidades en la actualidad a los estudiantes de derecho en el sistema continental? La mayoría siguen amparadas en un método que hace del estudiante un recolector memorístico de las normas jurídicas consagradas positivamente en el ordenamiento jurídico, que adecuándolas a un hecho determinado por medio de algunos ejercicios hermenéuticos, da por concluido el proceso de ejercicio del derecho. Las generaciones de estudiantes que se forman como futuros abogados deben comprender el derecho dentro de un campo que no implique solamente la memorización de la norma y el reconocimiento de la materia de manera aislada. Hoy muchas facultades de derecho de Colombia promueven que entre mayor división exista de la ciencia jurídica, mayor entendimiento de la materia quedará en el estudiante:

> Las facultades de derecho han sido tradicionalmente, y aún hoy continúan siendo, divididas en departamentos, cátedras y materias, los departamentos agrupan una cierta rama del derecho. Así existen los departamentos de derecho público, derecho comercial, derecho privado [...] cada departamento se hace cargo de una serie de materias, que a su vez están a cargo de diversas cátedras. Toda materia que se precie comienza su derrotero académico afirmando —teórica e institucionalmente— su autonomía. La autonomía en una materia implica su independencia epistemológica respecto a las demás. (Böhmer, 2005, p. 4)

Sumado a lo anterior, tradicionalmente, la educación en general y la educación legal en particular han desconocido el potencial de la experiencia práctica como fuente útil de educación jurídica (Clarke, 2004, p. 1), donde el método clínico de enseñanza del derecho figura como una respuesta y posible opción para superar las críticas y señalamientos que recaen sobre el modelo tradicional de formación de abogados en los ordenamientos ligados a la corriente del derecho continental.

A partir del método clínico para la enseñanza del derecho, en la Unaula se concibe la experiencia y la práctica del derecho como opciones pedagógicas importantes, las cuales en ocasiones son desechadas por la educación legal que se imparte de forma tradicional, o porque las instituciones desconocen métodos alternativos y novedosos como el método clínico y no buscan otros recursos para corregir las falencias de sus sistemas (Amsterdam, citado en Hurder *et al.*, 2003, p. 9). Sobre el criterio de enseñar una ciencia o una disciplina que suministra un conocimiento dotado de un grado considerable de certeza, o aun de cientificidad y unidad, la formación tradicional del derecho, aparte de dividirse detalladamente en cursos, se ha escindido de la práctica, considerándola en ocasiones una mera técnica, matizada por subjetivismos, vicios y caprichos que no se compadecen en nada con los conocimientos impartidos desde la teoría.

Está consciente ignorancia del aspecto práctico del derecho ha sido develada en la Unaula. Su consideración como algo separado de la enseñanza de la ciencia como tal, desconoce el aspecto social que nutre al derecho como ciencia social, el cual está llamado a solucionar problemas, resolver litigios, regular de forma integral y eficaz la vida social de la colectividad, y por tanto, da vida al método clínico que intenta superar esta escisión. Despuntar esta división dentro del proceso de formación de profesionales del derecho, resulta ser una labor que implica concebir dicha disciplina como una universalidad de temas y conceptos que se compaginan e interrelacionan. De lo contrario, enfrentar los desafíos actuales de la sociedad resulta un objetivo difícil de abarcar, dado que emprender un camino con una visión del derecho limitada y sin incentivos de creatividad, innovación o imaginación, saturada de una amplísima limitación normativa y formalista, sin dar cabida a una visión múltiple, práctica y social del derecho, llevará a que el derecho siga lejano de las realidades a las cuales está llamado a atender.

En la Unaula se retomaron los distintos mecanismos que se ofrecen al estudiante para el desarrollo de la práctica del derecho, entre ellos los consultorios jurídicos, las judicaturas y las dependencias con abogados. Aun si es cierto que estas opciones se presentan con facilidad a los estudiantes, también lo es que son apenas soluciones tópicas al problema de fondo, que pueden llegar a solucionar algunas de las carencias que plantea el método tradicional, pero que no se presentan como una opción integral y sistemática al desarrollo de una práctica legal. No obstante las numerosas características de estas opciones, sus fortalezas y debilidades, no es este el lugar para ahondar en su eficacia y actual conveniencia. Baste decir que no presentan una solución integral.

El método clínico incluye, y puede desbordar, los mecanismos de práctica jurídica antes mencionados, organizándolos sistemáticamente y trascendiéndolos para ofrecer una experiencia integral de práctica del derecho, que en el caso específico que aquí se trata incluye de manera innovadora un componente de investigación jurídica de gran importancia y con experiencia acumulada en varias clínicas jurídicas de la ciudad de Medellín:

> Esta forma de enseñar el derecho en general se caracteriza por: ser un trabajo dinámico en cuyo desarrollo se incluye al estudiante como actor principal, se desarrolla sobre casos reales con relevancia jurídica, bajo la supervisión de profesionales y expertos en el tema; no se limita a una rama específica del derecho, sino que aprovecha el campo interdisciplinario para construir soportes para la estrategia de litigio que le permita al alumno avanzar en la implementación del Derecho. (Correa y Vásquez, 2008, p. 70)

En este contexto, el método clínico se identifica como una posibilidad para la formación de un nuevo profesional. Desde una visión humanista, la formación integral por competencias no se dirige de forma exclusiva al saber hacer, sino desde el desarrollo de las potencialidades del ser humano (Díaz, 2007, p. 48), lo que en el caso de la enseñanza por medio del método clínico se debe centrar en las potencialidades del estudiante del programa de derecho y futuro profesional, a través de un equilibrio teórico-práctico.

El método clínico se propone como una nueva forma de enseñanza, fundamentado a su vez en una nueva forma de concebir y pensar el derecho, sin desprender el estudio de la teoría de todas y cada una de las áreas del pregrado. El componente práctico se incluye al mismo nivel del teórico, el estudiante se ubica como centro de aprendizaje en el cual se deben trabajar aptitudes, habilidades, creatividad y conocimientos, en el marco del reconocimiento, la sensibilidad y la responsabilidad social de una ciencia que así lo requiere. El método clínico se identifica como una nueva posibilidad que encuentra en la investigación, la creatividad, la innovación, la interdisciplinariedad y la comunicación, herramientas sólidas para la reorientación de una pedagogía del derecho, caracterizada por campos abiertos, de construcción, de nuevas perspectivas y aproximaciones con la realidad, que permiten generar situaciones del buen dominio de la naturaleza, contribuyendo a la terminación de reduccionismos.

En esta nueva posibilidad se debe extender y mantener el clima de novedad y curiosidad que deben tener las clases, siendo escenarios de participación activa con carácter reflexivo y analítico y rompiendo con las estructuras tradicionales. Algo que puede ser promovido desde la inmersión del aprendiz en ejercicios reales o hipotéticos de tipo interdisciplinar. Además, la implementación de esta modalidad de enseñanza del derecho debe acoger las debilidades y problemas que ya otros mecanismos han dejado en el interior de los claustros de educación superior. Allí el método clínico, sin ser la única opción, se identifica como una propuesta regeneradora, innovadora y compatible con nuestro sistema educativo, judicial y administrativo.

2. Las clínicas jurídicas

El método clínico para la enseñanza del derecho ya se ha implementado tanto en Colombia como en otros países latinoamericanos. Si bien en nuestro país aún parece incipiente, en otros países se cuenta con buenas experiencias. La forma más conocida como se han realizado los ejercicios de método clínico en el área del derecho, ha sido por medio de las clínicas jurídicas. Estas se constituyen en el espacio donde se ve materializado el método clínico, siendo justamente la búsqueda de un nuevo sistema de formación de profesionales del derecho lo que llevó a que se originaran.

La idea de clínica jurídica fue discutida por primera vez como una variante de la figura de la clínica médica, a comienzos del siglo XX, por Alexander I. Lyublinsky y William Rowe, quienes a partir del concepto de la profesión médica quisieron implementar un trabajo a nivel jurídico denominado clínica jurídica, en el que los estudiantes de derecho se adentran en las mismas etapas de entrenamiento clínico básicas que conlleva la formación de los profesionales en medicina, tales como prestar asistencia a los pacientes, tener capacidad propositiva en los diagnósticos y tratamientos, estar bajo supervisión de los expertos y profesionales y tener posibilidad de participar activamente en intervenciones y procedimientos médicos.

Las clínicas jurídicas, de forma particular, nutrieron su evolución a partir del surgimiento del movimiento del realismo jurídico. Este propone la reacción contra el hermético formalismo jurídico, en el cual se concibe el derecho como una estructura cerrada y completa que encuentra en su composición todos los mecanismos para resolver los problemas que se presentan en la realidad. El rigorismo del formalismo jurídico como manifestación *ius positivista* postula la norma jurídica como instrumento central que debe utilizar el abogado para acomodarla a los hechos, centrando la enseñanza en el estudio y reconocimiento de la normativa como su principal mecanismo para ejercer y aprender el derecho, limitando la enseñanza a la memorización, transmisión y exposición de las normas jurídicas y la distancia de la realidad cambiante.

El realismo jurídico se postula como un movimiento reformista para la concepción de la pedagogía jurídica, que comenzó a impulsar el repensar la formación del abogado como representante de la búsqueda de la justicia a nivel social. Ello genera una nueva concepción de las ciencias jurídicas, en la cual se comienza a cerrar el abismo entre el aprendizaje del derecho exclusivamente a través de códigos y libros, para unirlo con el aprendizaje desde la práctica. Las clínicas jurídicas, si bien son de origen anglosajón, se han extendido y acoplado a modelos de otros países del mundo. Se pueden definir como un espacio dentro del cual se implementa de forma preponderante el método clínico de enseñanza del derecho, sin que sea el único o excluyente. En ellas se dan cita docentes y estudiantes del programa para abarcar desde los postulados de la formación clínica, el estudio del derecho.

En un gran número de facultades de derecho de países latinoamericanos, las clínicas jurídicas se han convertido en componentes curriculares o extracurriculares en donde la enseñanza preponderantemente práctica del derecho, articulada y argumentada en el estudio de los referentes y contenidos teóricos, se abre a posibilidades de interdisciplinariedad e investigación, con enfoques de responsabilidad social y servicio a la justicia. En la experiencia de la Unaula, la clínica se acoge como espacio extracurricular que potencia las funciones sustantivas de la educación superior, reconoce la experiencia como trabajo de investigación que acredita el requisito de grado, además de la práctica complementaria del consultorio jurídico de los últimos semestres.

De acuerdo con Bobbio, el Estado de Derecho es equivalente al gobierno de las leyes, es decir, un sistema en el que todo el poder se encuentra subordinado al derecho: todas y cada una de las acciones de un gobierno son válidas, si y solo si están legitimadas por las leyes, cuya fuente primaria es la Constitución. ¿Tienen los abogados algún papel en esta sujeción? González Morales responde a partir de la experiencia chilena: la tradición, otra, es la que las clínicas jurídicas deberían dar (González, 2006, p. 25). A ello apunta la experiencia unaulista.

3. Apreciaciones de campo que acreditan la necesidad del cambio

Debido a que los abogados clínicos constituyen perfiles poco comunes en el escenario pedagógico colombiano, toda vez que las clínicas jurídicas siguen siendo un fenómeno en consolidación, se tomó una muestra pequeña de profesionales de este tipo, en comparación con los 52 abogados docentes ajenos a la formación clínica del derecho que fueron indagados en la investigación. Es una muestra altamente calificada, en la medida que dentro de los cinco abogados, tres son de universidades ubicadas por fuera de Colombia, con larga trayectoria en el tema.

Debido a la reducción de la muestra poblacional, se implementaron dos instrumentos de recolección de información soportados en el paradigma cuanticualitativo, en la medida en que se aplicó una encuesta cerrada y una entrevista semiestructurada para la ampliación de la información. Por ello, en un primer momento se exponen los resultados de la encuesta aplicada a los cinco abogados clínicos y posteriormente se presentan los resultados y valoraciones de las entrevistas especializadas.

Comenzando por los calificativos que pueden ser considerados con respecto a la pedagogía del derecho en Colombia desde la experiencia en programas universitarios de Derecho, se destacó cómo los criterios no se sobreponen de manera polarizada, prevaleciendo la apreciación de una pedagogía memorística, hermenéutica y explicativa, opuesta a una pedagogía codificada, la cual no fue estimada por ninguno de los clínicos.

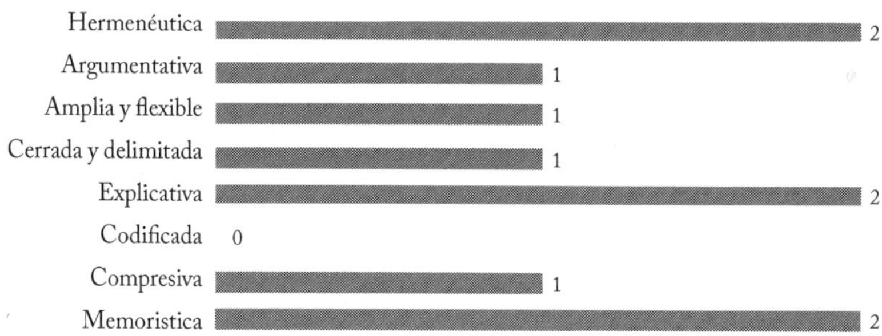

Figura 1. Calificativos de la muestra de abogados clínicos con respecto a la pedagogía del derecho en Colombia

Fuente: elaboración propia del investigador principal del proyecto de investigación a partir del trabajo de campo con profesionales del derecho con perfil clínico

Con los abogados docentes se comparte la apreciación de que la pedagogía del derecho puede contar con el calificativo de hermenéutica, pues aquello de memorística es algo que queda relegado a un cuarto lugar entre las múltiples opciones ofrecidas, y antes que ella los abogados docentes estiman que la pedagogía del derecho es argumentativa y comprensiva. No obstante, la memorística ocupa un lugar de relevancia en las consideraciones del *quien* (docente) del acto pedagógico, lo que entre el rechazo a la codificación por parte de las muestras poblacionales y la ambivalencia de estimar la pedagogía del derecho como amplia o cerrada, parece dejar ver una secuela tradicional de formación en el derecho. A esto debe sumarse la preocupación por los resultados, evidenciada con la triangulación de las estimaciones de los estudiantes de los programas de derecho, quienes claramente ubicaron a la hermenéutica como una herramienta de poca o nula importancia en comparación con las demás, y también por el hecho de que entre los mismos abogados docentes tradicionales tampoco contó con un lugar destacado entre los demás fundamentos que caracterizan los procesos de enseñanza y formación.

Ello conduce a concluir que hay discordancia entre la realidad dinámica del acto pedagógico y las apreciaciones que sus actores tienen con respecto a este, lo que no deja de traducirse en un obstáculo en los procesos formativos, y más allá, en la convicción de evidenciar por medio de un proceso de evaluación y reflexión profundo, la verdadera realidad del escenario pedagógico de una ciencia como el derecho. No querrían los profesionales del sector médico, farmacéutico o químico predicar discordancias de aquellos verdaderos actos que objetivan dinámicas de formación y enseñanza en su profesión, entonces ¿por qué sí lo hacemos los profesionales del derecho, cuando la trascendencia científica es igual de relevante en la sociedad? Los abogados clínicos juzgan que la enseñanza del derecho es anticuada y contraria a las necesidades sociales, y en menor proporción, consideran que es

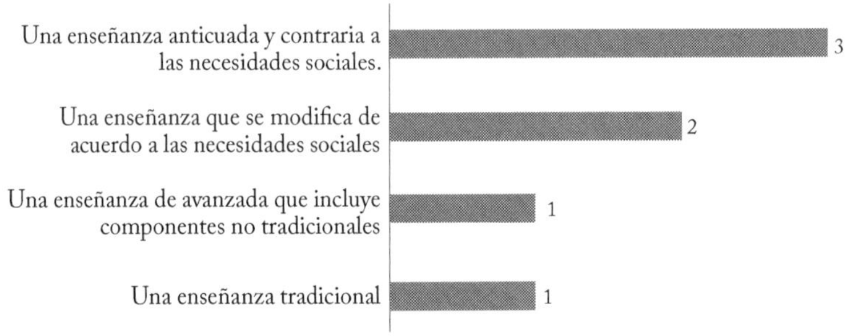

Figura 2. Consideraciones de la muestra de abogados clínicos con respecto a la pedagogía del derecho en Colombia

Fuente: elaboración propia del investigador principal del proyecto de investigación a partir del trabajo de campo con profesionales del derecho con perfil clínico

una enseñanza que se modifica según las necesidades sociales, lo que no se compagina con la opción más acogida por los docentes tradicionales, que juzgan que la enseñanza del derecho marcha según se modifica la sociedad.

De acogerse la apreciación de los docentes tradicionales, se tendría un derecho marcado por una ineficiencia más acentuada, casi plena, de este con la sociedad, pues si se mantuviera tal coordinación del derecho con el cambio social, la atención a los conflictos y a la satisfacción de necesidades se traduciría en una realidad muy diversa de la actual. De manera singular, abogados clínicos y docentes tradicionales coinciden en la tendencia que debe acoger la pedagogía del derecho, donde la práctica tiene el primer lugar de atención, dejando relegado el estudio teórico.

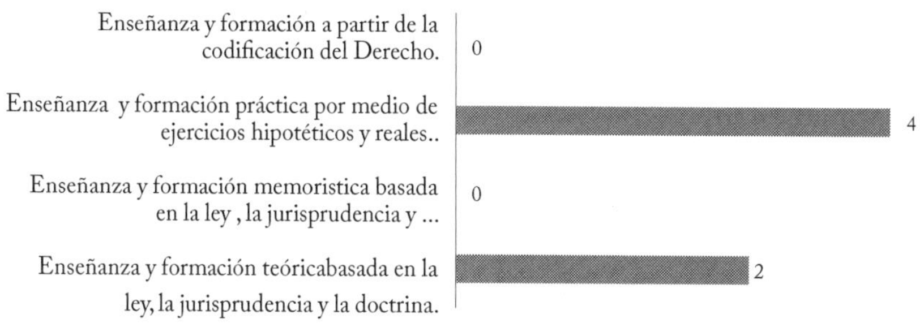

Figura 3. Valoraciones de abogados clínicos con respecto a en qué debe centrarse la pedagogía del derecho

Fuente: elaboración propia del investigador principal del proyecto de investigación a partir del trabajo de campo con profesionales del derecho con perfil clínico

Sobre la importancia que los abogados clínicos dan a los fundamentos orientadores de la enseñanza y la formación profesional del derecho, empleados dentro y fuera de las aulas de clase, se refleja la prevalencia del estudio de la Constitución Política. Esto mismo se consideró en la muestra poblacional de abogados docentes tradicionales, pero en adelante se abre una diferencia que invierte el orden de importancia al momento de pensar en la enseñanza y la formación profesional en derecho.

Si bien los abogados docentes tradicionales y los clínicos coinciden en la preminencia del estudio de la Constitución, lo que reafirma el apogeo del constitucionalismo y el consiguiente incremento de cursos de derecho público en los programas de las universidades de Colombia, los abogados clínicos no están de acuerdo en el estudio de la jurisprudencia como segundo fundamento de importancia, sino la enseñanza y formación profesional por medio de casos hipotéticos y/o reales, en tanto que la jurisprudencia ocupa un lugar inferior, junto con la ley.

La disparidad en la consideración radica en un factor que puede marcar una clara tendencia y una diferenciación entre el modelo tradicional que engloba a los abogados docentes y el modelo realista anglosajón de los abogados clínicos. La diferencia salta a la vista con respecto a los casos hipoteticos y/o reales, pues mientras en los abogados clínicos estos casos se posisionan como el segundo fundamento orientador de la enseñanza y formación profesional del derecho, entre los docentes tradicionales la jurisprudencia, que radica en el abordaje de casos resueltos por medio de los cuales se establecen líneas y criterios objetivos en el sistema jurídico continental, es sustento teórico de estudio del derecho.

La valoración concluye con una marcada tendencia de la muestra poblacional de abogados clínicos orientada a la necesidad de que el derecho pase a tener una enseñanza interdisciplinar, lo cual no comparte la mayoría de docentes tradicionales. El llamado de los abogados clínicos por que el derecho se haga interdisciplinar en el escenario pedagógico, pone un grado más de evidencia a la relegada posición de la práctica en nuestro modelo, pues de darse una interdisciplinariedad funcional, como lo afirman abogados docentes tradicionales, sería bastante probable que no se encontraran las polarizaciones temáticas en los programas de derecho, los consultorios jurídicos tendrían mayor destinación horaria para abrir espacio a casos y asesorías en las demás materias hoy no tratadas allí, las materias optativas

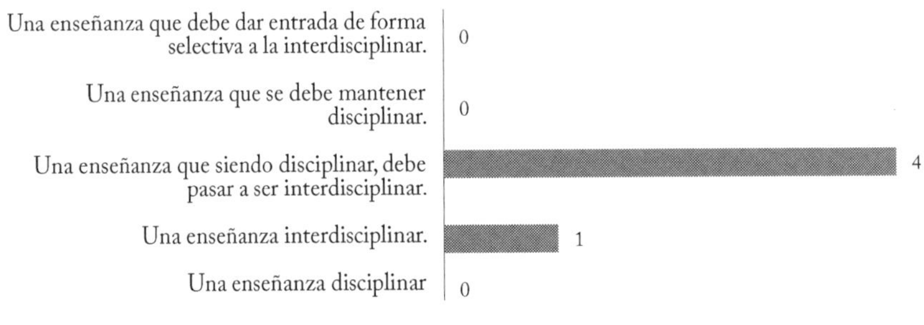

Figura 4. Valoraciones de abogados clínicos con respecto a la naturaleza disciplinar de la pedagogía del derecho

Fuente: elaboración propia del investigador principal del proyecto de investigación a partir del trabajo de campo con profesionales del derecho con perfil clínico

disminuirían y los énfasis serían claramente fortalecidos, en tanto que el término "relleno" perdería protagonismo.

La enseñanza clínica del derecho no es el único llamado al modelo tradicional, pero sí quizá uno de los más crecientes y sonoros en nuestro gremio. La rendición de la ciencia jurídica parece declarada, sus debilidades y caídas estan más que reconocidas, y con ello la urgencia del cambio, de un buen cambio que comience a mirar en otros escenarios en los cuales la Unaula experimenta desde criterios de acreditación en alta calidad.

La formación clínica puede otorgar respuestas y acompañar el proceso de reevaluación. No quiere decir ello que el derecho se debe rehacer o copiarse de otro sistema, mas sí que se debe reevaluar y reorientarse hacia las nuevas sendas que clama la sociedad. Esa reflexión ya comienza a tener antecedentes concretos en Colombia, en los cuales se implementan nuevas estrategias y herramientas formativas que también adopta Unaula.[1]

Para evaluar en mayor profundidad este fundamento, la profesora investigadora Beatriz Borges Urrutia, de la Universidad Católica Andrés Bello, de Caracas, Venezuela, y el profesor Shin Imai, de Osgoode Hall Law School de York University, en Toronto, Canadá, se unieron a la participación del profesor Arturo Carrillo de la Universidad George Washington, en un panel de diálogo guiado por preguntas semiestructuradas sobre la enseñanza clínica del derecho en el X Encuentro Nacional de Grupos y Centros de Investigación Jurídica y Socio Jurídica de Colombia, en la ciudad de Bogotá a finales del 2010.[2]

El profesor Carillo explica que el trabajo clínico tiene dos manifestaciones en América Latina: las clínicas consultorios y las clínicas jurídicas de derechos humanos. Aclara que la clínica consultorio, o consultorio jurídico, se encarga de garantizar necesidades básicas a la población, prestando un

---

[1] América Latina cuenta con la Red Latinoamericana de Clínicas Jurídicas, donde oficialmente figuran cuatro integrantes de Colombia: Grupo de Acciones Públicas (GAP) de la Universidad del Rosario, Clínica Jurídica de la Universidad de Los Andes y Clínica Jurídica de la Universidad Sergio Arboleda, todas ellas en Bogotá. La cuarta es la Clínica Jurídica de Interés Público Ambiental de la Universidad de Medellín, pero adicionalmente se tiene conocimiento de consolidación de clínicas jurídicas en la Fundación Universitaria Tecnológico Comfenalco de Cartagena, en la Corporación Universitaria de Sabaneta J. Emilio Valderrama y en la Universidad Pontificia Bolivariana de Medellín.

[2] Evento organizado por la Universidad de la Sabana y la Universidad del Rosario de la ciudad de Bogotá.

servicio social donde se coordina la actividad docente con la práctica estudiantil. En contraposición, la Clínica Jurídica de Derechos Humanos abarca un ámbito regional para la protección de derechos por medio de acciones de interés público. Agrega que para comprender la finalidad y utilidad de las modalidades de trabajo clínico, es necesario identificar y comprender las diferencias entre los modelos de enseñanza de la ciencia jurídica —aspecto que motivó el ejercicio unaulista—, y que mientras el consultorio jurídico es asistencialista, la clínica jurídica busca desplegar un litigio estratégico en temas de interés público que permita abarcar en mayor nivel los derechos, aspecto plenamente acogido por la Clínica Jurídica de la Unaula.

Carrillo sostiene asimismo que el consultorio jurídico tiene un enfoque más cuantitativo, en la medida que busca atender clientes en un máximo posible, mientras que la clínica jurídica no mantiene márgenes de indicadores de asistencia, su enfoque es cualitativo, centrando la atención necesaria a un solicitante. Destaca además que al beneficiario en el consultorio jurídico se lo asume como un individuo claramente identificable, por haber sido asistido de manera concreta en un problema delimitado y asignado en trámites internos del organismo. La clínica jurídica dirige su margen de acción y protección a un número en ocasiones indeterminado de beneficiarios, en la medida en que suele existir una justificación de interés público que legitima atender el caso.

Carrillo hace énfasis en el método de trabajo empleado, pues diferencia que el consultorio jurídico emplee acciones legales, con asesoría legal al asistido, mientras que la clínica jurídica propone amplios campos de acción, con cobertura social significativa que incluso acapara trabajos en proyección internacional. Comparte que el enfoque de trabajo clínico gira en torno al litigio estratégico, lo que facilita la labor investigativa, potencia el impacto social, jurídico y político, y si bien la clínica tiene una función pedagógica e investigativa, no es propiamente un centro de investigaciones en derecho. En vista de ello Carrillo propone una pregunta, pues si bien acoge que el litigio estratégico pueda coadyuvarse con la investigación, ¿cómo debe hacerse dicha labor? Para el interrogante hay una respuesta derivada de un estudio anterior. En la obra *La enseñanza clínica del derecho*, publicada en el 2010 por Ana María Fergusson Talero, Lucas Correa Montoya, Cesar Augusto Molina Saldarriaga y quien escribe estas páginas, se sostiene:

> La conjunción de lo teórico y lo práctico como se ha establecido, desde la investigación y el ejercicio del derecho llevará sin duda a una correspondencia entre las elaboraciones académicas e investigativas con las realidades sociales, así, como se viene desarrollando, la investigación jurídica y socio jurídica será más relevante y pertinente. Por ende como al interior de la Clínica Jurídica los procesos de investigación pura y aplicada, es decir, el desarrollo de teorías y la solución real de problemas específicos, tienen lugar de forma paralela, se nutren e interrelacionan, no se excluyen de ninguna manera. Así, en el desarrollo del proceso clínico de enseñanza del derecho ninguna etapa se entiende como acabada, sino en permanente construcción y revisión, por lo que se constituyen en dos sectores de permanente contacto y construcción. (Correa, Fergusson, Molina y Vásquez, 2011)

La Clínica Jurídica de la Unaula busca ejecutar litigio de alto impacto, y esto es, un litigio fundamentado en la satisfacción y garantía del interés público. Para lograrlo, busca equiparar y articular la teoría con la práctica, así como efectivizar la formación integral del abogado, lo que en nada excluye a la investigación, más cuando es una de las funciones sustantivas de las instituciones de educación superior. Hacer investigación en una clínica jurídica será un aliciente que contribuya no solo a la formación integral del abogado, sino también al fortalecimiento de la comunidad académica y del derecho como ciencia social. La forma como debe implementarse, no debe ser otra distinta de lo que la investigación en sí misma representa, define y defiende: trabajar como estructura funcional y coherente que dinamiza el conocimiento científico por medio de la delimitación de una problemática, en donde la operatividad secuencial de una serie de pasos articulados entre sí, orientados por objetivos concretos de indagación, permite contribuir a la elaboración e implementación de estrategias de litigio.

La profesora Borges Urrutia señala que la investigación ha tenido una dedicación disciplinar en la experiencia de la clínica jurídica, y que se asimila como un espacio formativo y de aproximación a la realidad, en el cual se identifican dificultades como la excesiva carga de tareas docentes, lo que afecta la profundidad y calidad de la investigación que se desea en los espacios clínicos. No obstante, si bien la investigación se iguala como un fundamento clínico aún por mejorar y acoplar en esa modalidad de escenario pedagógico, Borges Urrutia defiende la interdisciplinariedad en el ejercicio de la enseñanza clínica del derecho. En varios de esos puntos coincide Shin Imai, quien adicionalmente a la forma en como se enseña el derecho, caracterizada por la abstracción, la retórica, la falta de destrezas y habilidades, y generar posibilidades para trabajar una política pública, suma las dificultades del acceso a la justicia y la frustración de ayudar a un cliente, debiendo excluir a otros.

Asimismo Imai señala que si bien las clínicas jurídicas son una adecuada respuesta a los problemas mencionados, las finalidades se ven trocadas por razones de forma y procedimiento, como la obtención de recursos para el sostenimiento de un organismo como este. Así, insiste en la oportunidad de llevar la clínica a la comunidad, y no necesariamente la comunidad al espacio clínico académico, pues así serían el estudiante y el docente quienes visiten la realidad social, sin pretender abstraer al usuario de su realidad y contexto.

Reflexiones finales

Retomando una reflexión divulgada anteriormente (Correa y Vásquez, 2008, p. 70), el método clínico radicaría en permitir una confrontación del estudiante con problemas sociales y jurídicos reales o supuestos (Amsterdam, citado en Hurder *et al.,* 2003, p. 9), y en segundo lugar, en ser un proceso educativo experimental y ampliamente colaborativo (Bloch, 2003), pues es experimental en la medida en que es esencialmente práctico y la actividad se enfoca en la experiencia práctica del estudiante, a partir de su actuación como abogado en casos reales que se analizan a través del método y después se tramitan y desarrollan. En tercer lugar, en posibilitar la evaluación continua y colaborativa de los procesos (*Association Of American Law School*, citado en Hurder *et al.*, 2003), y finalmente, en propiciar el trabajo interdisciplinario en el proceso de aprendizaje y ejercicio del derecho por parte de estudiantes y docentes, derroteros comunes que soportan el hacer actual de la Clínica Jurídica de la Unaula.

Sin embargo, la enseñanza clínica del derecho comparte debilidades y retos que vienen siendo evidenciados en países donde funciona a través de las clínicas jurídicas. La cobertura en asistencia y asesoría de casos representa un factor en el cual la tarea del derecho aún deja problemas sin atención, los criterios de selección de estos se fundamentan en el interés público, un criterio global e importante que muta con la misma facilidad que las problemáticas sociales. Adicionalmente, las clínicas jurídicas muchas veces garantizan asistencia en temas muy concretos y especializados, lo cual deja otros campos de la vida social sin frentes de atención a población vulnerable; requiere recursos para el sostenimiento, y ante todo un proceso profundo de reflexión sobre cómo integrar adecuadamente la investigación a su dinámica social y de litigio estratégico a las condiciones de cada clínica en particular.

Bibliografía

Bloch, F. (2003). The Andragogical Basis of Clinical Education. En A. Hurder *et al.*, *Clinical Anthology, Readings for Live-Client Clinics*. Cincinnati, Ohio: Anderson's Las School Publications.

Böhmer, M. (2005). *Algunas sugerencias para escapar del silencio del aula.* Argentina: Fundación Centro de Derechos Humanos y Ambiente (CEDHA). Recuperado el 2 de mayo del 2005, de http://www.cedha.org.ar/docs/doc139-spa.htm.

Borges Urrutia, B. (2010). *Panel abierto de preguntas con docentes clínicos. ¿Qué es la enseñanza clínica del Derecho? ¿Cómo caracteriza la enseñanza clínica del Derecho? ¿Cuál es su experiencia desde la enseñanza clínica del Derecho y su Clínica Jurídica?* Registro en relatoría escrita. Universidad de La Sabana, Bogotá, Colombia.

Carrillo, A. (2010). *Panel abierto de preguntas con docentes clínicos. ¿Qué es la enseñanza clínica del Derecho? ¿Cómo caracteriza la enseñanza clínica del Derecho? ¿Cuál es su experiencia desde la enseñanza clínica del Derecho y su Clínica Jurídica?* Registro en relatoría escrita. Universidad de La Sabana, Bogotá, Colombia.

Correa Montoya, L., Fergusson Talero, A. M., Molina Saldarriaga, C. A. y Vásquez Santamaría, J. E. (2011) *La Enseñanza Clínica del Derecho*. Medellín, Colombia: Fundación Universitaria Luis Amigó.

Correa Montoya, L. y Vásquez, J. (2008). La enseñanza clínica de derecho: transformando la forma de enseñar y ejercer el derecho. *Studiositas, 3* (1), 34-40.

Clarke, P. (2004). *International Developments in Clinical Legal Education.* Argentina: Fundación Centro de Derechos Humanos y Ambiente (CEDHA). Recuperado el 5 de mayo del 2005, de http://www.cedha.org.ar/ docs/ doc135-eng.htm.

Díaz, J. (2007). *Rutas de reflexión y acción pedagógica*. Medellín: Fundación Universitaria Luis Amigó.

González Morales, F. (2006). La enseñanza clínica en derechos humanos e interés público en Sudamérica. En *Memoria del Seminario Interamericano Educación en Derechos Humanos* (pp. 315-348). México: Secretaría de Relaciones Exteriores.

Hurder, A. *et al.* (2003). *Clinical Anthology, Readings for Live-Client Clinics.* Cincinnati, Ohio, Estados Unidos: Anderson's Law School Publications.

Imai, S. (2010). *Panel abierto de preguntas con docentes clínicos. ¿Qué es la enseñanza clínica del Derecho? ¿Cómo caracteriza la enseñanza clínica del Derecho? ¿Cuál es su experiencia desde la enseñanza clínica del Derecho y su Clínica Jurídica?* Registro en relatoría escrita. Universidad de La Sabana, Bogotá, Colombia.

Puga, M. (2000). *Los desafíos de las clínicas jurídicas en Argentina*. Santiago de Chile: Universidad Diego Portales, Cuaderno de Análisis Jurídicos Serie Publicaciones Especiales Nº 14: Litigio y Políticas Públicas en Derechos Humanos.

Vásquez Santamaría, J. E. (2007). El acceso a la justicia: el rol de los consultorios jurídicos gratuitos frente a las clínicas jurídicas de interés público. *Revista Institucional Universidad de Medellín,* 42 (84), 70-71.

Vásquez Santamaría, J. E. (2008). Fundamentos para la creación de una Clínica Jurídica en la Funlam como apoyo en la enseñanza práctica del derecho. *Revista CIIEC,* 11-21. Bogotá: Universidad Católica de Colombia.

1.3.6. Vacíos, cambios y presunciones del marco jurídico de justicia y paz a partir de algunos precedentes jurisprudenciales para una estrategia de litigio clínico

Jorge Eduardo Vásquez Santamaría*
Henrry Alejandro Bolívar Callejas**

Introducción

La Clínica Jurídica de Interés Público de la Universidad Autónoma Latinoamericana (Unaula) funciona desde comienzos del año 2013 en las líneas temáticas en Derecho Ambiental y Territorio, Género y Derecho Laboral, transversalizadas por los derechos humanos como pilar fundamental del trabajo clínico, tópico que justifica la selección del caso en estudio sobre el marco jurídico para la paz.

La aplicación del método clínico se hace sobre casos que son acogidos por la Clínica Jurídica de Interés Público de la Unaula, a partir de un método de selección amplio que abarca la recepción de situaciones propuestas por los estudiantes y docentes que conforman la Clínica Jurídica, estudiantes o docentes externos, público general, o propuestas de otra clínica jurídica

---

* Abogado y magíster en Derecho de la Universidad de Medellín. Especialista en Docencia Investigativa Universitaria de la Funlam. Docente investigador, editor de la revista *Ratio Juris* y docente asesor de la Clínica Jurídica de Interés Público de la Facultad de Derecho de la Universidad Autónoma Latinoamericana.

** Estudiante de Derecho e integrante de la Clínica Jurídica de Interés Público de Unaula.

nacional o internacional. El caso se define en una ficha de presentación, donde se registran los hechos, la posible influencia en un área temática de la Clínica Jurídica y su incidencia a partir del concepto de interés público, elaborado como parámetro de valoración grupal de los casos propuestos. En adelante, el trabajo sigue la formulación de un problema jurídico, el análisis de su viabilidad, los objetivos propuestos frente a este y el diseño de una estrategia de acción.

1. Hechos del caso

Como un ejemplo concreto del proceso de selección de casos de la Clínica Jurídica de Interés Público de la Unaula, la constitucionalidad de algunas disposiciones normativas de la Ley 975 de 2005[1] fue un tema acogido el pasado mes de diciembre del 2013 como un caso clínico. Este fue presentado a la Clínica Jurídica por la doctora María Fernanda Ossa, docente del área de Derecho Penal, y defendido en debate clínico por los autores de este escrito.

Los parámetros argumentativos por medio de los cuales se defendieron las razones justificantes de la selección de la citada realidad legal como caso clínico, se ajustaron a los criterios de la descripción de los hechos que originan o desencadenan la situación problemática, parámetro de la metodología clínica que acude a casos reales para equilibrar la práctica con la formación teórica. Igualmente, se justificó desde los referentes de interés público elaborados por la Clínica Jurídica de la Unaula, derroteros sobre los cuales los demás integrantes realizaron la evaluación del caso en mención. En ese sentido, se exponen inicialmente los hechos que desde una indagación tanto histórica como contemporánea develan la necesidad de abordar la constitucionalidad de algunas normas de la Ley 975 de 2005, toda vez que es una de las disposiciones establecidas como marco para la reconciliación nacional, a través de garantizar la justicia para la paz. Seguidamente, se exponen los criterios justificantes de la selección del caso, siguiendo los derroteros fijados por la Clínica Jurídica.

---

[1] Por la cual se dictan disposiciones para la reincorporación de miembros de grupos armados organizados al margen de la ley, que contribuyan de manera efectiva a la consecución de la paz nacional y se dictan otras disposiciones para acuerdos humanitarios.

1.1. La paz: un tema clínico prioritario de la agenda nacional

Tras la Independencia, Colombia ha vivido toda clase de violencias enmarcadas en episodios de conflicto. Numerosas guerras civiles,[2] conflictos regionales, luchas agrarias, luchas obreras y masacres han generado sufrimiento, atraso y una pobreza extrema en la población colombiana a lo largo de su historia. El conflicto colombiano puede ser visto desde el control del poder político y económico del Estado, que desencadenó algunos detonantes de violencia como la reforma agraria, los grupos guerrilleros, el paramilitarismo y el narcotráfico.

Inicialmente, desde la divergencia filosófica entre los dos bandos políticos de entonces: bolivarianos (centralistas) y santanderistas (federalistas), se defendían diferentes estructuras del Estado, lo cual dio lugar a enfrentamientos para poder imponer una de ellas, agregado a problema de no haber logrado completamente la independencia de los españoles, lo que marcó el período conocido como la "Patria Boba" (1812-1815).

El clímax de esta situación se presentó con la Guerra de los Mil Días (1899-1902), un enfrentamiento de tres años entre los líderes de los partidos políticos Liberal y Conservador por el control del Estado, guerra que describe el sociólogo Armando Borrero Mansilla (2002) como "[...] la más desastrosa del ciclo de las guerras civiles decimonónicas", en la cual "El país se empobreció, se desmoralizó y murieron alrededor de 100.000 personas, casi todos varones [...] las ruinas estatales y sociales condujeron a la pérdida de Panamá" (p. 66). A ello Páez agrega que "Los reclutamientos forzados, las expropiaciones, la especulación con el papel moneda y las actividades de ciertos negociantes de la guerra, fueron características económicas del conflicto [...]" (p. 24).

Luego del fin de la Guerra de los Mil Días los gobiernos no se interesaron por mejorar la situación social del país, sino en restructurar las instituciones del Estado y las relaciones con Norteamérica, región que fue adquiriendo dominio en el ámbito interno, de forma paulatina, tras conceder una "indemnización" por la separación de Panamá. Durante el gobierno de Pedro Nel Ospina (1922-1926) se desarrollaron las comunicaciones y se

---

[2] Guerra entre centralistas y federalistas (1812-1815), Guerra de los Supremos (1839-1841), guerras civiles de 1851, 1854, 1860-1862, 1876-1877, 1884-1885, 1895 y Guerra de los Mil Días (1899-1902), conflicto armado (1962-actualidad).

hicieron grandes obras públicas que aumentaron la producción industrial y la mano de obra, financiadas principalmente por la inversión extranjera. No obstante, este desarrollo económico no fue del todo favorable, pues originó grandes conflictos sociales: huelgas obreras, luchas indígenas y campesinas por la defensa de sus tierras. Los conflictos obreros, mayoritariamente en las empresas de capital extranjero, se presentaban por motivos como "largas jornadas de trabajo, falta de seguridad industrial, bajos salarios" (Díaz Rivero y Berdugo, 1989, p. 51). Entre los indígenas sobresalió Manuel Quintín Lame, quien defendió los resguardos indígenas afectados por el crecimiento del latifundio y la expansión de la ganadería, y del lado de los campesinos "tenían que trabajar gratis parte de la semana, no podían sembrar y vender café libremente, y amén de esto, eran obligados a pagar en trabajo ciertos impuestos" (Díaz Rivero y Berdugo, 1989, p. 51). Asimismo, "Más de un millón de campesinos se encontraban sin tierra, o muy poca para hacerla producir; pero el gobierno sólo entregaba tierras a los inversionistas y compañías extranjeras como la United Fruit Company" (Páez, s.f., p. 27).

De lo anterior se colige que en Colombia ha existido una desigualdad en la propiedad de la tierra, es decir, esta se ha concentrado en unos pocos,[3] por lo cual su uso ha sido deficiente, y ello ha generado desempleo rural, pobreza, desequilibrio demográfico y aumento de demandas sociales. De ahí que a lo largo del conflicto hayan surgido movimientos campesinos que se revelaron con el fin de buscar una reforma agraria, la cual simplemente se quedaba en hojas de papel. Algunas de estas se mencionan a continuación.

a) La *Ley 200 de 1936*, que fue el primer intento de realizar una reforma agraria, resultado de un arreglo con el movimiento campesino en crecimiento. Comprendía la creación de jueces especializados para dirimir controversias de tierra, la introducción del término de la función social de la tierra, la figura de la extinción de dominio y la prescripción agraria para el arrendatario o aparcero por abandono

[3] Asociación Seta, Misión de identificación de Derechos Humanos en Colombia, citado en el informe del representante del Secretario General de las Naciones Unidas sobre desplazamiento interno sobre su visita a Colombia, presentado a la Comisión de Derechos Humanos en su 51° período de sesiones, párrafo 29, donde se calcula que un 3% de los propietarios colombianos poseen el 70% de las tierras cultivables.

o inadecuada explotación de los terratenientes. Se establecía ayuda técnica y préstamos a los campesinos para compra de herramientas, tractores y semillas.

b) La *Ley 100 de 1944* buscó anular posibles efectos de la Ley 200, declarando de conveniencia pública los contratos de aparcería y la sujeción del campesino al terrateniente, es decir, los campesinos no podían adquirir la tierra que trabajaban.

c) La *Ley 135 de 1961,* inspirada en el principio del bien común y el ejercicio del derecho natural a la propiedad, buscaba reformar la estructura social agraria, para eliminar y prevenir la inequitativa concentración de la propiedad rústica o su fraccionamiento antieconómico. Además, creó el Instituto Colombiano la Reforma Agraria.

Si bien este conjunto de reformas se conoce en nuestra historia con el nombre de la Revolución en Marcha (Páez, s.f., p. 30), la reforma agraria tuvo poca aplicación, pues los gobiernos de turno evitaron enemistarse con los terratenientes, exportadores, banqueros e industriales, quienes se oponían a dicha reforma.

Con la llegada de Mariano Ospina Pérez a la presidencia para el cuatrienio 1946-1950 comenzó la época de "la Violencia", que el 9 de abril de 1948 conllevó el asesinato del caudillo liberal Jorge Eliécer Gaitán, defensor del sector obrero y campesino, hecho que generó el que líderes rurales liberales decidieran organizarse en guerrillas. Debido al caos ocasionado se produjo un golpe de Estado encabezado por el general Gustavo Rojas Pinilla, el 13 de junio de 1953, quien en busca de pacificar el país ofreció el perdón a quienes hubiesen sido artífices de la alteración del orden público; solo algunas guerrillas de los llanos orientales aceptaron la propuesta, en tanto que las demás continuaron en pie de lucha. La dictadura terminó en 1957 y fue sustituida de manera transitoria por una junta cívico-militar, mientras se acordó el Frente Nacional[4] (1958-1974) como sistema de alternancia del poder, únicamente entre los dos partidos tradicionales.

---

[4] Gobiernos durante el Frente Nacional: Alberto Lleras Camargo (liberal): 1958-1962; Guillermo León Valencia (conservador): 1962-1966; Carlos Lleras Restrepo (liberal): 1966-1970; Misael Pastrana Borrero (conservador): 1970-1974.

A causa de la monopolización política, surgieron actores armados distintos a los institucionalizados, que buscaban su reivindicación ya que no podían hacerlo por la vía democrática, y que hoy son quienes buscan la salida del conflicto a partir de un marco jurídico en el que se debate la verdad, la justicia y la reparación a través de la alternatividad de la pena.

Las Fuerzas Armadas Revolucionarias de Colombia (FARC), de origen campesino y orientación comunista, hicieron su aparición en 1964 como forma de autodefensa frente a la persecución desatada contra las formas de organización campesina agrupadas desde la época de la Violencia. Su líder fue Pedro Antonio Marín, alias *Manuel Marulanda*, quien logró hacerse autoridad en la llamada "República de Marquetalia", donde intentaba formar con los perseguidos un ejército para defender a toda costa sus ideales revolucionarios.

La Unión Camilista-Ejército de Liberación Nacional (UC-ELN), influida por la Revolución Cubana y el movimiento estudiantil, surgió en 1965 en el departamento de Santander, como un proceso de radicalización de algunos sectores del Movimiento Revolucionario Liberal (MRL). El Ejército Popular de Liberación (EPL), que tuvo su origen en 1968 en la región occidental de la Costa Atlántica, se expandió luego hacia otras regiones, con particular incidencia en la zona bananera de Urabá, donde el auge de las exportaciones de la fruta creó un fuerte conflicto social. El Movimiento 19 de abril (M-19) nació en 1970, luego del supuesto fraude en las elecciones presidenciales que dieron como ganador a Misael Pastrana Borrero. En principio su origen fue como partido político de oposición, pero con el tiempo se transformó en un nuevo grupo insurgente que pretendió reanimar la lucha armada realizando grandes actos de impacto público como el hurto de la espada de Bolívar y la toma de la embajada de República Dominicana en Bogotá.

Como respuesta a los ataques de la guerrilla, el Estado, a través del Decreto-Ley 1699 de 1964, autorizó la creación de las autodefensas (paramilitares), permitiendo que los campesinos se armaran para apoyar a las Fuerzas Armadas. En la década de los ochenta, dichas fuerzas se consideran actores del conflicto, gracias al impulso que les dio el Ejército y el auspicio de narcotraficantes y terratenientes. Su actuar pasó del campo a la ciudad, al desplegar todo su arsenal contra líderes populares, como fue el caso de la Unión Patriótica y el M-19. Para 1965 el Decreto 3398, que se convirtió en legislación permanente a través de la Ley 48 de 1968, fundamentó legalmente la organización de la "defensa nacional", la "defensa civil" y la promoción en la organización de las "autodefensas".

A estos fenómenos se sumó posteriormente el narcotráfico, donde la lucha sangrienta entre el Estado y los narcotraficantes buscaba, por parte de estos últimos, evitar la firma del acuerdo de extradición con los Estados Unidos en 1984, debido al homicidio del entonces ministro de Justicia Rodrigo Lara Bonilla. No obstante, dicha amenaza se prolongó hasta 1991, particularmente con el cartel de Medellín: Pablo Escobar y Gonzalo Rodríguez Gacha, conocidos como "Los Extraditables", fueron quienes desataron una campaña de atentados terroristas que dejó varias víctimas y creó un ambiente de zozobra en la población civil. Si bien se acabó con los cabecillas, el problema no se erradicó y aún continúa definiendo en la actualidad parte del conflicto armado interno, al atribuírseles a los grupos que pueden desmovilizarse la apropiación del narcotráfico.

1.2. Una historia de conflicto confiando en la justicia transicional

El trabajo de indagación de la Clínica Jurídica de Interés Público de la Unaula encontró que, con el fin de esclarecer la verdad, satisfacer las exigencias elementales de la justicia y la reparación integral, y además crear condiciones indispensables para lograr una efectiva reconciliación nacional, a través de la desmovilización y reincorporación de miembros de grupos armados organizados ilegales, el histórico conflicto armado interno, con sus diversas manifestaciones de violencia, encuentra en la expedición de la Ley 975 de 2005 una verdadera esperanza de solución, soportada en la seguridad jurídica que promueve el consenso entre las partes enfrentadas. Con la mencionada ley se formalizó una pena alternativa de cinco a ocho años, solo a los paramilitares que se desmovilizan, modificando la pena por los delitos cometidos con ocasión del conflicto.

Entre los inconvenientes que presenta inicialmente dicha ley, están la no especificación del momento en que se empieza a descontar la pena de prisión para estos actores del conflicto, así como el no reconocerse el beneficio a otros grupos al margen de la ley igualmente involucrados en la violencia. Por esto el Gobierno Nacional, a través del Decreto 1059 de 2008, hizo extensiva dicha medida a los guerrilleros privados de la libertad, y dejó abierta la posibilidad de que la recobraran, exigiéndoles la postulación por escrito (postulación voluntaria), que es recibida por el Comité Operativo para la Dejación de las Armas (CODA), adscrito al Ministerio de Defensa, que verifica la pertenencia del subversivo al grupo ilegal. Si el concepto es positivo, se traslada al Ministerio de Justicia para la firma del ministro y, por ende, hay aceptación de la postulación (postulación legal), lo que hace del desmovilizado un sujeto amparado por el marco legal de justicia y paz.

Los postulados ingresan a una fiscalía de Justicia y Paz para dar inicio al proceso judicial de justicia alternativa. Al hacerse tardío por las demoras administrativas, sumado al vacío legal acerca del día en el que comienza a descontarse la pena, y a que en el 2014 se cumplirían ocho años de la expedición de la Ley 975, se desencadenó la promulgación de la Ley 1592 del 2012. Dicha legislación adicionó a la Ley 975 el artículo 18A, que permite la sustitución de la medida de aseguramiento privativa de la libertad en establecimiento carcelario por una no privativa de la libertad, tras el cumplimiento de unos requisitos fijados por la ley.

Entre dichos requisitos sobresale aquel por medio del cual el postulado que se haya desmovilizado estando en libertad y permanezca como mínimo ocho años en un establecimiento carcelario, término que empieza a contarse a partir de la reclusión en dicho lugar, puede recibir la sustitución de la medida. No obstante, el problema radica, sin ninguna justificación y aparentemente desconociendo los principios de libertad, legalidad y favorabilidad, en el parágrafo de dicho artículo, dado que si el postulado ha estado privado de su libertad en el momento de la desmovilización, el término de ocho años, a diferencia de quien estaba en libertad, se cuenta a partir del momento de la aceptación de la postulación, sin tener en cuenta los años que ya ha estado en prisión.

Hasta este punto del reconocimiento y evolución del caso, la justificación expuesta en el debate clínico se centró en los siguientes derroteros de interés público fijados por la Clínica Jurídica de la Unaula. El ejercicio propuso que el interés público se soporte en principios fundamentales del Estado Social de Derecho como la igualdad material, que junto con el principio de favorabilidad en materia penal, es una manifestación de la legalidad y el debido proceso al cual todo acusado tiene derecho, sin importar la conducta delictiva realizada. Por tal motivo, aun reconociendo la responsabilidad de estas personas, no puede desconocerse que en medio de un proceso de paz continúan siendo titulares de derechos, que se están viendo aparentemente atropellados al fijarse una diferenciación posiblemente discriminatoria.

Con relación a la viabilidad del caso, se cuenta con información teórico-histórica que ha dado lugar a los hechos del presente y que justifica la intervención para culminar debidamente con un proceso de violencia nacional. Con sustento de vulneración de normatividad, tanto a nivel interno como a nivel internacional, hay acceso a fuentes: fallos y pronunciamientos de los jueces de Justicia y Paz a nivel nacional sobre las controversias entre las leyes 975 y 1592, lo que posibilita la interposición de una acción de inexequibilidad. Se toma la responsabilidad administrativa al dilatar los procesos judiciales de justicia alternativa de los reos al vulnerar el debido proceso y el acceso a la administración de justicia, lo que retarda el derecho al reconocimiento, la verdad y la justicia de las víctimas, así como el derecho a la paz de los nacionales colombianos.

La capacidad de la Clínica se refuerza con el criterio político enfocado en la defensa de los intereses colectivos de las víctimas, a través de su reparación integral, el respeto del régimen legal y constitucional que protege a todo imputado por la comisión de sus delitos, con el propósito de generar confianza y seriedad por parte del Gobierno para que los grupos al margen de la ley se desmovilicen, cese el conflicto armado y se alcance la paz.

El caso es además materia potencial para acceder al Sistema Internacional de Protección de Derechos Humanos, toda vez que de no tener resultado favorable, como subsidio se acudiría al citado sistema, dado el retardo injustificado en la garantía y protección de los derechos de las partes, y como punto esencial el reconocimiento, la verdad y la justicia de las víctimas (reparación), así como la paz de la nación. El caso lleva además una atracción mediática, toda vez que reorienta su mirada a las personas afectadas por el conflicto, especialmente a las víctimas, las cuales merecen un trato igual y digno después de los daños generados. Además, se benefician los miembros de menor rango dentro de la organización de los grupos al margen de la ley que se desmovilicen, pues son ellos quienes pagan las penas, aunque la mayoría podrían ser víctimas de sus superiores o incluso obligados a participar de las conductas por las cuales están condenados.

Como caso clínico no se descarta la posibilidad de hacer propuestas legislativas, por medio de las cuales se superen los problemas y vacíos jurídicos, donde se busque el respeto por el régimen constitucional y se cumplan a cabalidad los beneficios plasmados en este, para que genere en los grupos al margen de la ley confianza en la desmovilización, todo con el fin último de conseguir la paz.

2. Acciones legales y no legales realizadas

La Ley 975 del 2005, así como la Ley 1592 del 2012, ha sido objeto de algunas demandas de inconstitucionalidad, las cuales ha estudiado la Clínica Jurídica de la Unaula. La construcción de los pronunciamientos judiciales comienza con la Sentencia C-319 del 2006, por medio de la cual se demandó la reserva de ley estatutaria en asuntos de justicia, pretensión no reconocida por la Corte Constitucional, la cual declaró exequible la totalidad de la normativa, con el siguiente argumento:

> La ley 975 de 2005 es un instrumento encaminado a lograr la reconciliación y a facilitar los procesos de paz encaminados a la reincorporación individual o colectiva a la vida civil de los miembros de grupos armados al margen de la ley. En ese sentido, la ley desarrolla la Constitución en cuanto todos los colombianos tienen derecho a la paz. En aras de la efectividad de ese derecho, el legislador puede establecer beneficios penales, siempre que no desproteja los derechos de las víctimas ni viole la Constitución. La ley 975 de 2005 es una ley ordinaria que regula un procedimiento penal. Por lo tanto, no puede ser equiparada a una ley de amnistía o indulto, que para su aprobación requiriera de una mayoría calificada por cuanto ni impide proseguir los procesos penales ya iniciados ni elimina las penas. Concede un beneficio penal en aras de la paz. Dicho beneficio penal, denominado alternatividad, consiste en la suspensión de la ejecución de la pena ordinaria, que habrá de ser fijada en la correspondiente sentencia condenatoria. En lugar de dicha pena ordinaria, el condenado debe cumplir la pena alternativa que oscila entre 5 y 8 años de privación de la libertad, siempre que haya cumplido los requisitos establecidos en la ley. Por lo tanto, el beneficio de la alternatividad penal se ajusta a la Constitución puesto que no representa una afectación desproporcionada de los derechos de las víctimas a la verdad, la justicia, la reparación y la no repetición, los cuales también son protegidos por la misma ley.

La Corporación reiteró su postura en la Sentencia C-370 del 2006, sobre el cargo formulado por no haberse tramitado como ley estatutaria. Con la Sentencia C-531 del 2006 declaró estarse a lo resuelto en las sentencias C-319 y C-370 de ese mismo año, en relación con los cargos por vicios de forma. Además, dispuso estarse a lo resuelto en la Sentencia C-370 por vicios de fondo: "[...] porque la misma no consagra un indulto a favor de los miembros desmovilizados de los grupos armados al margen de la ley". Adicionalmente, generó fallo inhibitorio por ineptitud de la demanda, "por desconocimiento de los derechos de las víctimas" y "porque no establece cuáles son los mecanismos que las víctimas deben utilizar para obtener la reparación de sus derechos". Ese mismo año la Corte Constitucional, en la Sentencia C-670 del 2006, reiteró su postura, al remitir a los fallos C-319 y C-370 del 2006, y se declaró inhibida en la demanda.

Desde la Sentencia C-575 del 2006 el Alto Tribunal considera que de la Ley 975 del 2005 "no se desprende una prohibición para el Estado Colombiano de conceder o atribuir el estatus de víctima a los miembros de la fuerza pública en las circunstancias a que alude la ley referida. Tampoco encuentra la Corte que con ello se vulnere el principio de distinción —entre la sociedad civil y los combatientes— a que se aludió en la misma Sentencia C-255 de 1995 pues en el presente caso de lo que se trata no es de asimilar a los civiles con dichos combatientes para someter a los civiles a una situación de aquellas que precisamente prohíben los textos internacionales citados, sino que se trata es simplemente del otorgamiento a los miembros de la Fuerza Pública para efectos de la Ley sub examine del carácter de víctimas. Se trata pues más bien de una norma interna más garantista que las previstas en el ordenamiento internacional", Posteriormente, la Corte Constitucional se declaró inhibida en la Sentencia C-719 del 2006 y en la Sentencia C-008 del 2007, en ambas por ineptitud de la demanda.

Con base principalmente en la línea jurisprudencial construida por la Corte Constitucional sobre el marco normativo de Justicia y Paz, la Clínica Jurídica de la Unaula comenzó la formulación del problema jurídico del caso, de los objetivos, y postuló las bases de la estrategia de litigio. Como problema jurídico se definió las garantías legales a la luz de la Ley 975 de 2005, como marco de seguridad jurídica para la superación del conflicto armado interno, de donde se desprendían normas que aparentemente generaron circunstancias de desigualdad entre los grupos insurgentes al margen de la ley que podían optar por la justicia transicional para la construcción de la paz.

No obstante, el trabajo clínico debió ser suspendido cuando la Corte Constitucional profirió la providencia C-015 del 2014, por medio de la cual resolvió la demanda contra el parágrafo del artículo 19 de la Ley 1592 del 2012, que adicionó el artículo 18A a la citada Ley 975 del 2015. Dicha exequibilidad la Corte la sintetiza en los siguientes términos:

> [...] el examen de constitucionalidad se hizo sobre el parágrafo del artículo 19 de la Ley 1592 de 2012, por el cargo de vulnerar el artículo 13 de la Constitución. En el análisis del cargo se estudió la igualdad como valor, principio y derecho, para precisar su carácter relacional y destacar la complejidad del juicio de igualdad. En este contexto se precisó el alcance de los mandatos que se siguen del principio de igualdad, en su acepción de igualdad de trato y se dio cuenta de las etapas de análisis en el juicio de integrado de igualdad y de las modalidades del test de igualdad. A partir de estos parámetros se descendió al caso concreto, para examinar el parágrafo del artículo 19 de la Ley 1592 de 2012 a la luz de los antedichos elementos de juicio, comparado con el numeral 1 del inciso primero de este artículo y con el artículo 13 de la Constitución, encontrando que dicho parágrafo no incurre en la discriminación que se señala en la demanda y, por lo tanto, no desconoce el precitado artículo de la Constitución.

El citado fallo obligó a la Clínica Jurídica de la Unaula a reiniciar la formulación del problema jurídico y la consecuente estrategia de litigio. Desde entonces, la Clínica ha venido construyendo los fundamentos para presentar una acción de inconstitucionalidad con cargos diferentes a los que ya se han alegado en las anteriores sentencias presentadas a lo largo de la entrada en vigencia de la ley. Para ello reitera la procedencia de un recuento histórico detallado de todo el conflicto armado en Colombia, acudiendo a fuentes bibliográficas, bases de datos jurídicas, rastreo de jurisprudencia, estudios de derecho comparado sobre los procesos de paz en países como Sudáfrica, El Salvador y Guatemala, y asesorías de docentes especialistas en teoría del conflicto, derecho constitucional y derecho penal colombiano, en la medida que se identifica un desprendimiento de las interpretaciones jurisprudenciales de la realidad del conflicto que en últimas regulan.

De igual manera, se incluye la variable del derecho laboral, en cuanto a los *proyectos productivos* relacionados con la actividad laboral que realiza el desmovilizado cuando retoma su libertad, producto de las capacitaciones que recibe en el centro carcelario, y se profundiza en categorías esenciales como víctima, verdad, justicia y reparación, para comprender el alcance y la armonía constitucional de la ley y sus reformas. Para ello se ha elaborado una matriz de sistematización y análisis de cada norma, la cual contiene su respectivo análisis, los valores y principios que lo sustentan, el pronunciamiento de la Corte y la concordancia de las normas con el bloque de constitucionalidad y el control de convencionalidad.

3. Situación y afectación de las personas e intereses jurídicos involucrados en el caso

Dado el retardo administrativo del CODA para agilizar el proceso de postulación y la poca efectividad del Gobierno Nacional para cumplir a cabalidad lo que estipulan las leyes referentes a Justicia y Paz, se ven afectados no solo los procesados por el conflicto armado colombiano, sino también las víctimas directas de este y demás nacionales colombianos.

Las víctimas de las acciones ilegales cometidas por los grupos al margen de la ley no han recibido del Gobierno la restitución de sus derechos, pues, tras los obstáculos puestos para dar cumplimiento a la Ley de Justicia y Paz, se generó desconfianza entre los desmovilizados, haciendo que se rehusaran a cumplir con la verdad, la justicia y la reparación de las víctimas, objeto esencial de la Ley 975 del 2005. Si bien el objetivo primordial de la citada Ley 975 es garantizar los derechos de las víctimas, de momento esto es algo que no alcanza total eficacia, debido a las negativas y retardos para la postulación. El procesado, al no percibir garantías jurídicas, falta a la verdad, lo que dificulta la *reconciliación nacional*. Una reconciliación que no solo abarca al desmovilizado y su víctima, sino también a la ciudadanía, que de acuerdo con el artículo 22 de la Constitución,[5] tiene derecho a la paz.

---

[5] Constitución Política de Colombia, artículo 22: "La paz es un derecho y un deber de obligatorio cumplimiento".

Una situación similar se presenta con respecto al derecho a la igualdad de los procesados, declarado exequible en la Sentencia C-015 del 2014. La Corte estima que no se vulnera la igualdad de estos sujetos respecto de la contabilización de los ocho años para solicitar la sustitución de la medida de aseguramiento de detención preventiva, haciendo uso de la tesis del *test de igualdad*, exactamente como un *test estricto.*[6] Así, consideró que entre ambas situaciones de hecho[7] existen elementos comunes: "(i) haber sido miembro de un grupo armado al margen de la ley que se ha desmovilizado y (ii) haber estado privado de la libertad en un establecimiento carcelario, por delitos cometidos durante y con ocasión de la pertenencia al grupo armado, por un período mínimo de ocho años". No obstante, estima que son hechos diferenciales el que la persona se desmovilice estando en libertad y que lo haga privado de esta, ya que la persona no está en libertad al momento de desmovilizarse el grupo al que pertenecía. En el primero de los casos, la reclusión en establecimiento carcelario es posterior a la desmovilización, lo que también es imposible de predicar de quien estaba privado de la libertad, porque la persona ya está recluida en establecimiento carcelario con anterioridad a la desmovilización del grupo al que pertenecía (Corte Constitucional, Sentencia C-015 del 2014).

De esta manera, "[...] No es, pues, la mera circunstancia de estar recluido en un establecimiento carcelario la determinante para fijar el hito temporal, sino que, por el contrario, lo verdaderamente relevante es la confluencia de esta circunstancia con las de la postulación y la desmovilización" (Corte Constitucional, Sentencia C-015 del 2014), es decir, al no haberse desmovilizado y postulado durante la privación de la libertad, no es lógico

---

[6] La Corte Constitucional de Colombia, en la Sentencia C-015 del 2014, dice del test estricto: "Para aplicar un test estricto, que es la primera y más significativa excepción a la regla, este tribunal ha considerado que es menester que esté de por medio una clasificación sospechosa, como las previstas de manera no taxativa a modo de prohibiciones de discriminación en el artículo 13 de la Constitución; o que la medida recaiga en personas que estén en condiciones de debilidad manifiesta, o que pertenezcan a grupos marginados o discriminados o a sectores sin acceso efectivo a la toma de decisiones o a minorías insulares y discretas; o que la diferenciación afecte de manera grave, prima facie, el goce de un derecho constitucional fundamental; o que se constituya un privilegio".

[7] En el caso de las personas postuladas que se desmovilicen estando en libertad, este término se cuenta a partir de su posterior reclusión en establecimiento carcelario. En el caso de las personas postuladas cuyo grupo se desmovilice, y estén en ese momento privadas de su libertad, este término se cuenta a partir de su postulación.

aplicarle los efectos de la Ley de Justicia y Paz por dicho lapso. En ambos supuestos de hecho el término para empezar a contar los ocho años "depende de los mismos factores: postulación, desmovilización y permanencia en establecimiento penitenciario. Así, pues, se hace evidente que no existe en realidad ninguna diferencia de trato y que, por lo tanto, no existe la discriminación que se señala en la demanda" (Corte Constitucional, Sentencia C-015 del 2014).

El proceso por seguir no parte de discutir la argumentación de la Corte sobre el test de igualdad, pero sí se cuestiona del test estricto, donde la diferenciación que afecta de manera grave el goce de un derecho fundamental, o que constituye al mismo tiempo un privilegio, es ambigua, pues se refiere a: ¿una afectación o un privilegio exclusivo en las partes involucradas en la diferenciación?, o acaso, desde el alcance de la igualdad como valor, ¿no constituye una violación a los derechos de verdad, justicia y reparación de las víctimas?

4. Resultados de la estrategia implementada

Como resultado se ha obtenido, luego de una exhaustiva investigación y del cambio en la estrategia del litigio, el reconocimiento y la descripción del problema desde un panorama jurídico que fue analizado a nivel constitucional, legal, administrativo y jurisprudencial, pero en el marco histórico de la realidad que lo determina. De allí se busca fundamentar, a la luz de la Constitución, la continua afectación en la que se encuentran las víctimas y el retroceso del proceso que posibilite un definitivo alcance de la paz.

Esto ha permitido la aproximación con la población procesada y condenada acogida al marco de justicia y paz, por medio de la doctora María Fernanda Ossa López, en donde se ha dejado entrever la incertidumbre en que se encuentran y su posible renuencia a colaborar con la justicia tras la falta de garantías por parte del Gobierno, o como lo llaman ellos, "traición". No obstante, se percibe un ánimo de reparación, pues lo demuestran al querer esclarecer los hechos (verdad) y contribuir a la reconciliación nacional. Es así como los cambios en la estrategia del litigio del caso, que no se presentó como un obstáculo para renunciar a este, generó que se cambiara de perfil argumentativo, acudiendo a las víctimas y al derecho a la paz, totalmente ajustado al interés público definido por la Clínica Jurídica de la Unaula.

5. Impactos del caso

Este caso es noticia, más aún con los actuales diálogos de paz que se llevan a cabo en La Habana. Por ello, se busca que los estudiantes clínicos desde el método y la experiencia del trabajo clínico del derecho contribuyan a la defensa de los intereses y derechos de las víctimas del conflicto armado colombiano, del pueblo colombiano en general y de los desmovilizados y postulados al marco de Justicia y Paz, sin permitir la impunidad, sino la verdadera intención de reparar integralmente a la víctima, lo que se vincula a las garantías de los desmovilizados en el cumplimiento de los beneficios otorgados por la ley y una adecuada resocialización y reintegración a la vida civil. El estudio del caso ha generado apertura a los diálogos con algunos desmovilizados recluidos en establecimientos carcelarios, se reconocen sus impresiones sobre el conflicto, sobre el marco jurídico, y se perfilan las posibilidades de acuerdos a partir de la contribución a la verdad, la justicia y la reparación.

Bibliografía

Berdugo-Palma, L. y. Díaz-Rivero, G. (1989). *Sociales básicas No. 5*. Bogotá: Editorial El Cid.

Borrero-Mansilla, A. (2002). El siglo veinte colombiano comienza y termina con el país en guerra. Las guerras colombianas del siglo xx. *Revista Javeriana,* (685), 66-69.

Congreso de la República de Colombia (2012). *Ley 1592.*

Congreso de la República de Colombia (2005). *Ley 975.*

Corte Constitucional de Colombia (1995). *Sentencia C-255.*

Corte Constitucional de Colombia (2006). *Sentencia C-319.*

Corte Constitucional de Colombia (2006). *Sentencia C-370.*

Corte Constitucional de Colombia (2006). *Sentencia C-531.*

Corte Constitucional de Colombia (2006). *Sentencia C-575.*

Corte Constitucional de Colombia (2006). *Sentencia C-670.*

Corte Constitucional de Colombia (2006). *Sentencia C-719.*

Corte Constitucional de Colombia (2007). *Sentencia C- 008.*

Corte Constitucional de Colombia (2014). *Sentencia C-015.*

Páez, Á. (s.f.) *Historia de Colombia*. Bogotá: Editorial: Litocortes Ltda.

1.4. Enseñanza y pedagogía a partir de la educación legal clínica

1.4.1. Casos de educación legal clínica en el Grupo de Interés Público y Litigio Estratégico de la Universidad del Norte
Clínica de Cambio Social Estructural para derrotar el formalismo jurídico

Juan Pablo Sarmiento Erazo[*]

1. El formalismo jurídico en la educación legal latinoamericana

Los debates en torno a la producción y enseñanza del conocimiento jurídico parecen esquivos y se reducen, en medio de textos formalistas[1] relativamente útiles para el estudio del derecho como práctica. En efecto, la producción dominante de documentos jurídicos habría vaciado su método de estudio y comparte ahora fuentes de producción del conocimiento jurídico

* Abogado de la Pontificia Universidad Javeriana, magíster y doctorado en Derecho de la Universidad de los Andes, profesor de la Universidad del Norte. Director del Grupo de Interés Público y Litigio Estratégico de la Universidad del Norte. Correo electrónico: jpsarmiento@uninorte.edu.co, jua-sarm@uniandes.edu.co.

[1] De acuerdo con Daniel Bonilla Maldonado (2013, p. 1), "El concepto de derecho formalista identifica el sistema jurídico con la ley, considera que el derecho es completo, coherente y cerrado, señala que éste es capaz de dar respuestas únicas a todos los problemas que surgen en una comunidad política y, en versiones radicales, empareja validez formal con justicia. [...] La educación jurídica formalista, por consiguiente, gira en torno a los materiales jurídicos creados por el legislador, pretende que los estudiantes los conozcan en su totalidad y los reproduzcan acríticamente, promueve un currículo en donde las áreas del derecho se mantengan aisladas y sitúa al profesor en el centro del proceso de enseñanza- aprendizaje".

con la "ciencia política", la "antropología", la "historia" y la "economía", entre otras ciencias sociales. Este aislamiento trae como consecuencia un empobrecimiento significativo del estudio del derecho y de la manera en que este es ofrecido por las facultades de derecho.

La educación jurídica contemporánea parecería permanecer "conquistada" por las tres falacias propias de la "insuperable" cultura formalista en derecho, a saber: la forma lógica y el silogismo práctico jurídico; segundo, la separación entre derecho, moral y política; y tercero, el elevado y aséptico análisis judicial (López Medina, 2003). El empobrecimiento metodológico del derecho termina por suponer que este ha sido incapaz de producir su propio estatuto epistemológico y que acude a otras disciplinas como fuentes epistémicas para abordar el derecho como objeto político. Son pocos los estudios y las facultades que han abordado la quizá inevitable "pluridisciplinariedad del campo de estudio" (Sarmiento, 2012).

La producción y formación jurídica parece enclaustrada en una visión que resguarda la "autonomía absoluta" del derecho y su producción aislacionista, resultado de la llamada "desviación técnica". Michel Miaille explica que esta "desviación" es una expresión clara del triunfo formalista que convierte en la esencia del razonamiento del derecho, el estudio de las "técnicas jurídicas". Esta posición epistemológica permite evacuar, casi completamente, todo aquello que no sea jurídico, cumpliendo su tarea el texto y la enseñanza en derecho que reporte exclusivamente el contenido normativo del sistema jurídico, no así aquel que plantee problemas sociales, históricos o económicos. Se trata entonces de una "ideología tecnocrática" que presenta al derecho como neutral o "no ideológico", en tanto los juristas se comprometen con la aplicación de un derecho excluyendo el razonamiento sobre la expresión del poder político que contiene. La mitificación de un derecho autónomo, técnico y neutral permite hacer a un costado los partidos, los grupos de presión y, en general, el entorno histórico, económico y político, para finalmente atribuirle al derecho una propiedad que no tiene, su no ideología (Miaille, 1978, pp. 141 y 142).[2]

---

[2] Gunther Teubner hace una profunda crítica al formalismo jurídico y sostiene: "[l]a racionalidad legal formal y la jurisprudencia sociológica eran *fundamentalmente* incompatibles porque la primera consideraba los actores legales como desligados del mundo, permitiendo de esta forma la afirmación de que tomar en cuenta los aspectos sociales, económicos y políticos no era una tarea 'para un abogado

Así, se pueden considerar riesgosas las obras y la enseñanza del derecho que tiendan a suponer que existe un derecho autorreferente, con fuentes que pueden obviar las lecturas de realidades sociales y globales, y que se agota en sus propias instituciones, cuyo desarrollo puede ser comprendido solo por medio de su "dinámica interna" (Bourdieu, 1994. p. 156). Puede considerarse que se trata de una enseñanza jurídica desprovista de consideraciones éticas, la cual enmarca al aprendizaje del derecho en la simulación de los casos difíciles o ambigüedades doctrinales que pueden inducir al estudiante al escepticismo sobre las prácticas alternativas e incluyentes del derecho, o lo pueden convertir en un cínico, en la medida en que favorezca el litigio de élites (Rodhe 2001, p. 1201).

Esto último lleva a que el jurista contemporáneo en formación se haya "cegado" con las formas, a que por tanto pierda toda perspectiva de profundidad del derecho como discurso, y, sobre todo, a que niegue la propiedad ideológica de esta ciencia social aplicada. Esto es sumamente grave para cualquier sociedad, pero más preocupante para culturas como las iberoamericanas, en desarrollo, en la medida en que extravía la dimensión social del derecho.

La escuela de pensamiento jurídico dominante en nuestra práctica ha provocado que la educación legal se haya dirigido exclusivamente a la profesionalización del abogado,[3] y hace evidente la ruptura con la dimensión social del derecho. Esta propiedad y consecuencia del formalismo conlleva una reconceptualización aún más significativa, pues se trata de un severo límite que se trasmite desde la enseñanza a la práctica de los estudiantes de derecho. Aun cuando se trate de un sistema educativo que aboga por otro tipo de docencia, más allá de la educación vertical, y se ofrezcan competencias cognoscitivas y prácticas, el límite se transmitirá a partir del objeto

---

como tal'" (Teubner, 2005, p. 142 [cita a Windscheid Bernhard, *Die Aufgaben der Rechtswissenschaft* (1904), p. 101]).

[3] El término profesionalizante se refiere a la acostumbrada y dominante producción y enseñanza del derecho, a lo que se ha llamado estudio normativista o aislacionista del derecho. Este propone la descripción del contenido dispositivo del ordenamiento jurídico y sus vicisitudes como un desarrollo natural de unas normas hacia otras, abogando por la autonomía absoluta del derecho, entendiendo que esta disciplina es fuente de conocimiento independiente y autorreferente, dejando de lado el entorno, los debates oficiales y la función social y política insertada primigeniamente en la institución jurídica objeto de análisis. Sin embargo, dicha manera de explorar y exponer la institución analizada trae consigo un problema de limitación sobre el objeto de estudio y esconde la carga ideológica en la producción del derecho (Sarmiento, 2012).

de estudio de las materias que consideramos centrales, sus contenidos y la producción bibliográfica que se ha derivado en torno a ella, sin olvidar los obstáculos que encuentran los estudiantes para aplicar las materias que cursaron y que fueron trasmitidas por medios memorísticos, pero exclusivamente conceptuales.

De esta forma, en Latinoamérica las clínicas o grupos de derecho de interés público están llamadas a convertirse en una vigorosa herramienta para cuestionar y debilitar el formalismo jurídico que ha dominado la cultura jurídica de la región (Bonilla, 2013). Por supuesto, primero debemos definir a las clínicas o grupos de interés público como proyectos que hacen parte de una universidad —están institucionalizados—; segundo, atienden "clientes" o "usuarios" reales, individuales o colectivos; tercero, son gratuitas y sus acciones legales excluyen pretensiones económicas; y cuarto, persiguen fines tanto pedagógicos como de justicia social. Esto excluye simulaciones de casos reales o proyectos de investigación financiados —que permiten que los estudiantes desarrollen competencias— que puedan tener temas u objetivos relacionados con la justicia social (Bonilla, 2013).

La expansión de las clínicas jurídicas de alto impacto supondría dos ventajas notables en la educación jurídica. En primer lugar, sensibilizar al estudiante de derecho sobre los problemas sociales y de lo que puede significar justicia social, en un contexto tan problemático como el iberoamericano. Segundo, conseguir que el estudiante, por medio de una práctica legal, ponga en ejercicio su conocimiento adquirido previamente, descubriendo o redirigiendo su contenido hacia problemas sociales, algunas veces estructurales, que repercuten colectivamente, dimensionando socialmente a la norma o sistema jurídico.

Las clínicas jurídicas de interés público suponen una contradicción y superación del formalismo jurídico, así como una reconducción de la práctica jurídica del estudiante que, en formación, logra incorporar sus conocimientos en pregrado y consigue darle un sentido social a su ejercicio profesional. La clínica de interés público pretende entonces la trasformación del ordenamiento jurídico para lograr impactos afirmativos en situaciones que puedan considerarse "objetivamente" injustas. Por ello, desde el diseño del caso, hasta la presentación de la acción legal, el estudiante puede revelar, a sí mismo y a la comunidad, cuál es la situación que se quiere superar y qué estado de cosas puede ser el deseable. Aunque la transformación social es el objetivo de estas clínicas, no se encuentra garantizada, ya no por el resultado de la clínica, sino por la ineficacia instrumental del Estado, atributo común de todas las experiencias latinoamericanas.

En efecto, adicionalmente a la ineficacia instrumental del Estado, en la medida en que las clínicas de interés público pretenden una trasformación social, es frecuente que encuentren obstáculos, algunos insuperables, de orden político y social. Ciertamente, materias que tocan intereses económicos de grupos dominantes, como los grandes conglomerados, o que puedan suponer la inversión de recursos públicos en sectores deprimidos, causarán necesariamente una resistencia que, algunas veces, puede conllevar el que la clínica jurídica abandone ciertos proyectos que podrían tener grandes impactos. Esto sin mencionar que, dada la violencia y los problemas de orden público que describen la experiencia colombiana, los actores ilegales también pueden convertirse en un obstáculo insuperable, capaz de bloquear la existencia misma del grupo de interés público.

De esta forma, la clínica jurídica que ha sido diseñada en la Universidad del Norte se ha trazado la meta de derrotar el formalismo jurídico en los estudiantes en formación y, de acuerdo con la descripción planteada por Daniel Bonilla, se podría enmarcar en las "Clínicas Cambio Social Estructural" (CCSE), que tienen como objetivo contribuir a la solución de un problema jurídico-social "que afecta alguno de sus cimientos [de la sociedad]". De esta forma, intenta conseguir una transformación estructural en la sociedad, a través de la solución del conflicto particular o colectivo. Bonilla explica que estas clínicas emplean diversas estrategias, a saber: primero, el litigio de alto impacto, esto es, la presentación de un caso (o conjunto de casos) ante la administración de justicia, que de tener éxito, afectará positivamente a todos los individuos que enfrentan el mismo problema. En la práctica colombiana, esta estrategia suele realizarse por medio de acciones públicas de inconstitucionalidad, debido además a sus efectos *erga omnes* (Bonilla, 2013).

Estas clínicas de cambio social también realizan asesoría legislativa, que busca la aprobación de leyes "que se consideran de interés público", "contribuir a la evaluación pública de los proyectos de ley que cursan en las legislaturas", "adelantar labores de cabildeo ante los congresistas de manera que apoyen o cuestionen propuestas legislativas particulares" y "redactar proyectos de ley que pueden ser presentados directamente o por organizaciones sociales o políticas" (Bonilla, 2013). No obstante, el Grupo de Interés Público y Litigio

Estratégico de la Universidad del Norte, aunque ha concebido la asesoría legislativa como una de sus áreas de trabajo, se ha abstenido de participar en el debate legislativo, dadas las características y concurrencia de otros programas, como Caribe Visible, que hace parte de una red de formación-acción coordinada por varias universidades y la ONG Congreso Visible, y que realiza análisis y seguimiento legislativo. Igualmente, las CCSE llevan a cabo labores de pedagogía jurídica que permitan a ciudadanos, "particularmente los que pertenecen a grupos vulnerables o históricamente discriminados", conocer sus derechos y los medios jurídicos que existen para defenderlos (Bonilla, 2013). Estos proyectos son desplegados por "brigadas" que realiza el Consultorio Jurídico de la Universidad del Norte, motivo por el cual, el Grupo de Interés Público y Litigio Estratégico de la Universidad del Norte se ha concentrado en el despliegue de acciones judiciales.

Aunque, como se mencionó, no se descartan las otras áreas de impacto, los resultados del Grupo de Interés Público y Litigio Estratégico de la Universidad del Norte pueden centrarse en acciones públicas de inconstitucionalidad. Esto se debe a que el Grupo de Interés Público complementa al Consultorio Jurídico de la Universidad del Norte, pues este es lo que conceptualmente se conocería como clínicas de acceso a la justicia, que suponen la asesoría y representación legal de personas de escasos recursos (Bonilla, 2013).

2. Grupo de Interés Público y Litigio Estratégico (GLIP) de la Universidad del Norte

Siguiendo el anterior marco operacional, el Grupo de Interés Público y Litigio Estratégico de la Universidad del Norte se ha diseñado con dos objetivos centrales, a saber: la responsabilidad social de la educación universitaria en el contexto nacional, regional y local, y preparar a los estudiantes de pregrado para el ejercicio profesional, con énfasis en litigios de alto impacto y justicia social.

Los resultados y los objetivos del grupo de interés público y litigio estratégico llegan más allá de la formulación de problemas de investigación o simulación de casos que se producen en el campo social. Así, la labor del estudiante, acompañado de los docentes vinculados, es identificar los casos paradigmáticos, de relevancia nacional o local, y diseñar la acción legal preventiva y/o correctiva para buscar su solución. De este modo, este proyecto ha pretendido ampliar y diversificar el radio de acción del consultorio jurídico, cuyos estudiantes buscarán además del éxito del caso particular, el diseño de estrategias que colaboren a la mejora de un problema estructural, buscando soluciones integrales.

Ninguna de estas acciones debe concurrir con las funciones propias del Consultorio Jurídico, como unidad de práctica obligatoria de los estudiantes vinculados. Esto sin perjuicio de la necesaria conexión y articulación entre ambos centros, a efectos de identificar espacios en los que el Grupo pueda iniciar acciones de interés general derivadas de los procesos que lleguen al Consultorio.

De igual forma, siguiendo las líneas sobre las cuales se han formulado las CCSE, ninguna de las acciones que se presenten en el Grupo tendrá pretensiones económicas ni recibirá poderes especiales para su ejercicio. Al contrario, los procesos que se llevarán a cabo emergerán de la relevancia que el asunto tenga para el país, la región o el municipio.

La Clínica se ha planteado tres áreas de trabajo, a saber: acciones públicas de inconstitucionalidad y acciones de nulidad por inconstitucionalidad, acciones constitucionales y denuncias ante la Comisión Interamericana de Derechos Humanos. Las acciones públicas de inconstitucionalidad y las acciones de nulidad por inconstitucionalidad intentan resolver antinomias de relevancia constitucional que tengan trascendencia para la nación, la región o el municipio. Se pretende con ello que los profesores y los estudiantes avancen en la redacción y presentación de acciones constitucionales tendientes no solo a la corrección y comprobación del sistema jurídico, sino también a la corrección de realidades sociales que atañen a la nación.

En materia de acciones constitucionales, el Grupo no recibe poderes especiales para llevar a cabo las acciones judiciales particulares. Por ello, son cuatro acciones constitucionales las que se proponen; estas, en virtud de las disposiciones normativas vigentes, no requieren el otorgamiento de mandato alguno. En primer lugar, acciones de tutela a favor de los niños, en la medida en que, de conformidad con el artículo 86 de la Constitución y del Decreto 2591 de 1991, cualquier persona puede presentar acciones de tutela en interés de los niños. Por ello se plantean estas acciones, que deben contener un estudio de campo, el cual seguramente podrá alcanzar una relevancia nacional.

En segundo lugar, el GLIP ha incluido dentro de sus áreas de trabajo las acciones populares, en la medida en que tanto el artículo 88 de la Constitución como la Ley 472 de 1998 disponen de una amplia legitimación por activa, la cual permite que, bajo varios parámetros, puedan intentarse diversas acciones con objetos disímiles, pero igualmente relevantes. Los intereses colectivos que se han considerado centrales son los de medio ambiente, en especial debido al crecimiento económico e industrial de la ciudad; es posible que estas acciones populares resulten de una relevancia e impacto inusitado para la región. La urbanización de suelos, la distribución de las zonas industriales y el puerto podrán ser solo algunos de los puntos críticos que permitan articular acciones populares de trascendencia. Asimismo, el espacio público, de relevancia sustancial para un puerto y una ciudad próxima a la costa Caribe, resulta fundamental para el restablecimiento de zonas ambientales protegidas y desarrollo turístico con economías de escala y sustentables ambientalmente. La capacidad para proyectar acciones de este tipo debe contar también con estudios de campo que permitan un recaudo probatorio el cual incremente las posibilidades de éxito de la acción judicial que se proponga.

Con todo, puede constatarse que las dos áreas de trabajo suponen grandes limitaciones para el ejercicio del Grupo, en un territorio donde las actividades legales pueden verse afectadas por el accionar de actores ilegales. Así, problemáticas como la minería, la urbanización de la ciudad y la ineficacia de algunas entidades públicas han suscitado algunas reflexiones previas sobre la seguridad de los estudiantes que participen de la clínica. En efecto, adicionalmente al análisis jurídico y probatorio del caso, el trabajo ha ameritado estudios de contexto, redes y actores, para evitar aproximarse a asuntos que en Latinoamérica pueden comprometer la seguridad de quienes aboguen por una transformación del statu quo.

Aunque las anteriores son las áreas de trabajo, el Grupo se ha enfocado en el ejercicio de acciones públicas de inconstitucionalidad que han abarcado diferentes materias. Si bien la definición de un objeto de estudio específico podría resultar ventajosa, el Grupo ha decidido ampliar el margen de acción a diversos temas, de alto impacto, que individualmente pueden tener un impacto significativo en la sociedad.

El Grupo ha radicado diversas demandas y peticiones a la Corte Constitucional y a las entidades administrativas responsables, entre las que destacan la demanda de inconstitucionalidad contra el fuero militar (a), la acción pública de inconstitucionalidad en contra del artículo 144 del Código de Procedimiento Administrativo y de lo Contencioso Administrativo (b), y se han radicado memoriales ante la Corte Constitucional para la inclusión del Estado de Cosas Inconstitucional (Sentencia T-760 de 2008) (c). Asimismo, se radicó una acción pública de inconstitucionalidad contra el artículo 52 de la Ley 1453 del 2011 (d) y otra contra el Acto Legislativo 01 del 15 de julio del 2013 (e). A continuación se presenta el resumen de los argumentos que ampararon cada una de estas acciones.

2.1. Demanda de inconstitucionalidad contra el fuero militar

El Grupo radicó una acción pública de inconstitucionalidad contra el Acto Legislativo 02 del 2012 (Expediente D-9703), en virtud de la vulneración de los derechos de las víctimas, el derecho a las garantías judiciales, el derecho al debido proceso, y el derecho a la verdad, la justicia y la reparación. De igual forma, se argumentó el desconocimiento de instrumentos internacionales como la Convención Americana, así como jurisprudencia del Sistema Interamericano de Derechos Humanos, el Estatuto de Roma de la Corte Penal Internacional y el artículo 3° común a los Convenios de Ginebra.

2.2. Acción pública de inconstitucionalidad en contra del artículo 144 del Código de Procedimiento Administrativo y de lo Contencioso Administrativo

El Grupo radicó en este caso una acción pública de inconstitucionalidad contra el parágrafo del artículo 144 de la Ley 1437 del 2011, por medio del cual se establece el deber de agotar requerimiento previo a las entidades administrativas, previamente a la radicación de una acción popular. El argumento de inconstitucionalidad se basa en el acceso a la justicia y la reserva a la Ley Estatutaria como fuente de limitaciones al derecho de acción.

2.3. Discapacidad: memoriales ante la Corte Constitucional para la inclusión del Estado de Cosas Inconstitucional (Sentencia T-760 del 2008)

El Grupo radicó dos memoriales en los que solicita a la Corte Constitucional la inclusión en el Estado de Cosas Inconstitucional (Sentencia T-760 del 2008) a las personas discapacitadas y el desconocimiento del derecho del acceso a la justicia en materia de salud. En los dos escritos presentados se solicitó que se integraran los casos propuestos al Estado de Cosas Inconstitucional declarado en la Sentencia T-760 del 2008, en el supuesto fáctico en el cual los jueces al proferir sus fallos no velan por su cumplimiento efectivo tutelando los derechos vulnerados.

El magistrado ponente Jorge Iván Palacio adujo en la consideraciones del auto que había cosa juzgada constitucional en la Sentencia T-760 del 2008, lo cual excluye la posibilidad de adicionar o modificar la sentencia objeto de seguimiento. Sin embargo, ello no impide que se adopten todas las medidas indispensables para que lo decidido en dicha providencia sea debidamente cumplido por las autoridades destinatarias de las órdenes. Por esta razón, la Corte Constitucional resolvió lo siguiente:

> PRIMERO.- Denegar las dos peticiones presentadas el 11 de marzo de 2013 por Ana Rosa Buelvas Hernández y Robert Castillo López, por las razones expuestas en esta providencia.
>
> SEGUNDO.- Ordenar al Ministerio de Salud y Protección Social que, en el término de treinta (30) días, contados a partir de la notificación de esta providencia, remita el informe que se indicó en el núm. 2.2 de la parte considerativa de este auto.
>
> TERCERO.- Ordenar al Presidente del Consejo Superior de la Judicatura que, en el término de treinta (30) días, contados a partir de la notificación de esta providencia, remita el informe de que trata la consideración jurídica 2.3 de este proveído.
>
> CUARTO.- Remitir copia de las peticiones de 11 de marzo de 2013 al Ministerio de Salud y Protección Social, así como al Consejo Superior de la Judicatura.
>
> QUINTO.- Ordenar al Ministerio de Salud y Protección Social, así como al Consejo Superior de la Judicatura que copia de los informes que remitan a esta Sala Especial sean entregados a los peticionarios.

El informe del que habla el numeral 2.2 de la Corte le pide al Ministerio de Salud que responda la siguiente pregunta: ¿Qué medidas concretas ha adoptado como director de la política del sector administrativo de salud y protección social para que se garantice el acceso efectivo de la población con discapacidad? Al informe deberán anexarse las pruebas que permitan probar la efectividad de tales determinaciones. En el numeral 2.3 la Corte expresa:

> [...] la orden trigésima segunda de la Sentencia T-760 de 2008, mediante la cual se ordenó al Consejo Superior de la Judicatura la divulgación de esta providencia entre los jueces de la República, asimismo debía recordarse que mediante Auto de 13 de Julio de 2009 esta Sala aclaró que el cumplimiento de dicho mandato no se limitaba a insertar temporalmente el texto de la sentencia en la página web de la rama judicial o al envío de la citada sentencia a través de correo electrónico, sino que se estableció la labor de esa Corporación (Consejo Superior) se extiende en el tiempo y cobija los autos de seguimiento y los informes que den cumplimiento a cada una de las ordenes. Por consiguiente, como una de las estrategias para poder corregir las presuntas prácticas dilatorias de algunos jueces de tutela en el trámite de cumplimiento (art. 27 Decreto 2591/91) y de desacato (art. 52 ibídem) es la difusión y pedagogía que se haga de las reglas de protección constitucional sobre el derecho a la salud contenidas en la Sentencia T-760 de 2008, se ordenará al Consejo Superior de la Judicatura que presente un informe sobre la manera como, en cumplimiento del citado mandato trigésimo segundo, ha prevenido o corregido la ocurrencia de hechos como los que relatan los peticionarios.

2.4. Acción pública de inconstitucionalidad contra el artículo 52 de la Ley 1453 del 2011

En este caso se consideran vulnerados los siguientes principios constitucionales: la reserva legal legislativa para conferir competencias, lo que quiere decir que solo el legislador está facultado para conferir competencias a las autoridades administrativas para realizar investigaciones que afecten derechos fundamentales. Esta competencia y la nominación de las entidades públicas deben ser claras, explícitas y completas. De igual forma, se desconoce la legalidad del debido proceso, en tanto la concesión de facultades debe ser estricta y taxativa. El texto normativo dispone una amplitud significativa, al señalar que la Fiscalía les dará "a las autoridades competentes", facultades para la operación de la interceptación. Igualmente, se considera amenazado el derecho fundamental al habeas data y el derecho a la intimidad; el primero, debido a que la norma accionada pone en peligro la reserva de la información personal, debido la indeterminación de las autoridades que pueden efectuar la interceptación. El derecho a la intimidad se encuentra a su vez amenazado, en razón de la ambigüedad normativa antes descrita.

2.5. Acción pública de inconstitucionalidad contra el Acto Legislativo 01 del 15 de julio del 2013

Este acto legislativo eliminó las circunscripciones electorales especiales para minorías políticas, consignadas en el artículo 175 de la Carta, para asignárselas a los representantes a la Cámara que representan a los colombianos en el extranjero. Los principales argumentos de la acción son los siguientes: en primer lugar, la sustitución de la Constitución Política; segundo, el Acto Legislativo contiene una medida regresiva contra la participación política. Para resolver este último problema, se tienen en cuenta los siguientes argumentos: 1) la reforma regresiva se deriva de los antecedentes de la Asamblea Nacional Constituyente de 1991, donde se sentaron las bases de un Estado Social de Derecho participativo y pluralista; 2) por sustituir una parte del artículo 13 de la Constitución Política. Se lesiona el principio de igualdad en sentido material; 3) por la diferenciación positiva, que en las minorías políticas conlleva el que se derive una condición de desigualdad y discriminación, situación que le impide la participación en los cargos públicos; asimismo, se demandaron los vicios del procedimiento legislativo, en la medida en que hubo una indebida designación de ponentes, que no incluyó a las minorías políticas para que tuvieran voz y representación en la toma de dicha decisión (Ley 5ª de 1992, artículos 2º y 10 - integración del Congreso, participación con voz).

Conclusiones

El litigio estratégico desde la periferia. Las clínicas de litigio estratégico han demostrado ser una herramienta capaz de replantear el formalismo jurídico y construir espacios que extienden la dimensión social del ejercicio profesional del abogado. Por supuesto, sus virtudes están descontadas, pero son sus obstáculos los que hacen problemático el despliegue del litigio de alto impacto en países donde, como se demostró al inicio de este texto, el formalismo jurídico cumple una función política, la sustentación de la no ideología del derecho.

En Colombia, al igual que en el resto de Latinoamérica, nos encontramos en un contexto en el que el Estado de Derecho no opera plenamente, debido a la violencia, las inequidades sociales y las graves violaciones de derechos humanos. La región y el país se debaten en realidad entre una democracia asediada desde sus inicios, en donde subsisten efectivamente tres países: el primero, un país moderno y civilizado, con grandes ciudades e instituciones funcionales, donde el Estado de Derecho es respetado; el segundo, un país casi salvaje, de regiones rurales controladas por los "señores de la guerra", y por último, un país intermedio que comparte las características de ambos (Uprimmy, 2007).

Barranquilla cabría dentro de la descripción antes planteada, en la medida en que en su territorio existen zonas ampliamente desarrolladas, y otras zonas deprimidas, donde la violencia y la inequidad social son predominantes. Esto conduce a que el ejercicio del litigio estratégico suponga una dimensión adicional que no parecería haberse abordado en los documentos que se han aproximado a la descripción de las CCSE. Esta dimensión se refiere al análisis que deben hacer los profesores y los estudiantes vinculados al GLIP, de actores, contexto y redes, en aras de pronosticar los obstáculos sociales e informales que pueden conllevar un riesgo, inclusive para la vida e integridad de quienes hacen parte de la Clínica. Aunque el litigio estratégico pretende un cambio social, la situación y el contexto local pueden imponer barreras infranqueables, pues al final, el campo de acción de las clínicas de interés público se construye a partir de respuestas institucionales, y estas pueden verse influidas por el grupo dominante, que requiere la permanencia del statu quo, o en medio de un contexto social donde el orden público y los actores ilegales pueden suponer una amenaza implícita o explícita al quehacer de una CCSE.

Bibliografía

Bonilla, D. (2013a). El formalismo jurídico, la educación jurídica y la práctica profesional del derecho en Latinoamérica. En H. Olea (Ed.), *Derecho y pueblo Mapuche.* Chile: Universidad Diego Portales.

Bonilla, D. (2013b). Clínicas jurídicas en el norte y el sur global: entre la igualdad y la subordinación. En *Violencia, legitimidad y orden público.* Buenos Aires: Ed. Libraria.

Bourdieu, P. (1994). *Raison pratiques. Sur la théorie de l'action*. París: Seuil.

López Medina, D. (2003). ¿Teoría general o teoría particular del derecho? En torno al trabajo reciente de William Twining. En *Derecho y globalización*. Bogotá: Ed. Uniandes, Siglo del Hombre, Instituto Pensar.

Miaille, M. (1978). Les figures de la modernité dans la science juridique universitair. En *Pour une critique du droit*. Grenoble, Francia: Presses Universitaires de Grenoble, François Maspero.

Rhode, D. L. (1999). Cultures of Commitment: Pro Bono for Lawyers and Law Students. *Fordham Law Review, 67* (5).

Rhode, D. L. (2001). The Pro Bono Responsibilities of Lawyers and Law Students. *William Mitchell Law Review, 27*.

Sarmiento E., J. P. (2012). *La justicia administrativa entre dictaduras, una crítica a la construcción del derecho administrativo en Colombia* (tesis sin publicar, para optar al título de doctor en Derecho), Uniandes, Bogotá.

Teubner, G. (2005). Elementos materiales y reflexivos en el derecho moderno. En *La fuerza del derecho*. Bogotá: Ed. Nuevo Pensamiento Jurídico, Siglo del Hombre, Pontificia Universidad Javeriana, y Ed. Uniandes.

Uprimmy Yepes, R. (2007). La justice au cœur du politique: Potentialités et risques d`une judiciarisation en Colombie. En J. Commaille y M. Kaluszynski (Dir.), *La fonction politique de la justice*. París: La Découverte.

1.4.2. La propuesta pedagógica de la Clínica Jurídica de Derecho Internacional Penal y Humanitario de la Universidad del Rosario
La formación integral del ser humano como un todo

Héctor Olásolo Alonso*

Introducción: ¿Es necesaria una auto-reflexión sobre el proceso formativo ofrecido por la educación superior?

El siglo XXI ha sido calificado como el de la era de la "globalización", caracterizada por una interconectividad sin precedentes entre la situación política, social y económica de las diversas regiones del mundo. Este fenómeno es fruto del gran desarrollo de la tecnología de las comunicaciones, que permite

---

* Licenciado en Derecho, Universidad de Salamanca (España); magíster en Derecho, Universidad de Columbia (Estados Unidos); doctorado en Derecho, Universidad de Salamanca (España). Profesor titular de derecho internacional de la Universidad del Rosario y director de la Clínica Jurídica de Derecho Internacional Penal y Humanitario de la misma institución. Se desempeña también como presidente del Instituto Iberoamericano de la Haya para la Paz, los Derechos Humanos y la Justicia Internacional y además es director del Anuario Colombiano de Derecho Internacional Penal (ANIDIP). Entre el 2009 y el 2012 fue profesor titular de carrera y director de la Clínica Jurídica sobre Conflicto Armado, Derechos Humanos y Justicia Internacional en la Universidad de Utrecht (Holanda). El autor agradece a los miembros de la cohorte del 2013, Daniela Suárez Vargas, Lorena Herrera Santamaría, María Paula López Velásquez, Juan Camilo Serrano Uribe y Juan Sebastián Urrea Rodríguez, así como a la monitora de dicho año, Camila Suárez Ángel, por su indispensable colaboración durante la elaboración de este escrito.

la transmisión en tiempo real de grandes flujos de información y el desplazamiento a cualquier parte del mundo en cuestión de horas.

Sin embargo, conviene no olvidar que el calificativo de "sociedad globalizada" se remonta más de cien años atrás, a los albores del siglo XX, cuando los nuevos descubrimientos tecnológicos (la radio, la televisión, el cine, el telégrafo, el teléfono, el automóvil, el submarino y el aeroplano) dejaban entrever un mundo mucho más interconectado del que jamás se había podido imaginar hasta ese momento.

En consecuencia, al afrontar los desafíos del siglo XXI conviene tener muy presentes las estrategias adoptadas para hacer frente a los desafíos del siglo XX, en cuanto que primera etapa de la denominada era de la globalización. Esto es particularmente relevante si tenemos en cuenta que dichas estrategias (dirigidas en buena medida hacia la consolidación de los sistemas democráticos, el reconocimiento de los derechos humanos, la extensión de la economía de mercado, la eliminación de los obstáculos a los intercambios comerciales y a los movimientos de capitales y el estrechamiento de los lazos culturales entre las naciones), han venido, sin embargo, acompañadas de daños muy notables para el desarrollo de la humanidad. Así lo atestiguan, entre otros, los siguientes factores:

1) Los altos índices de violencia generados, con dos guerras mundiales que dejaron setenta millones de muertos entre 1914 y 1945, una guerra fría de alcance universal entre 1950 y 1990, y casi doscientos conflictos armados entre 1990 y 2000.
2) Unos índices de desigualdad nunca antes alcanzados, de manera que mientras el 1% de la población de la población mundial posee un patrimonio medio de 120 000 millones de dólares, casi la mitad de esta misma población (unos 3000 millones de personas) vive con apenas tres dólares por día.
3) Un nivel de degradación medioambiental que por primera vez en la historia pone en peligro la propia viabilidad del planeta.[1]

---

[1] Esto es fruto, entre otras cosas, de una notable reducción de la capa de ozono por el incremento en la emisión de gases contaminantes, el deshielo progresivo de las zonas polares y la continua desforestación y pérdida de flora y fauna.

4) Una corrupción endémica en las élites políticas y económicas de los (nuevos y antiguos) sistemas democráticos, que durante el siglo xx y la primera década del siglo xxi se han mostrado incapaces de tomar medidas eficaces para contener los problemas arriba mencionados, por haber asumido como propios los "intereses especiales", que instrumentalizan la democracia y el crecimiento económico para maximizar su riqueza.

La constatación de las prácticas de corrupción sistémica en que incurren quienes han estado expuestos durante largos años a la educación universitaria, unido ello a la absoluta indiferencia por el sufrimiento causado en los "otros" por la violencia, la marginación económica y la degradación medioambiental, debe llevarnos a una profunda reflexión sobre lo que no está funcionando en nuestros modelos de formación superior. Y esta no solo debe darse en Colombia o en América Latina, sino también en otras latitudes como Alemania, España, Estados Unidos u Holanda, por citar algunos ejemplos, que recientemente han conocido públicamente (pues extraoficialmente se conocía desde hacía largo tiempo) intrincadas tramas de corrupción y/o indiferencia sistémica hacia el sufrimiento de quienes se pensaba les eran allegados.

Ciertamente, nuestra acción no se está dirigiendo a la formación integral dc seres humanos conscientes de su propia actividad emocional, social e intelectiva, que contribuyan a la sociedad con un pensamiento crítico, fruto de la comprensión de la dinámica de los intereses políticos y económicos que la mueven. Por el contrario, seguimos manufacturando grandes profesionales sin una capacidad crítica que les permita crecer desde sí mismos y contribuir a una sociedad más libre, más igualitaria y más solidaria.

La pregunta es ¿por qué sigue ocurriendo esto más cien años después de haber inaugurado la llamada era de la globalización? ¿Será que esto es realmente lo que esperan las familias de nuestros estudiantes y quienes dirigen los designios de nuestras sociedades? ¿O será que el proceso formativo que ofrecemos en la Universidad no desarrolla las capacidades que nuestros estudiantes de hoy, y dirigentes políticos, sociales, sindicales y empresariales del mañana requieren para trabajar por una sociedad más libre, más justa y más solidaria?

En las próximas secciones analizaremos la propuesta pedagógica de la Clínica de Derecho Internacional Penal y Humanitario de la Universidad del Rosario (en adelante, "la Clínica Jurídica"), que pretende dar respuesta a este última pregunta. En cuanto a los demás interrogantes, no nos compete a nosotros desarrollarlos, puesto que no somos sus destinatarios, lo que no obsta para que convenga dejarlos en todo caso apuntados.

1. Primera aproximación a la propuesta de la Clínica Jurídica de Derecho Internacional Penal y Humanitario de la Universidad del Rosario

En respuesta a un trabajo solicitado el 25 de febrero del 2014 sobre los fundamentos de la Clínica Jurídica, en el que habían participado durante un año, los miembros de la cohorte del 2013 Daniela Suárez Vargas, Lorena Herrera Santamaría, María Paula López Velásquez, Juan Camilo Serrano Uribe y Juan Sebastián Urrea Rodríguez, con la colaboración de la monitora Camila Suárez Angel, afirmaron lo siguiente:

> No obstante, más allá del tema académico de la Clínica Jurídica, el objetivo de ella, excede todo eso, sobre todo, excede a sus propios integrantes. Es un espacio no solo de aprendizaje académico, sino de crecimiento humano, donde se llega a la comprensión de que el derecho, y en este caso el Derecho Internacional Penal y Humanitario, no tiene sentido si no se puede aplicar su esencia en la realidad de la sociedad y de igual forma en la vida personal.
>
> Como metodología pedagógica la Clínica Jurídica no solo permite ampliar el conocimiento de los estudiantes en diferentes campos del ejercicio del derecho y ampliar sus capacidades en cuanto a la construcción de memoriales y la adaptaciones de conceptos a problemas jurídicos complejos, sino que tiene como fin esencial buscar que a partir del trabajo en equipo, se encuentren fundamentos básicos en la interrelación con las personas, tales como la solidaridad, la comprensión, la tolerancia y el respeto.
>
> Aunque no suene como un gran reto, trabajar en grupo hace que cambiar de perspectiva, no solo en el trabajo, sino en la vida. Tener en cuenta al otro, apreciar y valorar lo que dice, pero, sobre todo,

> entender que si se hace en conjunto será mejor que si uno sobresale o lo hace solo.
>
> Comprender que el Derecho, y en este caso el Derecho Internacional Penal no se limita a los hechos, las conductas, los Estados o el Estatuto de Roma es algo de lo que no hay jurisprudencia o doctrina que pueda enseñar; es entender que para lograr generar un cambio, es necesario primero cambiar en lo cotidiano, ver al otro como un igual, entender su valor y aprender a hacer valer lo que plantea buscando materializar los derechos humanos en la vida común y ordinaria de todas las personas. Solo así, será posible llegar al porqué de instituciones internacionales como la Corte Penal Internacional, que debe estar presta para la protección de esos principios, esa idea de justicia, que es mucho más amplia que los cuatro crímenes de competencia de la misma.[2]

En su respuesta, los miembros de la cohorte del 2013 desvelan el sentido profundo de la Clínica Jurídica en sus múltiples dimensiones. Pero, ¿cuál es su fundamento pedagógico? Y, ¿cuáles son sus elementos principales? A contestar estas preguntas dedicaremos las próximas secciones.

2. La formación integral del pensamiento crítico

Si analizamos los objetivos pedagógicos de universidades como Harvard u Oxford, consideradas por muchos como las principales referencias de nuestro tiempo, nos damos cuenta de que estas se dirigen primordialmente a fortalecer la capacidad de la persona humana para 1) elaborar un pensamiento crítico y eficaz, en el que se puede inducir, deducir, sintetizar y manejar adecuadamente la lengua materna; 2) interactuar socialmente siendo asertivo en los propios planteamientos; y 3) emitir juicios morales, que aplican en la práctica una idea del bien y del mal.[3]

A pesar de cierta disparidad en cuanto a los medios utilizados,[4] lo cierto es que se evidencia una apuesta por una formación integral, dirigida a hacer

---

2 Trabajo presentado el 7 de marzo del 2014, en archivo con el autor.

3 Véanse los informes de Harvard y Oxford en Orozco Silva (2002).

4 Mientras Harvard hace un mayor hincapié en los fundamentos de matemáticas y física, la introducción a la sociología y la lectura de la literatura clásica, Oxford propone un modelo de encuentros

a la persona humana consciente de las dinámicas políticas, sociales y económicas, tanto actuales como históricas, que informan el funcionamiento de su sociedad nacional y de la sociedad global. Se trata, en definitiva, de promover el desarrollo de individuos conscientes, capaces de analizar autónomamente dichas dinámicas y de contribuir a la sociedad de su tiempo mediante la expresión asertiva del resultado de su propia evaluación.

La formación integral del pensamiento crítico, complementada, como veremos en la sección siguiente, con la necesaria formación del inconsciente, constituye el fundamento sobre el que la Clínica Jurídica viene desarrollando, desde su fundación en el 2011, su propuesta pedagógica para afrontar los desafíos que ofrece el siglo XXI.

En el ámbito del desarrollo del pensamiento crítico, la propuesta pedagógica está conformada por cuatro elementos principales. En primer lugar, a diferencia de lo que es habitual en la concepción tradicional de la pedagogía (Canfux, 2000), se reconoce que no es posible transmitir al ser humano una visión absoluta de las cosas. En consecuencia, hay que familiarizarle con la relatividad de los paradigmas, al entender que estos, o bien son producto del limitado alcance del conocimiento en un cierto momento histórico-temporal, o bien surgen de construcciones arbitrarias de redes de intelectuales que los imponen a fuerza de repetirlos *ad infinitum*. Como señala Morin (1999), esta situación es el resultado de que los seres humanos no dispongamos de un instrumento de conocimiento en virtud del cual podamos obtener la verdad y la certeza sobre los fenómenos humanos naturales y culturales.

Ante esta situación, surge la necesidad de confrontar a la persona humana con los conceptos de incertidumbre y complejidad. La relativización de los paradigmas y la desconfianza hacia las verdades absolutas, hacen que el conocimiento no pueda seguir situado sobre el pedestal de la simple certeza y tenga que entenderse como un fenómeno complejo, lleno de incertidumbres, que requiere asumir un riesgo para su exploración. Se trata, como en casi todos los demás aspectos de la vida humana, de aceptar que, a pesar de que sigamos un procedimiento que cumple con las condiciones generalmente aceptadas para la validación de nuestras conclusiones como conocimiento, este último siempre será relativo, pues se ve condicionado

---

con el profesor en cuanto que detentador de valores y cualidades admiradas por el estudiante, que le hacen querer adquirirlas por asimilación.

por la información de la cual disponemos en nuestro contexto histórico-temporal, los intereses sociológicos, políticos y éticos que mueven la ciencia, y un elemento de subjetividad inherente a nuestra actividad investigativa.

En este contexto, es importante tomar conciencia de la no neutralidad del conocimiento del hombre, así como de los intereses de la práctica científica, lo que nos permite darnos cuenta de que la ciencia tiene que ver con la política, la sociología y los intereses que mueven la historia. De ahí la importancia de que el profesor ponga de relieve la significación cultural, ideológica y ética de su disciplina, para lo cual tiene que salir de ella y autorreflexionar sobre su propia práctica científica (Orozco Silva, 2002).

El proceso de formación integral del pensamiento crítico requiere, por tanto, apartarse de una concepción pedagógica basada en la consideración del profesor como un mero transmisor de conocimientos[5] a unos sujetos pasivos que tienen poco margen para trabajar y elaborar mentalmente los conceptos que reciben (Canfux, 2000). La adopción de esta opción se encuentra respaldada por la psicología de los procesos cognitivos, que explica cómo estos últimos no pueden concebirse como actos de mera transmisión externa, ni como una cualidad inherente a la mente que se origina desde el interior (Corral, 2000). Se trata, por el contrario, de procesos desarrollados a través de la búsqueda y la acción real del estudiante en su entorno, con el fin de desentrañar las características esenciales del conocimiento en un momento histórico concreto. De ahí que el aprendizaje basado en soluciones cerradas impuestas resulte completamente ineficaz, puesto que ni es objeto de interés para su asimilación por el estudiante, ni consecuentemente va a ser objeto de apropiación por este.

En consecuencia, el estudiante pasa a ser la figura central en el proceso de formación integral, lo que significa prestar una mayor atención a su proceso de evolución, para construir sobre los avances que vaya mostrando a lo largo del tiempo.[6] Siguiendo la terminología de Vigotsky (1995), se trata de afianzar la "zona de desarrollo próximo", compuesta de aquellas capacidades

---

[5] Ya se encuentre basada en la disciplina, la rigidez y el orden absoluto propio de los jesuitas, ya gire en torno a los modelos más liberales que ven en la figura del profesor el centro del proceso de enseñanza (ver Canfux, 2000).

[6] En este proceso evolutivo no es posible pretender saltarse varios escalones, pues de lo contrario las experiencias con las que se ve confrontado el estudiante resultan inoperantes, al no poder ser integradas en sus estructuras intelectuales.

que se encuentran en proceso de maduración, pues si bien el estudiante no las puede utilizar todavía para resolver de forma independiente un problema, sí puede hacer uso de estas para afrontarlo, con la cooperación de un profesor o de otro compañero más avanzado (Vigotsky, 1995).

El segundo elemento de la propuesta pedagógica de la Clínica Jurídica afirma que, dado que el conocimiento es fruto de la búsqueda y de la acción real de la persona humana sobre su entorno, es tarea fundamental del profesor hacer comprender al estudiante que, más allá de sus clases y de la consulta de libros y artículos, el conocimiento se obtiene principalmente mediante la observación, la experimentación y la combinación de razonamientos. De ahí la importancia de entender la interrelación entre la investigación, como proceso de producción de conocimiento, y la acción en cuanto que modificación intencional de una realidad. De manera que, mientras la investigación guía la acción, esta última revierte sobre la primera y termina configurándose como parte esencial de ella, siguiendo una metodología de planeación, acción, observación y reflexión (Pérez, 2000).

El tercer elemento consiste en la naturaleza no directiva de la función que corresponde al profesor, de manera que su participación se centra principalmente en suscitar problemas y plantear diversas alternativas posibles a estos, así como en generar en los estudiantes motivaciones duraderas por el conocimiento como el gusto por el saber, el placer de descubrir o el uso futuro de lo aprendido (González Maura, 2000). Todas estas actividades se desarrollan a través de una actitud cooperativa entre el profesor y el estudiante, que se convierten en copartícipes de un proceso móvil de aprendizaje y de las estrategias de planificación de la acción, que se llevan a la práctica y se someten conjuntamente a observación, reflexión y cambio (Pérez, 2000).

El trabajo en equipo aparece en este punto como de capital importancia. Los problemas son responsabilidad de todo el grupo, lo que por un lado limita la tensión que dichos problemas generan, y por otro lado favorece la creatividad y la contraposición de distintos puntos de vista. Las reuniones cordiales entre profesor y estudiantes no solo hacen más agradable el proceso, sino que además despiertan nuevas motivaciones (Viñas, 2000). Además, brindan al profesor la oportunidad tanto de enriquecer su horizonte mediante el aprendizaje de las observaciones de sus estudiantes, como de convertirse en un auténtico testimonio para aquellos, de manera que los estudiantes puedan identificar en su profesor valores que admiren, y que pueden luego imitar por asimilación (Morin, 1999).

Se trata, en definitiva, de promover un método activo que permita hacer crítico al ser humano, a través del debate en grupos de situaciones existenciales, preparadas específicamente con este fin. El profesor tiene como principal responsabilidad ayudar al estudiante a obtener un punto de vista crítico de su realidad (Viñas, 2000).

El cuarto y último elemento de la propuesta pedagógica de la Clínica Jurídica requiere que el profesor sea capaz de utilizar la imaginación para aprovechar situaciones, y asimismo crear y utilizar medios que propicien la actividad y el diálogo con los estudiantes. En particular, el profesor debe tener en cuenta que las nuevas tecnologías ofrecen al estudiante acceso a las vías de información global, permitiéndole ser parte de una comunidad de aprendizaje mundial a través de redes sociales y bibliotecas electrónicas virtuales (Rojas, Corral, Ileana y Ojalvo, 2000). De ahí que el profesor, en el marco de los esfuerzos cooperativos que desarrolla con los estudiantes en los proyectos de investigación, deba centrar sus esfuerzos en orientar a sus estudiantes en el proceso de experimentación en la navegación a través de la red global, y para ello necesita un modelo de aprendizaje más flexible, que no se realiza simultáneamente en un mismo espacio y tiempo.

3. Formación integral del inconsciente: la formación del ser humano como un todo requiere no compartimentalizar conciencia e inconsciente

La propuesta de formación integral del pensamiento crítico vista en la sección anterior constituye, en nuestra opinión, un importante paso adelante en el ámbito cognitivo. Sin embargo, continúa basándose en una notable compartimentalización entre el proceso de formación de las actividades que tienen lugar en el plano de la conciencia (percepción y pensamiento), y aquellas otras que tienen lugar en el ámbito de la inconsciencia (sentimiento, intuición e imaginación).

El favorecimiento de la dimensión objetiva o consciente de la persona humana, en detrimento de su dimensión subjetiva o inconsciente, presenta notables dificultades para la realización del fin último de lo que entendemos constituye una auténtica formación integral, dirigida al ser humano en su conjunto, con el fin de permitirle articular una forma coherente de ser y de entender el mundo (Sanz Obregón, 1997). De ahí la importancia que en la propuesta pedagógica de la Clínica Jurídica tiene la promoción de la discusión sobre los valores y los problemas humanos y sociales, así como el fomento de la imaginación, y el sueño de los jóvenes por un mundo distinto que haga que la vida tenga un sentido para ellos.

Es por ello que la propuesta pedagógica de la Clínica Jurídica entiende que el proceso de formación integral, además de fomentar el desarrollo del pensamiento crítico, debe dirigirse a su vez a generar un contexto libre del miedo a los sentimientos, las intuiciones y la imaginación, de manera que se facilite y promueva su expresión y confianza en estos (Sanz Obregón, 1997).

Para ello, la Clínica Jurídica recurre a un concepto amplio de la noción de juego, que se desarrolla mediante dinámicas de trabajo en grupo, así como a formas de producción artística y literaria, y a la incursión experimental en múltiples disciplinas.

En definitiva, se trata de abandonar el concepto clásico de "civilización" de los sentimientos, de manera que los estudiantes no solo desarrollen una responsabilidad hacia los ideales de cómo deberían sentirse, sino que fomenten también una responsabilidad con respecto a sus propios sentimientos, intuiciones y símbolos, a través de los cuales expresan su imaginación.

Solo de esta manera, complementando el favorecimiento del pensamiento crítico con el cultivo de la dimensión subjetiva del estudiante, es posible abordar en el marco de la Clínica Jurídica un proceso de formación auténticamente integral, en el que se pueda abordar la frecuente contradicción entre la verdad del pensamiento y la verdad del sentimiento, como lo demuestra, por ejemplo, la tensión entre el principio racional de justicia y el sentimiento de compasión (Sanz Obregón, 1997).

La Clínica Jurídica promueve abordar esta contradicción, en el entendido de que si se condena al estudiante a una situación de desconocimiento y desamparo con relación a las actividades de su inconsciente, es más que probable que a lo largo de su vida se termine rompiendo, en algún momento, la censura de su pensamiento racional, provocándole una grave crisis de identidad.

Conclusión

A lo largo del presente trabajo hemos tratado de presentar la propuesta pedagógica que la Clínica Jurídica viene implementando desde su creación en el año 2011. Su fundamento es la formación integral del ser humano como un todo, de manera que adquiriendo conciencia de su propia actividad emocional, social e intelectiva, se encuentre en capacidad de contribuir a la sociedad con un pensamiento crítico.

Dicha propuesta está dirigida a que el proceso de formación integral del estudiante le haga crecer en humanidad, mediante el despliegue de sus ámbitos afectivo, social e intelectivo. Con ello, y una vez que se adquiere la conciencia de que no existe ninguna forma de vida perfecta, se pretende empoderar al estudiante para que, a través de su propia experimentación, decida él mismo qué forma de vida considera deseable.

La Clínica Jurídica cumple apenas su quinto aniversario, por lo que se encuentra al inicio del que esperamos sea un largo trayecto. El fundamento y los elementos de su propuesta pedagógica no constituyen sino una guía, siempre ajustable durante el devenir del camino, con la que se pretende acercar progresivamente a la realización de dichos objetivos.

Bibliografía

Canfux, V. (2000). La pedagogía tradicional. En Colectivo de Autores Cepes (Ed.), *Tendencias pedagógicas en la realidad educativa actual* (pp. 5-10). Tarijá (Bolivia): Editorial Universidad "Juan Misael Saracho".

Corral, R. (2000). La perspectiva cognoscitiva. En Colectivo de Autores Cepes (Ed.), *Tendencias pedagógicas en la realidad educativa actual* (pp. 77-82). Tarijá (Bolivia): Editorial Universidad "Juan Misael Saracho".

González Maura, V. (2000). La pedagogía no directiva: La enseñanza centrada en el estudiante. En Colectivo de Autores Cepes (Ed.), *Tendencias pedagógicas en la realidad educativa actual* (pp. 57-65). Tarijá (Bolivia): Editorial Universidad "Juan Misael Saracho".

Morin, E (1999). *Los siete saberes necesarios para la educación del futuro*. París: Unesco.

Orozco Silva, L. E. (2002), *Responsabilidad del docente en la formación integral.* Bogotá: Universidad Santo Tomás.

Pérez, M. (2000). La investigación-acción como tendencia pedagógica. En Colectivo de Autores Cepes (Ed.), *Tendencias pedagógicas en la realidad educativa actual* (pp. 77-82). Tarijá (Bolivia): Editorial Universidad "Juan Misael Saracho".

Rojas, A. R, Corral, R., Ileana, A. y Ojalvo, V. (2000). La tecnología educativa. El uso de las NTIC en la educación. En Colectivo de Autores Cepes (Ed.), *Tendencias pedagógicas en la realidad educativa actual* (pp. 21-42). Tarijá (Bolivia): Editorial Universidad "Juan Misael Saracho.

Sanz Obregón, J. (1997). Hacia una pedagogía de la subjetivización. *Revista de Educación y Pedagogía* (Universidad de Antioquia), (19-20), 113-135.

Vigotsky, L. S. (1995) Interacción entre enseñanza y desarrollo. En O. Kraftchenko y L. Cruz (Eds.), *Selección de lecturas de psicología infantil y del adolescente*. La Habana: Pueblo y Educación.

Viñas, G. (2000). La pedagogía liberadora. En Colectivo de Autores Cepes (Ed.), *Tendencias pedagógicas en la realidad educativa actual* (pp. 66-76). Tarijá (Bolivia): Editorial Universidad "Juan Misael Saracho".

1.4.3. De las tensiones entre la formación profesional y el impacto social
Una aproximación experiencial a los problemas que enfrentan las clínicas jurídicas[*]

César Augusto Molina-Saldarriaga[**]
Érika Castro-Buitrago[***]
Lina María Estrada-Jaramillo[****]
Juan Camilo Pulgarín-Aguilar[*****]

---

* Ponencia producto de la reflexión sobre el trabajo que se ha desarrollado en la ejecución del proyecto *Red de Enseñanza & Aprendizaje Clínico del Derecho (REACD)*, en el que participan docentes de la Universidad Pontificia Bolivariana sede Medellín, la Universidad de Medellín, la Universidad de Antioquia, la Universidad Católica de Oriente y la Universidad Autónoma Latinoamericana sede Medellín.

** Abogado, especialista en Derecho Administrativo y magíster en Diseño de Paisaje. Docente interno asociado de la Escuela de Derecho y Ciencias Políticas, investigador del Grupo de Investigaciones en Derecho, en su línea Derecho, Sociedad y Contexto, y coordinador de la Clínica Jurídica de Interés Público de la Universidad Pontificia Bolivariana, Medellín-Colombia. Miembro de la Red de Enseñanza & Aprendizaje Clínico del Derecho.

*** Abogado, especialista en Derecho de Familia y magíster en Derecho. Docente de la Escuela de Derecho y Ciencias Políticas e investigadora del Grupo de Investigaciones en Derecho en su línea Derecho, Sociedad y Contexto de la Universidad Pontificia Bolivariana, sede Medellín-Colombia. Docente de la Clínica Jurídica en Derecho de Familia de la Universidad de Antioquia, Medellín-Colombia. Miembro de la Red de Enseñanza & Aprendizaje Clínico del Derecho.

**** Abogado, especialista en Derecho de Familia y magíster en Derecho. Docente de la Escuela de Derecho y Ciencias Políticas e investigadora del Grupo de Investigaciones en Derecho en su línea Derecho, Sociedad y Contexto de la Universidad Pontificia Bolivariana, sede Medellín-Colombia. Docente de la Clínica Jurídica en Derecho de Familia de la Universidad de Antioquia, Medellín-Colombia. Miembro de la Red de Enseñanza & Aprendizaje Clínico del Derecho.

**** Abogado, especialista en Derecho de la Seguridad Social, especialista en Derecho Administrativo. Docente de tiempo completo y coordinador de la Clínica Jurídica de Interés Público de Facultad de Derecho de la Universidad Autónoma Latinoamericana, Medellín-Colombia. Miembro de la Red de Enseñanza & Aprendizaje Clínico del Derecho.

Introducción

La enseñanza y aprendizaje clínico del derecho (EACD) surge como una estrategia pedagógica orientada a superar la crisis y las deficiencias formativas de los modelos y métodos tradicionales de enseñanza jurídica. Apoyado en las experiencias de la medicina y el trabajo clínico que en ella se realiza, en algunos casos patrocinados por agencias nacionales de cooperación internacional y en desarrollo del modelo de enseñanza superior del derecho en Colombia, la EACD estimula el trabajo práctico de los estudiantes a través del rastreo, el estudio, el análisis y la elaboración de propuestas de solución de casos reales.

En el proceso de consolidación de la EACD, el interés público ha sido uno de los referentes temáticos que la mayoría de las clínicas jurídicas —y quizás su totalidad— han adoptado para el desarrollo de sus actividades. En ellas se ha centrado la atención en el trabajo con poblaciones vulnerables o en alto riesgo, para la protección de derechos humanos y a través de acciones constitucionales. Este énfasis en el trabajo de interés público ha dejado de lado el desarrollo de competencias profesionales a través de la enseñanza clínica en otras áreas del derecho; ha representado una importante tensión entre la responsabilidad social del trabajo clínico a través del litigio estratégico y la responsabilidad pedagógica en el desarrollo de competencias profesionales en los estudiantes; y por último, ha privilegiado, en muchos casos, la publicación de casos exitosos tramitados en detrimento de la reflexión epistemológica y pedagógica sobre la EACD.

A través de una reflexión sobre la experiencia de los docentes clínicos que participan de la Red de Enseñanza & Aprendizaje Clínico del Derecho (REACD), se traen a colación algunos aspectos conceptuales, teóricos y metodológicos para discutir sobre el papel de las clínicas jurídicas en la formación profesional y la proyección social de las universidades. La reflexión que se presenta resulta importante, en la medida que el debate epistemológico sobre la cultura y la profesión jurídica, así como los procesos de enseñanza-aprendizaje del derecho, en general, y la enseñanza-/aprendizaje clínico, en particular, ha quedado relegada a los espacios académicos, para ceder paso a la presentación de exitosas experiencias litigiosas. Esta situación ha llevado a un estancamiento de la reflexión en torno a las competencias profesionales, las estrategias de enseñanza y el proceso de evaluación en la formación profesional de los futuros profesionales del derecho.

De otro lado, la formación universitaria de los próximos profesionales del derecho —en los distintos papeles que pueden desempeñar en el ejercicio de sus actividades: docentes, investigadores, asesores, consultores, litigantes, periodistas, entre otros— debe proporcionar suficientes herramientas conceptuales, teóricas y metodológicas para que los estudiantes definan su perfil profesional en el marco de los diversos escenarios problemáticos que el contexto social les ofrece, representado en las ramas tradicionales del derecho, pero también en las nuevas. En este mismo sentido, el desarrollo de competencias profesionales —en el ser, el saber y el hacer— debe abordar la responsabilidad ética, profesional y social, al margen de la línea, rama o especialidad jurídica que el estudiante en el futuro profesional desee seguir.

Las consideraciones anteriores justifican la necesidad de reflexionar sobre la aplicación de los principios, paradigmas y presupuestos de la EACD en la totalidad del proceso de formación profesional —incluso desde los primeros niveles— y con respecto a la totalidad de las líneas, ramas o especialidades de la disciplina jurídica. Estos presupuestos incluyen la horizontalidad y la corresponsabilidad de la relación docente-discente, la democratización de la palabra y la opinión, la problematización y la interdisciplinariedad, entre otros aspectos, en el proceso de enseñanza/aprendizaje.

En el desarrollo de esta disertación se realizó un rastreo de fuente secundaria de tipo documental sobre la historia de la EACD en Colombia y su naturaleza, características y relaciones con el modelo tradicional de enseñanza del derecho. Se analizó la experiencia de los autores en el ejercicio de la docencia clínica y se retomaron algunas conclusiones de las jornadas de discusión en la REACD.

En ese sentido, en primer lugar se hace una presentación sintética de la historia y los principales elementos conceptuales, teóricos y metodológicos de la EACD. Luego se analizan sus propósitos. En tercer lugar, se estudian las tensiones que surgen entre interés público y otras problemáticas profesionales, y el litigio de impacto y los propósitos pedagógicos en la EACD, para finalmente aportar algunas breves conclusiones.

1. La enseñanza y aprendizaje clínico del derecho

Este apartado se ocupa de presentar muy brevemente un recorrido por el nacimiento de la EACD y las clínicas jurídicas, sus fundamentos metodológicos y, especialmente, los alcances del "método" clínico de enseñanza del derecho. El objetivo es reconstruir una propuesta de presupuestos, principios y/o paradigmas de la EACD.

1.1. Nacimiento de la enseñanza clínica del derecho

El nacimiento de la EACD como estrategia pedagógica para la formación de profesionales en la disciplina jurídica se remonta a la tercera década del siglo XX. Frank (1933), teórico del realismo jurídico norteamericano, se preguntaba: ¿por qué no una clínica para enseñar derecho? En Norteamérica las clínicas jurídicas solo lograrían abrirse camino hasta los años sesenta (Abramovich, 1999),[1] y no sería sino en los años ochenta que la enseñanza clínica consiguiera consolidarse como estrategia pedagógica de enseñanza y aprendizaje del derecho.[2]

En América Latina habría que esperar hasta los años para ver surgir las clínicas en las escuelas y facultades de derecho. El enfoque al que se apeló como presupuesto del trabajo fue el interés público, de la mano de la Red Sudamericana de Clínicas de Interés Público, con una importante presencia de universidades de Chile, Argentina y Perú (Coral-Díaz, Londoño-Toro y Muñoz-Ávila, 2010; Castro-Buitrago, Espejo-Yaksic y Villarreal, 2013). Su objetivo prioritario era el mismo que inicialmente justificó la propuesta del modelo: reaccionar en contra de los modelos tradicionales de enseñanza del derecho, soportados en el legalismo y el formalismo jurídico.

Para algunos (Coral-Díaz *et al.*, 2010), la experiencia norteamericana fue fundamental en la consolidación de un modelo en América Latina. Entre las razones que se expresan para hacer tal afirmación están el ser las experiencias que le preceden más próximas, el apoyo de la Fundación Ford en las primeras etapas del movimiento (1960-1990), la formación profesoral de latinoamericanos en universidades estadounidenses y la existencia de alianzas para el litigio estratégico de interés público.

---

[1] Ya desde las primeras décadas del siglo XX los profesores Lyublinsky (1901) y Rowe (1916) proponían asociar la aplicación del modelo tradicional de la medicina al derecho (Molina-Saldarriaga, 2008).

[2] Pero la experiencia no es exclusiva de Estados Unidos. En Canadá algunas universidades diseñaron y ejecutaron diversas estrategias que calificaron de trabajo clínico. Estas tenían por los menos dos objetivos fundamentales: "1) enseñar el derecho de una manera aplicada o concreta; y 2) de ofrecer servicios jurídicos gratuitos a la colectividad inmediata" (Duhaime, 2007).

Sin embargo, esta percepción no se compadece con el intuitivo ejercicio que se desarrolló en algunas escuelas y facultades de derecho, la experiencia de los consultorios jurídicos como obligación legal en las estructuras curriculares de los programas de derecho y la existencia de acciones constitucionales con el modelo constitucional de 1991, entre otros ejemplos, que significaron una revaluación de la cultura jurídica en Colombia. En el caso colombiano, en la etapa de nacimiento de las primeras clínicas los factores fundamentales para el surgimiento del movimiento clínico se asocian a la necesidad de un cambio en el modelo de enseñanza del derecho —sustentado en el formalismo jurídico—, cambio alentado por la entrada en vigencia de la Constitución Política de 1991 y el desarrollo de las acciones populares y de grupo a través de la Ley 472 de 1998.[3] Algunas investigaciones se han ocupado de ello, pero el camino es largo y los aprendizajes, seguramente, profundos.[4]

---

[3] De acuerdo con Castro-Buitrago (2013): "el nacimiento de las clínicas jurídicas colombianas tiene como causa principal o su principal motivación el cambio constitucional en 1991, el establecimiento del Estado social de derecho y con ello la consagración de las acciones constitucionales. Prueba de ello es que la primera generación de clínicas, que en mi opinión, es la primera en contraposición de la implementación del método de casos en los años 60 por influencia de los programas de derecho y desarrollo en el país, y dado su impacto, reconocimiento institucional y trabajo constante, se presenta a partir del año 1999 con la entrada en vigor de la Ley 472 de 1998. Otra prueba es que una gran parte de las clínicas adoptan el nombre de grupos de acciones públicas, es decir, se asumen como espacios de enseñanza y trabajo con una reflexión centrada en tales acciones, y que por tanto les da el carácter de clínicas de interés público. De allí que no es gratuito que sus principales casos se centren en el ejercicio de acciones populares, que la Red colombiana adquiera el nombre de red de clínicas de interés público, y solo hasta muy recientemente veamos en el país proyectos de clínicas distintas a esta tipología, de derecho privado, como es el proyecto que presenta en la actualidad, la Universidad Sergio Arboleda".

[4] Al respecto el proyecto de investigación *Enseñanza clínica del derecho: metodologías, experiencias innovadoras y buenas prácticas. Un modelo aplicable en Chile*, dirigido por la Escuela de Derecho de la Universidad Central de Chile y la Facultad de Derecho de la Universidad de Medellín, encontró que en la mayoría de las clínicas jurídicas de interés público que colaboraron en el proceso de investigación, con la respuesta a encuestas, atención a entrevistas y grupos focales, se privilegia el trámite y el resultado de los casos reales, sobre la planeación y reflexión del proceso educativo que se genera en las clínicas. De esta manera, se encuentran dificultades en la elaboración de un currículo propio e instrumentos de seguimiento y evaluación del aprendizaje de los discentes (Valenzuela, Castro, Maturana, Chavez y Gallo, 2013).

1.2. Fundamentos metodológicos de la enseñanza y aprendizaje clínico del derecho

Frank (1933) en su obra "le dio fuerza filosófica y epistemológica al movimiento de las Clínicas Jurídicas" (Molina-Saldarriaga, 2008), resaltando la posibilidad de formar a los estudiantes de derecho a partir de la experiencia de las escuelas de medicina en el uso de clínicas gratuitas y dispensarios. En estos espacios los estudiantes tendrían la oportunidad de aprender con fundamento en la práctica y la atención de casos reales que desbordan los análisis realizados en los libros.[5]

A pesar de las propuestas que se formulaban desde los años treinta, la preocupación que sigue acompañando a muchos docentes clínicos es la inexistencia de un conjunto de referentes teóricos, conceptuales y metodológicos que permitan enfrentar los problemas de la enseñanza del derecho a través de las clínicas (Abramovich, 1999). Se han hecho algunos esfuerzos, pero la preocupación por presentar casos exitosos, el impacto social del litigio estratégico y la premura a la que son forzados docentes y estudiantes clínicos en razón del interés público del caso, no han permitido un florecimiento de estas reflexiones.[6]

En Norteamérica, las clínicas jurídicas se consolidan a partir de la incorporación de algunos presupuestos metodológicos en la enseñanza del derecho:

> [i] confrontar al estudiante con el tipo de conflictos que enfrentan los abogados en su actividad cotidiana. El estudiante [ii] afronta el conflicto ocupando un determinado rol y debe interactuar con otros estudiantes en pos de identificar los problemas [...] y resolverlos. Luego, [iii] su actuación es evaluada y sometida a una profunda revisión crítica junto a los otros estudiantes y a un profesor que actúa como supervisor. (Abramovich, 1999)

---

[5] "La crítica de Frank al método predominante por entonces en las facultades americanas, apunta directamente a la concepción extremadamente positivista y logicista del derecho en la cual se basa" (Abramovich, 1999).

[6] Algunos de los trabajos referenciados en este texto se han ocupado de los aspectos conceptuales, teóricos y metodológicos de la EACD (Abramovich, 1999; Castro-Buitrago, 2006; Correa-Montoya, 2008; Correa-Montoya y Vásquez-Santamaría, 2008a; Díaz-García, 2006; Molina-Saldarriaga, 2008; Molina-Saldarriaga, 2012; Rubio-Correa, 2013; Vásquez-Santamaría, 2008; Witker, 2007).

En América Latina, estudios y reflexiones se han ocupado de justificar epistemológicamente el trabajo clínico y el proceso de enseñanza/aprendizaje. Algunos desde las relaciones entre corrientes teóricas del derecho, teorías pedagógicas,[7] la relación docente-discente y la interdisciplinariedad en el proceso de enseñanza/aprendizaje del derecho (Molina-Saldarriaga, 2008, 2012). Otros han justificado sus reflexiones desde la andragogía (Blásquez, 2006) y la relación teoría-práctica en la formación jurídica (Correa-Montoya y Vásquez-Santamaría, 2008a).

El autoestructuralismo someterá la relación docente-discente a criterios de horizontalidad, donde la democracia de la palabra y la igualdad en la palabra son los ejes que articulan dicha relación. Asimismo, serán las necesidades contextuales y la interdisciplinariedad, con el protagonismo del estudiante, el espacio en el que se desarrolle el proceso de enseñanza-aprendizaje (Molina-Saldarriaga, 2008, 2012).

En virtud de la andragogía, la enseñanza clínica parte del hecho de que la formación de conocimiento y competencias en los adultos no puede soportarse en las mismas estrategias de la formación para niños. En ese sentido, la EACD, en tanto que educación para adultos, se basa en la capacidad del estudiante para cuestionarse constantemente, acompañado del docente coordinador de clínica (Blásquez, 2006). Finalmente, algunos proponen la integralidad como eje articulador de la EACD, lo cual se logra a través de la articulación de cursos teóricos y prácticos y la interlocución con otros modelos de enseñanza/aprendizaje (Correa-Montoya y Vásquez-Santamaría, 2008a).

Así, en Colombia se ha entendido que las clínicas son una estrategia innovadora para la enseñanza práctica del derecho (Vásquez-Santamaría, 2008). Dentro de esos aspectos innovadores se incluyen la relación práctica-teoría, compromiso social, interdisciplinariedad, litigio estratégico, interés público, población vulnerable y las acciones constitucionales. Metodológicamente, podría afirmarse que la EACD se soporta en la conjunción de las

---

[7] Con respecto a los modelos pedagógicos, será el autoestructuralismo, en contraposición al heteroestructuralismo, el referente que ubique al estudiante en un papel protagónico en el proceso andragógico, fortaleciendo sus destrezas y competencias en la identificación de problemas, el rastreo, selección y sistematización de información relevante, el análisis y la síntesis de información, así como el diseño de estrategias a partir de la formulación de objetivos, entre otros aspectos (Molina-Saldarriaga, 2008).

bondades de los presupuestos de los modelos autoestructuralistas, heteroestructuralistas y la andragogía.

1.3. Una reflexión sobre los alcances del "método" y una propuesta de principios, presupuestos y/o paradigmas para la enseñanza y aprendizaje del derecho

La pertinencia de reflexionar sobre los alcances de la enseñanza y el aprendizaje del derecho, las escuelas o facultades, los programas y las competencias, entre otros, obedece a razones de orden interno y externo. Así, debe pensarse críticamente el estado actual de la enseñanza del derecho, desde el punto de vista de los programas, los métodos y los sistemas de evaluación (interno), así como desde la masificación de los servicios jurídicos y los efectos que ello produce (externo) (Díaz-García, 2006).[8]

Los aspectos internos permiten analizar los contenidos ofrecidos en los programas, las metodologías, las herramientas y las estrategias de formación, al igual que los mecanismos de evaluación de los estudiantes. Esto puede reducirse al análisis del currículo de los programas de educación superior en derecho. En el modelo tradicional

[8] Aquí el análisis externo no es objeto de reflexión. Sin embargo, se traen a colación algunos datos presentados por García-Villegas (2010): entre 1993 y el 2001, el crecimiento del número de facultades en Colombia fue significativo. Entre otras razones, por la expedición de la Ley 30 de 1992 y los incentivos que venían con ella para la creación de programas de educación superior. De esta manera, "Mientras que en 1993 había 32 universidades que ofrecían esta carrera, en 2001 ese número ascendió a 63 y en 2007 a 72. Más impresionante es el crecimiento de los programas de Derecho —una misma facultad puede ofrecer varios—, que pasaron de cerca de 60 en 1993 a 178 en 2007". Con el aumento de la oferta de educación superior, llegó el aumento de la población estudiantil universitaria. Este fenómeno fue incentivado por la oferta de educación superior de carácter privado —"Las facultades de Derecho de las universidades públicas pasaron de representar el 54,5% del total de la especialidad en 1949, a 29% en 2007"—, la extensión a ciudades intermedias —"En 1992 se podía estudiar derecho en 12 departamentos; en 2007, en 25"— y la ausencia de control respecto de los requisitos para la oferta de programas: "[...] el aumento de la oferta de educación jurídica se debió a la expansión de la oferta privada en universidades que no tienen ni la infraestructura, ni el personal académico, ni las bibliotecas, ni los programas de investigación, ni las publicaciones que se requieren. Las diez universidades con mayor número de estudiantes son privadas y absorben el 54% del estudiantado. La primera es la Universidad Libre, que tiene el 15% y gradúa el 20% de los abogados del país. Le sigue la Universidad Cooperativa, con casi el 8%. Sobresale también la Universidad Simón Bolívar de Barranquilla, con el 5,48% del total de 'primíparos'. El caso de la Universidad Cooperativa es quizás el más preocupante de todos y ello debido a la masificación de la enseñanza de dudosa calidad" (García-Villegas, 2010).

> [...] En relación con los contenidos, [...] se limita esencialmente a la transferencia de información [que] recae principalmente sobre el texto de ciertas leyes, y en especial el de algunos códigos. [...] En cuanto a la metodología de enseñanza, el mecanismo más utilizado es el de la conferencia del profesor frente a sus estudiantes. [...] El mecanismo de evaluación [...] consiste [...] en medir la capacidad del estudiante para memorizar datos y luego reproducirlos en la examinación. (Díaz-García, 2006)

De allí que una reforma de los procesos de enseñanza y aprendizaje del derecho deba tener en cuenta estos tres aspectos, fundamentalmente (Díaz-García, 2006). Si la estrategia de la EACD es una de las fórmulas para atender esta problemática, definir su objetivo como estrategia resulta de vital importancia. En ello, sin embargo, no hay consenso. La idea dominante considera que el objetivo de EACD es "proveer al estudiante técnicas de análisis y ciertas destrezas profesionales que sirvan de medios para aprender de su propia experiencia" (Abramovich, 1999). Sin embargo, otros consideran que "el principal objetivo de la educación clínica es desarrollar un sentido crítico del comportamiento de los abogados y del sistema legal en su conjunto" (Condlin, citado por Abramovich, 1999). Por esa razón, algunos han propuesto como principales características, y en este sentido, presupuestos, principios o paradigmas de la EACD:

> [...]: 1. La enseñanza parte de la práctica. [...]. 2. Las relaciones entre profesores y estudiantes se basan en la horizontalidad [...]. La base del análisis y estudio de casos está en la participación activa de todos los miembros, en sesiones de discusión. 4. Interdisciplinariedad [...]. 5. Competencias investigativas [...]. 6. Los procesos de investigación y las estrategias planeadas por las clínicas incentivan y fortalecen en los estudiantes las habilidades de expresión oral y escrita [...]. 7. Se tramitan casos de interés público [...]. 8. Se incentiva en los futuros abogados la reflexión sobre la responsabilidad social de su profesión [...]. 9. Se fomenta la cultura de la autoevaluación y la coevaluación [...]. 10. Los estudiantes están sometidos a un continuo proceso de control y supervisión. (Castro-Buitrago, 2006)

2. De los propósitos de la educación jurídica clínica

En primer lugar, debe afirmarse que la EACD se corresponde con los estándares de calidad de la educación superior en Colombia. Así, se presenta como una estrategia a los procesos de acreditación de alta calidad, la transformación curricular y la superación del modelo tradicional de enseñanza (Castro-Buitrago, 2006). El propósito fundamental de cualquier programa de educación superior en Colombia es la formación de competencias específicas para el ejercicio de una profesión. De allí que lo esencial sea la formación de competencias profesionales en el ser, el hacer y el pensar. La identificación de los retos a los que se enfrenta la enseñanza-aprendizaje del derecho obliga a identificar cuáles son los propósitos que desde lo pedagógico, lo investigativo, lo profesional y lo ético debe tener la EACD. Así, este acápite se ocupa de describir dichos propósitos, en función de superar la verticalidad, el autoritarismo, el aprendizaje teórico y memorístico, la dependencia cognitiva del discente en relación con el docente y los escasos debates éticos a los que se enfrentan los estudiantes de derecho.

2.1. Estrategia pedagógica y de formación investigativa

Desde el punto de vista pedagógico, la EACD se sirve de diversos modelos, estrategias, instrumentos y herramientas en el marco del proceso de enseñanza/aprendizaje. A partir de los presupuestos descritos arriba, la EACD implica el desarrollo de competencias para el razonamiento medio a fin, el análisis complejo de la realidad jurídica en su contexto, la estructuración de casos, la creatividad en el diseño de estrategias de solución a los problemas identificados y la capacidad de adaptación a las condiciones y variaciones del contexto (Correa-Montoya y Vásquez-Santamaría, 2008a).

Para el logro de estos propósitos, como se describió con anterioridad, la EACD se vale de las bondades del autoestructuralismo, el heteroestructuralismo y la andragogía. Genera escenarios de aprendizaje abierto, donde los estudiantes interactúan al margen de su nivel de formación y participan conforme a sus habilidades y aptitudes profesionales, metodológicas y personales. Este espacio abierto democratiza el uso de la palabra. En virtud de este elemento, no hay posiciones de autoridad sobre las cuales se valide el conocimiento o la información suministrada. En su lugar, es el debate abierto el que legitima las decisiones que se adoptan y, en ese sentido, el aprendizaje se construye entre todos los participantes.

De otro lado, el análisis de contexto de las problemáticas sociales, a partir del estudio de casos reales, implica una reflexión compleja e interdisciplinaria. Por ello, el docente coordinador de la clínica es solo un conductor del proceso de aprendizaje y, en ese sentido, del debate. A este se incorporan además expertos y profesionales de otras disciplinas que colaboran con el aporte conceptual, teórico y metodológico para resolver el caso. En este proceso el estudiante tiene la oportunidad de reconstruir el saber de forma multidisciplinar. Estos elementos pedagógicos acompañan el desarrollo de competencias investigativas en los estudiantes.

Esta perspectiva obliga a superar las visiones internalistas y formalistas del derecho, que se concentran en el lenguaje del derecho para realizar estudios. La investigación estará en función de la resolución de problemas sociales y del perfeccionamiento de la disciplina jurídica. De allí que la disposición de modelos activos de enseñanza-aprendizaje del derecho, ajustados con procesos de investigación, permitirá a los estudiantes reconstruir conocimiento a partir de la experiencia.

2.2. Formación profesional y responsabilidad social y ética

La incertidumbre que rodea al ejercicio profesional del derecho, propuesta por Frank (1968), y el realismo jurídico norteamericano, el trabajo de contexto y con clientes reales, la necesidad de rastrear, sistematizar, sintetizar y analizar información relevante para identificar problemas jurídicos y diseñar estrategias de litigio que abarquen todas las dimensiones de la realidad objeto de análisis, entre otros aspectos, acompañan el desarrollo de competencias para el ejercicio profesional y la toma de decisiones éticas. De tal suerte, la promoción, el fortalecimiento y la consolidación del trabajo en equipo son unas de las primeras competencias profesionales que desarrolla la EACD: "Esto conllevaría a elevar las capacidades de respuesta profesional de los egresados de los programas de Derecho ante los complejos problemas sociales a los que deben enfrentarse actualmente" (Molina-Saldarriaga, 2012).

Para Abramovich (1999), el proceso de enseñanza/aprendizaje debe ser pensado como el punto de partida, y de ninguna manera como un punto de llegada que se cierra con la titulación. De allí que en el ejercicio de la práctica —y la EACD entendida como un espacio de práctica en los programas—

el estudiante deba aprovechar al máximo cada experiencia. En este espacio adquiere importancia significativa lo que se denomina la "teoría del caso".[9]

En el marco de la teoría del caso, el estudiante se enfrenta a sus dos dimensiones: la teoría legal y la teoría de los hechos (Binder y Bergman, 1984). Normalmente, en los programas de formación jurídica se capacita al estudiante para reproducir de manera memorística los aspectos normativos del caso. La teoría de los hechos queda relegada como un aspecto accidental o accesorio, en el mejor de los casos complementario a la reflexión meramente normativa. Si la teoría de los hechos es la historia de las partes y justifica la teoría legal, la enseñanza del derecho debe concentrar importantes esfuerzos en los aspectos sociológicos y éticos del quehacer profesional del abogado. Al estudiante se le exige pues, además del análisis exhaustivo del orden jurídico, una reflexión sociológica, la utilización de estrategias de recolección de información cualitativa de fuente primaria con los actores, así como planear y ejecutar estrategias de litigio de alto impacto, entre otros.

Así, no se trata solo de formar abogados efectivos.[10] Las funciones de un abogado efectivo serían: abogar conforme a derecho, aconsejar con un juicio ético con respecto a tales posibilidades, tomar decisiones jurídicamente justificadas, crear derecho. Y los conocimientos al servicio de estas funciones: recordar información —incorporar, recuperar e identificar información—, comprender información, saber qué hacer con el conocimiento, diferenciar hechos, dotarlos de significado, darle sentido a los enunciados normativos, investigar la información relevante, proponer cursos de acción, identificar y evaluar las pruebas, expresión oral y escrita, competencias no estrictamente jurídicas —financieras, puntualidad, organización, entre otras— (Díaz-García, 2006). Además de formar abogados efectivos, las clínicas jurídicas

---

[9] Esta "provee la base conceptual para la preparación del caso y para la actuación del abogado durante cada etapa del juicio. Ha sido definida como 'la idea básica que sirve no sólo para explicar la argumentación legal (teoría legal) y la versión de los hechos, sino también para articular la mayor cantidad de evidencia posible en una coherente y creíble unidad'" (McElhaney, citado por Abramovich, 1999).

[10] "Se ha sostenido en estas líneas que el objetivo de una escuela de Derecho debería ser formar egresados capaces de ser abogados efectivos. También se ha dicho que el ser un abogado efectivo se traduce en contar con la capacidad para desarrollar ciertas funciones con efectividad. Y se ha señalado, por último, que para ejecutar esas funciones y hacerlo de manera efectiva es necesario generar ciertos conocimientos y destrezas" (Díaz-García, 2006).

colombianas "han adoptado el modelo de las clínicas de interés público, que se caracteriza por su objetivo de formar abogados conscientes de su papel como gestores de cambio en su entorno social" (Castro-Buitrago, 2006).

Finalmente, la experiencia de las clínicas jurídicas colombianas ha permitido evidenciar la precariedad del sistema de formación profesional para responder en términos sistémicos, holísticos y complejos a las problemáticas a las que se enfrentan los profesionales del derecho. Por ello ofrecen un espacio para la interacción de profesionales de otras disciplinas sociales en materias y temas "ajenos" a la formación jurídica, capacitación en estrategias de socialización de información y resultados, competencias lecto-escritoras y de oralidad, entre otros que no se incorporan en los programas de derecho (Molina-Saldarriaga, 2012).

3. De las tensiones entre formación, litigio de impacto y responsabilidad social y ética de los futuros profesionales

A continuación se presenta una descripción de las tensiones que se presentan, por un lado, entre la formación en el interés público, el trabajo con población vulnerable y las posibilidades de formación en otras áreas del derecho. De otro lado, entre las exigencias del litigio de impacto y los propósitos de formación o pedagógicos de la EACD.

3.1. La formación en interés público, el trabajo con población vulnerable y otros escenarios profesionales

En los Estados Unidos desde los años sesenta se hizo evidente la importancia del trabajo de los estudiantes de derecho en la atención de comunidades y personas en condición de vulnerabilidad. La EACD se constituyó no solo en una estrategia pedagógica, sino también en un movimiento político que promovió importantes transformaciones curriculares de los programas de derecho (Abramovich, 1999).

En el contexto colombiano, el proceso constitucional de 1991 permitió a los profesionales del derecho enfrentarse a problemáticas que escapaban al tradicional ejercicio de la profesión. De otro lado, el fenómeno de violación de derechos humanos, el reconocimiento y la visibilización de poblaciones tradicionalmente excluidas, el fenómeno de conflicto armado, entre otros, abrieron interesantes campos de acción profesional. Los programas de formación jurídica, desafortunadamente, no contaban con espacios para el desarrollo de competencias específicas en estas áreas. De allí que la EACD se haya constituido en el espacio propicio para ello.

Lo que inicialmente encontraba una justificación de contexto, se convirtió en la razón de ser del trabajo clínico en el interior de las escuelas de derecho, al punto que las clínicas dejaron de lado el trabajo en otras áreas del derecho: civil, comercial, tributario, financiero, entre otras, que también hacen parte del cotidiano ejercicio profesional de los abogados.

En ese mismo sentido, la labor de "abogados de pobres" concentró el trabajo de las clínicas jurídicas, emulando la función que cumplían los consultorios jurídicos. El trabajo con población vulnerable, en situación de riesgo, tradicionalmente excluidas y víctimas del conflicto representaba el quehacer del trabajo clínico. Los contratos de arrendamiento, la compraventa de bienes suntuosos, los accidentes de tránsito, entre otros asuntos de la vida cotidiana, que constituyen el mayor número de casos del ciudadano común, quedan por fuera de la reflexión de los estudiantes clínicos.

A pesar de ello, es evidente que EACD debe formar competencias para que sus estudiantes, futuros profesionales del derecho, ejerzan en cualquier modalidad y área del saber jurídico: "Esto significa que deben permitirle experimentar, en situaciones reales, ambas [todas las] formas de ejercicio profesional" (Díaz-García, 2006).

3.2. Las tensiones entre el litigio de impacto y los propósitos pedagógicos de la enseñanza clínica

Las clínicas jurídicas colombianas se concibieron —y se siguen concibiendo— a partir del desarrollo de actividades de docencia, investigación y extensión orientadas a la garantía del acceso a la justicia y derechos de rango constitucional a poblaciones en condiciones de vulnerabilidad o tradicionalmente marginadas. El litigio estratégico y de impacto[11] sedujo el

[11] "[...] como forma alternativa para enseñar y ejercer el derecho, consiste en la estrategia de seleccionar, analizar y poner en marcha el litigio de ciertos casos que permitan lograr un efecto significativo en las políticas públicas, la legislación y la sociedad civil de un Estado o región. Es un proceso de identificación, socialización, discusión y estructuración de problemáticas sociales, a partir de lo cual es factible promover casos concretos para alcanzar soluciones integrales de modo que sea posible lograr cambios sociales sustanciales" (Correa-Montoya, 2008).

trabajo de las clínicas.[12] De allí que la tensión que emerge de los propósitos de impacto social y los propósitos de formación no sea gratuita y, mucho menos, ajena a las labores que en ella se desarrollan.

La realidad de los casos de impacto, en función de la relación que en ellos se establece entre derechos de rango constitucional, población vulnerable, excluida o desprotegida, contexto social, político, económico y cultural del caso, entre otros, en no pocas ocasiones obliga a la toma de decisiones urgentes, expeditas y trascendentales. Ante esta situación límite, no es extraño que los estudiantes —inicialmente protagonistas del proceso de enseñanza/aprendizaje— resulten desplazados por el docente, quien por su trayectoria y experiencia está en una mejor posición para tomar una decisión de la naturaleza descrita.

Ante esta situación, ¿deben ceder los propósitos pedagógicos del trabajo clínico ante las necesidades impuestas por el caso y el impacto social de este último? ¿Cuál es el límite que impone cada uno de estos propósitos al otro? Abramovich (1999) sostiene:

> La supervisión requiere una participación activa del docente que, sin embargo, en ningún caso puede reemplazar al estudiante en la toma de decisiones en el caso. Si el método se basa en aprender de los errores la tarea de supervisión no puede pretender suplantar el valor formativo de la propia experiencia. Pero en los casos reales el interés del cliente interfiere en la relación del docente y el alumno. El movimiento de las clínicas legales es también un movimiento por el mejoramiento del sistema judicial y para garantizar el acceso a la justicia de sectores tradicionalmente excluidos. En tal sentido, cliente y alumno, son ambos y en idéntica medida, los beneficiarios de la actividad de la clínica. En este juego de roles la tarea de supervisión se mueve en una compleja trama de intereses que deben ser balanceados. El método pedagógico de la clínica y la responsabilidad

[12] En la segunda fase del movimiento clínico latinoamericano —desde el año 2000—, muchas de las clínicas latinoamericanas asumen un concepto más claro de litigio estratégico, trabajan más en litigio al interior de sus países y empiezan a utilizar diversos instrumentos, entre los cuales la incidencia en políticas públicas, el uso de diversas herramientas de participación y el cabildeo legislativo se han convertido en instrumentos novedosos y de gran utilidad (Coral-Díaz, Londoño-Toro y Muñoz-Ávila, 2010).

> profesional de cara al consultante, requieren que el supervisor realice un seguimiento eficiente de la labor del alumno, sin ocupar su lugar en la representación. (Abramovich, 1999)

En esta reflexión se considera que, en tanto que modelo pedagógico, las tensiones que puedan surgir entre los propósitos de formación o pedagógicos, y los impactos sociales y las necesidades del caso, deben ser resueltas en favor de los primeros. En ese sentido, el proceso de aprendizaje del estudiante se erige como fin superior del trabajo clínico. De otra forma, las clínicas degenerarían en aquello que sirvió de punto de crítica para su surgimiento, por lo menos epistemológicamente: un modelo rígido, vertical, autoritario y hetero-estructuralista para "enseñar" derecho, donde el docente es el portavoz de la información y el estudiante es solo receptor de la "sabiduría" del docente.

Unas breves conclusiones

Recoger la experiencia de las clínicas jurídicas colombianas, en particular, y de las latinoamericanas, en general, es una tarea importante, que hasta ahora viene siendo objeto de investigación por parte de docentes clínicos. Esta se constituye en el marco de referencia desde el cual es posible definir los elementos que caracterizan los procesos de enseñanza-aprendizaje del derecho en Colombia, a partir de la enseñanza-aprendizaje clínico del derecho.

A diferencia de la experiencia norteamericana —y quizás latinoamericana—, las clínicas jurídicas en Colombia surgen como estrategias pedagógicas alternativas al modelo tradicional del derecho, alentadas por la experiencia de los consultorios jurídicos como prácticas profesionales obligatorias en los programas de derecho, el contexto de expedición y las instituciones de garantía de la Constitución Política de 1991 y el desarrollo legislativo de mecanismos de protección de derechos humanos constitucionales.

Su trabajo se soporta en los presupuestos de la andragogía, como modelo de enseñanza superior para adultos, el autoestructuralismo y, de alguna forma, el modelo heteroestructuralista. En este espacio se articulan procesos de enseñanza-aprendizaje a través de la docencia, la investigación y la extensión, funciones sustantivas de la educación superior en Colombia. En la concurrencia de estos elementos se desarrollan competencias en el ser, el saber y el hacer para los estudiantes y futuros profesionales del derecho.

En este sentido, la EACD se soporta en una serie de presupuestos que constituyen la esencia axiológica del proceso de formación: la enseñanza práctica, la horizontalidad de la relación docente-discente, la democratización de la palabra y el debate, la interdisciplinariedad, la investigación, el fortalecimiento de competencias no disciplinares, la responsabilidad y ética profesional, la autoevaluación y coevaluación y la coordinación. Asimismo, la EACD se apoya en la articulación de estrategias pedagógicas, investigativas y profesionales.

En el marco del trabajo clínico se presentan tensiones entre el interés público, el trabajo con población vulnerable y otras áreas temáticas de ejercicio profesional, el impacto social del litigio estratégico y los propósitos de formación de los estudiantes. Estas tensiones no han sido abordadas de manera sistemática, a pesar de constituir lugares comunes entre las clínicas. De ahí que merezcan el debate académico.

El privilegio del trabajo de interés público, los derechos constitucionales, las poblaciones vulnerables, las acciones constitucionales y el litigio de impacto ha evadido la formación clínica en otras áreas de la profesión jurídica. Las clínicas jurídicas deben entonces abrir espacios de EACD a estas áreas desplazadas y, de esta manera, satisfacer las necesidades de formación de otros perfiles profesionales.

En relación con la tensión entre el litigio de impacto, los intereses de extensión institucional y los propósitos de formación, se debe resolver en favor del proceso de formación de los estudiantes. El proceso formativo del estudiante no puede ser interferido por los intereses del cliente o los intereses institucionales en el impacto social del quehacer de las universidades, las escuelas y las facultades de derecho. Nada puede suplantar el valor formativo de la propia experiencia que adquiera el estudiante con el estudio del caso.

Se espera que estas reflexiones allanen el camino para fortalecer la enseñanza del derecho, los modelos alternativos, la formación de profesionales responsables y, por supuesto, el trabajo de impacto que realizan las clínicas jurídicas en el país.

Bibliografía

Abramovich, V. E. (1999). La enseñanza del derecho en las clínicas legales de interés público. Materiales para una agenda temática. *Cuaderno de Análisis Jurídico, Serie Publicaciones Especiales*.

Bellow, G. y Moulton, B. (1981). *The Lawyering Process: Negotiation.* Foundation Press.

Binder, D. A. y Bergman, P. (1984). *Fact Investigation: From Hypothesis to Proof.* West Pub.

Blásquez, D. (2006). La educación jurídica clínica en el contexto del «proceso de Bologna»: su aplicabilidad en España. *Opinión Jurídica*, 161-179.

Castro-Buitrago, É. (2006). La enseñanza clínica: un paso hacia la calidad. *Opinión Jurídica, 5* (009), 175-186.

Castro-Buitrago, É. (2013). *Un modelo de estrategia para la enseñanza del Derecho con énfasis en investigación en Colombia.* Ponencia presentada en el III Encuentro de la Red Colombiana de Clínicas Jurídicas de Interés Público, Medellín, 23 de abril del 2013.

Castro-Buitrago, E., Espejo-Yaksic, N. P. y Villarreal, M. (2013). La educación jurídica clínica en América Latina: hacia el interés público. En F. Bloch, *El movimiento global de Clínicas Jurídicas* (pp. 137-158). Valencia: Tirant Lo Blanch.

Condlin, R. J. (1986). Tastes Great Less Filling: The Law School Clinic and Political Critique. *J. Legal Educ, 36* (45).

Coral-Díaz, A. M., Londoño-Toro, B. y Muñoz-Ávila, M. (2010). El concepto de litigio estratégico en América Latina: 1990-2010. *Vniversitas* (121), 49-76.

Correa-Montoya, L. (2008). Litigio de alto impacto: Estrategias alternativas para enseñar y ejercer el Derecho. *Opinión Jurídica, 7* (14), 149-162.

Correa-Montoya, L. y Vásquez-Santamaría, J. E. (2008A). La enseñanza clínica del Derecho: transformando la forma de enseñar y ejercer el Derecho. *Studiositas, 3* (1), 34-40.

Díaz-García, L. I. (2006). El aporte de las clínicas jurídicas a la enseñanza del derecho. *Revista Escuela de Derecho, 7* (7), 63-84.

Duhaime, B. (2007). Experiencias clínicas en Canadá y la defensa mundializada de los derechos humanos. *Anales de Derecho* (25), 395-414.

Frank, J. (1933). Why not a Clinical Lawyer-School? *University of Pennsylvania Law Review and American Law Register*, 907-923.

Frank, J. (1968). *Derecho e incertidumbre.* (G. Carrio, Trad.) Buenos Aires: Centro Editor de América Latina.

Freeman, A. (2007). Una mirada jurídica crítica sobre el ejercicio de la abogacía en el ámbito societario. *Academia, 5* (10), 71-83.

García-Villegas, M. (2010). Colombia, tierra de abogados. *El Espectador*, 1° de mayo del 2010. Recuperado de http://www.elespectador.com/impreso/nacional/articuloimpreso201004-colombia-tierra-de-abogados.

Kennedy, D. (2007). Politizar el aula. *Academia, 5* (10), 85-94.

Leiva, A. D. (2007). La enseñanza del derecho y la formación de los juristas en la primera mitad del siglo XX. *Academia, 5* (10), 101-115.

Lyublinsky, A. (1901). About Legal Clinics. *Journal of Ministry of Justice*, 175-181.

McElhaney, J. W. (1975). *Trial Notebook: A Practical Primer on Trial Advocacy.* American Bar Association.

Molina-Saldarriaga, C. A. (2008). Fundamentos teóricos y metodológicos del método clínico de enseñanza del derecho. *Revista Facultad de Derecho y Ciencias Políticas, 38* (108), 187-213.

Molina-Saldarriaga, C. A. (2012). La enseñanza clínica del derecho. Presupuestos metodológicos y teóricos para la inclusión de la interdisciplinariedad en la formación jurídica. *Revista Ratio Juris, 7* (15), 81-104.

Pérez-Fuentes, G. M. (2009). Propuestas metodológicas para la investigación jurídica aplicada. *Prolegómenos - Derechos y Valores, 12* (24), 43-57.

Rowe, W. V. (1916). Legal Clinics and better Trained Lawyers A Necessity. *11 ILL. L. REV. 591.*

Rubio-Correa, M. (2013). Proyecto de nuevo sistema de enseñanza del Derecho en la Facultad de Derecho de la Pontificia Universidad Católica del Perú. *Derecho PUCP* (52), 957-1010.

Valenzuela, M., Castro, E., Maturana, P., Chavez, J. y Gallo, L. (2013). *Informe final del proyecto de Investigación: Enseñanza clínica del derecho: metodologías, experiencias innovadoras y buenas prácticas. un modelo aplicable en Chile y Colombia.* Santiago de Chile (en presa).

Vásquez-Santamaría, J. E. (2008). Fundamentos para la creación de una clínica jurídica en la Funlam como apoyo en la enseñanza práctica del derecho. *IIEC, 2* (3), 11-21.

Witker, J. (2007). La enseñanza clínica como recurso de aprendizaje jurídico. *Academia, 5* (10), 181-207.

1.4.4. Law Schools, Regulation of Lawyers and Clinical Legal Education in Mexico

Alejandro Posadas*

Introduction

The establishment of law schools has grown exponentially in the last fifteen years in Mexico. There is yet no study trying to explain why. At first glance, it is difficult to hypothesis that it responds to a similar increase in the need for lawyers in the market, as I know of no evidence, not even anecdotal that may give rise to that claim. The reason of this growth may be due to the increase demand for university studies by a larger middle class willing to pay for these education services and the low-cost of establishing a law school and lax accreditation requirements. In addition, we have no data yet of how many lawyers practice, or where non-practicing graduates work.

However this phenomenon has implications for the state, quality and governance of legal education and the profession. It also has implications for higher education investment, both public and private, and for the expectations and participation in the labor market of graduates and their families.

Despite the growth in quantity of the offer of legal education in the country, it does not appear this has been accompanied by innovation or new proposals or approaches to legal education. The appearance of new law schools have not resulted from, or proposed their participation in the

* Senior Scholar and Director of the Legal Education Program of the Center for Research on Law Education and Learning (CEEAD).

education market, on the basis of an argument regarding the type of graduates required and the type of law school needed to respond to present and transforming conditions of the court system, the business environment, the rule of law, human rights, or society and the legal market needs at large. The few existing studies and anecdotal evidence indicate the quality of legal education has not improved either with the growing offer.

In fact, the evidence is that new law schools follow fairly squarely the same law school model and approach to legal education prevalent in Mexico since perhaps early last century. However, the Mexican economy and society are distinctly different.

One promising, though yet modest, development is the recent establishment of a few new clinical legal education programs and the maturation of others. This is significant for many reasons, but at least it is one of the few proposals in legal education seeking to respond to new circumstances in society and the legal system, especially regarding human rights and the criminal system. What is the potential implication of this development, how can clinical legal education play a more significant role in strengthening legal education, and what challenges it face?

1. Law School in Mexico

Legal education in Mexico can be traced back to the establishment of the Real y Pontificia Universidad de México in September 1551. The university, structured following the model of the University of Salamanca in Spain, was established around four major disciplines: Theology, the Cannon, Law, and Medicine. Four hundred and sixty two years later, young people in Mexico choose to study Law and Medicine over any other higher education degree.

The growth of law schools in Mexico during the last fifteen years has been significant. Today there are more than 1600 law schools in the country (Centro de Estudios sobre la Enseñanza y Aprendizaje del Derecho [CEEAD], 2014). The American Bar Association (ABA) Index (2011) states that in 1990 there were 100 or less law schools. Pérez-Hurtado (2009) found that in 1998 there were 364 law schools and by 2007, they reached 930. Students registered into law school went from 175,000 to approximately 245,000 in one decade (Pérez-Hurtado, 2009). To give an idea of the magnitude, the growth of registered law students is equivalent to having one law school for 134 students opening every week during that decade.

Law schools and student registration have grown at a tremendous rate, but the growth is not inconsistent with the significant growth of higher education in the country (Muñoz García 2000).[1] Both trends are perhaps the result of a combination of factors, including the growth of the middle class, an increasing demand for a university degree to access better-paid jobs, the trajectory towards a service economy, and governmental policies specifically geared to expanding the number of people having access to higher education.

The widespread participation of private law schools in the law school market is one of the most salient characteristics of this two decades trend. The number of students in public law schools grew 8% between 1998 and 2007. The number of students in private law schools almost grew 100%. The number of private law schools grew 177% between 1998 and 2007, while the number of public law schools only grew 61% (Pérez-Hurtado, 2009).

Today the landscape of legal education in Mexico is significantly different to that existing only thirty years ago where public university law schools represented the major education providers, and private law schools were scarce, situated in the largest cities and usually quite expensive. Today more and more prospective students are choosing to study in a private law school. Most of these new law schools are small and are located in small cities. In addition, most of these new private schools are relatively affordable. Over 50% of these private law schools are part of a university network or corporation with campuses in different parts of the country. These new private law schools are now being established in areas where traditionally young people had to move away to a larger city to study law. Simply put, private legal education services continue to capture a larger share of the incoming law students' market. These private law schools are established as business ventures, and judging on their growth, they seem to be overall good business.

No qualifications made, this is just new in Mexico. Legal education was dominated until a few decades by public institutions. Law school graduates and professors from a handful of public schools played a particularly influential role in shaping the 1920-1980 post-revolutionary political and legal

[1] From 1980 to 1997, people studying a university or higher education degree went from 28,00 to 1.3 million.

regimes. They contributed not only to legal academia, but also to education generally, the arts, and the humanities.[2]

Two public law schools are representative of this period: the *Facultad de Derecho* of the *Universidad Nacional Autonoma de Mexico* (UNAM Law School) and the *Escuela Libre de Derecho*. UNAM is funded through federal tax moneys and the Libre is funded primarily through student tuition.

The Libre de Derecho was established between 1910 and 1912, by a group of law professors and lawyers, as an alternative legal education project to that of the *Escuela Nacional de Jurisprudencia* (National University Law School [the predecessor of UNAM Law School]). The Libre de Derecho founders were responding to what they considered politically motivated decision-making by the Dean of the National University Law School. That is why its name is "free law school", free from political influences and pressures. It is important to remember this was just at the outskirts of the Mexican revolution and many years before the National University gained its autonomous status in 1929.

The Libre de Derecho was funded through the personal contributions of its founders. The School is today funded almost only by tuition. Tuition is comparatively modest. It is a small school and admission is restricted. To be admitted prospect students require the recommendation of a former graduate. Law professors are not paid for teaching and almost all of them practice law as their primary activity. Therefore law professors have contributed with their time to securing the viability of the law school. In this context I consider it a public or civic institution. Libre de Derecho is not a business and has no owner.

UNAM Law School traces its heritage back to the 1555 Law Faculty. It has gone through different epochs and has not operated without interruptions since then. UNAM is a self-governing university and still the largest and overall most influential in the country. Tuition is symbolic and the Federal Congress provides the funding for the university.

---

2 The first civilian President after the 1910 Mexican Revolution was Miguel Aleman in 1946. He was a lawyer from the National University. Three out of the next four Presidents were also lawyers. Lawyers were also prominent intellectuals and writers, such as Emilio Rabasa, Alfonso Reyes, Antonio Caso, José Vasconcelos, Manuel Gómez Morín, Octavio Paz and Carlos Fuentes, just to mention a few.

UNAM Law School has consistently held one of the largest full time faculties. Still, the majority of the courses are taught by practicing lawyers that teach one or a couple of courses. The Law School was the center of legal academic production in the country last century. Between 1967 and 1986, the Institute of Comparative Law, originally founded under the aegis of the Law School, gained the status as self-governing Institute under the University system. It became then the Instituto de Investigaciones Jurídicas (Institute for Legal Research). The weight of UNAM legal academic production moved to the Institute, which is today one of the most important of its class in Latin America.

These two historically representative law schools, despite their differences, embody what continues to be today the legal education model in Mexico. Practicing lawyers do most of the teaching. There are only a handful of schools that have a relevant number of full time law professors, and none to my knowledge where the majority of the courses are taught by their own tenure faculty. Though UNAM has an important number of full time professors, and the Libre de Derecho has a legal research center, neither of them can be regarded as a research law school. Lawyers view teaching mostly as a reputational pro bono work.

Though practicing lawyers do most of the teaching, legal education in Mexico is still highly doctrinarian, abstract, and mostly based on a lecture system. Law lectures emphasize the learning of the black and white letter of the law, its systematic organization and doctrinal contexts, as found in the Codes, Statutes and Regulations (Fix-Fierro, 2006). In its best expression, this teaching tradition will also cover the principles of law, the history and doctrinal discussions of the original texts of the learned publicists of the civil law tradition, as well as the reading and understanding of the precedent making system of the courts called *jurisprudencia*.

An Encyclopedic approach to learning still drives Mexican legal education. Just to give you an example, UNAM law school has several curricular study plans in effect according to when the student started their studies. This is result of several reforms to the study plan in the recent years, signifying that some classes will have to take at least fifty courses to graduate and others nearly seventy.[3] Many administrators and professors seek or just reproduce a course load in the study plan with the hope that students learn all black and letter law from all their courses, covering the most relevant legal subject matters (Aranda, 2003). Most educational discussions center on curricular study plan changes, such as how many courses in civil law are required to cover the whole area, whether to have or not electives, whether to establish specialization paths, or how many emerging or frontier courses (e.g., energy law, telecommunications law) should be offered? How the law is taught, what happens in the classroom and outside of it, how to improve the learning process, is something that though in the minds of many professionals, have seldom constituted a part of law schools revisions, discussions or reform processes.

The bridge between class learning and real practice is huge. Students can sometimes go through law school without making one single simple exercise of applying law to facts, not to mention any strategic or critical analysis, case theory development, legal writing, negotiation, case management, participation in simulations or moot-courts, or any other lawyering skills development. Thus law firms, and generally most potential employers, expect students to work part time during Law School (usually for small or no pay). Students who do not work on a legal job during Law School are at risk of being pushed out of the market, be underpaid, or directed into lower paid government jobs.

Is there any evidence that the emergence of private legal education is changing or may change the traditional legal education model established last century by the public institutions? I do not think so. Actually, my hypothesis is that actually the main features of the model have facilitated the expansion of private law schools and their reach into new geographical areas. An entrepreneurial or business model of legal education is facilitated by the fact that no full time faculty is necessary to establish a law school in Mexico. In fact, you can have a law school without full time Law Professors, and without a law library. Lawyers are more able to teach and have full time

---

3 *See* http://www.derecho.unam.mx/oferta-educativa/licenciatura/presencial/plan-1138.php (last visited June 18, 2013). A previous very interesting initiative was the UAM Law School of the seventies based on a sociological approach to law. The purpose was to teach law understanding its social context, limitations and opportunities.

demanding works recurring to the lecture system, and having little or no intervention by law school administrators in the quality or teaching methodologies used. In mid size cities you may always be able to draw enough lawyers to teach the basic courses offering.

In the last few years, a few legal education initiatives and the reform of the criminal system have sparkle a growing interest in introducing problem-solving, interdisciplinary, lawyering skills, and other legal education innovations and methodologies. These efforts are best exemplified by the innovative CIDE Law School project established in 2001, and described by Professor Carrie Menkel-Meadow in 2007 as "the most ambitious to-date effort to create an entirely interdisciplinary and problem-based law school" (Menkel-Meadow, 2007). Although CIDE Law School decided to limit its own innovative proposal beginning in 2007, many other elite Law Schools in Mexico started to explore with new problem-solving and interdisciplinary methodologies in response to CIDE proposal. However, these initiatives have been few and modest. A recent report prepared by the Rule of Law Project of the American Bar Association on legal education reform evaluated as negative legal education methodology in law schools in Mexico (ABA, 2011).

2. Recent Developments in Clinical Legal Education in Mexico

Clinical legal education is recent to Mexico. However, many law schools have played a role in providing legal aid to underprivileged population through their students. This mode of legal aid is usually known in Mexico as *bufetes juridicos gratuitos* or cost-free law school law firms. To the extent the author was able to identify, the first bufetes were established around the ninety seventies.

Today more than two-dozen law schools maintain a bufete. Generally speaking the *bufete* does have elements of clinical education to the extent it provides students the opportunity to develop lawyering skills through contact and work with real clients and cases, in a more or less supervised fashion. However *bufetes* have tend to operate independently from the law school, do not provide students with academic credits, and do not have an intentional pedagogical-academic component, including filtering cases for their academic and public interest value. The *bufete* of the Universidad Panamericana is perhaps one of the most stable and pedagogically sound, due to excellent lead and supervision of students. In fact that *bufete* has such an integral, comprehensive and value driven approach to assisting clients that it resembles closely the goals and operation of a clinical legal education program.

I have identified seven Law School or University legal clinics in Mexico. Interestingly, the majority has been established very recently. Three of them were established with USAID funds in order to work on the new adversarial criminal law system that is being gradually implemented in Mexico (ABA, 2013). These are the criminal procedural law clinics of La Salle University campus Cuernavaca, of the Autonomous University of Chihuahua Law School, and of the Escuela Libre de Derecho de Monterrey. All of them were established in 2013. Two other recent clinics have been established at UNAM. These are the Marisela Escobar Clinic of the Programa Universitario de Estudios de Género (Gender Studies University Program),[4] and the Human Rights Clinic of the Programa Universitario de Derechos Humanos (Human Rights University Program).[5] Both take students from UNAM Law School. ITAM has a new clinic that works in support of human traffic victims, nested within their Justice Access Center, which operates also as a *bufete jurídico gratuito*.[6] Finally, the senior clinic in Mexico is the CIDE Law School Strategic Litigation Clinic.[7]

It is always arbitrary how to define a clinic in contrast to a *bufete*. However, in general, I distinguish a clinic where it has a pedagogical component and a thematic or concrete public interest goal, related to the preparation of lawyers committed to the rule of law and justice. The *bufete* has primarily a social service goal to provide general legal services to low income people through the assistance of students. Participation in the bufete is usually voluntary and is not related in any way to their legal education. However, for example, the *bufete* of the Escuela Libre de Derecho is closely linked to the Law School, students have course work and gain academic credits for their participation, situating it in the clinical context.

---

[4] *See* http://www.pueg.unam.mx/index.php?option=com_content&view=frontpage&Itemid=92 (last visited October 11, 2013).

[5] *See* http://www.pudh.unam.mx (last visited October 11, 2013).

[6] *See* http://caj.itam.mx/Paginas/index.html (last visited October 11, 2013).

[7] *See* www.cide.edu (last visited October 11, 2013).

Perhaps the first clinical legal education program as such in Mexico was the public interest strategic litigation clinic at the Centro de Investigación y Docencia Económicas (CIDE) law school in Mexico City founded in 2004. The clinic defines a public interest case as one that involves paradigmatic topics that given their impact and nature transcend the interest of the parties. The clinic constituted an elective course and students earned academic credits through their participation. The clinic held regular meetings at the law school, although during its first stage it was physically located in the premises of the non-governmental organization, the Oficina de Defensoría de la Infancia (ODI). During the first three years, the CIDE Clinic collaborated with ODI in conducting strategic public interest litigation on children's and youth rights (Barrena, 2007). Today the clinic operates independently from ODI and has its own office space at CIDE Law School premises.

The CIDE Law Clinic is also the most stable and long-standing clinical education program. It has now been working for nine years. The Director of the Clinic, one of the most competent constitutional lawyers today in Mexico, has been its director since its establishment. A board of advisors formed by professors from different disciplines across the Center approves the cases the clinic takes. The Clinic just recently made an exercise to document some statistics of its work and the results are quite impressive. From 2006 to 2013, forty-one judicial precedents (*jurisprudencias*) have been established through the advocacy of the clinic. They have defended ninety-three criminal cases spanning seven different types of crimes and twenty-nine civil or administrative cases dealing with at least fifteen different topics (Angulo, 2014).

Acteal was one of the most complex cases with more media attention brought by the Clinic (Lacey, 2009; Posadas & Flores, 2006). In Acteal, the Clinic took the defense of a number of indigenous people accused of the Acteal massacre, a violent and senseless killing of women and children in the Acteal area in Chiapas, in December 1997. The accused had been in the criminal system for nearly nine years and most of them had not received a final sentence. The case was riddled with due process violations and put in question the principles of fair trial and presumption of innocence. Eventually the Mexican Supreme Court decided the case through a constitutional remedy, and established a significant precedent regarding the complete dismissal effect of a case based on evidence illegally obtained by the prosecutors.

ITAM Law School also established in or around 2004 a strategic litigation clinic, the Clínica Legal de Interés Público, but it was closed four or five years later. ITAM kept its *bufete* model through its Access to Justice Center. The Center conducts other activities in the area of access to justice. Just recently, in early 2013, the Access to Justice Center established a new clinic with the support and collaboration of the Human Trafficking Clinic of the University of Michigan Law School. The ITAM Clinic provides assistance to human trafficking victims in order to help them reinsert themselves in society, such as assistance with legal residence, migration issues, obtaining official documents and other related work on post-traumatic legal assistance. The clinic has worked a course syllabus that will be part of a human trafficking course offered at the Law School to clinic students.

The two projects at UNAM were also launched in late 2012 and early 2013. They are independent from each other and none are directly part of the Law School. One is nested in the UNAM Human Rights Program. The human rights clinic is just developing its caseload, but has plans to focus in the area of discrimination on the basis of disabilities. The other one is the Marisela Rodriguez Escobar Legal Clinic nested in the UNAM Gender Studies Program. This clinic is innovating a new area of litigation in Mexico based on gender equality goals and remedies to gender discrimination. The Clinic works closely with the Mexico City Human Rights Commission and has drawn its first cases out of a collaborative project that the Gender Studies Program maintains with the Santa Martha Acatitla women's penitentiary in Mexico City. Both projects at UNAM are coordinated or have been supported by people who worked with or in association with the CIDE Law Clinic. In fact one of the first coordinators of the gender clinic was an alumni of the CIDE Law Clinic. This is really encouraging as signs of a new, although small generation of lawyers knowledgeable and committed to clinical legal education.

Other academic institutions have also developed experiential courses with a clinical component. The Universidad Iberoamericana Law School in Mexico City and UNAM for example offer a number of courses named clinic or forensic course. They cover a number of subject areas. Through these courses, students will follow cases brought by the professor and sometimes work in briefs or even in the development of legal strategy (Witker, 2007). Flacso, a research center offering postgraduate degrees has included a clinical component also as part of its Human Rights Masters in Law (Castro-Buitrago, Espejo-Yaksic, Puga, & Villarreal, 2011).

3. Opportunities and Challenges

My own experience is that clinical legal education is a transformative pedagogy. It is reflective education affecting what students and professors think and do. It is therefore formative at its core, including linking theory and practice, developing lawyering skills, critical and strategic thinking, fostering ethical and professional standards attitudes. It is challenging, it develops personal and institutional bonds, it encourages commitment with justice and the rule of law. It can be exciting for students and faculty and never boring, and learning is accompanied by a reflection of what being a lawyer mean and who each of us wants to be as a lawyer.

Why and how we should encourage and promote this pedagogy in Mexico? How can we make this new modest but relevant wave of clinical legal education more stable and growing?

I could make the argument that clinical legal education can contribute to strengthen rule of law and increase access to justice. Mexico's rule of law indicator is extremely poor for a country the twelfth or thirteenth economy of the world (World Justice Project 2015) could make the argument that clinical legal education can be an answer to fulfill the most recurring reasons why students in Mexico decide to study law. One of every three students surveyed chose studying law either because them or their families had suffered an injustice, they perceived injustice in the country, and wanted to make it right, or because they wanted to use law to protect themselves or their close ones (Pérez-Hurtado, 2009). I could make the argument that clinical legal education can contribute to develop the necessary skills and prepare the human capital necessary to implement and operate the recent wave of constitutional and legal reforms. Mexico's legal regime is undergoing since five years ago significant changes that span from a new constitutional system based on human rights, the introduction at the federal and state levels of adversarial criminal oral trials, expanse of oral proceeding into civil and family matters, adoption of environmental and consumer rights class actions, to telecommunications, energy, labor, and electoral law revamping.

Significant as these arguments may be, I choose to make another one, perhaps more practical and conjunctural, but related to education policy and the legal market. The Mexican Congress is discussing a constitutional and legislative reform to introduce mandatory bar membership and registration of lawyers, certification, and continued legal education, and a revamp of the way the legal profession is regulated. This is evidence of a growing concern regarding the regulation of the profession that will have an impact on law schools and universities, the primary responsible entities in preparing graduates for legal practice. The relation between completion of law school to become a lawyer and bar membership will be germane in this and further discussion and regulation of the legal profession.

How are law schools and certification to practice law regulated today? Federal or state laws regulate the establishment of a law school in Mexico. A prospective law school can choose whether to form part of the national education system or the corresponding state education system. There are a number of paths a prospective law school can follow to obtain the national or state accreditation. The most common path for a prospective private law school is to be accredited by the Federal Secretariat of Education or the corresponding State Secretariat or Department of Education (Pérez-Hurtado, 2009).

A prospective law school must comply with formal requirements regarding facilities, the courses study plan, and the professors. Most significantly, the prospective law school must have legal possession of the facilities and these should be adequate, but there is not much detail about what adequate means. The course study plan must comply with 2400 hours of instruction and again should be adequate to prepare for the practice of law. Usually a course study plan's adequacy is assessed by comparison to the course programs of law schools with national recognition, (e.g., UNAM Law School). Given law school is regarded as a practical profession, there is no legal requirement to have a number or ratio of full time law professors. Non-full time professors require a law degree and five years of experience in teaching or practice in the subject matter they will teach. Because of human resources constraints, certification authorities do not, as a rule, make visits or other efforts to assess the documentary evidence presented by prospective law schools (ABA, 2011). The national certification as a law school, and many at the state level, has no expiration date, and therefore there is no need to be reviewed periodically.

There is no requirement regarding the teaching of lawyering skills, or any other teaching with a practical component. More importantly, once a law school is officially accredited, it can issue a law degree to their graduating students. This law degree is the only thing necessary to obtain a license to practice law and represent and advice clients. The Courts and the bar associations have no participation in the establishment or review of requirements to establish a law school and therefore no participation regarding the requirements for issuing a law degree and admission to the practice of law. This will change either as a consequence of amendments to law school accreditation requirements or indirectly because of the new dynamics imposed between a law school degree and accreditation to the bar.

I submit three proposals where clinical legal education can play a relevant role in these developments. First, in the absence of explicit amendments to law school accreditation and powers to issue law degrees, the legal market, the bar and the public through lawyers' registration will be more observant of what happens at the law school level. This will raise the bar to form better graduates at the law school level. I submit that in a legal education environment where skills and ethical standards training is scarce (or negative according to the assessment of the ABA Report [ABA, 2011]) introducing clinical legal education, within its variety of formats and subject matters, can represent the single most effective course offer for a law school to improve in this area. This would be less costly economically and in human resources investment and with more mediate results, while law schools gradually work in improving the teaching of legal skills and problem-based learning in a more ample specter of traditional courses. Second, the ongoing discussions regarding revamping the admission and regulation of lawyers, can open an opportunity to include law school certification of legal skills and professional standards, including participation in a clinical legal education course, as part of the package require to be admitted to the practice of law. This could set Mexico at the forefront of efforts to improve legal services and their regulation. Third, independently or in connection with the previous proposal, a proposal can be advanced in order to mandate that the existing requirement of complying with 480 hours of mandatory social service work as it stands today, be fulfilled wholly or at least half of it, through legal work in the public interest or in supporting access to justice initiatives. Thus a law school offering a clinical legal education program or *bufete jurídico gratuito* could provide their students the possibility in-house to fulfill this mandatory requirement for graduation. These proposals could have an impact in the growth of clinical legal education in Mexico, the expanse of opportunities of access to justice for underprivileged persons, and an impact in the quality of legal education and lawyering in Mexico. These ideas form part of the discussions initiated both by the establishment of the Mexico clinical legal education network with the support of CEEAD, REDClínicas Mexico: educación legal para la justicia, and the Comité de Bufetes Jurídicos Gratuitos, recently established under the initiative of the ProBono Network coordinated by Appleseed Mexico.

Conclusion

I have advanced a reading of the state of Mexican legal education today. Questions arise regarding the exponential growth of law schools in the country in the last fifteen years, and the changes in the type of institutions (public to private) primarily offering these educational services. I submitted that although the offer of foremost private legal education has grown significantly, the basic model of legal education remains fairly static, based on the model developed by two iconic law schools since the early nineteenth century. In this context, however, interesting but still modest innovative legal education initiatives have given way to a renewed discussion of the role of law schools and their services. A fairly recent but also modest growth of university clinical legal education programs constitutes one of these significant developments. Clinical legal education is a transformative pedagogical tool that can contribute to the quality of law school education in Mexico, to expand access to justice, and strengthen the rule of law. Recent initiatives to revamp the regulation of lawyers in Mexico could open opportunities to further extend clinical legal education across law schools, through legal market demands or more targeted amendments linking legal skills, problem-solving and professional and ethical standards teaching at the law school with future mandatory bar admission and certification of lawyers.

Bibliography

American Bar Association (ABA) (2011). *Índice para la reforma de la educación jurídica para México*. Retrieved from http://abaroli.mx/abaroli/images/Documentos/AbogaTec/LERI.pdf.

American Bar Association (ABA) (s.f.). *Por iniciar las clínicas universitarias.* Retrieved on October 12, 2013, from http://www.abaroli.mx/abaroli/index.php/es/noticias/72-por-iniciar-las-clinicas-universitariashttp://www.abaroli.mx/abaroli/index.php/es/noticias/72-por-iniciar-las-clinicas-universitarias.

Angulo, J. (2014). CIDE *Public Interest Clinic Power Point Presentation.* Shared and on file with the author.

Aranda, E. (2003). Entrevista con Mario Alberto Becerra Pocoroba, rector de la Escuela Libre de Derecho. *Cauces,* (5-7), 39-40.

Barrena, G. (2007). Clínica de Litigio de Interés Público CIDE-ODI: Colaboración estratégica para educar y transformar. En *El litigio estratégico en México: la aplicación de los derechos humanos a nivel práctico. Experiencias de la sociedad civil.* Mexico: OACNUDH.

Castro-Buitrago, E., Espejo-Yaksic, N., Puga, M., & Villarreal, M. (2011). Clinical Legal Education in Latin America: Toward Public Interest. In *The Global Clinical Movement: Educating Lawyers for Social Justice.* Oxford, England, New York: Oxford University Press.

Fix-Fierro, H. (2006). *Del gobierno de los abogados al imperio de las leyes: estudios sociojurídicos sobre educación y profesión jurídicas en el Mexico contemporáneo* (Serie Doctrina Juridica, 352). Universidad Nacional Autónoma de Mexico. Retrieved from http://biblio.juridicas.unam.mx/libros/libro.htm?l=2261.

Lacey, M. (2009). Mexico Court Orders 22 Tied to '97 Killings Freed. *New York Times.* Retrieved from http://www.nytimes.com/2009/08/13/world/americas/13mexico.html.

Menkel-Meadow, C. (2007). Taking Law and Really Seriously: Before, During and after the Law. *Vanderbilt Law Review,* 60, 555. Retrieved from http://heinonlinebackup.com/hol-cgi-bin/get_pdf.cgi?handle=hein.journals/vanlr60&section=26.

Muñoz García, H. y Rodríguez Gómez, R. (2000). Educación Superior en México. Diferenciación y cambio hacia el fin de siglo. *Pensamiento Universitario, Diversidad y convergencia. Estrategias de financiamiento, gestión y reforma de la educación superior,* Tercera Época, (90).

Pérez-Hurtado, L. F. (2009). *La futura generación de abogados mexicanos: estudio de las escuelas y los estudiantes de derecho en México.* Monterrey,

México: CEEAD UNAM, Instituto de Investigaciones Jurídicas. Retrieved from http://biblio.juridicas.unam.mx/libros/libro.htm?l=2672.

Posadas, A., & Flores, H. (2006). Acteal; La otra injusticia. *Revista Nexos*, Junio.

Witker, J. (2007). La enseñanza clínica como recurso de aprendizaje jurídico. Academia. *Revista sobre Enseñanza del Derecho*, 5 (10), 181. Retrieved from http://dialnet.unirioja.es/servlet/ejemplar?clave_revista=16219&clave_ejemplar=288401&info=open_link_ejemplar#page=179.

World Justice Project (2015). *Rule of Law Index.* Retrieved from http://worldjusticeproject.org/rule-of-law-index.

1.4.5. Enseñanza clínica del derecho
Mecanismo de formación de abogados efectivos, formados para pensar en sociedad

Daniel Hinestroza Carrasquilla*

Introducción

Las facultades de derecho empiezan a utilizar la enseñanza clínica para la formación de competencias jurídicas en los futuros abogados. Esto lo podemos observar en la formación del estudiante utilizando herramientas como semilleros y casos hipotéticos para el afianzamiento de conceptos. Por otro lado, podemos ver que la enseñanza del derecho ha evolucionado de acuerdo con el pensamiento y las necesidades de la sociedad a través del tiempo. Las competencias jurídicas se pueden reflejar o demostrar en el momento en que el estudiante clínico aplica los conceptos estudiados en el mundo fáctico. La enseñanza del derecho no puede encerrarse en sí misma, sino que debe permitir que haya pluralidad a la hora de aprender la disciplina, puesto que esta forma de verla ayuda a la creación de otras competencias en el abogado.

Al enfrentarnos al nuevo modelo de enseñanza jurídica se debe advertir que la enseñanza clínica no es fácil, pues de lo que trata es de trasformar la enseñanza del derecho, habida cuenta de la diversidad a la hora de aplicar, hablar y enseñar sobre este. Para lograr esta trasformación es importante cambiar la forma de pensar y ver el mundo del derecho. Esto es posible si se inculca en el estudiante la necesidad de preguntarse, investigar y consultar

* Miembro de la Clínica Jurídica de Interés Público de la Universidad Pontificia Bolivariana (Medellín, Colombia). Correo electrónico: danielcarras93@gmail.com.

acerca de los distintos pensamientos y las distintas tesis que existen para abordar el aprendizaje jurídico, pues el derecho no es una cosa única, sino una materia diversa y rica en soluciones y aprendizajes sobre uno o diversos temas. Esto se puede ver en el día a día, ya que el derecho siempre está en movimiento, generando los cambios de pensamiento y las trasformaciones necesarias para cumplir su fin que es la prevención social.

A la hora de ejercer profesionalmente el derecho, el abogado se encuentra con un problema que puede tener múltiples soluciones o, como muchos piensan, un problema con distintas posibilidades de solución, pero con una más idónea que otra. Este dilema sería fácil de solucionar si el abogado aprendiera a determinar cuál es la solución más adecuada para solucionar el problema, o bien si estuviera suficientemente documentado o contara con la experiencia necesaria para argumentar cualquier solución que exista para terminar con el problema. La praxis del abogado lo obliga a aprender una pluralidad de modificaciones o ampliaciones en la disciplina, para con ello poder ejercer adecuadamente su profesión.

El objetivo de este escrito es resolver estos tres problemas que se presentan: la enseñanza clínica desde las facultades, cómo se supone que el aprendizaje clínico cambie la forma de enseñar competencias jurídicas y cómo es posible la aplicación del aprendizaje clínico cuando se ejerce la profesión para la solución de los problemas que se presentan en la vida del abogado. De acuerdo con estos tres objetivos, es necesario formular una pregunta que abarque y simplifique el problema por resolver. Por ello, es necesario preguntarse cuáles son los retos de la enseñanza clínica del derecho con respecto a las facultades y sus programas de derecho, y, asimismo, con relación al desarrollo de competencias profesionales de los estudiantes.

Como metodología para la solución de este interrogante, el autor se vale de obras, documentos, opiniones, de su propia experiencia de cinco semestres como estudiante y de su año y medio como integrante de la Clínica Jurídica, experiencia esta última plasmada en actas que demuestran que lo dicho aquí no es un simple juicio de valor a la hora de implementar el derecho, sino un incentivo al pensamiento propio.

Este escrito se ocupa de analizar la naturaleza y las características de la enseñanza clínica del derecho. Posteriormente, se analizan los propósitos de la educación superior en Colombia, en general, y de la educación jurídica en particular, a partir de la experiencia del Programa de Derecho de la Universidad Pontificia Bolivariana (Medellín, Colombia). Asimismo, describe la experiencia del autor en la Clínica Jurídica de Interés Público de esta institución. Finalmente, se presentan algunas conclusiones en torno a los retos de la enseñanza clínica con respecto a las escuelas y facultades y sus programas de derecho, y acerca de las competencias profesionales de los abogados.

1. La enseñanza clínica del derecho

1.1. Qué es la enseñanza clínica del derecho

Las clínicas legales de interés público pueden concebirse como un espacio de trabajo jurídico en donde se busca garantizar la vigencia de algunos derechos y el acceso a la justicia de determinados sectores de la población. Al mismo tiempo, constituyen un espacio de docencia destinado a la preparación de los estudiantes para la práctica profesional del derecho (Abramovich, 1999). Se podría decir que la enseñanza clínica está enfocada a solucionar problemas jurídicos y sociales con la participación de los estudiantes, con lo cual se logra que estos sean parte activa de la solución de los problemas y que experimenten por primera vez la realidad del derecho en acción.

La enseñanza clínica es una propuesta diferente para formar a los abogados, utilizando una estrategia compleja que se orienta por un principio general. Este principio busca establecer una nueva corriente de formación y ejercicio del derecho, con el propósito de ofrecer una experiencia formativa mediante la práctica para la formación de futuros abogados, con ayuda de la teoría, ya que este es un paso necesario e indispensable (Montoya, 2007). Es necesario conocer el escenario de la vida real, para estimular la destreza y algunas habilidades que se requieren en la práctica profesional, y con todo esto se espera facilitar la comprensión de la mecánica que busca solucionar problemas jurídicos de una forma integral y con un *plus* de impacto social.

Este modelo de enseñanza es experimental, pues busca con la praxis que el estudiante adquiera destrezas diversas, que no se pueden adquirir en la teoría, dado que falta ese acercamiento con la realidad del derecho. Al mismo tiempo, debe ser un una enseñanza con acompañamiento de profesionales o expertos que guíen al alumno, sin intervenir en su papel como actor principal, puesto que se perdería el sentido de la enseñanza clínica, ya que el estudiante no podría aprender de sus errores y mucho menos encontrar la manera de solucionar el problema al que se enfrenta. La tarea del docente en la enseñanza clínica debe ser solo de guía y con ello despertar los saberes que el estudiante ya ha adquirido en los años anteriores de la carrera.

Es importante mencionar que la enseñanza clínica no abarca solo una de las ramas del derecho, sino todas estas, para la construcción del problema (Montoya, 2007). Ello se debe a que un problema puede verse desde distintos puntos de vista, y cada uno de estos puede darle solución, con ayuda del derecho ambiental, civil, penal, comercial u otros; lo importante es poder resolver el conflicto que aqueja a la comunidad.

1.2. Cuáles son las características de la enseñanza clínica del derecho

No se podría decir que existe consenso sobre cuál es el objetivo principal de la enseñanza clínica legal, aunque hay una opinión predominante que señala que la característica principal que debe tener el aprendizaje clínico es proveer al estudiantes de técnicas de análisis y algunas destrezas profesionales (Abramovich, 1999).

La enseñanza clínica se caracteriza, en primer lugar, por permitir confrontar a los estudiantes con los problemas sociales y jurídicos, reales o supuestos. En segundo lugar, es un proceso educativo experimental que ha colaborado ampliamente al estudiante en su formación profesional. El estudiante es monitoreado por profesionales, por expertos y hasta por sus propios compañeros, cuyas opiniones le aportan otra perspectiva del asunto. En tercer lugar, posibilita la evaluación continua al estudiante y la contribución colaborativa de los procesos. Por último, se podría decir que propicia el trabajo interdisciplinario en el proceso de enseñanza y el ejercicio del derecho por parte del estudiante con ayuda del docente (Montoya, 2007).

Cuando se enfrenta al estudiante a casos reales, se desarrolla en él una conciencia social que le ayuda a tomar la iniciativa para proponer soluciones concretas con base en el derecho, que busquen terminar con el conflicto o con el problema que se presenta. En los casos hipotéticos, por su parte, el estudiante tiene la posibilidad de imaginar más allá de las fronteras de la realidad, dónde se podrían presentar soluciones que si se llevan a la vida diaria no serían eficaces, puesto que no habría cómo implementarlas, pero que en su estado de caso hipotético ayudan a construir un pensamiento abierto a las posibilidades que nos puede dar el derecho.

Se podría decir que la enseñanza clínica es experimental porque es una forma única de ver y enseñar el derecho, puesto que su naturaleza es en su mayoría práctica, aunque no debe desconocer la teoría. Para que pueda funcionar, debe haber conocimientos a priori que permitan que el estudiante se enfrente a casos de alta complejidad, que usualmente se tramitan y desarrollan en donde se implementa el modelo de enseñanza legal.

Es importante que haya un acompañamiento por parte de los docentes y los profesionales, ya que el estudiante puede compartir sus dudas sobre el problema y sobre el caso que está llevando, y al mismo tiempo es importante que sus compañeros conozcan el caso, para que generen junto con el docente espacios de críticas y opiniones donde el estudiante pueda mejorar sus falencias y culminar exitosamente su proyecto. Con esto podemos llevar un control del proceso, con todas sus etapas y controles de evaluación por parte del docente y sus compañeros, y así mejorar los estándares de calidad de los proyectos de los estudiantes, puesto que la construcción y crítica colaborativa, junto con la evaluación continua, generan un proceso de alta calidad.

La enseñanza clínica se orienta a sensibilizar y reconocer, por parte de los estudiantes, la realidad social, específicamente las realidades que le incumben o tienen que ver con el derecho, y también con las realidades según las temáticas que se acuerdan en la estrategia para generar experiencia (Montoya, 2007).

Con el trabajo clínico se busca solucionar algunos problemas de la comunidad, por lo cual no es posible seleccionar todos los casos, ni todas la problemáticas sociales, puesto que se trata de escoger los casos más relevantes para realizar un litigio de alto impacto que emplee soluciones políticas, educativas, jurídicas y sociales para dar respuesta a determinada problemática social. Por último, para desarrollar el litigio, se debe tener en cuenta la incorporación de componentes interdisciplinarios y contar con la ayuda de profesionales, bien sean del campo jurídico, o bien de otros sectores, para la construcción del caso que ayude a solucionar los problemas sociales.

2. La enseñanza del derecho en las instituciones de educación superior en Colombia

2.1. Las instituciones de educación superior en Colombia (Ley 30 de 1992)

Las instituciones de educación superior (IES) son aquellas que permanentemente logran potenciar el conocimiento humano, de una manera integral. El ingreso a ellas se da después de terminar la secundaria y debe tener como fin el desarrollo profesional de los estudiantes. Además, deben despertar en los alumnos un espíritu reflexivo y promover la autonomía personal. Por tanto, como instituciones de educación, deben respetar la diversidad e incentivar la investigación.

En el artículo 6º, ordinales b y d, de la Ley 30 de 1992 se encuentra cuáles son los objetivos de las IES:

> Artículo 6° Son objetivos de la Educación Superior y de sus instituciones:
>
> b) Trabajar por la creación, el desarrollo y la transmisión del conocimiento en todas sus formas y expresiones y, promover su utilización en todos los campos para solucionar las necesidades del país.
>
> d) Ser factor de desarrollo científico, cultural, económico, político y ético a nivel nacional y regional.

En el Decreto 1295 del 2010, por su parte, el artículo 5º se refiere a cómo se deben evaluar las condiciones de calidad de los programas en las instituciones de educación superior. Vale la pena resaltar, para lo que nos concierne en esta investigación, los numerales 5.5 y 5.5.1, donde se habla del criterio de investigación que deben inculcar los programas de estudio para formar actitudes críticas:

> Artículo 5.- Evaluación de las condiciones de calidad de los programas. La institución de educación superior debe presentar información que permita verificar:
>
> 5.5.- Investigación.- Las actividades de investigación que permitan desarrollar una actitud crítica y una capacidad creativa para

encontrar alternativas para el avance de la ciencia, la tecnología, las artes o las humanidades y del país, de acuerdo con las orientaciones que se indican a continuación.

5.5.1. El programa debe prever la manera cómo va a promover la formación investigativa de los estudiantes o los procesos de investigación, o de creación, en concordancia con el nivel de formación y sus objetivos.

2.2. Las funciones sustanciales de la educación superior en Colombia

Las funciones sustanciales de las universidades se simplifican en la docencia, la investigación y la extensión. Al mismo tiempo, se incorporan el bienestar universitario y la internacionalización. Cada una de estas funciones se orienta a desarrollar los objetivos que deben tener las instituciones de educación superior, tal como están definidos en la citada Ley 30 de 1992. Junto con los procesos de enseñanza, producción y trasferencia del conocimiento, la educación superior se ha preocupado por disciplinar y especializar el conocimiento.

La docencia tiene como función sustancial la incorporación de metodologías que sean coherentes con el plan de estudio y que además respeten el objetivo del programa. Los aspectos que se evalúan miden la innovación y la creatividad con que se fomenta la formación autónoma del pensamiento. En lo referente a la docencia, la metodología aplicada en la enseñanza clínica es muy innovadora, puesto que deja que el estudiante piense por si solo la solución, ya que los aspectos no se evalúa con parámetros de calificación numérica, sino con correcciones que ayudan a alcanzar la finalidad del proceso.

La investigación tiene como función sustancial el crear en el estudiante un espíritu investigativo, que lo haga indagar y consultar sobre determinados temas, buscando potenciar un pensamiento autónomo que le permita al estudiante hacer propuestas y plantear soluciones y críticas a diversos temas de la vida cotidiana. De acuerdo con la investigación, se podría decir que la enseñanza jurídica busca que el estudiante se preocupe por indagar en diversos temas que le ayuden a solucionar un problema, y que además sea abierto a las críticas y a las propuestas para solucionar las falencias de su trabajo.

La extensión, por su parte, tiene como función sustancial incluir en los programas de estudio mecanismos para la solución de problemas del entorno, desde una perspectiva académica, buscando acercar a los estudiantes a las realidades de sus programas. En el campo de la extensión, la enseñanza clínica lo aplica a la perfección, puesto que el objetivo de este modelo de enseñanza es acercar al abogado a la realidad del derecho y a la realidad social.

3. Los propósitos de la formación jurídica en Colombia

Vale la pena explicar qué se le debería enseñar a un abogado en su formación jurídica en Colombia. Para ello es importante considerar el artículo 2º de la Resolución 2768 del 2003, donde se habla del enfoque del programa de derecho para la formación integral del estudiante:

> Artículo 2. Aspectos curriculares.- De acuerdo con su enfoque, el programa de pregrado en Derecho será coherente con la fundamentación teórica y metodológica del derecho, hará explícitos los principios y propósitos que orientan la formación desde una perspectiva integral, considerando, entre otros aspectos, las características y las competencias que se espera posea el futuro abogado. Por lo tanto:
>
> 1. En la formación del Abogado, el programa propenderá por:
>
> a) Una sólida formación jurídica, humanística y ética, que garantice un ejercicio profesional en beneficio de la sociedad;
>
> b) Capacidad analítica y crítica para la interpretación de los problemas sociales, políticos y económicos del país, así como del impacto de las normas frente a la realidad.
>
> c) La plena conciencia del papel mediador y facilitador que cumple el abogado en la resolución de conflictos.
>
> d) Suficiente formación para la interpretación de las corrientes de pensamiento jurídico.
>
> e) El desarrollo de habilidades comunicativas básicas en una segunda lengua.
>
> f) Las demás características propias de la formación que se imparte en la institución de acuerdo con su misión y proyecto institucional y con la tradición universal del conocimiento jurídico.
>
> 2. En la formación del abogado, el programa buscará que el egresado adquiera competencias cognitivas, investigativas, interpretativas, argumentativas y comunicativas, así como capacidades para la conciliación, el litigio y para el trabajo interdisciplinario.

3. El programa comprenderá las áreas y componentes fundamentales de saber y de práctica que identifican la formación de un abogado, incluyendo como mínimo los siguientes componentes básicos, los cuales no deben entenderse como un listado de asignaturas:

a) Área Jurídica, que incluirá como mínimo los siguientes componentes: Derecho Civil, Derecho Constitucional, Derecho Administrativo, Derecho Penal, Derecho Laboral, Derecho Comercial y Derecho Internacional. Estos componentes deben responder tanto a lo sustantivo como a lo procesal.

b) Área Humanística, incluirá componentes que complementen la formación integral del jurista tales como la filosofía del derecho, la sociología jurídica, la historia del derecho y la historia de las ideas políticas.

c) Un componente transversal orientado a la formación del estudiante en el análisis lógico conceptual, en la interpretación constitucional y legal y en la argumentación jurídica.

d) Prácticas Profesionales, en el programa se organizará, con los alumnos de los dos últimos años lectivos, consultorios jurídicos cuyo funcionamiento requerirá aprobación de la respectiva autoridad de conformidad con lo establecido en la Ley 583 del 12 de junio de 2000.

El artículo citado menciona que las facultades de derecho tienen que involucrar al estudiante con el conocimiento, pero más que eso deben facilitar el conocimiento que va adquirir. Por eso, le deben dar oportunidad de incorporar la investigación como método de estudio del derecho, a fin de adquirir y conocer las teorías que se proponen en la doctrina y conformar el conocimiento básico. Con ello se logra que el estudiante argumente y piense en soluciones a conflictos. Pero además, se lo debe formar como un ser ético, responsable y conocedor de la realidad del país, para así poder contextualizar el derecho a la vida cotidiana.

Se debe mencionar que si bien se tiene en cuenta la formación práctica del estudiante para poder ejercer como abogado, se limita mucho el espacio donde el abogado entra en contacto con la realidad del derecho, y se enfatiza en formar al estudiante en conocimientos teóricos, más que en experiencias prácticas. Así, se le priva de poder actuar como actor principal hasta tanto no finalice sus estudios teóricos, para que aprenda a aplicar el derecho en solo cuatro semestres antes de graduarse y enfrentarse a la realidad del litigio.

4. Las competencias de un abogado. El caso de la enseñanza del derecho en la Universidad Pontificia Bolivariana

4.1. Descripción del programa de derecho de la Universidad Pontificia Bolivariana

La Universidad Pontificia Bolivariana busca formar, por medio del currículo, profesionales competentes, respetuosos e inteligentes, que sepan desempeñarse laboralmente y traten de actualizar su conocimiento de manera permanente. Estas son las capacidades que pretende construir la Universidad con sus estudiantes en cualquier programa de pregrado. El diseño curricular del programa se dirige a lograr en el estudiante que culmina su proceso formativo lo siguiente:

- Solidez en la formación jurídica
- Solidez en la formación humanística y ética
- Capacidad analítica y crítica
- Formación para la interpretación de las corrientes del pensamiento jurídico
- Formación para asumir un papel mediador y facilitador en la resolución de conflictos.

El plan de estudio consta de créditos teóricos que equivalen a 174 de los 178 créditos totales del programa de derecho. Los créditos que faltan son complementados con prácticas forenses penales y forenses civiles, que son los otros cuatro créditos del plan de estudio y se desarrollan durante cuatro semestres, en los dos últimos años de carrera, a través del Consultorio Jurídico y del Centro de Conciliación (Universidad Pontificia Bolivariana, 2012).

Uno de los principios que orientan el desarrollo curricular del programa es el de la integralidad, que se evidencia en la articulación entre los saberes, las experiencias de aprendizaje —tanto teóricas como prácticas— y la influencia de todas las acciones constituyentes del proceso de formación profesional que se propone (Universidad Pontificia Bolivariana, 2012).

Para la Universidad Pontificia Bolivariana y para el programa, el currículo debe ser un conjunto de experiencias, acciones y actividades en general que deben estar encaminadas a lograr el objetivo antes definido, el cual debe ser además vigilado y orientado por la institución para lograr la formación integral que se le quiere dar al estudiante. Esto indica que el currículo no es solamente el conjunto de asignaturas del plan de estudios, sino también la suma de esfuerzos que de una u otra forma coadyuvan a realizar el proceso dinámico de formación profesional.

Sería más productivo que la práctica se desarrollara durante más tiempo, paras poder formar profesionales más dinámicos y agiles en la búsqueda de soluciones de problemas, y con esto no formar abogados que posiblemente sean incapaces de enfrentar las problemáticas que suele enfrentar un abogado, como usualmente pasa y es posible evidenciarlo en los casos en los cuales el estudiante sabe mucho, pero ignora cómo aplicarlo.

4.2. Competencias que debe desarrollar un programa de derecho

El programa de derecho debe desarrollar algunas competencias en los estudiantes de la carrera, y esto se encuentra en el documento de Díaz titulado "el aporte de las clínicas jurídicas". De allí es importante destacar la formación de abogados efectivos, su función y el conocimiento al servicio de las funciones que los abogados deben tener en su formación.

4.2.1. La formación de abogados efectivos

Se ha preguntado insistentemente por una definición correcta de los objetivos de la enseñanza del derecho. Para encontrarla, es necesario preguntarse en qué se desempeñarán los estudiantes una vez egresados, aunque siempre termina por ser obvio que lo más normal es que trabajen como abogados (García, 2006). El trabajo de Díaz nos dice que en la etapa del pregrado el objetivo de la enseñanza de una escuela de derecho debe ser formar estudiantes capaces de ejercer la profesión tan pronto terminen sus estudios. Para ser más específicos, el objetivo tiene que ser formar al estudiante de tal manera que esté en condiciones de ser un abogado efectivo cuando ejerza su carrera.

Si nos basamos en los términos anteriormente descritos, nos podemos encontrar con que al decir "abogados efectivos" estamos en una evidente vaguedad sobre el objetivo que debe tener la enseñanza del derecho. Por tanto, debemos precisar en qué consiste ser un "abogado efectivo" (García,

2006). Estas dos palabras significan que es necesario que un abogado se desempeñe con efectividad en las funciones de su ejercicio profesional. Es necesario que no se confunda con los conocimientos y las destrezas necesarias para la actividad laboral.

Es preciso aclarar que para el correcto cumplimiento de los objetivos que deben tener las escuelas de derecho son de igual relevancia las funciones, los conocimientos y las destrezas. Sin embargo, mientras las primeras especifican el objetivo, los segundos ilustran con respecto al camino para alcanzarlo.

4.2.2. Funciones de un abogado efectivo

Se debe comenzar a identificar las funciones que debe desempeñar un abogado en el ejercicio profesional. Es importante aclarar que como cualquier conocimiento esta propuesta no es definitiva, pero sí trata de ser lo más concisa posible. La primera función parece evidente, puesto que es la que dice que el abogado debe obrar conforme al derecho (García, 2006). Esto significa que el abogado debe defender valiéndose del sistema jurídico, para con ello respaldar los intereses de su defendido y que el juez pueda tomar sus decisiones conforme al sistema jurídico. Esto no se refiere solo a litigaciones heterocompositivas, sino también al obrar de conformidad al derecho, en escenarios no controversiales como en sede administrativa y en escenarios no judiciales como las soluciones autocompositivas.

La segunda función es que el abogado debe aconsejar (García, 2006). Esto quiere decir que tiene que proponer acciones o soluciones para los problemas relevantes para el derecho. Aconsejar no consiste necesariamente en ofrecer un curso de acción o una solución de carácter jurídico, pero sí implica tener presente esta perspectiva, pues en ello consiste precisamente la ventaja del abogado. Por lo demás, debe incluir un juicio ético con respecto a dichas posibilidades.

En tercer lugar, el abogado tiene la función de crear el derecho. Se habla en un sentido objetivo, refiriéndose al sistema de normas emanadas de órganos estatales (García, 2006). Desde esta perspectiva, el abogado debe ser capaz de proponer o de crear propuestas normativas. Con la expresión derecho se quiere incluir toda manifestación de voluntad, cualquiera que sea su soporte, tendiente a producir efecto jurídico. Se trata de que el abogado sea capaz de elaborar respuestas efectivas para las necesidades de sus clientes particulares.

4.2.3. Conocimientos al servicio de las funciones

La enseñanza del derecho exige que los aprendices recuerden información, y recordar incluye las capacidades de incorporar información (memorizar), recuperarla (reproducir) e identificarla (reconocer) (García, 2006); sin embargo, también es necesario que el estudiante comprenda esa información. Para determinar que el estudiante comprendió, es necesario que tenga la capacidad de dar sentido a algo que estudió, explicándolo con sus propias palabras. Una escuela de derecho debe inculcar conocimiento a sus alumnos, y con ello se hace referencia a enseñar capacidades para recordar y para comprender, buscando formar abogados efectivos, no solo en las funciones que deben realizar, sino también a la hora de aplicar conocimientos en un caso en concreto.

5. La experiencia de la Clínica Jurídica de Interés Público de la Universidad Pontificia Bolivariana

5.1. Descripción de la Clínica Jurídica

La Clínica Jurídica de la Universidad Pontificia Bolivariana tiene origen en el año 2008, como iniciativa de la Escuela de Derecho y Ciencias Políticas, con el fin de consolidar la investigación y el litigio entre los estudiantes del programa de derecho, mediante la enseñanza clínica del derecho en las prácticas del Consultorio Jurídico. Con la enseñanza clínica se obtienen las competencias investigativas y la formulación de estrategias de litigio de alto impacto. Con ella además se busca el estudio, el seguimiento y la judicialización de casos reales, y a tal efecto se seleccionan casos que comienzan con el rastreo de la información, la aplicación de matrices para conocer la importancia del caso, la definición de problemas de investigación y la formulación de la estrategia de litigio que ayude a la solución del problema.

En el 2009, la Clínica Jurídica se vinculó al Área de Prácticas de la Escuela de Derecho y Ciencias Políticas, en la modalidad de prácticas alternativas. Con ello se consiguió que además de ser un ejercicio de práctica para los estudiantes, fuera un espacio donde estos pudieran realizar trabajos de grados, mediante la elaboración de la reseña de un caso que pudiera ser publicada en una revista científica o académica.

En el 2010 la Clínica Jurídica comenzó a hacer estudios de casos de interés público, consultas y participación en demandas de inconstitucionalidad, protección del orden jurídico y eficacia de las normas, mediante el diseño y ejecución de acciones de cumplimiento.

En el año 2011, la Clínica Jurídica se vinculó al Observatorio del Derecho a la Alimentación en América Latina y el Caribe, para obtener información sobre la situación alimentaria y nutricional de la región, con lo cual se consiguió que el Observatorio financiara una investigación con ayuda de la Universidad Pontificia Bolivariana. El objetivo de dicha investigación fue analizar las políticas públicas de alimentación y nutrición en Medellín entre el 2004 y el 2010. A esta investigación se vincularon tres estudiantes de la Clínica Jurídica que ayudaron a recopilar información donde se esperaba identificar focos de vulneración de derechos, para conformar estrategias de litigio. En el año 2011 se comenzó a trabajar en la formación de estudiantes para participar en los concursos de tribunales simulados, aplicando algunas de las estrategias de la enseñanza clínica para el análisis de los casos hipotéticos de los concursos.

De esta suerte, en el año 2012 la Clínica Jurídica se dividió en tres líneas de trabajo: Interés Público (CJIP), Grupo de Litigio Internacional (GLI) y Programa de Casos de Alto Impacto en Derechos Humanos (PCAIDDHH). Cada una de estas cumple con los objetivos propuestos inicialmente, y con ello se busca construir escenarios de discusión para la formación del abogado en el contexto colombiano (Molina, 2012).

En los años 2013 y 2014, el trabajo desarrollado por la Clínica Jurídica involucró cada vez más a los estudiantes en el desarrollo de situaciones reales o hipotéticas, ayudándolos a trascender los conocimientos adquiridos en semestres anteriores, o llevándolos a nuevos temas que no conocían. Estos últimos pueden ser especializados, como el impacto ambiental de los rellenos sanitarios o el desbordamiento de ríos por la falta de planeación municipal, como lo ocurrido en La Picacha; y también obras públicas y de paisajismo en relación con obras como el puente de la 4 sur, salubridad pública con respecto a centros de rehabilitación e intervención ciudadana en caso de inconstitucionalidad de la Ley 1592. La Clínica Jurídica de la Universidad Pontificia Bolivariana ha tratado siempre de inculcar en sus estudiantes el valor de la experiencia, junto con la enseñanza teórica, para con ello formar profesionales preparados para la vida diaria.

5.2. Descripción de la experiencia en la Clínica Jurídica

La experiencia que el autor ha tenido en su año de pertenecer a la Clínica Jurídica es amplia. Nunca imaginó que a través de este grupo de investigación le importara más que nunca la búsqueda de la equidad y la justicia en el país, pero más que nada se dio cuenta de que el derecho solo se llega a conocer realmente en la práctica. Obviamente, no se pueden desconocer los saberes aprendidos por la teoría, puesto que con ellos se crea un saber básico y fundamental en la estructura intelectual del estudiante. Pero cuando se descubre cómo aplicar esos conocimientos, que a veces se creían tan alejados o tan poco prácticos en la vida real, se hace evidente que el derecho sí tiene sentido, y no es una operación tan simple como los profesores lo enseñan.

La Clínica Jurídica le ha enseñado a este autor más que cualquier clase teórica del derecho, tal vez por su método de enseñanza que se basa en el rastreo de noticias, bancos de información, creación de matrices y conformación de estrategias de litigio, o quizá simplemente por involucrar al estudiante como autor principal en la solución de los problemas de la vida real. Se podría decir que la Clínica no incluye al estudiante solamente como abogado, sino también como sociólogo, ya que se trata tanto de resolver un problema netamente jurídico, como de abordar una problemática social, puesto que el trabajo de un abogado debe centrarse en ayudar a la comunidad.

Conclusiones

Retos de la enseñanza clínica con relación a las escuelas o facultades de derecho. La enseñanza clínica tendrá que afrontar algunos retos en su proceso de constitución como parte fundamental de la enseñanza del derecho, habida cuenta que en muchas de las facultades de derecho en el país, al aprendizaje jurídico no se le da la relevancia que merece. Esto es muy preocupante, pues se priva al estudiante de ver la realidad del derecho y aprender cómo aplicar la teoría a casos concretos. Si el estudiante no está preparado para aplicar la teoría en su vida profesional, no será tampoco el abogado efectivo y útil que necesitan el país y la sociedad. Por otro lado, los profesores de derecho que aplican este modelo tienen un desafío mayor, dado que deben supervisar a estudiantes sin experiencia que se enfrentan a casos reales, con clientes reales.

El profesor no puede intervenir en el caso, debe respetar el proceso y dejar que el estudiante adquiera experiencia, pero se encuentra con el problema de que tampoco puede permitir que a una persona se le asesore de una forma errónea o su defensa no sea la más correcta. Lo indicado para evitar que el docente tenga que intervenir en el caso del estudiante, es preparar a este último con casos hipotéticos, y así determinar si está capacitado o no para llevar un caso real.

El reto más importante que tienen las clínicas para formar abogados competentes, es que la experiencia no sea solo sobre un tema, sino que además permita que el estudiante se enfrente a varios campos del derecho: penal, civil, laboral, comercial, etc. Así se logra que pueda determinar por cuenta propia en qué rama es más hábil o tiene mayor destreza para solucionar los problemas que se le presentan.

Por último, es importante que la enseñanza clínica cumpla con formar abogados efectivos y funcionales. Si no consigue formar abogados que le sirvan a la comunidad y se preocupen por solucionar los problemas, y por buscar el bienestar de la sociedad, podría decirse que la enseñanza clínica ha fallado como método de formación de profesionales más preparados y más confiables.

Bibliografía

Abramovich, V. E. (1999). La enseñanza del derecho en las clínicas legales de interés público. Materiales para una agenda temática. *Cuaderno de Análisis Jurídico*, Serie Publicaciones Especiales.

Colombia, Congreso de la República (1992). *Ley 30*.

Colombia, Ministerio de Educación (2003). *Resolución 2768*.

Colombia, Ministerio de Educación (2010). *Decreto 1295*.

Correa, L. y Vásquez, J. (2008). La enseñanza clínica del derecho: Transformando la forma de enseñar y ejercer el derecho. *Studiositas*, *3* (1), 34-40.

García, L. I. (2006). El aporte de las clínicas jurídicas. *Revista Escuela de Derecho*.

Molina, C. A. (2012). La enseñanza clínica del derecho. Presupuestos. *Revista Ratio Juris*, *7* (15), 81-104.

1.4.6. Experiencias comunitarias del Centro de Clínica Jurídica de la Universidad Católica Andrés Bello (Venezuela)

Aura Janesky Lehmann González*

1. ¿Qué es una clínica jurídica?

La clínica jurídica funciona como una actividad académica que es, por un lado, una innovadora alternativa para la enseñanza de derecho en Venezuela, y por otro lado, una práctica que estrecha los vínculos entre la academia legal, las organizaciones civiles y la comunidad en la que estas se insertan. Desde la clínica, los estudiantes de derechos llevan adelante casos extrajudiciales (no contenciosos) y algunos casos o acciones judiciales reales que involucran la modificación de prácticas que limitan, obstruyen o restringen la protección de derechos fundamentales de las personas, consagrados en la Constitución y en los diversos tratados internacionales suscritos por el país.

A través de esta actividad, los estudiantes ponen en práctica los conocimientos teóricos adquiridos en la carrera, adquieren experiencia jurídica a través de la promoción de casos reales, participan en la exploración y ensayo de nuevos instrumentos procesales y sustantivos para la práctica jurídica y protagonizan un foro de reflexión teórica sobre las posibilidades y los alcances del derecho como herramienta para modificar y mejorar prácticas

* Abogado, egresada de la Universidad Católica Andrés Bello (Venezuela). Especialista en Derecho Procesal de esa misma institución. Finalizó sus estudios de doctorado en el 2003 y en la actualidad elabora la tesis de grado. Abogado litigante entre 1985 y 1999, se desempeña como consultora jurídica externa de la Universidad Católica Andrés Bello (UCAB).

sociales. En el caso de la Clínica Jurídica de la UCAB, los estudiantes siempre están acompañados por un profesor que funge de tutor durante todo el año académico.

Esta actividad se desarrolla ante los operadores e instituciones de la comunidad legal y judicial en la cual se inserta la Clínica, de manera que favorece la permanente interrelación entre los participantes de este núcleo académico, entiéndase estudiantes, profesores y miembros de la comunidad jurídica (ciudadanos, abogados, jueces, organizaciones gubernamentales y no gubernamentales, legisladores, etc.). Ello se traduce en un servicio concreto que contribuye a una recaracterización del rol social del abogado.

2. ¿De dónde vienen las clínicas?

El concepto de clínica jurídica fue discutido por primera vez a principio del siglo XX, por dos profesores de derecho que lo postulaban como una variante del modelo de clínicas médicas. Fueron ellos el profesor ruso Alexander I. Lyublinsky, quien en 1901 lo presentó en un artículo de una revista alemana, y el profesor estadounidense William Rowe, en un artículo de 1917. Cada uno de ellos postuló el concepto de *clínica jurídica*, asociándolo a la tradición de la profesión médica, la que requiere que los estudiantes de medicina realicen un entrenamiento en clínicas en funcionamiento, mediante la asistencia a pacientes reales y bajo la supervisión de médicos experimentados.

Fue sin embargo en la década de los treinta cuando el movimiento de filosofía jurídica, conocido como "realismo jurídico" (principalmente a través de la obra de J. Frank), hizo una defensa sistemática e ideológica del método clínico en la enseñanza del derecho. Las clínicas, difundidas extensamente en las facultades de derecho de Estados Unidos, Europa, Asia y Sudáfrica, enseñan a los participantes, de manera interactiva, cómo hacer las cosas que los abogados deben hacer.

Esto incluye tareas generales como la investigación legal y empírica de casos, el asesoramiento de clientes, la entrevista a testigos, las estrategias de acción y argumentación, la preparación de escritos, etc. En fin, el clínico es un método de enseñanza muy difundido que tiende a hacer posible que los estudiantes aprendan actuando como abogados y reflexionando sobre ese accionar, de manera que el objeto de estudio y entrenamiento sea la práctica jurídica misma.

Sin embargo, la idea de las clínicas jurídicas no emergió solo para satisfacer el objetivo pedagógico de perfeccionar la enseñanza del derecho, también lo hizo por la necesidad de cambiar la concepción de los abogados y su rol en la concreción de contribuciones genuinas a la sociedad. En sus primeros tiempos, muchas de las clínicas funcionaron como laboratorios de aprendizaje jurídico que hacían las veces de oficinas de asistencia jurídica gratuita para la comunidad en la que trabajaban. Esta tarea se llevaba adelante brindando asistencia legal a los sectores más pobres de esas comunidades.[1]

La Clínica Jurídica es una cátedra de la Facultad de Derecho de la Universidad Católica Andrés Bello, se encarga de prestar servicios de asesoría jurídica a personas de escasos recursos económicos en diferentes barriadas del Área de Metropolitana de Caracas. Cumple con un objetivo social de desarrollo y servicio comunitario gratuito y favorece la formación de alumnos en la práctica jurídica y en la asistencia social.

A mediados de los años ochenta, de la mano de Luis María Olaso, s.j., a quien debe su nombre el Centro de Clínica Jurídica, se creó el área de voluntariado dentro de la Facultad. En 1994 la Clínica Jurídica se constituyó como materia electiva para los alumnos de quinto año, con lo que pasó a tener un mayor apoyo económico e institucional de la Universidad.

Desde su creación, el proyecto ha tenido un gran crecimiento e impacto, llegando a atender hasta la fecha alrededor de 100 000 casos, en forma directa, beneficiando a un aproximado de 300 000 personas.

La iniciativa, que comenzó siendo una actividad puramente voluntaria de servicio a la comunidad menos favorecida, pasó a ser una materia optativa del plan de estudios de la Facultad de Derecho, para más tarde convertirse en una asignatura obligatoria. En la actualidad, es una materia anual obligatoria, lo que nos permite estar presentes en diez barriadas caraqueñas y formar a alrededor de doscientos alumnos de quinto año de derecho, quienes atienden más de 10 000 casos anuales.

La tipología de casos que normalmente se atienden en los centros es muy amplia. Destacan los relativos a nacimientos, defunciones, matrimonios, divorcios, sucesiones, viviendas, contratos, etc. También se asisten casos de otra índole, como asuntos laborales, mercantiles, administrativos

[1] Ver: http://wp.cedha.net/?page_id=2033.

y de derechos humanos. Así, también se han interpuesto algunas acciones judiciales de inquisición de paternidad, desconocimiento de paternidad e interdicción, entre otras.

Hace dos años la Clínica Jurídica, por decisión del Consejo Universitario de fecha 12 de julio del 2011, fue elevada a la categoría de centro, con lo cual desarrolla tres líneas de actuación: a) docencia, b) extensión y c) investigación.

a) Docencia: como se explicó anteriormente, la Cínica Jurídica es una materia obligatoria del pensum de Derecho en la UCAB, cursada por los estudiantes del quinto año de Derecho. Se puede decir, sin duda alguna, que tiene una doble función, una función académica y una función social: los estudiantes aprenden haciendo y ayudando a la comunidad, la cual es la mejor forma de poner en práctica lo que han aprendido durante los cinco años de estudios.

Para el año académico actual contamos con un total de 180 alumnos de quinto año de Derecho, los cuales atienden en los diversos núcleos del Centro. Hoy en día tenemos sedes en Caricuao, Baruta, La Candelaria y Petare, todas las cuales forman parte del Área Metropolitana de Caracas, y por supuesto nuestra sede principal, que se encuentra ubicada en el Parque Social Manuel Aguirre s.j, en la urbanización Montalbán, parroquia La Vega.

Los estudiantes atienden directamente los casos de todos los usuarios que acuden al servicio, dándoles las orientaciones correspondientes, así como la redacción de los documentos en aquellos casos que lo ameriten. En esa atención se encuentran supervisados por un profesor del Centro de Clínica Jurídica. El año académico 2012-2013, el equipo estuvo conformado por 185 alumnos, dieciséis profesores, un defensor de niños, niñas y adolescentes, tres beca-trabajos[2] y dos asistentes administrativos.

De igual forma, el Centro de Clínica Jurídica cuenta con un área especializada en derechos humanos, cuyos estudiantes ads-

---

[2] Los beca-trabajo son estudiantes de pregrado que se desempeñan en las distintas dependencias académicas o administrativas de la Universidad, realizando las funciones asignadas por cada director en un semestre o año académico, con el fin de cubrir el costo total o parcial de la matrícula.

critos atendieron el año pasado un total de 225 casos, realizando las siguientes actividades: informe jurídico sobre solicitantes de refugio, investigaciones sobre acciones jurídicas, redacción de recurso de reconsideración (de naturaleza administrativa) y talleres de sensibilización en derechos humanos.

b) Extensión: al Centro se encuentra adscrita la Defensoría de Niños, Niñas y Adolescentes "El Nazareno", la cual es definida por la ley venezolana en los siguientes términos:

> [...] servicio de interés público que en cada municipio debe ser organizado por la Alcaldía y, de acuerdo con su población, deberá contar con más de una Defensoría. Así mismo, las Defensorías de Niños, Niñas y Adolescentes pueden ser organizadas por la sociedad, a saber: consejos comunales, comité de protección, asociaciones, fundaciones, organizaciones sociales o por cualquier otra forma de participación ciudadana. El Estado deberá adoptar las medidas necesarias para fortalecer las Defensorías de Niños, Niñas y Adolescentes creadas por la sociedad. Las Defensorías de Niños, Niñas y Adolescentes tienen como objeto promover y defender los derechos y garantías de los niños, niñas y adolescentes. Cada Defensoría tendrá un responsable a los efectos de esta Ley.

Siendo esto así, la principal función de la Defensoría "El Nazareno" es la mediación y la conciliación en aquellos casos permitidos por ley en donde se vean involucrados niños, niñas y adolescentes (Ley Orgánica para la Protección de Niños, Niñas y Adolescentes, Art. 201). Esta Defensoría de Niños y Adolescente es de carácter privado, ya que ha sido creada por la Universidad Católica Andrés Bello, bajo la coordinación del Centro de Clínica Jurídica, pero se trata de un trabajo en conjunto con el Consejo Municipal de Derechos de Niños, Niñas y Adolescente del municipio Libertador y la Defensoría del Pueblo, que se encarga de su supervisión de la misma por parte del Estado venezolano.

Hoy nuestra Defensoría atiende un promedio de quinientos casos anuales, en los cuales se homologan principalmente acuerdos sobre obligación de manutención y régimen de convivencia familiar.

Desde hace algún tiempo dictamos el Diplomado Sobre Convivencia y Participación Ciudadana, con una duración de 120 horas académicas, en alianza con la Dirección de Justicia Municipal de Chacao, del estado Miranda (ente gubernamental) y el Centro de Empresarial de Conciliación y Arbitraje (Cedca).

El diplomado cuenta con veintiún participantes, todos de diferentes carreras, porque su idea era ayudar a la formación de jueces de paz y líderes comunales. Asimismo, consta de cinco módulos, cada uno con un objetivo diferente: el primero, relacionado con introducción al derecho; el segundo trata sobre las diversas formas de participación ciudadana; el tercero se orienta a la enseñanza de los medios alternativos de resolución de conflictos; el cuarto versa sobre oratoria, desde el discurso al miedo escénico; y el último aborda la actualización legislativa, es decir, las nuevas leyes y su aplicación en Venezuela.

Otra vertiente que cumple el Centro de Clínica Jurídica, relacionada con la división de extensión, es la representación de ciudadanos en casos de violaciones de derechos difusos o colectivos. En este sentido, recientemente se interpuso una acción popular de inconstitucionalidad contra la Ley de Regularización y Control de Arrendamientos de Inmuebles destinados a Vivienda, así como el Decreto Contra Desalojos Arbitrarios, acción que fue admitida por el Tribunal Supremo de Justicia en Sala Constitucional, el 20 de julio del 2013.

La elaboración de la acción se hizo con un arduo trabajo de aproximadamente siete meses, durante los cuales se hicieron diversos censos en los meses de octubre y diciembre del 2013, y se llegó a obtener información de más de doscientas violaciones al derecho de propiedad y de la tutela judicial efectiva, debido a que el nuevo marco normativo en materia de arrendamiento de vivienda en Venezuela transgrede de forma flagrante el derecho de propiedad[3] y

[3] Constitución de la República Bolivariana de Venezuela (1999), artículo 115: "Se garantiza el derecho de propiedad. Toda persona tiene derecho al uso, goce, disfrute y disposición de sus bienes. La propiedad estará sometida a las contribuciones, restricciones y obligaciones que establezca la ley con fines de utilidad pública o de interés general. Sólo por causa de utilidad pública o interés social,

el derecho a la tutela judicial efectiva, ya sea en su vertiente constitucional, o bien en la internacional.

Es por ello que se decidió elaborar la acción de inconstitucionalidad contra los mencionados cuerpos normativos. Si bien la acción fue admitida por el Máximo Tribunal de nuestro país, este no se ha pronunciado sobre el fondo de aquella, con lo cual todavía estamos en presencia de un sinfín de violaciones a los derechos de los ciudadanos, cuando se trata nada más y nada menos que de derechos fundamentales, como el derecho de propiedad y el derecho a la tutela judicial efectiva, ambos pilares de todo Estado que se considere democrático.

Otra acción que se hoy encuentra en proceso de estudio, se relaciona con el derecho a la educación de los niños y adolescentes que se encuentran indocumentados en el país, esto porque al no poder obtener una cédula de identidad, que es el instrumento esencial para la identificación de los ciudadanos en Venezuela, se les hace muy difícil poder inscribirse en los centro educativos, y si logran inscribirse es incluso más difícil poder tramitar el título de educación media y diversificada.[4]

---

mediante sentencia firme y pago oportuno de justa indemnización, podrá ser declarada la expropiación de cualquier clase de bienes".

[4] Constitución Bolivariana de Venezuela (1999), artículo 102. Derecho a la Educación:

"La educación es un derecho humano y un deber social fundamental, es democrática, gratuita y obligatoria. El Estado la asumirá como función indeclinable y de máximo interés en todos sus niveles y modalidades, y como instrumento del conocimiento científico, humanístico y tecnológico al servicio de la sociedad. La educación es un servicio público y está fundamentada en el respeto a todas las corrientes del pensamiento, con la finalidad de desarrollar el potencial creativo de cada ser humano y el pleno ejercicio de su personalidad en una sociedad democrática basada en la valoración ética del trabajo y en la participación activa, consciente y solidaria en los procesos de transformación social consustanciados con los valores de la identidad nacional, y con una visión latinoamericana y universal. El Estado, con la participación de las familias y la sociedad, promoverá el proceso de educación ciudadana de acuerdo con los principios contenidos de esta Constitución y en la ley".

Constitución Bolivariana de Venezuela (1999), artículo 56. Derecho al Nombre y a la Identidad: "Toda persona tiene derecho a un nombre propio, al apellido del padre y al de la madre, y a conocer la identidad de los mismos. El Estado garantizará el derecho a investigar la maternidad y la paternidad. Toda persona tiene derecho a ser inscrita gratuitamente en el registro civil después de su nacimiento y a obtener documentos públicos que comprueben su identidad biológica, de conformidad con la ley. Éstos no contendrán mención alguna que califique la filiación".

Recientemente, el Ministerio del Poder Popular para la Educación emitió una circular, la cual indica: "Se tendrá como documento válido de identificación además de la cédula de identidad, el número del Pasaporte Diplomático, el número del Carnet Diplomático, el número del Pasaporte Extranjero o cualquier otra forma de acreditación o identificación que responda a acuerdos suscritos válidamente por la República Bolivariana de Venezuela".

El problema con esta circular es que aún desconocemos su alcance y su ámbito de aplicación, y tenemos un grupo de niños y adolescentes que ven mermado su derecho a la educación, consagrado constitucionalmente en Venezuela.

Una nueva figura del Centro de Clínica Jurídica es la creación de la Unidad de Mediación y Conciliación. Con el fin de instalarla, parte del equipo del Centro de Clínica Jurídica —la directora Aura Lehmann y las profesoras Marialis Meneses, María Fernanda Innecco y Joanna Andrade— tomó un curso de conciliación y mediación en el Centro Empresarial de Conciliación y Arbitraje (Cedca). Este último compartió su experiencia y sus conocimientos sobre el empleo de estos medios en las distintas controversias, ya sea una mediación comunitaria o una mediación entre grandes empresas, así como los parámetros que el Centro de Clínica Jurídica debería seguir cuando la Unidad de Mediación y Conciliación inicie sus actividades. De igual manera, los alumnos de quinto año de derecho fueron capacitados en mediación y conciliación.

Como consecuencia, después de haber sido asistidos por el Cedca, el Centro de Clínica Jurídica elaboró el reglamento de la Unidad de Mediación y Conciliación. Este fue uno de los prime-

---

Ley Orgánica para la Protección del Niño Niña y Adolescente, artículo 17: "Todos los niños y niñas tienen derecho a ser identificados o identificadas inmediatamente después de su nacimiento...".

Ley Orgánica para la Protección del Niño Niña y Adolescente, artículo 18: "Todos los niños y niñas y adolescentes tienen derecho a ser inscritos o inscritas gratuitamente en el Registro del Estado Civil, inmediatamente después de su nacimiento, de conformidad con la ley".

Ley Orgánica para la Protección del Niño Niña y Adolescente, artículo 53. Derecho a la Educación: "Todos los niños y adolescentes tienen derecho a la educación. Asimismo, tienen derecho a ser inscritos y recibir educación en una escuela, plantel o instituto oficial, de carácter gratuito y cercano a su residencia".

ros pasos para el inicio formal de actividades de dicha unidad. El Centro de Clínica Jurídica también acondiciona espacios dentro de sus instalaciones para proveerle a las partes involucradas en las conciliaciones un ambiente propicio para realizar estas.

La idea con esta unidad es promover dentro de la comunidad una forma más cordial e idónea de resolver los conflictos que se planteen. Los casos que más llegan para ser mediados son los relacionados con el divorcio, más aun cuando las parejas tienen niños; también se puede mediar con relación al cumplimiento de obligaciones contractuales.

Es importante resaltar que los medios alternativos para la resolución de conflictos se encuentran consagrados constitucionalmente en el artículo 258;[5] es decir, que el espíritu del legislador ha sido incluir estos medios para la resolución de controversias y que los ciudadanos puedan resolver sus conflictos de una forma más rápida y justa.

Dentro de nuestras actividades también se encuentran las de extensión, como la realización de al menos dos jornadas al año en las cuales se tratan temas de actualidad en materia de derecho. Se han realizado asimismo jornadas sobre la Ley Orgánica de Registro Civil, en donde participaron más de seiscientas personas; sobre la Ley de Regularización y Control de Arrendamientos de Viviendas, donde resultaron beneficiadas doscientas personas; acerca de la Ley orgánica sobre el derecho de las mujeres a una vida libre de violencia, en donde participaron también doscientas personas. Igualmente, se realizó el Primer Encuentro Metropolitano de Jueces de Paz, cuyo fin fue poner el derecho al alcance de todos y que la comunidad sepa cómo emplearlo.

c) Investigación: uno de los principales logros de las sociedades democráticas es el que la tutela judicial efectiva[6] se consagre como

---

[5] Constitución de la República Bolivariana de Venezuela, artículo 258: "La ley organizará la justicia de paz en las comunidades. Los jueces o juezas de paz serán elegidos o elegidas por votación universal, directa y secreta, conforme a la ley. La ley promoverá el arbitraje, la conciliación, la mediación y cualesquiera otros medios alternativos para la solución de conflictos".

[6] Según la Sala Constitucional del Tribunal Supremo de Justicia, en la Sentencia 708, del 10 de mayo de 2001, la tutela judicial efectiva es: "… Un derecho de amplísimo contenido, que comprende

derecho fundamental.[7] El que toda persona pueda acceder a la justicia supone un salto cualitativo —democráticamente hablando—, pues si todos somos iguales ante la ley, también iguales debemos ser en la posibilidad de hacer valer nuestros derechos, ante la jurisdicción de cualquier Estado, como justiciables.

El derecho a la tutela judicial efectiva y el acceso a la justicia está relacionado, en forma interdependiente, con la asistencia jurídica; es imposible contemplar lo uno separado de lo otro. Sin perjuicio de que el último tenga carácter instrumental con respecto al primero, los dos constituyen una simbiosis de cuyo funcionamiento se beneficia la sociedad en su conjunto. En este orden de ideas, el acceso a la justicia, desde la perspectiva del derecho internacional de los derechos humanos, es un derecho humano que debe ser garantizado por el Estado, el cual asume la obligación de desarrollar la institucionalidad que garantice la administración de justicia eficiente para todos sus ciudadanos.

Ante un promedio anual de 8000 casos, con un impacto de beneficio en un número aproximado de 16 000 personas, el Centro de Clínica Jurídica UCAB planteó la necesidad de conocer la realidad socio-jurídica de la población que atiende y dilucidar la interrogante de la interrelación que existe entre acceso a la justicia y asesoría jurídica gratuita.

El Centro en el trabajo de su línea de investigación desarrolla un estudio sobre el número y las características de los beneficiarios de la atención del Servicio de Asistencia Jurídica Gratuita. Partiendo del "registro y control de beneficiarios" se recaba datos en

---

el derecho a ser oído por los órganos de administración de justicia establecidos por el Estado, es decir, no sólo en derecho de acceso sino también el derecho a que, cumplidos los requisitos establecidos en las leyes adjetivas, los órganos judiciales conozcan el fondo de las pretensiones de los particulares y, mediante una decisión dictada en derecho, determinen el contenido y extensión del derecho deducido…".

[7] Los derechos fundamentales son derechos humanos positivizados en un ordenamiento jurídico concreto. En esta línea de pensamiento, los derechos humanos son: "derechos inherentes a la persona porque ésta los posee en su condición de tal, como emanación de la dignidad humana en virtud de la cual su realización es un fin en sí mismo, por lo que no puede ser instrumentalizada, en sus aspectos esenciales o constitutivos, en orden a la consecución de un interés colectivo" (Casal, 2008, p. 16).

tres aspectos, a saber: identificación, vivienda-servicios conexos y familia-hogar.
En suma, buscamos saber si la asistencia jurídica gratuita es un derecho fundamental que debe ser garantía del Estado. Asimismo, buscamos responder preguntas como si cuando es un ente particular el que cumple ese rol de garantía, entonces ello constituye una herramienta de acceso a la justicia, o si un derecho fundamental puede dejar de ser garantizado por el Estado.

Aliados: Centro de Asesoramiento y Desarrollo Humano (CADH); Centro Internacional de Actualización Profesional (CIAP); Dirección de Proyección a la Comunidad; Parque Social Padre Manuel Aguirre s.j.; Dirección de Justicia Municipal de la Alcaldía de Chacao; Alcaldía del Municipio Baruta; Conferencia Episcopal Venezolana; Casa del Pueblo Municipio Sucre del Estado Miranda; Instituto Universitario Pedagógico Monseñor Rafael Arias Blanco (Iupma); Centro Empresarial de Conciliación y Arbitraje (Cedca); Registro Civil Parroquia La Candelaria; Seniat; Tribunales de Municipio del Área Metropolitana de Caracas; Tribunales de Protección del Área Metropolitana de Caracas y Consejo Municipal de Derechos de Niños, Niñas y Adolescentes.

Las anteriores son grosso modo las actividades que realiza el Centro de Clínica Jurídica UCAB. Adicionalmente, se presentan dos gráficos, en los cuales se especifica la cantidad y el tipo de casos atendidos en los últimos dieciocho años.

Bibliografía

Casal, J. M. (2008). *Los derechos humanos y su protección*. Caracas: UCAB.
Constitución de la República Bolivariana de Venezuela (1999). Gaceta Oficial N° 5453 de la República Bolivariana de Venezuela.

República Bolivariana de Venezuela (2007). *Ley Orgánica para la Protección del Niño Niña y Adolescente.*

Anexos

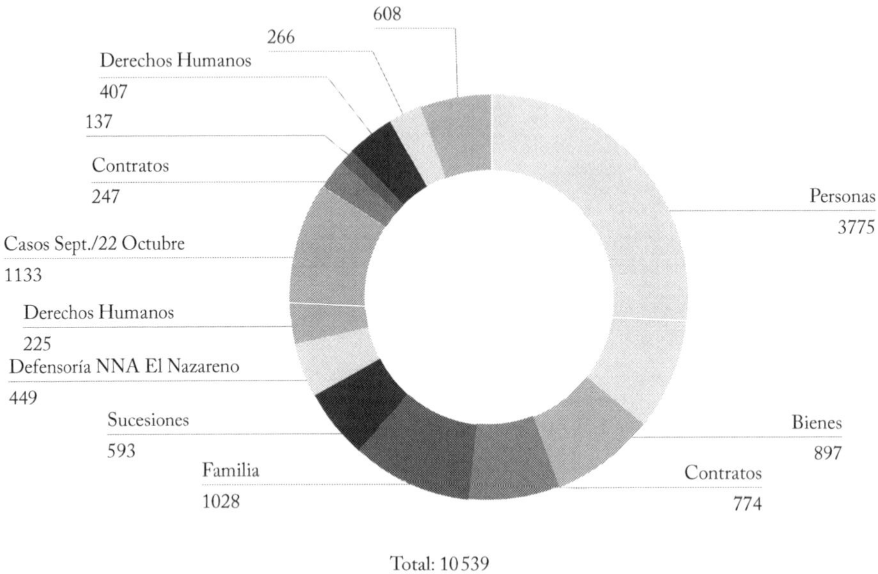

Figura 1. Casos totales centro de clínica jurídica 2012-2013

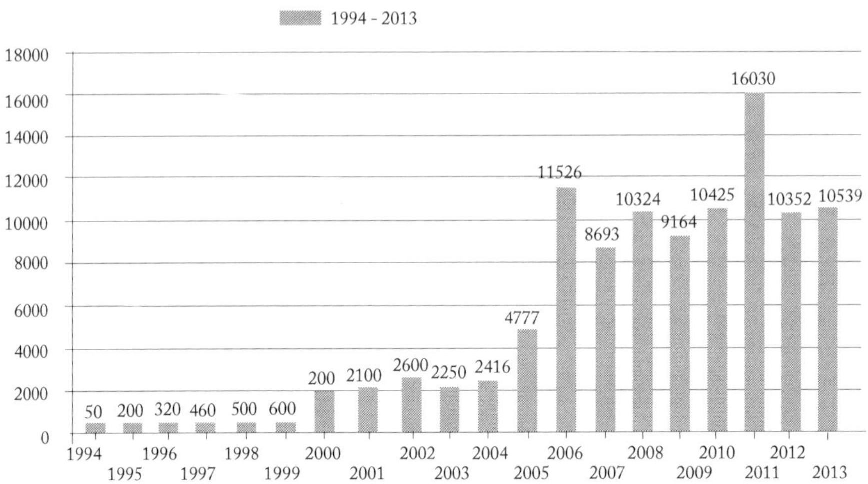

Figura 2. Número de casos por año

En los últimos diecinueve años en el Centro de Clínica Jurídica se han atendido aproximadamente 105 000 casos.

1.4.7. International Human Rights Advocacy by a Law School Clinic: Examples of Projects Undertaken by the International Human Rights Advocacy Clinic at Northwestern University School of Law Chicago, Illinois, U.S.A.

Bridget Arimond*

Introduction

Clinical legal education plays a central role in the training of new lawyers at Northwestern University School of Law, located in Chicago, Illinois, U.S.A. On average, more than 90% of JD students participate in Northwestern Law's Bluhm Legal Clinic during their three years at the law school. With more than 30 full-time clinical faculty, the Bluhm Legal Clinic offers a wide array of clinical options. Our Center on Wrongful Convictions works to free prison inmates who were wrongfully convicted of crimes they did not commit. Our Environmental Law Center engages in environmental litigation, administrative proceedings, and public education and media campaigns. Our Children and Family Justice Center represents young people accused of crimes and advocates for systemic reform of juvenile criminal procedure and sentencing. It also represents women and children fleeing persecution

* Clinical Professor of Law and Director, LLM Program in International Human Rights, Center for International Human Rights, Northwestern University School of Law, Chicago, Illinois, U.S.A.

in their homelands and seeking asylum in the U.S. Our Civil Litigation Center represents low income people threatened with eviction from their homes. Our Entrepreneurship Law Center assists start-up companies, entrepreneurs, and NGOs involved in economic development activities. In addition to these clinics, Northwestern Law also offers clinics in criminal defense, investor protection, appellate and Supreme Court advocacy, police misconduct litigation, death penalty defense, and international human rights advocacy.

Each of our clinics is designed to serve the dual goals of education and service. In addition to working on clinic cases and projects, students attend a weekly seminar class related to their clinic work. To provide the best possible supervision, a low student/faculty ratio is maintained. Typically, one faculty member supervises only eight students. Through their clinic work, students learn practical lawyering skills-client counseling, fact gathering, witness interviewing, legal research, persuasive legal writing, pre-trial litigation, and trial and appellate advocacy. By winning and yes, sometimes, losing, students are brought face to face with the opportunities and the limitations in our systems of civil and criminal justice. We hope that students take from their clinic experience a life-long commitment to providing pro bono representation to underserved communities. Thus the service, or social justice, goal of our clinic is met through both the work our students do while enrolled in clinic and the pro bono work they are encouraged to do throughout their legal careers.

This paper will focus on the work of one clinic in particular —the International Human Rights Advocacy Clinic ("IHR Clinic")—. Since its founding in 2004, our IHR Clinic has given students the opportunity to work on a wide array of cases and projects applying the norms of international human rights law and international criminal law. Some of our work addresses human rights violations in the United States. Other cases and projects aim to advance respect for human rights in other countries of the world. All of our international work is done at the request of, and in collaboration with, lawyers or NGOs located in the countries in which we work. Some of our work involves litigation, whether in domestic courts or international tribunals. Other projects involve the preparation of reports analyzing or applying the standards of international human rights law to the facts at issue. To provide a better understanding of the range of projects we have undertaken, the work done by our students, and the results achieved, this paper will spotlight two of the projects undertaken by Northwestern Law's IHR Clinic.

1. Assistance to the Uganda Human Rights Commission regarding the 2012 Prohibition and Prevention of Torture Bill

Over the years, a number of our best clinic projects have been undertaken in collaboration with students and alumni of Northwestern's LLM Program in International Human Rights. This program brings human rights lawyers from around the world to Northwestern Law for a two semester intensive education in the norms and mechanisms of international human rights law and international criminal law. Students take a set of required core courses as well as several international human rights elective courses of their own choosing. One of the electives that many of our IHR LLM students select is our IHR Clinic. As clinic students, and later as alumni, our IHR LLM students from time to time suggest collaborative projects for our IHR Clinic work.[1] One such project was our spring 2011 collaboration with the Uganda Human Rights Commission. After graduating from our IHR LLM program, a Ugandan lawyer, Peace Akol, began working as a Legal Officer with the Uganda Human Rights Commission. In that role, Ms. Akol worked with a coalition of Ugandan NGOs to draft a proposed Prohibition and Prevention of Torture Bill ("Draft Bill") for consideration by the Ugandan Parliament. The Draft Bill was designed to give effect to Uganda's international obligations as a State Party to the Convention against Torture and Other Cruel, Inhuman or Degrading Treatment or Punishment ("CAT"),[2] to which Uganda had acceded in 1986.[3]

[1] Examples of past projects undertaken in collaboration with IHR LLM alumni include, in addition to the project discussed in this paper, a consultancy with UNICEF on a juvenile justice project in Thailand, the preparation of an expert opinion for litigation in Israel challenging discrimination against family unification immigrants from the Occupied Palestinian Territories, and participation in a global study of disaster risk reduction laws and policies conducted by the International Federation of Red Cross and Red Crescent Societies.

[2] Convention against Torture and Other Cruel, Inhuman or Degrading Treatment or Punishment, *adopted* Dec. 10, 1984, 1465 U.N.T.S. 85, *available at* http://www.ohchr.org/EN/ProfessionalInterest/Pages/CAT.aspx [hereinafter CAT].

[3] Uganda acceded to the CAT on 3 November 1986. Ratification Status Table, United Nations Treaty Collection, *available at* https://treaties.un.org/Pages/ViewDetails.aspx?mtdsg_no=IV-9&chapter=4&lang=en.

In particular, it was designed to correct certain deficiencies in Uganda's legal framework that had been noted by the CAT's monitoring committee, the Committee against Torture ("CAT Committee"),[4] in a 2005 report issued at the conclusion of the CAT Committee's periodic review of Uganda's compliance with its obligations under the CAT.[5]

Once a Draft Bill had been prepared and introduced in the Parliament, Ms. Akol reached out to our clinic for assistance. She asked us to undertake two specific projects to assist her and her colleagues in their continuing work on the Draft Bill. First, she asked us to prepare a detailed assessment of the Draft Bill measured against the requirements of the CAT and the jurisprudence of the CAT Committee. Second, she asked us to prepare a comparative analysis of anti-torture laws enacted by other countries around the world, to enable her and her colleagues to identify best practices that they might want to incorporate in their own legislation.

This required our students to do the following. First, they had to closely analyze the CAT and identify each of the specific obligations imposed by the treaty upon States Parties. For example, the CAT obligates States Parties to adopt into their domestic law a definition of torture that is at least as comprehensive as that provided in the CAT.[6] States Parties must adopt into law an absolute prohibition of torture under all circumstances, and must proscribe the use of any evidence obtained through torture for any purpose other than to prove that torture was committed.[7] States must criminalize torture, attempted torture, and all acts that constitute complicity or participation in torture, and must provide for punishments that are commensurate

---

4 The CAT establishes the CAT Committee as a monitoring mechanism to enhance State Party compliance with CAT obligations. Among its other responsibilities, the CAT Committee conducts a periodic review of each State Party's compliance with its CAT obligations and issues a concluding report with recommendations for further compliance. CAT, *supra* note 2, arts. 17, 19.

5 *See* Committee Against Torture, Consideration of Reports Submitted By States Parties Under Article 19 of the Convention, Conclusions and recommendations of the Committee against Torture, Uganda, U.N. Doc. CAT/C/CR/34/UGA (21 June 2005), *available at* http://tbinternet.ohchr.org/_layouts/treatybodyexternal/Download.aspx?symbolno=CAT/C/CR/34/UGA&Lang=En.

6 Committee Against Torture, Convention Against Torture and Other Cruel, Inhuman or Degrading Treatment or Punishment, General Comment No. 2, Implementation of Article 2 by States Parties, pp. 8-9, U.N. Doc. CAT/C/GC/2 (24 Jan. 2008), *available at* http://www.refworld.org/pdfid/47ac78ce2.pdf [hereinafter CAT General Comment No. 2].

7 CAT, *supra* note 2, arts. 2, 4, 15.

with the gravity of these crimes.[8] States must enact provisions ensuring that allegations of torture will be promptly investigated, that torturers will be prosecuted, and that victims of torture will be given appropriate redress.[9] States must adopt into their domestic law the principle of *non-refoulement,* prohibiting the State from returning a person to another country where the person would face a substantial risk of torture.[10] Each State Party to the CAT is obligated to conform its domestic law to comply with these and all other requirements of the CAT.[11]

Once the relevant obligations were identified, the students had to analyze the Draft Bill to assess whether its provisions met, in each respect, the requirements of the CAT. Once this assessment was complete, the students had to draft a report that clearly identified the respects in which the Draft Bill was sufficient, was more than sufficient, or was insufficient. For example, the students found that the definition of torture in the Ugandan Draft Bill was more than sufficient to comply with the CAT, in that its definition of torture included not only torture by State actors (which is proscribed by the CAT) but also torture committed by private actors. On the other hand, the students found that while the CAT requires criminalization of attempted torture as well as torture or complicity in torture, the Uganda Draft Bill neglected to criminalize attempted torture. Whenever the students identified insufficiencies in the Draft Bill, they had to draft recommendations for proposed revisions that would cure the insufficiencies.

After completing their analysis of the Draft Bill in comparison with the language of the CAT, the students continued their work by examining the jurisprudence of the CAT Committee. Each time the CAT Committee completes its periodic review of a State's Party's compliance (or non-compliance) with its CAT obligations, the Committee issues written conclusions and recommendations that are available for public review at the website of the CAT Committee.[12]

---

8 *Id.* art. 4.

9 *Id.* arts. 5-7, 12, 14.

10 *Id.* art. 3 (1).

11 *Id.* art. 2 (1); CAT General Comment No. 2, *supra* note 6, pp. 2, 4.

12 *See* Committee against Torture, Concluding Observations, *available at* http://tbinternet.ohchr.org/_layouts/treatybodyexternal/TBsearch.aspx?Lang=en&TreatyID=1&DocTypeID=5.

The students reviewed this jurisprudence and discerned that the Committee has frequently gone beyond the explicit requirements of the CAT and recommended that States Parties also enact appropriate legislation regarding certain substantive issues closely related to the effective prevention of torture. These recommendations are rooted in the Committee's understanding that the CAT requires States Parties "to eliminate any legal or other obstacles that impede the eradication of torture and ill-treatment; and to take positive effective measures to ensure that such conduct and any recurrences thereof are effectively prevented".[13] Accordingly, the CAT Committee repeatedly has made recommendations with respect to three subjects as to which the absence of appropriate legislation can lead to a heightened risk of torture: incommunicado detention, rape, and the *non-refoulement* obligation. The clinic students reviewed this jurisprudence, assessed how well the Draft Bill and other Ugandan laws addressed the three specified subjects, and made appropriate recommendations so that the new law would be fully compliant with past recommendations made to other States Parties by the CAT Committee. Their findings and recommendations were added to the report containing their overall assessment of the Draft Bill's compliance with the CAT.

The students' final piece of work was a comparative analysis of anti-torture laws in other countries. The students analyzed the laws of a sample of twenty countries from Europe, the Americas, and Africa,[14] and prepared a supplementary report presenting their findings. Overall, they concluded that no one country should be showcased as having a complete set of model anti-torture laws. They did, however, point out innovative provisions of anti-torture laws in three countries (France, Rwanda, and Argentina) as worthy of consideration in Uganda.

The students then sent their two reports to Ms. Akol, the Legal Officer with the Uganda Human Rights Commission. She and her colleagues reviewed these reports and, in particular, the recommendations the students

13 CAT General Comment No. 2, *supra* note 6, p. 4.

14 Because of time constraints, the students were unable to analyze a sampling of Asian laws. This points to one of the realities of clinic work – the fact that the students are working on an academic calendar. Had we deemed it essential to review laws from all regions of the world, this work could have been done by the next semester's group of clinic students. However, in this case, the interest in timely submission of a report outweighed the importance of completing the analysis for Asia.

had suggested. Several months later, our clinic brought Ms. Akol to campus to meet with our clinic class to discuss the status of the Draft Bill. Ms. Akol expressed gratitude for the reports and explained that some, though not all, of the students' recommendations had been accepted and incorporated into a later version of the Draft Bill. The students learned a great deal from her explanations of why some of the recommendations had not been accepted. Some were adjudged inappropriate in the specific Ugandan context; others were deemed politically untenable at that particular time.

What were the outcomes of this work? From a pedagogical standpoint, the students learned a great deal about the CAT and about national laws enacted to give domestic effect to that treaty. In so doing, they sharpened their skills in research, analysis and writing. In examining a specific treaty and a specific draft bill in a specific national context, they learned, through actual practice, the level of detail with which they must approach their work. Through their conversations with Ms. Akol at the conclusion of the process, they saw how an idea which might —in the abstract— look good, might not be appropriate in a particular national context, given all its complexities. Additionally, on a personal level, the students learned how gratifying it can be to participate in this kind of work. The students took justifiable satisfaction from the fact that some of the recommendations they had made were actually adopted into the revised version of the bill.

More importantly, the students' work made a positive contribution to the ongoing campaign against torture in Uganda. The Draft Bill, in its amended form, was passed by the Ugandan Parliament on 26 April 2012, and assented to by the President of Uganda, Yoweri Kaguta Museveni, on 27 July 2012.[15] Since the enactment of the Prohibition and Prevention of Torture Act 2012, the Uganda Human Rights Commission has conducted extensive public outreach and education about the law's provisions, through radio, TV, and print media, through programming conducted in conjunction with numerous NGOs and faith-based organizations, and through special events such as its 26 June commemoration of International Day in Support of Victims of Torture.[16] The Uganda Human Rights Commission also has

[15] Uganda Human Rights Commission, 15th Annual Report to the Parliament of the Republic of Uganda, at 196 (2012), *available at* http://www.uhrc.ug/?p=1873.

[16] Uganda Human Rights Commission, 16th Annual Report to the Parliament of the Republic of Uganda, at 53-54, 60-62, 102 (2013), *available at* http://www.uhrc.ug/?p=1873.

emphasized the new law during the human rights awareness trainings that it conducts for Ugandan law enforcement and security personnel.[17]

Already, the Prohibition and Prevention of Torture Act 2012 is having a positive effect. In its 16th Annual Report, the Uganda Human Rights Commission noted that complaints of torture and ill treatment had decreased by 10.99% in 2013 as compared to the previous year.[18] The Commission attributed this decrease, in significant part, to the Prohibition and Prevention of Torture Act 2012.[19] Thus, while the campaign to end torture will undoubtedly be a long one, and while much more work needs to be done to fully implement the Prohibition and Prevention of Torture Act 2012, Uganda's new law is already having a significant effect. Northwestern's IHR Clinic is pleased to have been able to make a contribution to the development of this law.

2. Shadow Reporting on LGBT Rights Issues to the Human Rights Committee and the African Commission on Human and Peoples' Rights

For the past year, IHR Clinic students have been collaborating with the Global Initiative for Sexuality and Human Rights ("GISHR") of the Heartland Alliance for Human Needs and Human Rights. GISHR is an international NGO that works to advance human rights with regard to sexual orientation and gender identity. GISHR works in partnership with local lesbian, gay, bisexual and transgender ("LGBT") activists and organizations and with regional and sub-regional coalitions worldwide. One initiative undertaken by GISHR is the writing and submission of "shadow reports" to the monitoring committees established by various human rights treaties such as the International

17 *Id.* at 48.

18 *Id.* at 4.

19 *Id.* The other factors identified by the Uganda Human Rights Commission as contributing to the reduction in complaints of torture and ill treatment were the Commission's "continued sensitization programmes for the security organs" and "increased police responsibility." *Id.* These sensitization programmes, as noted above, included training related to the Prohibition and Prevention of Torture Act 2012, so their usefulness —and perhaps the increased police responsibility— might be indirectly attributable to the impact of the new law.

Covenant on Civil and Political Rights[20] and the African Charter on Human and Peoples' Rights.[21]

The International Covenant on Civil and Political Rights is a human rights treaty founded on the "recognition of the inherent dignity and of the equal and inalienable rights of all members of the human family".[22] It protects a wide array of civil and political rights, including: the right to life and security of person; freedom from torture, ill treatment and arbitrary detention; freedom of speech, association and assembly; religious freedom; fair trial rights; and the right to equality under the law and non-discrimination.[23] The ICCPR imposes upon States Parties a positive obligation to "take appropriate measures" and to "exercise due diligence" to prevent violations of Covenant rights, whether by the State or by private actors, and to respond to violations that nevertheless occur by investigating the violations, punishing those responsible, and affording an effective remedy to those harmed by the violations.[24] The treaty establishes a monitoring committee, the Human Rights Committee ("HRC"), to monitor and encourage compliance with ICCPR obligations.[25]

One important HRC monitoring mechanism is the periodic review process.[26] Every several (generally four) years, each State Party to the ICCPR must submit a report assessing the extent of its compliance with ICCPR obligations and must participate in a review session, held in Geneva, during which the State presents its report and responds to questions from the

---

20 International Covenant on Civil and Political Rights, *adopted* Dec. 16, 1966, 999 U.N.T.S. 171, *available at* http://www.ohchr.org/en/professionalinterest/pages/ccpr.aspx [hereinafter ICCPR].

21 African Charter on Human and Peoples' Rights ("Banjul Charter"), 27 June 1981, OAU Doc. CAB/LEG/67/3 rev. 5; 1520 U.N.T.S. 217, *available at* http://www.achpr.org/instruments/achpr/ [hereinafter African Charter].

22 ICCPR, *supra* note 20, Preamble.

23 *Id.* arts. 6 (life), 9 (security of person), 7 (torture and ill treatment), 9 (arbitrary detention), 19 (speech), 22 (association), 21 (assembly), 18 (religion), 14 (fair trial), 2(1) and 26 (equality and non-discrimination).

24 Human Rights Committee (ICCPR), General Comment No. 31: Nature of the General Legal Obligation Imposed on States Parties to the Covenant (Article), p. 8, U.N. Doc. CCPR/C/21/Rev.1/Add.13 (26 May 2004), *available at* http://undocs.org/CCPR/C/21/Rev.1/Add.13 [hereinafter General Comment No. 31].

25 ICCPR, *supra* note 20, arts. 28, 40.

26 *See id.*, art. 40.

HRC. Civil society organizations, particularly those from the country under review, play an important role in this process. Prior to the review session, NGOs have the opportunity to submit their own reports to the HRC. These reports are informally referred to as "shadow reports" because they shadow the official State reports. Shadow reports play a critical role by bringing to the HRC's attention detailed factual information regarding human rights violations occurring in the country under review. Often, the facts presented by NGOs paint a considerably different picture than that which was presented in the State's own report. The HRC values the perspective of NGOs to such an extent that it holds formal and informal briefings with NGO representatives in Geneva in the days leading up to the periodic review session. Representatives of NGOs that have submitted shadow reports have the opportunity to make a short oral presentation to the HRC and to respond to follow-up questions by HRC members. At the end of the periodic review session, the HRC issues its "Concluding Observations," which include an assessment of the positive actions undertaken by the country as well as the violations that are cause for concern. The Concluding Observations also present specific recommendations; the country under review is required to report back thereafter regarding its implementation of the recommended actions.

Together with its network of local and regional LGBT activists and organizations, GISHR participates in the shadow reporting process in order to ensure that the human rights of sexual minorities receive appropriate attention as part of the periodic review process. Because time and other constraints sometimes make it impossible for the activists —many of whom are volunteers rather than full-time NGO staff— to complete the entire drafting process themselves, GISHR arranges partnerships between law school legal clinics and local LGBT activists in countries that are scheduled for the review process. Northwestern Law's IHR Clinic has participated in some of these partnerships.

Over the past academic year, IHR Clinic students prepared HRC shadow reports on LGBT issues in Uruguay (in collaboration with Colectivo Ovejas Negras), Sri Lanka (in collaboration with Equal Ground), and in Mexico (in collaboration with Letra S, Sida, Cultura y Vida Cotidiana, A.C.). The students began their work by conducting background research on the country in question, including research into that country's political system and overall human rights record. The students then conducted the first of a series of lengthy Skype conversations with the local activists. Through these conversations the students learned about the issues facing sexual minorities in the particular country, and they found out which issues the local activists particularly wanted to focus on in the shadow report. Typically, at this point the local activists sent the students prior reports, surveys, news articles, and any other documents that the students should review in order to prepare the shadow report.

The students took all of this information and shaped it into a report that highlighted the human rights situation for sexual minorities in the country under review. Where appropriate, their reports highlighted the positive actions undertaken by a particular country. For example, Uruguay has taken a leadership position in enacting legislation to protect the rights of LGBT individuals. Uruguayan law prohibits discrimination on the basis of sexual orientation and gender identity, same-sex marriage is allowed, and transgender individuals are allowed to conform their identity documents to their gender identity. All of this was noted and applauded in the shadow report. At the same time, these reports brought to the HRC's attention facts documenting ICCPR violations. In Uruguay, for example, the State had not done enough to eradicate homophobia, transphobia, and hate crimes, and anti-discrimination mechanisms lacked sufficient budgets and staffing. In Sri Lanka, the law itself is a major part of the problem, due to the criminalization of consensual adult intimacy between individuals of the same sex.

In addition to presenting the relevant facts, the shadow reports suggested questions that the HRC might ask the State Party during the review. The shadow reports also suggested recommendations that the NGOs would like the HRC to include in its Concluding Observations. These questions and proposed recommendations were based on the specific priorities identified by the local activists.

Once the students had completed a draft of a shadow report, the draft was shared with GISHR and the local activists to solicit their review, correction of any errors, and suggestions for improvements. Through email exchanges and, where needed, additional Skype conversations, questions were resolved, and the report was then edited to incorporate the corrections and suggestions indicated by GISHR and the local activists.

Once a report was finalized, GISHR submitted it to the HRC. Last October, IHR Clinic students traveled to Geneva to participate in the periodic review session on Uruguay. Our colleague from Colectivo Ovejas Negras also attended the review session and took the lead in presenting our joint report to the HRC and in answering questions from HRC members. The IHR Clinic students had the opportunity to help him prepare his presentation and to speak informally with HRC members. The students attended the formal and informal NGO briefings as well as the two half-day sessions at which the State presented its report and answered questions posed by members of the HRC.

Both the Uruguay report and the Sri Lanka report achieved their goal of drawing the HRC's attention to the ICCPR rights of sexual minorities in these two nations.[27] The recommendations included in the HRC's Concluding Observations for Uruguay addressed many of the concerns raised in our shadow report. The HRC recommended:

The State party should step up its efforts to combat discrimination against LGBT persons in all areas of life, to offer effective protection to such persons and to ensure that any and all acts of violence motivated by the sexual orientation or gender identity of the victim are investigated and that the perpetrators of such acts are prosecuted and punished. In particular, the State party should:

> (a) Use all means at its disposal to investigate the murders of transgender persons that occurred during the reporting period, to bring them to trial and to impose appropriate punishments upon them;
>
> (b) Introduce a statistical system that will make it possible to compile disaggregated data on this type of violence;
>
> (c) Develop awareness-raising programmes to combat homophobia and transphobia.[28]

The Sri Lanka report —written at a preliminary stage when the HRC was formulating the "List of Issues" that will be the focus of the October 2014 periodic review— achieved its goal of having the HRC include concerns of the LGBT community in the List of Issues for the upcoming periodic review:

---

27 The Mexico report has just been submitted to the HRC and has not yet been acted upon.

28 Human Rights Committee, Concluding observations on the fifth periodic report of Uruguay, p. 12, U.N. Doc. CCPR/C/URY/CO/5 (30 Oct. 2013), *available at* http://undocs.org/CCPR/C/URY/CO/5.

> Please indicate the measures taken to protect persons from stigmatization and discrimination on the basis of their sexual orientation and gender identity, and indicate whether they are protected by the constitutional provisions on non-discrimination.[29]

The students who worked on these reports and, more importantly, GISHR and our local NGO partners, were very pleased with these outcomes.

IHR Clinic students also prepared a shadow report on Liberia for the periodic review process of the African Commission on Human and Peoples' Rights, assessing compliance with the African Charter on Human and Peoples' Rights. This report was prepared in collaboration with GISHR and with a number of Liberian and African NGOs: Stop AIDS in Liberia (SAIL), the Association of Liberian People Living with HIV and AIDS (ALL+), Liberian Initiative for the Promotion of Rights, Identity and Diversity (LIPRID), Liberian Women Empowerment Network (LIWEN), Action Aid Liberia (AAL), The Initiative for Equal Rights (TIER), and African Men for Sexual Health and Rights (AMSHER).

This report was of particular significance because, unlike the HRC, the African Commission does not yet have a long history of addressing human rights violations against sexual minorities as part of its review process. It was, therefore, truly significant that at the conclusion of the session at which the Liberia report was considered, the African Commission adopted its first resolution in defense of the rights of sexual minorities, entitled "Resolution on Protection against Violence and other Human Rights Violations against Persons on the basis of their real or imputed Sexual Orientation or Gender Identity".[30]

This resolution was the result of years of hard work by numerous African and international advocates for the rights of sexual minorities; there is

---

[29] Human Rights Committee, List of issues in relation to the fifth periodic report of Sri Lanka, Adopted by the Committee at its 110th session (10–28 Mar. 2014), U.N. Doc. CCPR/C/LKA/Q/5, at p. 5, *available at* http://undocs.org/CCPR/C/LKA/Q/5.

[30] African Commission on Human and Peoples' Rights, Resolution 275: Resolution on Protection against Violence and other Human Rights Violations against Persons on the basis of their real or imputed Sexual Orientation or Gender Identity, Adopted at the 55th Ordinary Session of the African Commission on Human and Peoples' Rights in Luanda, Angola, 28 April to 12 May 2014, *available at* http://www.achpr.org/sessions/55th/resolutions/275/.

no way that this result can be attributed to the Liberia report alone. Still, the Liberia shadow report was one more step along the path leading to the advancement of human rights for sexual minorities in Africa, and the IHR Clinic students were proud to have played their small part in this historic achievement.

Conclusion

By immersing clinic students in "real world" human rights advocacy projects, Northwestern Law School's IHR Clinic gives students the opportunity to move past the academic learning of classroom courses and develop skills – in research, analysis, interviewing, writing, and cross cultural competency – that will carry over to their work as future lawyers. They learn the nuances of particular human rights norms, instruments, and mechanisms with the depth that comes when one must put knowledge into practice. They learn the urgency of meeting deadlines that actually matter to people's lives. They are motivated to do their best possible work because the outcome may really matter.

At the same time that they are developing these skills and competencies, IHR Clinic students are making a real contribution to the work of advancing respect for international human rights. By harnessing the time, talent, and commitment of law students and their professors, international human rights clinics like Northwestern's can play an important role in the ongoing struggle to fully realize the human rights that are the birthright of every human being.

Bibliography

African Charter on Human and Peoples' Rights ("Banjul Charter"), 27 June 1981, OAU Doc. CAB/LEG/67/3 rev. 5; 1520 U.N.T.S. 217, *available at* http://www.achpr.org/instruments/achpr/ [hereinafter African Charter].

African Commission on Human and Peoples' Rights, Resolution 275: Resolution on Protection against Violence and other Human Rights Violations against Persons on the basis of their real or imputed Sexual Orientation or Gender Identity, Adopted at the 55th Ordinary Session of the African Commission on Human and Peoples' Rights in

Luanda, Angola, 28 April to 12 May 2014, *available at* http://www.achpr.org/sessions/55th/resolutions/275/.

Committee against Torture, Concluding Observations, *available at* http://tbinternet.ohchr.org/_layouts/treatybodyexternal/TBsearch.aspx?Lang=en&TreatyID=1&DocTypeID=5.

Committee Against Torture, Consideration of Reports Submitted By States Parties Under Article 19 of the Convention, Conclusions and recommendations of the Committee against Torture, Uganda, U.N. Doc. CAT/C/CR/34/UGA (21 June 2005), *available at* http://tbinternet.ohchr.org/_layouts/treatybodyexternal/Download.aspx?symbolno=CAT/C/CR/34/UGA&Lang=En.

Committee Against Torture, Convention Against Torture and Other Cruel, Inhuman or Degrading Treatment or Punishment, General Comment No. 2, Implementation of Article 2 by States Parties, pp. 8-9, U.N. Doc. CAT/C/GC/2 (24 Jan. 2008), *available at* http://www.refworld.org/pdfid/47ac78ce2.pdf [hereinafter CAT General Comment No. 2].

Convention against Torture and Other Cruel, Inhuman or Degrading Treatment or Punishment, *adopted* Dec. 10, 1984, 1465 U.N.T.S. 85, *available at* http://www.ohchr.org/EN/ProfessionalInterest/Pages/CAT.aspx [hereinafter CAT].

Human Rights Committee (ICCPR), General Comment No. 31: Nature of the General Legal Obligation Imposed on States Parties to the Covenant (Article), p. 8, U.N. Doc. CCPR/C/21/Rev.1/Add.13 (26 May 2004), *available at* http://undocs.org/CCPR/C/21/Rev.1/Add.13 [hereinafter General Comment No. 31].

Human Rights Committee, Concluding observations on the fifth periodic report of Uruguay, p. 12, U.N. Doc. CCPR/C/URY/CO/5 (30 Oct. 2013), *available at* http://undocs.org/CCPR/C/URY/CO/5.

Human Rights Committee, List of issues in relation to the fifth periodic report of Sri Lanka, Adopted by the Committee at its 110th session (10-28 Mar. 2014), U.N. Doc. CCPR/C/LKA/Q/5, at p. 5, *available at* http://undocs.org/CCPR/C/LKA/Q/5.

International Covenant on Civil and Political Rights, *adopted* Dec. 16, 1966, 999 U.N.T.S. 171, *available at* http://www.ohchr.org/en/professionalinterest/pages/ccpr.aspx [hereinafter ICCPR].

Uganda Human Rights Commission, 15th Annual Report to the Parliament of the Republic of Uganda, at 196 (2012), *available at* http://www.uhrc.ug/?p=1873.
Uganda Human Rights Commission, 16th Annual Report to the Parliament of the Republic of Uganda, at 53-54, 60-62, 102 (2013), *available at* http://www.uhrc.ug/?p=1873.

1.5. Nuevos retos y perspectivas de la educación legal clínica

1.5.1. Clinhab: una experiencia de *learning by doing* y de servicio a la sociedad en la Universitat de Barcelona La Clínica Jurídica en Derecho Inmobiliario y Mediación Residencial de la Universitat de Barcelona: información para los ciudadanos y formación para los estudiantes

Miriam Anderson*
Esther Arroyo i Amayuelas**
Isabel Viola Demestre***
José María Jiménez Villanueva****

Introducción

La Clínica Jurídica en Derecho Inmobiliario y Mediación Residencial, en el marco del proyecto *dret al Dret* (derecho al Derecho) de la Universitat de Barcelona, ofrece, desde junio del 2012, un servicio gratuito de consultas

* Licenciada en Derecho y doctora en Derecho. Profesora agregada de Derecho Civil de la Universitat de Barcelona y de la Clínica Jurídica en Derecho Inmobiliario y Mediación Residencial (ClinHab). Correo electrónico: miriam.anderson@ub.edu.

** Licenciada en Derecho y doctora en Derecho. Profesora titular de Derecho Civil de la Universitat de Barcelona y de la Clínica Jurídica en Derecho Inmobiliario y Mediación Residencial (ClinHab). Correo electrónico: earroyo@ub.edu.

*** Licenciada en Derecho y doctora en Derecho. Profesora titular de Derecho Civil de la Universitat de Barcelona y de la Clínica Jurídica en Derecho Inmobiliario y Mediación Residencial (ClinHab). Correo electrónico: isabelviola@ub.edu.

**** Diplomado en Ciencias Empresariales y graduado en Derecho, Clínica Jurídica en Derecho Inmobiliario y Mediación Residencial (ClinHab) de la Universitat de Barcelona. Correo electrónico: josemaria.j.villanueva@gmail.com.

sobre vivienda, conocido como ClinHab.[1] Su objetivo es dar respuesta a las preguntas formuladas por el público en general o canalizadas por entidades sociales y administraciones públicas, mediante el análisis de cada caso por parte de alumnos de los últimos cursos de Derecho, que trabajan bajo la estrecha supervisión de expertos colaboradores y profesores de Derecho privado.

Este proyecto, basado en el modelo *learning by doing*, permite que los estudiantes se enfrenten con problemas reales, analicen la documentación del caso, lleven reuniones con los usuarios y, a la luz de la legalidad vigente, den una respuesta jurídica y financiera a cuestiones relativas principalmente a arrendamientos y a préstamos hipotecarios, pero que a menudo requieren abordar otros temas (sucesiones, derecho de familia, violencia doméstica o derecho internacional privado). ClinHab promueve la mediación como sistema alternativo de solución de controversias eficaz cuando surgen conflictos interpersonales.

Los participantes en el proyecto comparten la convicción de que es posible contribuir directamente a la resolución de problemas sociales desde una institución académica pública y ofrecer los resultados de la docencia y de la investigación al público en general, lo cual, en el contexto de la actual crisis económica, principalmente consiste en proporcionar apoyo jurídico a las personas con problemas de vivienda y en riesgo de exclusión social.

ClinHab es un servicio que permite a los estudiantes aprender haciendo frente a problemas reales, desde la Facultad de Derecho y con su apoyo, al tiempo que da respuesta a las preguntas formuladas por personas que difícilmente la obtendrían por otras vías. Desde junio del 2012, ClinHab ha atendido más de 250 consultas, de las cuales aproximadamente el 40% han sido cuestiones hipotecarias y otro 40% arrendaticias; el restante 20% se refiere a otras cuestiones de derecho inmobiliario, como la vivienda social. Hemos llevado a cabo unas ochenta reuniones semanales, donde se discuten los casos y las novedades legislativas y jurisprudenciales. Estos son algunos de los resultados de ClinHab.

Nuestra carta de presentación es nuestro sitio web: www.clinhab.com, donde se pueden encontrar otros contenidos, además de los que a continuación se reseñan.

---

1 Ver: www.clinicajuridicaimmobiliaria.org.

1. Las clínicas jurídicas: mejora del aprendizaje y transferencia de conocimientos

Una clínica jurídica es un espacio de formación teórica y práctica, especialmente para los estudiantes, por medio del cual se presta un servicio a la comunidad, trabajando para encontrar la solución a problemas que afectan a personas en riesgo de exclusión social y en la defensa de intereses públicos.

A pesar de la diferente tipología que pueden presentar, las clínicas jurídicas, muy conocidas en la enseñanza universitaria de los países angloamericanos, tienen como principales finalidades:

- Permitir el contacto directo del estudiante con casos reales, de la mano de un profesional y bajo la supervisión de profesorado universitario (de aquí la expresión "clínica", puesto que recuerda al sistema de prácticas de la profesión médica).
- Devolver a la sociedad parte de la inversión que se hace en la enseñanza pública superior, con una incidencia directa y real en la solución de problemas.
- Dar respuesta a los colectivos que, en cada momento, puedan resultar más vulnerables y tengan menos posibilidades de acceder a apoyo legal.
- Trabajar en el espacio universitario problemáticas sociales que tienden a quedar marginadas.

Estas finalidades caracterizan las diferentes clínicas jurídicas que integran el proyecto *dret al Dret* de la Universitat de Barcelona. En el caso concreto de la Clínica Jurídica en Derecho Inmobiliario y Mediación Residencial, sus rasgos distintivos son:

- La formación de Derecho privado del profesorado que la integra.
- El interés por el Derecho privado de los alumnos que siguen el programa de esta clínica.

Figura 1. Sitio de Internet Clinhab - Universidad de Barcelona

- La experiencia práctica de la Asociación ProHabitatge, que colaboró estrechamente con la Clínica desde sus inicios, en el ámbito residencial y en la atención a colectivos vulnerables.
- La tarea colaborativa que lleva a cabo con otras entidades dedicadas al ámbito residencial.
- Los conocimientos y el trabajo aportado por colaboradores especialmente cualificados e implicados en el proyecto.

- La consiguiente posibilidad de formular propuestas y ofrecer alternativas en situaciones de conflicto residencial, especialmente frecuentes en el momento actual.

2. Orígenes de la Clínica Jurídica en Derecho Inmobiliario y Mediación Residencial

En el momento en que se implantaban los estudios correspondientes al Grado en Derecho, en el curso 2009-2010, varias profesoras del Departamento de Derecho civil de la Facultad de Derecho de la Universitat de Barcelona, responsables de sendos grupos del curso de Derecho civil "Derecho de la persona", nos propusimos replantear la manera como tradicionalmente se han formulado los casos prácticos en el ámbito de nuestra disciplina. El objetivo que perseguíamos era claro: se trataba de salir, tanto el profesorado como los alumnos, de nuestras respectivas "zonas de seguridad", donde las respuestas son prácticamente siempre correctas o incorrectas. La realidad es, obviamente, un abanico de grises y no había ninguna razón para pensar que los alumnos de primer curso de Grado no pudieran iniciar su formación universitaria teniendo esta premisa muy presente. Esta propuesta fue reconocida como proyecto de innovación docente (2009-PID-UB/39), con el título *Fundamentos para una clínica legal en Derecho privado.*

Tal y como se desprende de esta denominación, la idea era empezar a preparar a estudiantes para que pudieran, en los cursos superiores del Grado, enfrentarse con problemas reales, desde, y con el apoyo, de la Facultad, al estilo de las clínicas legales de los países angloamericanos, que proporcionan al estudiante la posibilidad de un aprendizaje práctico supervisado de gran calidad, al tiempo que dan respuesta a cuestiones sociales que difícilmente serían atendidas por otros canales.

Estos objetivos de fondo y una sintonía en cuanto a la implicación social que se espera de la universidad pública condujeron a que, ya durante el curso 2009-2010, se establecieran fuertes lazos con el proyecto *dret al Dret*, que llevaba tres años largos en funcionamiento, de la mano, básicamente, de profesorado de las áreas de Derecho público, tradicionalmente más sensibles a las cuestiones de las cuales se ocupa la educación clínica del Derecho. Fruto de esa inicial cooperación nació la Clínica Jurídica en Derecho Inmobiliario y Mediación Residencial.

La Clínica Jurídica en Derecho Inmobiliario y Mediación Residencial lleva a cabo sus actividades gracias a la iniciativa del profesorado, que pone su conocimiento a disposición de los objetivos del proyecto, de los alumnos que optan por esta alternativa de aprendizaje y transferencia de conocimientos y de los colaboradores que nos ayudan con su entusiasmo y experiencia, pero también gracias al apoyo de la Asociación ProHabitatge, de Alter-Servicios Integrales de Mediación, del Decanato de los Registradores de la Propiedad, Mercantiles y de Bienes Muebles de Cataluña, y a la colaboración de la Agencia de la Vivienda de Cataluña.

En el ámbito académico, recientemente la Clínica ha recibido reconocimiento por medio de diferentes proyectos competitivos de innovación docente (2012PID-UB/031; 2014PID-UB/018) y de divulgación de los resultados de la investigación (2012ACDC-0004).

3. Actividades de la Clínica

Los principales objetivos de la Clínica Jurídica en Derecho Inmobiliario y Mediación Residencial consisten en proporcionar a los ciudadanos un *servicio de consultas gratuito en el ámbito de la vivienda* y ofrecerles una alternativa a la judicialización de los conflictos, como es la mediación residencial; a su vez, la Clínica pretende formar estudiantes con una experiencia práctica directa en estas materias. Este servicio abierto al público, accesible desde nuestro entorno web (www.clinicajuridicaimmobiliaria.org; www.clinhab.com), se conoce como ClinHab.

Pero también llevamos a cabo otras actividades. En concreto:

- Organizamos *talleres,* con la participación del profesorado y de los alumnos de Derecho y de técnicos y trabajadoras sociales de distintas entidades sociales, sobre arrendamientos urbanos, mediación residencial y políticas públicas de vivienda.
- Se ha elaborado una *Guía práctica sobre morosidad hipotecaria*, pensada especialmente para personas que desarrollan tareas de información y asesoramiento, que ha tenido una muy buena acogida. Se puede descargar gratuitamente desde www.clinhab.com.
- Hemos organizado un *Curso de extensión universitaria sobre gestión de los conflictos en la vivienda: la mediación residencial*, en dos ediciones

sucesivas, los cursos 2011-2012 y 2012-2013. La valoración del curso por parte de los alumnos ha sido muy positiva.

- Analizamos contratos de arrendamiento y de préstamo hipotecario recientes, para detectar cláusulas potencialmente abusivas o que, como mínimo, el futuro arrendatario, arrendador o prestatario debería tener presentes a la hora de firmar el contrato.
- Participamos en la *divulgación de la mediación* como herramienta de resolución de conflictos en materia hipotecaria y arrendaticia y, en general, en todos los conflictos relativos a la vivienda.
- En el marco de un convenio de colaboración con la Agencia de la Vivienda de Cataluña, ofrecemos *jornadas de formación en materia hipotecaria* para personal de las Oficinas de Vivienda.
- Llevamos a cabo actividades concretas de formación para profesionales y técnicos del sector.
- Hemos participado como *amicus curiae* en una demanda de inconstitucionalidad relativa a viviendas de protección pública presentada por la Clínica de Interés Público (Grupo de Acciones Públicas) de la Universidad del Rosario, Bogotá (Colombia).

4. Ejemplos de casos tratados en ClinHab

En ClinHab se han atendido más de 250 consultas sobre temas relacionados con la vivienda. Además de los clásicos problemas de reformas en la vivienda arrendada, gastos de conservación, desistimiento del arrendatario y devolución de fianzas, nos llegan también abundantes casos directamente relacionados con la crisis hipotecaria actual.

Así, un caso típico puede ser el de una pareja de unos 45 años, con hijos menores, que adquirieron su primera vivienda en el 2010, en una población bien conectada a Barcelona, por 280 000 euros. Él, profesional liberal, se queda sin trabajo y ella, trabajadora social, percibe unos 1100 euros de salario al mes. La cuota hipotecaria es de 970 euros. Se trata de un tipo de usuario que encaja perfectamente en cualquier definición de un deudor de buena fe. Acuden a nuestro servicio meses antes de incurrir en ningún impago. Les explicamos cuáles son las alternativas existentes ante su situación, qué impacto tiene una cláusula suelo sobre su hipoteca, cuáles serían las consecuencias de un impago y qué probabilidades teóricas habría de que la entidad financiera aceptase la dación en pago. Sin embargo, para estos usuarios, que adquirieron tras ejercitar una opción de compra, la aspiración no es renunciar a la vivienda a cambio de extinguir la deuda pendiente, sino intentar mantenerla, debido al arraigo familiar con su lugar de residencia.

Visto que no reunían los requisitos relativos al precio de adquisición de la vivienda para acogerse al Código de Buenas Prácticas (ni los reúnen ahora, tras la reforma operada por la Ley 1/2013) y que la entidad financiera les ofrecía inicialmente una reestructuración de la deuda totalmente inviable, optamos por derivarles a Ofideute, la Oficina de la Generalitat de Catalunya que intermedia con las entidades financieras. ClinHab cumplió aquí varias funciones: informar a los usuarios sobre su situación y sobre la existencia de Ofideute, revalorizando su posición frente a la entidad financiera, y facilitó también el trabajo de Ofideute, al remitirle un informe con toda la documentación precisa para proponer a la entidad una reestructuración viable que, en el momento de cerrar estas líneas, es ya una realidad que permite a nuestros usuarios un tiempo de desahogo, a la espera de que mejore, en general, la situación económica.

Pero también suelen llegarnos casos donde la problemática jurídica no es meramente hipotecaria. Así, por ejemplo, una pareja rusa había adquirido en 2007 un piso de 48 m^2 por casi 300 000 euros en una zona no demasiado lujosa de Barcelona. Se quedan en paro y luego consiguen trabajos temporales, con lo que no pueden hacer frente a las cuotas hipotecarias. Cuando se dirigen a la entidad financiera, descubren que no son los únicos titulares de la vivienda, sino que aparece junto a ellos la madre de una amiga suya, que creían fiadora.

Esta señora, de nacionalidad armenia, había fallecido y su hija, de nacionalidad irlandesa y que vive en Irlanda, había aceptado la herencia, pero en el inventario no constaba la tercera parte indivisa de la finca. La función de ClinHab en este caso, visto que la entidad financiera estaba dispuesta a aceptar la dación en pago, consistió en ayudar a los usuarios a resolver el problema de la cotitularidad y, con ella, el necesario consentimiento de la tercera parte indivisa. Esto comportó explicar primero el principio conforme al cual la aceptación de la herencia, que se había sujetado al derecho español (esta cuestión no se ponía en tela de juicio), no se puede realizar de modo parcial, de forma que la hija de la cotitular había sucedido a su madre en la propiedad y en el préstamo hipotecario. Finalmente, se consiguió que la hija otorgase poderes, debidamente apostillados, ante un *notary public* irlandés (no había opción de poder consular) para adicionar el inventario, practicar la correspondiente inscripción en el Registro de la Propiedad y posteriormente transferir la finca a la entidad financiera en pago de la deuda. Los usuarios ahora viven de alquiler, pagando una renta que pueden asumir.

Estos casos que presentan elementos de extranjería son habituales. Recientemente, ClinHab está procurando ayudar a regularizar una sucesión conforme a un derecho (consuetudinario) africano, en un supuesto en que se produjo un fratricidio entre los cotitulares de la vivienda, y también sucesiones de ciudadanos marroquíes e iraquíes. El problema radica en todos estos casos en solucionar la cuestión de la titularidad con carácter previo a la novación (o dación en pago) de préstamos inasumibles en las condiciones actuales.

Por otro lado, también tratamos un buen número de casos de separaciones de parejas, que se complican en esta situación de devaluación de los inmuebles y de dificultades para seguir manteniendo los préstamos al corriente.

En múltiples ocasiones, el problema de hacer frente a los préstamos hipotecarios o a la renta de un alquiler trae consigo un conflicto interpersonal; la mediación puede ser un mecanismo adecuado para desencallar la situación.

Así, por ejemplo, podemos dar cuenta de un caso de mediación relativa a un contrato de arrendamiento. La consulta la formula la heredera de un arrendador, en calidad de nuda propietaria, siendo la usufructuaria su madre —y esposa del causante— que tiene un alto grado de discapacidad. Pese a que la arrendataria había vivido durante años en el piso, el contrato celebrado por el causante era un arrendamiento que se calificaba de temporada y se sujetaba al Código civil, e incluía algunas cláusulas que podríamos calificar, cuanto de menos, de atípicas, como una en la que se contemplaba la posibilidad de que el arrendador tuviera una habitación a su disposición, u otra en la que se previó una indemnización para el caso de que la arrendataria tuviera que dejar la vivienda a instancias del arrendador. Además, la arrendataria llevaba más de un año sin pagar la renta. Ante esta situación, la nuda propietaria, que estaba en paro y tenía dificultades económicas, contactó con la Clínica a los efectos de conocer de qué modo podía resolver la situación. Tras la reunión oportuna y con la documentación pertinente (contrato de alquiler, recibos de suministros, etc.), se concluyó que el caso podría gestionarse positivamente a través del procedimiento de mediación.

Una vez contactamos con el mediador, se llevaron a cabo cuatro sesiones entre individuales y conjuntas, durante las cuales se averiguaron los intereses de cada una de las partes, se aproximaron posiciones y se llegó a un acuerdo que consistió en que la arrendataria se comprometía a dejar la vivienda objeto del arrendamiento y la nuda propietaria se comprometió a entregarle una suma de dinero, de cuantía inferior a la fijada en el contrato. Este acuerdo permitió que la relación jurídica arrendaticia terminara de forma satisfactoria para los intereses de ambas partes.

También se ha intentado la mediación en casos más extremos, debido a la situación personal de los implicados. La cotitular de tres inmuebles, hipotecados en garantía de préstamos de cuantía elevada, remite su consulta a la Clínica. Está divorciada, tiene a su cargo los dos hijos del matrimonio, ambos menores de edad. Su exmarido, con una orden de alejamiento por violencia doméstica, no contribuye al pago de la cuota hipotecaria ni tampoco al pago de los alimentos que fijó la sentencia de divorcio, actualmente recurrida por él. Dos de sus inmuebles están en proceso de ejecución y la entidad bancaria se aviene a una dación en pago del tercer inmueble, vivienda habitual de la usuaria y sus dos hijos. Para ello, es necesario el acuerdo de los dos cotitulares. A los efectos de que puedan alcanzar una solución satisfactoria para todos, en particular para los menores de edad, se inicia un proceso de inter/mediación que, en las dos sesiones individuales con ambas partes, parece que puede surtir efecto ante la inicial predisposición del exmarido a hacer lo necesario para sus hijos. Sin embargo, en una ulterior sesión para concretar las medidas, se niega a acceder a firmar cualquier documento relativo a la vivienda.

La mediación, en este caso, no produjo los resultados esperados, pero aun así valía la pena intentarlo. Los procesos judiciales han seguido su curso. Los dos inmuebles que no constituyen vivienda habitual han sido adjudicados a la entidad financiera. Respecto del tercer préstamo, garantizado con hipoteca sobre la vivienda habitual, la entidad financiera ha iniciado un procedimiento de ejecución ordinaria: nuestra usuaria entraba dentro de los parámetros del RDL 27/2012 para la moratoria de lanzamiento, que no rige para las ejecuciones ordinarias. La sospecha de fraude de ley es clara. La Clínica está en contacto con varios de los siete abogados de turno de oficio que tiene asignada nuestra usuaria y con su trabajadora social, para acompañarla en esta difícil andadura.

Conclusiones

La Clínica Jurídica en Derecho Inmobiliario y Mediación Residencial cumple una doble función: formación de los alumnos, información a los ciudadanos. Presenta, por una parte, una finalidad formativa de los alumnos matriculados que tienen contacto directo con casos reales a raíz de las consultas que los ciudadanos formulan a través del aplicativo que está a su disposición en la web de la Clínica (www.clinhab.com). El análisis de la consulta, la petición de la documentación necesaria, el estudio de la legislación y la jurisprudencia que son de aplicación al caso, la discusión en las sesiones conjuntas de cada lunes con todos los alumnos, profesores y colaboradores a los efectos de poner en común las ideas, la elaboración de la respuesta con su multiplicidad de aspectos, desde civiles, a registrales, fiscales, penales, etc., según sea el caso, propician la preparación del alumno para la que podrá ser la práctica de la profesión de abogado. Igualmente, permite a los estudiantes desarrollar su vocación de servicio a la sociedad.

Por otra parte, el servicio de consultas ofrece a los ciudadanos la posibilidad de contar con información jurídica sobre las cuestiones que se les plantean en materia de vivienda. Las personas que desempeñan su función en la Clínica son alumnos, profesores y colaboradores, expertos en distintas materias, que trabajan conjunta y colaborativamente para ofrecer al usuario la información que le pueda ser de utilidad ante la duda que su contrato de arrendamiento o su préstamo con garantía hipotecaria le puede plantear.

Además, si el conflicto es interpersonal, la Clínica ofrece también información sobre el proceso de mediación, como un método positivo de gestión de los conflictos encaminado a que sean las partes las que puedan alcanzar un acuerdo que llegue a satisfacer los intereses de todas ellas, con la asistencia de una tercera persona, el mediador, que propicia el diálogo y la comunicación.

La Clínica no es producto de la crisis económica y social actual, y confiamos en que sobreviva a ella, contribuyendo a hacer de la universidad pública un punto de referencia neutral para las personas, pero no podemos desestimar la labor que están haciendo nuestros alumnos y colaboradores en una época como la que nos toca vivir.

1.5.2. Clínicas jurídicas iberoamericanas: retos para el siglo XXI*

Beatriz Londoño**
Sebastián Senior***
Jaime León Durán****
Mónica Avella*****

La educación legal es complemento y desafío con respecto a los métodos de enseñanza jurídicos tradicionales: la Clínica es un excelente complemento de la formación que desafiará a los cursos positivistas y formalistas y limitará sus excesos.
Mariela Puga

* Este artículo es resultado de la investigación "Litigio estratégico en derechos colectivos y su ejercicio a través de las Clínicas Jurídicas en Iberoamérica. Estudios de caso en México, Argentina, Colombia y España. 1992-2012", desarrollada por Beatriz Londoño Toro como investigación resultado de año sabático, financiada por la Universidad del Rosario. Duración: un año (noviembre del 2012 - noviembre de 2013).

** Abogado de la Facultad de Jurisprudencia de la Universidad del Rosario, Bogotá (Colombia). Supervisor del Grupo de Acciones Públicas (GAP) de la mencionada institución. Autor de diferentes artículos en Derechos Humanos. Becario de la Maestría en Derecho de la Universidad del Rosario. Correo electrónico: sebastian.seniors@urosario.edu.co.

*** Abogada de la Universidad Pontificia Bolivariana, Medellín (Colombia). Profesora titular de la Facultad de Jurisprudencia de la Universidad del Rosario, Bogotá (Colombia). Directora del Grupo de Investigación en Derechos Humanos y de la Clínica Jurídica GAP de la Universidad del Rosario. Investigadora con doctorado en Derecho de la Universidad Complutense de Madrid y especialización en Derecho Constitucional y Ciencia Política del Centro de Estudios Constitucionales de Madrid.

**** Abogado de la Facultad de Jurisprudencia de la Universidad del Rosario, Bogotá (Colombia). Desarrolla estudios de posgrado en Derecho Comercial en dicha institución. Periodista en proceso de grado, también en la Universidad del Rosario. Correo electrónico: leon.jaime@urosario.edu.co.

***** Estudiante de séptimo semestre de la Facultad de Jurisprudencia de la Universidad del Rosario, Bogotá (Colombia). Correo electrónico: avella.monica@urosario.edu.co.

Introducción: retos de la educación legal clínica en Iberoamérica

Las clínicas jurídicas han sido definidas como espacios de formación donde se prioriza el estudio, la investigación y el análisis de casos reales, con una "mentalidad jurídica abierta, crítica e imaginativa" (Arcos, 2000, p. 183). La labor de los estudiantes se realiza bajo la orientación o supervisión de profesores que promueven una educación en valores y responsabilidad social, además de fortalecer en sus alumnos competencias para la vida profesional y el desempeño en la sociedad: "Lo característico de las clínicas, es que lo que allí se enseña, lo que se transmite, es un saber compartido y recreado en la experiencia colectiva de trabajo" (Baladrón, 2013, p. 53).

Es por ello que existen experiencias que resultan de vital importancia para el buen desarrollo de una clínica. Entre estas se encuentran las siguientes:

- Los estudiantes se enfrenten a problemas y situaciones como las que viven los abogados y juristas en la práctica: "Ellos deben enfrentarse a casos reales, en oposición a las tradicionales y anacrónicas prácticas, que generan abstracciones en el imaginario del estudiante, distantes de la realidad" (Maury, 2010).
- La metodología clínica se orienta a que los estudiantes resuelvan problemas auténticos, bien desde una interpretación, o bien en casos reales con clientes verdaderos. Se exige a los estudiantes que interactúen con estas personas, para facilitar la identificación y solución del problema.
- Los casos elegidos tratan problemas sociales o de interés público, donde los usuarios suelen ser personas de escasos recursos económicos o que se relacionan con situaciones de alto impacto social.
- El estudiante es sometido a un intenso control y evaluación personal, que comienza por el fomento de la autoevaluación.
- La evaluación, el control y la supervisión los llevan a cabo profesores universitarios (Blazquez, 2005, p. 48).

En este sentido, la diferencia central entre el modelo clínico y el de los consultorios jurídicos o servicios legales gratuitos radica en que las clínicas centran su campo de acción en casos de interés público y de alto impacto social, en tanto que los consultorios y dichos servicios asumen el acceso a la justicia en casos individuales. Los dos modelos tienen en común elementos como el fortalecimiento de las prácticas jurídicas, la formación de los estudiantes en responsabilidad social universitaria y la gratuidad.

Como bien concluye Beatriz Londoño: "la pregunta que nos hacemos en el Grupo de Acciones Públicas de la Universidad del Rosario es: ¿Cómo mejorar la forma de abordar el ejercicio del derecho desde la universidad, para que esta contribuya a la gestión de los conflictos de interés público? La necesidad de formar abogados en las destrezas necesarias para contribuir en la solución de los problemas sociales y con ello procurar un cambio en el acceso a la justicia de los grupos menos favorecidos, se estableció la clínica en las facultades de derecho" (Londoño, 2003, p. 23).

Desde estas exigencias y prioridades de la pedagogía jurídica y de la sociedad, es importante analizar si las nuevas propuestas en materia de educación jurídica en Iberoamérica deben reconsiderar y valorar la metodología de educación legal clínica (en adelante, ELC) e incorporar curricularmente a las clínicas como espacios que permitan: 1) el fortalecimiento de competencias específicas en materia de investigación, ejercicio directo del derecho y aprendizaje de valores éticos y ciudadanos; 2) el ejercicio de acciones de alto impacto en materia de extensión y responsabilidad social universitaria, así como la demostración de receptividad por las preocupaciones públicas (Blazquez, 2005); 3) integración y complementación de las clínicas con los consultorios jurídicos o servicios de asistencia legal en los programas de derecho.

Este ejercicio de análisis lo haremos a partir de entender los diferentes modelos clínicos que hoy existen en la región, compaginándolo con el estudio de una serie de encuestas realizadas a profesores y estudiantes de diferentes clínicas jurídicas.

1. Acercamiento a algunos modelos de educación legal clínica en Iberoamérica

Al examinar las clínicas jurídicas que existen en Iberoamérica, encontramos que estas corresponden, según sus actividades, a alguno de los siguientes modelos: 1) *clínicas de litigio estratégico*: las cuales reciben casos reales de alto impacto social y jurídico y los gestionan ante las instancias administrativas o los tribunales nacionales o internacionales, hasta su conclusión; 2) *clínicas con énfasis en competencias pedagógicas* (*street law*): su formación se centra en preparar a los alumnos para realizar actividades pedagógicas (talleres, conferencias, charlas informativas) con comunidades o grupos sociales, orientadas generalmente a temas de interés público; 3) *clínicas con énfasis en competencias investigativas y asesoría jurídica*: estas clínicas reciben casos reales de organizaciones, entidades públicas o privadas, o de particulares, y asignan su estudio, investigación y concepto jurídico a los alumnos, bajo la dirección de uno o varios tutores; 4) clínicas jurídicas en las cuales los tres modelos anteriores se combinan (Puga, 2002).

Igualmente, se pueden clasificar de acuerdo con los temas en los que se desempeñan, donde la mayoría de las clínicas iberoamericanas trabajan en temas de derechos humanos e interés público, pero con una tendencia cada vez mayor a la especialidad en las temáticas que abordan. Así, en los últimos años han surgido clínicas en derecho ambiental, derechos de las personas con discapacidad, salud mental, derechos de los migrantes y violencia de género. Igualmente, se han gestado clínicas que abordan la libertad de expresión e información, el derecho penal internacional, e incluso existe una clínica de derecho privado que trabaja los temas de vivienda digna y acceso al derecho a la vivienda (Coral, 2010).

Asimismo, de acuerdo con los modelos de relacionamiento, varían según los países. En el modelo argentino, por ejemplo, prima el trabajo de universidades y ONG en alianza, y los estudiantes realizan sus prácticas en dichas organizaciones. Existe también el modelo universitario de clínica, donde el liderazgo lo asumen las facultades, y se generan a su vez relaciones con diversos actores sociales e institucionales para realizar su labor de impacto social. En los últimos años, han surgido alianzas entre universidades para crear o fortalecer clínicas jurídicas.[1]

También conviene distinguir entre los ciclos en los cuales se desarrollan las clínicas: 1) *clínicas en el nivel de grado o pregrado*: las integran estudiantes que realizan estudios de derecho; 2) *clínicas en los máster o maestrías*: se incorporan como asignaturas electivas u obligatorias en dicho nivel de

---

[1] Ejemplos de estas alianzas se han dado en Perú, con la financiación del Banco Interamericano de Desarrollo (BID) (doscientos en la Universidad Católica del Perú, en la Universidad de Puno, en la Universidad de Ayacucho y en la Universidad de Arequipa); en Argentina, con el apoyo del Centro de Estudios Legales y Sociales (CELS), para el fortalecimiento de clínicas en el tema de migrantes; y en Colombia en el 2012, con el surgimiento de alianzas regionales universitarias en la Costa Caribe, el Valle del Cauca y Antioquia, financiadas por la United States Agency for International Development (USAID) y lideradas por Higher Education for Development (HED).

formación; 3) *clínicas con alumnos de grado y de posgrado*: en ellas participan estudiantes de ambos niveles de formación.

La prioridad de estos esfuerzos se centra en nuevas propuestas pedagógicas en el campo del derecho, para lograr experiencias de aprendizaje activo, colaborativo y problémico a partir de casos reales. En las clínicas latinoamericanas el litigio estratégico se realiza favorecido por sistemas jurídicos que, como el colombiano, permiten la legitimación procesal de cualquier persona en varias acciones constitucionales.

2. Percepción de los docentes clínicos sobre los avances, retos y dificultades de la educación clínica en Iberoamérica

En esta sección presentamos extractos de entrevistas en profundidad realizadas a docentes clínicos en Argentina, Chile, México, España, Perú y Colombia entre octubre del 2012 y septiembre del 2013. Los diálogos pretenden ser una activa contribución al estudio comparado de las clínicas jurídicas de Iberoamérica, buscando conocer las fortalezas, dificultades y aspectos que mejorar en el funcionamiento de estas, además de su concepto y práctica del litigio estratégico. A continuación, destacamos algunos de los aportes de los docentes clínicos entrevistados.

2.1. Importancia de la educación legal clínica

En Iberoamérica, el impulso vital para la ELC ha surgido de los profesores y de los investigadores. Se trata en muchos de los casos de un compromiso personal con los derechos humanos, que luego trasciende a la institucionalidad y es respaldado en mayor o menor medida por las universidades. Este compromiso no surge de la nada, sino que es una respuesta y modificación a la enseñanza de ese derecho clásico que de alguna forma invisibilizaba la realidad social y creaba una exclusión social, y que en la actualidad apuesta por una formación en valores democráticos y convicciones éticas del estudiante (Gonzales Mantilla, 2003).

La motivación central de tal cambio se enmarca en realizar labores de interés público. Como afirma Morales (2012): "Las Clínicas implican un proyecto académico y un proyecto de investigación", con un importante impacto social. Para Grández (2013), "[...] la Universidad es la institución llamada a dedicarse a estos temas", prioridad que en algunos países se fortalece con las alianzas con ONG y otras entidades.

En relación con los orígenes de las clínicas y el compromiso de sus gestores, el profesor Felipe González (2013) relata: "Había un grupo de profesores jóvenes; venían del mundo de derechos humanos y pensaron darle un giro importante al asunto. Varios habían estudiado en Estados Unidos, en particular yo había hecho un postgrado en American University. Decidimos echar a andar esto [...]. La creación de la clínica era un elemento importante para potenciar, sin perder el horizonte teórico que ya existía".

Para el profesor Madrid (2013), "Las clínicas deben ser proyectos institucionales. Tienen que ver con el modelo de facultad que se quiere. Las clínicas son grupos de trabajo de estudiantes y profesores. Se potencia calidad de prácticas, servicio a la comunidad, transferencia de conocimiento e investigación. Esto lo hace un proyecto de la facultad. La clínica ha de dar respuesta a necesidades actuales. No es una respuesta personal sino un modelo de facultad y de universidad".

La evolución de las clínicas ha permitido el surgimiento de nuevos retos académicos y sociales. Se debe reseñar, por ejemplo, el significativo caso de las clínicas de migrantes en Chile y Argentina: "La nueva clínica fue una confluencia de esfuerzos: 1) de las ONG, permitiendo el espacio físico y apoyo logístico para el trabajo; 2) el CELS, abriendo el tema de migrantes y refugiados; 3) la universidad, que a través de los convenios, facilitó a los estudiantes la práctica en esta clínica; y 4) la gente, que respondió a este esfuerzo y llegó a la clínica" (Asa, 2012).

Esos nuevos retos confluyen, de manera recíproca y combinada, en los estudiantes y profesores de la clínica. Como lo afirma Rejón (2013): "Dentro de las Clínicas los roles del profesor y el estudiante se redimensionan y cambian, en relación al contexto de la enseñanza tradicional, ya que el profesor se desempeña como un supervisor de un estudiante reflexivo, analítico, que es el encargado de elaborar la teoría del caso bajo la inspección y orientación de su profesor" (p. 15).

La forma como se están trabajando estos retos, las respuestas disimiles a lo largo y ancho de la región, así como el cuestionamiento constante de los modelos pedagógicos e investigativos, constituyen en sí mismos una muestra de cómo la ELC ha cambiado la formas de la enseñanza en los profesores y estudiantes, no solo a partir del modelo pedagógico, sino también abordando nuevas temáticas de la enseñanza del derecho.

2.2. En el surgimiento de nuevas clínicas se observan logros significativos

En el caso de la Clínica de Migrantes de la Universidad Diego Portales, lo más importante ha sido "[...] lograr posicionarse como un referente, en materia de atención clínica a inmigrantes y ser reconocida por los otros actores sociales del tema [...]. Es un referente para la comunidad de inmigrantes de Chile" (Olea, 2013). De igual forma, el reconocimiento institucional es un avance que destacan los profesores: "Lo más importante ha sido la estabilidad y el reconocimiento. Existe una ubicación, reconocimiento externo, difusión, un grupo de trabajo. La Clínica es conocida por los estudiantes y por las organizaciones sociales que buscan sus servicios" (García Añón, 2013).

La incidencia o impacto público de las clínicas iberoamericanas, además del litigio en tribunales, se observan en varios aspectos, a saber: 1) producción de informes de derechos humanos; 2) *amicus curiae* en casos de gran interés; 3) transformaciones en la docencia universitaria; 4) incidencia legislativa en el surgimiento de nuevas normas que garanticen los derechos humanos o derechos de grupos de especial protección y; 5) relevo generacional en las universidades, ya que muchas clínicas son verdaderas escuelas de nuevos docentes. A este respecto, Mariela Puga (2012) sostiene: "[...] las Clínicas han sido un semillero de formación de profesores en América Latina. No se ha medido su impacto".

De igual forma, los profesores reconocen la incidencia de las clínicas en el futuro profesional de los estudiantes que participan: "La clínica incide. Es la primera vez que se enfrentan ante supuestos reales. Los casos les exigen entrar en la vida práctica y asumir nuevas responsabilidades" (Galiana Saura, 2013).

El enfoque temático es el que se impone. A este respecto, Diego Morales (2012) considera: "Se puede tener incidencia en clínicas temáticas, pero que hay una gran precariedad institucional. La crisis ha afectado en gran medida a las ONG". Por otra parte, es indudable que hay elementos que garantizan la sostenibilidad de las clínicas en Argentina: "Las clínicas de mayor desarrollo están atadas a organizaciones no gubernamentales como el CELS" (Morales, 2012).

En las clínicas temáticas llama la atención el trabajo que desarrolla la Universidad de Barcelona con el proyecto DRET AL DRET. También se debe destacar el surgimiento de la Clínica Jurídica en Derecho Inmobiliario y

Mediación Residencial, coordinada por profesoras del área de derecho privado, que con un grupo de estudiantes asesoran a personas que han perdido o están en riesgo de perder sus viviendas. Se trata de una respuesta objetiva a uno de los aspectos más evidentes de la crisis que afecta al país: asesorar a las víctimas de un sistema financiero implacable con los más débiles.

2.3. Redes para la transformación

En relación con el trabajo en redes, Asa (2012) estima que "Lo valioso de las redes es profundizar en las experiencias, compartir por ejemplo formas de trabajo, formas de evaluarlo, etc. Se propone hacer algo parecido. Pensar estrategias más articuladas, cosas más compartidas". Otras recomendaciones importantes apuntan a fortalecer el intercambio de docentes, apoyar ejercicios de supervisión, realizar propuestas de trabajo en grupos o interclínicas, para casos complejos, y hacer reuniones temáticas. Igualmente, se considera necesario fortalecer los sitios web que contengan información de apoyo a las clínicas, videoconferencias con los estudiantes de otras clínicas y, en general, fortalecer estrategias de enlace y relacionamiento.

Mariela Puga (2012) afirma que "Esta red (Red Latinoamericana de Clínicas Jurídicas) es parte de la vida de la mayoría de las Clínicas Latinoamericanas. Los momentos más destacados fueron los encuentros de Chile y Tucumán. Sus aportes: i) Conocimiento de las experiencias de otras clínicas, ii) Formación de profesores y estudiantes, iii) Permear el discurso público hacia los derechos humanos, iv) Mirada compleja y sistémica en los casos, v) Incidencia en los estudiantes. Los problemas: i) Faltó discusión sobre pedagogía clínica, ii) Faltó definir una agenda prioritaria, iii) Faltó trabajo de incidencia normativa en muchos países".

2.4. ¿Solamente en pregrado?

Por último, existen experiencias de clínicas legales en maestría, las cuales también es importante conocer y multiplicar en Iberoamérica. De ello son ejemplos importantes los trabajos de las universidades de Palermo, en Argentina, y Carlos III, Valencia, Barcelona y Tarragona en España. Sobre la importancia del trabajo con estudiantes de posgrado, Juan Picolotti (2012) sostiene que en los casos de litigio ambiental que lleva a cabo el Center for Human Rights and Environment (CEDHA), "[...] en esta nueva fase, lo ideal sería trabajar con alumnos avanzados, ojalá de postgrado, así la dinámica sería mayor. La dinámica de los casos cada vez exige mayor profesionalismo" (Picolotti, 2012).

2.5. Los problemas

Para lograr la sostenibilidad de las clínicas, son numerosos los obstáculos que han debido superar quienes lideran estos ejercicios en las universidades: "Las problemáticas a las que han tenido que enfrentarse son: la poca reacción por parte de los tribunales —ya que el trabajo realizado no se perfila como generador de jurisprudencia—, los costos, el exceso de alumnos, la manipulación de la información por parte de los medios de comunicación —en casos de interés público—, y sobre todo, luchar constantemente en el cambio de paradigmas sobre cómo enseñar derecho y sobre cómo ejercer la profesión" (González Morales, 2013).

Algunas situaciones han debilitado o hecho desaparecer clínicas jurídicas en países como México o Argentina, debido a "[...] la reticencia desde las Universidades a establecer clínicas de derechos humanos, por las cuestiones políticas e ideológicas que temen enfrentar" (Rodríguez, 2013). En México, "El litigio de interés público se ha realizado por organizaciones de la sociedad civil, aunque tampoco hay mucho" (Rodríguez, 2013). Las pocas clínicas que sobreviven en dicho país han optado por no tener mucha visibilidad.

En algunos países ha sido difícil el inicio de las clínicas, y los obstáculos internos en las universidades han impedido su desarrollo: "En España sólo hay Clínicas en cuatro universidades (Carlos III, Valencia, Barcelona y Tarragona) y no es muy reconocida aún la ELC. Ha sido una lucha con los decanos y los profesores, porque ellos consideran que la práctica jurídica en Clínicas o de cualquier otra forma no tiene valor" (Barranco, 2013).

En los casos de Argentina y España se ha tenido que asumir un problema grave: "El Asesoramiento gratuito es considerado ilegal por los Colegios de Abogados. En Córdoba, son 10 años sin acceso a la justicia" (Puga, 2012).

2.6. Recomendaciones finales de los docentes clínicos

El profesor González (2013) considera que "[...] se debe fortalecer la inserción del trabajo de las clínicas con la facultad de Derecho, que deben aumentar el presupuesto para el trabajo a desarrollar, tener menos alumnos, luchar contra el sesgo práctico desde la misma academia sobre lo que se hace en las clínicas, y lograr más visibilidad en los medios de comunicación de las clínicas como actores sociales".

La gran inquietud, por el reconocimiento de las clínicas, se orienta a que estas sean una práctica con valor académico: "Están tratando que la Universidad reconozca la Clínica jurídica como una forma de hacer práctica con dedicación de tiempo completo" (Grández, 2013).

Asimismo, "Es muy importante evaluar adecuadamente las necesidades y defender mucho requerimientos básicos, en términos de espacio y condiciones idóneas para trabajar. Si queremos simular el espacio práctico, tiene que haber lugar para trabajar" (Olea, 2013). Adicionalmente, "[...] Las clínicas son un muy buen termómetro sobre la calidad de la formación que están recibiendo los alumnos en las facultades" (Olea, 2013).

De igual forma, los docentes clínicos requieren apoyo para la elaboración de documentos, guías y formatos, así como para el acceso a materiales y el diseño de las páginas web de las clínicas. Se observa "[...] la importancia de apoyarse en las nuevas tecnologías, páginas Web, apoyo internacional. El trabajo mediático es fundamental" (Puga, 2012).

Los docentes consideran que un concepto medular del trabajo clínico en Iberoamérica ha sido el litigio estratégico. A este respecto Diego Morales (2012) sostiene que "Los cambios estructurales no se logran con acciones. Se precisa del acompañamiento de las organizaciones y es necesario entender, reflexionar e investigar".

3. Percepción de los estudiantes sobre la educación legal clínica

En un intento por acercarnos a quienes integran las clínicas, se desarrolló una encuesta (ver anexo 1, ficha técnica), dirigida a los estudiantes, para conocer su percepción acerca del funcionamiento y los elementos clave para el desarrollo de las tareas propias de una clínica legal.

El estudio preguntó acerca de dos ejes temáticos: realidad y percepción actual, y sobre proyección y objetivos futuros. Con relación a la primera dimensión, se preguntó a los estudiantes por: condiciones del funcionamiento de la clínica a la que pertenecieron o pertenecen, actividades que desarrollan o desarrollaron y su experiencia práctica. Con relación al futuro y la proyección, se les cuestionó sobre la naturaleza académica deseable de las clínicas, las cualidades anheladas en los profesores de estas, las características esperadas en los estudiantes para participar de ellas, así como acerca de las temáticas importantes para las clínicas y las competencias que estas pueden fortalecer en los estudiantes.

3.1. El "ahora"

La percepción de las clínicas es bastante favorable. Existe claridad y cumplimiento en la mayoría de sus elementos determinantes. Asimismo, hay un consenso general con relación a las actividades que de manera principal se desarrollan. Por último, también es posible extraer una valoración positiva del papel que cumple la clínica entre los estudiantes que participan o participaron en ella.

Pasando al detalle, y según la encuesta, el 65% de los estudiantes consideró que su tránsito por la clínica fue una buena experiencia, con aspectos novedosos y diferentes a las demás asignaturas. Adicionalmente, el 26,7% consideró que su experiencia en la clínica fue determinante a la hora de decidir su futuro laboral, lo que corrobora el impacto positivo de las clínicas

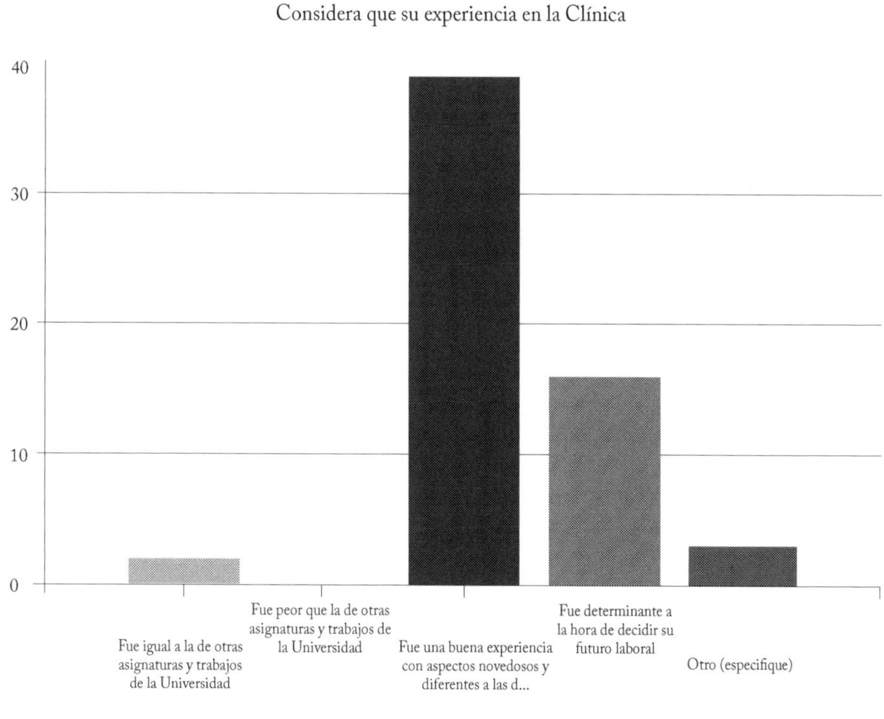

Figura 1. La experiencia en el paso por la clínica jurídica

Fuente: elaboración propia

en los estudiantes que participan en ellas. Según lo expuesto, podemos válidamente aseverar que, como bien lo menciona Mariela Puga (2011), "Casi no hay estudiantes que se resistan a participar de las actividades clínicas. Y una vez que el hambre clínico se les despierta, son los principales promotores de esta educación".

Con respecto a las actividades, los estudiantes ven la atención a casos de alto impacto o litigio estratégico como la principal actividad desarrollada por las clínicas a las que pertenecieron o pertenecen (80,3%). Muy de cerca, los estudiantes destacan las tareas de investigación (77%) y la participación en charlas y/o conferencias (75,4%). Por último, pero significativamente por encima de las actividades restantes, también contemplaron la atención a casos individuales (62,3%).

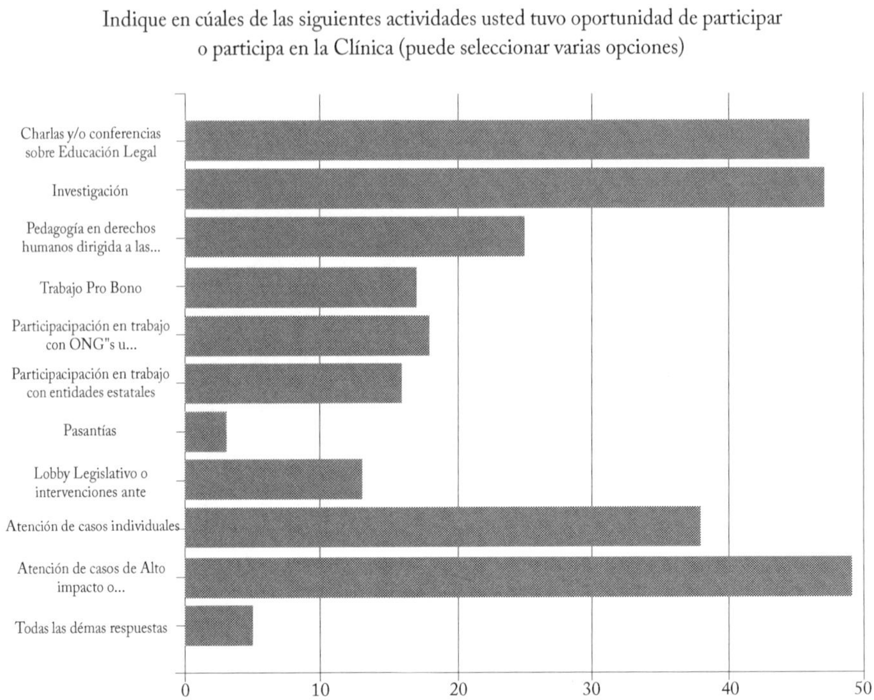

Figura 2. Actividades dentro de la clínica

Fuente: elaboración propia

Con relación a los elementos de las clínicas, los estudiantes observaron en su totalidad que en estas se trabajaron casos reales, donde se buscaba una solución, y casos de impacto o emblemáticos. Posteriormente, destacaron la participación de estudiantes y profesores (96,7%) y la pertenencia a redes (88,5%).

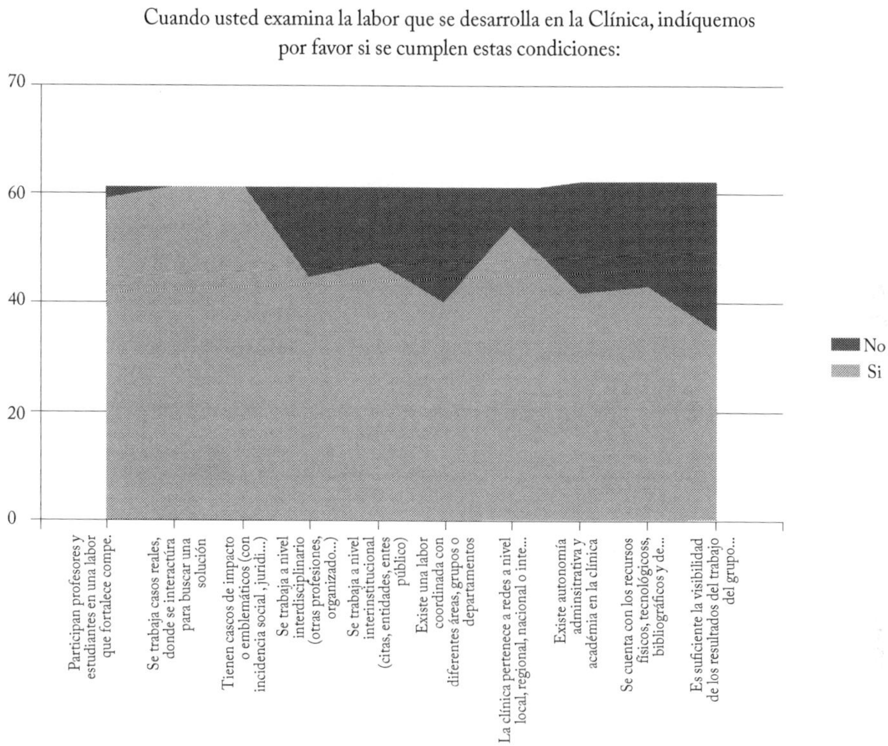

Figura 3. Condiciones para el desarrollo de trabajo dentro de la clínica jurídica

Fuente: elaboración propia

Los anteriores resultados permiten insistir en la calificación positiva de los estudiantes con relación a su participación en las clínicas, dada su experiencia actual o pasada en ellas. Asimismo, debemos destacar el valor que los educandos conceden a su aprendizaje y a sus experiencias, las cuales ligan significativamente a actividades de litigio estratégico y casos individuales, vinculadas a la investigación y al estudio de los casos en las dinámicas propias de las clínicas.

3.2. El "mañana"

En relación con la proyección de las clínicas, los estudiantes respondieron cinco interrogantes que buscaban identificar fortalezas y debilidades en las clínicas de Iberoamérica, en aras del mejoramiento de estas.

Al examinar las aptitudes que se pueden fortalecer a través del ejercicio clínico, los estudiantes demostraron un gran interés por la responsabilidad social, con una valoración media de 4,56. Muy de cerca ubicaron la comprensión de problemas (4,49) y la capacidad para la investigación (4,43).

Indiquen en cuáles de las siguientes competencias, considera que la Educación Legal Clínica puede fortalecer aptitudes de los estudiantes (por favor, califique de mayor a menor importancia de 1 a 5, donde 5 es el mayor puntaje):

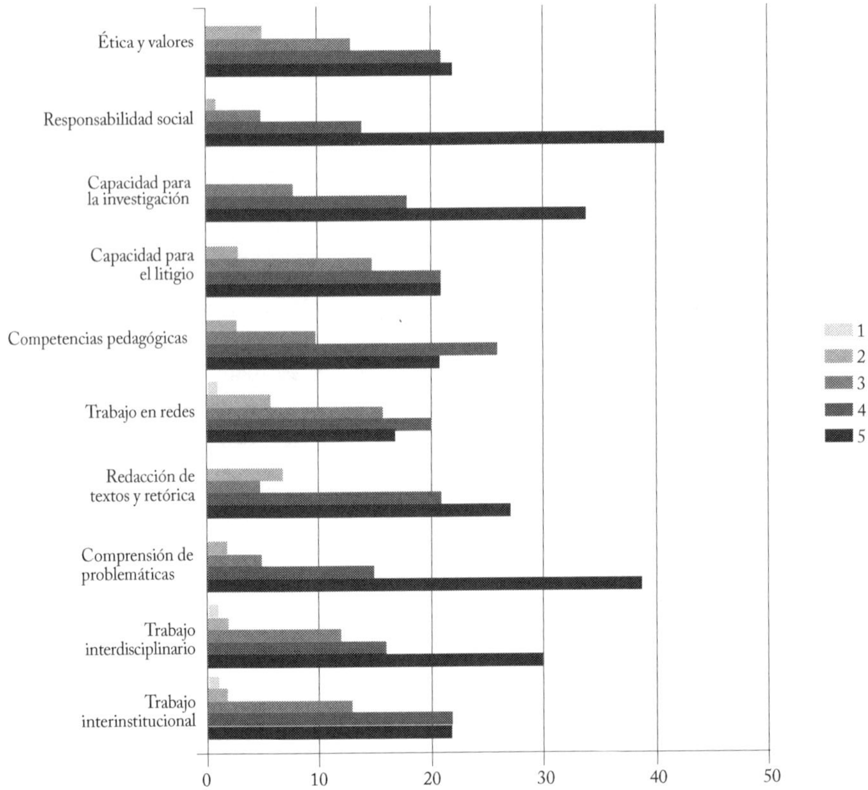

Figura 4. Competencias o aptitudes que fortalecen las personas en la clínica jurídica

Fuente: elaboración propia

Los estudiantes también identificaron las características que consideran pertinentes para participar en las clínicas. En este sentido, indicaron que el elemento más importante era el compromiso con el grupo y las labores asignadas, con una media de 4,82. Cerca se encuentran el gusto y/o afinidad con las temáticas tratadas (4,61) y la capacidad de trabajo en grupo (4,56).

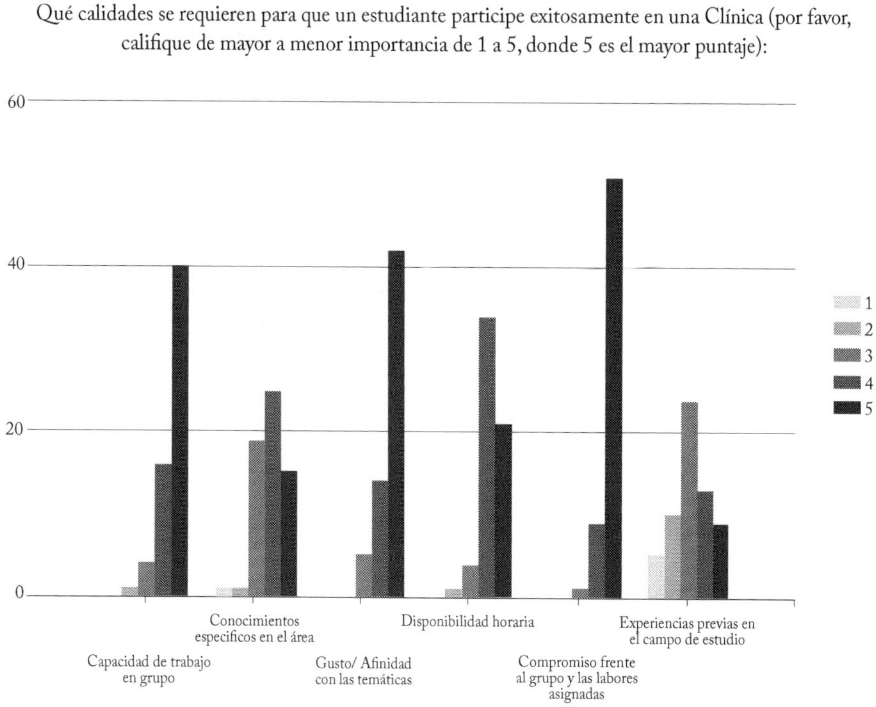

Figura 5. Capacidades que debe tener estudiante para el trabajo exitoso dentro de la clínica

Fuente: elaboración propia

Los estudiantes también se refirieron al papel de sus profesores con relación a las características deseables para quienes apoyan o sustentan las labores de las clínicas. A este respecto señalaron que el elemento más importante es el compromiso con el trabajo y sus estudiantes, con una media de 4,89 puntos. A ello le sigue la facilidad para el trabajo en grupo y el seguimiento de metodologías claras (4,77) y la experiencia académica (4,53).

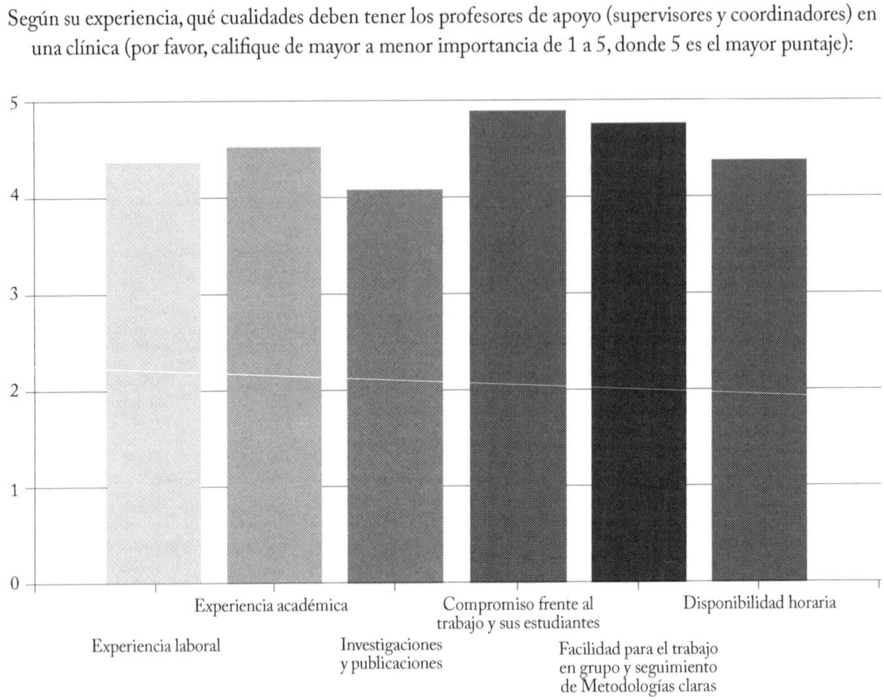

Figura 6. Cualidades de los profesores en las clínicas jurídicas

Fuente: elaboración propia

Asimismo, los estudiantes se refirieron a las áreas que consideraron más importantes para ser abordadas y/o desarrolladas en el interior de las clínicas. A este respecto mencionaron temas relativos a derechos sociales, pobreza y exclusión, con una media de 4,58. Muy de cerca se encuentran los temas de género y violencia contra las mujeres (4,46) y el medio ambiente (4,42).

Por último, los estudiantes se manifestaron con respecto a la naturaleza que debían tener las clínicas jurídicas. Acerca de ello, más de la mitad (52,5%) indicaron que las clínicas deberían ser prácticas voluntarias, jurídicas o de investigación, en el interior del programa de derecho. Asimismo, consideraron que las clínicas podrían ser asignatura electiva dentro del pregrado (23%) y también que fueran una asignatura obligatoria (13,1%).

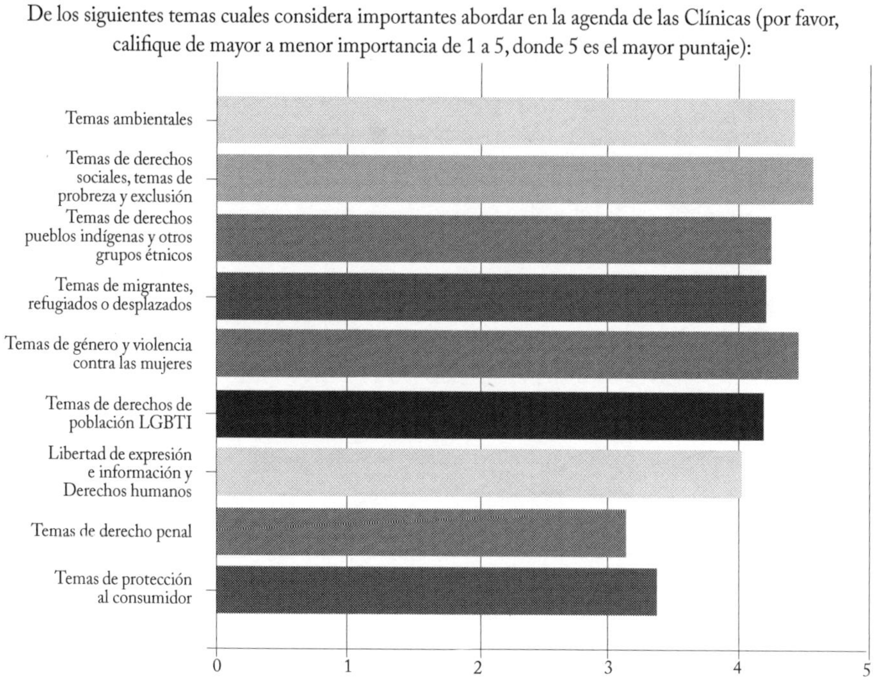

Figura 7. Temas de trabajo dentro de las clínicas jurídicas

Fuente: elaboración propia

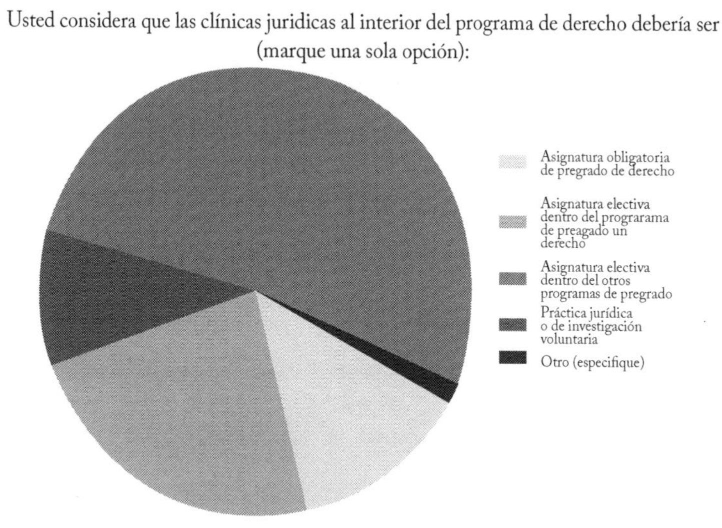

Figura 8. Valor académico del trabajo clínico dentro de los programas de derecho

Fuente: elaboración propia

Al observar los resultados de esta segunda parte, se encuentran algunos elementos determinantes. Por una parte, es claro que para más de la mitad de los estudiantes las clínicas deberían ser una opción de práctica jurídica o voluntaria. De la misma manera, se observa una gran sensibilidad social por parte de los estudiantes, destacándose su preocupación por problemáticas como los derechos sociales, la pobreza y la exclusión, lo que se une con su percepción de que en las clínicas uno de los elementos más importantes es la responsabilidad social.

Por otra parte, los encuestados indicaron que el compromiso es una de las características fundamentales para el funcionamiento de las clínicas, tanto de parte de los alumnos como de parte de los profesores, en donde tienen a su vez una gran importancia las temáticas que se ofrecen y abordan en las clínicas.

Recomendaciones finales

Dedicación y responsabilidad de los estudiantes. Los estudiantes consideran que ellos mismos tienen un papel primordial en el impulso y renovación de la ELC.: "[...] es fundamental que el estudiante perteneciente a la clínica esté entregado a la labor social, al empeño de investigar y de ayudar a solucionar las problemáticas surgidas".

El papel de los docentes clínicos tiene que ver con el fortalecimiento de esa responsabilidad social y ética en relación con su profesión e "incentivarlos a investigar para fortalecer su conocimiento". Asimismo, tener en cuenta los intereses sociales y la dedicación que los estudiantes pueden poner en el trabajo clínico, deben sin lugar a dudas convertirse en aspectos transversales a la hora de seleccionar a los aspirantes a hacer parte de la clínica.

Ajustes curriculares. Los estudiantes hicieron muchas recomendaciones a este respecto. En el caso colombiano, estiman que "La Clínica Jurídica se podría realizar al tiempo con el Consultorio Jurídico, así existiría una mayor coordinación entre las prácticas".

Consideran que las universidades deben ofrecer "Capacitación permanente y voluntad institucional para insertar los procesos de enseñanza clínica en el currículo de los programas de Derecho. Que la labor social se refleje en la formación de los nuevos abogados".

El tiempo del trabajo conjunto —entre docentes y estudiantes— es el mayor valor de la clínica, y así lo expresa un estudiante: "Estar en la Clínica fue la mejor experiencia que tuve en la universidad. Sin embargo, considero importante que los que hacen parte de las clínicas cuenten con más tiempo, debido a que no es posible con los casos en el consultorio, preparatorios y exámenes estar en un 100% con la comunidad".

En síntesis, los estudiantes reclaman "Mayor voluntad política de las directivas de universidades, mayor interacción de las áreas, mayor difusión, mayor constancia".

"Sería recomendable incluir una asignatura sobre el trabajo legal clínico en el programa de derecho, con la finalidad de que los estudiantes se familiaricen con el tema antes de que lleguen a últimos semestres. Es importante además, que la clínica sea un espacio para que los estudiantes aprendan de otras disciplinas. Por ello, se podrían dictar charlas o conferencias con invitados que se desempeñen en otras áreas del conocimiento, diferentes al derecho, como por ejemplo sociología, antropología, ciencias políticas, entre otras".

En relación con la valoración de las clínicas, los estudiantes consideran que es necesario "Que tenga valoración cuantitativa y créditos. Que se pueda hacer por más de un año". Finalmente, también piensan que esta experiencia puede ser abierta y electiva para todos los estudiantes de las facultades de derecho.

Responsabilidad social. En la encuesta, los estudiantes recomiendan que las clínicas "[...] en realidad se enfoquen en trabajo social a la población más vulnerable del país, en sitios donde la capacidad de acceso a un defensor son prácticamente nulas, y donde en realidad se ven casos de interés general". De igual forma, se deben "Articular los trabajos en las clínicas en torno a las principales problemáticas del país" y hacer una reflexión profunda sobre el significado del "litigio de alto impacto y la forma de realizarlo".

Aportes en investigación. Con la ELC, una de las competencias que más se fortalecen es la investigación. Sobre ella, los estudiantes afirman: "[...] un aspecto fundamental para las clínicas, si pretenden tener un enfoque investigativo, es que los estudiantes al final de su paso por la clínicas tengan muy claro la metodología de la investigación desde un enfoque cuantitativo, cualitativo y mixto. En especial sobre el proceso de investigación en cada enfoque (planteamiento del problema, formulación de la hipótesis, diseño de la investigación, recolección y análisis de datos, etc.). Desde mi experiencia esto no sucede, si bien se trabajan algunos aspectos es necesario que esto se convierta en un verdadero plus del paso por las clínicas y semilleros de la investigación. Para lograr lo anterior no es solo necesario fortalecer la bibliografía de consultas, sino una mayor socialización de la misma, lo cual implica mayor disponibilidad y acompañamiento de docentes capacitados en la materia y mayor reconocimiento al interior de las universidades al trabajo que se realiza".

Conclusiones

Al mirar hacia atrás, se observan diversos retos para el fortalecimiento y avance de la ELC en Iberoamérica. Hay unas exigencias claras, documentadas y apoyadas en la experiencia, para el establecimiento y buen funcionamiento de la ELC.

Además, se pueden identificar unos retos que, de acuerdo con los estudiantes y profesores, deben ser asumidos: en primer lugar, se precisa fortalecer el debate y la investigación para generar unos lineamientos claros sobre la relación del trabajo clínico con el área de responsabilidad social y de extensión de las universidades. De igual forma, se requieren mayores esfuerzos para lograr una verdadera incidencia curricular de la ELC y la valoración académica de su trabajo. En tercer lugar, las clínicas deben ser el fruto de una decisión seria, responsable y con recursos suficientes desde el punto de vista académico y económico, garantizando su sostenibilidad en el interior de las facultades de derecho.

En relación con la exigencia de fortalecimiento en la internacionalización de los programas de derecho, las clínicas aportan todo un movimiento global: hay clínicas en todos los continentes y redes que las unifican en sus objetivos misionales. La gestión de casos, las asesorías y el litigio estratégico exigen tener aliados a nivel nacional e internacional.

Las redes de ELC han crecido en el mundo. Hoy son espacios de intercambio de información, reflexión, aprendizaje y apoyo académico, así como referentes en el litigio estratégico. El de las universidades es participar activamente en las redes y permitir que sus estudiantes y profesores se beneficien de estos intercambios, brindando y financiando las condiciones para una activa participación en su interior.

A partir de esta experiencia, se ha planteado, desde el trabajo realizado en la Universidad del Rosario, "el diseño de una trilogía para la protección del interés público y social" (Torres Villarreal, 2013, p. 1), que consiste en hacer uso de las herramientas que nacen desde la ELC, el trabajo probono y el litigio estratégico, para garantizar un mayor impacto por parte de las clínicas jurídicas. Este impacto se verá reflejado en nuevas experiencias y aprendizajes para estudiantes y profesores, un cambio ético en la formación del profesional del derecho, así como una mayor eficacia con respecto a las acciones que se realicen en favor de las comunidades.

Bibliografía

Arcos, F. (2000). *La seguridad jurídica: una teoría formal.* Madrid: Dykinson.

Asa, P. (6 de diciembre del 2012). *Clínica de migrantes y refugiados Caref-CELS.* (B. Londoño, entrevistador).

Baladrón, M. C. (2013). *Clínica jurídica*. Buenos Aires: CELS.

Barranco, M. D. (17 de junio del 2013). *Clínicas jurídicas en España* (B. Londoño, entrevistador).

Blazquez, M. (2005-2006). Apuntes acerca de la educación jurídica clínica. *Universitas Revist de Filosofía, Derecho y Política*, (3), 43-60.

Coral, A. E. (2010). El concepto de litigio estratégico en América Latina: 1990-2010. *Vniversitas* (Bogotá, Colombia), 49-76. Recuperado de http://redalyc.uaemex.mx/src/inicio/ArtPdfRed.jsp?iCve=82518988003.

Galiana Saura, A. (7 de julio del 2013). *Clínica ambiental en la Universidad de Tarragona* (B. Londoño, entrevistador).

García Añón, M. (25 de junio del 2013). *Clínicas jurídicas en España* (B. Londoño, entrevistador).

González Morales, F. (15 de febrero del 2013). *Litigio estratégico y clínicas jurídicas en Chile* (V. Solano, entrevistador).

Grández, P. (11 de mayo del 2013). *Clínica Jurídica Universidad de San Marcos en el Perú* (M. Barriga, entrevistador).

Londoño, B. (2003). Las clínicas jurídicas de interés público en Colombia. Retos y posibilidades de una naciente experiencia. En F. González, *Clínicas de interés público y enseñanza del derecho. Argentina, Chile,*

Colombia, México y Perú (pp. 9-47). Santiago de Chile: Facultad de Derecho Universidad Diego Portales.

Madrid, A. (28 de junio del 2013). *Clínicas jurídicas en España* (B. Londoño, entrevistador).

Mantilla, G. G. (2003). La enseñanza del derecho en el Perú: cambios, resistencias y continuidades. En F. González, *Clínicas de interés público y enseñanza del derecho. Argentina, Chile, Colombia, México y Perú* (pp. 97-143). Santiago de Chile: Facultad de Derecho Universidad Diego Portales.

Maury, A. (2010). Las clínicas jurídicas y su pertinencia en la formación de abogados. *Justicia*, *1* (18), 74-79.

Morales, D. (7 de diciembre del 2012). *Clínicas jurídicas en Argentina* (B. Londoño, entrevistador).

Olea, H. (15 de marzo del 2013). *Clínica de Migrantes en la Universidad Diego Portales de Chile* (V. Solano, entrevistador).

Picolotti, J. (11 de diciembre del 2012). *Entrevista sobre la Educación Legal Clínica en Argentina y el trabajo de CEDHA*. (B. Londoño, entrevistador).

Puga, M. (2002). Los desafíos de las clínicas jurídicas en Argentina. En F. González, *Litigio y políticas públicas en derechos humanos* (pp. 41-93). Santiago de Chile: Facultad de Derecho Universidad Diego Portales.

Puga, M. (2011). La enseñanza tradicional forma licenciados en derecho, las clínicas jurídicas forman abogados. *Derecho Noticias,* (18).

Puga, M. (13 de diciembre del 2012). *Clínicas jurídicas en Argentina* (B. Londoño, entrevistador).

Rejón, L. (2013). Clínica jurídica. En L. Rejón, *Clínica jurídica: enseñanzas y experiencias* (pp. 11-21). Caracas: Miniprés.

Rodríguez, G. (29 de agosto del 2013). *Clínicas jurídicas en México* (B. Londoño, entrevistador).

Torres Villarreal, M. L. (2013). Educación legal clínica, trabajo ProBono y litigo estratégico: el diseño de una trilogía para la protección del interés público y social. En B. Londoño, *Litigio estratégico en Colombia. Casos paradigmáticos del Grupo de Acciones Públicas* (pp. 1-13). Bogotá: Universidad del Rosario.

Anexo

Encuesta a estudiantes que han pertenecido o pertenecen a clínicas jurídicas o clínicas de interés público	
Marco de referencia	Muestreo desarrollado a nivel regional (Colombia y países de Iberoamérica), partiendo de la participación de estudiantes en eventos a nivel local y regional.
Características de los encuestados	Estudiantes del Programa de Derecho que hayan participado o participen formalmente en el desarrollo y funcionamiento de clínicas legales, en el interior de instituciones de educación profesional formalmente reconocidas.
Muestreo	Encuesta desarrollada de modo virtual, a través del sistema Survey Monkey. Se implementaron tres compiladores: link directo a formulario, invitación específica a encuestado e invitación a participar a través de redes sociales (Facebook).
Propiedades	Fueron resueltos 61 formularios, entre los tres compiladores activos: link (13), invitación (44/85), redes (4).
Fecha de realización	Entre marzo 28 y mayo 28 de 2013.
Autores	Grupo de Investigación en Derechos Humanos - Línea de Investigación en Educación Legal Clínica de la Universidad del Rosario (Bogotá, Colombia).

1.5.3. *Galvis Mujica et al. v. Occidental Petroleum Corp:* La masacre de Santo Domingo, Arauca y el *Alien Tort Statute*

Juan Pablo Calderón Meza*

Introducción

El presente capítulo pretende mostrarles a abogados y estudiantes de derecho que involucrarse en proyectos clínicos y probono es un camino para seguir con los sueños altruistas que los motivaron a estudiar derecho y para participar en interesantes casos de marcada importancia para la sociedad. Con esto en mente, abajo se describe la participación de un abogado colombiano en el caso clínico *Galvis Mujica et al. v. Occidental Petroleum Corp.*, litigado ante las cortes de California, Estados Unidos, bajo el Alien Tort Statute (ATS) o Alien Tort Claim Act (ATCA). Además de abordar el

---

* Abogado colombiano, LL.M. con honores en Derecho Internacional de Derechos Humanos de la Northwestern University, donde fue miembro del Center for International Human Rights y obtuvo el Joyce Hughes Leadership Award, el Dean's List Recognition, y el Len Rubinovitz Fellowship. Ha trabajado con EarthRights International y en la actualidad trabaja en el United Nation Assistance to the Khmer Rouge Trials - Extraordinary Chambers in the Courts of Cambodia. Miembro de la Fundación ProBono Colombia, de la Academia Colombiana de Derecho Internacional, de la International Bar Association y de la Asociación Latinoamericana de Arbitraje. Ha sido profesor asistente en la Universidad del Rosario y se ha desempeñado en los departamentos de resolución de disputas y derecho internacional de diferentes firmas de abogados en Colombia. Ha cursado especializaciones de derecho transnacional en Duke University, Université de Genève y The University of Hong Kong. También cursó un diplomado en la Universidad Blas Pascal, en Cordoba, Argentina. Obtuvo su pregrado y maestría en derecho en la Universidad de Los Andes.

ATS o ATCA y su jurisdicción universal para adjudicar en cortes federales de Estados Unidos casos sobre atrocidades cometidas en cualquier parte del mundo, el litigio discutido aquí es de especial importancia para la memoria de los colombianos.

El texto describe los hechos y fundamentos jurídicos del caso, las acciones implementadas por los abogados a cargo, el estado del proceso, los resultados y su impacto hasta la fecha. Al hacer esto, necesariamente se abordan las decisiones más importantes sobre ATS, incluyendo la proferida recientemente por la Corte Suprema de Estados Unidos en el caso *Kiobel et al. v. Royal Dutch Petroleum.* Asimismo, se aborda brevemente el estado actual de los casos que se litigan ante cortes estadounidenses por atrocidades cometidas en Colombia: *Jane Doe et al. v. Drumond*, *In re Chiquita Brands International Inc.* y, obviamente, *Galvis Mujica et al. v. Occidental Petroleum Corp.*

El caso objeto de estudio ocurrió en la Orinoquia colombiana. Allá a lo lejos, después de una extensión inusitada de llanuras divididas por depresiones y ríos, es donde empieza el oleoducto de Caño Limón. Allá, en Arauca, es donde la familia Galvis Mujica ("los demandantes") tuvo la mala suerte de vivir. Sin embargo, es paradójico que allá mismo sea donde Occidental Petroleum Corp. ("Occidental") tuvo la buena suerte de encontrar petróleo y donde Airscan Inc. ("Airscan" y con Occidental, "los demandados") tuvo la suerte de ser contratada para prestarle servicios de vigilancia a esta inmensa petrolera.

- Right here.
- **Right there, yeap.**
- Pretty close to town, eh?
- **That's really fucking close to town.**
- Pretty close. I've got a bunch of guerrillas in there and ain't know where they're going… If they're…
- **They wanna fucking ah… charge the town.**
- Hey, let's get after them.
- **Ok, now he's gonna shoot some to the bridge or to town.**
- *Ok, listo, ahí va un cohetillo. Tengo la… la base eh…* ¡Me ayuda ahí!
- *Erre.*
- What's he gonna shoot now?

- **He's gonna shoot the... at the tree line, just north to the bridge, northwest to the bridge.**
- *Eh, fuego, lechuza.*
- Just passed over a lot of people.
- **Yeah, I just told them not to shoot. He wants to shoot a rocket and I told him not to do it.**
- I've a bunch of people here but they are also there, but I don't see any...
- **Okay.**
- They're guerrillas.
- **Se parecen todos civiles esta gente aquí.**
- *Sí. Se cambiaron...*
- **Ah?**
- *Se cambiaron.*
- **Se cambiaron, yeah... They changed clothes! ...within the guerrilla population... Then they bug out the town dressed as civilians. Jesus Christ!**
- What?
- **This modafoca is shooting... he's shooting at civilians! Ok, did you see what he shot? Oh, that wasn't my call.**
- Hey, man, they blew up that building.
- **Oh, shit more tracers. Oh, let's get the fuck out of here.**
- Let's get the fuck out of here!
- **Okay".** (Free Speech TV [Productor], 2009)

Este fue el diálogo que desde los aires terminó con el bombardeo de la población de Santo Domingo, Arauca. En él se evidencia el desconocimiento de los principios básicos de derecho internacional humanitario, como los son el de distinción entre civiles y combatientes, y el de proporcionalidad para evitar daños a los civiles y sus bienes.[1] Con la vista de las llanuras colombianas, y en medio de la conversación con los funcionarios de Airscan,

[1] Cfr. Protocolo I adicional a los Convenios de Ginebra de 1949, relativo a la protección de las víctimas de los conflictos armados internacionales, 1977, artículo 57: "1. Las operaciones militares se realizarán con un cuidado constante de preservar a la población civil, a las personas civiles y a los bienes de carácter civil....".

fue como soldados de la Fuerza Aérea Colombiana (FAC) tomaron la decisión de matar a diecisiete civiles desarmados, incluyendo seis niños, y herir a otros veinticinco, so pretexto de que eran guerrilleros.

La profesora Bridget Arimond,[2] del Center for International Human Rights de Northwestern University School of Law (CIHR o la "Clínica de Northwestern"),[3] en conjunto con Paul Hoffman[4] de la firma Schonbrun DeSimone Seplow Harris & Hoffman LLP,[5] presentaron una demanda en representación de la familia Galvis Mujica y en contra de los demandados, Occidental y Airscan. Además de la demanda en contra de Occidental y

---

[2] Bridget Arimond es una profesora clínica de Derecho y directora del LL.M. en Derecho Internacional de los Derechos Humanos de la Universidad Northwestern, de donde ha sido miembro desde el 2003. Con sus alumnos, está involucrada en casos y proyectos sobre la aplicación de las normas de derecho internacional de los derechos humanos y derecho penal internacional. Ha emprendido proyectos recientes en colaboración con entidades y activistas que comprenden, entre otros, la Oficina del Alto Comisionado para los Derechos Humanos en Camboya, Unicef (Tailandia), la Campaña Colombiana Contra las Minas, la Comisión de Derechos Humanos de Uganda, la Global Initiative for Sexuality and Human Rights, la International Federation of Red Cross and Red Crescent Societies, la International Refugee Rights Initiative, el Center for Constitutional Rights y una oficina de abogados israelitas. La profesora Arimond lleva más de veinte años como abogada litigante de derechos civiles, acciones de grupo y casos de discriminación racial y sexual ante tribunales federales de Estados Unidos, en los campos de derecho electoral, discriminación e igualdad laboral. Además de trabajar en la práctica privada, se desempeñó como asesora especial de Affirmative Action for the City of Chicago y abogada supervisora del Women's Law Project of the Legal Assistance Foundation of Chicago, organización civil que proporciona asistencia jurídica gratuita a las personas de bajos ingresos. Recibió su pregrado con honores de la Universidad de Stanford y su licenciatura en derecho, *magna cum laude*, de la Escuela de Derecho de Harvard.

[3] Ver: Northwestern University School of Law, Center for International Human Rights <http://www.law.northwestern.edu/legalclinic/humanrights/index.html>.

[4] Paul Hoffman es profesor de las facultades de Derecho de diferentes universidades, entre ellas la Universidad de California en Irvine, Oxford University/George Washington Human Rights Program, Stanford, UCLA, entre otras. También es socio de la firma de abogados Schonbrun DeSimone Seplow Harris & Hoffman LLP. Ha representado a las víctimas demandantes de casos los casos más importantes, tales come *Kiobel et al. v. Royal Dutch Petroleum et al.*, *Presbyterian Church of Sudan v. Talisman Energy*, *Doe v Unocal*, *In re S. Africa Apartheid Litig.*, entre otros. Es autor de diferentes libros de derecho internacional de derechos humanos, tales como: Steinhardt, Hoffman y Camponovo, *Human Rights Lawyering: Cases and Materials* (2009); Stephens, Ratner, Chomsky, Green y Hoffman, *International Human Rights Litigation in U.S. Courts* (2ª ed., 2007); Coliver, Hoffman, Fitzpatrick y Bowen (Eds.), *Security and Liberty: National Security, Freedom of Expression and Access to Information* (1999); y *Secrecy and Liberty* (ver: http://www.sdshhlaw.com/attorneys/hoffman.html).

[5] Schonbrun DeSimone Seplow Harris & Hoffman LLP. Ver sitio web en http://www.sdshhlaw.com/attorneys/.

Airscan, la Clínica de Northwestern[6] también presentó una petición en contra de la República de Colombia ante la Comisión Interamericana de Derechos Humanos. Tras emitir recomendaciones, la Comisión presentó el caso ante la Corte Interamericana de Derechos Humanos por violaciones a los derechos a la vida, a la integridad personal, a la propiedad privada, a las garantías judiciales, y a la circulación y residencia de los habitantes de Santo Domingo, Arauca. A excepción del cargo respecto de la violación de las garantías y protecciones judiciales, en sentencia del 30 de noviembre de 2012, la Corte declaró al Estado colombiano responsable internacionalmente por las demás violaciones mencionadas (Corte IDH, 2012).

De acuerdo con los hechos descritos en la demanda, el 13 de diciembre de 1998 varias bombas racimo fueron lanzadas en la población de Santo Domingo, Arauca por militares de la FAC en cooperación con Occidental y su compañía de vigilancia Airscan. La demanda explica que esta operación fue planeada en Caño Limón, en la planta de Occidental, de acuerdo con las actividades de inteligencia realizadas por Airscan. Tal y como se puede ver en el video citado arriba, los empleados de la compañía norteamericana acompañaron a la FAC en la operación militar en la que terminaron muertos y heridos los civiles de Santo Domingo.

Como resultado de este ataque a la población civil murió Teresa Mujica Hernández, madre de dos de los demandantes que sobrevivieron y esposa del otro. Asimismo, la masacre terminó con la vida de Edilma Leal Pacheco, hermana de dos de los demandantes sobrevivientes e hija del restante. También falleció en esta masacre Johanny Hernández Becerra, primo de dos de los demandantes que sobrevivieron y sobrino del otro. Se trata de toda una familia desmembrada por el ataque, allá mismo en Arauca, tierra de llanuras, tierra de petróleo, tierra de tristeza y desolación después de esta masacre.

La demanda fue radicada por Arimond y Hoffman, en representación de Luis Alberto Galvis Mujica, John Mario Galvis Mujica y Mario Galvis Gelvez, en nombre propio, así como en las calidades de estos sobrevivientes respecto de sus parientes que murieron en el ataque militar injustamente.

---

6 Esta petición fue presentada en conjunto con la Comisión Interfranciscana de Justicia, Paz y Reverencia con la Creación, el Comité Regional de Derechos Humanos Joel Sierra, el Colectivo de Abogados José Alvear Restrepo y Humanidad Vigente Corporación Jurídica (*Santo Domingo v. Colombia*, 2003).

Teresa Mujica Hernández (qepd) se encuentra representada por sus hijos Luis Alberto y John Mario, así como por su esposo en vida, Mario. Edilma Leal Pacheco (qepd) se encuentra representada por sus hermanos Luis Alberto y John Mario, así como por su padre, Mario. Johanny Hernández Becerra (qepd) se encuentra representado por sus primos Luis Alberto y John Mario, como también por su tío Mario.

En cuanto a los demandantes sobrevivientes, unos sufrieron heridas físicas y todos padecieron el dolor de perder a sus seres más queridos. Mario continúa sufriendo dolores en su pecho por las esquirlas que conserva en su cuerpo como consecuencia de las explosiones. Tanto él como sus hijos sufren las secuelas sicológicas de ver morir a sus seres más queridos como producto de las atrocidades de una masacre. En el caso de Mario, él fue testigo de la muerte de su esposa, su hijo y su sobrino. En el de Luis Alberto y John Mario, ambos vieron morir a su madre, su hermana y su primo.

Todos padecen la pena de esta pérdida. Para ilustrar su dolor, puede leerse el testimonio de Mario en el proceso llevado a cabo por la Sala Disciplinaria de la Procuraduría General de la Nación en contra del capitán de la FAC César Romero Pradilla y del técnico de vuelo Héctor Mario Hernández Acosta:

> El señor MARIO GALVIS GELVEZ (anexo 1, folio 185), es invidente y relató que sintió "un estruendo" y después oyó que su hijo decía "Mamita, me la mataron [...] papito Ud. no se me muere" y llora al hacer el relato. (Colombia, Procuraduría General de la Nación, 1998)

Como si lo anterior fuera poco, la bomba afectó la fuente de ingresos de la familia Galvis Mujica y como resultado de la masacre los demandantes sobrevivientes se vieron forzados a desplazarse de Santo Domingo. En efecto, la bomba destruyó la cigarrería del pueblo. Esta era de propiedad de la familia Galvis Mujica y constituía la única actividad económica a partir de la cual Mario y su difunta esposa sostenían económicamente a los demás miembros de la familia Galvis Mujica.

Los hechos descritos constituyen ejecuciones extrajudiciales que pueden demandarse como crímenes de lesa humanidad o crímenes de guerra bajo el ATCA, por vulnerar la ley de las naciones. Según la sección 1350 del Código de Estados Unidos (USC, por sus siglas en inglés), "[l]os tribunales del distrito tendrán jurisdicción original sobre cualquier acción civil presentada por un extranjero solamente respecto de un acto ilícito cometido en violación de la ley de las naciones o de un tratado de los Estados Unidos".[7] Esta norma fue invocada por los demandantes ante las cortes de California, domicilio de Occidental, por las violaciones perpetradas por parte de los demandados en Colombia.

La demanda da cuenta de ayuda substancial de los demandados para la comisión de crímenes de lesa humanidad o crímenes de guerra por parte de la FAC. En *Prosecutor v. Anto Furundzija*, el Tribunal Penal Internacional para la antigua Yugoslavia determinó los elementos para configurar complicidad en atrocidades de este tipo. En cuanto a la conducta, debe existir una ayuda con un efecto sustancial en la comisión del crimen (Tribunal Penal Internacional para la antigua Yugoslavia, 1998, párr. 235). Respecto de la culpabilidad, el instigador debe simplemente conocer del propósito del que comete el crimen (párr. 240).

El Tribunal citó el caso del insecticida *Zyklon B*, producido por la empresa alemana IG Farben (párrs. 222 y 238). Esta empresa era la que proveía el gas a los campos de concentración nazis. El ánimo de lucro de la empresa fue suficiente para condenar al dueño y al segundo al mando por vender el gas, a sabiendas del propósito que los nazis tenían: "El cargo confirmado por la corte fue que ellos sabían lo que el comprador pretendía hacer con el producto que ellos estaban proveyendo" (párr. 238).

Este estándar fue confirmado en el caso *Doe I v. Nestle USA, Inc.* por el Circuito Noveno de Estados Unidos. En el caso contra Nestle, Hoffman representa a niños de Mali que fueron forzados a trabajar en las plantaciones de Cocoa de Nestle en Costa de Marfil. La Corte de Apelaciones de este circuito sostuvo que se puede ser responsable por prestar ayuda en la comisión de crímenes en contra del derecho internacional y que no es necesario tener una intención específica para ello (el simple conocimiento es suficiente) (Estados Unidos de América, 2013a).

Según se describe en la demanda contra Airscan y Occidental, los demandados sabían de antemano que la ayuda de Airscan era para una

---

[7] Estados Unidos de América, USC, § 1350: "The district courts shall have original jurisdiction of any civil action by an alien for a tort only, committed in violation of the law of nations or a treaty of the United States".

operación sobre la población de Santo Domingo. En tanto que la guerrilla había afectado de manera frecuente el oleoducto en poblaciones aledañas, rompiéndolo y en algunos casos robando crudo de aquel, Occidental se beneficiaría de cualquier hostigamiento hecho por la FAC. En este contexto es que se alega en la demanda que Airscan y Occidental fueron partícipes en el bombardeo de Santo Domingo.

El ATCA le ha otorgado jurisdicción universal a las cortes estadounidenses para juzgar diferentes atrocidades y violaciones de derechos humanos cometidas fuera de Estados Unidos. En efecto, en 1980 una corte del Circuito Segundo de Estados Unidos admitió el caso *Filartiga et al v. Pena-Irala,* en relación con la tortura y ejecución extrajudicial cometida sobre un ciudadano paraguayo por parte de un agente estatal en Paraguay (Estados Unidos de América, 1980). Más adelante, una corte del mismo circuito admitiría el caso *Kadic v. Karadzic,* por violaciones cometidas en el conflicto de la antigua Yugoslavia (Estados Unidos de América, 1995).

Pero, más exactamente, esta misma acción sería usada para demandar la responsabilidad de las empresas en crímenes de lesa humanidad, crímenes de guerra y otras violaciones de derechos humanos. En el 2001, el Circuito Noveno de Estados Unidos admitiría el caso *Doe et al v. Unocal*, que se constituyó en el primer caso en contra de una compañía multinacional por las violaciones, la tortura, el trabajo forzoso y las ejecuciones sumarias a que fueron sometidos los civiles de Myanmar en la construcción de un gasoducto (Estados Unidos de América, 2002). La demanda fue presentada por Hoffman y EarthRights International (s .f.).[8] Después de que el juez le negó a Unocal la moción para rechazar la demanda, dicha compañía le propuso a las víctimas demandantes un acuerdo transaccional multimillonario con el que se cerró el caso (Earth Rights International, 2005). Este caso ha sido documentado como un paradigma exitoso para los defensores de derechos humanos (Cfr. Kaneva [Dir.], 2006).

---

[8] "Earth Rights International (ERI) es una organización no gubernamental, sin ánimo de lucro que combinó el poder de la ley y el poder del pueblo en defensa de los derechos humanos y el medio ambiente, todo los que definimos como 'los derechos de la tierra.' Nos especializamos en la investigación de hechos, acciones legales contra autores de abusos en contra de los derechos de la tierra, entrenamiento de organizaciones y líderes de la comunidad, y campañas de abogacía. A través de estrategias, EarthRights International busca terminar con los abusos contra los derechos de la tierra, para proporcionar soluciones reales para la gente real, y para promover y proteger los derechos humanos y el medio ambiente en las comunidades donde trabajamos" (EarthRights International, s. f.).

En otro caso, *Sosa v. Alvarez-Machain*, la Corte Suprema de Estados Unidos estableció dos requisitos importantes para la presentación de pretensiones bajo el ATS. Para esta Corte, la norma de derecho internacional cuya violación es alegada debe ser 1) de aceptación general y 2) suficientemente específica para crear una acción federal (Estados Unidos de América, 2004). En este caso, la Administración para el Control de Drogas (DEA, por sus siglas en inglés) organizó una operación en la que Álvarez-Machain, de nacionalidad mexicana, fue detenido ilegalmente en México y posteriormente entregado a autoridades estadounidenses. Bajo esta situación fáctica, la Corte concluyó que "[e]s suficiente resolver que una única detención ilegal de menos de un día, seguida por la transferencia de la custodia a autoridades legales y un pronto arreglo no viola norma alguna de derecho consuetudinario internacional definida de tal forma como para apoyar la creación de una acción federal" (Estados Unidos de América, 2004, p. 45).

No obstante lo anterior, el futuro del ATS es incierto. A finales del 2012, la Corte Suprema de los Estados Unidos plasmó su posición respecto del ATS en *Kiobel et al. v. Royal Dutch Petroleum*. En ese caso, nacionales nigerianos demandaron a la matriz holandesa de Shell y a su subsidiaria en Nigeria, por ayudar a las autoridades de dicho país en una acometida brutal contra los manifestantes que se oponían a la construcción de un campo petrolero en una zona del río Níger Delta, en la que se encuentra asentada la comunidad indígena Ogoni (Estados Unidos de América, 2013b). Según lo expuesto por la Corte Suprema en este caso, existe una presunción en contra de la extraterritorialidad de la ley estadounidense, y solo cuando el Congreso expresa su intención en contrario, puede aplicarse la ley de Estados Unidos más allá de sus fronteras geográficas (Estados Unidos de América, 2013b, p. 14). Como consecuencia, "aun cuando las pretensiones toquen y conciernan al territorio de los Estados Unidos, deben hacerlo con fuerza suficiente para desplazar la presunción contra la aplicación extraterritorial [de la ley estadounidense]" (Estados Unidos de América, 2013b, p. 14).

Hoffman fue el abogado de los demandantes en *Kiobel*. El caso llegó hasta la Corte Suprema cuando esta le concedió una moción de *certoriari*. La Corte de Apelaciones del Circuito Segundo había confirmado la decisión de la corte del distrito, según la cual se acogieron los argumentos de la matriz holandesa para rechazar la demanda. En otras palabras, con la decisión de octubre del 2012, la Corte Suprema confirmó el fallo del *ad quem* y, de paso, el del *a quo*.

Es en este contexto que hoy se litigan ante cortes estadounidenses tres casos de marcada importancia para nosotros los colombianos. Uno de ellos es el caso objeto de estudio, el cual cursa ante una corte en California. Asimismo, una corte de Alabama lleva el caso *Jane Doe et al. v. Drumond*, por la alegada colaboración de esta empresa a los grupos paramilitares del Cesar que asesinaron líderes sindicales. Otra corte de Florida acumuló la demanda de más de 4000 víctimas del conflicto armado colombiano en contra de Chiquita Brands International Inc. y Chiquita Fresh North America LLC, por transferencia de armamentos y pagos realizados por su subsidiaria a las Autodefensas Unidas de Colombia, tal y como lo confesaron los directivos de Chiquita en las investigaciones penales realizadas en Estados Unidos.

Los tres casos se encuentran en segunda instancia, para decidir si existe jurisdicción bajo el ATS. Mientras que los casos de Drummond y Chiquita siguen a la espera de una audiencia, en el caso de Chiquita un panel de tres jueces estableció que la acción de ATS no podría proceder en contra de la compañía, pero no negó que acciones por tortura y derecho colombiano procedieran en contra de los directivos de la empresa (*Cardona v. Chiquita Brands Int'l, Inc.*, 2014). En todo caso, se espera que el circuito en pleno otorgue una audiencia *en banc* para reconsiderar esa decisión.

Hoffman es abogado de los demandantes en los casos contra Occidental y Chiquita. EarthRights International representa a los demandantes contra Chiquita. Arimond y la clínica de Northwestern representan a la familia Galvis Mujica contra Occidental. Si bien la decisión de *Kiobel* hace que el contexto no sea el más favorable, las víctimas del conflicto colombiano no podrían estar representadas por mejores abogados en estos casos.

Más allá del impacto que este caso ha tenido en Estados Unidos, si el lector lo permite, quisiera terminar con una pequeña reflexión, en nombre propio y en primera persona, sobre el impacto que este caso ha tenido en mí. Es el impacto que quisiera que todo proyecto clínico o probono tuviera en los estudiantes de pregrado o en los abogados probono. Gracias a este caso he empezado a identificar hacia dónde quiero enfocar mi carrera.

Los proyectos clínicos y probono han sido claves para darme cuenta de esto. Las facultades de derecho y las firmas de abogados deben incentivarlos, para permitirles a sus estudiantes y abogados desarrollarse conforme a los ideales que los impulsaron a estudiar derecho. Sin embargo, es importante que estos proyectos tengan un balance adecuado entre los objetivos altruistas, pedagógicos y reputacionales implícitos en ellos, especialmente si se trata de proyectos transnacionales con clínicas o abogados en Colombia y en otros países (cfr. Bonilla, 2013, p. 176). Ante todo, deben siempre primar la justicia social y los intereses del cliente (Bonilla, 2013).

Tanto el trabajo probono como los proyectos clínicos son una vía para forjar una carrera conforme a los sueños e ideales que nos motivaron a estudiar derecho. Si hay algo que quisiera que los abogados y estudiantes rescataran de este escrito es que sí es posible forjar una carrera sirviendo a los más necesitados y al mismo tiempo explorar interesantes áreas del derecho, en este caso el internacional. El impacto de *Galvis Mujica et al. v. Occidental Petroleum Corp* en mí ha sido determinante para mi carrera como abogado de derecho internacional y derechos humanos.

Bibliografía

Bonilla, D. (2013). Legal Clinics in the Global North and South: Between Equality and Subordination - An Essay. *Yale Human Rights & Development Law Journal, 16*.

Cardona v. Chiquita Brands Int'l, Inc., 12-14898, 2014 WL 3638854 (11th Cir. July 24, 2014).

Colombia, Procuraduría General de la Nación (1998). *Decisión de diciembre 16 de 1998, caso nº 161-01640 (155-45564/2000)*. Recuperado de www.procuraduria.gov.co/relatoria/media/file/.../2003/161-01640.doc.

Corte IDH (2012). *Caso Masacre de Santo Domingo vs. Colombia*. Excepciones preliminares, fondo y reparaciones, sentencia del 30 de noviembre del 2012, serie C, nº 259. Recuperado de http://www.corteidh.or.cr/docs/casos/articulos/seriec_259_esp.pdf.

EarthRights International (s. f.). *About EarthRights International*. Recuperado de http://www.earthrights.org/about/about-earthrights-international.

EarthRights International (2005). *Final Settlement Reached in Doe v. Unocal*. Recuperado de http://www.earthrights.org/legal/final-settlement-reached-doe-v-unocal.

Estados Unidos de América, U.S.C. § 1350.

Estados Unidos de América (1980). *Filártiga v. Peña-Irala*, 630 F.2d (2d Cir. 1980).

Estados Unidos de América (1995). *Kadic v. Karadzic*. 70 F.3rd (2nd Cir. 1995).

Estados Unidos de América (2002). *Doe v. Unocal*, 395 F.3d (9th Cir. 2002).

Estados Unidos de América (2004). *Sosa v. Alvarez-Machain*, 542 U.S. (2004). Recuperado de http://www.supremecourt.gov/opinions/03pdf/03-339.pdf.

Estados Unidos de América (2013a). *Doe I v. Nestle USA, Inc.*, 738 F.3d (9th Cir. 2013).

Estados Unidos de América (2013b). *Kiobel v. Royal Dutch Petroleum Co.*, 133 S.Ct. (2013). Recuperado de http://www.supremecourt.gov/opinions/12pdf/10-1491_l6gn.pdf.

Free Speech TV (Productor) (2009). *Bombardeo de Santo Domingo (Arauca)* [Video]. De http://www.youtube.com/watch?v=ZJwXVQU2tM8.

Protocolo I adicional a los Convenios de Ginebra de 1949 relativo a la protección de las víctimas de los conflictos armados internacionales, 1977.

Santo Domingo v. Colombia (2003). Caso 289/2002, informe nº. 25/03, Inter-Am. C.H.R., OEA/Ser./L/V/II.118 Doc. 70 rev. 2 en 234. Recuperado de http://www.cidh.oas.org/annualrep/2003sp/Colombia.289.02.htm

Tribunal Penal Internacional para la antigua Yugoslavia (1998). *Prosecutor v. Anto Furundzija* (caso nº IT-95-17/1-T).

1.5.4. Human Rights Protection through Values, Methodology and Regional Focus

Adam Dubin*

Introduction

I am a law professor at Universidad Pontificia Comillas ("Comillas") in Madrid, Spain, where I teach classes in International Public Law. I specialize in issues of access to justice and human rights in developing countries, and I am currently waiting to defend my doctoral thesis on access to justice for sex workers in Kampala, Uganda. I previously worked on development and human rights matters in Cambodia, India, The Gambia and other countries.

In keeping with my interdisciplinary background, I am in the process of developing a clinical project at the law school, which is focused on human rights and development in Sub-Saharan Africa, and will teach students about the protection of human rights from a micro-level perspective. The project will be launched in September 2014 under the preexisting legal clinic, which was launched in 2013. The legal clinic currently focuses on different individual legal projects, such as pairing students with lawyers on pro bono projects. Clinics in Spain are rare due, in part, to strict regulations

* Doctor en Jurisprudencia de la Facultad de Derecho de la Universidad de Pace en Nueva York, profesor adjunto de Derecho de la Universidad Pontificia Comillas de Madrid, profesor adjunto de Ciencias Políticas en la NYU de Madrid. Tiene un máster en Política Internacional para el Desarrollo y Gestión (*cum laude*) del Instituto de Política y Gestión del Desarrollo de la Universidad de Manchester, Inglaterra. Es también graduado en Ciencias Políticas y Literatura Inglesa de la Universidad de Vermont en los Estados Unidos de América. Es miembro de la American Bar Association y de la barra del estado y la ciudad de Nueva York. Correo electrónico: Adubin@cid.upcomillas.es.

that prohibit non-Bar admitted students from providing advice to clients, even under the supervision of a lawyer.[1] This clinic is one of the few in Spain, and this new project is one of the only worldwide to focus exclusively on Sub-Saharan Africa.

For most students in Spain, legal education has consisted largely of class work and very limited experiential learning. In comparison to legal education in the United States, legal education in Europe, and more specifically in Southern Europe, has traditionally been doctrinally focused, with more emphasis placed on learning law through memorization of the Civil Code. Martijin Hesselink, a law professor at the University of Amsterdam notes that, "In many European universities, particularly in France, Italy, Spain and Portugal, even practical cases are a rare form of examination" (2002, p. 19). Consequently, for many students in Spain, including at Comillas, a law school that focuses heavily on innovative, dynamic and practical teaching of law, the concept of clinical legal education and how it fits into their more conventional legal education remains rather distant.

This clinical project that I am initiating has three distinctive elements that help to define its purpose for students, which is important, particularly when exposing students to new types of experiential learning programs. The first element is values. The program will begin by working with students to develop the core values of the project in order to help define the types of project we will undertake during the first academic year of the clinic. The second element is that the project is methodology driven, with a strong focus on utilizing qualitative and quantitative methodologies to drive the work of the clinic. Finally, the third element is regional focus. This clinic is focused exclusively on Sub-Saharan Africa in order to allow students the opportunity to spend a full academic year working on and studying not only the legal issues of the region or a country, but also the socio-economic and development issues, and their interplay with the law.

---

[1] There are no laws in Spain that specifically restrict the work of students in clinics; instead the laws state that only individuals possessing an LL.B. in Law (*Licenciatura en Derecho*) are eligible to practice. *See* Ley Orgánica del Poder Judicial and the Estatuto General de la Abogacía Español.

1. Defining Values

As we launch this clinical project on human rights and development, it is important that students not only participate in projects, but that they take ownership of the clinical project as a whole. Ownership of the clinic by the students is an essential way for students to feel that the work of the clinic, the methodologies used and time lines set, are student driven. In addition, students will, through the establishment of values, better be able to conceptualize the intersection between law and development, determining what types of values are common to both fields and in turn be better able to research and select projects that cross interdisciplinary boundaries.

The concept of developing values that define the clinic is no different than, for instance, a company developing values that define its mission and direction as a company, values that each employee is supposed to keep in mind when working, making decisions and establishing new projects. For example, in 2003, International Business Machines (IBM) held a three-day online "jam session" in which 50,000 employees, including its then CEO Sam Palmisano, contributed to a discussion around a proposed set of values (Harvard Business Review, 2004). From this discussion, three values were chosen that have become the center of IBM's business strategies.

Similarly, in September, when students from the clinical project meet for the first time, we will brain storm possible values that will become central in guiding the projects we undertake during the academic year. To begin generating discussion, I will prepare a list of values that I think might be relevant, though students will be free to reject or add other values. In total, I think it would be best to have no more than two to three values in order to maintain clarity and vision for the clinic.

To understand how a value can translate into something practical, take the example of the first value I will propose: "dedication to capacity development in legal projects." Capacity development is a term commonly used in the international development field to refer to a country's economic, legal and social development by supporting the work of stakeholders, civil society groups, and government officials on the ground.[2] It is less used in legal terminology, but has the potential to define our role as a clinic. I see our role

---

[2] *See*, for example, UNDP Capacity Development Website, at: http://www.undp.org/content/undp/en/home/ourwork/capacitybuilding/overview.html.

not necessarily to produce amicus briefs and shadow UPR reports —tasks we might undertake, but rather to work together with stakeholders and civil society groups in specific countries to help them improve capacity to deal with human rights problems— a bottom up approach rather than top down. For example, I expect that we will travel to a country such as Uganda and work with local legal clinics, law students and professors to jointly produce reports and problem solve, conduct trainings and produce training manuals, all of which will hopefully have a direct impact on our targeted population. In addition, I am seeking relationships with universities where our students can come together with local law students and lawyers to collectively work on human rights problems and understand how students and lawyers from different countries might approach the issues differently.

The projects we undertake will not be focused exclusively on macro level human rights issues, such as fighting against the recently signed anti-gay bill in Uganda, but rather we will search out projects that hit more at a micro level. One example is the refusal of medical doctors in public hospitals to treat sex workers confidentially in Kampala, Uganda. This could be dealt with in a number of ways, such as conducting training for doctors or preparing manuals for sex workers who use medical services. By dealing with these more micro level issues, students are forced to think not only in strictly legal terms, but also to raise strategic development questions as to how the capacity of victims, stakeholders, civil society groups, medical, legal and development professionals can be improved to deal with such problems.

By creating values, we define our professional and academic trajectory within the clinic and ensure that our projects revolve around our core interests and relate back to our objective to protect human rights. A question that naturally comes from this idea of value definition is how often values need to be defined or redefined. This is a question that is still too early to determine. However, my hope is that each year we will return to the idea of value creation in the month of May, preceding the start of the academic year, and discuss what each of these values means and determine whether we all recognize them as essential components of our mission to protect against human rights abuses in Sub-Saharan Africa.

2. Methodology

The second element the clinic will focus on is the development of methodological skills that cut across both law and development. Too often, the skills law students focus on revolve around brief writing and legal research. Although important, law students and law schools neglect other methodological skill sets that not only enrich a student's capacity to research and engage with material, but also allow them to experience law outside of more conventional roles, such as litigators.

During the course of the clinic, we will hold sessions on qualitative and quantitative research methodologies, and their integration into legal and development writings and projects. Student will also be able to apply these methodologies during fieldwork to a country in Sub-Saharan Africa. Qualitative research can take different forms, but often involves conducting interviews and life histories as well as livelihood assessments. Students often lose sight of the fact that law is very much about who is impacted, who is not impacted, how it impacts people and what the results are. Too often, students find themselves removed from the micro level relationship between law and society, and particularly so when the problems involve people from other countries who they rarely have the opportunity to meet. Through qualitative research methodologies, students can not only be brought closer to the problems, but can also learn how to employ a methodological technique and then translate the results into something tangible.

One of the most important qualitative techniques students can learn is taking oral histories and interviews of people affected or connected to human rights issues. Renato Treves, a former law professor from Italy, who studied the relationship between sociology and the law, advocated in his scholarship for approaches which draw on micro sociological methodologies in which the perspectives and behaviors of individuals and groups can be captured and analyzed in order to understand the intersection between law and society, and better determine the complexities of law and society's interactions.[3] Treves argues that closeness and integration to the group being studied allow for a greater understanding of laws and legal structures, and beyond that, the "passions, suffering and hopes," of people, all of which

---

[3] *See* UNDP Capacity Development Website, at: http://www.undp.org/content/undp/en/home/ourwork/capacitybuilding/overview.html.

reveal the complexities and intersections between a country or region's people and its structures, institutions, conflicts, abuses, laws and, above, all, solutions to situations impacting them (Treves, 1988, p. 150).

The use of quantitative methodology is also an important skill for students to acquire, though it can often be more complex due to its reliance on numbers and figures, something law students often outright reject as not relevant to the role of a lawyer. I would argue, however, that students interested in human rights should have some exposure to the role quantitative methodologies can have in giving reason to an argument, helping to isolate the root causes of a human rights issue and ultimately developing a project around the issue. Take, for example, access to health care for women in Uganda. Often, projects involving access to health care revolve around the lack of infrastructure and personnel available to attend to women and girls. While this is one obstacle women face, there are others that are less easily identifiable. Through demographic and household surveys conducted by the Ugandan Bureau of Statistics, other obstacles were also identified, namely the role women have in making decisions about health care treatment. According to a 2011 demographic and health survey, only 61% of women aged 30-34 make decisions about their health care, a number that varies when other factors are considered, such as geographic region, education levels and wealth quintile (Uganda Bureau of Statistics, 2011). Based just on this quantitative information, students can see that many other factors play a role in limiting access to health care, and the route to a successful program to improve access may not only be through advocating in a court of law for the government to better respect the positive obligation to ensure the right to health, but perhaps instead by developing empowerment programs that target specific populations in identified geographic regions.

In this project, we will be able to provide students with a number of seminars which cover different methodological approaches. During their visit to the country being studied, students will visit the country for a week to research the issue selected using different methodologies to collect information and form the basis of the project results, such as a publication, training manual for technical consultation or perhaps even a return visit to conduct a training seminar.

3. Regional Focus

Most legal clinics around the world tend to have solely an issue focus, such as immigrant rights or women's rights, and less of a geographic focus, except for clinics that are focused domestically. We have made the decision to offer a clinic that is regionally focused rather than solely issue focused. Each year, students will choose a different country and human rights issue within that country, and students will spend a week in the country conducting research and gathering information.

This clinic will focus specifically on Sub-Saharan Africa, a region with GDP growth of approximately 5.5% a year, and which has some of the highest individual country growth rates of any region around the world (IMF).[4] Despite this upward trend, however, Sub-Saharan Africa still suffers from extremely high levels of chronic poverty and malnutrition, and continues to be plagued by violence and corruption. Africa therefore presents an interesting opportunity not only because of its geographic proximity to Spain, but also because of its complexities, ranging from vast differences in human development between regions of a country to the discrimination and tensions between ethnic and tribal groups.

Students will spend a full week in a country, most likely Uganda in 2014-15, in which they will conduct interviews, household surveys, oral histories and visit archives in order to collect the information needed for their project. It will largely be up to the students to organize their trip, determining which organizations to meet with and developing their own schedule for the visit. This is an important aspect of students taking ownership of the project as well as acquainting themselves with the different organizations, governmental ministries and stakeholders involved.

The visit will play an integral role in the outcome of the project. Take for example a project in which students isolate an issue in Uganda to be poor police treatment of women in Ugandan police stations. The outcome of the visit would be, hypothetically, to develop a training manual for police on treatment of women, and for social service providers, a manual for women victims in terms of how to claim against police abuse or poor treatment, accompanied by a report to the Government and U.N. entities on this matter.

---

[4] Countries such as Kenya are experiencing GDP growth of 4.5%; Democratic Republic of Congo, 5.9%; and Uganda 7.4%.

This manual and report would be based on interviews with females, social service providers, police officers and government officials in the country.

To be able to spend a full academic year attempting to comprehend the complexities of a region and a country, at both micro and macro levels, and apply this knowledge to legal and development projects is an extremely enriching opportunity. It is our expectation that by the time students come to the end of next year's project, they will be able to able to answer questions that pull together the complexities of Sub-Saharan Africa, such as what religion has to do with access to justice or the livelihood impact of inequitable divorce laws on the female population, questions which require in-depth study and focus. We anticipate that students will complete the clinic, not only having worked on a substantive legal-development project, but also having gained a broad and in depth knowledge of multiple issues in the region.

Since nearly all the student's time will be spent in Spain and not in Sub-Saharan Africa, one of the challenges we will face is how to cover so much material outside of the country and expose the students to the broad swath of issues involved at both macro and micro levels. To accomplish this, the clinic will focus many of the classes on macro issues, teaching students about the broader issues involved. At a micro level, students will have the opportunity to connect with local experts via Skype and conference calls. In addition, a significant part of this clinic will involve independent work, in which students conduct their own research on the issue selected.

The decision to focus specifically on one region is also the result of my awareness of the fact that while it is important to know about law and development generally, it is also important to have expertise in a region, whether it be Sub-Saharan Africa or elsewhere. Most advertisements for legal and development positions seek employees who have, not only general knowledge about, for example, human rights, but who also have knowledge and experience about human rights in a specific region or country. The issues surrounding the human rights of one country or region are not necessarily the same as in another country or region, and, therefore it is essential that, while in law school, students interested in the field of human rights and development begin to develop some form of expertise at regional and country levels.

Conclusions

This clinic is still in the very early stages of being launched, and much of what is written above could very well change by next year at this time. I expect at the end of the clinic to conduct individual and group discussions with students to evaluate whether our strict adherence to values, methodologies and a region was beneficial to the work of the clinic, or whether too much structure was counterproductive to our execution of projects.

Either way, I hope that this clinical project will help to generate discussion and produce data about the inclusion of defined elements in clinical legal education and that this clinic will serve as a complement to the broad legal education they receive while in law school.

Bibliography

Estatuto General de la Abogacía Español.

Hesselink, M. W. (2002). *The New European Legal Culture. The New European Private Law: Essays on the Future of Private Law in Europe.* Kluwer Law International.

Harvard Business Review (2004). *Leading Change When Business is Good.*

International Monetary Fund (IMF). *Regional Economic Outlook: Sub-Saharan Africa.* Retrieved on May 6, 2014, from http://www.imf.org/external/pubs/ft/reo/2013/afr/eng/sreo1013.htm.

Ley Orgánica del Poder Judicial (Spain).

Treves, R. (1988). *La sociología del derecho: Orígenes, investigaciones, problemas.* Ariel Derecho.

Uganda Bureau of Statistics (2011). *Uganda Demographic and Health Survey 2011.* Kampala, Uganda.

United Nations Development Programme (UNDP). *Capacity Development Website.* Retrieved on May 5, 2014, from http://www.undp.org/content/undp/en/home/ourwork/capacitybuilding/overview.html.

1.5.5. Pasado, presente y futuro de la Clínica del Instituto de Derechos Humanos "Bartolomé de las Casas"

Mª del Carmen Barranco Avilés*

1. El escenario de la enseñanza del derecho y de los derechos humanos en España

Es posible pensar que el diseño de los planes de estudio en derecho debe partir de una serie de opciones de las que me interesa fijarme en dos. La primera tiene que ver con si a la altura de nuestro tiempo es más adecuada la formación en una concepción dogmática del derecho, o si más bien resulta de utilidad presentar el derecho como argumentación. La segunda debe llevarnos a tomar partido entre un método repetitivo y un método práctico de aprendizaje. Como puede verse, ambas decisiones están estrechamente relacionadas.

En España, tradicionalmente, la enseñanza del derecho se ha basado en un modelo de jurista 'burócrata'. Este modelo se presenta en sintonía con la idea de que existe una única respuesta correcta para cada caso que se plantea, y esta respuesta se encuentra en el texto de la norma. Tal concepción oculta que el operador jurídico con competencia para decidir se reserva un margen de discrecionalidad y, de este modo, dificulta que el mismo operador se responsabilice de lo decidido.

---

* Doctora en Derecho por la Universidad Carlos III de Madrid, desde 1999. Desde el 2003 es Profesora Titular de Filosofía del Derecho de la mencionada Universidad, en la que también ocupa el cargo de Vicedecana de Derecho y Ciencias Políticas y de la Administración.

Las consecuencias que tal modelo ha tenido para la imagen social del derecho y de los juristas, así como para su formación, resultan tremendamente criticables. Así, por un lado, se desarrolla la mentalidad de que existe una falta de correspondencia entre las necesidades de la sociedad y las respuestas jurídicas; el Derecho, se dice, siempre llega tarde.

Por otro lado, se descuida la formación técnica y ética de los juristas, puesto que desde esta concepción que podemos llamar 'tradicional', no se tienen en cuenta ni el papel que la argumentación desempeña en el derecho, ni la importancia que terminan teniendo los valores de los operadores para la solución de los casos.

En estas coordenadas, ha sido difícil encontrar el escenario adecuado para la implantación de las clínicas jurídicas, que, como es sabido, carecían de tradición en nuestro país. Una dificultad añadida ha sido que los profesores universitarios estaban formados en las mismas coordenadas dogmáticas que los estudiantes y, a pesar de que en algunos casos compatibilizaban la docencia con el trabajo en despachos, la perspectiva práctica no se trasladaba suficientemente a las aulas.

A lo anterior hay que añadir que la colegiación como ejerciente constituye un requisito para el desempeño profesional como abogado en España; pero no lo es para los docentes, a los que se les exige el grado de doctor. Esta situación condicionó el tipo de clínicas que pudieron implantarse y ha llevado a que quienes las han impulsado todavía hoy busquen fórmulas que permitan incorporar el litigio estratégico.

El momento en el que se inició en España el proceso de adaptación al Espacio Europeo de Educación Superior constituyó una oportunidad para que las facultades reflexionasen sobre el modelo de jurista que queremos (Blázquez, 2006). No obstante, desde el inicio del proceso, el temor legítimo a que el resultado pudiera ser peor que el punto de partida, impidió una reflexión en profundidad sobre el papel que corresponde desempeñar a los juristas en el marco del Estado constitucional. Al mismo tiempo, el desfase producido entre la adaptación de los títulos de grado, la adaptación de los títulos de posgrado y la reforma de las reglas de acceso a la profesión de abogado, impidió que las reformas se realizasen con una visión de conjunto, de modo que no es inusual una reiteración de ciertos contenidos en grados y posgrados, frente al olvido de otros, así como el descuido de ciertas competencias que terminan por no potenciarse en ningún momento.

A pesar de lo anterior, en algunas, pocas, universidades, las clínicas consiguieron encontrar un espacio en los planes de estudio en el grado y en los postgrados, lo que ha permitido que, especialmente en los últimos dos años, en España, otras las hayan seguido y, al menos, ya no resulte extraña la idea.

Con estas líneas he tratado de presentar el escenario en el que se desarrolla la experiencia de clínica que a continuación voy a presentar, que es la del Instituto de Derechos Humanos "Bartolomé de las Casas" de la Universidad Carlos III de Madrid. Esta experiencia cuenta con la peculiaridad de la materia a la que se refiere: en todo caso, los derechos humanos. En el siguiente apartado explicaré algunas de las ideas guía que han estado presentes en todo momento.

2. El Instituto de Derechos Humanos "Bartolomé de las Casas"

El Instituto de Derechos Humanos "Bartolomé de las Casas" de la Universidad Carlos III de Madrid (IDHBC) fue creado por el Real Decreto 843/1993 de 28 de mayo, con las finalidades de: difundir los valores inherentes a los derechos humanos; crear un marco de reflexión y diálogo en torno a los derechos humanos; desarrollar la investigación de los derechos humanos; promover la difusión de obras científicas sobre los derechos humanos y fomentar la enseñanza de los derechos humanos. Es fácil entender que la metodología clínica se presenta como una herramienta idónea en relación con estos objetivos últimos. Por eso se incorpora a su actividad desde el curso 2004/2005. Desde el 2009, la actividad clínica que se estaba desarrollando en el Instituto se organiza en torno a la Clínica del Instituto de Derechos Humanos "Bartolomé de las Casas".

Todos los cursos que se ofrecen se orientan a:

> Fomentar el compromiso de los futuros juristas con causas sociales o de interés público.
>
> Fortalecer la adhesión del estudiante a valores de una deontología profesional basada en los derechos humanos.
>
> Sensibilizar a los estudiantes sobre la importancia de los derechos humanos como elementos sobre los que se estructura la convivencia democrática.

Teniendo en cuenta las características de la Institución, desde los momentos iniciales se optó por un modelo de clínica en el que de modo primario se persigue que el estudiante reflexione de forma crítica sobre los problemas de derechos humanos planteados y alcance a ver su complejidad. De este modo, frente a la enseñanza tradicional de tipo memorístico, se aborda el proceso de aprendizaje en su totalidad.

La función social de las clínicas constituye un objetivo secundario en el marco del Instituto. Efectivamente, en el diseño de las clínicas se busca, como parte del proceso de aprendizaje, que el trabajo de los estudiantes genere un beneficio para la sociedad.

La prioridad es, por tanto, la formación en derechos humanos, por eso las clínicas han sido contempladas como una metodología de aprendizaje. Esta cuestión es fundamental, porque permite entender el tipo de clínicas que se han impartido, así como los contenidos sobre los que se han desarrollado, y los casos seleccionados.

Al mismo tiempo, para asegurar que efectivamente el trabajo revierte en la sociedad, las clínicas se han articulado mediante la intermediación de entidades del tercer sector relacionadas con los derechos humanos. Han sido las entidades quienes han ayudado a los distintos coordinadores de las clínicas a la hora de identificar los problemas que en cada momento mejor podían servir para que los estudiantes profundizasen en su conocimiento de los derechos humanos.

En los párrafos que siguen presentaré un resumen de la actividad desarrollada hasta el momento. He de advertir que no pretendo llevar a cabo una descripción pormenorizada, sino solo dar cuenta de aquellos aspectos que permiten entender los problemas a los que nos enfrentamos y, desde ahí, valorar las vías que hemos iniciado para resolverlos.

3. La actividad clínica en grado y postgrado

Las competencias docentes de los institutos universitarios en España se refieren a los postgrados, es en este contexto en el que se ha desarrollado el grueso de la actividad clínica del IDHBC. De este modo, la oferta que cada año se publica suele abarcar los cursos de Sistema Universal, Sistema Interamericano, Sistema Europeo y Educación en Derechos Humanos, que se integran en la asignatura de nueve créditos presente en el Máster en Derechos Fundamentales.

Además, desde el 2009, también se han ofrecido cursos no incluidos en los programas: Igualdad y no Discriminación por Razón de Discapacidad, Educación Inclusiva, Memoria Histórica o Consulta y Asesoramiento para personas que viven con VIH.[1]

En estos cursos podemos encontrar distintos tipos de metodología clínica, en función de los objetivos del aprendizaje y de los casos presentados.

De este modo, en la clínica de Sistema Universal se han establecido colaboraciones con la Asociación Pro Derechos Humanos de España, gracias a las cuales los estudiantes han podido colaborar con los casos que se estaban llevando desde esta asociación. En otras ocasiones, los estudiantes han podido colaborar con la Oficina de Derechos Humanos de España en la preparación del examen periódico universal y en la realización de estudios relacionados con las prioridades de derechos humanos del Ministerio de Asuntos Exteriores.

En el marco del curso de Sistema Interamericano, los estudiantes han participado en la elaboración de *amicus curiae*[2] y han tenido la oportunidad de reflexionar sobre casos tanto resueltos como pendientes de resolución.

Otros resultados de los cursos han sido el *Informe sobre adaptación de pruebas para el acceso a la función pública*, el *Informe sobre la enseñanza de los derechos en las universidades españolas,* la colaboración con el Comité Español de Representantes de las Personas con Discapacidad (Cermi), o el *Informe de seguimiento del Plan de Derechos Humanos en España.*[3]

Teniendo en cuenta el escenario, la metodología del *street law* ha sido de una gran utilidad. En este sentido, se ha venido ofreciendo, bajo esta modalidad, un curso de "Educación en derechos humanos". Este curso se dirige a los estudiantes de los postgrados del Instituto: Especialista en Educación para la Ciudadanía (ahora extinto), Máster en Estudios Avanzados en Derechos Humanos y Máster en Derechos Fundamentales. Concluye

---

[1] La oferta de cada año puede consultarse en http://portal.uc3m.es/portal/page/portal/instituto_derechos_humanos/clinica_juridica, 7-5-2014.

[2] Por ejemplo, el citado por la Corte Interamericana de Derechos Humanos en la sentencia del caso *Nadege Dorzema y otros vs. República Dominicana*. En este caso se realizó una convocatoria específica, puesto que los plazos en los que había que presentar el *amicus* no coincidían con los ordinarios del curso.

[3] Ver: http://portal.uc3m.es/portal/page/portal/instituto_derechos_humanos/clinica_juridica/materiales_clinicas.

con un seminario sobre igualdad y no discriminación que los estudiantes imparten para un público no especializado. Se evalúa el manejo de los contenidos, pero también el grado en el que se ha conseguido 'empoderar' a los participantes. Esto es, los estudiantes del IDHBC tienen el objetivo de que los destinatarios sean más conscientes de sus derechos y del modo de hacerlos eficaces. Además, han de ser capaces de identificar ámbitos de discriminación, reflexionar sobre la idoneidad del derecho como instrumento contra la discriminación, manejar las herramientas jurídicas contra la discriminación y generar un espacio de discusión sobre estos temas.

También se ha trabajado durante varios años en la consulta y asesoramiento en relación con la discriminación por razón de VIH. El curso ha formado parte de un proyecto más amplio de clínica legal[4] que se ha llevado a cabo en colaboración con la Coordinadora Estatal de VIH-SIDA (Cesida) y que abarcaba la formación y la acción. De este modo, las consultas recibidas sirven de base para identificar problemas sobre los que se elaboran informes que se ponen a disposición de Cesida para emprender acciones reivindicativas.

Hasta aquí la experiencia, es ahora el momento de plantear las dificultades que hasta la fecha no hemos conseguido resolver, así como algunas indicaciones sobre cómo consideramos que podemos abordarlas.

4. Retos para el futuro

Podemos considerar que el balance hasta la fecha ha sido positivo, sin embargo, nos encontramos en estos momentos en un período de reflexión para tratar de dar respuesta a las principales dificultades encontradas que han llevado, entendemos, a que no hayamos sido capaces de involucrar a una masa suficiente de estudiantes.

La primera de estas desventajas tiene que ver con que los cursos clínicos no tienen asignados créditos, salvo en el plan de estudios del Máster en Derechos Fundamentales. Es cierto que la inclusión de los cursos en los planes de estudio obliga a desarrollarlos en un momento temporal concreto, pero este inconveniente puede salvarse manteniendo, como hasta la fecha, una doble oferta que incluya cursos estables dentro de los programas y cursos que se ofrezcan en función de las actividades puntuales.

---

[4] Ver: http://www.cesida.org/clinica-legal/, 7-5-2014.

En relación con esta cuestión, ha sido muy escasa la repercusión en los estudios de grado de la Clínica del IDHBC, por eso, como parte de las propuestas de futuro, nos proponemos ofrecer trabajos de fin de grado que puedan tutelarse con la metodología clínica.

Otra dificultad que ha resultado recurrente y que se ha puesto especialmente de manifiesto en los casos en los que el trabajo ha sido de asesoramiento, ha sido la imposibilidad de litigar. Al respecto, nos proponemos establecer relaciones de colaboración con profesionales de la abogacía, de modo que el trabajo en la clínica permita construir los argumentarios para diseñar las estrategias de defensa. Una experiencia exitosa al respecto la constituyó el curso clínico de igualdad y no discriminación de 2011-2012. Durante esta edición se articuló en colaboración con Cermi, y el objetivo fue ayudar a litigar en un caso en el que un joven con daño cerebral sobrevenido fue institucionalizado forzosamente en una residencia para personas mayores.[5] En el curso se trabajó sobre el argumentario para apoyar al abogado que estaba llevando el caso con Cermi. Aunque finalmente el caso se resolvió extrajudicialmente, el trabajo fue de gran ayuda y apareció publicado en el Informe Anual de Cermi.

Una vía que estamos comenzando a explorar al respecto es la del establecimiento de alianzas entre la clínica y los despachos de abogados que ofrezcan horas probono. De este modo, se resuelve una dificultad añadida que tiene que ver con la falta de cobertura de la responsabilidad civil por el trabajo realizado en la clínica. Esta vía ha sido explorada por algunas universidades fuera de España, pero también por algunas en España. Con todo, entendemos que resulta fundamental que el seguimiento de los estudiantes se lleve a cabo también por un docente (además de por los profesionales responsables del caso), de otro modo, resulta difícil compatibilizar el sentido pedagógico con la función social.

La última de las dificultades a la que voy a referirme guarda relación precisamente con los problemas de acomodo entre los plazos y las dinámicas del curso y los tiempos de los casos que nos llegan. Esta cuestión ha sido especialmente problemática en nuestro caso, puesto que, como se ha señalado, todavía no hemos conseguido el interés de una masa importante

---

[5] Ver: http://semanal.cermi.es/noticia/institucionalizaci%C3%B3n-forzada.aspx, 7-5-2014.

de estudiantes. El resultado es que se corre el riesgo de que las entidades que confían en la institución y que apuestan por la Clínica como un instrumento para sensibilizar a los futuros juristas en relación con los problemas de los derechos humanos, pueden sentirse defraudadas. En este sentido, consideramos de vital importancia el establecimiento de alianzas entre universidades, incluso de distintos lugares del mundo, de forma que cuando un caso no pueda ser atendido por la institución académica que lo recibe, exista la posibilidad de que lo asuma alguno de los socios.

Bibliografía

Blázquez, D. (2006). La educación jurídica clínica en el contexto del «Proceso de Bologna»: su aplicabilidad en España. *Opinión Jurídica. Universidad de Medellín*, *5* (10).

Corte Interamericana de Derechos Humanos (2012). *Caso Nadege Dorzema y Otros vs. República Dominicana*, sentencia de fondo, reparaciones y costas, de 24 de octubre del 2012.

1.5.6. Las alianzas estratégicas
Unión de esfuerzos para la defensa del interés público

María Lucía Torres Villarreal*

A lo largo de este escrito se plantean algunos elementos que permiten establecer cómo las alianzas estratégicas son un escenario que posibilita la armonización de objetivos y esfuerzos para la defensa del interés público. En ese sentido, con base en la propuesta académica de la *Trilogía para la defensa del interés público*, la cual surge de la dinámica y experiencia de la Clínica Jurídica de Interés Público de la Universidad del Rosario (Grupo de Acciones Públicas), procuraré explicar cómo se entrelazan esfuerzos para la defensa del interés público y la protección de los derechos humanos, a partir de elementos tan importantes como la educación legal clínica, las alianzas estratégicas y el litigio estratégico.

1. Breve referencia a la *Trilogía para la defensa del interés público*

La *trilogía* está compuesta, en primer lugar, por la educación legal clínica, como modelo con fines pedagógicos y sociales; en ese sentido, se la puede

* Abogada de la Universidad del Rosario, magíster en Derecho con énfasis en Derechos Humanos de la misma universidad. Se desempeña como profesora de carrera académica del grupo de Investigación en Derechos Humanos, supervisora de la Clínica de Interés Público (GAP) y coordinadora de los asuntos de trabajo probono en la Facultad de Jurisprudencia de la Universidad del Rosario. Autora de varias publicaciones en materia de derechos humanos, participación política, asuntos constitucionales y de enseñanza clínica.

entender como un esquema de enseñanza-aprendizaje que tiene por objeto el que los estudiantes apliquen los conocimientos adquiridos durante su carrera, aprendan y afiancen las competencias y habilidades propias del abogado (Torres, 2013a, pp. 1-2; Álvarez, 2007, p. 225), y que al mismo tiempo presten servicios legales a comunidades en condición de vulnerabilidad (Torres, 2013 a, p. 3). Hay diferentes tipos de clínicas en cuanto al formato que adoptan para su funcionamiento y las temáticas alrededor de las cuales giran sus actividades, pero lo realmente importante es que, más allá de la modalidad de clínica, el estudiante que pertenece a esta pueda entender la importancia de su papel de abogado, con las particularidades del contexto en el que vive y en el que va a ejercer su profesión el día de mañana (Torres, 2013a, p. 4).

El segundo elemento de la trilogía es el litigio estratégico, entendido como el conjunto de herramientas y acciones para la defensa del interés público. Si bien el litigio estratégico tiene muchas definiciones, y asimismo una infinidad de formas de llevarlo a la práctica, algunos lo han definido como "la estrategia de seleccionar, analizar y poner en marcha el litigio de ciertos casos que permitan lograr un efecto significativo en las políticas públicas, la legislación y la sociedad civil de un Estado o región" (Correa, 2008, p. 7), y como "la herramienta de pericia de los abogados con la cual contribuyen al desarrollo del derecho de interés público, [...] con el claro objetivo de contribuir al cambio social" (Villarreal, 2007, p. 11). En ese sentido, no solo procura orientar esfuerzos hacia la interposición de acciones judiciales, sino también promover acciones de tipo administrativo, pedagógico, social, político, de cara a la búsqueda de soluciones a problemáticas donde se ven inmersos los derechos humanos y a la consecución de cambios estructurales dentro del ordenamiento jurídico (Villarreal, 2007, p. 21; Centro de Estudios Sociales y Legales, 2008, pp. 17-19; Torres, 2013a, p. 6).

El tercer elemento de la trilogía son las alianzas estratégicas, entendidas como la forma de materializar fines sociales, de diferentes actores, en el diseño de un trabajo conjunto con miras a la defensa del interés público. Se trata de un esquema que presenta importantes retos y que, a partir de la experiencia de la Clínica Jurídica de Interés Público de la Universidad del Rosario, representa la tercera fase de la clínica, donde se procura su fortalecimiento y la proyección de su trabajo hacia diferentes escenarios, con miras a un trabajo de alto impacto e incidencia social. Es importante anotar que la primera fase de la clínica puede definirse como aquella en la cual se formó y se consolidó, en tanto que la segunda es la de reconocimiento y visibilidad de sus actividades. Será sobre este elemento de la trilogía que se realicen algunas precisiones en la siguiente parte de este escrito.

De acuerdo con lo anterior, la propuesta académica que se revisa, se construye desde la experiencia del Grupo de Acciones Públicas (GAP) y ha ido de la práctica a la teoría, es decir, la necesidad de tener aliados estratégicos en la búsqueda de la materialización de sus objetivos, llevó a la experimentación de diversos tipos de alianzas y, en consecuencia, a este planteamiento teórico que hoy forma parte del trabajo estratégico de la clínica, desde su perspectiva pedagógica. Debido a ello, algunos de los argumentos expuestos responden a la experiencia clínica del GAP a lo largo de su existencia, razón por la cual no tienen sustento en referencias académicas.

La relación entre los tres elementos de la trilogía se considera interesante, necesaria y trascendente. Lo primero, porque busca adecuar y armonizar diferentes formas de trabajo, pues al realizar alianzas con otras clínicas jurídicas, con organizaciones sociales o con entidades públicas, se crean esquemas de trabajo a partir de visiones diferentes de las problemáticas; esto permite un abordaje de la situación no necesariamente ligado al aspecto jurídico, lo que puede conducir a la formulación de interesantes estrategias de litigio. Lo segundo, porque para el desarrollo de ciertas acciones de defensa del interés público se requiere la experiencia de otros, toda vez que los recursos humanos propios pueden ser insuficientes, se carece de conocimiento técnico o especializado, entre otras posibilidades, y se busca un aliado que pueda aportar esos elementos que se requieren. Lo tercero, porque el resultado debe generar una incidencia en las comunidades, reflejada en la defensa de sus derechos y del interés público, es decir, un resultado de alto impacto social (Torres, 2013a, p. 13).

2. Las alianzas estratégicas como medio para la defensa del interés público

Como se señaló en líneas anteriores, las alianzas estratégicas, dentro del esquema de la trilogía, son entendidas como todo tipo de nexo o relación que se puede dar en la búsqueda de la defensa del interés público y los derechos humanos; no hay un modelo único del tipo de alianza que se puede dar, esto puede variar según el caso o la situación. Lo que es afín a las alianzas estratégicas, es el fin común que persiguen de defensa del interés público y el bien de la colectividad.

En ese sentido, alrededor de las alianzas y la definición de su importancia o necesidad, es pertinente plantear las siguientes inquietudes que han surgido de la experiencia de la Clínica de Interés Público de la Universidad del Rosario, teniendo en cuenta que se trata de alianzas y de elementos de las alianzas que han sido parte de las actividades de interés público realizadas por la clínica, y que no representan la totalidad de los escenarios de alianzas, fines, alcances, etc.

2.1. ¿Con quién se pueden hacer alianzas?

Con personas u organizaciones, públicas o privadas, con las cuales se compartan fines sociales y/o objetivos pedagógicos, como parte de sus objetivos misionales. Compartir se refiere a tener fines semejantes, no necesariamente idénticos, lo cual representa aunar esfuerzos, de diversa índole y alcance variado, en la búsqueda de un litigio de alto impacto.

Estas alianzas se pueden dar con:

a) Otras clínicas jurídicas (nacionales o internacionales);
b) Organizaciones sociales (nacionales o internacionales);
c) Entidades del Estado;
d) Con otras escuelas o áreas de la misma universidad;
e) Entre otras.

2.2. ¿Para qué se dan estas alianzas?

Principalmente, suele propiciarse la realización de alianzas estratégicas para defender el interés público, lo cual se ve reflejado en la protección de los derechos humanos, el acceso a la justicia de los menos favorecidos o de comunidades vulnerables y en la consolidación de los principios propios del modelo democrático, esto es, igualdad, no discriminación, libertad, participación ciudadana, etc.

Asimismo, las alianzas se dan para lograr un litigio de alto impacto y con ello un resultado visible en las comunidades afectadas. Respecto del litigio de alto impacto, vale la pena hacer dos precisiones que son relevantes a la hora de buscar y establecer alianzas: no solo se logra litigio estratégico de alto impacto cuando se acude a los tribunales por medio de acciones judiciales, pues existen acciones de otra naturaleza con las cuales también puede incidirse altamente en la defensa del interés público. Tampoco se habla solo de litigio estratégico de alto impacto cuando se conoce de casos de graves, masivas y sistemáticas violaciones a los derechos humanos; muchas situaciones en las cuales hay de por medio vulneración de derechos colectivos o individuales pueden representar un escenario para implementar un litigio estratégico y con ello llegar a un resultado de alto impacto; por ejemplo, muchas veces se va de lo particular a lo general, con casos paradigmáticos de carácter individual que luego sirven de precedente para casos semejantes e incluso de colectividades afectadas.

2.3. ¿Cómo se pueden dar las alianzas?

Si bien existen muchas formas a partir de las cuales se pueden materializar las alianzas, estas en general se pueden dar a partir de:

- La construcción de casos conjuntos, es decir, a partir de una problemática real se establecen lineamientos para hacer investigaciones de hecho y de derecho y definir la viabilidad jurídica del caso y con ello las estrategias de litigio que se van a llevar a cabo.
- El apoyo en el desarrollo de las estrategias de litigio establecidas por la clínica.
- La realización de investigaciones con miras a publicaciones académicas. Esto con el fin de visibilizar la problemática y con ello la situación de vulneración de derechos. Por ejemplo, los informes que se realizan para evidenciar la condición del desplazamiento en la región.
- La creación de espacios académicos y de formación, incluyendo la creación, el fortalecimiento o la puesta en marcha de redes.

Lo anterior confirma que las alianzas no solo se dan para iniciar acciones judiciales, sino también para la realización de acciones diferentes que permiten alcanzar los objetivos trazados en el caso y, al mismo tiempo, afianzar los fines sociales y pedagógicos de las organizaciones aliadas. En ese sentido, por ejemplo, las alianzas con organizaciones que sigan fines sociales pero con disciplinas distintas, pueden ser muy útiles para el manejo del caso desde diversas perspectivas.

2.4. ¿Qué tipos de acciones se pueden realizar a partir de las alianzas estratégicas?

En la práctica, estas acciones se traducen en el diseño de estrategias de litigio para la búsqueda de un resultado de alto impacto, las cuales pueden implicar la realización, en un caso determinado o ante una situación específica, de un tipo de acciones, de todas o algunas de estas, pues no son excluyentes unas de otras (Torres, 2013b, p.723).

La experiencia clínica permite hablar, de forma general, de las siguientes acciones:

- *Judiciales:* son las actuaciones antes tribunales, es decir, aquellas que pretenden que se profiera un fallo que genere incidencia en la defensa del interés público y siente un precedente para casos futuros o para el tratamiento de los derechos amenazados o vulnerados, estableciendo órdenes que conlleven su protección y garantía.
- *Administrativas:* se trata de actuaciones ante autoridades administrativas e instituciones del Estado, buscando una solución de la problemática sin llegar a instancias judiciales. En este escenario, son muy importantes las acciones tendientes a compartir elementos en las agendas de las instituciones y lograr acuerdos que superen la judicialización de las situaciones y hagan compatibles las agendas y los fines de estas.
- *Sociales:* hace referencia a las diferentes actividades que se llevan a cabo directamente en las comunidades afectadas, tendientes a socializar los derechos de los cuales es titular la colectividad y, de esa forma, compartir y construir conjuntamente las estrategias de litigio que ha previsto la clínica para manejar el caso expuesto. Asimismo, encaja dentro de este tipo de acciones el trabajo que se haga con los medios de comunicación, buscando un efecto mediático en el caso, con el fin de visibilizar una problemática, bien sea en el marco de una demanda, o para la búsqueda de una solución mancomunada distinta a la judicialización del caso.
- *Políticas:* son actuaciones ante autoridades políticas, de carácter nacional o local, para generar una incidencia en políticas públicas o en la expedición de leyes (Torres, 2013b, p. 731).

- *Pedagógicas:* de un lado, se trata de actividades que buscan la formación en derechos humanos y el empoderamiento de las comunidades en el conocimiento de sus derechos, y de otro, la realización de productos académicos para visibilizar la problemática del caso, tales como publicaciones que evidencien el manejo que desde las clínicas o las organizaciones se da a los casos de alto impacto social.

3. La importancia de las alianzas: un socio "necesario"

En la experiencia de la clínica, al momento de la construcción de la agenda temática y la selección de los casos que van a conocerse, se revisan las posibles alianzas, para lo cual suele analizarse si la alianza que se pretende resulta ser una relación interesante, necesaria y trascendente, en los términos esbozados en el primer numeral de este escrito. En ese sentido, resulta de especial relevancia la característica de la "necesidad", pues es la que representa quizá la mayor motivación para la definición de la alianza (Torres, 2013b, pp. 726-727).

La decisión de generar una alianza, por el carácter de "necesidad", puede basarse en:

- Se requieren recursos económicos para un caso y el socio tiene los recursos o tiene como conseguirlos.
- Se requiere visibilizar la problemática; en ese sentido, se hace la alianza porque el socio es muy visible o porque la unión de varios esfuerzos hace la presión necesaria para llegar a la solución buscada (p. e., acciones ante la Corte Constitucional y posteriores intervenciones ciudadanas).
- El recurso humano de la clínica es insuficiente y se requiere un mayor número de personas para manejar el caso, pues la clínica lleva un número importante de casos.
- Se requiere un conocimiento especializado o técnico para el manejo del caso, del cual la clínica carece.
- Se requieren esfuerzos de carácter interdisciplinario para afrontar el caso desde diferentes perspectivas (v.gr., herramientas pedagógicas, psicológicas, trabajo social, elementos lúdicos, etc.).

De acuerdo con lo anterior, dentro de la experiencia del GAP se realizan alianzas estratégicas con 1) otras clínicas jurídicas, nacionales o internacionales; 2) organizaciones sociales, nacionales o internacionales, que pueden llevar a cabo proyectos de diversa naturaleza, pero con fines sociales; 3) entidades del Estado, por ejemplo, la Defensoría del Pueblo; 4) grupos o centros de investigación; 5) otras áreas dentro de la Facultad de Jurisprudencia[1] u otras unidades académicas en el interior de la Universidad, entre otras.

Estas alianzas se propician, principalmente, para:

- Diseño, construcción e interposición de acciones judiciales: se trata de acciones previstas en la Constitución Política para la defensa de los derechos humanos,[2] en las cuales, en su mayoría, no se requiere abogado para actuar, lo cual facilita una acción directa por parte de la clínica o el empoderamiento de la comunidad para que inicie la acción directamente. En ocasiones, la alianza no se da para la construcción de la demanda como tal, sino para lograr un respaldo procesal (p. e., intervenciones en procesos de acciones populares o de inconstitucionalidad).
- Diseño, construcción e interposición de acciones ante el Sistema Interamericano de Derechos Humanos: no necesariamente para hacer litigio directo ante el Sistema, sino para la realización de *amicus curiae* o para la formulación de conceptos en el marco de opiniones consultivas (Palacios *et al.*, 2013).
- Realización de acciones pedagógicas: talleres en las comunidades que buscan el empoderamiento en el conocimiento de sus derechos y, en algunas ocasiones, capacitaciones en el marco de un proceso judicial que se lleva a cabo, a fin de que la comunidad lo entienda y se haga partícipe de este.

[1] A manera de ejemplo, se ha creado una alianza permanente con el Grupo de Investigación en Derechos Humanos, en atención a la afinidad temática de los temas que trata la clínica con los que se desarrollan en el interior del grupo de investigación a través de proyectos tales como el Observatorio Legislativo, el Semillero de Investigación y las asignaturas del programa de Pregrado de Jurisprudencia que pertenecen al área de Derechos Humanos del currículo y que se imparten por profesores que pertenecen al mencionado grupo de investigación.

[2] Acciones populares, acciones de tutela, acciones de cumplimiento, acciones de inconstitucionalidad, entre otras.

- Diseño y puesta en marcha de acciones de carácter académico y formativo: realización de publicaciones, participación y formación de redes académicas, nacionales e internacionales y realización de foros y espacios de reflexión académica.

De acuerdo con lo expuesto anteriormente, la experiencia del GAP ha permitido concluir que:

- No toda alianza es exitosa, pues puede haber problemas de compaginación de formas de trabajo en la búsqueda de los fines trazados, pero es la forma de aprender.
- No toda alianza produce resultados inmediatos y en ocasiones no produce los resultados esperados; hay que saber entender los resultados obtenidos, que a veces pueden ser diferentes a los esperados, pero con aspectos positivos.
- Las alianzas son procesos de construcción colectiva, por lo cual pueden preverse para la totalidad del caso o para una parte de este; esto hace que los objetivos y el alcance que se pretende con la alianza sean claros desde el comienzo.
- Adicionalmente al cumplimiento de los fines del caso, las alianzas son útiles y pertinentes para consolidar redes que van a permitir el intercambio de experiencias o la búsqueda de apoyo para casos futuros y para el fortalecimiento o surgimiento de nuevas clínicas, organizaciones y proyectos sociales.

4. Alianza estratégica con la Fundación ProBono: ejemplo de materialización de esfuerzos en pro del interés público

A manera de ejemplo, se resalta la alianza estratégica que tiene la Clínica Jurídica de Interés Público de la Universidad del Rosario con la Fundación ProBono Colombia, con la cual se realizan acciones de litigio estratégico de diferente naturaleza, en la búsqueda de un resultado de alto impacto. La alianza se da porque la clínica, y la Facultad de Jurisprudencia en general, conciben el probono como un espacio para que los jóvenes, futuros abogados, aprendan y ejerzan el derecho con un sentido social. Es papel de la Academia formar estudiantes con conciencia social y, de esa manera, incidir en la forma en la cual perciben la profesión, con el fin de que entiendan el papel que tienen en el contexto social en el cual viven y se desempeñan como profesionales (Torres, 2013a, pp. 8-9). De esta manera, nuestro trabajo como Academia, dentro de la cadena de trabajo probono, consiste en aportar elementos a la construcción y consolidación de la cultura del trabajo probono en Colombia, lo cual parte de romper los parámetros clásicos de enseñanza y ejercicio del derecho, mostrando que se trata de una profesión con perspectiva social.

El trabajo probono permite la creación de espacios en los cuales se dé un trabajo armónico entre las firmas de abogados, las organizaciones sociales y las facultades de derecho, a fin de crear alianzas para la defensa del interés público. Como se resaltó en el Foro Europeo de Probono organizado en Madrid en el 2012 por PILnet (The Public Interest Law Network), las clínicas son el espacio idóneo para formar a los estudiantes de derecho con un perfil que buque aportar al cambio social, desde el ejercicio socialmente responsable de la profesión y a través del litigio estratégico (Torres, 2013a, p .9). Esto pone de presente la importancia de la propuesta académica de la trilogía a la cual se hace referencia en este escrito, haciendo evidente la pertinencia de la relación educación legal clínica, litigio estratégico y alianzas estratégicas y su impacto en la defensa del interés público.

5. Algunas conclusiones y retos

- No hay un modelo único de clínica jurídica, las clínicas son diferentes incluso dentro de un mismo país; lo que sí existen son unos fines comunes que estas comparten. En ese sentido, los principales retos comunes de las clínicas en América Latina son:

  a) Fortalecer las clínicas existentes y su consolidación a través de redes.
  b) Fomentar la creación de nuevas clínicas.
  c) Evitar un retroceso en la importante consolidación de la educación legal clínica como modelo pedagógico que se ha logrado a lo largo de los años.

- Es necesario promover el fortalecimiento de las redes académicas nacionales e internacionales existentes y, de ser el caso, propiciar la creación de otras, toda vez que esto permite, de un lado, el mejoramiento de la educación legal clínica como modelo pedagógico, al conocer la experiencia ajena e implementar nuevos elementos o mejorar los propios y, de otro lado, la creación de alianzas para la prestación de servicios legales y la defensa del interés público. Es pertinente citar dentro de las redes existentes, por ejemplo, la Red Iberoamericana de Clínicas de Interés Público, el GAJE (Global Alliance for Justice Education), PILnet y la Red ProBono Internacional, entre otras.

- Debe usarse el litigio estratégico como medio para la búsqueda de alianzas para el desarrollo de los casos y situaciones que conocen las clínicas.
- Es necesario promover espacios de formación, tanto para profesores como para estudiantes, donde se consoliden iniciativas académicas (realización de investigaciones trasnacionales, publicaciones, pasantías y estancias en clínicas jurídicas, organizaciones sociales, firmas de abogados, etc.) y clínicas (alianzas estratégicas para la defensa del interés público).
- Es necesario promover la construcción conjunta y el manejo de causas sociales, a partir de alianzas estratégicas, superando la idea del trabajo individual o nacional y entrando en el escenario del trabajo entre clínicas, de clínicas con diferentes organizaciones, con bufetes de abogados; esto permite, de forma simultánea, la defensa de los derechos de las comunidades y la visibilidad de las iniciativas sociales, buscando la transformación de la enseñanza y el ejercicio del derecho.
- Concebir, en el escenario de las clínicas jurídicas, el trabajo probono como una alianza estratégica que evidencia la transformación de la forma en la cual se enseña y se ejerce el derecho. La educación legal clínica, por su parte, superó los paradigmas de la enseñanza magistral del derecho y el probono ha venido superando los paradigmas del ejercicio clásico del derecho, en ambos casos, para promover el acceso a la justicia y la defensa del interés público, mostrando que este es un asunto que compete a las diferentes ramas del derecho y permite alianzas de diversa índole.

Bibliografía

Álvarez, A. (2007). La educación clínica. Hacia la transformación de la enseñanza del derecho. En M. Villarreal *et al.* (Eds.), *Enseñanza clínica del derecho. Una alternativa a los métodos tradicionales de formación de abogados* (pp. 225-245). México: Instituto Tecnológico Autónomo de México D. F.

Centro de Estudios Sociales y Legales (CELS) (2008). *Litigio estratégico y derechos humanos. La lucha por el derecho.* Buenos Aires: Siglo Veintiuno Editores Argentina.

Correa, L. (2008). Litigio de alto impacto: Estrategias alternativas para enseñar y ejercer el Derecho. *Opinión Jurídica, 7* (14).

Palacios, M. T. *et al.* (2013). Análisis crítico de la libertad de expresión desde la Academia: *amicus curiae* en el caso de *Richard Vélez vs. Colombia.* En B. Londoño, (Ed.), *Litigio estratégico en Colombia. Casos paradigmáticos del Grupo de Acciones Públicas* (pp. 17-42). Bogotá, D.C.: Editorial Universidad del Rosario.

Torres, M. L. (2013a). Educación legal clínica, trabajo ProBono y litigio estratégico: el diseño de una trilogía para la protección del interés público y social. En B. Londoño (Ed.), *Litigio estratégico en Colombia. Casos paradigmáticos del Grupo de Acciones Públicas* (pp. 1-13). Bogotá, D. C.: Editorial Universidad del Rosario.

Torres, M. L. (2013b). La enseñanza clínica del derecho: una forma de educación para el cambio social. La experiencia del Grupo de Acciones Públicas de la Universidad del Rosario. *Revista Facultad de Derecho y Ciencias Políticas, 43* (119), 705-734.

Villarreal, M. (2007). El litigio estratégico como herramienta del Derecho de Interés Público. En F. Sánchez, (Ed.), *El litigio estratégico en México: la aplicación de los derechos humanos a nivel práctico* (pp. 17-30). México D. F.: Oficina del Alto Comisionado de Naciones Unidas para los Derechos Humanos.

2. Declaración de la Red Latinoamericana de Clínicas de Intrés Público

PROPUESTA DE DECLARACIÓN DE LA RED LATINOAMERICANA DE CLÍNICAS JURÍDICAS

Bogotá, Junio 13 de 2014

RECONOCIENDO que el acceso a la justicia en todas sus modalidades, el acceso a medios para el desarrollo de las capacidades humanas y el interés público, son esenciales para las sociedades democráticas;

CONSIDERANDO que las necesidades legales y de desarrollo básicas de individuos y comunidades, en situación de vulnerabilidad social, marginados, o de especial protección, con frecuencia son desatendidas;

RESALTANDO que las Universidades, las organizaciones privadas y las no gubernamentales abajo firmantes, han realizado esfuerzos para crear una conciencia social y de responsabilidad de la profesión en los y las estudiantes y profesionales del Derecho;

EVIDENCIANDO que la educación legal clínica es un modelo de educación abierto que se posiciona como un mecanismo de enseñanza del derecho pluralista, práctico, y con un alto contenido de responsabilidad social de la profesión del abogado, que se encuentra encaminado a buscar mejores resultados en la defensa de los derechos humanos y la justicia social;

DESTACANDO que de conformidad con la Declaración Pro Bono para las Américas, "la profesión legal está posicionada de manera única en materia de acceso a la justicia y tiene la responsabilidad, los medios y la oportunidad de promover un sistema legal justo y equitativo, así como el respeto por los derechos humanos y constitucionales en colaboración con el Estado, el poder judicial y las organizaciones no gubernamentales";

RECONOCIENDO que a partir del trabajo conjunto y las alianzas estratégicas entre Universidades, entidades privadas y no gubernamentales, se pueden encontrar en la educación legal clínica y en el trabajo Pro Bono medios para lograr un mejor acceso a la justicia social y protección del interés público;

CONSTATANDO que las clínicas jurídicas se han constituido como espacios de pedagogía extensión e investigación, que promueven la defensa del interés público y la protección de los derechos humanos, a través del litigio estratégico y de alto impacto;

EVIDENCIANDO que las clínicas jurídicas se han multiplicado por los diferentes países y continentes, llevando consigo una nueva forma de enseñanza del derecho, y promoviendo nuevos retos para los estudiantes y profesionales;

CONSIDERANDO que Latinoamérica continua una zona donde confluyen un amplio catálogo de necesidades en materia de protección de los derechos y desarrollo social y económico, y que esto ha llevado a un vertiginoso crecimiento de la labor que realizan las clínicas jurídicas;

EVIDENCIANDO los resultados exitosos, que se han obtenido, fruto del trabajo conjunto, a partir de redes y alianzas estratégicas en materia de educación legal clínica;

EVIDENCIANDO el interés de las Universidades Españolas y Portuguesas, aquí firmantes, en la educación jurídica clínica han decidido sumarse a la declaración;

NOSOTROS, los abajo firmantes, declaramos solemnemente nuestro compromiso con la educación legal clínica y manifestamos:

PRIMERO: Que ante el crecimiento del movimiento de clínicas de interés público tanto en América Latina como en España y Portugal, y atendiendo a los lazos académicos que se tienen entre las dos regiones, resulta a todas luces importante fortalecer a la Red Latinoamericana de Clínicas con la incorporación de las participantes en este encuentro. En el futuro podrán vincularse nuevas universidades y organizaciones interesadas en suscribir esta declaración.

SEGUNDO: Que realizaremos los esfuerzos necesarios, desde el rol que ocupamos en las organizaciones y universidades, para fortalecer, consolidar y posicionar la educación legal clínica en Iberoamérica. Estas acciones se orientarán de manera especial a la participación e incidencia en los procesos de reforma a la educación jurídica y en la defensa permanente de los mecanismos de protección de los derechos humanos.

TERCERO: Que promoveremos el fortalecimiento de las redes existentes y las alianzas entre clínicas, ONG y entidades privadas como el instrumento más idóneo para avanzar en la protección y garantía de los derechos humanos, el acceso a la justicia, el interés público y la justicia social.

CUARTO: Que mantendremos y desarrollaremos nuevos espacios de reunión y plataformas de comunicación para apoyar y divulgar las iniciativas, investigaciones y publicaciones sobre educación legal clínica, litigio estratégico, defensa del interés público y los derechos humanos.

QUINTO: Que seguiremos reconociendo que los estudiantes son el eje central y articulador de estos procesos de formación en el Derecho y la justicia social, y que las clínicas jurídicas hacen parte de su formación integral.

SEXTO: Que manifestamos la necesidad de crear un comité ejecutivo que fortalezca los principios de esta declaración.

Esta Declaración se firma en la ciudad de Bogotá, D.C. (Colombia), a los trece (13) días del mes de Junio de 2014, en el marco de la Reunión de la Red Iberoamericana de Clínicas Interés Público:

CLINICAS Y ORGANIZACIONES FIRMANTES DE LA DECLARACION DE LA RED LATINOAMERICANA DE CLÍNICAS DE INTERÉS PÚBLICO

- Centro de Estudios Sociales y Legales (CELS) – Argentina
- Grupo de Acciones Públicas de la Universidad del Rosario – GAP - Colombia
- Clínica de Género de la Universidad de Nariño - Colombia
- Clínica de Interés Público Universidad Autónoma Latinoamericana - Colombia
- Clínica de Migraciones de la Universidad Diego Portales - Chile
- Clínica Jurídica de Interés Público de la Universidad Católica de Ecuador Sede Ambato - Ecuador
- Clínica Jurídica de Interés Público de la Universidad de Medellín - Colombia
- Clínica Jurídica de Interés Público de la Universidad Pontificia Bolivariana – Colombia.
- Clínica Jurídica de Interés Público GUIIS de la Universidad Surcolombiana – Colombia.
- Clínica Jurídica de Interés Público contra la Trata de Personas de la ITAM - México
- Clínica Jurídica de la Universidad de La Sabana - Colombia
- Clínica Jurídica de la Universidad de Magdalena – Colombia
- Clínica Jurídica de la Universidad Sergio Arboleda (Sede Santa Marta) - Colombia
- Clínica Jurídica de Violencia Intrafamiliar y de Género de la Universidad del Rosario - Colombia
- Clínica Jurídica del Observatorio de Restitución de Tierras de la Universidad del Rosario - Colombia
- Clínica Jurídica en Acciones Públicas en Materia de Discapacidad de la Universidad Libre (Seccional Pereira) - Colombia
- Clínica Jurídica en Derecho y Territorio de la Universidad Javeriana - Colombia
- Clínica Socio Jurídica de Interés Público de la Universidad de Caldas - Colombia
- Grupo de Acciones Públicas de la Universidad ICESI (GAPI) - Colombia
- Grupo de Litigio de Interés Público de la Universidad del Norte – GLIP - Colombia

Clínicas e Iniciativas Aliadas presentes en la reunión:

- Clínica Jurídica de Desarrollo Comunitario y Económico de University of Michigan Law School – Estados Unidos.
- CLINHAB Universidad de Barcelona – España.
- Clínica Jurídica Internacional de DDHH de la Universidad de Valencia.
- Global Alliance for Justice Education – GAJE.
- Open Society.
- Clínica Legal de la Universidad de Alcalá
- Clínica del Instituto de Derechos Humanos "Bartolomé de las Casas" de la Universidad Carlos III de Madrid

Parte II. Reflexiones desde el trabajo probono

1. Experiencias de trabajo probono: consolidación y construcción de una cultura probono en Colombia

1.1. Baker & McKenzie's Pro Bono and Community Service Committee

Laura Pulverail*
Sebastián Quintero**

1. Baker & McKenzie has a Global Pro Bono and Community Service Practice

The mission of this practice is to deliver first-class legal services to the underserved and disadvantaged by fostering an environment which encourages and promotes public service and to promote and sponsor activities which provide opportunities for all Firm personnel, independently, and in partnership with our clients, to contribute to the well-being of the communities in which we practice and live.

Baker & McKenzie's Pro Bono and Community Service Committee has created six different Service Avenues to help implement strategies to achieve our mission, and Baker & McKenzie firm wide encourages the participation of all the associates in this program.

* Lawyer and Middle Associate of Baker & McKenzie´s (en el momento en el cual se redacto este escrito, se desempeñaba como abogada de Baker & McKenzie y fue su coautora).

** Lawyer and Junior Associate of Baker & McKenzie's. E-mail: Sebastian.Quintero@bakermckenzie.com.

2. Pro Bono Community - Services Avenues

2.1. Legal Services

Baker & Mckenzie works to create and foster an environment that encourages and supports attorneys to provide legal Service to disadvantaged and underserved in our communities by developing institutional support for delivery of pro bono legal services through out regional and local pro bono and public services committees; selecting legal services organizations with which to partner that best meet the interests and training needs of each office and develop working relationships with these organizations to serve the public, and by recruiting, training and mentoring our attorneys to take on free legal services matters.

2.2. Client Teaming

Baker & McKenzie strives to advise and guide clients in developing a pro bono and public service program within their organizations and to team with clients in joint service to the public and to maximize the quality and capability of pro bono and public service provided by the Firm and its clients. The strategy is to inventory interest and established commitment to issues of social significance for key clients of each office; to develop and initiate projects; and to design marketing strategy for projects.

2.3. Employee Volunteerism

Baker & McKenzie supports, encourages, and created opportunities for Firm employees to dedicate time and energy to a public service organization or cause by identifying organizations/projects and establish ongoing relationships on both the office and regional level, providing administrative support to assist employee volunteers giving their time and services and by seeking opportunities for crossover to organizations with which the Firm has a relationship in another Service Avenue.

2.4. Fellowship

Baker & McKenzie is a Firm committed to providing financial sponsorship to public interest practitioners in Public Service by identifying projects which advance our legal system and provide regional financial support to fellows and interns engaged in those well organized, clearly articulated legal assistance projects in cities where we have offices and by developing strategies for supporting future fellowships.

2.5. Charitable Giving

Baker & McKenzie strives to provide financial support to help meet the needs of our communities by developing charitable giving strategies in individual offices, identifying organizations worthy of our financial support to which Firm personnel have made commitments with their time in another Service Avenue, and prefer organizations for which we provide pro bono legal services.

2.6. Civic Presence

Baker & McKenzie is known for providing leadership to the most respected civic organizations in our community. We place our attorneys in active, important roles with these organizations, provide resources (time and money) to help these organizations meet their missions, and we encourage and mentor our attorneys to become significant contributors to civic leadership.

3. Law firm pro bono Challenges - Statement of Principles

Baker & McKenzie is known for providing leadership to the most respected civic organizations in our community. We place our attorneys in active, important roles with these organizations, provide resources (time and money) to help these organizations meet their missions, and we encourage and mentor our attorneys to become significant contributors to civic leadership.

Our firm recognizes its institutional obligation to encourage and support the participation by all of its attorneys in pro bono public activities. We agree to promulgate and maintain a clearly articulated and commonly understood firm policy which unequivocally states the firm's commitment to pro bono work.

Baker & McKenzie has a yearly budget to invest in pro bono activities. In consistency with the The Pro Bono Declaration for the Americas, the lawyers of the firm are commited to undertake a minimum of 20 hours of pro bono work per year.

In recognition of the special needs of the poor for legal services, we believe that our firm's pro bono activities should be particularly focused on providing access to the justice system for persons otherwise unable to afford it.

Recognizing that broad-based participation in pro bono activities is desirable, our firm agrees that, we will use our best efforts to ensure that a majority of both partners and associates in the firm participate annually in pro bono activities.

4. Colombia Pro Bono activities

- Baker & McKenzie S.A.S is a member of Fundación ProBono Colombia.
- The firm held during 2013 and 2012 the journeys with the foundation Un Techo. The firm donated, each year, an amount of COP $17,500,000 for the construction of 8 house for population of low-income in Colombia.
- The firm also is receives cases and projects from TrustLaw Connect.
- In addition to the above, Baker & McKenzie S.A.S assists several clients on a day to day basis for their corporate work. This client is usually non-profit organizations.

We hope that the scope of this document may give you an idea on were we stand as a global law firm on pro bono works and pro bono projects.

1.2. Trabajo probono Brigard & Urrutia Abogados

Raúl Antonio Vargas*
Daniel Uribe**

Introducción

Fundada en 1934 y con ochenta años de experiencia, Brigard & Urrutia Abogados S.A.S., es la firma de abogados más grande de Colombia y ha sido constantemente reconocida como una de las firmas líderes en el país. Nuestros 140 abogados, enfocados en diferentes áreas, nos permiten establecer equipos de práctica altamente especializados, los cuales logran cubrir todos los aspectos del derecho corporativo y aseguran que nuestro trabajo sea de la más alta calidad y sofisticación.

Estamos convencidos de que el trabajo conjunto y coordinado de nuestros dieciocho equipos de práctica nos permite adaptarnos y ajustarnos a las necesidades de nuestros clientes para satisfacer sus solicitudes con la mayor prontitud y calidad.

Nos caracterizamos por seleccionar cuidadosamente a los profesionales que trabajan en nuestra firma, porque sabemos que el activo más importante que tenemos es la confianza que depositan nuestros clientes en nosotros, y en ese sentido, procuramos mantener altos estándares de calidad en todos los ámbitos de nuestra asesoría.

---

* Abogado de Brigard & Urrutia.
** Pasante probono, Brigard & Urrutia.

1. Historia

Desde su fundación, Brigard & Urrutia ha considerado que la solidaridad y el apoyo a las personas de escasos recursos es un pilar fundamental de su actividad como abogados en un país marcado por la inequidad. Como una empresa líder en Colombia, Brigard & Urrutia fue consciente desde sus inicios de que sus esfuerzos debían encaminarse, no solo hacia su consolidación como firma de abogados, sino también al desarrollo social del país, aportando sus conocimientos a quienes lo necesitaren.

Inicialmente, Brigard & Urrutia emprendió pequeños esfuerzos para ayudar a individuos con dificultades de carácter jurídico como el trámite de pensiones de invalidez o la asistencia para garantizar servicios de salud. A través de estos esfuerzos, buscaba generar en sus abogados una conciencia de que es necesario contribuirle a la sociedad, ofreciéndole los conocimientos que como abogados poseen.

Con el crecimiento del sector social, Brigard & Urrutia empezó posteriormente a brindar apoyo organizacional y jurídico a empresas sin ánimo de lucro en formación. Se interesó específicamente en el desarrollo de diferentes causas sociales de gran impacto, como la Institución de Ortopedia Infantil Roosevelt, Cense International y Dividendo por Colombia, todas las cuales tienen como fin el mejoramiento de la calidad de vida de los colombianos. De esta forma, continuó evolucionando junto con el sector social.

2. Evolución y formalización del sector social en Colombia

Hace aproximadamente veintitrés años, las empresas empezaron a desarrollar una conciencia de responsabilidad social empresarial como foco estratégico y se dieron cuenta de las ventajas que ello les podría dar en un mundo que poco a poco empezaba a rechazar sus actuaciones. Brigard & Urrutia se involucró en el desarrollo de estas iniciativas de responsabilidad social de las empresas, brindándole su apoyo y experiencia a diversas fundaciones para fortalecerse, organizarse y constituirse. Entre ellas se encuentran la Fundación Ronald McDonald y Compartamos con Colombia, la cual tiene como propósito el fortalecimiento y la formalización del sector social.

3. Trabajo probono en Brigard & Urrutia

Teniendo en mente la inmensidad de oportunidades que la formalización del sector social le estaba trayendo a Colombia, Brigard & Urrutia decidió involucrarse con varias instituciones del sector social que constantemente envían trabajo probono a la firma, generando un insumo de oportunidades de mejora del país en menor y mayor escala. El trabajo probono en Brigard & Urrutia obtuvo un primer plano y se convirtió en una constante prioridad para todos sus asociados.

Adicionalmente, la responsabilidad social ha cobrado importancia en el escenario internacional, a través de organizaciones académicas como Lex Mundi o Latin Lawyer que constantemente reconocen y premian el trabajo probono de diversas instituciones alrededor del mundo. Brigard & Urrutia se interesa constantemente en estas iniciativas y las considera como una brillante oportunidad para proyectarse a nivel internacional, demostrando que sus abogados no son solo hábiles para los negocios, sino también emprendedores que tienen en mente un mejor futuro para nuestro planeta.

En el interior de la firma, la organización del trabajo probono se ha priorizado y organizado en cinco diferentes fuentes probono que permiten cubrir necesidades de diferentes sectores de la sociedad, a través del trabajo probono organizado y sistemático de sus asociados. Las fuentes son:

1. Fundación ProBono Colombia: teniendo en mente que la mayoría de la población no puede pagar los servicios de un abogado, Brigard & Urrutia ofrece sus servicios sin cargo a través de la Fundación ProBono Colombia a aquellos que tienen necesidades de carácter jurídico sin ser solucionadas, y que se encuentran en una situación crítica. Al ofrecer nuestra experiencia y conocimiento a los clientes provenientes de la Fundación ProBono Colombia, hemos ayudado a más de treinta personas que han requerido nuestros servicios. Gracias a la dedicación y seriedad de nuestros abogados, nos hemos hecho acreedores de los premios a "Mejor Abogado ProBono del Año 2012" y "Mejor Coordinador ProBono del Año 2013".
2. DLA Piper: nuestra firma de abogados aliada, DLA Piper, nos contactó para colaborar con el International Service for Human Rights en el desarrollo de una investigación cuyo objetivo era evidenciar las fortalezas y deficiencias de la legislación colombiana en la protección de los derechos de los defensores de derechos humanos. El objetivo de esta investigación es generar un reporte que permita el desarrollo de una ley modelo para la protección de los derechos de

los defensores de derechos humanos, en el interior de la Organización de Naciones Unidas.

3. Fundación Pro bono de Lex Mundi: a través de Lex Mundi hemos tenido la oportunidad de apoyar a diversas organizaciones sin ánimo de lucro, localizadas en diferentes países, que deseaban traer sus iniciativas a Colombia. Recientemente, hemos tenido el honor de asesorar a Starlight Children's Foundation, una organización que le concede deseos a hospitales de niños y a niños hospitalizados alrededor del mundo, y que desea iniciar operaciones en Colombia.
4. Organizaciones sin ánimo de lucro: como parte de nuestras políticas, Brigard & Urrutia se ha comprometido a apoyar de forma continua a diversas organizaciones sin ánimo de lucro en el desarrollo de sus actividades sociales y en el fortalecimiento institucional de su estructura interna. Algunas organizaciones que reciben nuestro apoyo son: Compartamos con Colombia, Dividendo por Colombia, Enseña por Colombia y Best Buddies.
5. Trabajo pro bono interno: para Brigard & Urrutia, la mejor forma de contribuirle a la sociedad empieza desde su interior. Por este motivo, los empleados de la firma que tienen necesidades de carácter jurídico, y que no pueden pagar los servicios de un abogado, son asistidos por nuestros asociados sin cargo alguno.

4. Buenas prácticas empresariales en el interior de Brigard & Urrutia

Como parte de sus políticas, Brigard & Urrutia ha acogido la meta plasmada en la Declaración del Trabajo Pro Bono para el Continente Americano de realizar veinte horas probono al año por abogado. Esta meta ha sido interiorizada por todos los asociados y poco a poco se han diseñado diferentes estrategias institucionales para lograr llegar a un 100% de cumplimiento de la Declaración.

En primera instancia, se ha organizado un sistema de incentivos, los cuales reconocen la labor de los asociados que se destacan por haber colaborado con iniciativas de responsabilidad social y haber generado un resultado positivo para la organización o persona que requería la asesoría. Estos incentivos son: la publicación mensual de un reconocimiento al abogado probono del mes en el boletín mensual que circula en el interior de la firma y la entrega del reconocimiento al abogado probono del año de Brigard & Urrutia, en la ceremonia de cierre de año de la firma.

Por otra parte, en Brigard & Urrutia la responsabilidad social empresarial se encuentra administrada por un comité de responsabilidad social empresarial. El comité lo conforman el socio gerente de la firma, un socio de Brigard & Castro, el socio probono de Brigard & Urrutia, el gerente de la firma, el coordinador probono y el director de planeación. Este comité desarrolla sus actividades alrededor de tres ejes:

1. Apoyo a la comunidad: a través de la colaboración con diferentes instituciones educativas alrededor del país y el desarrollo de iniciativas que involucren al personal de la firma, hemos logrado promover dentro de nuestros asociados diferentes iniciativas que pretenden mejorar la educación a nivel nacional.
2. Mejores prácticas ambientales: el uso adecuado y responsable de los recursos, al igual que un conveniente manejo de residuos, son una de las principales preocupaciones de la firma. De esta forma, B&U ha implementado medidas para reducir, reciclar y reusar los desechos.
3. Nuestra gente: B&U ha desarrollado dos programas innovadores para mejorar las condiciones de sus colaboradores. El primero de ellos, con el apoyo de un fondo destinado por los socios, da a los empleados acceso a préstamos para la cuota inicial de vivienda propia, a un bajo interés. El segundo programa ofrece becas parciales para educación superior. Durante este año, ha sido entregado un total de siete becas parciales y cinco créditos de propiedad de vivienda a diferentes colaboradores.

El comité de responsabilidad social empresarial, en conjunto con el área de planeación, anualmente organizan el mes de la responsabilidad social. En este mes se realizan diferentes actividades encaminadas a concientizar a los asociados y al personal administrativo de la importancia de colaborar con la comunidad en la que se vive día a día. Las actividades realizadas en el 2013 fueron:

- Voluntariado Pintemos una Escuela: por segundo año consecutivo, se organizó una jornada de arreglos locativos de una escuela durante el mes de RSE. Esta actividad contó con la participación de ochenta voluntarios, mejoró las instalaciones locativas y dotó el aula de audiovisuales de la escuela Juana Escobar, que atiende a más de seiscientos niños en el sur de Bogotá.

- Tapas por la Vida - Fundación Sanar: se realizó una convocatoria en el interior de la firma para apoyar a la Fundación Sanar a través de la recolección de tapas plásticas. Para facilitar la recolección, se ubicaron cajas en cada una de las cafeterías de los pisos. Esta campaña tuvo una gran respuesta por parte de los empleados de la firma, quienes no solo contribuyeron con sus tapas, sino que también enviaron propuestas de futuras iniciativas que les gustaría fueran desarrolladas.
- Ilumina La Navidad: iniciativa organizada con Dividendo por Colombia que convocó a los empleados de la firma a realizar donativos para comprar regalos de navidad a los estudiantes del Colegio Juana Escobar. El objetivo con los recursos obtenidos es entregar una muda completa de ropa para el regreso a clase de los estudiantes de este colegio.

Adicionalmente, la estructura organizacional del área probono en el interior de Brigard & Urrutia ha evolucionado. Inicialmente, el trabajo probono era administrado por el área de planeación de la firma. Sin embargo, Brigard & Urrutia optó por una estructura independiente conformada por abogados llamada el Equipo ProBono. Este equipo se encuentra conformado por un socio, un asociado sénior de Brigard & Urrutia que desempeña la labor de coordinador probono, un asociado intermedio o junior que desempeña la labor del co-coordinador, un practicante permanente y los pasantes provenientes de la Fundación ProBono Colombia. Entre ellos organizan, estructuran, distribuyen, supervisan, lideran y participan en todas las iniciativas y actividades probono que se llevan a cabo en el interior de la firma.

El Equipo ProBono ha generado un antes y un después en Brigard & Urrutia en la forma como se adoptan los casos y las iniciativas probono. Anteriormente, los casos y los clientes probono eran supervisados únicamente por el socio o asociado que había decidido prestar sus servicios de manera gratuita a una entidad o persona natural.

Sin embargo, tras la creación del Equipo ProBono, todo caso u organización a la que vaya a prestársele servicios probono tiene la supervisión del

Equipo, lo que permite un mayor control sobre las actividades probono que se realizan en el interior de la firma y que se obtengan mejores resultados. El Equipo ProBono ha permitido que la firma sea más efectiva a la hora de atender las solicitudes de carácter probono que traen los socios o asociados, o las que provienen de las diferentes fuentes previamente mencionadas.

El reto de Brigard & Urrutia como empresa líder en Colombia seguirá siendo incentivar un espíritu solidario en sus abogados, con el objetivo de poder llegar cada vez a más personas e iniciativas que requieran nuestra ayuda y que representen a los sectores menos favorecidos del país, con el objetivo de colaborar al desarrollo de Colombia y ejercer la profesión con observancia de un componente innato de esta: la responsabilidad social.

5. La responsabilidad social empresarial en el futuro de Brigard & Urrutia

El sector social continuará creciendo y cobrando importancia en Colombia y en el mundo, haciéndose cada vez más un objetivo estratégico de todas las empresas y organizaciones. Estas constantemente son censuradas por la sociedad y se ven afectadas por políticas de los gobiernos que limitan su campo de acción y restringen su libertad para actuar. Es por ello que las iniciativas sociales ya no representan solamente la voluntad de las empresas y organizaciones de hacer algo bueno por un sector de la sociedad. Hoy las iniciativas sociales son un mecanismo por medio del cual las empresas y las organizaciones retribuyen a la sociedad por los impactos que causan en ella y comparten su éxito con los sectores menos favorecidos de la población. Brigard & Urrutia pretende acompañar a las empresas en estos procesos, fortaleciendo e incrementando sus políticas y actuaciones, con el objetivo de consolidar las áreas de responsabilidad social de nuestros clientes como líderes en innovación para el apoyo de los sectores menos favorecidos del país.

Para Brigard & Urrutia, el principal objetivo es ofrecer nuestros servicios a los clientes, asegurándoles que las asesorías que reciben son sostenibles en todos los niveles (social, ambiental, etc.). A través de nuestras iniciativas de responsabilidad social empresarial y de nuestras actividades probono, queremos ser considerados como pioneros de un nuevo modelo de negocio cuyo principal atractivo para nuestros clientes sea, no solo la calidad de nuestro trabajo, sino también la reconciliación entre su éxito y el beneficio que recibirán las comunidades afectadas por sus actividades.

Brigard & Urrutia desea encaminar sus esfuerzos hacia una nueva comprensión de las necesidades de los clientes, de tal manera que logren maximizar las ganancias y cumplir sus expectativas a través de prácticas sostenibles. Queremos lograr que la responsabilidad social de las empresas sea más que un intento de responder a las críticas y mejorar su imagen ante los demás. En el futuro, será considerada el mayor activo de las empresas, a través del cual lograron sus metas, minimizando los gastos y maximizando sus beneficios y los de las comunidades afectadas por sus actividades.

1.3. La responsabilidad de las empresas de respetar los derechos humanos

Adriana Paola Peñaranda Urbina*

Introducción

Sin lugar a dudas, en el normal desarrollo de sus actividades, las empresas pueden generar diversos efectos positivos o negativos sobre los derechos humanos, siendo por ello necesario que uno de los principales temas que se aborden en cualquier compañía sea aquel relacionado con el respeto a tales derechos.

Se debe destacar que en los últimos años el respeto a los derechos humanos por parte de las empresas ha sido objeto de atención de la comunidad internacional, lo cual se percibe, por ejemplo, al revisar las medidas adoptadas al respecto por la Organización de las Naciones Unidas (ONU).

Cabe resaltar que la ONU, ejerciendo su papel de protectora de los derechos humanos, ha participado activamente a efectos de garantizar que los Estados, las empresas y la sociedad civil cumplan con sus deberes y responsabilidades en todo aquello relacionado con la interacción de las empresas y los derechos humanos.

---

* Abogada de la Universidad Sergio Arboleda, especialista en Derecho Comercial de la Pontificia Universidad Javeriana, magíster en Propiedad Industrial e Intelectual de la Universidad de Alicante, España, magistrante en el programa de Gerencia de la Innovación Empresarial de la Universidad Externado de Colombia, coordinadora probono en Cavelier Abogados. Abogada, asesora y consultora en asuntos de Propiedad Industrial e Intelectual. En el momento en el cual se redactó el escrito, la autora se desempeñaba como abogada de Cavelier Abogados.

Considerando lo anterior, en junio del 2011 el Consejo de Derechos Humanos de las Naciones Unidas adoptó los principios rectores sobre las empresas y los derechos humanos, formulados por el profesor John Ruggie, Representante Especial del Secretario General de las Naciones Unidas.

Si bien los Principios Ruggie se consideran la norma de conducta mundial a la que se deben sujetar tanto las empresas como los Estados, en relación con el respeto de los Derechos Humanos, dichos principios no son jurídicamente vinculantes. Así las cosas, hasta la fecha, su cumplimiento es discrecional:

> Los Principios Rectores son la culminación de seis años de trabajo del que fuese Representante Especial del Secretario General que incluye la investigación en profundidad, amplias consultas con las empresas, los gobiernos, la sociedad civil, personas y comunidades afectadas, juristas, inversores y demás interesados, así como la puesta a prueba de las propuestas en la práctica. Los Principios Rectores se elaboraron para poner en práctica el Marco para "proteger, respetar y remediar" que el Representante Especial presentó a las Naciones Unidas en 2008. Ese Marco se apoya en los tres pilares siguientes:
>
> - El deber del Estado de proteger los derechos humanos;
> - La responsabilidad de las empresas de respetar los derechos humanos;
> - La necesidad de mejorar el acceso a las vías de reparación de las víctimas de abusos relacionados con las empresas. (Organización de las Naciones Unidas, 2012, p. 6)

Como consecuencia de lo expuesto, el presente estudio se dirige a profundizar en cada uno de los tres pilares mencionados, explicando qué significa cada uno y determinando su alcance.

Para finalizar, se expondrán algunos ejemplos de la manera como la actividad empresarial tiene injerencia en los derechos humanos. Con ello se busca generar una concientización sobre los deberes empresariales y la necesidad de plantear políticas de respeto de los derechos humanos en el interior de todas las compañías, sea cual fuere su tamaño.

1. La responsabilidad de las empresas de respetar los derechos humanos

Como se mencionó en los párrafos introductorios, en el desarrollo de sus negocios, las empresas ejercen efectos positivos o negativos sobre los derechos humanos, dependiendo del contexto en el que se encuentren. No obstante, se debe precisar que la protección y el cumplimiento de tales derechos no solo recaen sobre las empresas, sino que dicho respeto se comparte entre estas y el Estado. Es así como los gobiernos, tanto centrales como locales, y los organismos reguladores, tienen el "Deber de Proteger los Derechos Humanos" contra las violaciones de terceros y contra las consecuencias negativas que se hayan producido o se estén produciendo.

2. Deber del Estado de proteger los derechos humanos

Los derechos humanos se encuentran compilados y garantizados por las legislaciones nacionales de los diversos Estados, así como en tratados internacionales, principios generales y fuentes del derecho internacional. En virtud de la normativa existente, los Estados tienen la obligación de actuar o abstenerse de proceder con determinados actos, con el objeto de velar y proteger tanto los derechos humanos como las libertades fundamentales.

El Estado debe proteger a las personas de las violaciones a sus derechos humanos por parte de terceros, así como de empresas, y adoptar todas aquellas medidas tendientes a un efectivo disfrute de tales derechos:

> Por lo general, los Estados deciden discrecionalmente las medidas que adoptan a este respecto, pero deben considerar toda la gama de medidas de prevención y reparación admisibles, en particular medidas políticas, legislativas, reglamentarias y de sometimiento a la justicia. Los Estados también tienen el deber de proteger y promover el estado de derecho, en particular adoptando medidas para garantizar la igualdad ante la ley y su justa aplicación, y estableciendo mecanismos adecuados de rendición de cuentas, seguridad jurídica y transparencia procesal y legal. (Organización de las Naciones Unidas, 2011, p. 8)

Por su parte, el Estado tiene la obligación de determinar si las leyes que ha promulgado ofrecen suficiente cobertura y se ajustan a la realidad social, de tal manera que se genere un ambiente adecuado, con el fin de que las empresas respeten los derechos humanos. A este respecto, se debe mencionar que el Estado debería precisar en sus leyes y políticas lo que permite y exige a las empresas y a sus directivos en relación con derechos humanos.

Vale resaltar que en el documento emitido por las Naciones Unidas en relación con los Principios Rectores sobre Negocios y Derechos Humanos, se sugiere que el Estado promueva iniciativas dirigidas a que las empresas comuniquen cuáles son los mecanismos que usan para tener en cuenta el impacto de sus actividades sobre los derechos humanos. Sin duda alguna, esta sería una herramienta valiosa y que se debería implementar, sobre todo cuando las actividades empresariales que se realicen, impliquen un riesgo importante para los derechos humanos.

Adicionalmente, y en vista de que los Estados son los principales sujetos de obligaciones relacionadas con la protección de los derechos humanos, deben crear políticas contra las violaciones de derechos humanos cometidas por empresas de su propiedad o bajo su control, o en las cuales tenga participación. Se debe mencionar que lo esencial es que el Estado asegure el respeto a estos derechos y que se tenga una política de debida diligencia de los derechos humanos.

Considerando los riesgos existentes, los Estados deben promover y, de ser necesario, exigir a sus propios entes que procedan con la debida cautela, velando por el respeto de los derechos humanos, máxime si la actividad realizada entraña un riesgo para estos derechos.

Se debe destacar el deber que tiene el Estado de promover el respeto de los derechos humanos por parte de las empresas con las que lleva a cabo transacciones. De esta manera, en el ejercicio de sus funciones debe velar porque, al estipular los términos de los contratos con dichas empresas, se aclaren las obligaciones de respetar los derechos humanos.

Finalmente, es preciso indicar que el Estado debe proveer mecanismos tanto judiciales como extrajudiciales tendientes a la reparación de las violaciones de los derechos humanos que se presenten. En este sentido, se deben establecer políticas adecuadas y todo tipo de normativa y reglamentación, a efectos de someter a la justicia todo aquel comportamiento que viole los derechos humanos.

3. La responsabilidad de las empresas de respetar los derechos humanos

> La responsabilidad de respetar los derechos humanos constituye una norma de conducta mundial aplicable a todas las empresas, dondequiera que operen. Existe con independencia de la capacidad y/o voluntad de los Estados de cumplir sus propias obligaciones de derechos humanos y no reduce esas obligaciones. Se trata de una responsabilidad adicional a la de cumplir las leyes y normas nacionales de protección de los derechos humanos. (Organización de las Naciones Unidas, 2011, p. 20)

Las empresas deben abstenerse de infringir derechos humanos de terceros. Además, es necesario que tomen las medidas adecuadas en aquellos casos en los cuales, como consecuencia de su actuar, se genere un impacto negativo sobre los derechos humanos.

Como se puede observar, es en este punto en donde los derechos humanos dejan de hacer parte de un mero ámbito estatal y pasan a ser de importancia para la vida empresarial. Cabe destacar que las empresas deben adoptar políticas apropiadas, con el fin de prevenir, mitigar y, de ser necesario, remediar las violaciones a derechos humanos.

Al hablar de derechos humanos, se debe aclarar que estos son los internacionalmente reconocidos —mencionados en la Carta Internacional de Derechos Humanos— y los principios relacionados con los derechos fundamentales promulgados en la Declaración de la Organización Internacional del Trabajo.

La responsabilidad de las empresas de respetar los derechos humanos conlleva evitar que con las actividades llevadas a cabo en el giro del negocio, se provoque o se contribuya a la generación de un impacto negativo sobre los derechos humanos y que se asuman estas consecuencias cuando se produzcan. Adicionalmente, se busca prevenir o disminuir las consecuencias negativas sobre los derechos humanos que sean una consecuencia directamente relacionada con las operaciones, los productos o servicios prestados en el giro de las relaciones comerciales, aun cuando no se haya contribuido a generar tal impacto.

Es importante señalar que la responsabilidad de las empresas de respetar los derechos humanos se aplica sin tener en cuenta su tamaño. De esta manera, se debe interpretar en relación con todas las compañías, y estas deben propender por que existan políticas y procedimientos en función de su tamaño, para asumir el compromiso de respetar tales derechos, generar procesos de debida diligencia y cautela con respecto a ellos, y, por último, establecer los procedimientos que permitan hacer reparaciones cuando son violados.

Con miras a cumplir con su responsabilidad de respetar los derechos humanos, las empresas deben establecer una declaración política que sea aprobada y conocida por el más alto nivel directivo; que establezca lo que la empresa espera en lo concerniente a los derechos humanos de su personal, socios y demás partes de su negocio; que sea pública y se conozca tanto dentro como fuera de la organización; y que se refleje en sus procedimientos internos, a efectos de que se tome conciencia de tales derechos y la obligación de protegerlos.

Como consecuencia de lo anterior y con el objeto de respetar los derechos humanos, las empresas deben realizar auditorías internas, dirigidas a identificar, prevenir, mitigar y responder a las consecuencias negativas de sus actividades sobre los derechos humanos. Es así como se debe poner en marcha una auditoría cuando se "emprende una nueva actividad o se inicia una relación comercial, puesto que ya en la fase de preparación de los contratos u otros acuerdos pueden mitigarse o agravarse los riesgos para los derechos humanos, que también pueden heredarse a través de procesos de fusión o adquisición" (Organización de las Naciones Unidas, 2011, p. 21).

Es necesario resaltar que al realizar auditorías en materia de derechos humanos, se debería reducir el riesgo de recibir acciones judiciales contra las empresas, en tanto que, en principio, se podría demostrar que se tomaron las medidas razonables para evitar la vulneración de los derechos humanos. No obstante ello, aun cuando se realicen los procesos de debida diligencia, las empresas no podrían asumir que de esta forma quedarían automáticamente exentas de cualquier responsabilidad.

Adicionalmente, a efectos de identificar y analizar los posibles impactos negativos que una empresa puede tener sobre los derechos humanos, esta deberá asesorarse de expertos en la materia, con el fin de evaluar el contexto antes de iniciar o establecer cualquier nueva operación comercial, y también deberá comprender las preocupaciones de las partes eventual o posiblemente afectadas, para lo cual deberá consultarlas directamente.

Por otra parte, las empresas deben tener políticas y procesos para dar a conocer que respetan los derechos humanos, para lo cual deben comunicar, ofrecer transparencia y rendir cuentas a todos los interesados en el tema.

Finalmente, como se señaló en líneas anteriores en relación con el deber del Estado de proteger los derechos humanos, se debe resaltar que en aquellos casos en los cuales la empresa determine que provocó o contribuyó a la violación de los derechos humanos, esta misma debe velar y encargarse de la reparación por medios legítimos, por ejemplo, a través del establecimiento de mecanismos de reclamación para quienes resultaron afectados.

Se debe tener en cuenta que las acciones de reparación se deben ejecutar rápida y eficazmente, obteniéndose así la reparación del daño, lo cual se puede realizar a través de procesos internos y externos.

Entre los procesos catalogados como eficaces se encuentran las herramientas de reclamación, siempre y cuando se lleven a cabo sistemáticamente. Estos mecanismos se encaminan a hacer frente a las situaciones que se presenten, antes de que se generen mayores índices de incumplimiento.

4. Acceso a las vías de reparación de las víctimas de abusos relacionados con las empresas

> Como parte de su deber de protección contra las violaciones de derechos humanos relacionadas con actividades empresariales, los Estados deben tomar medidas apropiadas para garantizar, por las vías judiciales, administrativas, legislativas o de otro tipo que correspondan, que cuando se produzcan ese tipo de abusos en su territorio y/o jurisdicción los afectados puedan acceder a mecanismos de reparación eficaces. (Organización de las Naciones Unidas, 2011, p. 33)

En este sentido, los Estados deben propender por que se adopten las medidas necesarias para reparar las violaciones de los derechos humanos en relación con las empresas, de lo contrario, el deber de protección se puede debilitar y llegar a carecer de sentido.

La reparación incluye disculpas, restitución, compensaciones económicas o no económicas, rehabilitación, medidas de prevención de nuevos daños, así como sanciones punitivas.

Los procedimientos de reparación deben ser imparciales y se deben proteger contra cualquier forma de corrupción o intento político o de cualquier otra naturaleza para influir en su resultado.

Por su parte, el concepto de mecanismos de reclamaciones contiene cualquier proceso habitual, estatal o no, judicial o extrajudicial, que conlleve formular reclamaciones y reparar las violaciones de derechos humanos generadas como consecuencia de actividades empresariales. En algunos mecanismos actúa el afectado directamente, en otros lo hace a través de un intermediario.

Cabe indicar que se pueden presentar algunos inconvenientes, puesto que las legislaciones y reglamentos en cada país difieren, y en algunas jurisdicciones existe un menor grado de protección de los derechos humanos. Sin embargo, en caso de que las exigencias en lo concerniente al respeto de los derechos humanos fueren débiles en determinado Estado, ello no sería una justificación para que la empresa actuare en contravía de tales derechos internacionalmente reconocidos.

Con el objeto de garantizar el acceso a los mecanismos de reparación por violación de los derechos humanos por parte de una determinada empresa, los Estados deben velar por que los ciudadanos sepan de la existencia y comprendan tales mecanismos (incluyendo la manera como pueden usarlos) y ofrecer el apoyo requerido para lograr hacer uso de ellos. Los mecanismos estatales de reclamación, incluyendo los judiciales y los extrajudiciales, deben ser la base de un sistema de reparación más amplio y con mayor cobertura.

Como conclusión, los Estados deben propender por que no se levanten barreras que obstaculicen el llevar casos legítimos ante los tribunales, en especial cuando la vía judicial sea esencial para la reparación o no existan vías alternativas. En este sentido, se debe resaltar que ni la corrupción ni las presiones económicas o políticas deben impedir que se realicen actividades en pro de la reparación de los derechos humanos.

Bibliografía

Comité Internacional de Coordinación de las Instituciones Nacionales de Derechos Humanos (CIC) e Instituto Danés para los Derechos

Humanos (DIHR) (2013). *Empresas y derechos humanos. Guía para instituciones nacionales de derechos humanos*. Recuperado de http://www.humanrights.dk/files/media/dokumenter/udgivelser/bhr_guidebook_for_nhris_2013_esp.pdf.

Organización de las Naciones Unidas (2011). *Principios rectores sobre negocios y derechos humanos*. Recuperado de http://webcache.googleusercontent.com/search?q=cache:RFgmQ5TRb9oJ:www.ohchr.org/Documents/Publications/GuidingPrinciplesBusinessHR_SP.pdf+&cd=1&hl=es-419&ct=clnk&gl=co.

Organización de las Naciones Unidas (2012). *La responsabilidad de las empresas de respetar los derechos humanos*. Recuperado de: http://www.ohchr.org/Documents/Publications/HR.PUB.12.2_sp.pdf.

Anexo. Algunos ejemplos en los que las actividades empresariales impactan los derechos humanos

Ejemplos como las actividades empresariales pueden impartar a los derechos humanos

Derechos humanos	Posible impacto positivo	Posible impacto negativo o violación de los derechos humanos
Derecho a un nivel de vida adecuado	Una empresa crea empleos para las comunidades locales, contribuyendo a que las personas cuenten con los recursos para tener vivienda y alimentación adecuada	Una empresa reasienta a las comunidades a una zona con tierras menos fértiles y el proceso no se efectúa con la consulta y/o indemnización debida. Como resultado las comunidades reasentadas no tienen acceso suficiente a viviendas y alimentos
Derecho a gozar de condiciones equitativas y satisfactorias de trabajo	Una empresa a implementado normas sólidas en cuanto a salud y seguridad se refiere, reduciendo asi la probabilidad de que ocurran lesiones	Una empresa no concede suficientes decansos durante las horas laboraes
Derecho al agua y al saneamiento	Una empresa colabora con el gobierno estatal o local con el fin de mejorar la infraestructura del servicio del agua, por lo que contribuye a creae las condiciones necesarias para el cumplimineto del derecho al agua y al saneamiento	Una empresa utiliza grandes cantidades de agua en una zona donde ésta escasea, de modo que las comunidades locales no reciben suficiente agua para sotener la agricultura de subsistencia

Continúa

Derechos humanos	**Posible impacto positivo**	**Posible impacto negativo o violación de los derechos humanos**
Derecho a la educación	Una empresa paga instrumentos al gobierno, constituyendo asi al desarrollo de la infraestructura de las escuelas locales	Una empresa empleas menores de edad como trabajadores, lo cual da como resultado que no se respeten sus derechos a la educación
Derecho de acceso a la información	Una empresa pública información sobre el comportamiento ambiental en idiomas y formatos accesibles a los titulares de derechos afectados por las operaciones de dicha empresa	El gobierno no hace públicos los estudios de impacto ambiental y la empresa no adopta medidas para facilitar el acceso de las comunidades afectadas a la información sobre la evaluación de impacto
Derecho a la no discriminación	Una empresa trata a todos los empleados de manera equitativa con respecto a las contrataciones, ascensos, prestaciones vinculadas al trabajo y pensiones, sin discriminación por motivos ilegales	Una empresa discrimina las mujeres, es decir, no les permite volver a mismo lugar de trabajo después de su permiso por la maternidad

Fuente: CIC y DIHR (2013)

1.4. Las alianzas estratégicas para la defensa del interés público y los derechos humanos desde la perspectiva de la fundación ProBono Colombia*

Juliana Amaya**

Para la formación y consolidación de una verdadera y efectiva cultura probono, las alianzas estratégicas lo son todo. Hablamos de cultura probono cuando muchos estamentos sociales entienden, conocen y dan valor al trabajo probono o voluntario, esto es, a la donación de tiempo de abogados titulados para permitir el acceso a la justicia a aquellos que de otra manera no podrían hacerlo por falta de recursos. El trabajo probono, entonces, no es otra cosa que la suma de muchas alianzas encaminadas a la apertura de espacios de acceso a la justicia, y no en vano hablamos de cadena probono cuando nos referimos a nuestro trabajo.

En primer lugar y para que el fenómeno se dé, encontramos la alianza de empresas prestadoras de servicios legales o firmas de abogados. Son, al menos en Colombia, el prestador natural de servicios probono y de estas

---

* NOTA METODOLÓGICA: este escrito se realiza desde la perspectiva práctica del trabajo desarrollado por la Fundación ProBono Colombia durante sus cinco años de operaciones y por tanto no contiene referencias a textos académicos sobre la materia.

** Directora de la Fundación ProBono. Es abogada de la Universidad de los Andes con estudios de periodismo de la Universidad San Pablo CEU y el periódico *El Mundo* de Madrid (España). Su carrera profesional comenzó ejerciendo su carrera en varias firmas de abogados y se desempeña como directora de la Fundación desde hace cuatro años.

depende el buen desarrollo de las asesorías y la existencia misma del servicio que se presenta a los individuos y comunidades vulnerables y a las entidades que las atienden. En el caso colombiano, la unión de un grupo de estas empresas fue el germen de lo que hoy es el trabajo probono, y de esa unión ha dependido la creación de la Fundación, su existencia actual y la intención de institucionalizar estos servicios dentro de las estructuras existentes en las firmas de abogados. Así, esta alianza, en un comienzo de quince firmas de abogados, hoy veinticuatro, y los grupos legales de tres empresas del sector real hicieron posible la existencia de la Fundación y el compromiso de institucionalización del trabajo probono como proyecto de responsabilidad social corporativa. Empresas que son competidoras naturales renuncian a dicha competencia para unirse en torno a un objetivo altruista, consistente en la prestación, muchas veces conjunta, de servicios jurídicos gratuitos a personas, comunidades y organizaciones que por falta de recursos no pueden acceder a sus servicios o a los de algún otro abogado. Esto refleja el postulado inicial en el que el trabajo probono es en sí mismo el producto de alianzas estratégicas.

La cadena probono después requiere alianzas con entidades sin ánimo de lucro, receptoras de servicios probono y al mismo tiempo proveedoras de casos. Las organizaciones sin ánimo de lucro desarrollan su trabajo inmersas en las comunidades vulnerables y les proveen todo tipo de servicios. Uno de esos servicios, el que se produce a través de alianzas con la Fundación ProBono, es el acceso a la justicia, o por lo menos el acceso a un abogado. Estas comunidades, usualmente desprovistas de dicho servicio y en muchas ocasiones del conocimiento básico de sus derechos, son el objetivo hacia el cual se dirigen los esfuerzos de la Fundación y sus abogados voluntarios. Pero, además, estas alianzas permiten también identificar problemas sistemáticos en las comunidades, lo que en ocasiones sirve de sustento a emprendimientos probono más potentes, encaminados a corregir, a través del derecho y las herramientas que brinda, problemas estructurales por medio de proyectos colectivos y litigio de alto impacto. De igual manera, estas alianzas permiten la construcción de proyectos de educación y promoción en derechos para las comunidades.

En algunos círculos se considera que el trabajo probono realizado por las firmas de abogados se mantiene o se produce en el marco de un bajo perfil político, porque estas empresas no están dispuestas a asumir causas políticas polémicas y en muchos casos relevantes para generar cambios sociales estructurales. Si bien esto puede ser cierto desde el punto de vista de las alianzas estratégicas, puede superarse a través, justamente, de dichas alianzas. Organizaciones sociales dispuestas y creadas para dar esa batalla en el terreno público pueden encontrar en el trabajo probono una herramienta útil para el cumplimiento de sus objetivos. El trabajo probono de firmas de abogados puede ser visto como un instrumento. Se puede sumar su esfuerzo en etapas del proceso encaminadas a la investigación legal o el planteamiento de posibles estrategias que luego pueden ser emprendidas por las organizaciones sociales, las universidades y las clínicas de interés público e incluso por entes del sector público. Se trata, entonces, de superar paradigmas y sumar el trabajo probono de las firmas a las estrategias e intentos que otras organizaciones emprenden, por ejemplo, en trabajos cuyo objetivo es la supremacía y materialización de los derechos humanos.

Luego se encuentran las alianzas con las empresas del sector real. Su inclusión en la Fundación ha sido más reciente, pero ha resultado de muchísima importancia, no solo porque amplía la oferta de abogados, sino además por las razones que se exponen a continuación. A estas empresas su alianza con el trabajo probono les permite ofrecer estos espacios a comunidades de su interés, como pueden ser aquellas circundantes a sus plantas, a comunidades y gremios que son importantes por hacer parte de la cadena de los servicios que prestan o a sus propios empleados. Hay una razón adicional por la cual las alianzas con las empresas del sector real resultan atractivas desde el punto de vista social más general, y es que les permite identificar posibles actividades del curso de sus negocios que impacten desfavorablemente los derechos de las personas o comunidades. Creemos que en el futuro este conocimiento les permitirá corregir o buscar estrategias que ayuden a tener menor impacto negativo en dichas comunidades, haciéndose empresas más responsables socialmente. De esta manera, el trabajo probono tiene la potencialidad de trascender la simple atención de necesidades particulares, para modificar acciones concretas de la empresa privada. En países en donde la cultura probono está más afianzada y más difundida, las empresas del sector real exigen a sus abogados externos (firmas de abogados) realizar trabajo probono. Esto genera presión sobre dichas empresas, haciendo que sus prácticas se fortalezcan y su compromiso con estos servicios aumente. Cuando ello ocurre, estamos ante una real cultura probono, en la que no solamente los abogados se comprometen, sino que la sociedad en general comienza a dar atención a esta responsabilidad de los abogados, a la vez que le da valor a las actividades emprendidas en esa materia.

Con base en la experiencia de países donde la cultura probono es ya un hecho, es posible afirmar que existe un vínculo estrecho entre la consolidación de esa cultura y las facultades de derecho. Las firmas de abogados y las grandes empresas están permanentemente en busca del mejor talento y cuando en las facultades de derecho se habla y se promueve el trabajo probono como parte esencial de la responsabilidad del abogado, muchos de los más talentosos estudiantes buscan trabajar en lugares en donde haya espacio para aportar en temas sociales desde su profesión. Así, se genera un vínculo directo entre lo que se enseña en la universidad y que el trabajo probono sea luego realizado por los abogados ya graduados. En el caso colombiano, la Fundación ProBono ha procurado tener lazos con varias universidades, buscando ampliar a toda la comunidad jurídica los postulados del trabajo probono y promoviendo su práctica desde todas las formas de ejercicio de la profesión.

A continuación, se hace referencia a los aprendizajes obtenidos en el marco del convenio que la Fundación tiene con la Universidad del Rosario y que ha dejado valiosos aprendizajes y avances en la institucionalización del trabajo probono. En el marco de la alianza, más de 150 estudiantes han desarrollado labores de soporte en las nacientes áreas probono de algunas de las firmas de abogados que hacen parte de la Fundación. Este soporte, tal y como se les explica a los estudiantes al comenzar su práctica, tiene dos objetivos principales: en aquellas firmas que acaban de hacerse parte de la Fundación, o que llevando algún tiempo no han dado comienzo a la toma consistente de casos, el objetivo de la práctica consistirá en trabajar en el desarrollo de políticas y manuales encaminados a la toma de casos. De la mano de la Fundación, entonces, los estudiantes proponen a la firma un proyecto de institucionalización y creación de un área probono en el interior de la firma. En aquellas firmas en las cuales el probono está más afianzado, la Fundación más establecida y hay una toma de casos más consistente, la labor principal del practicante consistirá en asegurarse que los casos asignados por la Fundación a la firma sean atendidos de manera adecuada y eficiente. Este propósito se logra a partir de realizar el seguimiento pertinente a los casos y generando una correcta comunicación con los clientes y con la Fundación. Esta comunicación más fluida entre la firma y la Fundación permite un seguimiento más cercano de los casos que cada una de las firmas atiende y permite concentrar importantes esfuerzos en la calidad de los servicios que se prestan. Pero, en términos más generales, permite a los estudiantes de derecho conocer qué es y cómo debe hacerse trabajo probono; además, posibilita que ellos mismos conozcan la realidad de las personas que atienden y las dificultades que enfrentan, así como la importancia que tiene el trabajo probono.

De igual manera, los hace más conscientes del reto que como abogados tiene prestar servicios probono, pero también genera empatía con este tipo de trabajo, lo que esperamos que en el futuro influya en la aproximación que tengan hacia estas responsabilidades, una vez se conviertan en abogados. Si bien se ha hecho trabajo probono a lo largo de muchísimo tiempo, la perspectiva que de este se tiene desde la redacción de la Declaración de Trabajo Pro Bono para el Continente Americano y de la creación de la Fundación, es diferente y nueva. Esta novedad implica que existe un espacio todavía inexplorado en el interior de las firmas de abogados sobre el potencial del trabajo probono, para la empresa como tal y para sus abogados. Trabajar con estudiantes de derecho, tal y como se viene haciendo, les permitirá a esos futuros abogados explorar por su cuenta y ser promotores de áreas y estructuras probono más fuertes en las firmas de abogados, y a impulsar igualmente el trabajo probono desde otras esferas de la profesión, como el sector real, la Academia, el ejercicio independiente y cualquier otro ámbito en el que un abogado pueda ejercer la profesión.

Tal y como se ha expuesto a lo largo de estos párrafos, el trabajo probono, al menos en esta etapa de consolidación inicial en la que se encuentra Colombia, aunque creo que lo será siempre, es una suma de alianzas estratégicas. Cada uno de los elementos de la cadena probono está dispuesto para desarrollar una parte fundamental del proceso, los unos no pueden trabajar sin los otros. Los abogados que quieren donar su tiempo necesitan casos y proyectos donde hacerlo, los cuales provienen, necesariamente, de organizaciones sin ánimo de lucro con acceso a las comunidades y personas que requieren los servicios, o por universidades y facultades de derecho que proponen nuevos proyectos.

Los estándares de calidad de los servicios probono aumentarán y se afianzarán, en la medida en que quienes los prestan tengan veedores y aliados que los impongan. Si las universidades y las organizaciones sociales no dan a las firmas de abogados la oportunidad de demostrar su compromiso social con el trabajo probono, y si no rompemos paradigmas respecto a los intereses por los que estas empresas realizan este trabajo, conseguiremos poco en el mediano y en el largo plazo, porque la cultura probono depende, tal y como lo dije al comienzo, de una comprensión y valoración del trabajo probono desde varias aristas sociales. Nuevas generaciones de abogados vendrán, con mayor conocimiento sobre las posibilidades y el valor de su aporte en el campo social, y entonces, todos: universidades, firmas de abogados, empresas del sector real y organizaciones sin ánimo de lucro, estaremos navegando hacia un mismo puerto, el del acceso a la justicia.

1.5. Obligatoriedad vs. voluntariedad Sensibilización del abogado

Daniela Andrea Palacio Yepes*

Cuando estamos en la universidad y llenamos nuestras mentes de conocimiento sobre el ordenamiento jurídico, conocimiento sobre la regulación en uno u otro sentido, sobre este o aquel tema, no solo nos estamos formando como abogados con conocimiento en leyes que van a ayudar a la conformación de grandes empresas, al perfeccionamiento de negocios multimillonarios, a la elaboración de contratos, acuerdos y actas o la representación de un cliente en un proceso con sentencia favorable en última instancia.

Cuando nos formamos como abogados llevamos una responsabilidad social arraigada en pequeña y gran escala, no solo por lo que en sí mismo implica la profesión del abogado, personificada en la posibilidad de acceso a la justicia, sino por el país en el que la ejercemos.

Tal como lo establece la Constitución Nacional, Colombia es un Estado social de derecho, lo cual nos debería enmarcar en una política menos individualista y más inclusiva, representada en un sentimiento de fraternidad

* Abogada graduada de la Universidad de Medellín, se encuentra cursando la especialización en Derecho Comercial de la Universidad Externado de Colombia en Bogotá. Se vinculó a Lloreda Camacho & Co., como abogada asociada en el año 2013. Forma parte del Departamento de Derecho Minero y Corporativo de esta firma de abogados. Antes de vincularse a Lloreda Camacho & Co., trabajó como asistente judicial del Estudio Jurídico S.A. en la ciudad de Medellín y en el Laboratorio Basic Farm S.A. en la misma ciudad. Sus áreas de práctica incluyen derecho minero, ambiental, administrativo y comercial.

humana en el diario vivir de cada uno de sus habitantes, no solo porque la Constitución lo establece, sino porque la realidad lo demuestra.

Con nuestro ejercicio profesional, no solo estamos llamados a recibir beneficios y a lucrarnos con nuestra labor, sino también a dar y a retribuir a la sociedad con la aplicación de nuestro conocimiento y experiencia en el ejercicio de los casos de personas que no tienen recursos para acceder a un abogado y que en esa medida no podrían reclamar sus derechos ante las demás personas, ni ante la sociedad misma.

Todos los casos son de alto impacto, todos son importantes, merecen ser atendidos y escuchados para que se decida de fondo sobre sus intereses. No hay causas pérdidas.

Todas las firmas que se encuentran asociadas a la Fundación ProBono comenzaron su ejercicio en este campo, asumiendo un compromiso de cumplir con una facturación mínima al año por abogado invertido en labores probono. Con el tiempo, cuando se comienzan a vivir los casos probono, cuando se comparte con los clientes, cuando conocemos sus causas personales, cuando podemos compartir a través de ellos su experiencia de vida y logramos intervenir de manera positiva en la vida de otra persona, los abogados asumimos por convicción el tratamiento del caso, y la firma claramente lo vive a través de él, a través del acompañamiento y del trabajo conjunto, toda vez que una de las maravillosas ventajas de las firmas, es el nivel de interdisciplinariedad que nos permite a los abogados asumir los casos en forma integral.

Al realizar un trabajo probono no solo conocemos, sino que además comprendemos la realidad de otras personas, comenzamos a vivir una realidad ajena que se vuelve propia.

Conocer el cliente probono y compartir con él, es una experiencia que no puede presenciarse a través de las letras. Al leer su historia, el caso nos conmueve y nos impresiona, pero al conocer al cliente y ver sus condiciones y circunstancias de vida, se pasa de una experiencia de conocimiento a una experiencia real de vida.

1.6. El papel de los abogados en Colombia con respecto a los Principios Rectores sobre las Empresas y los Derechos Humanos de las Naciones Unidas

Paula Torres Holguín*

Introducción

A partir del lanzamiento de la Declaración Probono para las Américas y de la creación de la Fundación ProBono en Colombia en el año 2008, el trabajo probono en las oficinas de abogados en Colombia ha crecido de manera exponencial. No solo ha aumentado el número de firmas involucradas y el número de casos atendidos, además se ha creado y empezado a consolidar una verdadera cultura de la promoción y la realización del trabajo probono en el país. Seis años es poco tiempo, e institucionalizar esquemas de asesoría gratuita y prestación de servicios ajenos a la actividad comercial en empresas con muy altas cargas de trabajo, no es una tarea sencilla. Pero cada vez hay más avances y más significativos.

Por esa razón, en lugar de mirar hacia el pasado y evocar los éxitos o las dificultades de la estructuración formal del trabajo probono, este escrito busca ubicarse dentro del marco de los Principios Rectores sobre las Empresas y los Derechos Humanos (en adelante, los "Principios"), pues son estos los referentes actuales, a nivel internacional, y en conjunto con las Guías para Empresas Multinacionales de la Organización para la Cooperación y

* Directora probono de la firma de abogados Posse Herrera Ruiz.

el Desarrollo Económicos (OCDE), para las reflexiones sobre la mejor forma de involucrar al sector privado en el propósito estatal de garantizar dichos derechos. Desde esta perspectiva, se hace énfasis en las firmas de abogados, no como un conjunto de abogados que prestan servicios jurídicos en equipo, sino como empresas que son cada vez más grandes y tienen mayor incidencia en el desarrollo económico y social del país.

1. Los "Principios de Ruggie"

El derecho internacional tiene como principio general, no solo que los Estados son los que lo crean por acuerdo voluntario, sino que son estos mismos Estados los que están sujetos a su imperio. En el marco de los derechos humanos como instrumento de este derecho internacional, son también los Estados los primeros llamados a protegerlos, promoverlos, prevenir su violación y remediarla, en caso de que esta ocurra. No obstante, es una realidad, hace ya varias décadas, que las empresas desempeñan un papel fundamental en la consecución de los fines estatales y que su operación puede incidir positiva o negativamente en la protección de los derechos humanos de sus ciudadanos:

> Business is the major source of investment and job creation, and markets can be highly efficient means for allocating scarce resources. They constitute powerful forces capable of generating economic growth, reducing poverty, and increasing demand for the rule of law, thereby contributing to the realization of a broad spectrum of human rights.

Los Principios fueron adoptados por el Consejo de Derechos Humanos de las Naciones Unidas en su Resolución 17/4, del 16 de junio del 2011, como una forma de abordar la interacción entre los derechos humanos y la operación empresarial internacional. También se conocen como los "Principios de Ruggie", pues su redacción, estructura y contenido son el resultado del mandato que recibió el experto internacional John Ruggie, de dicho comité, para explorar formas de promover la protección de los derechos humanos en la operación del sector privado.

Dichos Principios se basan en tres pilares fundamentales: el respeto por los derechos humanos, su protección y su reparación. En este corto espacio, sin embargo, no me detendré en su estructura o en el contenido, sino que pasaré directamente a sus implicaciones prácticas.

1.1. Auditoría en derechos humanos: ámbito de influencia en el desarrollo del propósito empresarial

Como mecanismo de aplicación práctica de los Principios, las empresas deben llevar a cabo, entre otras actividades, auditorías en derechos humanos para determinar su ámbito de influencia, tanto en el desarrollo de su objeto social como en su operación administrativa. Así, por ejemplo, en el ámbito de influencia de una empresa para encontrar pareja en internet, desde la perspectiva del desarrollo de su objeto social, podrían estar los derechos humanos a la intimidad y a la dignidad. Aunque los servicios de la empresa estén destinados exclusivamente a adultos, y su objeto social sea lícito, bajo el marco de los principios y luego de una auditoría en derechos humanos, podría resultar necesario adoptar medidas para garantizar que su plataforma no sea utilizada para la promoción de fines ilícitos, por ejemplo, pornografía infantil. Los derechos a la intimidad y a la dignidad de menores de edad podrían, eventualmente, estar bajo su ámbito de influencia, aunque no sea evidente en un primer momento que así lo sea.

La intimidad también puede estar en el ámbito de influencia del mismo tipo de empresa, pero en conexión con el manejo de los datos personales de sus usuarios. ¿Qué pasa si, dado su éxito económico, la empresa decide expandir sus operaciones a una jurisdicción diferente, en la que el gobierno exige un reporte periódico de las actividades en internet de todos los usuarios de este tipo de servicios? Recientemente, en Estados Unidos, Facebook y Apple han decidido seguir el ejemplo de Twitter y proteger a sus usuarios de lo que consideran una invasión indebida de la privacidad por parte del gobierno, notificándolos sobre la existencia de solicitudes de información que los involucran. Esta práctica contrasta con aquella adoptada por la compañías de telefonía de ese mismo país, entre otras AT&T y Verizon, que han accedido generalmente a entregar al gobierno información y datos de sus usuarios sin que medie orden judicial o notificación previa al usuario.

1.2. Ámbito de influencia en desarrollo de la operación administrativa

Desde el punto de vista de la operación institucional de las empresas, en términos generales, los derechos que se encuentran en su ámbito de influencia son muy similares, con independencia del sector al que pertenecen. El derecho al trabajo es el obvio protagonista, pero también lo son derechos como la igualdad, la salud, la dignidad, la información, el medio ambiente, entre muchos otros. Así, la existencia y, sobre todo, la ejecución de políticas administrativas destinadas a promover la diversidad racial, cultural o de género en puestos directivos de las empresas, o aquellas que buscan racionalizar la utilización del papel y su adecuado reciclaje son, afortunadamente, cada vez más comunes y son valoradas positivamente en el marco de los Principios.

1.3. ¿Cómo aplicar los Principios?

Aunque parece relativamente sencillo, la aplicación de los Principios presenta retos complejos, como lo demuestra el caso de Apple y Verizon, antes mencionado, pues incluso en países donde hay un consenso general sobre la importancia de proteger y promover los derechos humanos, como en Estados Unidos o en Colombia, no hay uniformidad en los mecanismos empleados para hacerlo. Esta diversidad tiende a aumentar en el marco de parámetros de acción voluntarios, cuya materialización depende de la interpretación y voluntad de quienes los aplican, como sucede con los Principios.

La complejidad también crece cuando las empresas operan en contextos sociales y políticos autoritarios o violentos, en los que surgen preguntas como las siguientes: ¿Depende el compromiso con los Principios de que la operación de la empresa ocurra en jurisdicciones receptivas a la protección universal de los derechos humanos, o va más allá de cualquier exigencia legal, llegando incluso a condicionar la decisión de participar o no en la expansión multinacional de un negocio? ¿Qué pasa cuando la contradicción entre las actividades de las empresas y los derechos humanos se explica principalmente, no en una voluntad de hacer daño o en negligencia para prevenirlo de la empresa, sino en una contradicción de base entre los derechos humanos y la forma como funciona la sociedad en la que opera? ¿Qué mecanismos son realmente efectivos para remediar y, ante todo, prevenir la afectación eventual de los derechos dentro del ámbito de influencia de una empresa?

2. Los principios en Colombia

Colombia no ha sido ajena al desarrollo y la adopción de las prácticas que los Principios buscan promover. No en vano, la consulta regional para Latinoamérica de John Ruggie se llevó a cabo en el 2006 en nuestro país, y una colombiana, Alexandra Guáqueta, representa a nuestra región en el Grupo de Trabajo, de solo cinco personas, creado por las Naciones Unidas con posterioridad a la adopción de los Principios, para evaluar y promover su adopción a nivel mundial.

Desde hace casi diez años, empresarios, organizaciones sociales y entidades estatales en Colombia han aunado esfuerzos para crear estándares y guías de comportamiento voluntarias, en el marco de los Principios, con el fin de abordar los retos que implica para el sector privado operar en un país en medio del conflicto como Colombia y aportar, de la manera más constructiva y sostenible posible, a la consolidación de los derechos humanos en el país. Hay varios resultados prácticos de estos esfuerzos, dentro de los cuales destaca la *Guía Colombia en Derechos Humanos y Derecho Internacional Humanitario,* una iniciativa que surgió en el 2006 bajo el liderazgo de la doctora Guáqueta, con ocasión de la realización de la consulta regional latinoamericana de los Principios en Colombia, y que, finalmente, se materializó en la iniciativa que coordina la Fundación Ideas para la Paz y reúne, entre otros miembros, a empresas del tamaño de Bavaria, EPM, Isagen, Indupalma, Tipiel y Nestlé, a organizaciones sociales de la importancia de Codhes, la OIM, la Andi o Sisma Mujer, y al gobierno, a través del Programa Presidencial de Derechos Humanos y Derecho Internacional Humanitario y la Vicepresidencia de la República.

Pero la cercanía con nuestro país no está solo en el proceso de creación y aplicación —oficial y empresarial— de los Principios, sino en una coincidencia general entre estos y los propósitos del Estado Social de Derecho adoptado por la Constitución colombiana en 1991. Así, por ejemplo, medidas para la protección de los derechos a la autodeterminación y el territorio de comunidades indígenas o minoritarias que se han promovido recientemente en el marco internacional, como el derecho a la consulta previa, hacen parte de nuestro sistema jurídico desde hace casi veinte años. A diferencia de lo que sucede en otros países, en Colombia existe un sistema legal y constitucional reconocido regionalmente como garantista, defensor de los derechos de sujetos de especial protección como, por ejemplo, mujeres en estado de embarazo o personas en condición de discapacidad; si bien estas medidas pueden ser criticadas en su aplicación práctica, formalmente cumplen los objetivos de los Principios.

La presencia y el uso de este tipo de herramientas desde hace varios años en el ordenamiento jurídico colombiano pueden explicar, en parte, por qué, a pesar del protagonismo de nuestro país en la construcción de los

Principios, de su adopción y promoción voluntaria por parte de grandes e influyentes empresarios, del contexto de conflicto y posible posconflicto que enfrentamos como país y la clara tendencia internacional en este sentido, los Principios no hayan recibido suficiente atención dentro del marco de la Academia o la práctica de la profesión jurídica en Colombia.

3. Los Principios y el trabajo probono

Tradicionalmente, en Colombia, el derecho se ha ejercido de manera individual; en las últimas décadas esto ha cambiado de manera significativa, para dar paso a las oficinas de abogados. Este fenómeno —que es más común en Bogotá, aunque poco a poco también está creciendo en otras ciudades del país, entre otras Medellín y Barranquilla—, trae claras ventajas, al dar a los servicios jurídicos un enfoque interdisciplinario y a los clientes mayores posibilidades en términos de capacidad institucional. Pero también obliga a quienes prestamos el servicio de manera colegiada a adoptar herramientas que pertenecen, no al derecho, sino a la administración o la ingeniería industrial. Así, cada vez con más frecuencia, el avance de abogados en las firmas lleva implícito, no solo su crecimiento en términos de experiencia y habilidades jurídicas, sino en el incremento de las tareas y responsabilidades administrativas que debe asumir con respecto a la firma como empresa. Al hacer parte del nivel directivo de una oficina, no solo tenemos que ser excelentes abogados, sino también hábiles empresarios, frente a los clientes, pero sobre todo frente a la firma.

En este contexto, ¿qué papel deben desempeñar entonces los abogados en Colombia con relación a los Principios? Y, más concretamente, ¿qué incidencia tiene la adopción de los Principios en el marco de la práctica de las firmas de abogados en el país? Hay múltiples formas de responder estas preguntas.

Por un lado, la respuesta puede hacer referencia a la posibilidad de asesorar —o no— a nuestros clientes empresariales en la realización de auditorías o en la construcción de políticas de derechos humanos dentro del marco de los Principios. Esta es una tendencia incipiente en los departamentos de trabajo probono de los Estados Unidos que, sin embargo, no es sencilla en su estructuración. ¿Debe darse esta asesoría gratuitamente, como trabajo probono, dando prioridad a su cercanía con la garantía de los derechos humanos y la defensa del interés público? ¿O debe darse como un servicio comercial para clientes empresariales, considerando la asesoría en derechos humanos como una nueva línea de trabajo, una nueva área de práctica independiente del trabajo probono? ¿Son las firmas de abogados el mejor escenario para la realización de recomendaciones relacionadas con estos temas, cuando es razonable argumentar que la mejor forma de incidir en el comportamiento de los empresarios en estos temas no es a través de obligaciones legales, sino de la adopción de mejores prácticas voluntarias que demuestren su disposición y compromiso con el desarrollo sostenible, y que no solo sean el resultado del cumplimiento de un deber legal? Para asesorar a clientes en estos temas, ¿debe entrenarse a todas las áreas de práctica para entender los riesgos asociados a los derechos humanos en sus asesorías comerciales e integrar realmente la dimensión humanitaria en la prestación del servicio?, o ¿debe ofrecerse una asesoría independiente realizada por personas entrenadas específicamente en estos temas? ¿Qué nivel de responsabilidad y tiene la firma y qué riesgos asume al advertir —o no— a sus clientes sobre riesgos de derechos humanos en caso de su ocurrencia eventual?

Otra forma de responder a la pregunta sobre el papel de los abogados con relación a los Principios es sostener que debe ser el de participar en el debate sustancial sobre el carácter jurídico —o no— de los principios y su posible —o no— exigibilidad ante autoridades judiciales o administrativas. El complejo dilema entre obligatoriedad y voluntariedad es transversal, no solo a los Principios, sino en general a iniciativas dirigidas a involucrar al sector privado en la promoción y protección de los derechos humanos. Desde el punto de vista jurídico, esta ambivalencia crea mayores niveles de dificultad: ¿Cómo deben entenderse los conceptos de aquiescencia y complicidad de las empresas que traen los Principios en el marco del derecho penal colombiano? ¿Es este un tema donde debe desarrollarse la tesis de la autoría penal empresarial, superando la doctrina de la responsabilidad individual para delitos, acercando el derecho penal a los postulados de la responsabilidad civil extracontractual? ¿Es positivo o negativo el impacto la existencia de políticas y auditorías en derechos humanos en la responsabilidad civil o penal de las empresas por posibles violaciones futuras?

En mi opinión, el sector de las firmas de abogados en Colombia está hasta ahora empezando a acercarse, a través del trabajo probono, a la construcción de su papel en la adecuada promoción y protección de los derechos humanos, y es necesario responder a las difíciles preguntas planteadas en los párrafos anteriores, antes de asumir cualquiera de los papeles señalados. En este contexto y en el marco de los Principios, el trabajo probono puede interpretarse como el resultado de un proceso intuitivo —o que al menos no se realizó explícitamente dentro del marco de los Principios— de identificación de uno de los muchos niveles del ámbito de influencia en derechos humanos de la firmas como empresas, y de la adopción de políticas para contribuir a respetar, proteger y remediar violaciones a los derechos humanos. El trabajo provee una oportunidad de entrenamiento de los miembros de las firmas de abogados en las herramientas propias del derecho internacional de los derechos humanos, nos acerca a las realidades que hacen necesaria la existencia y exigencia de dichos derechos y, de esta manera, nos prepara para un futuro en el cual las líneas que dividen el ámbito público del privado, el internacional del local, el sector social y empresarial, son cada vez más débiles y relativas. Y donde, sin duda alguna, los Principios tendrán cada vez más protagonismo.

1.7. Retos y oportunidades del trabajo probono para las nuevas generaciones de abogados y el abogado del siglo XXI

Mery Angélica Mantilla García*

Introducción

La intención de este escrito es destacar los aspectos positivos de la implementación del trabajo probono en las firmas de abogados y en el ejercicio de la profesión, tomando algunos referentes de la literatura acerca de esta materia, pero, principalmente, partiendo de la experiencia de quienes ya realizamos este tipo de práctica y nos mostramos esperanzados en la formación de nuevos abogados y la construcción de un perfil del abogado propio de este siglo, que permita ubicarnos en una mejor posición frente a las críticas justificadas del día a día, pero, sobre todo, que nos permita cumplir realmente con las bondades históricas por las cuales esta profesión tuvo su origen.

1. El privilegio de ser abogado

El trabajo probono se encuentra ya institucionalizado en la Declaración del Trabajo ProBono para el Continente Americano, que en su considerando número 5 indica:

---

* Abogada asociada de la Firma Prías Cadavid Abogados y abogada Coordinadora del área ProBono.

> CONSIDERANDO que la profesión legal tiene un rol privilegiado y está posicionada de manera única en materia de acceso a la justicia y tiene la responsabilidad, los medios y la oportunidad de promover un sistema legal justo y equitativo, así como el respeto por los derechos humanos y constitucionales en colaboración con el estado, el poder judicial y las organizaciones no gubernamentales [...]

Vemos entonces que la declaración parte de destacar la posición privilegiada con que los abogados cuentan al desenvolverse en las relaciones con el Estado, el poder judicial y las ONG, pero además resalta la manera única como puede desempeñarse con relación a estas instancias, lo cual le permite estar en una posición destacable en la defensa de los derechos humanos y las garantías constitucionales. Es allí donde este papel privilegiado resulta importante y a partir de ello se demanda del ejercicio un compromiso más social y responsable.

Es importante destacar este componente al día de hoy, lo que permite enfrentarnos a una profesión con un perfil y unos retos en su ejercicio muy diferente a como se ha venido concibiendo. El privilegio deja de pensarse con respecto al estilo de vida de los abogados, los amplios recursos que las firmas poseen, el estatus que las involucra y se concibe desde un aspecto social y con un fin mucho más concreto y acorde con la realidad del continente: el propósito de satisfacer necesidades sociales (Cummings, 2004).

Lo anterior, además, encuentra eco en la Constitución Política nacional, lo que nos permite preguntarnos: ¿no es deber de todas las profesiones cumplir con el artículo 1º de la Constitución? La norma en mención prescribe:

> ARTÍCULO 1. Colombia es un Estado social de derecho, organizado en forma de República unitaria, descentralizada, con autonomía de sus entidades territoriales, democrática, participativa y pluralista, fundada en el respeto de la dignidad humana, en el trabajo y la solidaridad de las personas que la integran y en la prevalencia del interés general.

Como abogados, no podríamos incurrir en la inconsistencia de dejar de acatar el artículo 1º de la Carta Política y omitir la articulación del llamado a la solidaridad que allí se realiza, cuando además nos encontramos en una posición privilegiada que nos permite actuar de manera mucho más factible en la defensa de los propios principios y derechos constitucionales. Esto nos permite incluso abrir el debate sobre el trabajo probono, caracterizado por su voluntariedad, o si de acuerdo con nuestro ordenamiento jurídico podríamos encontrar una fuente legal de su obligatoriedad. La idea no es polemizar sobre si la institucionalización de la práctica probono debe ser impositiva o libre, por ahora; lo que es importante señalar es que al menos debemos inquietarnos con el tema, partiendo del hecho de que contamos con una norma de rango constitucional que nos pide involucrarnos en la construcción de una sociedad, para lo cual podemos aprovechar el papel privilegiado que la profesión nos otorga.

2. Los beneficios de un programa probono en las firmas de abogados

A continuación se hace mención de algunos aspectos positivos de la práctica probono en el interior de las firmas de abogados, situación que corresponde ya a una realidad a partir de la experiencia de su implementación y la forma como abogados en ejercicio hemos interactuado con esta labor.

La sección VII de la Guía de la Implementación de Programas Pro Bono en las Firmas de Abogados de Latinoamérica, realizada por el New York City Bar y The Vance Center, señala los beneficios de dichos programas, desde lo que significan para el entrenamiento, el reclutamiento y la retención de abogados:

a) Indica que la práctica probono es una buena forma para que los abogados recién egresados adquieran conocimiento y habilidades útiles, no solo en esta área, sino para otras materias en el interior de la firma. Este tipo de prácticas les permiten destacarse muchas veces, incluso como directores de la estrategia jurídica, pasando de papeles netamente administrativos, que usualmente tienen a cargo en los casos de la firma, a un papel más protagonista.
b) A través del trabajo probono, los abogados pueden desarrollar habilidades más precisas en la comunicación y el entendimiento con el cliente y en la redacción y elaboración de alegatos. El trabajo probono tiene por finalidad la atención jurídica y el apoyo en el acceso a la administración de justicia a personas provenientes de sectores vulnerables, marcados por la pobreza, la violencia y la mar-

ginalidad, situación que les ha impedido acceder a una educación media. Así, el abogado probono cuando realiza este tipo de atención jurídica desarrolla mayor capacidad de comprensión y sentido práctico, haciéndose más claro y comprensible en la exposición de la estrategia o el litigio.

c) En el contexto del litigio y su reconocimiento como profesionales del derecho, los abogados pueden empezar a ser reconocidos por jueces y contrapartes, lo cual les permitirá ganar tiempo en destacarse en los tribunales.
d) La práctica probono permite que los abogados tengan una visión más global de un litigio o de una transacción, previendo posibles contingencias o permitiendo elaborar proyectos a largo plazo, procesos de alto impacto o litigio estratégico. A partir del conocimiento de necesidades individuales, con las que tienen contacto directo, pueden —como ha ocurrido con la Fundación Pro Bono Colombia— ser más propositivos e innovar en la ingeniería de programas de alto impacto que permitan satisfacer en un radio más amplio las necesidades identificadas de un sector o población en concreto. En este sentido, pueden mencionarse el Programa de Peticionarios ante el Sistema Interamericano de Derechos, la intervención en otros programas que requieren un fuerte componente en asistencia jurídica —como lo es el Proyecto Progresa Fenicia— e incluso la intervención constante con las universidades.
e) Mediante la práctica de trabajo probono, los abogados recién egresados o próximos a obtener su título aprenden a ser responsables de las decisiones que tomen, así como a tener iniciativa propia.
f) La práctica probono significa una forma efectiva de que los estudiantes de derecho o abogados recién egresados aceleren el proceso de maduración hacia el camino de un verdadero abogado.
g) Las firmas pueden, a través del trabajo probono, identificar abogados talentosos y ofrecerles una contratación directa, evitándose así los procesos de selección y riesgo moral.
h) La realización de trabajo probono en la firma puede interesar a mayor número de abogados recién egresados, siendo una opción primordial en la elección de una vinculación laboral, lo cual puede

ayudar a la firma a evitar que los nuevos abogados busquen a la competencia.

i) La práctica probono produce una satisfacción distinta a la que resulta de la atención de clientes comerciales, por lo que nuevos abogados pueden tener mayor vocación de permanencia en firmas donde se les permita realizar trabajo probono.
j) Realizar trabajo probono permite a los nuevos abogados tener una variable atractiva en el ejercicio de su labor, saliendo un poco de la rutina de las firmas.
k) El trabajo probono aumenta el *good will* de las firmas de abogados y el sentido de pertenencia de los abogados a estas, pues se sienten a gusto perteneciendo a firmas que incluyen dentro de su objeto social la realización de esta práctica.

De acuerdo con nuestra propia experiencia, y porque muchos somos ejemplo de todo este proceso y de su resultado, creemos además que existen otros beneficios que fortalecen el ejercicio de la profesión y construyen este nuevo perfil:

1. La práctica probono permite actuar de una manera más interdisciplinaria, al tomarse casos que no necesariamente tienen que ver con el área de *expetise* de la firma o del abogado. En esta medida, se pierde el temor a actuar en otras jurisdicciones o a evitar la toma de casos que no tienen que ver con el área de especialización. Muchas veces los abogados que realizan trabajo probono se interesan en elegir casos de otras áreas que les permiten ampliar sus conocimientos, conocer la realidad práctica de la estrategia jurídica en otros ámbitos, y además, realizar alianzas estratégicas con abogados de otras firmas al servir de asesores en estas materias.
2. Cuando los abogados realizan trabajo probono pueden optar por salidas alternativas en la resolución de conflictos, haciendo uso de mecanismos como la conciliación, la transacción, la mediación, la indemnización integral o incluso el desistimiento. Las dificultades del litigio, el acceso a la administración de justicia y la realidad burocrática con que se puede enfrentar la población vulnerable, y en general todos los usuarios del sistema judicial, como el aplazamiento

de diligencias, el tiempo del proceso y los costos de trasladar testigos, recaudar pruebas o el desgaste por parte del accionante mismo para una y otra vez ratificar la pretensión o declaración, pueden agravar la situación del cliente probono, quien ya posee una realidad difícil y una situación económica precaria (Rojas, 2000). A partir de esta realidad, es posible que el abogado probono opte por una salida más práctica que pueda solucionar la necesidad insatisfecha de su cliente, sin someterlo a una situación mucho más gravosa que la objeto de intervención.

3. El abogado que realiza trabajo probono logra actuar de una manera más rápida y célere, por la inmediatez con la que muchas solicitudes deben ser atendidas. Contrariamente a viejas prácticas, donde los abogados se distinguían por no atender oportunamente a las solicitudes que se les hacían, o por complicarse con requerimientos que eran más bien excusas para retardar la acción judicial o devengar más honorarios. Esta práctica realmente otorga un valor agregado al ejercicio profesional, y si bien una forma de trabajo como esta se adquiere en las firmas de abogados, los nuevos abogados pueden implementar este hábito con mayor anticipación. Además, se introduce un elemento de calidad al trabajo gratuito, pues finalmente los abogados siempre han prestado sus servicios de manera oficiosa por mandato legal (Cummings, 2004), aunque sin entregar los mejores resultados o estar realmente motivados para ello; sin embargo, consideramos que la institucionalización logra mejor la calidad de los servicios gratuitos, como ocurre con esta labor.

En conclusión, el trabajo probono constituye una práctica importante en la formación de los abogados, en la consolidación de firmas de abogados más competentes y en sí en el ejercicio de la profesión.

No obstante lo anterior, existe una crítica fundamentada (Rhode, 2009) a la práctica probono y a la forma como muchas veces es implementada en el interior de las firmas: la dificultad en entender qué puede ser considerado trabajo probono, la falta de incentivos por parte de los directivos a quienes realizan este trabajo, la ausencia de supervisión en la manera como se realiza (Rhode, 2009), o la falta real de compromiso en su realización (Rhode, 2009). Si bien valdría la pena profundizar en estas críticas, interesa también destacar los aspectos positivos de este loable ejercicio e indicar que esas fallas pueden ser viablemente minimizadas, si en el interior de las firmas el trabajo probono logra ser una política corporativa realmente institucionalizada, que finalmente resultará en beneficio de ellas.

3. El trabajo probono oxigena el ejercicio de la profesión de abogado

Según la Real Academia Española, la segunda acepción de oxigenar, corresponde a "2. tr. *Arg.* y *Ven.* Vigorizar una situación deteriorada mediante la introducción de algún aporte innovador". Estamos convencidos de que el ejercicio del derecho, como se ha venido concibiendo, corresponde a una práctica desueta que no atiende la realidad social. Pretender utilidades en un medio inequitativo, amparando estrictamente intereses privados y comerciales, a costa de poblaciones vulnerables o realidades sociales precarias, no es favorable ni para los abanderados de estas causas ni para el entorno en general.

Estas prácticas, que podrían ser señaladas como predatorias, aumentan el costo social y posteriormente pueden verse igualmente afectadas: realizar proyectos a costa de población vulnerable, como puede ser atentar contra territorios de propiedad indígena o amparados ambientalmente, o violando normas ambientales, de derechos labores y de derechos humanos en general, a corto y a largo plazo, mediando la intervención judicial o estatal, puede verse dificultado o incluso prohibido, por lo que la expectativa de ganancias se ve reducida con los costos privados y, finalmente, los costos sociales que se generarían.

Es por ello que este tipo de práctica realmente permite ubicar el ejercicio de la profesión en un escenario que no solo cumple con pautas de respeto a los derechos en general, sino que además redistribuye el recurso de acceso a la administración de justicia y la asesoría jurídica calificada, además de que permite alcanzar estados de bienestar más sólidos y generales.

Ese elemento innovador, al que atiende el término referido, corresponde a incluir en la práctica legal, los planteamientos de la responsabilidad social corporativa, entendida como esa correspondencia entre el desarrollo del objeto social y el cumplimiento de los derechos humanos, los derechos laborales y los derechos ambientales.

De manera general, el trabajo probono incorpora en las firmas una pauta para el análisis de casos, o de advertencia de riesgo. Por ejemplo, cuando se realizan trabajos de *due diligence*, o de verificación de cumplimiento de normas de buen gobierno o prácticas antifraude, sobre todo en contratación con empresas internacionales, conocer ciertas realidades con respecto a poblaciones vulnerables, como la minería —el caso Drummond, por ejemplo—, puede permitir la realización de un trabajo mucho más integral e incluso satisfactorio, porque ello posibilita conocer un contexto más real y advertir al cliente de posibles contingencias que impidan el cabal cumplimiento de su inversión u objeto social.

Igualmente, el trabajo probono permite que se evite el elemento de frustración que muchos abogados viven en el curso de su profesión, incluso en el ejercicio muy temprano de ella, al encontrarse con una realidad muy distinta al motivo de justicia social que los llevó a estudiar derecho. El trabajo probono puede ser una práctica útil para armonizar este ideal con la proyección profesional.

Conclusiones

Con las reflexiones hechas a lo largo del texto, se buscó destacar los aspectos positivos del trabajo probono en la formación del abogado y para la proyección profesional. No se pretende debatir sobre la dualidad entre el interés particular y el interés general, la necesidad de hacer de esta práctica una actividad impositiva, o si es mejor dejarla en el terreno de la voluntad, o incluso discutir qué es trabajo probono y qué no lo es. Esos debates aún se encuentran vigentes y si bien resultaría interesante revisarlos, nuestra única finalidad es presentar la influencia del trabajo probono en la construcción del perfil del abogado del siglo XXI para permitirnos una mejor sociedad y el ejercicio de una profesión con mayor responsabilidad social.

Bibliografía

Cummings, S. (2004). *The politics of Pro Bono.* Los Angles: UCLA Public Law Series.

Declaración del Trabajo Pro Bono para el Continente Americano.

Guía de la Implementación de Programas ProBono en las Firmas de Abogados de Latinoamérica. New York City Bar, The Vance Center

Rhode, D. (2009). Rethinking the Public in Lawyer´s Public Service: Pro Bono, Philanthropy, and the Botton Line. *Fordhan Law Review, 77*. Recuperado de http://law2.fordham.edu/publications/articles/500flspub17313.pdf.

Rojas, R. M. (2000). *Las contradicciones del derecho penal*. Buenos Aires: Ad Hoc.

1.8. De la obligatoriedad a la voluntariedad en el trabajo pro bono

Juliana Nándar Beltrán*
Katherine Rueda Sánchez**

As we work to create light for others, we naturally light our own way.
Mary Anne Radmacher

---

* Abogada de la Universidad del Rosario, especialista en Derecho Administrativo de la misma universidad y especialista en Proceso, Arbitraje y Mediación de la Universidad de Salamanca. Durante su carrera fue monitora académica de las asignaturas de Derecho Administrativo General, Teoría del Derecho y Derecho Civil, Personas y Familia, presidenta del Consejo Estudiantil de la Facultad de Jurisprudencia e integrante del Grupo de Acciones Públicas y del Semillero de Investigación en Derechos Humanos. Tiene más de tres años de experiencia como abogada de resolución de conflictos y actualmente es profesora auxiliar de Derecho Civil, Personas y Familia de la Universidad del Rosario. Abogada asociada del Departamento de Resolución de Conflictos de Philippi, Prietocarrizosa & Uría y coordinadora probono de esta firma. Antes de ingresar a Philippi, Prietocarrizosa & Uría, trabajó para la Universidad del Rosario como investigadora sénior del área de Derecho Civil (2011) y para la Dirección Jurídica Distrital de la Alcaldía Mayor de Bogotá (2011). En el segundo semestre del 2014 se desvinculó de Philippi, Prietocarrizosa & Uría y actualmente se encuentra vinculada a la Presidencia de la República.

** Abogada de la Universidad de Rosario y especialista en Derecho Financiero de la misma universidad. Tiene más de cinco años de experiencia en derecho comercial y corporativo y actualmente es abogada asociada del Departamento Bancario y Financiero de Prietocarrizosa y coordinadora probono de la firma. Antes de ser parte de Prietocarrizosa, trabajó como abogada de un operador logístico colombiano y como abogada sénior de KPMG en Colombia. Fellow Tax Trek program de KPMG US.

Los abogados tenemos la responsabilidad, y hoy más que siempre la voluntad, de prestar servicios legales gratuitos que beneficien a las personas y a las comunidades menos privilegiadas. Este propósito ha sido una constante en permanente evolución dentro de las firmas de abogados en Colombia, las cuales desde la suscripción de la Declaración del Trabajo ProBono para el Continente Americano han realizado grandes esfuerzos por incentivar el trabajo probono dentro de sus equipos de abogados.

Al hacer un análisis de la evolución del trabajo probono en las firmas de abogados colombianas y particularmente en Philippi, Prietocarrizosa & Uría,[1] identificamos la presencia de una serie de etapas en su evolución y consolidación en el interior de la firma.

En un primer momento, el trabajo probono era promocionado por los socios de las firmas, quienes tenían la carga casi total de dar a conocer su importancia y significado. En esta primera etapa, el probono era percibido por los abogados como un requerimiento sin mayores estímulos y sin la motivación social que este trabajo implica. Los pocos abogados que asumían los casos, lo hacían sin tener la conciencia del cambio que significan las causas sociales y simplemente se comprometían por cumplir con un requisito.

Con el objetivo de superar estas primeras dificultades, fortalecer la conciencia social e incentivar la toma y apersonamiento de los casos, Philippi, Prietocarrizosa & Uría realizó una reflexión profunda acerca de lo que conlleva el trabajo probono, así como la mejor forma de incentivar la toma de casos con calidad, pasión y sentido social. Después de la suma de los factores que en adelante plantearemos, nuestra firma pasó a una etapa en la que fue evidente una mayor receptividad y voluntad de los abogados para representar las causas probono, lo cual es visible en la respuesta casi inmediata que recibimos cuando comunicamos los casos disponibles y en el hecho de que son los abogados quienes recurren a la Fundación ProBono a solicitar una mayor oferta de procesos. En esta etapa, no solo el número de casos asumidos ha aumentado, sino que vemos de forma clara cómo los abogados nos hemos apersonado de los trabajos emprendidos, lo cual ha llevado a que hoy exista, en general, una conciencia sobre el impacto que estas causas generan en la vida de una persona o de una comunidad.

[1] Para la fecha de elaboración del documento, la firma se llamaba Prietocarrizosa, hoy Philippi, Prietocarrizosa & Uría.

Esta evolución sin duda lleva a las siguientes preguntas: ¿cuáles han sido los factores que han hecho posible este cambio? Y ¿cómo fortalecerlos para continuar mejorando en nuestra práctica probono? Después de un análisis sobre estos interrogantes, descubrimos que son tres las causas que han marcado nuestra evolución: 1) la estructuración de políticas y la institucionalización del trabajo probono; 2) la eliminación de las asimetrías de información sobre lo que implica el trabajo probono, y; 3) la sensibilización social de los abogados hacia el trabajo probono.

1. Estructuración de políticas e institucionalización del trabajo probono

En primer lugar, el cambio no podría haber tenido lugar sino por la existencia de una cultura corporativa, la cual consideramos nació en el momento en que las firmas suscribieron la Declaración del Trabajo ProBono para el Continente Americano[2] y llevaron los principios de este convenio a sus juntas y comités internos, donde se definieron las pautas que regirían el trabajo probono en su interior.

Con base en las políticas y principios probono, Philippi, Prietocarrizosa & Uría fijó políticas internas para la realización de los trabajos y estableció como prioridad la toma de determinados casos, por ejemplo, aquellos que benefician a niños y adolescentes, así como los que implican el abanderamiento y fortalecimiento de la cultura y la educación en nuestro país.

Adicionalmente, en este proceso de institucionalización fueron definidas internamente las funciones relativas al trabajo probono, para lo cual la firma dispuso la creación de comités y coordinadores, con funciones claras y definidas. Los coordinadores han tenido un gran impacto en la distribución y el acompañamiento de los casos, así como en las labores de organización y contacto con clientes probono. Esta estructura interna ha hecho que los abogados que hasta ahora empiezan a conformar el equipo probono se sientan acompañados y respaldados, todo lo cual ha incentivado la toma de casos.

En conclusión, la adopción de los principios probono y de políticas para el desarrollo de los trabajos, así como la organización de una estructura

---

[2] Prietocarrizosa suscribió la declaración probono en el año 2007, pero esta entró en vigencia en enero del 2008.

interna dispuesta para esta área, han hecho una de las diferencias que hoy nos permiten presenciar este cambio hacia la voluntariedad del trabajo probono.

2. Eliminación de las asimetrías de información sobre lo que implica el trabajo probono

La promoción y la institucionalización de políticas internas para el trabajo probono no hubieran sido suficientes para hacer un verdadero tránsito hacia la voluntariedad del trabajo probono dentro de la firma. Existía otra barrera que debíamos superar y esa era la falta de información o la poca información que tenían los abogados acerca de lo que es el trabajo probono y las personas que se benefician con él.

Gran parte de las universidades del país no transmiten a sus estudiantes qué es el trabajo probono y la responsabilidad social que tenemos todos los abogados en el ejercicio de nuestra profesión. Aunque todos los estudiantes de derecho en Colombia deben hacer consultorio jurídico en los últimos semestres de sus carreras, lo cual implica prestar asesoría jurídica gratuita a personas de escasos recursos, este requisito, que es de obligatorio cumplimiento para obtener el título profesional, se queda ahí, en una condición para graduarse. Después de recibir el título, gran parte de los abogados considera que su deber social terminó y que ya no hay razones para asumir casos que promuevan el bienestar de comunidades y personas de escasos recursos.

Así las cosas, nuestro primer paso como institución fue hacer conciencia dentro de Philippi, Prietocarrizosa & Uría sobre el sinnúmero de barreras que tiene un gran porcentaje de la población colombiana para acceder a la justicia, así como el papel privilegiado y las múltiples oportunidades y escenarios que tenemos los abogados de firma para promover un sistema legal más justo, equitativo y que lleve al respeto de los derechos humanos. Esto se ha hecho a través de compartir las experiencias exitosas de casos probono de la firma, demostrando con ejemplos reales cómo un abogado o un grupo de abogados han logrado cambiar la vida de personas, de comunidades, e incluso han creado y fortalecido instituciones que tienen como objeto social la promoción de la educación, el desarrollo y la cultura en el país. Además de compartir estas experiencias exitosas, como incentivo para tomar casos probono, Philippi, Prietocarrizosa & Uría creó el premio anual del abogado probono dentro de la firma, entregando anualmente un reconocimiento especial a la persona que por su compromiso, calidad en el trabajo y sentido social ha marcado un ejemplo dentro del trabajo probono en la firma. Pensamos que la parte material que representa el premio no es tan importante como el reconocimiento a aquellas personas que han entendido que un poco de su trabajo puede, literalmente, cambiar la vida de personas menos favorecidas.

La segunda asimetría de información que hemos buscado superar es el temor de los abogados de asumir casos, por su desconocimiento en determinadas áreas legales. Un número importante de los equipos de trabajo de una firma están enfocados en temas corporativos, financieros, de mercado de valores, tributarios, ambientales, mineros, por nombrar solo algunos, pero muy pocos abogados después de graduarse ejercen su profesión en las áreas del derecho en las que son comunes los casos probono: derecho laboral, procesal, de familia y constitucional. El desconocimiento en estas prácticas es una causa de las que aún lleva a muchas personas a no tomar casos probono.

Con el fin de vencer este obstáculo, las coordinadoras probono hemos buscado la integración de equipos multidisciplinarios, así como el apoyo de abogados del área de Resolución de Conflictos, para la asesoría, el acompañamiento y la revisión de casos probono. Esta estrategia ha servido para que abogados de diferentes áreas de práctica se animen a tomar y representar a clientes probono. El trabajo en este sentido sigue avanzando, pues planeamos organizar conversatorios probono en los cuales no solo sean explicadas las finalidades de este trabajo, sino que se recuerden conceptos básicos de derecho constitucional, procesal y de familia que sirvan como base para eliminar las barreras de información y facilitar la toma de casos.

Por último, descubrimos que el tercer impedimento para la toma de casos probono es el hecho de que muchos abogados no tienen muy claro quiénes son los directos beneficiarios, ni el impacto que pueden generar con su asesoría. Pasar del desconocimiento al apersonamiento de las causas probono es uno de los grandes pasos para transformar la obligatoriedad en voluntariedad en este trabajo. La razón es simple, cuando una persona conoce de primera mano que quien se favorece con su asesoría es un niño con una enfermedad terminal, una abuelita que no ha podido recibir sus medicamentos, o una mamá que pretende la declaración de pertenencia de un predio en el que lleva viviendo años, por citar tan solo unos pocos ejemplos, entiende que en sus manos está la gran oportunidad de cambiar muchas realidades del país.

No es un secreto que el acceso a la justicia y la tutela judicial efectiva son dos derechos fundamentales que tienen todavía un largo camino por recorrer en nuestra sociedad y que, precisamente, gran parte de la población no tiene acceso a ellos, bien por desconocimiento de sus derechos, o bien por violación de la ley. Cuando un abogado logra ver y comprobar que con su trabajo puede ayudar de forma clara y contundente a que esta realidad se transforme, en definitiva hay un cambio de papel. Su razón para abanderar una causa probono ya no va a ser cumplir con sus veinte horas de facturación, si no cambiar la vida de sus clientes y transformar, así sea con pequeños pasos, el respeto por los derechos en su país.

3. La sensibilización social de los abogados hacia el trabajo probono

El aumento de interesados en asumir causas probono en los últimos años se ha producido, además de las razones expuestas, porque los abogados hemos tomado conciencia del gran poder que podemos tener en la transformación y mejoramiento de la calidad de vida de muchas personas. Cuando nos damos cuenta de que podemos ser agentes de cambio, cuando comprobamos que gracias a una tutela que tomó solo catorce horas elaborar, la vida de una familia entera cambió por el hecho de acceder a un servicio médico, o un niño pudo recibir su cuota de alimentos o la silla de ruedas que le ayuda a movilizarse, la vida sin duda cambia, el concepto de derecho se renueva y el ejercicio de la profesión toma nuevos enfoques. Aquí encontramos la satisfacción del deber cumplido en su máxima expresión.

Vivimos en un país en el que según cifras oficiales de la Agencia Nacional de Pobreza Extrema (Anspe), el 34% de las familias está en pobreza y el 11% en pobreza extrema. El trabajo probono es sin lugar a dudas un gran mecanismo para que a través del acceso a la justicia, y por medio de ella a la salud, la educación y la vivienda digna, entre muchos otros derechos, las diferencias sociales existentes vayan reduciéndose. Esto que parece ser lógico para muchos, ha sido un proceso que ha llevado años en las firmas de abogados, pues el volumen de trabajo, la falta de tiempo y la existencia de responsabilidades adicionales han sido factores que no han permitido a muchos abogados representar por primera vez a personas de escasos recursos en la protección de sus derechos. Sin embargo, después de que un abogado asume una causa probono, se apersona de ella y percibe por sí mismo que su trabajo ha tenido un impacto en la vida de su cliente, las limitaciones de tiempo son superadas y, aunque el volumen de trabajo se mantiene o aumenta, estas razones ya no son obstáculo para responsabilizarse de más y más causas sociales.

Así las cosas, el trabajo probono nos permite trascender del plano personal al social, nos abre la puerta para trabajar no solo por nuestros intereses personales, sino por nuestro país, por nuestra gente, y nos permite ampliar el ejercicio de nuestra profesión hacia nuevos horizontes. Cuando los abogados somos conscientes de todas las ventajas del trabajo probono, el escenario de la obligatoriedad cambia completamente y la voluntad de liderar causas sociales se vuelve otra importante razón para ejercer nuestra profesión.

En definitiva, esta transformación en la práctica probono es todavía un camino al que le faltan muchas etapas por recorrer. Sin embargo, tenemos la convicción de que los factores antes mencionados están determinando la aproximación correcta para abordar esta importante práctica y que prontamente nos encontraremos en un momento en el que podremos afirmar sin distinciones que el trabajo probono ya se encuentra en el plano de la voluntariedad.

1.9. New Perimeter and Global Probono

Sara Andrews*

As law firms have gone global, so has pro bono. While the United States and Australia have a deep history of pro bono engagement, other countries have been slower to embrace the idea for several reasons. Some countries have a history of extensive government support for legal aid, which has lessened the need for private firms to help fill the gaps in access to justice. In other countries, protective bar associations have restricted —and in some cases banned— pro bono in the mistaken apprehension that lawyers doing pro bono are somehow diverting potential billable work from other lawyers.[1] But the rise of global law firms with dedicated pro bono programs has driven increased pro bono engagement by lawyers outside of the United States. The creation of global pro bono clearinghouses such as PILnet, Trustlaw, and A4ID has also contributed to this trend. Some firms have gone beyond the borders of their home offices to undertake pro bono projects in developing countries where they may not have a business presence. DLA Piper's New Perimeter program is an instructive example of this phenomenon.

In 2005, DLA Piper created New Perimeter, a unique nonprofit affiliate dedicated to delivering pro bono assistance primarily in developing and post-conflict countries. Through New Perimeter, teams of lawyers from

---

* Sara Andrews serves as Senior International Pro Bono Counsel and Assistant Director for New Perimeter, DLA Piper's international pro bono initiative and non-profit affiliate.

1 *See "A Survey of Pro Bono Practices and Opportunities in 71 Jurisdictions,"* Prepared by Latham & Watkins LLP for the Pro Bono Institute (Aug. 2012).

around the world work on pro bono projects (lasting, on average, three to five years) that frequently involve travel to developing regions. The idea behind the program is that a global law firm has the resources and skills to provide valuable legal assistance in the developing world, including in countries where it does not operate. The positive response to New Perimeter, both internally and externally, has supported this notion.

Since its inception, New Perimeter has worked on over fifty major projects involving hundreds of DLA Piper lawyers worldwide. Projects focus on several key areas: legal education, women and children's rights, access to justice and law reform, environmental protection, economic development, and food security. And teams of New Perimeter lawyers have worked on legal education projects in Africa, Asia, Latin America, and the Balkans. For instance, we have partnered for the last eight years with the National Center for State Courts to help draft legislation creating a court system and a system of public prosecution in Kosovo, to train lawyers in the newly created Kosovo Ministry of Justice, to work with the Kosovo Chamber of Advocates to review and revise the laws and regulations affecting the legal profession, and to help develop strategies for increasing the number of women lawyers in Kosovo. In the area of women's rights, a team of New Perimeter lawyers assisted a human-rights organization that was taking testimony from Zimbabwean women who were tortured because of their political affiliations. And in the area of economic development, we have worked for the Government of East Timor to help it consider creating special economic zones to encourage economic development.[2]

New Perimeter has an international Advisory Board composed of leading public-interest and private-sector lawyers. The Advisory Board meets twice a year and is co-chaired by Esther Lardent, President and CEO of the Pro Bono Institute, and Mark Ellis, Executive Director of the International Bar Association. While the Advisory Board's decisions are not binding on New Perimeter, the Board provides invaluable feedback on existing projects and guidance on the program's direction.

All projects are carried out in partnership with a local entity, usually a nonprofit organization, academic institution, or governmental entity. We

---

[2] *See* www.newperimeter.org.

look for projects that are high impact, capacity building, and that have the potential for long-term involvement. Whenever possible, we send our lawyers to work alongside partner organizations in-country for one to two weeks at a time. This helps ensure that our work is appropriately tailored to the local context.

One unique characteristic of New Perimeter is that it staffs projects on a competitive basis. All interested lawyers must submit an application to participate, describing their relevant experience and why they are interested in the project. This ensures that lawyers on the team are best suited for the project, with appropriate regional experience, subject matter expertise, and cultural sensitivity. Once a project team is selected, team members go through a comprehensive orientation process designed to familiarize them with the needs of the particular clients and the cultural climates where they will be operating.

Another important component of New Perimeter's program is its evaluation process. Throughout the life of each New Perimeter project, the managing staff member communicates with the client to ascertain whether project goals are being met and whether improvements could be made. When a project concludes, one or more evaluators comprehensively review the overall outcome of the project and its impact on the intended beneficiaries. These evaluation reports are a key tool for New Perimeter to measure results and institutionalize best practices.

Instituting and running a program like New Perimeter requires a significant investment in time and resources. But the benefits are substantial. First, New Perimeter differentiates the firm; it is a unique program that demonstrates the firm's commitment to pro bono both internally and externally. New Perimeter has been recognized for its work with several high-profile awards.[3] The benefits to participating lawyers are also immense. Lawyers often return from projects stating that they gained as much, if not more than, they gave. Many lawyers say their experience on a New Perimeter project was one of the best experiences of their legal careers. The interna-

---

[3] For instance, *The American Lawyer* recently recognized New Perimeter with its Global Citizenship Award. *See* http://www.newperimeter.org/about/news/2013/global-citizenship-award-lifetime-achievement.html.

tional and cultural exposure are important to the professional development of all participating lawyers, regardless of seniority.

Moreover, for a global firm with offices on virtually every continent, New Perimeter offers an excellent opportunity for cross-border linkages and team building. New Perimeter also is an excellent recruitment tool: many incoming lawyers say they were drawn to the firm primarily because of its international footprint and the presence of programs like New Perimeter. Shortly after arriving at the firm as a Krantz Fellow, Jesse Medlong explained that

> DLA Piper's global reach and commitment to pro bono were key considerations in my decision to pursue and accept a position with the firm. The chance to work with New Perimeter through the Krantz Fellowship — despite the competitive application processes for the Fellowship— was a huge part of that calculation. I was shocked as I researched firms and found out about New Perimeter and the Krantz Fellowship. I remember thinking, "Firms do this kind of thing?" Not all do, it turned out. So DLA Piper really stood out to me.

And New Perimeter increasingly partners with in-house counsel on projects. This helps maximize the impact of our contributions to our clients and helps our lawyers develop valuable professional relationships.

As Jeremy Lustman —a Corporate Partner at the firm who worked on a teaching project in Pretoria— observed:

> On a personal level, it was very special to spend a week with a number of DLA colleagues from various practice groups and offices. We truly walked away as close friends and grateful for the opportunity to develop these new relationships. We have all kept in close touch since our adventure, and an experience like this binds you for many years to come. We work in a huge organization in our own respective day-to-day worlds, and while we appreciate that we are part of something much greater, the demands of our practice don't often allow us to get to know one another or appreciate what other groups, sectors, or geographies are doing. This experience provided the opportunity to learn from each other, share our personal and

professional perspectives together and make us better-integrated colleagues. Participating in this endeavor made me very proud to work for a firm that places such emphasis on giving back to the community in a very material way and makes sure colleagues from all regions are involved.[4]

[4] Matthew Saunders, London Partner and Joint Head of the International Arbitration Group at DLA Piper, also noted about a teaching project in Tanzania, "spending a week with colleagues from across the firm, some of whom I had not worked with before, whilst teaching a group of inquiring and motivated students was one of the most rewarding experiences. The process of preparing what we were to teach had already brought us together, but the actual exercise of teaching created bonds between team members that will stand the test of time and geographic distance. It was simply one of the most professionally rewarding things many of us had done for a long while".

2. ProBono Declaration for the Americas (English Version)

Pro Bono Declaration for the Americas

WHEREAS, access to justice and legal representation are essential to democratic societies;

WHEREAS, the resources of government and of legal services organizations are insufficient to satisfy the critical legal needs of poor and underprivileged persons and communities, often leaving these needs unmet;

WHEREAS, consequently, not all members of society have meaningful access to justice or effective legal representation, and this is especially the case for poor and underprivileged persons and communities;

WHEREAS, the absence of access to justice and legal representation undermines public confidence in governmental and judicial institutions and democracy;

WHEREAS, the legal profession has a privileged role and is uniquely positioned in matters of justice and therefore has the duty, means and opportunity to promote a fair and equitable legal system and respect for human and constitutional rights in collaboration with the State, the judiciary and legal services organizations;

WHEREAS, traditions exist across the Americas and new efforts are underway in several countries, including collaborations among bar associations, private and public interest law firms, law schools, foundations, governmental actors and non-governmental organizations, to address these pressing and unmet legal needs;

WHEREAS, a concerted movement across the Americas to promote access to justice through pro bono work would strengthen commitments to democracy and public service in the legal profession;

WE, the undersigned, solemnly declare our commitment to pro bono by stating as follows:

Members of the legal profession have a responsibility to provide pro bono legal services. This responsibility stems from the profession's role and purpose in society, and from its implicit commitment to a fair and equitable legal system.

Pro bono is derived from the Latin phrase *pro bono publico*, which refers to actions carried out "for the public good."

For purposes of this Declaration, pro bono legal services are those provided without a fee, or expectation of a fee, principally to benefit poor or underprivileged persons or communities or the organizations that assist them. They may include representation of persons, communities or organizations in matters of public interest who otherwise could not obtain effective representation. In addition, pro bono legal services can also benefit civic, cultural and educational institutions serving the public interest who otherwise could not obtain effective representation.

Pro bono legal services should be provided with the same quality of representation as services provided to paying clients, and in a manner upholding the applicable ethical norms and standards.

Effective delivery of pro bono legal services requires cooperation among the different actors in the legal profession – including bar associations, private and public interest law firms, law schools, foundations, governmental actors and non-governmental organizations.

WE, the undersigned, each in a manner consistent with our respective roles in the legal profession, commit to:

Act to improve effective legal representation for poor or underprivileged persons and communities;

Enhance widespread and effective access to justice and to legal services for persons and communities who lack such access;

Provide, on a pro bono basis, more than 20 hours or three days of legal services per individual lawyer per annum, or in the case of law firms, institutions or other groups of lawyers, an average of more than 20 hours per lawyer per annum. This commitment should be met within three years of endorsing this Declaration;

Strengthen the profession's commitment to the provision and expansion of pro bono legal services by emphasizing its importance and practice in legal education;

Support the establishment, development and operations of non-governmental organizations dedicated to the delivery of legal services in the public interest; and

Advocate and promote within the profession for the recognition and promotion of pro bono legal services as part of lawyers' ethical standards and obligations.

This Declaration is not intended to alter or supersede any existing legislation, resolution or ethical code in any jurisdiction, firm or institution that is more conducive to the provision of pro bono legal services.

This Declaration will be effective from January 1, 2008.

_____________________________ ____________________

Signatory *Date*

SIGNATORY DATA SHEET

COUNTRY:

1. Category:

☐ Institution or

☐ Individual

2. Signatory* (Name of Institution or Individual):

____

3. Legal Representative (Institution only):

____

4. Position: ______________________________________

5. Address:

____

____

6. Phone(s): ______________________________________

7. Email(s): ______________________________________

☐ *Please check the box if the signatory is not primarily engaged in the private practice of law and thus subscribes this Declaration to manifest its support of the Declaration and commitment to encourage the adoption and observance by the legal profession of the Declaration's principles and commitments.

Declaración de Trabajo Pro Bono para el Continente Americano

CONSIDERANDO que el acceso a la justicia, en todas sus modalidades, y a la asesoría legal son esenciales para las sociedades democráticas;

CONSIDERANDO que los recursos estatales y los de las entidades no gubernamentales son insuficientes para atender las necesidades legales básicas de personas pobres, en situación de vulnerabilidad social, o marginadas, las que con frecuencia quedan sin solución;

CONSIDERANDO que, en consecuencia, no todos los miembros de la sociedad tienen un adecuado acceso a la justicia ni asistencia legal efectiva, y esto es especialmente cierto para personas o comunidades menos privilegiadas de la sociedad;

CONSIDERANDO que la falta de acceso a la justicia y de asistencia legal socava la confianza del público en las instituciones gubernamentales, en la justicia y en la democracia;

CONSIDERANDO que la profesión legal tiene un rol privilegiado y está posicionada de manera única en materia de acceso a la justicia y tiene la responsabilidad, los medios y la oportunidad de promover un sistema legal justo y equitativo, así como el respeto por los derechos humanos y constitucionales en colaboración con el estado, el poder judicial y las organizaciones no gubernamentales;

CONSIDERANDO que existen tradiciones a lo largo del continente americano y nuevos esfuerzos en varios países, incluyendo colaboración entre asociaciones o colegios de abogados, firmas de abogados privadas o de interés público, facultades de derecho, fundaciones, entidades gubernamentales y organizaciones no gubernamentales , para proveer soluciones a estas necesidades legales;

CONSIDERANDO que un movimiento concertado a lo largo del continente americano para promover el acceso a la justicia a través del trabajo pro bono fortalecería el compromiso de la profesión legal con la democracia y el servicio público;

NOSOTROS, los abajo firmantes, declaramos solemnemente nuestro compromiso con el trabajo pro bono, manifestando lo siguiente:

Los abogados tienen la responsabilidad de prestar servicios legales pro bono. Esta responsabilidad se deriva de la función de la profesión en la sociedad, y de su compromiso implícito con un sistema legal justo y equitativo.

Pro bono se deriva de la frase latina "Pro bono público", que se refiere a acciones realizadas "por el bien público".

Para los propósitos de esta Declaración, *pro bono* significa prestar servicios legales gratuitamente o sin la expectativa de recibir pago, y que benefician principalmente a personas o comunidades pobres o menos privilegiadas y a las organizaciones que los asisten. Estos pueden incluir la representación y asesoría de personas, comunidades u organizaciones en temas de interés público, que de otra manera no las obtendrían de una manera efectiva. Además, los servicios legales pro bono también pueden beneficiar a instituciones cívicas, culturales y educativas que sirvan al interés público y que de otra manera tampoco obtendrían representación y asesoría efectiva.

Los servicios legales pro bono deben ser prestados con la misma calidad profesional con que se prestan los servicios remunerados y en cumplimiento de las normas y estándares éticos aplicables.

La efectiva prestación de servicios legales pro bono requiere de cooperación entre diversos actores de la comunidad legal - incluyendo colegios de abogados, firmas de abogados, facultades de derecho, fundaciones, entidades gubernamentales y entidades no gubernamentales.

NOSOTROS, los abajo firmantes, en concordancia con nuestro respectivo rol dentro de la profesión legal, nos comprometemos a:

Realizar acciones concretas tendientes a mejorar la representación y asesoría legal efectiva para personas o comunidades pobres, en situación de vulnerabilidad social, o marginadas;

Potenciar un amplio y efectivo acceso a la justicia en todas sus modalidades y a la asistencia legal efectiva para las personas o comunidades que no lo tienen;

Aportar anualmente un mínimo de 20 horas o tres días de servicios legales pro bono por abogado individual, o en promedio en el caso de firmas, instituciones o grupos de abogados. Este aporte mínimo se deberá alcanzar dentro del tercer aniversario de firmada esta Declaración;

Fortalecer el compromiso de la profesión a la provisión y expansión de servicios legales pro bono enfatizando su importancia y su práctica en la educación legal;

Apoyar la constitución, desarrollo y funcionamiento de organizaciones no gubernamentales dedicadas a la prestación de servicios legales en interés público; y

Propugnar y promover entre los abogados el reconocimiento y la promoción de los servicios legales pro bono como parte integral de los estándares y obligaciones éticos de la profesión.

Esta Declaración no pretende modificar o derogar ninguna legislación, resolución o código de ética existente en alguna jurisdicción, firma o institución que establezca un régimen más favorable a la prestación de servicios legales pro bono.

Esta Declaración entrará en vigencia el día 1 de enero de 2008.

______________________________ ________________

Firma de la persona jurídica o natural *Fecha*

DATOS

PAÍS:

1. Categoría (marque uno):

☐ Persona jurídica o

☐ Persona natural

2. Nombre* (Persona jurídica o Persona natural):

____

3. Representante (sólo Persona jurídica):

____

4. Cargo: ____

5. Dirección:

____

____

6. Teléfono(s): ____

7. Email(s): ____

☐ * Marque en el cuadro si la principal actividad del firmante no es el ejercicio de la profesión legal y, en consecuencia, suscribe a esta Declaración en señal de apoyo a ésta y como compromiso a promover entre los miembros de la profesión legal la adopción y observancia de los principios y compromisos contenidos en la Declaración.

Este libro fue compuesto en caracteres Adobe Caslon
Pro 11,5 puntos, impreso sobre papel propal de 75
gramos y encuadernado con método *hot melt* en
diciembre de 2015, en Bogotá, D. C., Colombia
Digiprint S.A.

Made in the USA
Monee, IL
18 October 2026

66035252R00342